MEYERS TASCHEN LEXIKON
Band 4

MEYERS
TASCHEN
LEXIKON

in 12 Bänden

Herausgegeben und bearbeitet
von Meyers Lexikonredaktion

Band 4: Fels – Gorg

B.I.-Taschenbuchverlag
Mannheim · Leipzig · Wien · Zürich

Redaktionelle Leitung:
Dr. Joachim Weiß

Redaktion:
Sabine-Walburga Anders,
Dipl.-Geogr. Ellen Astor,
Ariane Braunbehrens, M. A.,
Ursula Butzek,
Dipl.-Humanbiol. Silke Garotti,
Dr. Dieter Geiß,
Jürgen Hotz, M. A.,
Dr. Erika Retzlaff,
Barbara Schuller,
Marianne Strzysch

Bildredaktion:
Gabriela Horlacher-Zeeb,
Ulla Schaub

Die Deutsche Bibliothek – CIP-Einheitsaufnahme
Meyers Taschenlexikon: in 12 Bänden / hrsg. und bearb. von
Meyers Lexikonredaktion. [Red. Leitung: Joachim Weiß.
Red.: Sabine-Walburga Anders ...]. – [Ausg. in 12 Bd.]. –
Mannheim; Leipzig; Wien; Zürich: BI-Taschenbuchverl.
ISBN 3-411-12201-3
NE: Weiß, Joachim [Red.]
[Ausg. in 12 Bd.]
Bd. 4. Fels–Gorg. – 1996
ISBN 3-411-12241-2

Als Warenzeichen geschützte Namen sind durch
das Zeichen ® kenntlich gemacht. Etwaiges Fehlen dieses Zeichens
bietet keine Gewähr dafür, daß es sich um einen nicht geschützten
Namen handelt, der von jedermann benutzt werden darf.

Das Wort MEYER ist für Bücher aller Art für den Verlag
Bibliographisches Institut & F. A. Brockhaus AG
als Warenzeichen geschützt.

Alle Rechte vorbehalten
Nachdruck, auch auszugsweise, nicht gestattet
© Bibliographisches Institut & F. A. Brockhaus AG, Mannheim 1996
Satz: Grafoline T·B·I·S GmbH, L.-Echterdingen
Druck: Klambt-Druck GmbH, Speyer
Bindearbeit: Röck Großbuchbinderei GmbH, Weinsberg
Papier: 80 g/m², Eural Super Recyclingpapier matt gestrichen
der Papeterie Bourray, Frankreich
Printed in Germany
Gesamtwerk: ISBN 3-411-12201-3
Band 4: ISBN 3-411-12241-2

Felsenkirsche

Felsenkirsche (Steinweichsel, Weichselkirsche), Art der Rosengewächse in Europa und W-Asien, in lichten Wäldern und Gebüschen; Strauch oder bis 6 m hoher Baum mit weißen Blüten.; dient als Pfropfunterlage für Sauerkirschen.

Felsenmeer ↑Blockmeer.

Felsenreitschule, Freilichtbühne in Salzburg, die in einen alten Steinbruch 1694 als Arena für Reiterspiele eingebaut wurde.

Felsenstein, Walter, * Wien 30. 5. 1901, † Berlin (Ost) 8. 10. 1975, österr. Regisseur. Ab 1947 Intendant der Kom. Oper in Berlin (Ost).

Felsentempel, aus oder in Fels geschlagene Tempel, verbreitet als buddhist. und hinduist. Heiligtümer in Indien (Ajanta, Elephanta, Elura) und China. Auch ägypt. (Abu Simbel), hethit. (Yazılıkaya bei Boğazkale) und altamerikan. F. (Malinalco).

Felskänguruhs (Felsenkänguruhs), Gattung der Känguruhs mit acht Arten im felsigen Gelände Australiens und auf einigen vorgelagerten Inseln; Körperlänge etwa 50–80 cm mit rd. 40–70 cm langem Schwanz, der nicht als Sitzstütze dient; Färbung meist bräunlich, oft mit dunkler und heller Zeichnung. Bekannte Arten sind *Pinselschwanzkänguruh* und *Gelbfußkänguruh*.

Felswüste, svw. ↑Hammada.

Femelbetrieb (Femelschlagbetrieb), forstwirtschaftl. Form des Hochwaldbetriebes, bei der Ernte und Verjüngung des Baumbestandes so erfolgen, daß nur Einzelstämme oder kleine Baumgruppen entnommen werden, um auf einer Fläche möglichst viele Altersstufen im Baumbestand zu erhalten.

Fememorde, Bez. für polit., von Geheimgesellschaften in illegaler Privatjustiz durchgeführte Morde, in Deutschland v. a. in den 1920er Jahren von seiten rechtsradikaler Organisationen gegenüber »Verrätern« aus den eigenen Reihen. Ähnl. Erscheinungen finden sich z. B. im Ku-Klux-Klan.

Femgerichte, im MA Gerichte v. a. in Westfalen, die Kompetenzen zur Aburteilung schwerer Verbrechen beanspruchten.

Feminierung (Feminisierung, Feminisation), Verweiblichung, mit Beeinträchtigung der geschlechtl. Leistungsfähigkeit und des typ. männl. Geschlechtsverhaltens, Rückbildungen an den primären und sekundären ♂ Geschlechtsmerkmalen und dem Auftreten sekundärer ♀ Geschlechtsmerkmale einhergehende körperl. und psych. Veränderungen beim Mann bzw. ♂ Tieren; bedingt durch Krankheiten (z. B. Nebennierenrindentumoren), Kastration oder Übertragung weibl. Hormone.

feminin [lat.], weiblich.

Femininum [lat.], Abk. f., weibl. Geschlecht eines Substantivs; weibl. Substantiv, z. B. *die Uhr.*

Feminisierung, svw. ↑Feminierung.

Feminismus [lat.], Richtung der Frauenbewegung, die die Befreiung der Frau durch Veränderung der geschlechtsspezif. Rollen erstrebt. **Feministin, Feminist,** Anhängerin (Anhänger) des Feminismus.

Femto... ↑Vorsatzzeichen.

Fenchel, Gatt. der Doldenblütler mit drei Arten im Mittelmeergebiet und Orient; gelbblühende, würzig riechende, bis 1,5 m hohe Stauden. Bekannteste Art ist der *Garten-F.,* dessen Spaltfrüchte zum Würzen und zur Her-

Walter Felsenstein

Fenchel.
Oben: Blüten des Gartenfenchels ◆
Unten: Gemüsefenchel

Ferdinand I.,
Römischer Kaiser

Fensterblatt

Fenek

stellung von *Fenchelöl* und *Fencheltee* (bei Husten und Blähungen) verwendet werden; die verdickten Blattscheiden werden als Gemüse gegessen.

Fenek, svw. Fennek (↑Füchse).

Fénelon [frz. fen'lõ], eigtl. François de Salignac de La Mothe-F., *auf Schloß Fénelon (Dép. Dordogne) 6. 8. 1651, † Cambrai 7. 1. 1715, frz. Theologe. Ab 1689 Erzieher der Enkel Ludwigs XIV.; ab 1695 Erzbischof von Cambrai; Anhänger des Quietismus (Auseinandersetzungen mit J. B. Bossuet; Bruch mit dem Hof und dem Papst, 1699 Verurteilung und Verbannung). Sein Hauptwerk ist der Roman »Die Abenteuer des Telemach« (1699 ohne sein Wissen gedruckt), ein Fürstenspiegel, der das Idealbild eines weisen Königtums entwirft.

Fenier (engl. Fenians ['fiːnjənz]), Mgl. eines 1858 in den USA gegründeten ir. Geheimbunds, der für die Errichtung einer Republik Irland kämpfte; erlangte im frühen 20. Jh. erneut Bedeutung, u. a. für den irischen Aufstand von 1916 mitverantwortlich.

Fennek [arab.] ↑Füchse.

Fennosarmatia [nach Finnland und lat. Sarmatia »poln.-russ. Tiefland«], nordeurop. Festlandsblock, umfaßt Skandinavien (außer Norwegen), die russ. Tafel und die Barentssee.

Fennoskandia [nach Finnland und lat. Scandia (wohl »Schweden«)], *Geologie:* zusammenfassender Name für die Landscholle, die den ↑Baltischen Schild und die kaledonisch gefalteten Gebiete Westskandinaviens umfaßt.

Fenrir (Fenriswolf), in der nord. Mythologie gefährlichster aller Dämonen in Wolfsgestalt; tötet bei der Götterdämmerung Odin und wird selbst durch dessen Sohn getötet.

Fens, The [engl. ðə 'fenz] (Fen Country), Marsch- und Geestlandschaft an der ostengl. Küste.

Fenster, Licht- und Sichtöffnungen in den Umfassungsmauern von Gebäuden, i. e. S. aus einer verglasten Rahmenkonstruktion bestehender Abschluß einer F.öffnung.

Fensterblatt, Art der Aronstabgewächse aus Mexiko; Kletterstrauch mit zahlr. Luftwurzeln und bis 100 cm langen und etwa 70 cm breiten, fensterartig durchlöcherten Altersblättern; beliebte Zimmerpflanze.

Fenstergewände, die seitl. Teile von äußeren Fensterumrahmungen. Die Umrahmung besteht aus *Sohlbank* (unten), Gewändeteilen und *Sturz* (oben).

Fensterrose, im mittelalterl. Sakralbau Rundfenster mit radial angeordnetem Maßwerk und – in der Gotik – Glasmalerei.

Fenstersturz (Defenestration), Gewaltakt zur Liquidierung des polit. Gegners, v. a. in Böhmen geübt, z. B. Prager F. (1419, 1618).

Fenstertechnik (Window-Technik), in der *elektron. Datenverarbeitung* die Möglichkeit, den Bildschirm in kleine Abschnitte (Fenster) aufzuteilen, denen jeweils ein Anwenderprogramm fest zugeordnet ist. Mit Hilfe der F. können verschiedene Texte gleichzeitig am Bildschirm betrachtet werden.

Feodossija, Schwarzmeerkurort an der Krim, Ukraine, 83 000 E. Hafen. – Der Hafen *Theodosia* wurde im 6. Jh. v. Chr. von Siedlern aus Milet gegründet; in der Antike große militär. und wirtschaftl. Bedeutung; im 13.–15. Jh. Verwaltungszentrum der Genueser Kolonie am Schwarzen Meer *(Kafa);* 1475 bis 1783 osmanisch *(Kefe).*

Feofan Grek (Theophanes der Grieche), *wohl um 1330, † um 1410, griech. Maler. Führte in Rußland den spätbyzantin. Stil ein (bewegte Komposition); Fresken; Ikonostase der Verkündigungskathedrale im Moskauer Kreml (1405).

Ferber, Edna [engl. 'fəːbə], *Kalamazoo (Mich.) 15. 8. 1887, † New York 16. 4. 1968, amerikanische Schriftstellerin ungar. Herkunft. Schrieb u. a. »Das Komödiantenschiff« (R., 1926).

Ferdinand, Name von Herrschern:
Hl. Röm. Reich: **1) Ferdinand I.,** *Alcalá de Henares 10. 3. 1503, † Wien 25. 7. 1564, Kaiser (ab 1556). Bruder Karls V.; erhielt 1521 die fünf österr. Hzgt., 1522 Tirol, die österr. Vorlande und Württemberg (bis 1534); gewann 1526 Böhmen und Ungarn; 1531 zum Röm. König gewählt; ermöglichte den Augsburger Religionsfrieden.

2) Ferdinand II., *Graz 9. 7. 1578, † Wien 15. 2. 1637, Kaiser (ab 1619). Enkel F. I.; rekatholisierte rücksichtslos die österr. Länder; sein Vorgehen trug zum Böhm. Aufstand bei, der zum Dreißigjährigen Krieg führte.

Ferguson

3) **Ferdinand III.**, *Graz 13. 7. 1608, † Wien 2. 4. 1657, Kaiser (ab 1637). Sohn F. II.; 1625 König von Ungarn, 1627 von Böhmen; 1634 Oberbefehlshaber des kaiserl. Heeres (Sieg bei Nördlingen); suchte – in Religionsfragen gemäßigter als sein Vater – ab 1641 den Frieden anzubahnen.
Aragonien: 4) **Ferdinand II., der Katholische**, *Sos (heute Sos del Rey Católico) 10. 3. 1452, † Madrigalejo bei Mérida 23. 1. 1516, König von Aragonien (ab 1479), von Sizilien (ab 1468), von Kastilien-León (ab 1474, als F. V.), von Neapel (ab 1504, als F. III.). Ab 1469 ∞ mit Isabella von Kastilien (Verbindung ihrer Länder in »Matrimonialunion«); schuf durch die Eroberungen Granadas (1492), Neapels (1504) und Navarras (1512) Grundlagen des zukünftigen Weltreiches; erregte v. a. durch Errichtung der Inquisition, Vertreibung der Juden und Bekämpfung der Mauren in Kastilien starke Abneigung.
Bulgarien: 5) **Ferdinand I.**, *Wien 26. 2. 1861, † Coburg 10. 9. 1948, König (Zar). Sohn des österr. Generals August von Sachsen-Coburg-Koháry; 1887 zum Fürsten gewählt; proklamierte 1908 Bulgarien zum Kgr.; im 1. Weltkrieg auf seiten der Mittelmächte; dankte 1918 ab.
Kastilien und León: 6) **Ferdinand I., der Große**, *1016 oder 1018, † León 27. 12. 1065, König (ab 1035). Eroberte León, Asturien, Galicien, einen Teil Navarras und N-Portugal; nannte sich ab etwa 1054 Kaiser.
7) **Ferdinand III., der Heilige**, *1201 (?), † Sevilla 30. 5. 1252, König von Kastilien (ab 1217) und León (ab 1230). Vereinigte endgültig beide Königsreiche; führte die Reconquista auf ihren Höhepunkt; Gründer der Universität Salamanca.
Neapel: 8) **Ferdinand I.** (Ferrante), *in Spanien 1423, † Genua 25. 1. 1494, König (ab 1458). Sohn Alfons' V. von Aragonien, erkämpfte seinen Anspruch auf Neapel gegen das Haus Anjou; sein Hof wurde ein Zentrum von Renaissance und Humanismus.
9) **Ferdinand III.** ↑Ferdinand II., der Katholische, König von Aragonien.
10) **Ferdinand IV.**, *Neapel 12. 1. 1751, † ebd. 4. 1. 1825, König (ab 1759), als König beider Sizilien F. I. Sohn des span. Königs Karl III. Nahm an allen Koalitionskriegen gegen Frankreich teil; verlor dabei Neapel 1798/99 und 1805–14; vereinigte 1816 seine Staaten zum Kgr. beider Sizilien.
Österreich: 11) **Ferdinand I.**, *Wien 19. 4. 1793, † Prag 29. 6. 1875, Kaiser (1835–48). Folgte trotz körperl. Gebrechen seinem Vater, Franz I.; die Regierungsgeschäfte übernahm die Staatskonferenz (v. a. Metternich und Kolowrat-Liebsteinsky); dankte 1848 zugunsten seines Neffen Franz Joseph ab.
Rumänien: 12) **Ferdinand I.**, *Sigmaringen 24. 8. 1865, † Bukarest 20. 7. 1927, König (ab 1914). Sohn Leopolds von Hohenzollern-Sigmaringen; von seinem Onkel Karl I. von Rumänien 1889 adoptiert; ließ unter starkem außenpolit. Druck 1916 Rumänien in den 1. Weltkrieg eintreten.
Sizilien: 13) **Ferdinand I.** ↑Ferdinand IV., König von Neapel.
Spanien: 14) **Ferdinand VII.**, *San Ildefonso 14. 10. 1784, † Madrid 29. 9. 1833, König (1808 und ab 1814). Die Besetzung Spaniens durch Napoleon I. führte zur sog. Revolution von Aranjuez, bei der F. zum König ausgerufen wurde, zur Entthronung der Bourbonen im Mai 1808 in Bayonne und zum span. Unabhängigkeitskrieg. F. restaurierte 1814 das absolutist. Königtum; überwand die liberale Revolution des Jahres 1820 mit Hilfe frz. militär. Intervention; öffnete seiner Tochter Isabella II. durch die Pragmat. Sanktion von 1830 die Thronfolge.

Fergana [russ. fırga'na], Gebietshauptstadt in Usbekistan, im F.becken, 199 000 E. Textilkombinat, Baumwollanbau.

Ferganabecken [russ. fırga'na], 22 000 km² große Beckenlandschaft in Usbekistan, im N und O vom Tienschan, im S vom Alaigebirge und der Turkestankette begrenzt; nur im W Verbindung zum Tiefland von Turan. Mit Hilfe künstl. Bewässerung entwickelte sich eine bed. Oasenwirtschaft; reiche Bodenschätze.

Ferguson [engl. 'fə:gəsn], 1) **Adam**, *Logierait bei Perth 20. 6. 1723, † Saint Andrews 22. 2. 1816, schottischer Geschichtsschreiber und Philosoph. Schrieb die erste Geschichte der bürgerl. Gesellschaft.

Ferdinand III., Römischer Kaiser

Ferdinand I., König von Bulgarien

Ferdinand I., Kaiser von Österreich

Adam Ferguson

Ferkel

2) Maynard, *Montreal 4. 5. 1928, kanad. Jazzmusiker (Trompeter und Orchesterleiter). Brillanter Techniker des Modern Jazz.

Ferkel, Bez. für das junge Schwein von der Geburt bis zum Alter von 14–16 Wochen.

Fermat, Pierre de [frz. fɛr'ma], *Beaumont-de-Lomagne (Dép. Tarn-et-Garonne) 17. (?) 8. 1601, † Castres bei Toulouse 12. 1. 1665, frz. Mathematiker. F. leistete herausragende Beiträge zur Zahlentheorie, Geometrie und zur Infinitesimalrechnung; 1637 formulierte er die *Fermatsche Vermutung,* nach der die diophant. Gleichung $x^n + y^n = z^n$ (n natürl. Zahl > 2) keine positiven ganzzahligen Lösungen besitzt. Erst im Juni 1993 legte der brit. Mathematiker Andrew Wiles einen Beweis für einen Teil der 1955 von dem Japaner Yutaka Taniyama formulierten Taniyama-Vermutung vor, aus dem auch die Richtigkeit der Fermatschen Vermutung folgt, und im folgenden Jahr vervollständigte er seinen Beweis, so daß die Fermatsche Vermutung nun ein bewiesener mathematischer Satz ist. Das *Fermatsche Prinzip* der Optik sagt aus, daß Licht zw. zwei Punkten den Weg zurücklegt, für den es die kürzeste Zeit braucht.

Fermate [lat.-italien.], Zeichen der Notenschrift (⌢) über einer Note oder Pause, das deren Aushalten über den angegebenen Wert hinaus vorschreibt.

Fermatsche Vermutung ↑Fermat, Pierre de.

Fermente [lat.], veraltet für ↑Enzyme.

Fermentierung (Fermentation) [lat.], in der *Lebensmitteltechnik* die Umsetzung biolog. Materialien, die durch Enzyme katalysiert wird, z. B. die Gärung, Käsebereitung und Silierung. Bei Leder und Genußmitteln werden durch F. die charakterist. Farb- und Aromastoffe gebildet.

Fermi, Enrico, *Rom 29. 9. 1901, † Chicago (Ill.) 28. 11. 1954, italien. Physiker. Theorie des Betazerfalls (1934). Kernreaktionen mit abgebremsten Neutronen, Entdeckung radioaktiver Elemente durch Neutronenbeschuß, 1938 Nobelpreis für Physik. Bau des ersten Kernreaktors in Chicago 1942, Beteiligung an der Entwicklung der amerikan. Atombombe.

Fermionen ↑Elementarteilchen.

Enrico Fermi

Fermium [nach E. Fermi], chem. Symbol Fm; künstl. chem. Element, zu den ↑Transuranen gehöriges Actinoid, Ordnungszahl 100 (deshalb urspr. *Centurium* genannt), relative Atommasse 257,095. F. wurde 1953 im Fallout der ersten H-Bombe entdeckt.

Fernandel [frz. fɛrnã'dɛl], eigtl. Fernand Joseph Désiré Contandin, *Marseille 8. 5. 1903, † Paris 26. 2. 1971, frz. Filmschauspieler (v. a. in »Don-Camillo-und-Peppone«-Filmen der 1950er Jahre).

Fernando Póo, ehem. Name von ↑Bioko.

Ferner, svw. ↑Gletscher.

Ferner Osten, 1) (Far East), die ostasiat. Randländer des Pazif. Ozeans.
2) Bez. für die östl. Randgebiete der ehem. UdSSR.

Fernglas ↑Fernrohr.

Fernheizung ↑Heizung.

Fernkopierer (Telefax), Zusatzgerät zum Fernsprecher zum Übertragen von Schriftstücken über Fernsprechleitung. Die Vorlage wird zeilenweise optisch abgetastet, die Schwarz-Weiß-Werte werden in Frequenzen (im Hörbereich) umgesetzt.

Fernlenkung (Fernsteuerung), Steuerung eines [unbemannten] Fahrzeugs oder Geschosses durch Signale, die drahtlos, über Draht, auf mechan., akust. oder opt. Wege übertragen werden.

Fernlicht ↑Kraftfahrzeugbeleuchtung.

Fernmeldeanlagen, zusammenfassende Bez. für Telegrafen-, Fernsprech- und Funkanlagen.

Fernmeldegeheimnis, Grundrecht aus Art. 10 GG, das sich auf alle durch die Post über Telefon, Telegramm oder Fernschreiber beförderten Mitteilungen bezieht.

Fernmeldesatellit ↑Kommunikationssatelliten.

Fernmeldetechnisches Zentralamt (FTZ), mittlere, dem Bundesministerium für das Post- und Fernmeldewesen nachgeordnete Bundesbehörde, Sitz Darmstadt. Aufgabenbereiche u. a.: Verbesserung der Fernmeldetechnik durch Erforschung und Entwicklung neuer techn. Einrichtungen, Vergabe der amtl. Serienprüfnummer *(FTZ-Nummer)* an zugelassenen Hörfunk- und Fernsehgeräten.

Fernrohr

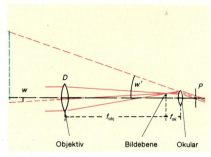

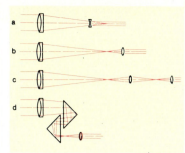

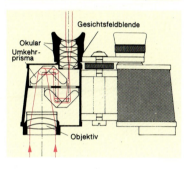

Fernrohr. Oben links: Die Anordnung der Linsen in einem Fernrohr (Objektivsystem langer Brennweite f_{obj} und Okularsystem kurzer Brennweite f_{ok} im Abstand der Summe der Brennweiten) ergibt eine Vergrößerung des Winkels w auf w' entsprechend dem Brennweitenverhältnis; diese Winkelvergrößerung ist die Fernrohrvergrößerung; im gleichen Verhältnis zueinander stehen die Durchmesser des Objektivs (D) und der Austrittspupille (P) ♦ Oben rechts: Schematische Darstellung von Fernrohrarten: **a** holländisches oder Galilei-Fernrohr (1608); **b** astronomisches oder Kepler-Fernrohr (1611); **c** Fernrohr mit Linsenumkehrsystem (Kepler, 1611); **d** Fernrohr mit Prismenumkehrsystem (Porro, 1854) ♦ Rechts: Schematische Darstellung des Strahlengangs beim Feldstecher mit zwei Umkehrprismen

Fernmeldeverkehr, Sammel-Bez. für Telegrafen-, Fernsprech- und Funkverkehr, oft *Telekommunikation* genannt.
Fernpaß ↑Alpenpässe (Übersicht).
Fernrohr ↑Sternbilder (Übersicht).
Fernrohr (Teleskop), opt. Instrument, mit dem man entfernte Gegenstände unter vergrößertem Sehwinkel sieht, wodurch sie näher erscheinen. Vergrößerung und Objektivdurchmesser (in mm) werden meist auf dem F. angegeben (z. B. 8 × 30). Die wesentl. opt. Baugruppen eines F. sind Objektiv, Okular und Umkehrsystem, für große astronom. F. auch Spiegel mit Durchmessern bis zu mehreren Metern. Das *Objektiv* entwirft ein Bild eines weit entfernten Objektes in seiner Brennebene. Dieses Bild wird mit dem Okular betrachtet. Für einfache, schwach vergrößernde F. kann man als Okular auch eine Streulinse verwenden und erhält dann das *holländ.* oder *Galileische F.,* das ein aufrechtes Bild liefert. Das einfachste F. mit sammelndem Okular, das *astronom.* oder *Keplersche F.,* liefert ein kopfstehendes Bild, das mit einem Linsensystem aufgerichtet wird. Ordnet man in einer Zwischenbildebene eine Marke an (Strichplatte, Fadenkreuz), so wird durch das Objektiv und diese Marke eine Ziellinie bestimmt, z. B. im *Zielfernrohr.* Beim *terrestrischen* oder *Erd-F.* wird das Bild mit einer dritten Linse aufgerichtet. Wichtige F.arten: *Opernglas,* kleines Doppel-F. mit Prismenumkehrsystem (2,5–4fache Vergrößerung); *Taschen-F.* oder *Kleinfeldstecher,* monokulare oder binokulare F. mit Prismenumkehrsystem und 4- bis 8facher Vergrößerung; *Feldstecher (Ferngläser, Prismengläser)* sind *Doppel-F.* mit meist 8- bis 10facher Vergrößerung; Bildumkehr durch Prismensystem. Lichtstarke *Jagd-* oder *Nachtgläser* sind Feldstecher mit mindestens 7facher Vergrößerung und 50 mm Objektivdurchmesser. Für geodät. und militär. Zwecke wurden zahlr. verschiedene Bauformen entwickelt. Die opt. Entfernungsmeßgeräte sind im wesentlichen Doppel-F. mit Winkelmeßeinrichtung und bes. großem Ab-

Fernschreiber

stand der beiden Objektive. Sonderformen sind die mit elektronenopt. Bildwandlern und Lichtverstärkern ausgestatteten *Infrarot-F.* sowie *Nachtsehgeräte.* Eine bes. Gruppe bilden die F. für astronom. Beobachtungen (Astrograph, Refraktor, Spiegelteleskop).

Fernschreiber, schreibmaschinenähnl. Gerät zur Übermittlung von schriftl. Informationen über Draht. Grundbestandteile des *elektron. F.* sind Motor, Tastenfeld, Druckwerk mit Typenrad, Empfänger- und Senderelektronik und Kennungsgeber; hinzu treten noch Lochstreifen- und Magnetbandgeräte. Damit können entsprechend codierte Texte mit der im internat. *Telexnetz* übl. Geschwindigkeit von 400 Zeichen/min. übertragen werden. Jeder Buchstabe besteht aus einer Kombination von Rechteckimpulsen; gemäß dem Internat. Telegrafenalphabet Nr. 2 sind es fünf Impulse, hinzu kommen ein Anlauf- und Sperrschritt. Beim *Funk-F.* werden die Fernschreibzeichen in Funksignale umgewandelt.

Fernsehen (Television, TV), die Aufnahme, funktechnische oder kabelgebundene Übertragung und Wiedergabe sichtbarer, bewegter Vorgänge oder ruhender Vorlagen.

Grundprinzip: 1. Umwandlung der Helligkeitswerte (beim Schwarzweiß-F.) oder der Farbtöne und deren Sättigung (beim Farb-F.) innerhalb eines Bildfeldes in elektr. Signale (Videosignale); 2. Weiterleitung dieser Signale über Kabel oder Ausstrahlung über Sendeanlagen; 3. Rückwandlung der elektr. Signale in entsprechende Helligkeits- oder Farbwerte. – Ein Bildfeld enthält eine Vielzahl örtl. und zeitl. wechselnder Helligkeits- oder Farbinformationen, die als elektr. Signale nacheinander übermittelt werden. Das Bildfeld wird zu diesem Zweck in einzelne Zeilen zerlegt (in M-Europa gemäß der CCIR-Norm in 625 Zeilen). Bei gleichem Auflösungsvermögen in Zeilen- und Bildrichtung (senkrecht zur Zeilenrichtung) können bei einem Format von 4:3 (Breite:Höhe) rund 500 000 Einzelheiten (»Bildpunkte«) wahrgenommen werden. Zur Darstellung bewegter Vorgänge sind 16 bis 18 Einzelbilder/s erforderlich. Wegen des insbes. bei hellem Bildschirm noch auftretenden Flimmerns erhöht man die Zahl jedoch auf 50 Bilder/s. Besteht das Bildfeld schachbrettartig aus Bildpunkten von gleicher Zeilenhöhe und -breite, so ergibt jedes schwarzweiße Bildpunktpaar nach der elektr. Umwandlung eine volle Wechselspannungsperiode als Sinuswelle. Bei 50 Bildern dieser Art in 1 s entsteht eine Frequenz von 12,5 MHz. Dieses breite Frequenzband ist nur mit hohem Aufwand übertragbar, daher wird allg. das *Zeilensprungverfahren* angewendet: Je Sekunde werden nur 50 Halbbilder abgetastet, und zwar zuerst die 1., 3., 5., ... Zeile, dann die 2., 4., 6., ... Zeile, so daß zwei ineinandergeschachtelte Zeilenraster entstehen. Das Frequenzband wird dadurch halbiert. Die Bildzerlegung und -zusammensetzung werden durch Bild- und Zeilensynchronimpulse zu Beginn jedes Halbbildes und jeder Zeile gesteuert.

Signalumwandlung: Zur Umwandlung der Helligkeits- bzw. Farbwerte des Bildfeldes in elektr. Signale dient die *Fernsehkamera.* Über ein Objektiv wird das Bildfeld auf die Photokathode der

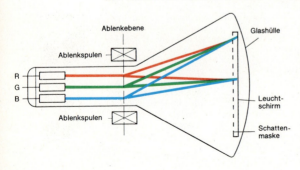

Fernsehen. Schematische Darstellung des Strahlenverlaufs in einer In-Line-Farbbildröhre; R, G und B Elektronenstrahlerzeugungssysteme mit Wehnelt-Zylindern als Steuergitter

Fernsehen

Fernsehen.
Links: Live-Sendung im Aufnahmestudio mit Zuschauern ◆ Unten: Schaltraum für Empfangs- und Sendeleitungen

Aufnahmeröhre abgebildet und mittels eines Elektronenstrahles zeilen- und bildweise abgetastet. Die so gewonnenen Signale werden einem Sender zugeführt oder auf Magnetband gespeichert *(magnet. Bildaufzeichnung, MAZ).*

Übertragung der Fernsehsignale: Die Verbindung zw. Fernsehstudios und Sendern erfolgt über Richtfunkstrecken im 2- oder 4-GHz-Band, vereinzelt über Kabelstrecken. Die Knotenpunkte dieses Netzes, meist Fernmeldetürme, sind Relaisstationen, die das Richtfunksignal mit Parabolspiegelantennen empfangen und verstärkt weitergeben. Für weltweites F. müssen Kontinente und Ozeane mit (geostationären) Kommunikationssatelliten überbrückt werden *(Satelliten-F.).* Die allg. Fernsehversorgung erfolgt über *Fernsehsender.* Ein erhöhter Standort ist wichtig wegen der Ausbreitung der hohen Trägerfrequenzen *(VHF-Bereich:* Band I mit 41–68 MHz sowie Band III mit 174 bis 223 MHz; *UHF-Bereich:* Band IV/V mit 470–790 MHz). Da in den festgelegten Fernsehbändern viel zu wenig Sender Platz finden würden, führte man das *Restseitenbandverfahren* ein, durch das fast 40% des Frequenzbedarfs des Bildsenders eingespart werden, so daß ein Fernsehkanal nur 7 MHz bedeckt. Der Fernsehtonsender gleicht einem frequenzmodulierten UKW-Sender. Seine Trägerfre-

Fernsehen

Fernsehen.
Links: Aufnahmestudio der Tagesschau beim Norddeutschen Rundfunk in Hamburg

Rechts: aktuelle Berichterstattung durch einen Nachrichtenkorrespondenten (anläßlich der Öffnung des Brandenburger Tors in Berlin am 22. Dezember 1989)

quenz liegt 5,5 MHz oberhalb der des Bildsenders. Über eine Antennenweiche speisen Bild- und Tonsender eine gemeinsame Sendeantenne.

Der *Fernsehempfänger* arbeitet nach dem *Überlagerungsprinzip* sowohl im Bild- als auch im Tonteil. Die Frequenzen des gewünschten Bild-Ton-Senders werden mit einem Kanalwähler ausgewählt und mittels eines Oszillators auf feste Zwischenfrequenzen (ZF; 38,9 MHz für den Bildträger, 33,4 MHz für den Tonträger) umgesetzt. Durch Demodulation des ZF-Signals entsteht das Videosignal (mit Bild- und Synchronanteil), das verstärkt der Steuerelektrode (Wehnelt-Zylinder) der Bildröhre zugeführt wird; die Synchronsignale werden zur Steuerung des Ablenkteiles abgetrennt. Die Ton-ZF wird demoduliert und verstärkt dem Lautsprecher zugeführt. Das sichtbare Bild entsteht auf dem Leuchtschirm der Bildröhre bei Abbremsung eines elektrisch oder magnetisch fokus-

Fernsehen

sierten und durch eine Hochspannung (12 bis 18 kV) des beschleunigten Kathodenstrahles, der zeilenweise das Bildfeld überstreicht. Der sehr feine Elektronenstrahl wird in der evakuierten Bildröhre durch zwei Ablenkspulenpaare in waagerechter (Zeilen-) und senkrechter (Bild-)Richtung synchron zum Abtastvorgang in der Kameraröhre in zwei ineinandergeschachtelten Halbbildern nach dem *Zeilensprungverfahren* über das Bildfeld geführt.

Farbfernsehen: Zur Umwandlung eines farbigen Bildes in übertragbare elektr. Signale werden mindestens drei Farbauszüge in den Grundfarben Rot (R), Grün (G) und Blau (B) mit drei Aufnahmeröhren unter Verwendung von Farbfiltern hergestellt. Die einzelne Aufnahmeröhre gleicht derjenigen in einer Schwarzweißfernsehkamera. Die Größe der elektr. Farbsignale E_R, E_G, E_B ist ein Maß für die Farbsättigung der drei Farbauszüge. – An das Übertragungssystem und an den *Rückwandler* (Empfänger) werden beim Farb-F. höchste Anforderungen gestellt: das vorhandene Fernsehnetz mit den angeschlossenen Sendern für das Schwarzweiß-F. muß auch Farbsendungen mit dem gleichen Frequenzbandbedarf übernehmen können. Schwarzweißempfänger müssen Farbsendungen als normale Schwarzweißbilder wiedergeben können und umgekehrt Farbempfänger die Schwarzweißsendungen als Schwarzweißbilder.

Bei dem vom National Television System Committee (Abk. NTSC) in den USA entwickelten *NTSC-System* wird aus den elektr. Farbauszugssignalen E_R, E_G und E_B ein Helligkeitssignal *(Luminanzsignal)* E_Y gebildet, das mit voller Bandbreite von 5 MHz übertragen wird und am normalen Fernsehempfänger als Schwarzweißbild einer farbigen Vorlage erscheint. Dieses Frequenzband zeigt gleichmäßig verteilte Lücken im Abstand der Zeilenfrequenz, in die die Farbinformation *(Chrominanzsignal)* eingeschaltet wird. Hierzu dient ein *Farbhilfsträger,* dessen Frequenz ein ungeradzahliges Vielfaches der halben Zeilenfrequenz ist. Sie liegt am oberen Ende des Übertragungsbereiches. Dadurch wird die feine Perlschnurstörung des Farbhilfsträgers im Schwarzweißbild infolge der Trägheit des Auges nahezu ausgelöscht, weil in aufeinanderfolgenden Zeilen eines Halbbildes die Stellen größter und kleinster Helligkeit der Perlschnur übereinander liegen. Zur Farbinformation genügt es, im Coder zwei *Farbdifferenzsignale* (z. B. E_R-E_Y und E_B-E_Y) zu bilden und diese über den in Amplitude *(Farbsättigung)* und Phase *(Farbton)* doppelt modulierten Farbhilfsträger zu übertragen. Das fehlende Differenzsignal E_G-E_Y läßt sich am Empfangsort aus den beiden anderen leicht wieder gewinnen (in der Praxis werden statt E_R-E_Y und E_B-E_Y zwei neue Kombinationen wegen ihrer besseren Übertragungseigenschaften benutzt). Das NTSC-Verfahren weist im prakt. Betrieb gewisse Nachteile auf, die zu einer verfälschten Farbwiedergabe führen können. Eine Verbesserung stellt das von W. Bruch bei der Telefunken AG entwickelte *PAL-System* dar (PAL: Abk. für engl. phase alternating line = Phasenänderung [je] Zeile), bei dem die Phase des Farbdifferenzsignals E_R-E_Y von Zeile zu Zeile um 180° geändert (umgepolt) wird. Im Empfänger wird die Umpolung rückgängig gemacht. Das in der urspr. Polung und das in der umgekehrten Polung übertragene Farbbild werden in einer Schaltung über eine Verzögerungsleitung addiert, wobei sich prakt. alle Übertragungsfehler gegenseitig aufheben. Ein weiteres verbreitetes System ist das in Frankreich entwickelte *SECAM-System* (SECAM: Abk. für frz. séquentiel à mémoire = aufeinanderfolgend mit Zwischenspeicherung). Hier erfolgt die Übertragung des Helligkeitssignals E_Y wie beim NTSC-

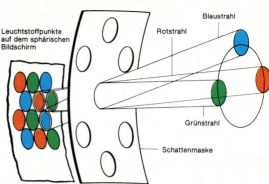

Fernsehen. Ausschnitt aus der Schattenmaske einer Lochmaskenröhre

Fernsehen

und PAL-System, die der Farbdifferenzsignale (E_R-E_Y) und (E_B-E_Y) aber nicht mehr gleichzeitig, sondern nacheinander (sequentiell). Da jedoch für die drei Farbsignale E_R, E_G, E_B neben E_Y die beiden Differenzsignale gleichzeitig gebraucht werden, muß das zuerst übertragene Differenzsignal während der Übertragungszeit des zweiten gespeichert werden.

Für die Programmausstrahlung über Satelliten wird von der Dt. Telekom AG ein *MAC-System* verwendet (Abk. für engl. Multiplex Analog Components). Bei dem gewählten Verfahren D2 MAC werden die Helligkeits- und Farbsignale sowie der Begleitton im Zeitmultiplexverfahren gesendet. Innerhalb von 64 µs (Zeilendauer) erhält der Fernsehempfänger für jede Zeile die Helligkeits- und Farbwerte sowie die digitalisierten Toninformationen. Da die Verwendung von vier Tonkanälen möglich ist, stehen entweder je zwei Stereokanäle oder vier Kanäle für den Monoempfang (z. B. in vier Sprachen) zur Verfügung.

Farbbildröhren: Die *Deltaröhre* enthält drei Elektronenstrahlquellen, die in Form eines gleichseitigen Dreiecks (ähnlich dem griech. Buchstaben Delta = △) angeordnet sind. Die Strahlen gehen jeweils gemeinsam durch jedes der 375 000 Löcher (Durchmesser 0,35 mm) einer Schatten- bzw. Lochmaske *(Lochmaskenröhre)* und treffen dann auf je eine Dreiergruppe von rot, grün oder blau aufleuchtenden Punkten der Phosphorbeschichtung des Leuchtschirms. Bei der *In-Line-Röhre* sind die drei Elektronenstrahlquellen nebeneinander angeordnet. Die Schattenmaske ist hier eine Schlitzmaske *(Schlitzmaskenröhre)* mit in senkrechten Reihen angeordneten längl. Öffnungen, die von Reihe zu Reihe um eine halbe Schlitzlänge gegeneinander versetzt sind. Der Bildschirm trägt die Leuchtphosphore in nebeneinanderliegenden Streifentripeln (Rot-Grün-Blau/Rot-Grün-Blau usw.). Beim *Trinitron* werden die von drei eng beieinanderliegenden Kathoden ausgehenden Elektronenstrahlen gemeinsam fokussiert und so geführt, daß sie in der Ebene einer Streifen- oder Gittermaske aus vertikal über die gesamte Bildhöhe verlaufenden Streifen konvergieren. Die Leuchtphosphore auf dem Bildschirm sind ebenfalls in nebeneinanderliegenden Streifentripeln angeordnet.

Geschichte: 1884 erfand P. Nipkow den ersten brauchbaren mechan. Bildfeldzerleger, die *Nipkow-Scheibe*. Bereits 1906 benutzten M. Dieckmann und G. Glage die *Braunsche Röhre* zur Wiedergabe von 20zeiligen Schwarzweißbildern. Die ersten Sendungen wurden 1928 in den USA ausgestrahlt. 1929 begann die British Broadcasting Corporation (BBC) mit regelmäßigen Übertragungen. Den ersten brauchbaren elektron. Bildabtaster schuf 1923/24 W. K. Zworykin. In Berlin konstruierte M. von Ardenne einen Leuchtschirmabtaster und führte 1930 das erste vollelektron. Fernsehbild vor. Das Reichspostzentralamt in Berlin begann 1929 mit Versuchssendungen. Die ersten großen Übertragungen galten 1936 den Olymp. Spielen. 1952 konnte das öffentl. F. in der BR Deutschland aufgenommen werden (1955 in der DDR). Die Geschichte des Farb-F. beginnt mit einem 1902 an O. von Bronk erteilten Patent. Von 1956 an beschäftigte man sich in Europa mit dem Farb-F., nachdem in Amerika 1954 die NTSC-Norm eingeführt worden war. Das Verfahren PAL wurde 1966/67 von den meisten westeurop. Ländern übernommen, während Frankreich und die Ostblockstaaten am SECAM-System festhielten. 1967 offizieller Beginn des Farb-F. in der BR Deutschland. 1989 nahm die Dt. Bundespost einen Fernsehsatelliten in Betrieb, dessen Sendungen mit einer Spezialantenne direkt empfangen werden können.

Heute dient das F. auch als Display für ein Breitbandkommunikationsangebot. Mit speziellen Decodern können Schriftinformationen (Bildschirmtext über den Telefonanschluß, Videotext über die Fernsehantenne) empfangen werden; durch das Kabelfernsehen können mehr Programme vermittelt werden, als dies durch die zugeteilten Frequenzen der Sender möglich ist; mit Videorecordern und Videokameras können Sendungen aufgezeichnet werden. Seit 1981 ist in der BR Deutschland der Fernsehempfang mit stereophonem Ton möglich. Mit dem dabei angewendeten Zweitonverfahren können auch fremdsprachige Filme bzw. Sendungen auf

Fernsehen

dem einen Kanal in Originalfassung, auf dem anderen in synchronisierter Übersetzung empfangen werden.
Recht: Die Hörfunk- und Fernsehfreiheit (Rundfunkfreiheit) als institutionelle Garantie (Art. 5, Abs. 1 GG) ist ein Wesenselement der freiheitl. demokrat. Staatsordnung und unerläßl. Voraussetzung für eine freie Bildung der öffentl. Meinung. Die Verfassung verlangt deshalb, daß Hörfunk und F. weder dem Staat noch einer gesellschaftl. Gruppe ausgeliefert werden. In der BR Deutschland waren Hörfunk- und Fernsehen bis vor wenigen Jahren ausschließlich eine öffentl. Aufgabe, die dem privatwirtschaftl. Wettbewerb entzogen war und von öffentlich-rechtl. Anstalten betrieben wurde. Im Zuge des Ausbaus von Kabelnetzen traten auch private Programmanbieter auf, deren Zulassung durch die Landesmediengesetze der einzelnen Bundesländer geregelt wird. Das *1. Fernsehprogramm* wird von den in der *ARD* zusammengeschlossenen *Landesrundfunkanstalten* als Fernsehgemeinschaftsprogramm Dt. F. veranstaltet. Daneben veranstalten die einzelnen Rundfunkanstalten eigene Fernsehprogramme *(Regionalprogramme* und die *Dritten Fernsehprogramme).* Die Zusammenarbeit der Anstalten auf dem Gebiet des 1. Fernsehprogramms beruht auf einer am 27. 3. 1953 geschlossenen Verwaltungsvereinbarung, dem sog. *Fernsehvertrag.* Das *2. Fernsehprogramm* wird vom *Zweiten Dt. Fernsehen (ZDF)* in Mainz ausgestrahlt. Das ZDF ist ebenfalls eine Anstalt des öffentl. Rechts mit dem Recht der Selbstverwaltung; sie ist durch Staatsvertrag sämtl. Bundesländer vom 6. 6. 1961 errichtet worden. Die Landesrundfunkanstalten und das ZDF sind dem staatl. Einfluß entzogen und unterstehen nur einer beschränkten staatl. Rechtsaufsicht. Ihre kollegialen Organe sind in einem angemessenen Verhältnis aus Repräsentanten aller bedeutsamen polit., weltanschaul. und gesellschaftl. Gruppen zusammengesetzt. Unter diesen Voraussetzungen, und wenn zugleich die Freiheit der Berichterstattung unangetastet bliebe, kann nach dem Fernsehurteil des Bundesverfassungsgerichts vom 28. 2. 1961 auch eine private Gesellschaft Träger von Hörfunk und Fernsehprogrammen sein. In *Österreich* bildet die Rechtsgrundlage für den Betrieb des F. das Rundfunkgesetz von 1966. Danach obliegen dem *Österreichischen Rundfunk (ORF)* die [alleinige] Herstellung und Sendung von Fernsehprogrammen. Die *schweizer. BV* kennt bislang keinen Fernsehartikel. Der Bundesrat hat eine Fernsehkonzession allein der als privatrechtl. Verein organisierten *Schweizer. Radio- und Fernsehgesellschaft (SRG)* erteilt.
Wirtschaftliche Grundlagen: Das F. ist ein Massenkommunikationsmittel, dem in der BR Deutschland rund 90% der Haushalte angeschlossen sind. Die Kosten des öffentlich-rechtlichen Fernsehens werden in Deutschland aus Gebühren und Werbeeinnahmen gedeckt. Da die Sendegebiete der ARD-Anstalten und damit das Gebührenaufkommen für die Sender unterschiedlich groß sind, führen die Anstalten untereinander einen Finanzausgleich durch. Private Fernsehanstalten finanzieren sich ausschließlich aus Werbeeinnahmen.
Programme: Das 1. Programm wird von den (seit 1992) elf Landesrundfunkanstalten der ARD ausgestrahlt. Dabei werden die Nachmittags- und Werbeprogramme von den jeweiligen Sendeanstalten bzw. deren Werbetöchtern bestritten, während das Abendprogramm auf die Anstalten nach einem prozentualen Schlüssel verteilt ist. Das Gemeinschaftsprogramm wird durch die Programmdirektion Dt. F. (Sitz München) koordiniert. Das 2. Programm wird vom ZDF (Mainz) ausgestrahlt. Die Dritten Programme gestalten die ARD-Anstalten vorwiegend als Regionalprogramme. Über die Fernsehsender wird seit 1988 zusätzlich ein von ARD und ZDF gemeinsam gestaltetes Vormittagsprogramm ausgestrahlt, das im wesentlichen Wiederholungen der vorausgegangenen Nachmittags- und Abendprogramme bringt sowie seit 1992 ein gemeinsames Frühstücksfernsehen mit Nachrichten und Magazinbeiträgen. In die Kabelnetze wird von ARD und ZDF das Satellitenprogramm 3Sat (seit 1984 zus. mit ORF und SRG) eingespeist. ARD und ZDF gehören der Eurovision an. Seit dem Start des Kabelfernsehens (1984) und des Satellitenfernsehens (1985) etablierten sich neben

Fernsehnormwandler

den öffentl.-rechtl. Anstalten zahlr. private Konkurrenten, darunter RTL (Sitz Köln), SAT 1 (Sitz Mainz) oder der Pay-TV-Sender Premiere (Sitz Hamburg). 1990 konnten in Westdeutschland rd. 65% der Haushalte die eher an Unterhaltungssendungen orientierten privaten Anbieter empfangen. Der Marktanteil aller ARD- und ZDF-Fernsehprogramme an der tägl. Sehdauer der Kabel-Zuschauer (ab 14 Jahren) lag 1991 mit 48% erstmals unter 50% und sinkt seither weiter ab. Die Dauer der tägl. Sendezeit hat sich dabei ebenso beständig ausgeweitet wie die tägl. Einschaltdauer (1991 durchschnittlich 160 Minuten).

Wirkungen: Zu den Folgen der sozialen Institution F. gehört v. a. der Wandel des Verhaltens durch das gestiegene Angebot an Wahrnehmungsimpulsen: F. bietet einerseits die Chance zur Weiterbildung (z. B. Telekolleg) und zur Verbesserung von Kommunikation und Informationsstand; andererseits kann die Ausrichtung des Freizeitverhaltens an den Programmen und die Reizüberflutung zu einer Beschleunigung und Beeinflussung des Erlebens und Handelns, zu Orientierungslosigkeit und Isolierung führen. ↑Massenmedien.

Fernsehnormwandler, im Programmaustausch zw. Ländern mit unterschiedl. Fernsehnormen eingesetzte Umwandlungsgeräte. Beim *elektroopt. Verfahren* wird das ankommende Signal durch eine Fernsehkamera in der geänderten Norm aufgenommen. Das *vollelektron. Verfahren* mit Zeilen- und Halbbildspeicherung fügt z. B. beim Übergang NTSC-CCIR jedem Halbbild (625–525) : 2 = 50 Zeilen hinzu und läßt jedes 6. Halbbild ausfallen, so daß nur 50 Halbbilder übertragen werden; auch auf unterschiedliche Farbfernsehsysteme (z. B. PAL-SECAM) anwendbar; bei modernen Empfängern eingebaut.

Fernsehsatellit ↑Kommunikationssatelliten.

Fernsprechen, Übermittlung von Sprache auf elektr. Weg. *Prinzip:* 1. *Signalumwandlung* der vom Sprecher erzeugten Schallwellen über die Membranbewegungen in einem Mikrophon in ein elektr. Signal; 2. *elektr. Übertragung* dieses Signals über eine Vermittlungseinrichtung zum zweiten Teilnehmer; 3. *Rückwandlung* des elektr. Signals durch die Membranbewegungen in der Hörkapsel in Schallwellen.

Teilnehmervermittlung: Aufgabe einer *Fernsprechvermittlung* ist es, Teilnehmer miteinander zu verbinden. Im *handvermittelten Dienst* werden diese Schaltungen von Hand ausgeführt. 1906 wurde in Deutschland der *Selbstwählferndienst* eingeführt. Zunächst benutzte man Schrittschalter, z. B. den *Hebdrehwähler*. Weiterentwicklungen stellen *Motorwähler* und *EMD-Wähler* (Edelmetall-Motor-Drehwähler) dar. Beim 1977 bei der Dt. Bundespost eingeführten *Elektron. Wähl-System* (EWS) werden mechan. Kontakte durch Halbleiterbauteile ersetzt. Das Vermittlungsnetz der Telekom ist sternförmig aufgebaut. In der obersten Netzebene gibt es acht *Zentralvermittlungsstellen* (ZVS). An jeder ZVS sind sternförmig acht *Hauptvermittlungsstellen* (HVS) angeschlossen, an diesen acht *Knotenvermittlungsstellen* (KVS) mit maximal je acht *Endvermittlungsstellen* (EVS); acht deshalb, weil von den zehn Kennziffern (0 bis 9) die 0 für die Wahl von Ferngesprächen und die 1 für die Fernsprechsonderdienste (Auskunft u. a.) erforderlich sind. *Fernwahl* ist die unmittelbare automat. Anwahl eines Teilnehmers in einem anderen Ortsnetz. Die Gesprächsgebühren werden durch sog. *Zeitzonenzähler* erfaßt. Zählimpulse werden entsprechend der Tageszeit und Entfernungszone auf den Gebührenzähler gegeben. *Freizeichen* und *Besetztzeichen* werden in den Endvermittlungsstellen durch Tonfrequenzgeneratoren erzeugt. Die Signalübertragung erfolgte früher über Freileitungen, heute v. a. über Kabel abschnittsweise und drahtlos über Richtfunkstrecken. Die *Trägerfrequenztechnik* erlaubt das gleichzeitige Belegen eines Koaxialkabels mit einer großen Zahl von Gesprächen. Hierbei werden die Sprachfrequenzen (zw. 300 Hz und 3 400 Hz) einer höheren Trägerfrequenz aufmoduliert. Über Sendefilter (Einseitenbandfilter) werden die Gespräche auf ein *Koaxialkabel* geschaltet und am anderen Ende durch Empfangsfilter getrennt und demoduliert. Für den Sprechverkehr in Gegenrichtung muß ein zweites System bereitgestellt werden. *Trägerfrequente Vielkanalsysteme* (z. B. V 10 800

Ferrite

mit 10 800 Kanälen von 4 322–59 684 kHz für 5 400 Gegengespräche auf einer Koaxialleitung) werden über *Richtfunkstrecken* und im Überseeverkehr über geostationäre *Kommunikationssatelliten* (Nachrichtensatelliten, z. B. Intelsat) im Frequenzbereich zw. 2 und 12 GHz übertragen. Bei der *Funktelefonie* (drahtloses F., *Funkfernsprecher, Mobiltelefon*) werden die Gespräche drahtlos, d. h. durch elektromagnet. Wellen übertragen.
Geschichte: 1861 Apparat zur Tonübertragung (»Telephon«), vorgestellt von P. Reis. 1872 Bau eines elektromagnet. Telefons durch A. G. Bell in Boston, USA (1876 Patent und 8,5 km lange Versuchsstrecke). Ab 1877 Versuche der Dt. Reichspost mit dem Bellschen Apparat. Erste Ortsnetze 1881 in Mühlhausen (Elsaß) und Berlin. 1883 Leitung Berlin–Hamburg. 1928 Fernsprechdienst (über Funk) Deutschland–USA. 1956 erstes Transatlantikkabel (TAT 1) Europa–Nordamerika. Seit 1960 Fernmeldesatelliten.
Fernsprech-Wählautomat, Zusatzgerät für gewöhnliche Telefonapparate, in dem Rufnummern elektronisch gespeichert werden können, so daß ein einfacher Tastendruck (bzw. eine Kurzrufnummer) genügt, um diese anzuwählen.
Fernsteuerung, Überwachung, Bedienung und Steuerung von Anlagen von einer entfernt liegenden Stelle aus. Bei Fahrzeugen, Flugkörpern u. ä. wird dem Begriff ↑Fernlenkung der Vorzug gegeben.
Fernstraßen, Straßen, die über größere Entfernungen hinweg Städte, Industriezentren oder Ballungsgebiete miteinander verbinden. F. sind in der BR Deutschland die *Bundesstraßen* und die *Bundesautobahnen,* in Europa die *Europastraßen,* in angelsächs. Ländern die *Highways* und *Interstates* (in den USA).
Fernstudium, jedes durch Medien vermittelte Studium, meist mittels Studienbriefen. In der BR Deutschland werden seit 1975 im Voll- bzw. Teilstudium einige Studiengänge von der Fernuniversität Hagen angeboten. Studienbriefe erarbeitet neben Hagen v. a. das *Dt. Institut für Fernstudien (DIFF)* an der Univ. Tübingen, gegr. 1967. ↑Funkkolleg, ↑Telekolleg.

Fernunterricht, von privaten Fernlehrinstituten angeboteter, meist berufl. Unterricht (auch Abiturlehrgänge), der mittels Studienbriefen erfolgt. Die Staatl. Zentralstelle für F. (Köln) und das Bundesinstitut für Berufsbildungsforschung Berlin überprüfen und bewerten die Fernlehrgänge.
Fernwärme, in einer zentralen Anlage erzeugte, in einem Rohrleitungsnetz *(F.netz)* einer Vielzahl von Wärmeverbrauchern zur Heizung *(Fernheizung)* und Warmwasserbereitung zugeleitete Wärme (in Form von Dampf oder Heißwasser). F. liefern reine Heizwerke, Blockheizkraftwerke und große Heizkraftwerke, in denen gleichzeitig elektr. Energie erzeugt wird (↑Kraft-Wärme-Kopplung).
feroce [italien. feˈroːtʃe], musikal. Vortrags-Bez.: wild, ungestüm, stürmisch.
Ferrara, italien. Prov.hauptstadt in der Emilia-Romagna, 140 600 E. Univ.; Museen; petrochem. und chem. Werke; Obstmesse. In der dem einer Mauer umschlossenen Altstadt das Castello Estense (14. und 16. Jh.), die roman.-got. Kathedrale (begonnen 1135) und Adelspaläste. – Die wahrscheinlich Anfang des 7. Jh. gegr. Stadt fiel 1240 endgültig an die Familie Este (ab 1471 Herzöge von F.); gehörte 1598 bis 1796 und 1815–60 zum Kirchenstaat.
Ferrara, Konzil von (Konzil Basel, F.-Florenz) ↑Basler Konzil.
Ferrari, Enzo, *Modena 20. 2. 1898, †ebd. 14. 8. 1988, italien. Automobilfabrikant. Baute seit 1943 Renn- und Sportwagen.
Ferras, Christian [frz. feˈraːs], *Le Touquet-Paris-Plage (Dép. Pas-de-Calais) 17. 6. 1933, †Paris 15. 9. 1982, frz. Violinist. Internat. Konzertreisen, gehörte zu den bevorzugten Solisten Karajans.
Ferrit [lat.], unter 911 °C vorliegender kubisch-raumzentrierter Mischkristall des α-Eisens.
Ferrite, oxidkeram. Magnetwerkstoffe der Elektrotechnik aus Eisen(III)-oxid und Oxiden zweiwertiger Metalle (z. B. Mn, Co, Ni, Cu), hergestellt durch Sintern bei Temperaturen zw. 1 000 und 1 400 °C aus Pulvermischungen. Anwendungen z. B. für Ferritkerne von HF-Spulen, für Magnetköpfe in der Magnettontechnik, früher für Ferrit-

Ferrara
Stadtwappen

Christian Ferras

Ferro-

kernspeicher in der elektron. Datenverarbeitung.

Ferro- [lat.], Legierungen mit Eisen als überwiegendem Bestandteil, z. B. F.mangan.

Ferrochromband, Zweischichtentonband aus einer Eisenoxid- und einer Chromdioxidschicht für klangtreue Musikaufnahmen.

Ferromagnetismus, Eigenschaft kristalliner Modifikationen von Eisen, Kobalt, Nickel und ferromagnet. Legierungen. Die Elementarmagnete der Ferromagnetika sind keine Atome, sondern die zunächst ungeordneten, insbes. nach außen unmagnet. erscheinenden ↑Weissschen Bezirke, die sich bei wachsender Feldstärke immer mehr in Richtung des Feldes einstellen bis zum Erreichen eines Sättigungswertes und damit einer permanenten Magnetisierung.

Ferrum [lat.], lat. Bez. für ↑Eisen.

Ferse ↑Fuß.

Fersenbein ↑Fuß.

Fertigbauweise (Fertigteilbau), die Errichtung von Bauten *(Fertighäuser)* unter Verwendung serienmäßig hergestellter, typisierter größerer Bauteile *(Fertigbauteile),* z. B. aus Beton, Holz, Kunststoff.

Fertigungstechnik, Zweig der Technik, in dem Werkstücke nach den Fertigungsverfahren Urformen, Umformen, Trennen, Fügen, Beschichten und Stoffeigenschaftsändern hergestellt oder verändert werden.

Fertilität [lat.] (Fruchtbarkeit), die Fähigkeit von Organismen, Nachkommen hervorzubringen.

Fertő, ungar. für Neusiedler See.

Fes, marokkan. Prov.-Hauptstadt im nördl. Vorland des Mittleren Atlas, 933 000 E. Zeitweise Residenz; Islam. Univ. (gegr. im 9. Jh.); traditionelle Handwerke. Karawijin-Moschee (859 gegr., v. a. 12. Jh.), Große Moschee (1276–79), Palast Dar Batha (19. Jh.; heute Museum). – Im 11. Jh. entstanden durch Zusammenschluß zweier älterer Städte (gegr. 788/789 und 808).

Fes [türk., wohl nach der Stadt Fes], Filzkappe in Form eines Kegelstumpfs mit Quaste (arab. Mittelmeerländer), in der Türkei 1925 verboten; auch Bestandteil von Nationaltrachten (Balkanländer, Italien) und Uniformen.

Fessan, Wüstenlandschaft in der nördl. Sahara, im sw. Libyen; vulkan. Gebirgsmassive mit Felsschutt- und Sandwüsten.

Fessel, 1) bei Huftieren der die beiden ersten Zehenglieder umfassende Teil des Fußes zw. Fesselgelenk und Huf.
2) beim Menschen der Übergang von der Wade zur Knöchelregion.

Fesselgelenk, *Anatomie:* das Scharniergelenk zw. dem distalen Ende der Mittelfußknochen und dem ersten Zehenglied (Fesselbein) bei Huftieren.

Fessenheim, frz. Gem. im Oberelsaß, Dép. Haut-Rhin, nordöstlich von Mülhausen, 2 000 E. Wasserkraftwerk am Rheinseitenkanal, Kernkraftwerk (seit 1976 in Betrieb).

Festgeld (feste Gelder), Einlagen, die den Kreditinstituten von ihren Kunden für einen von vornherein bestimmten Zeitraum (mindestens ein Monat) überlassen werden.

Festigkeit, Widerstandsfähigkeit eines Werkstoffs bzw. eines Bauteils gegen Bruch. Die F. ist u. a. abhängig vom Werkstoff, von der Form des beanspruchten Körpers, von der Beanspruchungsart (Zug, Druck, Schub, Biegung, Verdrehung). Die *Bruchfestigkeit* ist die Spannung, die den Bruch bewirkt.

Festigungsgewebe (Stützgewebe), Dauergewebe der Sproßpflanzen aus Zellen mit verdickten Wänden zur Erhaltung der Form, Tragfähigkeit und Elastizität.

Festival ['festival, engl. 'festivəl; lat.-engl.], kulturelle Großveranstaltung.

Festkörperphysik, Teilgebiet der Physik, das sich mit den physikal. Eigenschaften fester Körper, insbes. der Kristalle, sowie mit der theoret. Deutung dieser Eigenschaften beschäftigt.

Festlandsockel ↑Schelf.

Festmeter, nicht gesetzl. Raummaß für Holz, Abk. fm oder Fm; 1 fm = 1 m³ feste Holzmasse ohne Schichtungszwischenräume (im Ggs. zum ↑Raummeter).

Feston [fɛsˈtõː; italien.-frz.], Schmuckmotiv (bogenförmig durchhängendes Gewinde aus Früchten, Blättern, Blumen).

Festplatte ↑Magnetspeicher.

Festpreis, staatlich oder vertraglich festgelegter Preis, der über oder unter dem sich bei funktionierendem Wettbewerb ergebenden Marktpreis liegen

Feston

bzw. diesem entsprechen kann; das Risiko von Kostenerhöhungen geht zu Lasten des Unternehmers.
Festpunkt, markierter Bezugspunkt für Messungen im Gelände.
Festspeicher (Festwertspeicher, Totspeicher, Permanentspeicher, Read-only-Speicher), in Rechnern zur Speicherung von Standardprogrammen verwendete Speichereinheit; ihr Inhalt kann nur abgerufen, nicht aber verändert werden. ↑ROM.
Festspiel, meist periodisch wiederkehrende Veranstaltung von festl. Tagen oder Wochen zur Pflege von Konzert, Oper, Tanz, Theater, Film u.a. (auch *Festival* genannt).
Feststellungsklage, eine Klageart, bei der der Kläger die Feststellung begehren kann, daß ein Rechtsverhältnis besteht *(positive F.)* oder nicht besteht *(negative F.)* oder daß eine Urkunde echt oder unecht ist. Ferner kann auf Feststellung des Bestehens oder Nichtbestehens einer Ehe, des Eltern- oder Kindesverhältnisses oder der elterl. Sorge geklagt werden. Die F. wird durch ein Feststellungsurteil beschieden.
Festung, sehr alte, früher aus Erde, Steinen, Ziegeln, jetzt aus Beton oder Panzerplatten und dergleichen errichtete Ortsbefestigung an strategisch wichtiger Stelle; aus den befestigten Städten und Burgen des Altertums und des MA im Laufe der Entwicklung der mauerbrechenden Belagerungsgeschütze, insbes. der Feuerwaffen, entstanden. An die Stelle der senkrechten Mauer trat der geböschte Wall. Mit dem Franzosen Vauban, dem ersten Ingenieuroffizier, erreichte die F.baukunst in Europa ihren Höhepunkt. In Preußen legte ab 1748 Oberst Wallrawe Werke mit flankierten Gräben, Reversgalerien und Wohnkasematten an. Ihr Grundriß bestand aus wechselweise aus- und einspringenden Winkeln. Die Fortschritte der Kriegstechnik im 19. Jh. führten zu einer bes. stürm. Entwicklung im F.bau. Außenforts, bis zu 10 km weit vorgeschoben, sollten den Festungskern (Reduit, Zitadelle) dem Feuer des Angreifers entziehen. Drehtürme mit Panzerkuppeln sowie betonierte, stahlarmierte Kasematten sollten Waffen und Besatzungen schützen. Die Festungskämpfe in der 2. Hälfte des 19. Jh. (1855 Sewa-

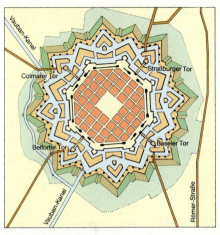

Festung. Plan der achteckigen Festungsanlage Neubreisach, Elsaß, von Sébastian le Prestre de Vauban (1699–1708)

stopol, 1864 Düppel, 1870/71 Metz und Paris), bes. aber im 1. Weltkrieg (1914 Antwerpen) zeigten, daß selbst stark armierte moderne F. der gesteigerten Feuerkraft der Artillerie nicht mehr standzuhalten vermochten. Im 2. Weltkrieg wurden durch massierte Luftangriffe, panzerbrechende Artillerie und neuartige Pionierkampfmittel selbst stärkste F.anlagen (Maginotlinie 1940, Sewastopol 1942, Atlantikwall 1944) in kurzer Zeit durchbrochen.
Festungshaft, früher oft in Festungen vollstreckte, nicht entehrende Freiheitsstrafe (z. B. für Adelige, Offiziere).
Fet, Afanassi Afanassjewitsch [russ. fjet], eigtl. A. A. Schenschin, * Nowossjolki bei Mzensk (Gouv. Orel) 5. 12. 1820, † Moskau 3. 12. 1892, russ. Lyriker. Schrieb impressionist. und symbolist. Lyrik; auch hervorragender Übersetzer (u. a. Horaz, Ovid, Vergil, Goethes »Faust«).
FET, Abk. für Feldeffekttransistor (↑Transistor).
fetal [lat.], den Fetus betreffend.
Fete [frz. 'fe:tə], ungezwungenes Fest.
Fetisch [lat.-portugies.-frz.], Gegenstand, dem mag. Kräfte zugeschrieben werden.
Fetischismus, 1) von den Portugiesen eingeführter Begriff für den Kult mit

Fette

Fetthenne.
Felsenfetthenne
(Höhe 5–30 cm)

Götterfiguren in Westafrika; heute Glaube an die Wirkungskraft eines Fetisch.
2) *Psychologie:* sexuelle Perversion, bei der Gegenstände als bevorzugte Objekte sexueller Erregung dienen.
Fette, Sammel-Bez. für die Ester des dreiwertigen Alkohols ↑Glycerin mit meist verschiedenen Fettsäuren, geruch- und geschmacklose, wasserunlösl., in organ. Lösungsmitteln gut lösl. Verbindungen. In den tier. F. überwiegen *Palmitin-, Stearin-* und *Ölsäure,* pflanzl. F. enthalten zudem noch mehrfach ungesättigte Fettsäuren. Bei Zimmertemperatur flüssige F. bezeichnet man als *fette Öle.* Beim Kochen mit Lauge tritt ↑Verseifung ein. F. sind in jeder Pflanzen- und Tierzelle als ideales Nähr- und Reservematerial vorhanden.
Fettgewebe, lockeres, an verschiedenen Stellen des Wirbeltierkörpers auftretendes umgewandeltes Bindegewebe, dessen Zellen z. T. von großen Fettkugeln erfüllt sind. In der Unterhaut und an den Eingeweiden dient das F. v. a. der Bereitstellung energiereicher Reserven, an Gelenken, Gesäß und Füßen als mechan. Schutz in Form eines druckelast. Polsters (Fettpolster).
Fetthärtung, die Umwandlung von fetten Ölen in Fette mit höherer Schmelztemperatur (d. h. festerer Konsistenz) durch Wasserstoffanlagerung an ungesättigte Fettsäuren.
Fetthenne (Sedum), Gatt. der Dickblattgewächse mit etwa 500 Arten auf der Nordhalbkugel. Bekannte einheim. Arten sind u. a. die bis 80 cm hohe, breitblättrige *Große F.* mit gelblichgrünen Blüten; ferner die niedrigen, z. T. polsterwüchsigen Arten, wie z. B. *Weiße F.* mit weißen Blüten, auf Felsen, Mauern und steinigen Böden und *Mauerpfeffer* (Scharfe F.) an trockenen, sonnigen Standorten.
Fettkraut, Gatt. der Wasserschlauchgewächse mit etwa 35 Arten auf der nördl. Erdhalbkugel; insektenfressende Pflanzen auf moorigen Stellen. – In M-Europa vier Arten, darunter das *Gemeine F.* und das *Alpenfettkraut.*
Fettleber (Leberverfettung, Hepar adiposum), krankhaft erhöhter Fettgehalt des Lebergewebes, z. B. bei Stoffwechselstörungen und chron. Alkoholismus.
Fettpflanzen, svw. ↑Sukkulenten.

Fettsäuren, einwertige aliphat. Carbonsäuren, wesentl. Bestandteil der Fette. Die gesättigten F. leiten sich von den Paraffinen ab. Die höher ungesättigten F. Linol-, Linolen- und Arachidonsäure sind *essentielle F.* (für den Organismus nicht synthetisierbar, daher bei der Nahrungsaufn. unentbehrlich).
Fettspaltung ↑Verseifung.
Fettsteiß, verstärkte Fettablagerung im Bereich des Steißbeins; bei den Hottentottenfrauen gilt der F. als Schönheitsmerkmal *(Hottentottensteiß).*
Fettsucht (Adipositas, Steatosis, Polypionie), [krankhafte] Neigung zur übermäßigen Fettanhäufung im Körper, erkennbar am Übergewicht. F. entsteht durch zuviel aufgenommene Nahrung oder durch zu geringen Energieverbrauch bei normaler Ernährung. Für 90% der F.fälle fehlen faßbare körperl. Ursachen; es liegt die Annahme psychischer Entstehungsbedingungen nahe (z. B. beim sog. »Kummerspeck«).
Fetus (Fötus) [lat.], mit der Geburt abschließendes Entwicklungsstadium; beim Menschen etwa vom 4. Schwangerschaftsmonat an.
Feuchtgebiete, unter Natur- oder Landschaftsschutz stehende Landschaftsteile, deren pflanzl. und tier. Lebensgemeinschaften an das Vorhandensein von Wasser gebunden sind.
Feuchtigkeit (Feuchte), Gehalt an Wasserdampf in einem Gas, z. B. in Luft. *Absolute F.:* Wasserdampf (in Gramm) in 1 m³ Luft. *Relative F.:* Prozentsatz des bei der herrschenden Temperatur maximal mögl. Wasserdampfgehalts (100% entspricht Sättigung).
Feuchtigkeitsmesser ↑Hygrometer.
Feuchtmayer (Feichtmair), Künstlerfamilie aus Wessobrunn (Oberbayern), die zahlr. süddt. Kirchen ausstattete (17./18. Jh.).
1) *Johann Michael,* ✶Haid bei Wessobrunn, ≈ 5. 8. 1709 oder 25. 9. 1710, † Augsburg 4. 6. 1772. Rokokostuck u. a. für die einem. Abteikirchen Amorbach (1744–47), Zwiefalten (1747–58), Ottobeuren (um 1760 ff.).
2) *Joseph Anton,* ✶Linz 1696, † Mimmenhausen bei Überlingen 2. 1. 1770. Schüler von D. F. Carlone. Bewegter Rokokostil; Gesamtausstattung der Wallfahrtskirche Birnau (1748 ff.), zuletzt in Sankt Gallen.

Fettkraut.
Gemeines Fettkraut

Feuerbrand

Feuchtsavanne, Vegetationstyp der wechselfeuchten Tropen mit einfacher Trockenzeit. Neben geschlossenem Graswuchs von 2–4 m Höhe, Baumgruppen und Galeriewälder. V. a. in Afrika südlich und nördlich des trop. Regenwaldes anzutreffen.

Feuchtwangen, Stadt bei Ansbach, Bayern, 10 800 E. Alljährl. Festspiele. Got. ehem. Stiftskirche mit spätroman. Kreuzgang (13. Jh., nur z. T. erhalten), spätgot. Johanniskirche, Marktplatz mit Röhrenbrunnen (1727). – 1285–1376 Reichsstadt.

Feuchtwanger, Lion, Pseud. J. L. Wetcheek, *München 7. 7. 1884, † Los Angeles 21. 12. 1958, dt. Schriftsteller. 1933 Ausbürgerung, 1933–40 in S-Frankreich, 1940 Flucht in die USA; schuf ein umfangreiches gesellschaftskrit. Romanwerk, wobei er die Gattung des histor. Romans bevorzugte, u. a. »Jud Süß« (1925), »Erfolg« (1930), »Josephus« (Trilogie, 1932–45), »Exil« (1940), »Goya« (1951), »Die Jüdin von Toledo« (1955).

feudal [mittellat.], den Feudalismus betreffend; umgangssprachlich vornehm, prachtvoll.

Feudalismus [mittellat.], im 17. Jh. in Frankreich entstandener Begriff (frz. féodalité), der zunächst den Gesamtkomplex lehnsrechtl. Normen bezeichnete; Anfang des 19. Jh. aufgekommenes Schlagwort für die Kennzeichnung des »régime féodol« im Ancien régime, das durch adligen Grundbesitz und damit verbundene Herrschaftsrechte und Standesprivilegien gekennzeichnet war. Im 19. Jh. wurde F. – als Gegenbegriff zu Kapitalismus – zum Typenbegriff erweitert und so auch auf außereurop. Gebiete (Asien, Amerika) anwendbar. In ähnl. Weise wird im Marxismus-Leninismus F. als historisch notwendige sozioökonom. Formation zw. Sklavenhaltergesellschaft und Kapitalismus gesetzt (dauerte demnach in W-Europa bis ins 18. Jh., in Rußland vom 9. Jh. bis zur Bauernbefreiung 1861, in China bis ins 20. Jh.). Die nichtmarxist. Verfassungs- und Sozialgeschichte schränkt F. auf die durch ↑Lehnswesen strukturierten Gemeinwesen im fränk.-abendländ. Raum ein (10.–13. Jh.).

Feuer, 1) Verbrennung (Brennstoffoxidation) mit gleichzeitiger Flammenbildung, Licht- und Wärmeentwicklung. – Die kontrollierte Verwendung und Erzeugung des F. bildeten einen der entscheidensten Schritte der kulturellen Entwicklung des Menschen. Die *antiken Wiss.* zählten das F. zu den vier Elementen. – Im *religiösen Verständnis* wird F. vielfach als eine zerstörende, aber auch reinigende göttl. Macht angesehen.
2) Bez. für das Farbenspiel bei manchen Kristallen (insbes. bei Schmucksteinen).

Feuerbach, 1) Anselm, *Speyer 12. 9. 1829, † Venedig 4. 1. 1880, dt. Maler. Lebte vorwiegend in Rom, ab 1876 in Venedig; orientierte sich an einem idealisierten Bild der Antike; v. a. antike Frauengestalten und große Figurenkompositionen; Porträts.
2) Ludwig, *Landshut 28. 7. 1804, † auf dem Rechenberg bei Nürnberg 13. 9. 1872, dt. Philosoph. Sohn von Paul Johann Anselm Ritter von F., lebte als Privatgelehrter (ab 1836) in ärmsten Verhältnissen; u. a. 1848/49 Vorlesungen über das Wesen der Religion in Heidelberg. In Auseinandersetzung mit der Hegelschen Kategorie des »absoluten Geistes« entwickelte F. eine philosoph. Kritik der Theologie, worin er Gott als die Projektion menschl. Vollkommenheitsstrebens definierte. Sein Ziel war es, Religion und Theologie in der Anthropologie aufzulösen. Seine Anthropologie wirkte v. a. auf den frühen Marx und Engels. – *Werke:* Das Wesen des Christentums (1841), Grundsätze der Philosophie der Zukunft (1843), Das Wesen der Religion (1845).
3) Paul Johann Anselm Ritter von (ab 1808), *Hainichen bei Jena 14. 11. 1775, † Frankfurt am Main 29. 5. 1833, dt. Jurist. Großvater von Anselm F. und Vater von Ludwig F.; unter dem Einfluß Kants Begründer einer neuen Strafrechtslehre; danach müssen die Gesetze allg. bekannt sein, die Unrechtsfolgen dürfen nicht im Ermessen des Richters stehen. F. formulierte die Maxime »Nullum crimen, nulla poena sine lege« (»kein Verbrechen, keine Strafe ohne Gesetz«), die zu einem der wichtigsten rechtsstaatl. Grundsätze wurde.

Feuerbestattung ↑Bestattung.
Feuerbohne ↑Bohne.
Feuerbrand, durch ein Bakterium (Erwinia amylovora) verursachte, melde-

Lion Feuchtwanger

Feuerdorn

Feuerdorn. Früchte und Blätter von Pyracantha coccinea (Höhe 1–2,5 m)

Feuerkäfer. Scharlachroter Feuerkäfer

Feuerwanzen. Flügellose Feuerwanze

pflichtige Pflanzenkrankheit; tritt v. a. an Obstbäumen auf und bringt die ganze Pflanze zum Absterben.
Feuerdorn (Pyracantha), Gatt. der Rosengewächse mit etwa acht Arten in Eurasien. Ein beliebter Zierstrauch aus S-Europa ist die Art *Pyracantha coccinea*, ein 1 bis 2 m hoher Strauch.
feuerfeste Stoffe, korrosions- und temperaturbeständige, schwer schmelzbare keram. Materialien, z. B. für den Innenausbau von Öfen.
Feuerkäfer (Pyrochroidae), etwa 150 Arten umfassende Fam. 1–2 cm großer, schwarzer Käfer mit meist blut- bis orangeroten Flügeldecken.
Feuerland, 47 000 km² große, stark vergletscherte, gebirgige Insel vor dem S-Ende des südamerikan. Kontinents, von diesem durch die Magalhãesstraße getrennt; bildet mit zahlr. kleineren Inseln den *F.archipel* (73 750 km²; Argentinien und Chile). Ozean. Klima; Schafzucht, Erdöl- und Erdgasförderung. – 1520 erstmals von Magalhães gesichtet und nach den Feuern der indian. Bevölkerung benannt.
Feuerlilie ↑Lilie.
Feuerlöschanlagen, ortsfeste Einrichtungen zur Feuerbekämpfung; Wasserlöschanlagen (Regen-, Sprinkleranlagen u. a.), Sonderlöschanlagen (Schaum-, Kohlendioxid- und Pulverlöschanlagen).
Feuerlöscher, tragbarer *(Hand-F.)* oder fahrbarer Druckbehälter, der seinen Inhalt durch [Gas]druck (z. B. CO_2 als Treibmittel) selbsttätig ausstößt.
Feuerlöschmittel, Sammel-Bez. für pulverige, flüssige oder gasförmige Stoffe, die zum Löschen von Bränden geeignet sind. Das gebräuchlichste F. ist *Wasser*, v. a. für die Brandklasse A; Löschwirkung durch Abkühlung des brennenden Objekts unter die Entzündungstemperatur und durch Verdrängung des Luftsauerstoffs durch Dampfbildung. Durch Zusatz von *Schaummitteln* wird die Sauerstoffzufuhr noch wirksamer verhindert. Für die Brandklassen B, C, E, z. T. auch für A und D, werden *Pulver-* oder *Trockenlöschmittel* verwendet. Sie werden mit Treibgas als Pulverstrahl auf den Brandherd geblasen und löschen durch den Stickeffekt. Ebenfalls für die Brandklassen B, C, E werden *Halogenkohlenwasserstoffe (Ha-*
lone) benutzt; die sich beim Verdampfen bildenden unbrennbaren Dämpfe verhindern die Luftzufuhr. *Kohlendioxid* wird, da es rückstandslos verdampft, v. a. zur Bekämpfung von Bränden in elektr., feinmechan. u. a. Anlagen verwendet.
Feuermal ↑Hämangiom.
Feuerprobe ↑Gottesurteil.
Feuersalamander ↑Salamander.
Feuerschiff, an Seewasserstraßen ankerndes Schiff mit Leuchtfeuer, Funkfeuer und Seezeichen; dient Schiffen zur Standortbestimmung; heute auch unbemannt oder ersetzt durch Leuchttürme.
Feuerschwamm, zur Fam. der Porlinge gehörender Ständerpilz mit hartem, holzigem, huf- bis konsolenförmigem Fruchtkörper; gefährl. Parasit an Pappeln und Weiden, Erreger der Weißfäule.
Feuerstein, 1) (Flint) Abart des Jaspis; in vorgeschichtl. Zeit für Steinwerkzeuge und Steinwaffen sowie zum Feuerschlagen.
2) (Zündstein) Legierung u. a. aus Cer, Lanthan, Yttrium, Eisen, die beim Reiben mit einem Stahlrädchen Funken bildet.
Feuerton, keram. Werkstoff zur Herstellung sanitärer Erzeugnisse.
Feuerversicherung, Schadenversicherung, die der Vorsorge des Versicherungsnehmers gegen Brand-, Explosions- und Blitzschlagschäden, aber auch der Sicherung des Realkredits (bes. der Absicherung von Hypotheken) dient. Der Versicherer hat Ersatz für den Schaden zu leisten, der durch Zerstörung oder Beschädigung (auch beim Löschen) der versicherten Gegenstände verursacht wurde.
Feuerwalzen (Pyrosomatida), mit zehn Arten weltweit verbreitete Ordnung der Salpen; die farblosen F. (in Kolonien) enthalten Leuchtbakterien, die ein intensives, meist gelbl. bis blaugrünes Leuchten (»Meeresleuchten«) erzeugen können.
Feuerwanzen (Pyrrhocoridae), etwa 400 Arten umfassende, weltweit verbreitete Fam. der Wanzen; in Deutschland am häufigsten die schwarzrote, 9–11 mm große *Flügellose Feuerwanze*.
Feuerwehr, Einrichtung zur Abwehr von Gefahren, die der Allgemeinheit oder dem einzelnen durch Schadenfeuer drohen, und zur Hilfeleistung bei ande-

Fiale

Feuerwehr. Wechselladerfahrzeug mit Abrollbehälter für Gefahrguteinsätze

Feuerschwamm. Echter Feuerschwamm (Breite 10–40 cm)

Feuerwehr. Tanklöschfahrzeug

ren öffentl. Notständen bzw. bei Unfällen. Die F. gliedern sich in *Berufs-F.* (in Städten mit mehr als 100000 E), *freiwillige F.* (in allen anderen Gemeinden), *Pflicht-F.* (wenn keine freiwillige F. zustande kommt) und *Werks-F.* (in Betrieben aus Betriebsangehörigen gebildet).
Feuerwerkskörper, pyrotechn. Erzeugnisse aus dickwandigen Papphülsen mit Pulversätzen (meist Schwarzpulver); bes. chem. Zusätze bewirken Farb-, Rauch- und Knalleffekte. *Groß-F.* enthalten bes. Treibsätze, die die F. raketenähnlich emportragen.
Feuerzeug, Vorrichtung zur Erzeugung einer Flamme. Das *Benzin-F.* enthält einen mit benzingetränkter Watte ausgefüllten Behälter, aus dem ein Docht herausragt, das *Gas-F.* einen Tank mit Flüssiggas, aus dem Gas durch eine regulierbare Düse ausströmen kann. Der Zündfunke entsteht durch Reiben eines gerifelten Stahlrädchens an einem *Zündstein* (↑Feuerstein) oder auf elektr. Weg unter Ausnutzung des *piezoelektr. Effekts.*
Feuilleton [fœj(ə)'tõː; lat.-frz.], kultureller Teil einer Zeitung: Nachrichten, Beiträge über Literatur, Kunst, Musik, Philosophie u. ä., die oft im essayist. Stil geschrieben sind, sowie Theater-, Film-, Konzert- und Ausstellungskritiken, oft auch Abdruck eines Romans in Fortsetzungen.
feuilletonistisch [fœj(ə)...; frz.], das ↑Feuilleton betreffend; im Stil eines Feuilletons.
Feydeau, Georges [frz. fɛ'do], *Paris 8. 12. 1862, † Rueil (heute Rueil-Malmaison bei Paris) 5. 6. 1921, frz. Schriftsteller. Schrieb Boulevardstücke.

Feynman, Richard Phillips [engl. 'feɪnmən], *New York 11. 5. 1918, † Los Angeles 15. 2. 1988, amerikan. Physiker. Beiträge zur Quantenelektrodynamik; Arbeiten zur Theorie der Suprafluidität sowie des Betazerfalls; Nobelpreis für Physik 1965 (mit S. Tomonaga und J. Schwinger).
Fez [vermutlich zu lat.-frz. fête »Fest«], svw. lustiger Streich, Unfug.
ff, Abk. für fortissimo (↑forte).
ff., Abk. für folgende, z. B. Seiten (beim Buch).
fff, Abk. für forte fortissimo (↑forte).
FFFF, Zeichen für den Wahlspruch der Dt. Turnerschaft (1860–1934) und des Dt. Turner-Bundes (seit 1950): **F**risch – **F**romm – **F**röhlich – **F**rei.
FH, Abk. für **F**ach**h**ochschule.
Fiaker [frz.], v. a. in Österreich verwendete Bez. für eine (urspr. zweispännige) Pferdedroschke; auch für ihren Kutscher.
Fiale [griech.-italien.], Ziertürmchen der got. Baukunst mit meist vier Giebeln und einem mit einer Kreuzblume abgeschlossenen Helm (Riese).

Richard Phillips Feynman

1027

Fibel.
Oben: zweigliedrige nordische Urfibel ◆
Mitte: Plattenfibel ◆
Unten: Schlangenfibel

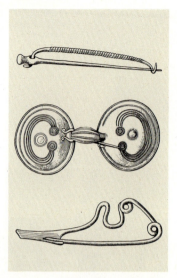

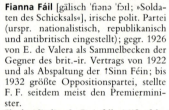

Fianna Fáil [gälisch 'fiənə 'fɔɪl; »Soldaten des Schicksals«], irische polit. Partei (urspr. nationalistisch, republikanisch und antibritisch eingestellt); gegr. 1926 von E. de Valera als Sammelbecken der Gegner des brit.-ir. Vertrags von 1922 und als Abspaltung der ↑Sinn Féin; bis 1932 größte Oppositionspartei, stellte F. F. seitdem meist den Premierminister.

Fiasko [italien.], Reinfall, Mißerfolg, Zusammenbruch.

FIAT SpA [italien. 'fi:at ɛssepi'a], italien. Konzern der Metall-, bes. der Automobil-Ind. (Fiat, Autobianchi, Lancia, Ferrari), Sitz Turin, gegr. 1899 von Giovanni Agnelli (* 1866, † 1945) als F. I. A. T. (Abk. für **F**abbrica **I**taliana **A**utomobili **T**orino).

Fibel [lat.], eine in vorgeschichtl. Zeit entstandene Nadelkonstruktion zum Zusammenheften der Kleidung; Datierungshilfe der *frühgeschichtl. Archäologie* zur Unterscheidung chronolog. Stufen; in Europa eingliedrige Form im S, zweigliedrige im N (Bronze-, La-Tène-, Völkerwanderungs- und Merowingerzeit); auch in Form einer Scheibe *(Scheiben-F.)*.

Fibel [kindersprachlich entstellt aus ↑Bibel (da der Inhalt der F. früher der Bibel entnommen war)], Leseb. für den Anfangsunterricht in der Schule (Abc-Buch, Abecedarium), auch Lehrbuch, das in die Anfangsgründe eines bestimmten Fachgebiets einführt (z. B. Rechen-F., Gesundheits-F., Verkehrs-F.).

Fiber [lat.], allg. svw. Faser.

Fibiger, Johannes, * Silkeborg bei Århus 23. 4. 1867, † Kopenhagen 30. 1. 1928, dän. Pathologe. 1912 gelang ihm die erste experimentelle Krebserzeugung aus gesunden Zellen (Spiropterakrebs). 1926 Nobelpreis für Physiologie oder Medizin.

Fibonacci, Leonardo [italien. fibo-'nattʃi] (Leonardo von Pisa, Leonardo Pisano), * Pisa um 1170, † ebd. nach 1240, italien. Mathematiker. Erster bed. Mathematiker des Abendlandes, dem er seine im Orient gesammelten mathemat. Kenntnisse vermittelte.

Fibrille [lat.], aus Eiweißen oder Polysacchariden bestehender, wesentl. Bestandteil der pflanzl. Zellwände, der Muskeln und der Grundsubstanz des Bindegewebes.

Fibrin [lat.] (Blutfaserstoff, Plasmafaserstoff), Eiweißkörper, der bei der Blutgerinnung (durch die Einwirkung von Thrombin) aus dem Globulin *Fibrinogen* entsteht.

Fibrinolysin [lat./griech.] (Plasmin), im Blut vorkommendes Enzym, das Fibrin zu lösl. bzw. gerinnungsunwirksamen Bruchstücken abbaut *(Fibrinolyse);* wird therapeutisch zur Auflösung von frischen Blutgerinnseln angewandt.

Fibrom [lat.] (Fibroma, Fasergeschwulst, Bindegewebsgeschwulst), gutartiger Tumor aus gefäßreichem Bindegewebe.

fibrös [lat.], aus derbem Bindegewebe bestehend.

Fichte, **1)** Hubert, * Perleberg 21. 3. 1935, † Hamburg 8. 3. 1986, dt. Schriftsteller. Schrieb erzähler. Literatur, u. a. »Der Aufbruch nach Tusku« (En., 1963, erweitert 1985), »Das Waisenhaus« (R., 1965). Sein Hauptwerk »Die Geschichte der Empfindsamkeit« (auf 19 Bde. angelegt) blieb unvollendet (hg. 1987 ff.).
2) Johann Gottlieb, * Rammenau bei Bischofswerda 19. 5. 1762, † Berlin 29. 1. 1814, dt. Philosoph. Sohn eines Bandwirkers; 1811/12 erster frei gewählter Rektor der neu gegründeten Univ. Berlin; wichtigster Vertreter des

Fibel.
Maskenfibel aus einem keltischen Männergrab von Parsberg, Kreis Neumarkt i. d. Opf.; Bronze, Länge 8,9 cm (5. Jh. v. Chr.; Nürnberg, Germanisches Nationalmuseum)

dt. Idealismus vor und neben Schelling und Hegel. Im Mittelpunkt seiner von ihm als »Wiss.lehre« bezeichneten Philosophie steht der Gedanke von der zentralen Bedeutung des Ichs, das in der Grundentscheidung zur Selbstbestimmung sich selbst setzt (»Tathandlung«) (in »Über den Begriff der Wiss.lehre«, 1794, und in »Grundlage des Naturrechts nach Prinzipien der Wiss.lehre«, 1796). F. erhob als erster den dialekt. Dreischritt (These – Antithese – Synthese) zur grundlegenden Methode philosoph. Denkens. In »Der geschlossene Handelsstaat« (1800) und der »Rechtslehre« (1812) vertrat F. einen Staatssozialismus. Von 1806 an wirkte F. für die Erhebung gegen Napoleon I. (»Reden an die dt. Nation«, 1807/08).

Fichte (Picea), Gatt. der Kieferngewächse mit über 40 Arten auf der nördl. Erdhalbkugel; immergrüne Nadelhölzer mit einzelstehenden, spiralig um den Zweig angeordneten Nadeln und hängenden Zapfen. Die Fichte i. e. S. ist die *Rottanne,* der wichtigste Waldbaum N- und M-Europas; bis 60 m hoch und 1000 Jahre alt. Im nw. N-Amerika heim. ist die *Sitka-F.,* ein starkstämmiger Baum mit 1–2 cm langen, etwa 1 mm breiten Nadeln mit bläulichweißen Längsstreifen auf der Oberseite, und die *Stech-F.* (Blaufichte, Blautanne), 30–50 m hoch, Nadeln blaugrün, spitz. Die bis 40 m hohe, zypressenähnl. aussehende *Omorika-F.* wächst in Bosnien und Serbien; Nadeln flach, lang und breit mit einem weißen Streifen auf der Oberseite. Hellgraugrüne, v. a. auf der Oberseite der Zweige stehende Nadeln hat die bis 20 m hohe, im nördl. N-Amerika heim. *Weißfichte.*

Fichtelberg, mit 1 214 m ü. M. zweithöchste Erhebung des Erzgebirges.

Fichtelgebirge, Mittelgebirge in Bayern (Schneeberg 1 051 m ü. M.); von Frankenwald, Oberpfälzer Wald und Erzgebirge umgeben. Nach SW fällt das F. entlang einer Bruchzone zum 300 m tiefer gelegenen Obermain. und Oberpfälz. Hügelland ab.

Fichtenkreuzschnabel ↑Kreuzschnabel.

Fichtennadelöle, Sammel-Bez. für die durch Destillation aus den Nadeln, Zweigspitzen und Fruchtzapfen von Nadelhölzern gewonnenen äther. Öle, die als Badezusätze, zur Inhalation und als Seifenöle verwendet werden.

Fichu [fi'ʃy:; lat.-frz.], großes dreieckiges Schultertuch.

Ficker, Julius von (seit 1885), *Paderborn 30. 4. 1826, †Innsbruck 10. 7. 1902, dt. Historiker. 1852–79 Prof. in Innsbruck; verteidigte gegenüber H. von Sybel vom kath.-großdt. Standpunkt aus die Kaiserpolitik des MA.

Fiction [engl. 'fikʃən; lat.], fiktive Erzählliteratur.

Ficus [lat.], svw. ↑Feige.

Fideikommiß [fide-i...; lat.], Vermögen, das ungeteilt meist einer (männl.) Einzelperson zugewandt wurde, die Nutzungsrechte, aber keine Verfügungsrechte (Veräußerung, Belastung) hat; entstand im Hoch-MA, als der Adel Erbteilungen ausschließen wollte. Auflösung in Deutschland 1919.

fidel [lat.], lustig, heiter, gutgelaunt.

Johannes Fibiger

Fichte.
Links: Zweige mit Fruchtzapfen ◆
Mitte: männliche Blütenstände ◆
Rechts: weibliche Blütenstände

Fidel (Fiedel), Streichinstrument des MA, nachweisbar seit Ende des 8. Jh.; im 13. Jh. entwickelte sich ein fünfsaitiger Typus mit ovalem, oft eingebuchtetem Körper, Zargen, geradem, abgesetztem Hals, Wirbelplatte und zwei Schallschlitzen. Vorläufer der Violine.

Fidelismus (Castrismus), polit. Bewegung, die sich aus der Anhängerschaft F. Castro Ruz' geb. und ab 1959 eine eigene kommunist. Doktrin (Idee der »permanenten Revolution«) entwickelt hat.

Fides [lat. »Treue, Glaube«], im alten Rom Treueverhältnis zw. Patron und Klient; personifiziert im röm. Staatskult als Göttin des Eides; weibl. Vorname.

Fidschi

Fidschi (englisch Fiji, fidschianisch Viti), Staat im sw. Pazifik, umfaßt die etwa 330 östlich von Australien gelegenen Fidschiinseln und die Insel Rotuma (47 km²).

Fidschi

Staatsflagge

Staatswappen

Fidschi

Fläche:	18 274 km²
Einwohner:	739 000
Hauptstadt:	Suva
Amtssprache:	Englisch
Nationalfeiertag:	10. 10.
Währung:	1 Fidschi-Dollar ($ F) = 100 Cents (c)
Zeitzone:	MEZ + 11 Std.

0,74 2010
0,52
1027

1970 1992 1970 1992
Bevölkerung   Bruttosozial-
(in Mio.)   produkt je E
              (in US-$)

☐ Stadt   Land ☐

39%
61%

Bevölkerungsverteilung 1992

☐ Industrie
☐ Landwirtschaft
☐ Dienstleistung

18%
20% 62%

Bruttoinlandsprodukt 1992

Staat und Recht: Republik; *Verfassung* von 1990. *Staatsoberhaupt* ist der vom Großen Rat der Stammesführer auf 5 Jahre ernannte Präsident. Die *Exekutive* liegt bei der Reg. unter Vors. des Premierministers, die *Legislative* beim Zweikammerparlament (Senat, 34 ernannte Mgl.; Abg.haus, 70 auf 5 Jahre gewählte Mgl.). *Parteien:* Nat. Föderationspartei (NFP), Polit. Partei von Fidschi (FPP).

Landesnatur: Die größeren Inseln sind vulkan. Ursprungs und gebirgig, auf Viti Levu bis 1 323 m hoch. Ansonsten Koralleninseln mit Mangroven. An den Luvseiten der Gebirge trop. Regenwald, an den Leeseiten Savannen. Das Klima ist tropisch-maritim.

Bevölkerung: Die einheim. Fidschianer sind Melanesier. Die heute zahlenmäßig größte Gruppe sind Inder. Rd. 50% der Bevölkerung sind Christen, 40% Hindus, knapp 8% Muslime.

Wirtschaft, Verkehr: Die Landwirtschaft erzeugt Maniok, Reis, Taro und Jams zum Eigenverbrauch sowie Kokospalmen und Rohrzucker für den Export. Gefördert werden Gold- und Manganerze. Das Straßennetz hat eine Länge von 4 288 km. Internat. ✈ sind Nadi und Nousori.

Geschichte: 1643 von A. J. Tasman entdeckt; ab 1874 brit. Kronkolonie; erhielt 1966 die Selbstverwaltung, 1970 als parlamentar. Monarchie die Unabhängigkeit. Überlegungen der Regierung, polit. Vorrechte der melanes. Bevölkerung abzubauen, führten im Mai 1987 zu einem Militärputsch. Im Okt. 1987 wurde F. aus dem Commonwealth ausgeschlossen, nachdem die Militärregierung die Republik ausgerufen und die Verfassung suspendiert hatte. 1990 zog sich das Militär aus der Regierung zurück. Seit 1994 amtiert R. S. K. Mara als Präsident.

Fieber [lat.] (Febris, Pyrexie), erhöhte Körpertemperatur (beim Menschen über 38 °C, im After [rektal] gemessen) bei krankhaft verändertem Allgemeinzustand; Ursachen sind u. a. Verletzung, Blutung, Tumoren, Wasserverluste (Durstfieber), übermäßige Salzzufuhr oder Salzretention (Salzfieber), Erfrierungen, Verbrennungen, Bestrahlungen, Knochenbrüche, Tumorzerfall oder Infarkt, Infektionskrankheiten, bei denen fiebererzeugende Stoffe (Bakterien, ihre Zerfallsprodukte, oder Toxine) den Sollwert des Temperaturzentrums verstellen. Infektionskrankheiten gehen häufig mit einem typ. Verlauf der Fieberkurve einher, z. B.: gleichbleibendes F. (Febris continua) bei Typhus, intervallartig schwankendes, nachlassendes F. (remittierendes F.) bei Tuberkulose, aussetzendes F. (intermittierendes F.) mit normalen Morgentemperaturen bei Nierenbeckenentzündung, unregelmäßig wellenförmiges, »undulierendes« F. (Febris undulans) bei Brucellose, regelmäßige period. Temperatursteigerungen bei Malaria, Fünftage-F. und Rückfall-Fieber. – Plötzl. F. beginnt mit Schüttelfrost; in der Folge kommt es je nach der Höhe des F. zu einem Schwächegefühl, Hinfälligkeit und Schwere mit Benommenheit und Kopfschmerzen. Der Schlaf ist meist unruhig, von lebhaften Träumen, u. U. von Angst- und Wahnvorstellungen unterbrochen *(F. phantasien, F. delirien).*

Fieberklee, Gatt. der *Fieberkleegewächse* (Menyanthaceae, fünf Gatt. und etwa 40

Figl

Arten) auf der nördl. Erdhalbkugel; auf Sumpfwiesen und an Ufersäumen wachsende, kriechende Stauden mit hellrosa bis weißen Blüten in aufrechten Trauben.

Fiebermücken, svw. ↑Malariamücken.
Fieberrinde, svw. ↑Chinarinde.
fiebersenkende Mittel (antifebrile Mittel, Antipyretika), Arzneimittel (z. B. Pyrazolon und -derivate, Salicylsäure und -derivate, Phenacetin), die die erhöhte Körpertemperatur herabsetzen.
Fieberthermometer, geeichtes Maximumthermometer zur Messung der Körpertemperatur (Meßbereich 35–42 °C).
Fiedel ↑Fidel.
Fiederblatt ↑Laubblatt.
Field, John [engl. fi:ld], *Dublin 26. 7. 1782, † Moskau 23. 1. 1837, ir. Pianist und Komponist. Schüler M. Clementis; seine Nocturnes beeinflußten Chopin.
Fielding, Henry [engl. 'fi:ldɪŋ], *Sharpham Park bei Glastonbury 22. 4. 1707, † Lissabon 8. 10. 1754, engl. Schriftsteller. Schrieb mit »Die Geschichte der Abenteuer Joseph Andrews und seines Freundes Abraham Adams« (1742), eine parodist. Antwort auf die empfindsamen Romane S. Richardsons, den ersten engl. komisch-realist. Roman. Sein Hauptwerk »Tom Jones oder die Geschichte eines Findelkindes« (1749) enthält Elemente eines Bildungsromans.
Fields, W. C. [engl. fi:ldz], eigtl. Claude William Claude Dukenfield, *Philadelphia 29. 1. 1880, † Pasadena 25. 12. 1946, amerikan. Filmkomiker. Spielte u. a. in »Alice in Wonderland« (1933) und »David Copperfield« (1934).
Fields-Medaille [engl. fi:ldz; nach dem kanad. Mathematiker John Charles Fields, *1863, † 1932], die höchste wissenschaftl. Auszeichnung auf dem Gebiet der Mathematik, die in Form einer Medaille seit 1936 auf dem im allg. alle vier Jahre stattfindenden Internat. Mathematikerkongreß an zwei, seit 1966 meist an vier junge Mathematiker (Alter unter 40 Jahre) für herausragende Leistungen verliehen wird.
Fieschi [italien. 'fjeski], altes genues. Adelsgeschlecht; entschiedene Guelfen; Giovanni Luigi de Fieschi, Graf von Lavagna, gen. *Fiesco* (*1522, † 1547), kam als Anführer einer Verschwörung gegen die kaisertreuen Doria ums Leben; danach Trauerspiel von Schiller (1783).

Fieseler, Gerhard, *Glesch (heute zu Bergheim [Erft]) 15. 4. 1896, † Kassel 1. 9. 1987, dt. Flugzeugkonstrukteur. Baute 1936 den *Fieseler-Storch* (Landegeschwindigkeit 38 km/h), später das Tragflügel-Ferngeschoß *V 1*.
Fiesole, italien. Stadt in der Toskana, bei Florenz, 15 000 E. Europ. Univ., Museum. Innerhalb der z. T. erhaltenen etrusk. Stadtmauer Reste des röm. Theaters, der Thermen und eines Tempels, der roman. Dom (1028–32 und 13. Jh.), die got. Kirche San Francesco (15. Jh.). – F. ist das antike *Faesulae;* seit dem 5. Jh. Bischofssitz.
Fiesta [lat.-span.], Fest, Feiertag.
FIFA, Abk. für **F**édération **I**nternationale de **F**ootball **A**ssociation, Internat. Fußballverband, gegr. 1904 in Paris, Sitz Zürich.
Fife ['faɪf], Region in O-Schottland, zw. Firth of Forth und Firth of Tay, 1 037 km², (1985) 344 500 E.; Verw.-Sitz ist Cupar.
FIFO-Speicher (Abk. für engl. **f**irst **i**n **f**irst **o**ut), ein Datenspeicher, bei dem die Daten in der Reihenfolge ausgelesen werden, wie sie eingelagert wurden.
Figaro, Dienerfigur in Komödien von P. A. Caron de Beaumarchais, Opern von Mozart (»Figaros Hochzeit«) und Rossini (»Barbier von Sevilla«); danach auch scherzhafte Bez. für den Herrenfriseur.
Figaro, Le, frz. Tageszeitung; 1866 gegr.; erscheint in Paris; konservativ.
Fight [engl. faɪt], verbissen geführter Kampf, v. a. in einem sportl. Wettbewerb.
Figl, Leopold, *Rust 2. 10. 1902, † Wien 9. 5. 1965, österr. Politiker. 1938–43 und 1944/45 in verschiedenen KZ; 1945 Mitbegründer der ÖVP, 1945–51 deren Obmann; 1945 und 1962–65 Landeshauptmann von Niederösterreich; 1945–53 Bundeskanzler; unter-

Fieberklee

Gerhard Fieseler

Leopold Figl

Gerhard Fieseler.
Fieseler-Storch

Figueres

zeichnete als Außen-Min. (1953 bis 59) 1955 den österr. Staatsvertrag.
Figueres (span. Figueras), spanische Stadt in Katalonien, 30500 E. Dalí-Museum und archäologisches Ampurdánmuseum.
Figur [lat.], die äußere Gestalt eines Körpers oder einer Fläche, z. B. die Erscheinung eines Menschen im Hinblick auf ihre Proportioniertheit, die einzelne Person in ihrer Wirkung auf die Umgebung, die handelnde Person in einem literar. Werk, auch die künstler. Darstellung eines Körpers; in der *Musik* ist F. eine melod. oder rhythm. zusammengehörende Notengruppe, in der *Stilistik* die sprachl. Form, die als Stilmittel eingesetzt wird (rhetor., grammat. F.); auch geschlossene Bewegungsabläufe (z. B. beim Tanz, Eiskunstlauf) und geometr. Gebilde werden als F. bezeichnet.
Figuralmusik [lat./griech.], im Ggs. zum einstimmigen Gregorian. Gesang die mehrstimmige Musik im kontrapunkt. Satz.
Figuration [lat.], die Auflösung einer Melodie oder eines Akkords in rhythm., meist auch melodisch untereinander gleichartige Notengruppen.
figurativ [lat.], in *Malerei* und *Graphik* svw. gegenständlich.
Figur-Grund-Verhältnis, Prinzip der Wahrnehmungsorganisation, nach dem im Verlauf eines jeden Wahrnehmungsprozesses eine räuml. Gliederung des Wahrnehmungsfeldes stattfindet: ein Teil des Feldes hebt sich als »Figur« von dem restl. Teil des Feldes als »Grund« ab. Das F.-G.-V. erklärt, daß der Mensch keine chaot. Anhäufung einzelner unzusammenhängender Reizelemente (z. B. Farbflecke, Helligkeitsabstufungen) wahrnimmt, sondern strukturierte, sinnvolle, sich räumlich voneinander abhebende Formen.
Figurine [lat.-frz.], Figürchen; Kostümskizze für Bühne oder Film.
Fiji [engl. 'fi:dʒi:] ↑Fidschi.
Fikh [arab.], die Rechtswiss. des Islam, bestehend aus der Lehre von der Methodik der Gesetzesfindung und von den gesetzl. Einzelbestimmungen.
Fiktion [lat.], als wesentl. Element von Dichtung und Literatur das Erdachte, Erfundene, Erdichtete, das so nicht in der tatsächl. Wirklichkeit existiert.
fiktiv [lat.], auf Fiktion beruhend.

Figur-Grund-Verhältnis

Filarete, eigtl. Antonio di Pietro Averlino (Averulino), *Florenz um 1400, †Rom 1469, italienischer Bildhauer und Baumeister. Schuf u. a. die reliefgeschmückte Bronzetür von Sankt Peter in Rom (1433–45); hinterließ den »Trattato d'architettura« (1464 vollendet) mit Plänen einer Idealstadt »Sforzinda« über sternförmigem Grundriß.
Filarien (Filariidae), Fam. der Fadenwürmer, die v. a. im Bindegewebe und Lymphsystem von Mensch und Säugetieren schmarotzen, wo sie verschiedene Krankheiten hervorrufen können (v. a. in trop. Ländern; u. a. *Filariose*).
Filbinger, Hans, *Mannheim 15. 9. 1913, dt. Politiker (CDU). Jurist; Innenmin. (1960–66) und Min.-Präs. (1966–78) von Bad.-Württ.; im 2. Weltkrieg Marinerichter (der Vorwurf der Beteiligung an drei Todesurteilen führte 1978 zu seinem Rücktritt).
Filchner, Wilhelm, *München 13. 9. 1877, †Zürich 7. 5. 1957, dt. Forschungsreisender. 1903–06 mit Alfred Tafel (*1877, †1935) Forschungsreise nach NO-Tibet und China (»Wissenschaftl. Ergebnisse der Expedition F. ...«, 11 Bde., 6 Kartenmappen, 1906 bis 14). Leitete 1911/12 die zweite dt. Südpolarexpedition; auch zahlr. Erlebnisberichte, u. a. »Ein Forscherleben« (1950).
Filchner-Ronne-Schelfeis, Schelfeistafel mit eingeschlossenen Inseln, im S des Weddellmeeres, Antarktis; mobile dt. Forschungsstation *(Filchner-Sommerstation).*
Filder, südlich von Stuttgart gelegene lößbedeckte Schichtstufenfläche.
File [engl. faıl], in der *elektron. Datenverarbeitung* häufig verwendeter engl. Ausdruck für eine ↑Datei.
Filet [fi'le-; lat.-frz.], zartes Fleisch aus dem Rücken oberhalb der Nieren von Schlachttieren oder Wild; entgrätetes Rückenstück von Fischen.
Filetarbeit [fi'le:...] (Reticella), Handarbeit(stechnik), bei der aus quadratisch verknüpften Fäden ein Gitterwerk hergestellt wird, das bestickt wird.
Filialgeneration [lat.] (Tochtergeneration), Abk. F (bzw. F_1, F_2, F_3 usw.), in der *Genetik* Bez. für die direkten Nachkommen (F_1) eines Elternpaars (Elterngeneration) und für die weiteren auf diese folgenden Generationen (F_2 usw.).

Film

Filibuster [engl. 'fɪlɪbʌstə; engl.-amerikan.], **1)** im Senat der USA mögl. Praktik, durch Marathonreden die Verabschiedung eines Gesetzes zu verhindern. **2)** ↑Flibustier.

Filigran [italien.], eine Goldschmiedearbeit, die aus gezwirnten Metallfäden (Gold, Silber) mit aufgelöteten Körnern besteht. Bezeugt in Troja, Mykene, in der Völkerwanderungszeit, in der byzantin. wie in der roman. Kunst, auch in Indien und China.

Filioque [lat. »und vom Sohn«], Zusatz der abendländ. Kirche zum christl. Glaubensbekenntnis, wonach der Hl. Geist vom Vater »und vom Sohn« ausgeht. Von der Ostkirche abgelehnt.

Filip, Ota, *Ostrau 9. 3. 1930, tschech. Schriftsteller. 1974 ausgebürgert, seit 1977 Staatsbürger der BR Deutschland; schreibt (seit 1977 in dt. Sprache) v. a. Romane, u. a. »Das Café an der Straße zum Friedhof« (1968), »Die Himmelfahrt des Lojzek Lapáček aus Schlesisch Ostrau« (1973), »Die Sehnsucht nach Procida« (1988).

Filipinos [span.], allg. die Bevölkerung der Philippinen, i. e. S. die christl. Bevölkerung der Philippinen.

Filius [lat.], Sohn.

Fillér [ungar. 'fille:r], die ungar. Bez. für Heller; 1 F. = $^1/_{100}$ Forint.

Film [engl.], allg. svw. dünne Schicht (z. B. Ölfilm auf Wasser). Im heutigen Sprachgebrauch hat F. die überwiegende Bedeutung von lichtempfindl. Aufnahmematerial (in der *Photographie*) bzw. von Aufnahme-und Wiedergabematerial (in der *Filmtechnik*) in allen Bearbeitungsstadien, d. h. projizierbare, teils vertonte, farbige bzw. schwarzweiße Bewegungsbilder.

Grundlagen der Filmtechnik: Der Eindruck einer Bewegung in der Kinematographie beruht einerseits auf der *stroboskop. Bewegungstäuschung* (erscheint ein Objekt in aufeinanderfolgenden Bildern an verschiedenen Orten, so erblickt das Auge eine Bewegung), andererseits auf der *Nachbildwirkung* infolge der Trägheit des Auges: während für den stroboskop. Effekt ein Bildwechsel innerhalb von einer Sechzehntel- bis Achtzehntelsekunde hinreichend kurz ist, erfordert eine flimmerfreie Bildverschmelzung eine Bildfrequenz von mindestens 48 Bildern/s. Aufnahme und Wiedergabe erfolgen zwar mit der niedrigeren Frequenz (Stummfilm z. B. 16 Bilder/s; Tonfilm wird mit Rücksicht auf den Frequenzumfang der Randtonaufzeichnung mit 24 Bildern/s aufgenommen und abgespielt, Fernsehfilm wegen der Abtastnorm mit 25 Bildern/s), bei der Projektion unterbricht jedoch die Flügelblende des Filmprojektors das stehende Bild so oft, daß die Flimmerverschmelzungsfrequenz erreicht wird.

Ota Filip

Film. Carlos Saura. »Carmen« (1983)

Film

Film.
Jean-Luc Godard.
»Außer Atem« (1960)

Aufnahmeformate und Filmarten: Normalfilm (35 mm breit, beidseitig perforiert, Bildgröße 16 × 22 mm; v. a. für Spielfilme), *16-mm-Film* (ein- oder beidseitig perforiert, 7,5 × 10,3 mm; für Fernsehfilme), für den Amateurgebrauch *8-mm-Film (Super-8-Film,* einseitig perforiert, 4,22 × 5,69 mm; der *Normal-8-Film* bzw. *Doppelachtfilm,* 3,6 × 4,9 mm, ist veraltet); für verschiedene Breitbildverfahren (Todd-AO ®, Panavision ®) wird *70-mm-Film* verwendet. Während Amateure und Fernsehanstalten den nach der Umkehrentwicklung sofort vorführbereiten *Umkehrfilm* bevorzugen, verwenden Filmgesellschaften *Negativfilm,* der die Herstellung von Massenkopien gestattet. Nach der vom *Cutter* am Schneidetisch fertiggeschnittenen Arbeitskopie werden zur Kinovorführung bestimmte *Theaterkopien* hergestellt.
Prinzip des Tonfilms: Der Begleitton wird in opt. oder magnet. Randspuraufzeichnungen festgehalten, die wegen des nicht kontinuierl., ruckhaften Filmtransports am Bildfenster dem Bild voraus- (Lichtton) oder nachlaufen (Magnetton) müssen. Während das *Magnettonverfahren* mit dem des Tonbandgeräts identisch ist, beruhen das *Lichttonverfahren* auf der Umwandlung der Tonfrequenzen in periodische Schwärzungen auf einer Filmrandspur. Bei der *Zackenschrift* (Transversal-, Amplitudenschrift) werden der Randspur zakkenförmige Schwärzungen gleicher Dichte, aber unterschiedlicher Größe aufbelichtet.
Spezielle Aufnahmeverfahren: Animation: Zeichentrickfilme, Puppenfilme u. ä. werden im Einergang (Einzelbildschaltung) aufgenommen, wobei für jede Bewegungsphase eine Einzelzeichnung vorhanden sein oder eine Modellabänderung vorgenommen werden muß. – *Rückprojektion:* Ausblicke aus fahrenden Fahrzeugen u. ä. werden bildsynchron von hinten auf einen hinter der Fahrzeugattrappe befindl. großen Bildschirm projiziert. – *Begleitfahraufnahmen:* Kamerakräne, -wagen *(Dollys)* werden längs des zu filmenden Bewegungsvorgangs bewegt. – *Zeitraffer, Zeitlupe:* Durch »Unterdrehen« oder »Überdrehen«, d. h. Verminderung oder Erhöhung der Aufnahmefrequenz bei normaler Wiedergabefrequenz, ergibt sich eine zeitl. Verkürzung bzw. Verlängerung von Bewegungen.

Geschichte der Filmkunst: Bis zur Erfindung des Tonfilmverfahrens und dessen prakt. Durchsetzung (erste *Tonfilme* 1926–29) wurden alle F. stumm vorgeführt *(Stummfilm),* die meist von Klavier-, Orgel- oder Orchestermusik begleitet wurden. In den 1930er Jahren kam zuerst in den USA, dann in Europa der *Farbfilm* auf, zunächst in »Technicolor«, später auch in anderen Farbverfahren.

Film

Die Zeit zw. 1895 und 1929: 1895 gilt als das offizielle Geburtsjahr der Kinematographie. Im Nov. 1895 zeigten die Brüder M. und E. Skladanowsky im Berliner »Wintergarten« ein Programm kurzer F., im Dez. folgten die Brüder L. und A. Lumière mit F.vorführungen im Pariser »Grand Café«. L. Lumière setzte in *Frankreich* eine umfangreiche Produktion meist dokumentar. Streifen in Gang (u. a. »L'arrivée d'un train en gare de La Ciotat«), während G. Méliès als Urvater des Fiktions-F. gilt (»Le voyage dans la lune«, 1902). Nach 1905 entwickelte sich eine florierende F.industrie. Vorherrschende Genres waren Melodramen, sozialkrit. F. und Komödien. Zur Generation nach 1920 gehörten A. Gance (»La roue«, 1923; »Napoléon«, 1927) sowie J. Epstein (»Coeur fidèle«, 1923). R. Clair drehte die experimentellen Spiel-F. »Un chapeau de paille d'Italie« (1927) und »Le million« (1931). L. Buñuel drehte (mit S. Dalí) die surrealist. Filme »Un chien andalou« (1928) und »L'âge d'or« (1930).

In *Dänemark* arbeitete die Produktionsfirma Nordisk schon vor dem 1. Weltkrieg. Mit »Afgrunden« (1911) wurde Asta Nielsen zum Star des dän. Films. Bedeutendster dän. Regisseur war C. T. Dreyer (»La passion de Jeanne d'Arc«, 1928; »Dies irae«, 1943).

In *Schweden* drehte V. Sjöström myth. Landschafts-F. (»Terje Vigen«, 1916; »Körkarlen«, 1920). M. Stiller spezialisierte sich auf Gesellschaftskomödien (»Erotikon«, 1920) und begründete (1924) die Karriere von Greta Garbo.

In den *USA* schuf E. S. Porter mit »The great train robbery« (1903) das Urbild des Western. Pionier des amerikan. Stumm-F. war D. W. Griffith (»Geburt einer Nation«, 1915). 1912 begründete M. Sennett die spezif. amerikan. Schule der Slapstick-comedy. Dieser Schule entstammte auch C. Chaplin, der 1915–17 mit Kurz-F., später mit »Goldrausch« (1925) und »Der Zirkus« (1928) hervortrat. Andere Vertreter der Komikerschule waren B. Keaton, H. Lloyd sowie S. Laurel und O. Hardy (»Dick und Doof«). In den 1920er Jahren traten E. Lubitsch, E. von Stroheim, K. Vidor und R. Flaherty hervor. 1926–28 begann die Umstellung auf das Tonfilmverfahren.

In *Deutschland* folgte auf Kurz-F. 1913 u. a. »Der Student von Prag« des Dänen S. Rye mit P. Wegener in der Hauptrolle. 1917 begründete E. Ludendorff den F.großkonzern »Ufa«. Der F. nach dem 1. Weltkrieg zeigte eine Vorliebe für irreale Sujets, u. a. »Das Kabinett des Dr. Caligari« (1920) von R. Wiene und »Dr. Mabuse, der Spieler« (1922) von F. Lang. Eine Tendenzwende kündigte sich in den F. von F. W. Murnau an (z. B. »Nosferatu ...«, 1922). Dem Realismus waren bes. »Die freudlose Gasse« (1925) von C. W. Pabst, »Menschen am Sonntag« (1928) von B. Wilder (mit E. Ulmer und R. Siodmak) sowie »Mutter Krausens Fahrt ins Glück« (1929) von P. Jutzi verpflichtet.

Der F. in der *Sowjetunion* konnte auf einer eigenständigen F.produktion in zarist. Zeit fußen. 1919 wurde das F.wesen verstaatlicht. Zunächst wurden nur Agitations-F. und Wochenschauen produziert, u. a. die »Kinoprawdas« des Dokumentarfilmpioniers D. Wertow. S. M. Eisenstein drehte 1924 »Streik« und 1925 »Panzerkreuzer Potemkin«, der durch den meisterhaften Gebrauch der Montage Filmgeschichte gemacht hat. Eisensteins letzte Werke waren z. T. mit politischen Schwierigkeiten verbunden (»Iwan der Schreckliche«, 2 Tle., 1944–46). Bed. Exponenten des Stumm-F. waren auch W. I. Pudowkin (»Die Mutter«, 1926; »Sturm über Asien«, 1928) sowie A. P. Dowschenko (»Erde«, 1930).

Die Zeit zw. 1930 und 1960: In den *USA* bewirkte die neue Ästhetik des Ton-F. tiefgreifende Veränderungen.

Film.
Charly Chaplin.
»Goldrausch« (1925)

Film

Kennzeichnend war die Ausprägung fester Genres: Die *Gangster-F.* mit ihrem Pessimismus (»Scarface« von H. Hawks, 1932; »Der Kleine Caesar« von M. LeRoy, 1930) waren eine Art Antwort auf die Krisenhaftigkeit der sozialen Verhältnisse. E. Lubitsch (»Ninotschka«, 1939) und R. Mamoulian brillierten mit *Komödien*. J. Ford spezialisierte sich auf den *Western* (»Ringo«, 1939; »Rio Grande«, 1950). C. Chaplin setzte die Linie seiner gesellschaftskrit. Komik mit »Lichter der Großstadt« (1931) und »Moderne Zeiten« (1936) fort, in »Der große Diktator« (1940) attackierte er Hitler und den Nationalsozialismus. W. Disney begründete in den 1930er Jahren eine umfangreiche Produktion von *Zeichentrick-F.*, v. a. mit Mickey Mouse und Donald Duck. Vertreter des *Horror-F.* war u. a. J. Whale mit »Frankenstein« (1931). Den *Dokumentar-F.* der Kriegsjahre (die Serie »Why we fight« von F. Capra) folgten nach 1945 realitätsnahe Spiel-F. (»Die besten Jahre unseres Lebens« von W. Wyler, 1946; »Stadt ohne Maske« von J. Dassin, 1948). O. Welles revolutionierte die F.sprache durch neuartigen Gebrauch von Tiefenschärfe und Kamerabewegung in »Citizen Kane« (1941). In den 1950er Jahren exponierten sich J. Huston (»African Queen«, 1951), E. Kazan (»Faust im Nacken«, 1954), B. Wilder (»Manche mögen's heiß«, 1959) und F. Zinnemann (»Verdammt in alle Ewigkeit«, 1953).

In *Italien* leitet L. Viscontis Erstlings-F. »Von Liebe besessen« (1942) den *Neorealismus* ein, ihm folgten R. Rossellini (»Rom, offene Stadt«, 1945; »Paisà«, 1946) und V. De Sica (»Fahrraddiebe«, 1948; »Umberto D.«, 1952). Bed. F.autoren nach 1950 waren u. a. F. Fellini (»La Strada«, 1954) und M. Antonioni (»Der Schrei«, 1957; »Das Abenteuer«, 1960).

In *Frankreich* spiegelte der *poet. Realismus* der 1930er Jahre den Ggs. zw. Individuum und Gesellschaft wider. R. Clair drehte »Unter den Dächern von Paris« (1930) und »Es lebe die Freiheit« (1931), M. Carné »Hafen im Nebel« (1938). J. Renoir ließ Literaturvorlagen wirken (»Die große Illusion«, 1937; »Bestie Mensch«, 1938; »Die Spielregel«, 1939). Unter illegalen Bedingungen der dt. Okkupation drehte M. Carné (mit J. Prévert) 1943–45 den legendären F. »Kinder des Olymp«. – Nach 1945 dokumentierte der F. »Die Schienenschlacht« (1945) von R. Clément Zeitgeschichte; Y. Allégret, R. Clair (»Die Mausefalle«, 1957), L. Malle (»Fahrstuhl zum Schafott«, 1957) und J. Renoir (»Frühstück im Grünen«, 1959) orientierten sich im wesentlichen am Vorkriegs-F. Einzelgänger waren J. Tati (»Die Ferien des Herrn Hulot«, 1953) und R. Bresson (»Tagebuch eines Landpfarrers«, 1950).

In *Deutschland* konnten sich bis 1933 gesellschaftskrit. F. durchsetzen, u. a. G. W. Pabst (»Westfront 1918«, 1930;

Film.
Werner Herzog.
»Nosferatu« (1979)

Film

»Die Dreigroschenoper«, 1931), P. Jutzi (»Berlin-Alexanderplatz«, 1931) und S. Dudow (»Kuhle Wampe«, 1932). – Nach 1933 lenkte Goebbels den dt. F. auf den Kurs angebl. unpolit. Unterhaltung, indirekt dienten jedoch die meisten F. der faschist. Ideologie. V. Harlan unterstützte den Antisemitismus (»Jud Süß«, 1940) und drehte 1945 den Durchhalte-F. »Kolberg«. – Nach 1945 schufen H. Käutner (»In jenen Tagen«, 1947), W. Staudte (»Die Mörder sind unter uns«, 1946), K. Meisel (»Das Kriegsgericht«, 1959) und B. Wicki (»Die Brücke«, 1959) Filme, die sich unmittelbar mit der Vergangenheit auseinandersetzten; ansonsten stand der bundesrepublikan. F. der 1950er Jahre im Zeichen kommerzieller Unterhaltung und des Heimat-F. – In der DDR geriet der offizielle F. bald auf propagandist. Kurs.

In *Großbritannien* entwickelte sich in den 1930er Jahren die »Brit. Dokumentarfilmschule«, v. a. mit J. Grierson. Vertreter des Kriegsdokumentar-F. war H. Jennings (»Listen to Britain«, 1941; »A diary for Timothy«, 1945). Erfolgreich waren u. a. C. Reed (»Ausgestoßen«, 1947) sowie die Komödien »Adel verpflichtet« (1949, von R. Hamer) und »Ladykillers« (1955, von A. Mackendrick).

Prägend für den *schwed.* F. waren nach 1940 A. Sjöberg (»Fräulein Julie«, 1950) und I. Bergman (»Abend der Gaukler«, 1953; »Wilde Erdbeeren«, 1957; »Das Schweigen«, 1962).

Der *poln.* Film qualifizierte sich durch A. Wajda (»Asche und Diamant«, 1958).

Die Zeit nach 1960: In den *USA* drehte A. Hitchcock einige seiner besten F. (»Psycho«, 1960; »Die Vögel«, 1962). Von S. Kubrick kam 1968 der Sciencefiction-F. »2001 – Odyssee im Weltraum« heraus; J. Lewis (»Wo bitte geht's zur Front«, 1970), W. Allen und M. Brooks (»Frühling für Hitler«, 1967) etablierten in den 1960er und 1970er Jahren eine Komödienschule. Nach 1960 formierte sich das »New American Cinema« als eine dem Hollywood-Kommerzialismus entgegengesetzte Richtung, die sich dem Dokumentar-F. und dem Experimental-F. verbunden fühlte. Ende der 1960er Jahre entstand die »New Hollywood«-Bewegung, die größere gestalter. Freiheiten beanspruchte. Wichtige Regisseure des »New Cinema« sind D. Hopper (»Easy Rider«, 1969), J. Cassavetes (»Schatten«, 1960), »Rosemaries Baby«, 1967), A. Penn (»Bonnie und Clyde«, 1967), R. Altman (»Nashville«, 1975), F. F. Coppola (»Apocalypse now«, 1979), P. Bogdanovich (»Die letzte Vorstellung«, 1971; »Paper Moon«, 1972), M. Scorsese (»Taxi Driver«, 1975), M. Forman (»Einer flog übers Kuckucksnest«, 1975; »Amadeus«, 1984), S. Pollack (»Tootsie«, 1982), W. Allen (»Mach's noch einmal, Sam«, 1970), O. Stone (»Platoon«, 1986), S. Spielberg (»Schindlers Liste«, 1993), J. Jarmusch (»Night on Earth«, 1991).

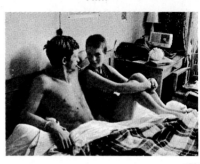

Film. Wim Wenders. »Paris, Texas« (1984)

In *Italien* schufen die wesentl. F. neben L. Visconti (»Rocco und seine Brüder«, 1960; »Der Leopard«, 1962; »Tod in Venedig«, 1970), F. Fellini (»8 $^1/_2$«, 1963) und M. Antonioni (»Blow up«, 1966), P. P. Pasolini (»Das 1. Evangelium – Matthäus«, 1964; »Die 120 Tage von Sodom«, 1975), B. Bertolucci (»Der letzte Tango in Paris«, 1972; »Der letzte Kaiser«, 1987), F. Rosi (»Wer erschoß Salvatore Giuliano«, 1962; »Christus kam nur bis Eboli«, 1979), die Brüder P. und V. Taviani (»Padre padrone«, 1977), E. Scola (»Eifersucht auf italienisch«, 1970) und Lina Wertmüller (»Liebe und Anarchie«, 1973). Mit dem Italowestern sind die Namen S. Leone (»Spiel mir das Lied vom Tod«, 1968) und S. Corbucci verknüpft.

In *Frankreich* prägten, abgesehen von R. Bresson (»Zum Beispiel Balthasar«, 1966; »Das Geld«, 1984) und L. Buñuel, die Regisseure, die 1959 mit der sog. Neuen Welle angetreten sind, bis heute

Film

den frz. Film: F. Truffaut (»Sie küßten und sie schlugen ihn«, 1959; »Die letzte Metro«, 1980), C. Chabrol (»Schrei, wenn du kannst«, 1959; »Die Phantome des Hutmachers«, 1982), J.-L. Godard (»Außer Atem«, 1959), A. Resnais (»Hiroshima mon amour«, 1959; »Letztes Jahr in Marienbad«, 1961), L. Malle (»Zazie«, 1960; »Viva Maria«, 1965; »Auf Wiedersehen Kinder«, 1987). Wesentlich sind auch E. Rohmer (»Die Marquise von O.«, 1975), J. Rivette (»Die Nonne«, 1965), C. Lelouch (»Voyou – Der Gauner«, 1970), A. Mnouchkine (»Molière«, 1978), Agnes Varda (»Vogelfrei«, 1985). C. Costa-Gavras drehte die weltbekannten Kriminal- und Politthriller »Mord im Fahrpreis inbegriffen« (1965), »Z« (1968), »Vermißt« (1982).

Unter dem Motto »Papas Kino ist tot« präsentierte in der BR Deutschland die Oberhausener Gruppe (1966, u. a. A. Kluge, »Abschied von gestern«; V. Schlöndorff, »Der Junge Törless«; U. Schamoni, »Es«) den »Jungen dt. Film«. Internat. Anerkennung fanden außerdem u. a. R. W. Fassbinder, W. Herzog (»Nosferatu«, 1979; »Fitzcarraldo«, 1982), M. von Trotta, R. von Praunheim, H. Achternbusch, R. van Ackeren (»Die flambierte Frau«, 1983), W. Wenders (»Paris, Texas«, 1984; »Der Himmel über Berlin«, 1987), D. Dörrie (»Männer«, 1985), D. Graf (»Die Sieger«, 1994), P. Adlon (»Out of Rosenheim«, 1987) und E. Reitz (»Die zweite Heimat – Chronik einer Jugend«, 1992), S. Wortmann (»Der bewegte Mann«, 1994).

In der *DDR* entstanden bemerkenswerte (von der Zensur unterdrückte) Filme, u. a. von K. Wolf (»Der geteilte Himmel«, 1964; »Solo Sunny«, 1980), E. Günther (»Der Dritte«, 1972), J. Böttcher (»Jahrgang 45«, 1966), H. Carow (»Die Russen kommen«, 1987), K. Maetzig und F. Beyer.

In *Großbritannien* war 1959–63 die Zeit des »Free Cinema«; Hauptwerke wurden »Samstagnacht bis Montagmorgen« (1960) von K. Reisz, »Die Einsamkeit des Langstreckenläufers« (1962) von T. Richardson und »Lockender Lorbeer« (1962) von L. Anderson. Filme von internat. Bedeutung drehten u. a. J. Losey (»Accident ...«, 1967), S. Kubrick (»Uhrwerk Orange«, 1971), K. Russell (»Lisztomania«, 1975), R. Attenborough (»Gandhi«, 1982; »Schrei nach Freiheit«, 1987), J. Ivory (»Zimmer mit Aussicht«, 1986), P. Greenaway (»Der Kontrakt des Zeichners«, 1982), A. Parker (»Birdy«, 1984) und K. Branagh (»Heinrich V.«, 1989).

Überragende Gestalt in *Schweden* ist weiterhin I. Bergman, von besonderer Bed. auch M. Zetterling (»Amorosa«, 1986).

In Finnland trat A. Kaurismäki (»Das Mädchen aus der Streichholzfabrik«, 1989) hervor.

Bes. Aufschwung nahm in den 1970er Jahren der *schweizer.* F. durch A. Tanner (»Der Salamander«, 1971; »Jonas«, 1976), M. Soutter (»James ou pas«, 1970) und C. Goretta (»Die Spitzenklöpplerin«, 1977).

In *Spanien* haben v. a. C. Saura (»Carmen«, 1983), M. Camus (»Der Bienenkorb«, 1982) und P. Almodóvar (»Frauen am Rande des Nervenzusammenbruchs«, 1988) internat. Ruf.

In der *UdSSR* waren nach langer Zeit der Unterdrückung der F.-Kunst seit etwa 1986 Filme von Weltrang wieder zugelassen; zahlr. Filmer wurden rehabilitiert, die Zahl der in den letzten Jahrzehnten beschlagnahmten F., die heute nach und nach die Archive verlassen, ist noch unübersehbar. Als Exponenten des russ. F. sind v. a. A. Tarkowskij (»Der Stalker«, 1979), E. Klimow (»Agonia – Rasputin«, 1981 veröffentlicht; »Abschied von Matjora«, 1983), T. J. Abuladse (»Reue«, 1984) sowie A. Askoldow (»Die Kommissarin«, 1987 freigegeben) internat. bekannt geworden.

In *Polen* vollzieht sich eine ähnl. Entwicklung. R. Polanski arbeitet seit dem Film »Das Messer im Wasser« (1962) im Ausland. Internat. gegenwärtig sind A. Wajda (»Danton«, 1982), K. Zanussi (»Illumination«, 1973) und K. Kieślowski (»Ein kurzer Film über das Töten«, 1987; »Ein kurzer Film über die Liebe«, 1989).

In *Lateinamerika* setzte 1968 der F. »Die Stunde der Hochöfen« des Argentiniers F. E. Solanas ein Fanal des polit. Kampfes. Das brasilian. »Cinema nóvo« der 1960er Jahre war vertreten durch G. Rocha (»Gott und Teufel im Land der

Filzkraut

Sonne«, 1964); in den 1970er Jahren erschien als wichtigster F. »São Bernardo« (1972) von L. Hirszman.
Die großen Regisseure *Japans* sind Yasujiro Ozu (»Spätherbst«, 1960), Akira Kurosawa (»Rashomon«, 1950; »Sieben Samurai«, 1954; »Kagemusha«, 1980) und Kenji Mizoguchi (»Ugetsu – Erzählungen unter dem Regenmond«, 1953). In *China* erlangten Zhang Yimou (»Rotes Kornfeld«, 1987; »Rote Laterne«, 1991) und Chen Kaige (»Lebewohl, meine Konkubine«, 1992) internat. Bedeutung.
Filmbewertungsstelle Wiesbaden, Abk. **FBW,** 1951 in Wiesbaden gegr. Länderbehörde zur Beurteilung von Kultur-, Dokumentar- und Spielfilmen. Der Bewertungsauss. vergibt die Prädikate »wertvoll« und »bes. wertvoll«, durch die jeweils prämiierten Filme steuerl. Vergünstigungen erhalten.
Filmkamera, photograph. Kamera zur Aufnahme kinematograph. Bilder von bewegten Objekten. Vom Photoapparat unterscheidet sie sich konstruktiv in der Verschluß- und Filmtransporteinrichtung, die es ermöglicht, eine bestimmte Anzahl Bilder (z. B. 18, 24 oder 25) in einer Sekunde zu belichten und weiterzuschalten. Erforderlich ist, daß der Film bei der Belichtung stillsteht; der Filmtransport erfolgt ruckweise *(Bildschrittschaltung)* durch ein Greifergetriebe, dessen Klaue in die Perforation des Films eingreift und ihn nach jeder Belichtung um eine Bildhöhe weiterschaltet. Der *Verschluß* ist eine synchron mit der Greiferbewegung umlaufende Sektorenscheibe *(Umlaufblende, Sektorenblende).* Die Belichtungszeit wird durch die Bildfrequenz und die Breite des veränderl. Hellsektors begrenzt. Durch Erniedrigen oder Erhöhen der Bildfrequenz bei beibehaltener Wiedergabefrequenz ergeben sich *Zeitraffer-* und *Zeitlupeneffekte.* Fernseh- und Schmal-F. haben meist Zoomobjektive, die von Hand oder durch einen Elektromotor verstellt werden. Für Außenaufnahmen werden bes. in der Fernsehproduktion 16-mm-Kameras eingesetzt. 8-mm-Kameras sind meist *automat. Kameras* mit Blendenautomatik, die über einen Photowiderstand gesteuert wird; Messung durch das Objektiv.
Filmprojektor ↑Projektionsapparate.

Filou [fi'lu:; frz.], junger Mann, der (in liebenswürdiger Weise) leichtfertig ist.
Filter [mittellat.], 1) *Chemie:* poröses Material (z. B. Papier, Ton, Bimsstein, Sand- oder Kiesschichten) zum Ausscheiden von Gemischanteilen, zum Abtrennen fester, ungelöster Teilchen aus Gasen oder Flüssigkeiten; durch *Filtrieren* erhält man feste oder ungelöste Teilchen getrennt vom Gas oder der nun wieder klaren Flüssigkeit *(Filtrat).*
2) *Elektronik:* Schaltung mit stark frequenzabhängigen Eigenschaften aus Spulen und Kondensatoren. Der *Tiefpaß* läßt nur Frequenzen unterhalb einer Grenzfrequenz durch; der *Hochpaß* verhält sich umgekehrt. Der *Bandpaß* hat einen Durchlaßbereich, die *Bandsperre* dagegen einen Sperrbereich zw. zwei Grenzfrequenzen.
3) *Photographie:* in der Masse gefärbte Glasscheiben oder Folien vor dem Objektiv *(Aufnahme-F.). Kontrast-F. (Gelb-, Grün-, Orange-, Blau-F.)* dienen bei Schwarzweißaufnahmen dazu, Helligkeitskontraste zw. Farben zu erzielen, die mit ähnl. Grauwert wiedergegeben würden. *Farbtemperatur-Korrektur-F. (Color-F., Farbaufnahme-F.)* passen die Farbtemperatur der Beleuchtung an die Abstimmung des Films an (z. B. *Skylight-F.* zur Erniedrigung der hohen Farbtemperaturen, *Konversions-F.* zur Anpassung von Tages- bzw. Kunstlicht an Kunstlicht- bzw. Tageslichtfilm). *Sperr-F.* schließen bestimmte Wellenlängenbereiche aus, z. B. *Ultraviolett-Sperr-F. (UVa-Filter, Haze-F.)* die UV-Strahlung, *Dunkelrot-* bzw. *Schwarz-F.* das sichtbare Licht bei Infrarotaufnahmen. *Grau-F. (Neutral-F.)* verringern allg. die Beleuchtungsstärke bei der Aufnahme. *Polarisations-F. (Pol-F.)* löschen Reflexe auf glänzenden Oberflächen.
Filz [eigtl. »gestampfte Masse«], Faserverband aus losen, nicht gesponnenen Haaren *(Haar-F.)* oder Wollen *(Woll-F.),* die zusammengepreßt oder gewalkt werden.
Filzkraut (Fadenkraut), Gatt. der Korbblütler mit etwa 20 Arten; kleine Kräuter mit filzig behaarten Stengeln und Blättern und sehr kleinen Köpfchen in Knäueln; in M-Europa u. a. *Zwerg-F.* (gelbblühend, auf Sandböden) und *Französisches F.* (gelbl. Blütenköpfchen, auf Brachfeldern).

Filzkraut. Ackerfilzkraut (Höhe 10–35 cm)

Filzlaus

Filzlaus ↑Menschenläuse.

Filzschreiber, Schreibgerät mit einem Speicher für Schreibflüssigkeit und einer Schreibspitze aus hartgepreßtem Filzdocht *(Dochtschreiber),* beim *Faserschreiber* dagegen aus Glasfasern.

Fimbrien [lat.], fransenförmige Bildungen des Gewebes (z. B. am Eileiter).

final [lat.], die Absicht, den Zweck angebend.

Finale [italien.], 1) der Schlußsatz mehrsätziger Kompositionen; in der Oper die einen Akt abschließende Szene. 2) Endkampf, Endrunde eines [Sport]wettkampfes.

Finalsatz, Nebensatz, der angibt, zu welchem Zweck oder aus welcher Absicht heraus sich das Geschehen oder Sein im übergeordneten Satz vollzieht, z. B.: Gib acht, *daß du dich nicht verletzt.*

Finanzamt, unterste Behörde der Finanzverwaltung, zuständig für die Verwaltung der Steuern mit Ausnahme der Zölle und der bundesgesetzlich geregelten Verbrauchsteuern, soweit die Verwaltung nicht den Gemeinden übertragen worden ist.

Finanzausgleich, i. w. S. die Regelungen der finanziellen Beziehungen zw. mehreren Gemeinwesen; i. e. S. die Verteilung der gesamten öffentl. Einnahmen auf verschiedene Gebietskörperschaften. Dabei wird die Aufgabenverteilung auf die verschiedenen Gebietskörperschaften als passiver, die Verteilung der Einnahmen als aktiver F. bezeichnet. Erfolgt der F. zw. gleichgeordneten Körperschaften, so spricht man von *horizontalem F.;* erfolgt der F. zw. über- und untergeordneten Körperschaften, so spricht man von *vertikalem Finanzausgleich.*

Finanzen [mittellat.-frz.], urspr. nur auf die Tätigkeit des Leistens und Zahlens bezogene Bez. für das Geld- und Vermögenswesen der öffentl. Hand; i. w. S. Geldangelegenheiten.

Finanzgerichtsbarkeit, zweistufige Gerichtsbarkeit *(Finanzgerichte* der Länder, *Bundesfinanzhof* [Sitz München]) zur Entscheidung von Streitigkeiten über Abgaben-, insbes. Steuer- und verwandte Angelegenheiten.

Finanzierung [mittellat.-frz.], Bereitstellung oder Beschaffung von Finanzierungsmitteln zur Deckung des Finanzbedarfs eines Unternehmens oder Haushalts. Nach der Herkunft der Mittel unterscheidet man Außen- und Innenfinanzierung.

Finanzkapital, nach R. Hilferding Bez. für das bei wenigen Großbanken angesammelte Geldkapital, das seinen Besitzern auf Grund ihrer ökonom. Macht auch großen polit. Einfluß verleiht.

Finanzmärkte, Märkte, an denen Kreditbeziehungen zw. Anbietern von Finanzierungsmitteln (Gläubiger) und Nachfragern nach Finanzierungsmitteln (Schuldner) entstehen. Im allgemeinen werden die Mittel gegen Zinszahlung befristet überlassen. F. können eingeteilt werden nach der Fristigkeit, z. B. Geldmarkt (kurzfristig), Kreditmarkt (mittelfristig), Kapitalmarkt (langfristig); nach den Teilnehmern, z. B. Interbankengeldmarkt, Euromarkt. Bei den *internat. F.* entstehen grenzüberschreitende Gläubiger-Schuldner-Beziehungen, d. h. Finanzierungsmittel fließen über Landesgrenzen und Geschäfte werden in einer fremden Währung abgeschlossen.

Finanzmonopol, das Recht des Staates auf alleinige Herstellung und Vertrieb bestimmter Güter unter Ausschluß des Wettbewerbs (in der *BR Deutschland* das Branntweinmonopol).

Finanzplanung, in der *Betriebswirtschaftslehre* alle Dispositionen, die auf Grund einer finanziellen Vorschau zur Deckung des Finanzbedarfs eines Unternehmens getroffen werden, bes. zur Sicherung der Zahlungsfähigkeit.

Finanzpolitik, Gesamtheit aller staatl. Maßnahmen, die gewollt und direkt auf die Finanzwirtschaft einwirken. Ziele der F. sind neben der Beschaffung öffentl. Einnahmen auch die (nichtfiskal.) Ziele des Wohlstands, der Gerechtigkeit und der sozialen Sicherheit. Die staatl. Interventionen richten sich dabei auf die Höhe des Volkseinkommens, auf seine Verteilung und auf die Stabilität des Einkommens, der Preise und der Beschäftigung. Die Mittel des Staates sind die öffentl. Einnahmen und Ausgaben sowie deren Kombination im öffentl. Haushalt.

Finanzverfassung, die Gesamtheit der Bestimmungen, die das öffentl. Finanzwesen in einem Staate regeln, insbes. das Recht, Steuern zu erheben *(Finanz-*

hoheit), die Verteilung der Einnahmen und die Haushaltswirtschaft. In der BR Deutschland ist die Finanzhoheit zw. Bund, Ländern und Gemeinden aufgeteilt. Der *Bund* hat die Gesetzgebungskompetenz über die Zölle, Finanzmonopole und die meisten Steuern, die *Länder* über die örtl. Verbrauchsteuern und Aufwandsteuern, solange und soweit sie nicht bundesgesetzl. geregelten Steuern gleichartig sind. Dem Bund steht der Ertrag der Finanzmonopole, der Zölle, gewisser Verbrauchsteuern, der Kapitalverkehrsteuern und anderer Steuern und Abgaben zu. Den Ländern steht der Ertrag aus Vermögensteuer, Erbschaftsteuer, Kraftfahrzeugsteuer und gewissen Verkehrsteuern zu. Das Aufkommen der Einkommensteuer, der Körperschaftsteuer und der Umsatzsteuer steht Bund, Ländern und Gemeinden gemeinsam zu *(Gemeinschaftsteuern).* Den *Gemeinden* steht darüber hinaus das Aufkommen der Realsteuern und der örtl. Verbrauch- und Aufwandsteuern zu.

Finanzverwaltung, der Teil der öffentl. Verwaltung, der sich insbes. mit der Festsetzung und Erhebung von Steuern *(Steuerverwaltung),* der Vermögensverwaltung der öffentl. Hand und der Einziehung von Strafen, Beiträgen und Gebühren befaßt. Die Steuerverwaltung ist zw. Bund und Ländern aufgeteilt. Bundesfinanzbehörden sind das Bundesministerium der Finanzen, die Bundesschuldenverwaltung, die Bundesmonopolverwaltung für Branntwein, das Bundesamt für Finanzen, die Bundesbaudirektion, die Oberfinanzdirektionen, die Hauptzollämter und die Zollfahndungsämter. Landesfinanzbehörden sind das Landesfinanzministerium, die Oberfinanzdirektionen und die Finanzämter.

Finanzwirtschaft, die Wirtschaft der öffentl. Körperschaften: alle Einrichtungen und Tätigkeiten, die auf die Beschaffung und Verwendung von Mitteln für öffentl. Zwecke gerichtet sind. Träger sind Gebietskörperschaften, die Sozialversicherungen und Landschaftsverbände. Die F. verfolgt nicht den Zweck, einen Gewinn zu erzielen; alle Maßnahmen unterliegen dem ökonom. Prinzip, den gegebenen Bedarf mit dem kleinsten Aufwand zu befriedigen, über dessen Einhaltung Bundesrechnungshof, Landesrechnungshöfe und Parlamente als Organe der *Finanzkontrolle* zu wachen haben.

Finck, Werner, * Görlitz 2. 5. 1902, † München 31. 7. 1978, dt. Schauspieler und Kabarettist. Leitete 1929–35 das Berliner Kabarett »Die Katakombe«, 1948–51 in Stuttgart »Die Mausefalle«.

Findelkind, meist als Säugling ausgesetztes Kind, dessen Angehörige unbekannt sind.

Finderlohn ↑Fund.

Fin de siècle [frz. fɛ̃d'sjɛkl »Ende des Jh.«], Epochen-Bez. für den Zeitraum zw. etwa 1870–1900. ↑Dekadenz.

Findlinge ↑Geschiebe.

Fine [italien.], bezeichnet das Ende eines Musikstückes; steht bes. bei Sätzen mit Da-capo-Form, wenn die Wiederholung des ersten Teiles nicht ausgeschrieben ist.

Fine Gael [engl. 'fin 'geɪl; »Stamm der Gälen«] (engl. United Ireland Party), irische polit. Partei, die sich aus den Befürwortern des anglo-ir. Vertrags von 1922 innerhalb der ↑Sinn Féin bildete; konstituierte sich 1923 unter W. T. Cosgrave (unter dem Namen F. G. seit 1933).

Fingalshöhle ↑Höhlen (Übersicht).

Finger (Digitus, Dactylus), der urspr. in Fünfzahl ausgebildete, häufig zahlenmäßig reduzierte, bewegl. Teil der Vorderextremität bzw. der Hand bei Wirbeltieren. Beim Menschen werden die F. durch ein Skelett, die *Fingerknochen,*

Fingalshöhle

Fingerabdruck

Fingerabdruck.
1 Wirbel; **2** Schleife;
3 Bogen; **4** Ausschnitt

Fingerkraut.
Blutwurz
(Höhe 15–40 cm)

gestützt. Jeder F. besteht mit Ausnahme des Daumens urspr. aus drei F.gliedern. Beim Menschen sind die Gelenke zw. den einzelnen Fingerknochen Scharniergelenke, zw. den F.knochen und den Mittelhandknochen (mit Ausnahme des Daumens) Kugelgelenke. Das letzte F.glied trägt auf der Oberseite den F.nagel, auf der Unterseite die *Fingerbeere* (Fingerballen), deren Hautleistennetz in Form von Schlaufen, Wellen und Wirbeln bei jedem Menschen charakterist. angeordnet ist und zahlr. Tastkörperchen enthält (»Fingerspitzengefühl«).

Fingerabdruck (Daktylogramm), der Abdruck der Fingerbeere (↑Finger) auf Gegenständen. Da in den Hautleisten der Fingerbeere ständig Schweiß abgesondert wird, können die auf den berührten Flächen zurückbleibenden Schweißspuren durch Einsprühen mit Magnesiumpulver oder Einstauben mit Rußpulver sichtbar gemacht werden und mit den F. von Straftätern und Verdächtigen, die in den Karteien der Kriminalpolizei gespeichert sind, verglichen werden. Seit 1981 wird beim Bundeskriminalamt eine elektron. Datenverarbeitungsanlage zur Recherche eingesetzt. ↑Daktyloskopie.

Fingerhakeln, Wettkampf, bei dem sich zwei Männer mit eingehaktem Mittelfinger über einen zw. ihnen stehenden Tisch zu ziehen versuchen.

Fingerhut (Digitalis), Gatt. der Rachenblütler mit etwa 25 Arten in Eurasien und im Mittelmeergebiet; oft hohe Stauden mit zweilippigen, langröhrigen, meist nickenden, roten, weißen oder gelben Blüten in langen Trauben. In M-Europa kommen drei Arten (alle giftig und geschützt) vor: *Großblütiger F.,* bis 1 m hoch, Blüten groß, gelb, innen netzförmig braun geädert, außen behaart; *Gelber F.,* Blüten bis 2 cm groß, gelb, auf der Innenseite purpurfarben geädert; *Roter F.,* 6 cm lange, meist purpurrote, auf der Innenseite behaarte Blüten.

Fingerkraut (Potentilla), Gatt. der Rosengewächse mit über 300 Arten, hpts. auf der nördl. Erdhalbkugel; meist Kräuter mit fingerförmig gefiederten Blättern und gelben oder weißen Blüten; in M-Europa etwa 30 Arten, u. a.: *Blutwurz* (Aufrechtes F.), 10–40 cm hoch, mit gelben Blüten; *Kriechendes F.,* mit bis zu 1 m langen Ausläufern und gelben, einzelnstehenden Blüten; *Gold-F.,* Blüten goldgelb mit silbrig behaarten Kelchblättern; *Frühlings-F.,* mit bis 1,5 cm breiten, gelben Blüten im Blütenstand; *Silber-F.,* mit unterseits weißfilzigen Blättern und gelben Blüten.

Fingernagel ↑Nagel.

Fingersatz (Applikatur), durch Zahlen meist über den Noten angegebene Anweisung zum zweckmäßigen Einsatz der einzelnen Finger beim Spielen eines Streich- oder Tasteninstrumentes.

Fingervereiterung (Umlauf, Panaritium), durch Infektion, v. a. mit Staphylokokken, entstehende Entzündung der Finger und der Hand. Im Ggs. zu anderen eitrigen Entzündungen bricht die F. nicht nach außen durch, sondern breitet sich in die Tiefe der Handbeugeseite aus.

fingieren [lat.], frei erfinden.

Finis [lat.], Ende, Schluß.

Finish [ˈfɪnɪʃ; lat.-engl.], Endkampf, Endspurt (Sport).

Finisterre (Cabo de F.), Landspitze an der span. NW-Küste, sw. von La Coruña.

Finkenvögel (Finken, Fringillidae), mit Ausnahme der austral. Region und Madagaskars weltweit verbreitete, etwa 440 Arten umfassende Fam. 9–23 cm langer Singvögel, davon etwa 30 Arten in M-Europa; vorwiegend Körnerfresser mit kurzem, kräftigem, kegelförmigem Schnabel und Kropf; ♂ und ♀ meist unterschiedlich befiedert. Zu den F. gehören u. a. Ammern, Buchfink, Grünfink, Stieglitz, Dompfaff, Zeisige, Girlitz, Hänfling, Kreuzschnäbel, Kirschkernbeißer, Darwin-Finken.

Finn, zentrale Figur des südir. Sagenzyklus (F.zyklus oder Ossian. Zyklus), Anführer einer Schar von Männern (»fianna«), die nach ihren eigenen Gesetzen von Jagd und Krieg lebten.

Finnbogadóttir, Vigdis [isländ. ˈfɪnbɔːɣadɔuhtɪr], *Reykjavík 15. 4. 1930, isländ. Politikerin. Philologin; 1972–80 Direktorin des Stadttheaters von Reykjavík; seit 1980 Staatspräsidentin (erstes gewähltes weibl. Staatsoberhaupt in Europa).

Finn-Dingi (Finn-Dinghi), Einheitsjolle für den Rennsegelsport; mit einem

Finnland

Mann Besatzung, Länge 4,50 m, Breite 1,51 m, Tiefgang 0,85 m (mit Schwert).

Finne, Höhenzug im NO des Thüringer Beckens, bis 291 m hoch.

Finne, 1) meist mikroskopisch kleines, seltener bis kindskopfgroßes, häufig kapsel- oder blasenförmiges zweites Larvenstadium der Bandwürmer; fast stets in Wirbeltieren.
2) Bez. für die Rückenflossen der Haie und analoge Bildungen der Wale.
3) keilförmige Seite eines Hammers.

Finnenausschlag, svw. ↑Akne.

Finnisch, zur Fam. der finnisch-ugr. Sprachen, letztlich zu den ural. Sprachen gehörende Sprache. Heute wird F. von etwa 5 Mio. Menschen gesprochen. Davon verteilen sich 0,5 Mio. auf Auswanderergruppen und Sprachinseln im Baltikum und in Rußland. F. ist eine agglutinierende Sprache, hat aber starke Merkmale des flektierenden Sprachtypus. Das F. hat Vokalreichtum (18 verschiedene Diphthonge) und Kasusreichtum (15 Kasus).

finnische Literatur, die Literatur in finn. Sprache. Bed. Anteil an der finnischsprach. Literatur hat die Literatur der mündl. Überlieferung (Lieder, Balladen, Sagen, Märchen. Von besonderer Bedeutung ist das Nationalepos ↑»Kalevala«. Die meisten finn. Schriftsteller schrieben bis ins 19. Jh. in schwed. Sprache. A. Kivi schrieb als erster bed. Romane und Dramen in finn. Sprache. Mit der Wende zum 20. Jh. gelingt J. Aho und M. Canth der Anschluß an die gesamteurop. Literatur; als Exponenten der Erzähllitteratur sind F. E. Sillanpää (Nobelpreis für Literatur 1939), Mika Waltari, Väinö Linna (*1920), Veijo Meri und Hannu Salama (*1936) zu nennen, als Vertreter der Lyrik Maiju Lassila (*1869, †1918), Otto Manninen (*1872, †1950), Veikko Antero Koskenniemi (*1885, †1962), Eino Leino (*1878, †1926), Aaro Hellaakoski (*1893, †1952), P. Mustapää (eigtl. Martti Haavio; *1899, †1973), Pentti Saarikoski (*1937) und Paavo Haavikko (*1931). ↑schwedische Literatur.

Finnischer Meerbusen, östl. Seitenarm der Ostsee zw. Finnland, Rußland und Estland, etwa 430 km lang, 60–120 km breit.

Finnisch-Sowjetischer Winterkrieg, Verteidigungskrieg Finnlands gegen die Sowjetunion (1939/1940) als Folge der Zuerkennung Finnlands zur sowjet. Interessensphäre im Dt.-Sowjet. Nichtangriffspakt 1939. Im Frieden von Moskau (1940) mußte Finnland u. a. die Karel. Landenge und das Gebiet an der N-Bucht des Ladogasees an die Sowjetunion abtreten; von Finnland im Juni 1941 annulliert.

finnisch-ugrische Sprachen (finnougrische Sprachen), Sprachfamilie, deren etwa 20 Mio. Sprecher heute weit gestreut auf Gebieten zw. der finn. Halbinsel im W, dem nordwestl. Sibirien im O und der ungar. Steppe im S beheimatet sind. Mit den samojed. Sprachen bilden die f.-u. S. die Gruppe der ural. Sprachen. Wahrscheinlich hat es eine f.-u. Grundsprache gegeben, und die finnisch-ugr. Einzelsprachen sind durch Abwanderung der Völker und Stämme und der damit verbundenen sprachl. Ausgliederung und Sonderentwicklung entstanden. Am frühesten gliederten sich die ugr. Sprachen aus (die obugr. Sprachen Ostjakisch und Wogulisch, heute gesprochen am unteren und mittleren Ob, sowie, später, Ungarisch), danach das Permische und die wolgafinn. Sprachen, schließlich das Frühurfinnische (dazu das heutige Lappische im norweg., schwed., finn. und russ. Lappland) und das Ostseefinnische (dazu das Finnische, Estnische und Karelische [in Karelien und, durch Zwangsaussiedlung, im Bezirk Twer]). Die f.-u. S. gehören typologisch zu den agglutinierenden Sprachen.

Finnland (finnisch Suomi, schwedisch Finland), Staat in Europa, grenzt im W an den Bottnischen Meerbusen, im NW an Schweden, im N an Norwegen, im O an Rußland und im S an den Finnischen Meerbusen.

Staat und Recht: Kombination von Elementen des parlamentar. und des Präsidialsystems; *Verfassung* von 1919 (zuletzt 1988 geändert). *Staatsoberhaupt* und oberster Träger der *Exekutive* ist der indirekt auf 6 Jahre gewählte Staats-Präs.; er beruft die Mgl. des Staatsrats (Regierung mit dem Staats-Min. [= Min.-Präs.] an der Spitze), dessen Vorsitz er führt, der jedoch dem Reichstag verantwortlich und von dessen Vertrauen abhängig ist. Die *Legislative* liegt beim Reichstag (»Eduskunta«, 200 für 4 Jahre

Finken.
Stieglitz

Fingerhut

Finnland

Finnland

Staatsflagge

Staatswappen

Finnland

Fläche:	3 338 145 km²
Einwohner:	5,008 Mio.
Hauptstadt:	Helsinki
Amtssprache:	Finnisch, Schwedisch
Nationalfeiertag:	6. 12.
Währung:	1 Finnmark (Fmk) = 100 Penniä (p)
Zeitzone:	MEZ + 1 Std.

1970 1992 1970 1992
Bevölkerung Bruttosozial-
(in Mio.) produkt je E
(in US-$)

4,6   5,0   21970   5104

☐ Stadt   ☐ Land
40% / 60%

Bevölkerungsverteilung
1992

☐ Industrie
☐ Landwirtschaft
☐ Dienstleistung

30% / 5% / 65%

Bruttoinlandsprodukt
1992

gewählte Abg.). *Parteien:* Sozialdemokrat. Partei, Zentrumspartei, Nat. Sammlungspartei, Allianz der Linken, Schwed. Volkspartei, Grüne Partei.
Landesnatur: F. liegt zu einem Viertel nördlich des Polarkreises. Das Landschaftsbild ist eiszeitlich geprägt und erreicht in Mittel- und Süd-F. Höhen bis rd. 400 m. Hier liegt das für die Besiedlung wichtigste Gebiet sowie die finn.-karel. Seenplatte mit rund 55 000 Seen. Im N steigen die Höhen bis 700 m an. Höchste Erhebung ist der Haltiantunturi mit 1 324 m ü. M. im NW des Landes. Der Küste sind 30 000 Inseln und Schären vorgelagert. Das Klima ist kontinental mit subpolaren Zügen. 61% des Landes sind bewaldet, große Gebiete versumpft.
Bevölkerung: Neben Finnen (94%) leben Schweden (5%) und Lappen im Land. Etwa 85% der Bevölkerung gehören der ev.-luth. Staatskirche an.
Wirtschaft, Verkehr: Wichtigster Zweig der Landwirtschaft ist die Milchwirtschaft. Kleinbetriebe herrschen vor. Im N und O wird Rentierzucht betrieben. Abgebaut werden Eisen-, Kupfer-, Nickel-, Zink-, Chrom-, Titan-, Blei-, Vanadium- und Kobalterze sowie Pyrit, Selen, Asbest und Torf. Führend ist die holzverarbeitende Industrie, gefolgt von Metall-, chem. und Textilindustrie. Das Schienennetz (russ. Breitspur) hat eine Länge von 5 877 km, das Straßennetz 76 061 km (davon 42 023 km mit fester Decke). Internat. ✈ ist Helsinki.
Geschichte: 1238/49 wurde Tavastland (das heutige Häme) zum Teil des schwed. Reiches erklärt. 1323 wurde Karelien zw. Schweden und Nowgorod aufgeteilt. 1713–21 war F. von Rußland besetzt, das 1721 das sw. Karelien mit Viborg (heute Wyborg) erhielt, 1808 erneut; 1809 verzichtete Schweden auf ganz F., das als Groß-Ft. einen autonomen Status im Zarenreich erhielt. Als die Revolution von 1905 auch auf F. übergriff, wurde die 1899 vom Zaren beseitigte Autonomie F. wieder zugestanden. Nach der russ. Oktoberrevolution erklärte sich F. de facto am 15. 11. 1917 für selbständig. Am 28. 1. 1918 brach der finn. Bürgerkrieg aus. Nach dem Sieg der bürgerl. »Weißen« wurde am 21. 6. 1919 eine republikan. Verfassung angenommen. Sowjetrußland erkannte 1920 die Selbständigkeit F. an und gestand ihm zu seinem histor. Besitz einen schmalen Korridor zum Eismeer mit Petsamo (heute Petschenga) als eisfreiem Hafen zu. 1921 wurden F. vom Völkerbund die Ålandinseln zugesprochen. Durch den Finn.-Sowjet. Winterkrieg 1939/40 verlor F. etwa ein Zehntel seiner Ind., seines Acker- und Waldareals. Nach dem dt. Überfall auf die Sowjetunion nahm F. 1941–44 auf dt. Seite am 2. Weltkrieg teil und mußte danach auch den Korridor zur Eismeerküste mit Petsamo (heute Petschenga) an die Sowjetunion abtreten sowie ihr die Halbinsel Porkkala auf 50 Jahre als Flottenstützpunkt überlassen (1956 wieder zurückgegeben). Nach dem 2. Weltkrieg konnte F. zwar seine staatl. Unabhängigkeit gegenüber der UdSSR bewahren, geriet aber innen- und außenpolitisch in deren Einfluß. Im Geist der Paasikivi-Linie (nach Staats-Präs. J. K. Paasikivi, 1946–56), die vorsah, in den auswärtigen Beziehungen in erster Linie ein gutnachbarl. Verhältnis zur Sowjetunion zu erhalten (1948 Abschluß eines Freundschafts- und Beistandspakts mit der Sowjetunion auf zehn Jahre; 1955 um 20, 1970 um weitere 20 Jahre verlängert) handelten noch die Staats-Präs. U. K. Kekkonen (1956-81) und M. H. Koivisto (1982 bis

1994). 1955 erfolgte der Beitritt zum Nord. Rat, 1961 wurde F. der EFTA assoziiert (seit 1985 Vollmitglied). Im September 1990 kündigte F. einseitig den Freundschafts- und Beistandspakt mit der Sowjetunion, 1992 schloß es einen Nachbarschaftsvertrag mit Rußland ab. 1992 stellte die seit 1991 amtierende Regierung unter Min.-Präs. E. Aho einen Antrag auf Beitritt zur EG; der Beitritt zur EU erfolgte nach einer Volksabstimmung zum 1.1. 1995. Im Jan. 1994 wurde M. O. Ahtisaari zum Staats-Präs. gewählt. Aus den Parlamentswahlen von 1995 ging die Sozialdemokrat. Partei als stärkste Kraft hervor; sie bildete unter P. Lipponen eine Koalitionsregierung mit der Nat. Sammlungspartei, der Allianz der Linken, der Schwed. Volkspartei und der Grünen Partei.

Finnlandisierung, im Hinblick auf das Abhängigkeitsverhältnis, in dem Finnland zur UdSSR stand, geprägte Bez. für die sowjet. Einflußnahme auf Außen- und Innenpolitik eines Landes.

Finnmark, Abk.: Fmk, Währungseinheit in Finnland; 1 Fmk = 100 Penniä (p).

Finnwal ↑Furchenwale.

Finow ['fi:no] ↑Eberswalde.

Finsen, Niels Ryberg [dän. 'fen'sən], *Tórshavn (Färöer) 15.12. 1860, † Kopenhagen 24. 9. 1904, dän. Mediziner. Entwickelte Methoden der Lichtbehandlung bei Hauttuberkulose sowie bei Pocken; 1903 Nobelpreis für Physiologie oder Medizin.

Finsteraarhorngruppe ↑Berner Alpen.

Finsternis, in der *Astronomie* eine Folge der vollständigen bzw. teilweisen Bedeckung eines Himmelskörpers durch einen anderen *(totale* bzw. *partielle F.).* Stehen für den Beobachtungsort Mond und Sonne in einer Visierlinie, so tritt für diesen Ort eine *Sonnenfinsternis* ein. Bei einer *Mondfinsternis* tritt die Erde zw. Sonne und Mond.

Finsterwalde, Kreisstadt in Brandenburg, 22900 E. U. a. Tuchindustrie. Spätgot. Dreifaltigkeitskirche (1578 ff.), Renaissanceschloß (v. a. 1553–97).

Finte [italien.], **1)** *allg.:* Ausflucht, Vorwand.

2) *Fechten* und *Boxen:* Scheinbewegung, vorgetäuschter Stoß, beim *Ringen* ein angedeuteter Griff.

Fiore, Joachim von ↑Joachim von Fiore.

Firdausi (Firdosi), Abu l-Kasim Mansur, *Was bei Tos (NO-Iran) um 934, † Tos 1020, pers. Dichter. Schrieb etwa 975 bis 1010 das pers. Nationalepos »Schah-Name« (»Königsbuch«), das am Beginn der neupers. Dichtkunst steht.

Firlefanz, überflüssiges Zeug, Gerede.

firm [lat.], sicher, geübt, erfahren.

Firma [italien.], **1)** im allg. Sprachgebrauch svw. kaufmänn. Betrieb, geschäftl. Unternehmen.

2) der Handelsname des Vollkaufmanns, d. h. derjenige Name, unter dem ein Vollkaufmann seine Handelsgeschäfte betreibt sowie klagen und verklagt werden kann. Die F. kann sein: *Personalfirma* (in der ein Familienname enthalten ist), *Sachfirma* (die auf den Gegenstand des Unternehmens hinweist), *gemischte Firma* (die sowohl einen Familiennamen als auch einen Hinweis auf den Gegenstand des Unternehmens enthält). Wie der bürgerl. Name bezeichnet sie eine [natürl. oder jurist.] Person, nämlich den Inhaber des Handelsuntern. Dieser (nicht etwa die F.) ist Träger der unter der F. erworbenen Rechte und Pflichten. Jeder Vollkaufmann ist verpflichtet, eine F. zu führen. Die F., ihre Änderung, die Änderung ihrer Inhaber und ihr Erlöschen sind beim zuständigen Amtsgericht (Registergericht) zur Eintragung in das Handelsregister anzumelden.

Firmament [lat.] ↑Himmel.

Firmung [lat.], Sakrament der kath. Kirche, das Jugendlichen im Alter von 7 bis 12 Jahren i. d. R. vom Bischof durch Handauflegung, Salbung, Gebet gespendet wird.

Firmware [engl. 'fɔ:mwɛə], Programmteile von Computern, die in Festspeichern enthalten sind und nicht mit der Software bereitgestellt werden müssen. Zur F. zählen z. B. Mikroprogramme, die die Hardwarefunktionen gewährleisten.

Firn [zu ahd. firni »alt«], alter, mehrjähriger Schnee des Hochgebirges, der durch vielfaches Auftauen und Wiedergefrieren körnig geworden ist.

Firnis [frz.], nicht pigmentiertes, dauerhaftes Anstrichmittel; Gemisch aus trocknenden Ölen (Leinöl) und Sikkativen.

First Lady ['fɔ:st 'leɪdɪ; engl. »erste Dame«], die Frau eines Staatsoberhauptes.

Niels Ryberg Finsen

First National City Bank

Fischadler
(Größe bis 58 cm)

Fische.
Anatomie eines Knochenfisches;
1 Barteln, 2 Kiemen, 3 Bulbus arteriosus, 4 Herzkammer, 5 Herzvorkammer, 6 Schlund, 7 Leber, 8 Milz, 9 Bauchflosse, 10 Darm, 11 Eierstock, 12 After, 13 Eileiter, 14 Harnleiter, 15 Afterflosse, 16 Schwanzflosse, 17 Nasenöffnung, 18 Kopfniere, 19 Niere, 20 Rückenflosse, 21 Schwimmblasengang, 22 Schwimmblase

First National City Bank [engl. 'fə:st 'næʃənəl 'sɪtɪ 'bæŋk] ↑Citicorp.
Firusabad, Ort in S-Iran, im Zagrosgebirge, 90 km südlich von Schiras. Nw. von F. die Ruinen einer von Ardaschir I. (⚭ 224–241) gegr., kreisförmig angelegten Stadt. Nahebei Felsrelief mit dem Sieg Ardaschirs über den Partherkönig Artabanos V.
Fis, Tonname für das um einen chromat. Halbton erhöhte F.
FIS, Abk. für: **F**édération **I**nternationale de **S**ki, Internat. Skiverband; gegr. 1924 in Chamonix-Mont-Blanc; Sitz Bern.
Fischadler, fast weltweit verbreiteter, v. a. an Seen, Flüssen und Meeresküsten vorkommender, etwa bussardgroßer Greifvogel; Spannweite der Flügel etwa 1,10 m; ernährt sich v. a. von Fischen.
Fischart, Johann, eigtl. J. Fischer, genannt Mentzer, *Straßburg um 1546, † Forbach bei Saarbrücken um 1590, dt. Satiriker und Publizist. Sein Hauptwerk, »Affentheurlich Ungeheurliche Geschichtschrift ...« (1575, 1582 u. d. T. »Affentheurlich Naupengeheurlich Geschichtklitterung ...«) ist eine freie Bearbeitung von Rabelais' »Gargantua«.
Fischauge ↑photographische Objektive.
Fischbandwurm (Breiter Bandwurm, Grubenkopf), mit 10–15 m Länge größte im Menschen (nach dem Genuß von rohem, finnigem Fisch) vorkommende Bandwurmart.
Fischbein, hornartige Substanz aus den Barten der Bartenwale.
Fischblase (Schneuß), *Kunst:* spätgot. Maßwerkform (Flamboyantstil).
Fischchen (Lepismatidae), mit etwa 250 Arten fast weltweit verbreitete Fam. bis 2 cm langer Borstenschwänze mit flachem, meist blaß gefärbtem, von silbrigen Schuppen bedecktem Körper; in Häusern häufig *Silber-F.* und *Ofenfischchen.*
Fische ↑Sternbilder (Übersicht), ↑Tierkreiszeichen (Übersicht).
Fische (Pisces), mit etwa 25 000 Arten in Süß- und Meeresgewässern weltweit verbreitete Überklasse 0,01 bis 15 m langer Wirbeltiere; wechselwarme, fast stets durch (innere) Kiemen atmende Tiere mit meist langgestrecktem Körper, dessen Oberfläche im allg. von Schuppen oder Knochenplatten bedeckt ist; [flossenförmige] Extremitäten sind die paarigen Flossen (Brustflossen, Bauchflossen), daneben kommen unpaarige Flossen ohne Extremitätennatur vor (Rückenflossen, Afterflosse, Fettflosse, Schwanzflosse); Körperfärbung bisweilen (bes. bei ♂♂) sehr bunt, Farbwechsel oft stark ausgeprägt; Silberglanz wird durch Reflexion des in den Schuppen abgelagerten Guanins hervorgerufen. Mit Ausnahme aller Knorpel- und Plattfische haben die meisten F. eine Schwimmblase, durch deren verschieden starke Gasfüllung das spezif. Gewicht verändert werden kann, wodurch ein Schweben in verschiedenen Wassertiefen ermöglicht wird. F. besitzen einen Strömungs- und Erschütterungssinn, die in den Seitenlinienorganen lokalisiert sind. – Die meisten F. sind eierlegend, selten lebendgebärend. Die Entwicklung der F. erfolgt meist direkt, manchmal über vom Erwachsenenstadium stark abweichende Larvenformen (z. B. Aale, Plattfische) mit anschließender Metamorphose. – Die F. gliedern

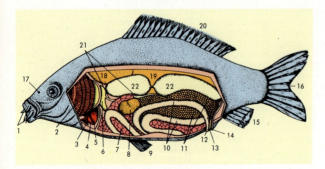

Fischerei

sich in die beiden Klassen Knorpelfische und Knochenfische.
In vielen alten *Religionen* waren F. Symbole des Todes und der Fruchtbarkeit. Als Glückszeichen sind F. in Indien schon im 5. Jh. v. Chr. nachweisbar. Aufgrund der Symbolik des Menschenfischens im NT ist der Fisch ein altchristl. Symbol, v. a. für Christus selbst, dessen griech. Bez. mit Iēsoũs Christòs Theoũ Hyiòs Sotẽr (Jesus Christus, Gottes Sohn, Erlöser) das aus den Anfangsbuchstaben gebildete Wort ICHTHYS (griech. »Fisch«) ergibt.

Fischechsen (Fischsaurier, Ichthyosaurier), weltweit verbreitete Ordnung ausgestorbener, fischförmiger, bis 15 m langer Kriechtiere in den Meeren der Trias und Kreidezeit.

Fischer, 1) Edmond Henri, *Schanghai 6. 4. 1920, amerikan. Biochemiker. Erhielt 1992 für seine grundlegenden Einsichten in den Stoffwechsel der Muskelgewebe zus. mit E. G. Krebs den Nobelpreis für Physiologie oder Medizin.
2) Emil, *Euskirchen 9. 10. 1852, † Berlin 15. 7. 1919, dt. Chemiker. Ermittelte Konstitution und Konfiguration der wichtigsten Zucker; Forschungen über Purine; erhielt 1902 den Nobelpreis für Chemie.
3) Ernst Otto, *München 10. 11. 1918, dt. Chemiker. Arbeiten über metallorgan. Verbindungen; 1973 (zus. mit G. Wilkinson) Nobelpreis für Chemie.
4) Franz, *Freiburg im Breisgau 19. 3. 1877, † München 1. 12. 1947, dt. Chemiker. Entwickelte die ↑Fischer-Tropsch-Synthese (gemeinsam mit H. Tropsch).
5) Hans, *Höchst (heute zu Frankfurt am Main) 27. 7. 1881, † München 31. 3. 1945, dt. Chemiker. Erhielt für Konstitutionsaufklärung und Synthese der Porphinfarbstoffe Hämin und Chlorophyll 1930 den Nobelpreis für Chemie.
6) Johann Michael, *Burglengenfeld bei Regensburg 18. 2. 1692, † München 6. 5. 1766, dt. Barockbaumeister. Baute Kirchen in Dießen am Ammersee (1732ff.), Zwiefalten (1744ff.), Ottobeuren (1748ff.), Rott am Inn (1759ff.).
7) Joseph (»Joschka«), *Gerabronn (Kr. Schwäbisch-Hall) 12. 4. 1948, dt. Politiker (Bündnis 90/Die Grünen). 1983–85 und seit 1994 MdB; 1985–87 Min. für Umwelt und Energie in Hessen; 1991–94 Min. für Umwelt, Energie und Bundesangelegenheiten sowie stellv. Min.-Präs. in Hessen; seit 1994 Vors. der Bundestagsfraktion des Bündnis 90/Die Grünen.
8) O[tto] W[ilhelm], *Klosterneuburg bei Wien 1. 4. 1915, österr. Theater- und Filmschauspieler. Spielte u. a. in den Filmen »Ein Herz spielt falsch« (1953), »Herrscher ohne Krone« (1957), »Helden« (1958).
9) Robert (»Bobby«) James, *Chicago 9. 3. 1943, amerikan. Schachspieler. Wurde mit 16 Jahren Internat. Großmeister (der jüngste der Schachgeschichte), 1972–75 Weltmeister.
10) Ruth, eigtl. Elfriede Golke, geb. Eisler, *Leipzig 11. 12. 1895, † Paris 13. 3. 1961, dt. Politikerin und Publizistin. Schwester von Hanns Eisler; führte die KPD ab 1924 auf ultralinken Kurs; 1925 von E. Thälmann abgelöst, 1926 aus der KPD ausgeschlossen; 1924–28 MdR; flüchtete 1933 nach Paris, 1940 in die USA; nach 1945 polit. Publizistin in Paris.
11) Samuel, *Liptovský Mikuláš (Slowakei) 24. 12. 1859, † Berlin 15. 10. 1934, dt. Verleger. Gründete 1886 den S. Fischer Verlag in Berlin, förderte den literar. Naturalismus (É. Zola, G. Hauptmann u. a.), H. von Hofmannsthal, A. Schnitzler, T. Mann, H. Hesse.

Fischer-Dieskau, Dietrich, *Berlin 28. 5. 1925, dt. Sänger (Bariton). Internat. bekannt v. a. als Lieder- und Oratoriensänger.

Fischerei, der gewerbsmäßige Fang von Fischen u. a. Wassertieren. Die *große Hochseefischerei* verwendet Logger und Trawler sowie Fischfabrikschiffe. *Logger* sind meist Seitenfänger von etwa 300 BRT. *Trawler* arbeiten stets mit Grundschleppnetz *(Trawl)* oder Schwimmschleppnetz. Durch die Verlagerung der Fangzonen in entferntere Gebiete ergab sich der Zwang zu modernen Konservierungsverfahren; daher wuchs die Bedeutung des Tiefgefrierens von vorverarbeitetem Fang. Die erfordert. Fabrikationseinrichtungen eines solchen *Gefriertrawlers* ließen sich nur in einem Zweideckschiff unterbringen, was zur Einführung der Heckaufschleppe und des Heck-Fischgalgens führte. Der so entstandene *Hecktrawler* (800–3000

Edmond Henri Fischer

Emil Fischer

Ernst Otto Fischer

Hans Fischer

Fischereigrenze

Val Logsdon Fitch

BRT) ist also stets ein Fang- und Verarbeitungsschiff *(Fabriktrawler)*. – Japan und andere Länder haben in größerem Umfang *Fangflotten* eingesetzt, deren Fabrikschiffe *(Fischfabrikschiffe)* gleichzeitig Mutterschiff für 8–16 Fangboote sind. In der kleinen *Hochseefischerei* (Nord- und Ostsee) und der *Küstenfischerei* werden Kutter verwendet. Gebräuchlichste Arbeitsgeräte der Kutter sind *Scherbrettnetze* und *Schwimmschleppnetze*, die meistens im Gespann gezogen werden. Fanggeräte sind Stell- und Treibnetze, Strand- und Bootswaden, Körbe, Garnelen- und Aalreusen, Fischzäune, Angeln sowie Fangleinen. Die *Binnenfischerei* deckt den Bedarf an Edelfischen (Aal, Hecht, Zander, Karpfen, Schlei, verschiedene Salmoniden- und Felchenarten sowie Weißfischarten). Die Fanggeräte sind dieselben wie bei der Küsten-F., dazu kommen Elektrofanggeräte.

Fischereigrenze, im *Völkerrecht* jene im Meer verlaufende Grenzlinie, die die hohe See und den Teil des Küstenmeeres voneinander trennt, in dem die Ausübung des Fischereirechts den Staatsangehörigen des Uferstaates vorbehalten ist (Küstenfischerei).

Fischereirecht, als *nationales F.* im subjektiven Sinn (privatrechtlich) das absolute Recht, in einem Gewässer Fische und andere nutzbare Wassertiere (soweit sie nicht dem Jagdrecht unterliegen) zu hegen und sich anzueignen. Das F. steht grundsätzlich dem Eigentümer (Staat oder Anlieger) zu. Die jedem Deutschen als »freier Fischfang« offenstehende Küstenfischerei beruht auf öffentl. Recht; im objektiven Sinn die Gesamtheit der öffentl.-rechtl. Normen, die Umfang und Ausübung der Fischerei regeln. Fischereiausübung bedarf polizeil. (öffentl.-rechtl.) Erlaubnis *(Fischereischein)*. Im *Völkerrecht* steht auf der hohen See die Ausübung des F. jedem zu. Im Küstenmeer (innerhalb der Fischereigrenze) regelt der Uferstaat die Ausübung des F. (Küstenfischerei); ausländ. Staatsbürger können davon ausgeschlossen werden.

Fischerring (Anulus piscatoris [piscatorius]), Amtsring des Papstes, im 13. Jh. erstmals erwähnt, seit dem 15. Jh. regelmäßig getragen.

Fischer-Tropsch-Synthese, von F. Fischer und H. Tropsch 1923–25 entwikkeltes großtechn. Verfahren zur Synthese von Kohlenwasserstoffen aus Kohlenmonoxid und Wasserstoff; v. a. für die Benzin-, Paraffin- und Motorenölherstellung bedeutsam.

Fischer-Verlag, S. (S. F. V. GmbH), 1886 von Samuel Fischer in Berlin gegr. Buchverlag; Sitz: Frankfurt am Main.

Fischer von Erlach, Johann Bernhard (geadelt 1696), *Graz 20. 7. 1656, † Wien 5. 4. 1723, österr. Barockbaumeister. Kaiserl. Hofarchitekt ab 1705. Exponent der spätbarocken Baukunst: Salzburger Kollegienkirche (1696 bis 1707), in Wien Schloß Schönbrunn (1695/96 ff.), Palais Trautson (um 1710–12), Karlskirche (1716 begonnen) und Hofbibliothek (1723 begonnen).

Fischlupe ↑Echolot.

Fischmehl, eiweißreiches Futtermittel aus getrockneten, zermahlenen Fischabfällen.

Fischotter ↑Otter.

Fischreiher ↑Reiher.

Fischschuppenkrankheit (Ichthyose, Ichthyosis), Hautleiden mit übermäßiger Trockenheit, Abschuppung sowie abnormer Verhornung der Haut infolge veränderter oder fehlender Talg- und Schweißdrüsenabsonderung.

Fischvergiftung (Ichthyismus), meist schwere, akute Erkrankung nach dem Genuß verdorbener, infizierter oder giftiger Fische (↑auch Botulismus).

Johann Bernhard Fischer von Erlach.
Karlskirche in Wien (begonnen 1716)

Fixierung

Fisher [engl. 'fɪʃə], 1) Irving, *Saugerties (N. Y.) 27. 2. 1867, † New York 29. 4. 1947, amerikan. Nationalökonom. Bed. Beiträge zur Zins- und Geldtheorie.
2) John, hl., *Beverley (York) um 1459, † London 22. 6. 1535, engl. Humanist. Bischof von Rochester, Kanzler der Cambridge University. Befreundet mit Erasmus von Rotterdam; zählte zu den schärfsten Gegnern Luthers in England. Widersprach der Ehescheidung Heinrichs VIII. von Katharina von Aragonien; 1535 von Papst Paul III. zum Kardinal ernannt, wurde am 22. 6. 1535 enthauptet. 1935 heiliggesprochen. – Fest: 22. Juni.
Fish-eye [engl. 'fɪʃ-aɪ »Fischauge«] ↑photographische Objektive.
Fiskalismus, Bez. für die Richtung in der *Finanzpolitik,* die einseitig an der Beschaffung von Einnahmen zur Deckung des öffentl. Bedarfs orientiert ist.
Fiskus [lat.], nach verbreiteter Anschauung: der Staat als Privatrechtssubjekt (Ggs.: der Staat als Träger hoheitl. Gewalt); nach W. Jellinek: der Staat als Vermögenssubjekt (der auch hoheitl. Wesenszüge zeigt, z. B. als Steuer-F., Zollfiskus).
Fisole [roman.], svw. Gartenbohne.
Fission [engl. 'fɪʃən], engl. Bez. für Kernspaltung.
Fissur (Fissura) [lat.], in der *Medizin* Einriß, Schrunde, bes. der unelastisch gewordenen, spröden Haut oder Schleimhaut, z. B. am After bzw. Knochenriß, Spaltbruch eines Knochens.
Fistel [lat.], angeborener, durch entzündl. Prozesse oder Verletzungen entstandener oder operativ angelegter (z. B. bei Harnleiter- oder Darmverschluß) röhrenförmiger Gang, der Körperorgane oder -hohlräume entweder untereinander *(innere F.)* oder mit der äußeren Körperoberfläche *(äußere F.)* verbindet.
Fistelstimme, männl. hohe Kopfstimme.
Fitch, Val Logsdon [engl. fɪtʃ], *Merriman (Nebr.) 10. 3. 1923, amerikan. Physiker. Arbeiten zur experimentellen Kern- und Elementarteilchenphysik; 1980 Nobelpreis für Physik (zus. mit J. W. Cronin).
Fitis ↑Laubsänger.
Fitness (Fitneß), gute körperl. bzw. sportl. Leistungsfähigkeit.

Fittings [engl.], Sammel-Bez. für Verbindungsstücke zum Verschrauben oder Verlöten z. B. von Wasserleitungsrohren (Muffen, T-Stücke u. a.).
Fitzgerald [engl. fɪts'dʒerəld], 1) Ella, *Newport News (Va.) 25. 4. 1918, amerikan. Jazzsängerin. Herausragende Sängerin des Swing (»the first lady of Jazz«).
2) F[rancis] Scott [Key], *Saint Paul (Minn.) 24. 9. 1896, † Los Angeles 21. 12. 1940, amerikan. Schriftsteller. Vertreter der ↑Lost generation; schrieb Romane (u. a. »Der große Gatsby«, 1925; verfilmt 1973 von F. F. Coppola) und Short stories (u. a. »Tales of the jazz age«, 1922).
fix [lat.], 1) festgelegt; z. B. fixe Kosten. 2) *umgangssprachlich:* flink, gewandt.
Fixage [fi'ksa:ʒɔ; lat.-frz.] (Fixierprozeß), abschließender Arbeitsgang bei der Entwicklung photograph. Materialien. Als *Fixierbad* dient die wäßrige Lösung eines *Fixiersalzes,* meist Natriumthiosulfat.
fixe Idee, unrealist. Vorstellung, von der jemand nicht abzubringen ist.
fixen [lat.], 1) *Börsenwesen:* Leerverkäufe tätigen. 2) *umgangssprachlich:* sich Drogen injizieren.
Fixgeschäft, gegenseitiger Vertrag, bei dem die Leistung eines Partners zu einen genau festgelegten (»fixen«) Termin gebunden ist (nicht früher und nicht später) oder innerhalb einer genau bestimmten Frist erfolgen soll.
Fixierbad ↑Fixage.
fixieren [lat.], 1) *allg.:* (schriftlich) festlegen, verbindlich bestimmen; an einer Stelle festmachen, befestigen; jemanden unverwandt anstarren; emotional an jemanden, etwas gebunden sein.
2) *Photographie:* unbelichtetes, nicht entwickeltes Silberhalogenid aus belichtetem photograph. Material mit Hilfe einer Natriumsulfatlösung *(Fixierbad)* herauslösenden, mit dem Ziel, das photograph. Bild lichtbeständig und lagerfähig zu machen.
Fixiersalz ↑Fixage.
Fixierung [lat.], 1) *biolog. Technik:* (Fixation) die Haltbarmachung von tier. oder pflanzl. Material (ganze Organismen, Körper- oder Gewebeteile u. a.) durch Behandlung mit *F. mitteln* (z. B. Alkohol, Formalin ®, Sublimat, Osmiumsäure) für spätere mikroskop. Untersuchungen.

Ella Fitzgerald

F. Scott Fitzgerald

1049

Fixing

Robert Flaherty

2) *Psychologie:* Entwicklungshemmung durch das Festhalten an bestimmten Einstellungen und Verhaltensweisen.
3) *Sinnesphysiologie:* die Einstellung des Auges auf ein bestimmtes Wahrnehmungsobjekt (F.punkt) derart, daß dieses an der Stelle des schärfsten Sehens (dem gelben Fleck) auf der Netzhaut abgebildet wird.
Fixing [engl.], amtl. Festsetzung von Börsenkursen.
Fixpunkt, Stelle in einem Computerprogramm, an der nach einer Störung der Ablauf fortgesetzt werden kann *(Wiederanlaufpunkt).* Nach einer Unterbrechung muß dann nicht das gesamte Programm neu geladen werden.
Fixsterne, Bez. für die von den Astronomen des Altertums als an der Himmelskugel befestigt angenommenen Sterne im Ggs. zu den *Wandelsternen* (Planeten).
Fixum [lat.], festes Entgelt im Ggs. zum variablen, nach Leistung oder Arbeitszeit bemessenen Entgelt; auch Bezeichnung für ein garantiertes Mindesteinkommen.
Fizz [fis, engl. fiz], alkohol. Mixgetränk mit Soda oder Sekt o. ä., z. B. *Gin Fizz.*
Fjell [skandinav.] (Fjäll), die Hochflächen Skandinaviens oberhalb der Waldgrenze (300–700 m ü. M.), bestimmt durch eine Vegetationsformation aus Moosen, Flechten, Stauden und Zwergsträuchern.
Fjord [skandinav.], durch Meeresspiegelanstieg oder Landsenkung überflutetes Trogtal mit übersteilen Hängen.
FKK, Abk. für ↑Freikörperkultur.
Flachdach, Dach mit Neigung unter 25°.
Flachdruck ↑Drucken.
Fläche, 1) *allg.:* ebenes Gebiet.
2) *Elementargeometrie:* ein beliebig gekrümmtes oder ebenes Gebilde im Raum, insbes. jede Begrenzung (Oberfläche) einer räuml. Figur. Die einfachsten F. sind die Ebene und die Kugel.
Flächeninhalt, die Größe eines von einem geschlossenen Linienzug begrenzten Teiles einer ebenen oder gekrümmten Fläche. Einheit des F. ist der Quadratmeter (m^2) und seine dezimalen Vielfachen und Teile. Die rechner. Bestimmung des F. einfacher Flächenstücke erfolgt aus einzelnen Bestimmungsstücken dieser Figuren (z. B. Seiten, Höhen beim Dreieck) mit Hilfe bekannter Formeln oder durch Zerlegung der Flächenstücke in derart berechenbare Flächenstücke. Den F. beliebig begrenzter Flächenstücke berechnet man mit Methoden der Integralrechnung.
Flächennutzungsplan, vorbereitender Bauleitplan. Im F. ist für das ganze Gemeindegebiet die beabsichtigte Art der Bodennutzung nach den voraussehbaren Bedürfnissen der Gemeinde in den Grundzügen darzustellen. Aus dem Flächennutzungsplan ist der Bebauungsplan zu entwickeln.
Flachland, ausgedehnte Landoberfläche mit geringen, jedoch größeren Höhenunterschieden als bei der Ebene. Nach der Lage unterscheidet man *Tiefland* (bis etwa 200 m ü. M.) und *Hochland.*
Flachrelief (Basrelief) ↑Relief.
Flachs ↑Lein.
Flachsee, Meeresbereich bis zu 200 m Tiefe. ↑Schelf.
Flacius, Matthias, eigtl. Matija Vlačić (auch M. Franković), gen. Illyricus, *Labin (Istrien) 3. 3. 1520, † Frankfurt am Main 11. 3. 1575, dt. ev. Theologe kroat. Herkunft. Kompromißloser Anhänger Luthers, bed. Kirchenhistoriker und Bibelwissenschaftler.
Fladen, flaches rundes Brot oder brotartiges Gebäck.
Flagellanten [lat.] (Flegler, Geißler, Kreuzbrüder), Angehörige religiöser Laienbewegungen des 13.–15. Jh. (v. a. in den Niederlanden), die zur Buße Selbstgeißelung übten. Papst Klemens VI. versuchte, die F. zu unterdrücken; 1417 durch das Konstanzer Konzil verboten.
Flagellaten [lat.] (Geißelträger, Geißelinfusorien, Flagellata, Mastigophora), heterogene Gruppe der Einzeller *(Protisten)* mit rund 14 Ordnungen, die teils als *pflanzl. F.* (Phytoflagellaten, Geißelalgen) und teils als *tier. F.* (Zooflagellaten, Geißeltierchen) zusammengefaßt werden. Der Zellkörper der F. ist langgestreckt bis rundlich, mit einer oder mehreren Geißeln als Fortbewegungsorganelle. F. besiedeln Gewässer, feuchte Orte, auch Schnee. Einige befallen als Parasiten Mensch und Tier und rufen gefährl. Erkrankungen hervor, z. B. die Trypanosomen die Schlafkrankheit.

1050

Flandern

Flageolettöne [flaʒoˈlɛt...], leicht pfeifende Obertöne, die bei Streichinstrumenten durch leichtes Aufsetzen des Fingers an einer bestimmten Stelle der Saite erzeugt werden können.

Flaggen, drei- oder viereckige, im allg. mit herald. Farben oder Bildern bedruckte Tücher; können im Unterschied zu Fahnen mit einer Leine an F.masten oder -stöcken gehißt werden und sind Erkennungszeichen. *National-F.* bzw. *Staats-F.* sind Hoheits- und Ehrenzeichen eines Staates; ihre Beschreibung ist meist durch Gesetz oder in der Verfassung festgelegt. Zum Führen einer F. (Ausweis für die Nationalität) ist jedes Schiff verpflichtet, das die hohe See befährt (nicht jedoch zum ständigen Zeigen). – Tafeln S. 1052 bis 1056.

Flaggenalphabet ↑Signalflaggen.

Flaggoffiziere ↑Admiral.

Flaherty, Robert [engl. ˈflɛəti], *Iron Mountain (Mich.) 16. 2. 1884, †Dummerston (Vt.) 23. 7. 1951, amerikan. Filmregisseur. Schöpfer des künstler. Dokumentarfilms, u. a. »Nanuk, der Eskimo« (1922).

Flair [flɛːr, lat.-frz.], gewisses Etwas.

Flak, Abk. für **Fl**ugabwehr**k**anone.

Flake, Otto, *Metz 29. 10. 1880, †Baden-Baden 10. 11. 1963, dt. Schriftsteller. Schrieb Bildungsromane, u. a. »Die Romane um Ruland« (5 Bde., 1926), »Fortunat« (1946) »Es wird Abend« (1960).

Flakon [flaˈkõː; frz.], [Parfüm]fläschchen.

flambieren [lat.-frz.], Speisen mit Spirituosen übergießen und den verdunstenden Alkohol anzünden, um den Geschmack zu verfeinern.

Flamboyantstil [flãboaˈjã...; lat.-frz.] (flammender Stil), Stilform der Spätgotik zw. 1350 und 1500, ↑Fischblase.

Flamen, Name des niederl. Mundarten sprechenden Bevölkerungsteils in Belgien.

Flamenco [span.], Gattung volkstüml. andalus. Tanzlieder, gesungen mit oder ohne Gitarrenbegleitung, wobei der Rhythmus durch Stampfen, Klatschen oder auch Kastagnetten akzentuiert wird.

Fläming, Höhenrücken nördl. und östl. der mittleren Elbe, über 100 km lang, im Hagelsberg 201 m hoch.

Flamingoblume (Anthurium), Gatt. der Aronstabgewächse mit über 500 Arten im trop. Amerika; mit kolbenförmigen, von einer offenen, oft lebhaft gefärbten Blütenhülle umhüllten Blütenständen und langgestielten, herzförmigen Blättern.

Flamingos (Phoenicopteridae), seit dem Oligozän bekannte, nur fünf Arten umfassende Fam. stelzbeiniger, bis 1,4 m hoher Wasservögel, v. a. an Salzseen und Brackgewässern S-Europas (Camargue, S-Spanien), S-Asiens, Afrikas sowie M- und S-Amerikas; gesellig lebend, im wesentlichen (bei ♂ und ♀) weiß, rot oder rosafarben befiedert; leben von Krebsen, Algen, Protozoen.

Flaminische Straße ↑Römerstraßen.

Flämisch ↑Niederländisch.

Flämische Bewegung, nach der belg. Staatsgründung 1830 und in Reaktion auf das Übergewicht der frz. sprechenden Wallonen entstandene Bestrebungen, die sprachlich-kulturelle, wirtschaftlich-soziale und polit. Position der Flamen zu sichern bzw. auszubauen; führte zur Anerkennung des Niederländischen als Amtssprache und 1932 zu einem Sprachengesetz. 1962/63 wurden in Belgien zwei homogene Sprachgebiete festgelegt (bei Zweisprachigkeit Brüssels).

Flammenblume, svw. ↑Phlox.

Flammendes Herz ↑Tränendes Herz.

Flammenwerfer, militär. Einsatzmittel zum Versprühen (bis 70 m) von dünnflüssigem Flammöl oder zum Verschleudern (bis 200 m) von zähflüssigen (hochviskosen) Stoffen (z. B. Napalm ®).

Flammpunkt, Abk. **FP**, diejenige Temperatur, bei der die sich aus einer brennbaren Flüssigkeit entwickelnden Dämpfe ein entflammbares Gemisch ergeben.

Flamsteed, John [engl. ˈflæmstiːd], *Denby (Derbyshire) 19. 8. 1646, †Greenwich 31. 12. 1719, engl. Astronom. Gründer der Sternwarte von Greenwich; erstellte einen Sternenkatalog (*F.-Nummern*).

Flandern, histor. Landschaft in den sw. Niederlanden, NW-Belgien und N-Frankreich; erstreckt sich von der Küste bis etwa zur Schelde bzw. den Ardennenvorbergen, im Kemmelberg 156 m hoch.

Flamingoblume

Flamingos.
Rosaflamingo (Größe bis 1,3 m)

Flaggen 1

Flaggen 2

Flaggen 3

Lesotho	Lettland	Libanon	Liberia	Libyen
Liechtenstein	Litauen	Luxemburg	Madagaskar	Makedonien
Malawi	Malaysia	Malediven	Mali	Malta
Marokko	Marshallinseln	Mauretanien	Mauritius	Mexiko
Mikronesien	Moçambique	Moldawien	Monaco	Mongolei
Namibia	Nauru	Nepal	Neuseeland	Nicargua
Niederlande	Niger	Nigeria	Norwegen	Oman
Österreich	Pakistan	Palau	Panama	Papua-Neuguinea
Paraguay	Peru	Philippinen	Polen	Portugal

Flaggen 4

Flaggen 5

Die deutschen Bundesländer

Flavone

Geschichte: Ab dem 9. Jh. Gft. zw. Schelde, Canche und Nordseeküste (frz. Lehen, daher »Kron-F.«), zu der zeitweise auch das Artois, der Hennegau und die Gft. Aalst (Reichslehen, daher »Reichs-F.«) gehörten.
Das einheim. Grafenhaus der Balduine regierte (mit Unterbrechung 1119–91) bis 1280. Die flandr. Städte verteidigten 1302 in der »Sporenschlacht« von Kortrijk (heute Courtrai) durch der Vernichtung eines frz. Ritterheers ihre ständ. Rechte. 1384 fiel F. an Burgund, 1477 an die Habsburger, 1556 an deren span. Linie. Der N (»Staats-F.«) kam 1648 als Teil der Prov. Seeland an die Generalstaaten, die südl. Grenzgebiete wurden 1659–79 frz., der Hauptteil wurde 1714 österr., 1794 frz., 1814/15 niederl.; 1830/31 zu Belgien.

Flanell [kelt.-engl.-frz.], leinwand- oder köperbindige Gewebe aus Baumwolle, Zellwolle oder Wolle.

Flanke, 1) *Sport:* 1. beim Turnen Übersprung oder Absprung vom Gerät mit gestrecktem Körper, bei dem die linke oder rechte Körperseite dem Gerät zugekehrt ist; 2. bei Ballspielen der rechte oder linke Sturmteil einer Mannschaft; auch [halb]hohe Ballabgabe vor das gegner. Tor.
2) *Zoologie:* seitl. Teile des Tierkörpers, bes. bei Säugetieren.

flankieren [frz.], von der Seite her decken, seitlich begleiten; wird im militär., auch wirtschaftspolit., Bereich (z. B. flankierende Maßnahmen) verwendet.

Flansch, Ringscheibe am Ende von Rohren zum Verbinden *(Anflanschen)* von Rohren, Absperrventilen u. a.

Flaschenbäume, Laubbäume der periodisch trockenen Tropen in Australien und Amerika mit mehr oder weniger flaschenförmig verdickten, wasserspeichernden Stämmen.

Flaschenbovist, Art der Bauchpilze auf Wiesen, Weiden und in lichten Baumbeständen; Fruchtkörper etwa 6 cm hoch und 3–7 cm dick, in der Jugend weiß, im Alter gelbbraun; jung ein Speisepilz.

Flaschengärung ↑Schaumwein.

Flaschenkürbis (Kalebasse), Kürbisgewächs der Tropen Afrikas und Asiens; Früchte bis kopfgroß und flaschenförmig, mit holziger Schale und schwammigem Fruchtfleisch, werden zur Anfertigung von Gefäßen *(Kalebasse)* verwendet.

Flaschenzug, Lastenhebegerät, bei dem ein Seil oder eine Kette über Rollengruppen (»Flaschen«) geführt wird. Die aufzuwendende Kraft ist gleich dem n-ten Teil der Last, wobei n die Anzahl der Rollen ist, wenn die obere Flasche fest, die untere beweglich ist.

Flash [flæʃ; engl. »Blitz«], in der Presse Eilnachricht; im Film Ein-, Rückblende.

Flashbar [engl. 'flæʃba:] ↑Blitzlicht.

Flattergras (Waldhirse), in Laubwäldern verbreitetes, mit kurzen Ausläufern kriechendes, etwa 1 m hohes Süßgras.

Flattertiere (Fledertiere, Handflügler, Chiroptera), mit rd. 900 Arten weltweit (bes. in den Tropen und Subtropen) verbreitete Ordnung der Säugetiere; Körperlänge etwa 3–40 cm, Schwanz meist kurz, Flügelspannweite etwa 18–150 cm. Die F. werden in die beiden Unterordnungen Flughunde und Fledermäuse unterteilt.

Flaubert, Gustave [frz. flo'bɛ:r], *Rouen 12. 12. 1821, †Croisset bei Rouen 8. 5. 1880, frz. Romancier. Gilt als Begründer des frz. Realismus; beeinflußte mit der für ihn bezeichnenden unpersönl., wiss. genauen Sachlichkeit in Sehart und Stil, die das Urteil des Autors völlig zurücknimmt, die Literatur des 20. Jh. – *Werke:* Madame Bovary (R., 1857), Salambo (R., 1862), Erinnerungen eines Verrückten (entstanden 1838, hg. 1901), November (R., entstanden 1840–42, hg. 1901), Die Erziehung des Herzens (R., 1869); auch bed. Briefe und Tagebücher.

Flaumfedern, svw. ↑Dunen.

Flaumhaare, svw. ↑Wollhaare.

Flavier, röm. Kaiserdynastie, ↑Flavius.

Flavius, plebej. röm. Geschlechtername; Name kaiserl. Dynastien, der *1. flav. Dynastie* (Flavier; zu ihr gehörten Vespasian, Titus und Domitian) und der *2. flav. Dynastie* (Konstantin d. Gr., Konstantin II., Konstans I., Konstantius II., Julian).

Flavius Josephus, jüd. Geschichtsschreiber, ↑Josephus.

Flavone [lat.] (Flavonfarbstoffe), in höheren Pflanzen vorkommende gelbe Farbstoffe, strukturell den ↑Anthocyanen verwandt.

Flattergras. Waldhirse (Höhe 60–100 cm)

Gustave Flaubert

1057

Flavoproteine

Flavoproteine [lat./griech.] (Flavoproteide, Flavinenzyme), in den Zellen aller Organismen vorkommende wasserstoffübertragende Enzyme.

Flaxman, John [engl. 'flæksmən], * York 6.7.1755, † London 7.12.1826, engl. Zeichner und Bildhauer. Bed. Vertreter des Klassizismus; schuf Standbilder und Grabmäler (v. a. in der Saint Paul's Cathedral und der Westminster Abbey in London); auch Buchillustrationen (Homer, Dante).

Flechtband, frühes vorderasiat., ost- und südeurop. Ornament aus verschlungenen Bändern (Schlangen?); das griech. F. wirkte über das röm., kopt., byzantin. und german. F. bis in die Romanik.

Flechte, volkstüml. Bez. für ↑Schuppenflechte, ↑Ekzem.

Flechten (Lichenes), Abteilung der Pflanzen mit über 20 000 Arten in etwa 400 Gattungen. Sie stellen einen aus Grün- oder Blaualgen und Schlauchpilzen bestehenden Verband (Symbiose) dar, der eine morpholog. und physiolog. Einheit bildet. Die Alge versorgt den Pilz mit organ. Nährstoffen (Kohlenhydrate), während das Pilzgeflecht der Alge als Wasser- und Mineralstoffspeicher dient. Die Vermehrung der F. erfolgt meist ungeschlechtlich. – Nach der Gestalt unterscheidet man *Krusten-F.* (haften flach auf der Unterlage), *Laub-F.* (großflächige, blattartige Ausbildung) und *Strauch-F.* (ähneln den höheren Pflanzen). – Da fast alle F.arten zum Leben saubere Luft benötigen, werden sie heute als Indikatorpflanzen für die Beurteilung der Luftqualität in Ballungsräumen benutzt.

Flechten.
1 Flechte (Lobaria pulmonaria) mit Fruchtkörper; **2a–c** verschiedene Flechtenformen: **a** Krustenflechte (Buellia sororia); **b** Laubflechte (Isländisches Moos); **c** Strauchflechte (Rentierflechte)

1

2a

2b

2c

Fleckentfernungsmittel, zum Entfernen von Flecken v. a. auf Textilien dienende Chemikalien; meist Gemische von flüssigen Lösungsmitteln für Fette und Öle, z. B. Aceton, Äther, Chloroform.

Fleckfieber (Flecktyphus, Läusetyphus, Lagerfieber, Typhus exanthematicus), Infektionskrankheit des Menschen (Erreger Rickettsia prowazeki), die v. a. durch Kleiderläuse bzw. Läusekot vom Darm der Parasiten aus in Hautwunden übertragen wird. Inkubationszeit 10–14 Tage; Erkrankungsdauer 12–14 Tage, mit gleichmäßig hohem Fieber um 40 °C. Unbehandelt sterben mehr als 50 % der Befallenen; zur Vorbeugung Schutzimpfung.

Flederhunde ↑Flughunde.

Fledermäuse (Kleinfledertiere, Microchiroptera), weltweit verbreitete Unterordnung der Flattertiere mit etwa 750 Arten; Körperlänge etwa 3–16 cm, Flü-

Flechten. Querschnitt durch eine heteromere Flechte (Lobaria verrucosa), die sich durch Bildung von Soredien fortpflanzt

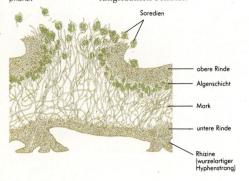

gelspannweite rd. 18–70 cm; Kopf stark verkürzt bis extrem lang ausgezogen; Nase oft mit bizarr geformten, häutigen Aufsätzen; Ohren mittelgroß bis sehr groß, manchmal über dem Kopf verwachsen, häufig mit Ohrdeckel (Tragus); Augen klein; Orientierung erfolgt durch Ultraschallortung (Laute werden durch Nase oder Mund ausgestoßen). Die einheim. F. halten sich tagsüber und während des Winterschlafs in Baum- und Felshöhlen, Mauerasten, Boden- und Kellerräumen und hinter Fensterläden auf. – Von den 50 Arten der Fam. *Hufeisennasen* (Rhinolophidae) kommen in M-Europa vor: *Großhufeisennase,* bis 7 cm (mit Schwanz bis 11 cm) lang, oberseits fahlbraun, unterseits bräunlichweiß, Flügelspannweite bis über 35 cm; *Kleinhufeisennase,* bis 4,5 cm (mit Schwanz bis 7 cm) lang. Die Fam. *Glattnasen* (Vespertilionidae) hat rd. 300 Arten, in M-Europa kommen 19 Arten vor, u. a. *Abendsegler,* 6–8 cm (mit Schwanz 12–14 cm) lang, rötlichbraun; *Spätfliegende F.* (Breitflügel-F.), bis 8 cm (mit Schwanz 10–13 cm) lang, Oberseite dunkelbraun, Bauchseite gelblichgrau; *Graue Langohr-F.,* 4–5 cm lang, Ohren bis 4 cm lang; *Nord-F.,* 5–7 cm lang, mit schwarzbrauner Oberseite und gelbl. Unterseite. – Zu den F. gehören auch die ↑Vampire.

Fledertiere, svw. ↑Flattertiere.

Fleet, *Wasserbau:* Hauptentwässerungskanal; Zufahrtskanal zu Werften, Lagerhäusern o. ä.

Fleisch, allg. Bez. für die Weichteile von Tieren (auch von Pflanzen, z. B. Frucht-F.); insbes. die Teile warmblütiger Tiere, die zur menschl. Ernährung geeignet sind, nämlich Muskelgewebe mit Fett- und Bindegewebe und Sehnen sowie innere Organe (Herz, Lunge, Milz, Leber, Niere, Gehirn u. a.). F. hat einen hohen Nährwert auf Grund seines Gehaltes an leicht verdaul. und biolog. hochwertigem Eiweiß. Es enthält neben Muskeleiweiß Bindegewebssubstanzen (Kollagen), Fett, Mineralsalze, Enzyme, Vitamine (u. a. B_1, B_2, B_6, B_{12}, D, E) und wenig Kohlenhydrate.

Fleischbeschau (Fleischuntersuchung), vor und nach der Schlachtung durchgeführte amtl. Untersuchung warmblütiger Tiere, die für den menschl. Verzehr bestimmt sind. Die F. erfaßt v. a. den

Fledermäuse. Riesenfledermaus oder Mausohr

Befall durch Trichinen, die Finnen des Schweinebandwurms und des Rinderbandwurms.

Fleischextrakt, eingedickter Auszug aus frischem Rindfleisch; von Fett, Albumin und Fibrin gereinigt.

Fleischfliegen (Sarcophagidae), weltw. verbreitete Fam. der Fliegen, etwa 600 Arten; die Larven entwickeln sich häufig in Fleisch, Aas und Exkrementen.

fleischfressende Pflanzen (tierfangende Pflanzen, Karnivoren), v. a. auf stickstoffarmen Böden wachsende Pflanzen, die Vorrichtungen wie Klebdrüsen auf Tentakeln oder Blättern (Sonnentau), Klappfallen (Venusfliegenfalle), Fangblasen (Wasserschlauch) oder als Fallgruben wirkende Behälter (Kannenpflanze) besitzen, mit deren Hilfe sie v. a. Insekten fangen, festhalten und verdauen, um sie als zusätzl. Stickstoffquelle auszunutzen.

Fleischvergiftung, Erkrankung durch den Genuß von verdorbenem Fleisch und -erzeugnissen (↑Botulismus).

Fleißer, Marieluise, * Ingolstadt 23. 11. 1901, † ebd. 2. 2. 1974, dt. Schriftstellerin. Befreundet mit B. Brecht; ab 1935 Schreibverbot; schrieb sozialkrit. Milieudramen (u. a. »Fegefeuer«, UA 1926; »Pioniere in Ingolstadt«, UA 1929), auch Erzählungen (u. a. »Der Tiefseefisch«, hg. 1980).

Fleißiges Lieschen, volkstüml. Bez. für verschiedene Zierpflanzen (z. B. bestimmte Begonien).

flektieren [lat.], beugen (↑Flexion).

flektierende Sprachen, Sprachen, in denen die gramm. Kategorien und syntakt. Beziehungen durch Veränderung der Wurzel oder des Stammes oder durch Anfügung eng mit dem Stamm verschmolzener, nicht bedeutungstragender Elemente (↑Flexion) angezeigt werden.

Fleming

Alexander Fleming

Flensburg
Stadtwappen

Fleming, 1) Sir (ab 1944) Alexander, *Farm Lochfield (bei Darvel) 6. 8. 1881, †London 11. 3. 1955, brit. Bakteriologe. Erhielt für die Entdeckung und Erforschung des Penicillins zus. mit H. W. Florey und E. B. Chain 1945 den Nobelpreis für Physiologie oder Medizin.
2) Ian, *London 28. 5. 1908, † Canterbury 12. 8. 1964, engl. Schriftsteller. Schrieb Spionageromane um die Gestalt des James Bond (Agent Nr. 007).
3) (Flemming), Paul, *Hartenstein (Erzgebirge) 5. 10. 1609, †Hamburg 2. 4. 1640, dt. Barockdichter. Schrieb bed. weltl. und geistl. Lieder und Sonette, v. a. Liebeslyrik.
4) Victor, *Pasadena (Calif.) 23. 2. 1883, † Cottonwood (Ariz.) 6. 1. 1949, amerikan. Regisseur. Drehte u. a. »Vom Winde verweht« (1939).

Flensburg, Hafenstadt an der dt.-dän. Grenze, Schlesw.-Holst., an der Flensburger Förde, 87000 E. PH, Fachhochschule für Technik, Marineschule, Museen, Städt. Bühnen, Dän. Zentralbibliothek, Kraftfahrt-Bundesamt; Messe; Schiff- und Maschinenbau, Spirituosen- und Papierindustrie. Got. Marienkirche mit bed. Altar (1598), spätgot. Nikolaikirche (14./15. Jh.) mit berühmtem Orgelprospekt (1604–09). Reste der Stadtbefestigung, u. a. Nordertor (1595), Bürgerhäuser (15.–19. Jh.) und typ. Kaufmannshöfe. – 1284 wurde das Stadtrecht kodifiziert; 1460 dänisch, 1867 preußisch.

Flerovium [nach G. N. Flerov], Symbol Fl, heutiger Name für das chem. Element ↑Nobelium.

Fletcher, John [engl. 'flɛtʃə], ≈ Rye bei Hastings 20. (?) 12. 1579, † London 28. 8. 1625, engl. Dramatiker. Bed. Vertreter des elisabethan. Theaters, schrieb zahlr. Dramen in Zusammenarbeit mit Francis Beaumont (*1584, †1616), P. Massinger und Shakespeare; von ihm allein stammen etwa 15 [Tragi]komödien.

Fleuron, Svend [dän. fløˈrɔŋ], *Gut Katrinedal (auf Møn) 4. 1. 1874, † Humlebæk 5. 4. 1966, dän. Schriftsteller. Tierromane, u. a. »Schnipp Fidelius Adelzahn« (1917).

Fleury, André Hercule de [frz. flœˈri], *Lodève bei Montpellier 22. 6. 1653, † Issy bei Paris 29. 1. 1743, frz. Kardinal und Staatsmann. Erzieher Ludwigs XV., ab 1726 leitender Min.; bekämpfte die religiösen Unruhen; konnte die Verwicklung in den Österr. Erbfolgekrieg nicht verhindern.

Flevoland, Prov. in den Niederlanden, 2116 km², 211500 E, Hauptstadt Lelystad. – 1986 gebildet.

flexible Altersgrenze ↑Rentenversicherung.

Flexion [lat.], *Sprachwissenschaft:* Beugung der flektierbaren, d. h. konjugierbaren, deklinierbaren und steigerungsfähigen Wortarten (Verb, Substantiv, Artikel, Adjektiv, Pronomen, Numerale). Die F. dient der Kennzeichnung der grammat. Kategorien (Genus, Numerus, Kasus, Tempus usw.) und der syntakt. Beziehungen.

Flexner, Simon [engl. 'flɛksnə], *Louisville (Ky.) 25. 3. 1863, † New York 2. 5. 1946, amerikan. Pathologe und Bakteriologe. Der von ihm entdeckte Ruhrbazillus wird als *F.-Bakterium* und die entsprechende Krankheit auch als *F.-Dysenterie* bezeichnet.

Flexodruck, Hochdruckverfahren mit Druckformen aus Gummi oder Photopolymeren, v. a. zum Bedrucken von Verpackungen.

Flibustier [fliˈbʊstiər; frz.-engl.], Freibeuter und Seeräuber an den Küsten der Westind. Inseln und Mittelamerikas im 17.–19. Jh., u. a. (auch *Filibuster* gen.) gesetzlose Abenteurer aus den USA, die zw. 1850 und 1860 auf Kuba und in Nicaragua einfielen.

Flick, 1) Friedrich, *Ernsdorf 10. 7. 1883, † 20. 10. 1972, dt. Unternehmer. Konnte in den 1920er Jahren eine führende Stellung in der Montanindustrie erringen und in den 1930er Jahren den *Flick-Konzern* aufbauen; 1947–50 als »Kriegsverbrecher« inhaftiert; baute nach dem Verkauf seiner Aktien im Kohlebergbau einen neuen Mischkonzern auf (u. a. Feldmühle, Dynamit Nobel, Buderus, bed. Beteiligung an Daimler Benz AG).
2) Friedrich Karl, *Berlin 3. 2. 1927, dt. Unternehmer. Sohn von Friedrich F.; erhielt 1975 die alleinige Verfügungsgewalt über den F.-Konzern; geriet über den Verkauf der Daimler-Benz-Anteile in die ↑Parteispendenaffäre; verkaufte 1985 den Konzern an die Deutsche Bank AG, die den Konzern auflöste.

Flick-Affäre ↑Parteispendenaffäre.

Fließband

Flickenschildt, Elisabeth, *Hamburg 16. 3. 1905, †Stade 26. 10. 1977, dt. Schauspielerin. Charakterrollen (Theater, Film).

Flickflack [frz.], Handstandüberschlag rückwärts.

Flieder, 1) (Syringa) Gatt. der Ölbaumgewächse mit etwa 30 Arten in SO-Europa und Asien; Sträucher oder kleine Bäume mit vierzähligen, duftenden Röhrenblüten in Rispen und mit längl., ledrigen Kapselfrüchten. Die bekannteste Art ist der *Gemeine F.* aus SO-Europa, der heute in mehr als 500 Sorten (weiß, lila bläulich oder rot, auch mit gefüllten Blüten) kultiviert wird. 2) (Deutscher F.) volkstüml. Bez. für Schwarzer Holunder (↑Holunder).

Fliedertee ↑Holunder.

Fliedner, Theodor, *Eppstein 21. 1. 1800, †Kaiserswerth (heute zu Düsseldorf) 4. 10. 1864, dt. ev. Theologe. Gründete 1836 das erste Diakonissenmutterhaus.

Fliege ↑Sternbilder (Übersicht).

Fliege, Querbinder (Herrenmode).

fliegen, sich frei im Luftraum bewegen. Das Fliegen (der Flug) wird durch Ausnutzung verschiedener physikal. Erscheinungen möglich: 1. stat. Auftrieb (Ballon, Luftschiff); 2. dynam. Auftrieb (Tragfläche, Rotor), z. B. beim Flug der Vögel und beim Flugzeug; 3. hohe Anfangsgeschwindigkeit (bei Geschossen).

Fliegen, 1) volkstüml. Bez. für ↑Zweiflügler. 2) (Brachycera) weltweit verbreitete Unterordnung kleiner bis großer Zweiflügler mit über 50 000 bekannten, mehr oder weniger gedrungen gebauten Arten; Fühler kurz; Larven (Maden) ohne Beine, Kopfkapsel reduziert oder fehlend. – Die erwachsenen Fliegen leben teils von pflanzlicher (v. a. Pflanzensäfte), teils von tierischer Nahrung (als Außen- oder Innenschmarotzer oder räuberisch).

Fliegende Blätter, illustrierte humorist. Zeitschrift, erschienen in München (1844–1944). Mitarbeiter u. a. W. Busch, M. von Schwindt, C. Spitzweg, F. Freiligrath.

Fliegende Fische (Flugfische, Exocoetidae), Fam. heringsähnl., oberseits stahlblauer, unterseits silbriger Knochenfische mit rund 40, etwa 20–45 cm langen Arten, v. a. in trop. und subtrop. Meeren; Brustflossen stark bis extrem tragflächenartig vergrößert. Die F. F. schnellen nach sehr raschem Schwimmen oft mehrmals hintereinander aus dem Wasser, um bis 50 m weite Gleitflüge auszuführen.

fliegende Hitze, svw. ↑Hitzewallung.

Fliegender Fisch ↑Sternbilder.

Fliegender Holländer, Seemannssage über einen Kapitän, der dazu verdammt wurde, in alle Ewigkeit gegen die Winde zu kreuzen; bis etwa 1600 mündlich überliefert. Der Stoff wurde u. a. von H. Heine (»Reisebilder aus Norderney«, 1826) und W. Hauff (»Das Gespensterschiff«, 1825) aufgenommen; auch Oper von R. Wagner.

fliegende Untertasse ↑UFO.

Fliegenpilz (Fliegentod, Narrenschwamm, Amanita muscaria), sehr giftiger Lamellenpilz; Hut etwa 6–20 cm breit.

Fliegenschnäpper (Schnäpper, Muscicapidae), mit über 300 Arten fast weltweit verbreitete Fam. 9–55 cm langer Singvögel, v. a. in Wäldern, Gärten und Parkanlagen. Die F. fangen fliegende Insekten mit hörbarem Schnappen. In M-Europa kommen vier Arten vor: *Trauerschnäpper,* etwa 13 cm groß, *Grauschnäpper,* etwa 14 cm groß, *Halsbandschnäpper,* etwa 13 cm groß, *Zwergschnäpper,* etwa 12 cm groß.

Flieger, *Pferderennsport:* Pferde, die über eine kurze Distanz ihre Höchstleistung erbringen; *Radrennsport:* Bahnfahrer über kurze Sprintstrecken (ohne Schrittmacher).

Fliegerhorst, ein Militärflugplatz.

Fliegerkrankheit ↑Höhenkrankheit.

Fliehburgen (Fluchtburgen), vor- und frühgeschichtl. Befestigungsanlagen, die in Notzeiten von der Bevölkerung zum Schutz aufgesucht wurden.

Fliehkraft ↑Zentrifugalkraft.

Fliehkraftregler, mechan. Drehzahlregler.

Fließarbeit, örtlich fortschreitende, zeitlich bestimmte, lückenlose Folge von Arbeitsvorgängen; in Fertigungsbetrieben spricht man von *Fließfertigung.*

Fließband, ein Stetigförderer, i. e. S. ein bei der Fließarbeit verwendeter Bandförderer oder eine ähnl. Anlage zum Transport der zu bearbeitenden oder montierenden Teile *(Montageband)* von Arbeitsplatz zu Arbeitsplatz.

Flieder 1).
Blüten und Blätter des Gemeinen Flieders (Höhe bis 10 m)

Fliegenpilz

Fliegenschnäpper.
Trauerschnapper

Fließbild

Flöhe.
Menschenfloh; oben: Seitenansicht ♦ Unten: Vorderansicht

Flockenblume.
Oben: Wiesenflockenblume ♦ Unten: Kornblume

Fließbild, schemat. Darstellung chem.-technolog. Vorgänge; zeigt die Grundzüge eines Verfahrens.
Fließen, 1) *Hydrologie:* Wasserbewegung in rinnenden Gewässern. Man unterscheidet: *laminares F.* (Gleiten), *turbulentes F.* mit Wasserwalzen, Wirbeln und Stürzen bei Stromschnellen und Wasserfällen.
2) *Technik:* plast. Verformung unter Schub- oder Zugspannung, stark temperaturabhängig.
Flimmerfrequenz, jede Frequenz von periodisch aufeinanderfolgenden Lichtreizen, die unterhalb der *Flimmerverschmelzungsfrequenz* (etwa 48 Hz) liegt; über 48 Hz nimmt das menschliche Auge keine Schwankungen *(Flimmern)* mehr wahr.
Flimmern, durch Überhitzung der bodennahen Luftschicht infolge starker Sonneneinstrahlung hervorgerufene Erscheinung; beruht auf aufsteigender Warmluft, die sich von ihrer Umgebung durch Dichte und Brechungsindex unterscheidet.
Flims, schweizer. Fremdenverkehrsgemeinde im Vorderrheintal, Kt. Graubünden, am Rande eines in vorgeschichtl. Zeit niedergegangenen Bergsturzes, 2 400 Einwohner.
Flint, svw. ↑Feuerstein.
Flinte, Jagdgewehr mit glattem Lauf, das für den Schrotschuß bestimmt ist.
Flintgläser, bleioxidhaltige Gläser mit hohem Brechungsindex für opt. Zwecke.
Flip [engl.], alkohol. Mischgetränk mit Ei.
Flip-Flop [engl.], elektron. Schaltung mit zwei stabilen Zuständen, entweder stromführend oder gesperrt (bistabile Kippschaltung). Verwendung als Frequenzuntersetzer, Impulszähler, in der *elektronischen Datenverarbeitung* meistgebrauchtes Speicherelement.
Flirt [engl. flɔːt], spieler. Form der erot. Werbung.
Flitter, dünne gelochte Metallscheibchen zum Aufnähen auf Kleidungsstücke; auch: wertloser Schmuck.
Flittergold (Rauschgold), dünn ausgewalztes Messingblech; Blattgoldersatz.
Flitterwochen [zu mhd. vlittern »flüstern, liebkosen«], erstmals im 16. Jh. bezeugte Bez. für die erste Zeit nach der Eheschließung.

Floating [engl. ˈfləʊtɪŋ »schwimmend, schwebend«], durch Wechselkursfreigabe eingeleitete Schwankungsmöglichkeit des Außenwertes einer Währung in einem System fester Wechselkurse. Von *flexiblen Wechselkursen* unterscheiden sich diejenigen im F. dadurch, daß sie nur vorübergehend frei spielen können.
Flockenblume (Centaurea), Gattung der Korbblütler mit über 500 Arten, v. a. in den gemäßigten Zonen; meist flockig behaarte Kräuter mit in Köpfchen stehenden, großen Röhrenblüten; bekannte mitteleurop. Arten sind u. a.: *Alpenscharte,* bis 1 m hoch, mit purpurfarbenem bis faustgroßem Blütenkopf; *Kornblume,* bis 60 cm hoch, Randblüten leuchtend blau, Scheibenblüten purpurfarben; *Wiesen-F.* (Gemeine F.), 10–80 cm hoch, mit rötlichen Blütenköpfchen.
Flockung, Vereinigung frei bewegl. kleiner Teilchen in einem Dispersionsmittel.
Flöhe (Siphonaptera, Aphaniptera), weltweit verbreitete Ordnung 1–7 mm großer, flügelloser Insekten, von den 1 100 Arten etwa 80 in M-Europa; Körper seitl. stark zusammengedrückt, braun bis gelbl., mit breit am Brustabschnitt ansitzendem Kopf, kurzen Fühlern und reduzierten Augen; Mundteile zu Stechborsten ausgebildet; Hinterbeine lang, dienen als Sprungbeine. – F. leben als blutsaugende Parasiten auf Menschen, Säugetieren und Vögeln. Sie sind z. T. Überträger gefährl. Krankheiten wie Fleckfieber und Pest. Bekannte Arten sind: *Menschenfloh,* etwa 2 mm (♂) bis 4 mm (♀) groß, dunkelbraun glänzend; kann bis 40 cm weit und bis 20 cm hoch springen; *Hundefloh* 1,5–3 mm lang; *Katzenfloh,* 1,5–3 mm lang; *Hühnerfloh,* 1,2–3 mm lang, parasitiert auf Vögeln; *Sandfloh* (Jigger), etwa 1 mm lang, hellgelb; urspr. in Z-Amerika, von dort ins trop. Afrika verschleppt.
Flohkäfer (Erdflöhe, Erdflohkäfer, Halticinae), über 5 000 1–6 mm große Arten umfassende Unter-Fam. der Blattkäfer mit stark verdickten Hinterschenkeln, die ihnen das Springen ermöglichen. Viele Arten sind Schädlinge, v. a. an Gemüsepflanzen. In Deutschland rd. 230 Arten, u. a. die Gatt. *Kohlerdflöhe* (v. a. an Kohlarten).

Florenz

Flohkraut, Gatt. der Korbblütler mit etwa 45 Arten, v. a. im Mittelmeergebiet; behaarte Kräuter mit gelben Zungen- und Röhrenblüten. – In M-Europa an feuchten Stellen das *Große F.* (Ruhrwurz) und das *Kleine Flohkraut.*

Flohkrebse (Amphipoda), Ordnung der höheren Krebse mit rd. 2700 meist um 2 cm großen, fast stets seitl. zusammengedrückten Arten ohne Chitinpanzer; leben im Meer und in Süßwasser.

Flomen [niederdt.] (Flom, Liesen, Schmer), Bauchwandfett vom Schwein, aus dem Schmalz gewonnen wird.

Flop [engl. »das Hinplumpsen«], **1)** *allg.*: Mißerfolg, Fehlschlag.
2) *Datenverarbeitung:* Abk. für **flo**ating **p**oint **o**peration **p**er **s**econd, Maß für das Leistungsvermögen von Computern, z. B. 1 Mega-F. = 1 Mio. Gleitkommaoperationen pro Sekunde.

Floppy disk [engl. ˈflɔpɪ ˈdɪsk] ↑Diskette.

Flor [niederl.], **1)** feines, zartes Gewebe.
2) schwarzes Band *(Trauerflor)* am Ärmel oder Rockaufschlag.
3) aufrechtstehende Faserenden bei Samt oder Plüsch; geschorene Seite bei Teppichen.

Flora, Paul, * Glurns (Südtirol) 29. 6. 1922, österr. Graphiker. Satir. Karikaturen (bis 1972 für »Die Zeit«), u. a. »Trauerflora« (1958), »Die verwurzelten Tiroler und ihre bösen Feinde« (1970), »Nocturnos« (1982).

Flora [lat.], röm., urspr. ital. Göttin der Blüte und des Frühlings.

Flora [nach dem Namen der röm. Göttin], **1)** *Botanik:* die systematisch erfaßte Pflanzenwelt eines bestimmten Gebietes.
2) Bakterienwelt eines Körperorgans (z. B. Darmflora).

Florenreich [lat./dt.], *Geobotanik:* die höchste Einheit einer räuml. Gliederung der Pflanzendecke der Erde auf der Grundlage botanisch-systemat. Einheiten (u. a. Fam.). Diese werden zu Gruppen etwa gleicher geograph. Verbreitung zusammengefaßt.

Florenz (italien. Firenze), Hauptstadt der italien. Region Toskana, am Arno, 408 400 E. Univ. (gegr. 1321), Institut für Etruskische Studien, bed. Museen (u. a. Uffizien), Nationalbibliothek, Biblioteca Medicea Laurenziana. Traditionelles Kunsthandwerk und graph. Gewerbe, Mode-, Pelz-, Antiquitäten- und Buchmessen.

Stadtbild: Dom Santa Maria del Fiore (1296 bis 1436) mit Kampanile (1334 ff.), Kuppel von Brunelleschi (1421 ff.); Baptisterium (11. bis 13. Jh.) mit Bronzetür des Paradieses von Ghiberti (1425–52); Piazza della Signoria mit Palazzo Vecchio (1298 ff.) und Loggia dei Lanzi (1376–81); Uffizien; San Miniato al Monte (1018–63); Santa Maria Novella (13. bis 15. Jh.); Santa Croce (13./14. Jh.; Fresken von Giotto, um 1317); Pazzikapelle von Brunelleschi (1430–46); Or San Michele (1327 bis 1404); San Lorenzo (1420/21 ff.; Neue Sakristei Michelangelos, 1520–33); Santo Spirito (1436 ff.); Santa Maria del Carmine mit Fresken Masaccios (1427/28) in der Brancaccikapelle. Renaissancepaläste mit typ. Fassaden aus Rustikaquadern (15. Jh.). Älteste Brücke ist der Ponte Vecchio (1080).

Geschichte: Röm. Neugründung *(Florentia)* etwa im 2. Jh. v. Chr.; im 4. Jh. Bischofssitz. Städt. Autonomie schon um 1100, im 13./14. Jh. Entwicklung zur führenden Macht in M-Italien. Neben dem Kampf zw. Guelfen und Ghibellinen (F. wurde führende guelf. Macht) standen die sozialen Auseinan-

Florenz.
Filippo Brunelleschi.
Zweischalenkuppel des Florentiner Doms

Florenz
Stadtwappen

Florenz, Konzil von

Howard Walter Florey

Paul John Flory

Florfliegen.
Oben: Imago ◆ Unten links: Eier ◆ Unten rechts: Larve

dersetzungen zw. Adel, »popolo grasso« (städtisch-zünftische Oberschicht) und »popolo minuto« (niedere Zünfte). 1434 kamen die Medici an die Macht. Unter Lorenzo (I.) il Magnifico (⚭1469–92) wurde F. faktisch eine Monarchie. Nach zweimaliger Vertreibung wurden die Medici 1531 erbl. Herzöge von F., 1569 Großherzöge von Toskana. 1737–1859 (mit Ausnahme der Napoleon. Zeit) unter habsburg. Herrschaft; 1865–71 Hauptstadt des Kgr. Italien.

Florenz, Konzil von (Konzil Basel-Ferrara-Florenz) ↑Basler Konzil.

Flores, 1) Insel der Azoren, 143 km², bis 941 m hoch, Hauptort Santa Cruz das Flores; Hauptwirtschaftszweig ist die Rinderzucht.
2) zweitgrößte der Kleinen Sundainseln, Indonesien, 14 273 km², bis 2 400 m hoch, Hauptort Endeh.

Floressee, Teil des Australasiat. Mittelmeeres, im S des Malaiischen Archipels.

Florettfechten [lat.-frz./dt.] ↑Fechten.

Florey, Sir (ab 1965) Howard Walter [engl. 'flɔ:rɪ], * Adelaide 24. 9. 1898, † Oxford 21. 2. 1968, austral. Pathologe. Entwickelte mit A. Fleming und E. B. Chain das Penicillin zur Therapiereife und wandte es erstmals erfolgreich gegen verschiedene Infektionskrankheiten beim Menschen an; erhielt dafür 1945 mit A. Fleming und E. B. Chain den Nobelpreis für Physiologie oder Medizin.

Florfliegen (Goldaugen, Perlaugen, Chrysopidae), mit 800 Arten weltweit verbreitete Fam. 1–2 cm langer Netzflügler, davon 22 Arten in Deutschland; mit großen, durchsichtigen, dachförmig über dem Körper zusammengelegten Flügeln, goldgrünen Augen und langen, dünnen Fühlern; Larven *(Blattlauslöwen)* und Imagines ernähren sich vorwiegend von Blattläusen. In M-Europa ist am häufigsten das *Goldauge* (Gemeines Goldauge).

Florida, Staat im SO der USA, 151 939 km², 13,49 Mio. E, Hauptstadt Tallahassee.
Geschichte: 1513 entdeckt (O-Küste); im 17./18. Jh. zw. Spaniern, Briten und Franzosen umstritten; 1763–83 brit.; 1810/13 annektierten die USA W-Florida (heute zu Louisiana und Alabama) 1819 trat Spanien das gesamte F. an die USA ab; 1845 27. Staat der Union; gehörte zu den Gründungsstaaten der Konföderierten Staaten von Amerika; seit 1868 wieder in der Union.

Florida Keys [engl. 'flɔrɪdə 'ki:z], Inselkette vor der S-Küste Floridas, USA, erstreckt sich etwa 240 km in sw. Richtung.

Floridastraße, Meeresstraße zw. Florida, Kuba und den Bahamainseln, verbindet den Golf von Mexiko mit dem Atlantik, vom *Floridastrom* durchflossen.

Florin [flo'ri:n, frz. flɔ'rɛ̃; engl. 'flɔrɪn; mittellat.], **1)** frz. Name des Guldens.
2) 1848–1967 brit. Münze zu zwei Schilling.

Floris, Cornelis, * Antwerpen 1514, † ebd. 20. 10. 1575, fläm. Baumeister und Bildhauer. Rathaus von Antwerpen (1561–65), Grabmäler (Schleswig, Köln, Roskilde) u. a.; bed. Dekorationsstil (↑Florisstil).

Florisstil, von C. Floris geschaffener, weit verbreiteter Ornamentstil: Grotesken (röm. Vorbilder) sind mit Knorpel- und Rollwerk in phantast. Verschlingungen verbunden.

Flory, Paul John [engl. 'flɔ:rɪ], * Sterling (Ill.) 19. 6. 1910, † Big Sur (Calif.) 9. 9. 1985, amerikan. Chemiker. Grundlegende Arbeiten v. a. auf dem Gebiet der physikal. Chemie der Makromoleküle; er erhielt 1974 den Nobelpreis für Chemie.

Floskel [lat.], formelhafte Redewendung.

Flösselhechte (Polypteriformes), primitive, seit der Kreidezeit bekannte Ordnung bis 1,2 m langer, hecht- bis aalförmiger Knochenfische mit zehn Arten in Süß- und Brackgewässern des westl. und mittleren Afrikas; Raubfische, die zusätzlich atmosphär. Luft aufnehmen (ihre Schwimmblase fungiert als Lunge).

Flossen (Pinnae), der Fortbewegung dienende Organe oder Hautsäume im Wasser lebender Chordatiere und mancher Weichtiere. Als Flossen i. e. S. bezeichnet man die fast stets durch F.strahlen gestützten Fortbewegungsorgane der Fische, bei denen paarige F. (Brust- und Bauch-F.), die Extremitäten darstellen, und unpaare F. (Rücken-, Fett-, Schwanz- und After-F.), die keine Extremitätennatur haben, unterschieden werden.

Flotation [engl.] ↑Aufbereitung.

Flugdatenschreiber

Cornelis Floris. Figur vom Grabmal des Erzbischofs Adolf von Schauenburg (1561; Köln, Dom)

Flöte [altprovenzal.], wahrscheinlich eines der ältesten Blasinstrumente. Bis zur Mitte des 18. Jh. verstand man unter F. die ↑Blockflöte, dann v. a. die ↑Querflöte. – Bei der *Orgel* ist F. der gemeinsame Name für alle Labialpfeifen.

Flotow, Friedrich von [...to], * Gut Teutendorf (Mecklenburg) 27. 4. 1812, † Darmstadt 24. 1. 1883, dt. Komponist. Bekannt v. a. durch die Oper »Martha« (1847).

Flotte, Gesamtheit der Schiffe eines Staates (z. B. Handels-F., Fischerei-F.).

Flottenabkommen ↑Deutsch-Britisches Flottenabkommen 1935, ↑Washingtoner Flottenabkommen.

Flottille [flɔ'tɪl(j)ə; span.], Verband gleichartiger Kriegsschiffe.

Flöz, bergmänn. Bez. für eine Schicht nutzbarer Gesteine (z. B. Kohle).

Fluchtburgen ↑Fliehburgen.

Fluchtdistanz, der Abstand, von dem ab ein Tier keine weitere Annäherung eines mögl. Feindes mehr duldet, sondern die Flucht ergreift oder angreift.

Fluchtgeschwindigkeit, svw. Entweichgeschwindigkeit (↑Raumflugbahnen).

flüchtiger Speicher, ein Halbleiterspeicher vom RAM-Typ, dessen Speicherinhalte zyklisch aufgefrischt werden müssen.

Flüchtlinge, im *Völkerrecht* Personen, die v. a. aus polit., religiösen oder rass. Gründen ihren Heimatstaat verlassen haben und deshalb durch ihren Heimatstaat keinen diplomat. Schutz mehr im Ausland genießen. Nach dem 2. Weltkrieg wurde innerhalb der UN die Internat. Flüchtlingsorganisation gegründet. Seit 1951 erfolgt eine Betreuung der Flüchtlinge durch den UN-Hochkommissar für Flüchtlinge. Das Genfer Abkommen von 1951 regelt die Rechtsstellung der Flüchtlinge; sie haben Anspruch auf Ausstellung eines Reise- bzw. Personalausweises durch den Aufenthaltsstaat. Eine Ausweisung oder Zurückweisung über die Grenzen eines Staates, in dem ihr Leben oder ihre Freiheit wegen Rasse, Religion, Staatsangehörigkeit, Zugehörigkeit zu einer bestimmten sozialen Gruppe oder politischen Überzeugung gefährdet wäre, ist untersagt.

Fluchtpunkt ↑Perspektive.

Flüela ↑Alpenpässe (Übersicht).

Flüelen, Gemeinde im schweizer. Kt. Uri, am S-Ende des Vierwaldstätter Sees, 1700 E. Tellskapelle (1879) mit Fresken aus der Tellsage.

Flug, *Biologie:* ↑Fortbewegung.

Flugabwehr, Abk. **Fla,** Bestandteil der Luftverteidigung; F. ist Aufgabe der Flugabwehr-Raketenverbände der Luftwaffe und der Heeresflugabwehrtruppe.

Flugblatt, aus aktuellem Anlaß hergestelltes und verbreitetes Blatt; Inhalt: polit. Propaganda, kommerzielle Werbung, Ankündigungen, [religiöse] Aufrufe u. a. ↑Flugschriften.

Flugboot, Wasserflugzeug, dessen Rumpf als schwimmfähiger Bootskörper ausgebildet ist, meist mit zusätzl. Stützschwimmern unter den Tragflächen.

Flugbrand (Staubbrand), durch verschiedene Brandpilzarten hervorgerufene Getreidekrankheiten.

Flugdatenschreiber (Flugschreiber), automat. Registriergerät (in bruch- und feuersicherem Gehäuse), mit dem fortlaufend Flugdaten (z. B. Flughöhe, -geschwindigkeit), Daten verschiedener Bordsysteme sowie der Sprechfunkverkehr festgehalten werden.

Florida Flagge

Flugdrachen

Flughörnchen.
Europäisches Gleithörnchen (Körperlänge etwa 15 cm, Schwanzlänge etwa 10 cm)

Flugdrachen (Draco), Gatt. baumbewohnender Agamen im trop. Asien, mit etwa 15 Arten (Körperlänge 20–26 cm). Seitl. Hautsäume, die durch abspreizende Rippen aufgespannt werden können, ermöglichen Gleitflüge, die meist wenige Meter, in seltenen Fällen auch mehr als 100 m weit sein können.

Flügel, 1) *Architektur:* Baukörper, der [im Winkel] an den Hauptbau anschließt.
2) *Bauwesen:* bewegl. Teil bei Fenstern, Türen u. a.
3) *Botanik:* (Alae) die beiden kleineren seitl. Blütenblätter bei Schmetterlingsblütlern.
4) *Flugzeugbau:* Tragflächen eines Flugzeugs.
5) *Militär:* der rechte oder linke Außenteil einer Truppe.
6) *Musik:* Klavierinstrument (↑Klavier).
7) *Politik:* eine Gruppe innerhalb einer Partei.
8) *Zoologie:* flächige Organe bei Tieren, die sie zum Flug befähigt. F. sind Umbildungen der Vorderextremitäten (wie bei den Flugsauriern, Vögeln und Flattertieren) oder Ausstülpungen der Körperoberfläche (z. B. bei den geflügelten Insekten).

Flügelaltar, spätgot. Altarform (15./16. Jh.) mit feststehendem Mittelteil und zwei oder mehr bewegl. Flügeln.

Flügelhorn, das Sopraninstrument der Familie des ↑Bügelhorns, meist in B-Stimmung.

Flügelmutter ↑Mutter.

Flügelschnecken (Stromboidea), Über-Fam. meerbewohnender Vorderkiemer mit bis 30 cm langem Gehäuse, dessen Mündungsrand bei erwachsenen Tieren oft flügelartig verbreitert ist. Bekannteste Arten sind: *Pelikanfuß,* bis 5 cm lang, auf Schlamm- und Sandböden der europ. Küsten; *Fechterschnecke,* etwa 20–30 cm groß, in der Karib. See.

Flugfuchs ↑Flughunde.

flügge [niederdt.], flugfähig (von jungen Vögeln gesagt).

Flughafen (engl. Airport), größerer Flugplatz für den zivilen, insbes. für den Linien- und Charterflugverkehr *(Verkehrs-F.).* Der militär. Flugbetrieb wird auf *Militär-F.* (engl. Airbase »Luftbasis«) abgewickelt. *Landeplätze* (ohne Einrichtungen zur Personen- oder Güterabfertigung) dienen Sport-, Segel- und Geschäftsflugzeugen. Internat. F. werden nach der Pistenlänge klassifiziert (z. B. Klasse A: über 2250 m Länge, 60 m Breite; Klasse G: 1080 m Länge, 45 m Breite). Anflugbefeuerung sowie Landekurs- und Gleitwegsender erleichtern die Landung. Die *Pisten* (Start- und Landebahnen) sind durch betonierte *Rollwege* mit dem Vorfeld des F. verbunden, an dem das Abfertigungsgebäude liegt. Die Dienststellen der Flugsicherung sind im *Tower* untergebracht. Die Betankung der Flugzeuge wird durch Tankfahrzeuge oder ein unterird. Rohrleitungssystem *(Unterflurbetankungssystem)* vorgenommen.

Flughaut, bei Wirbeltieren ausspannbare, durch das Extremitätenskelett oder bes. Skelettbildungen gestützte Hautfalte, die zum Gleitflug oder bei den Flattertieren) zum aktiven Flug befähigt.

Flughörnchen (Gleithörnchen), Unter-Fam. 7–60 cm langer ↑Hörnchen mit etwa 40 Arten in den Wäldern NO-Europas, Asiens und des Malaiischen Archipels, zwei Arten in N- und M-Amerika; Schwanz meist körperlang und buschig, dient als Steuerorgan; mit großer Flughaut (ermöglicht über 50 m weite Gleitflüge); Augen groß, vorstehend; Pflanzenfresser. – Bekannte Arten sind: *Ljutaga* (Eurasiat. F.), etwa 15 cm (Schwanz bis 30 cm) lang; *Nordamerikan. F.,* etwa 13–15 cm (Schwanz bis 25 cm) lang; *Taguan* (Riesen-F.), etwa 60 cm lang, Schwanz ebenso lang.

Flughühner (Pteroclididae), seit dem Oligozän bekannte Fam. amsel- bis krähengroßer Vögel mit 16 Arten, v. a. in den Steppen und wüstenartigen Trockenlandschaften der Alten Welt; meist sandfarben braune Bodenvögel mit kurzem Schnabel, kurzen Füßen, spitzen, langen Flügeln und spitzem Schwanz; u. a. *Steppenhuhn, Spießflughuhn, Sandflughuhn.*

Flughunde (Flederhunde, Großfledertiere, Megachiroptera), Unterordnung der Flattertiere mit etwa 150 Arten; Schwanz fast stets kurz oder rückgebildet; Kopfform häufig hundeähnlich; Augen groß, hoch lichtempfindlich, ermöglichen die Orientierung bei Nacht; überwiegend Früchtefresser. Im Ggs. zu den Fledermäusen ist am 2. Finger eine kleine Kralle ausgebildet. – Die bekann-

Flughunde.
Kurznasen-Flughund (Jungtier)

Flughühner.
Spießflughuhn (Größe 37 cm)

teste Fam. sind die *Flughunde* (Pteropidae) mit etwa 130 Arten in den altweltl. Tropen und Subtropen; Flügelspannweite rd. 25–150 cm; Körperlänge 6–40 cm. In Afrika, S-Arabien und auf Madagaskar kommt der *Palmenflughund* vor; Körperlänge rd. 20 cm, Flügelspannweite bis 75 cm; Färbung gelblichbraun bis braun. Der graubraune *Hammerkopfflughund* ist rd. 20 cm lang und hat eine Spannweite von etwa 90 cm; in W- und Z-Afrika. Die Gatt. *Flugfüchse* (Fliegende Hunde) hat rd. 50 Arten auf Madagaskar, in S- und SO-Asien und N- und O-Australien; Flügelspannweite etwa 60–150 cm; Kopf mit fuchsähnl. langgestreckter Schnauze; Färbung braun-schwärzlich, Schulterregion oft graugelb.

Fluginsekten (Pterygota), mit etwa 750 000 Arten weltweit verbreitete Unterklasse der Insekten; mit urspr. je einem Flügelpaar, sekundär mitunter flügellos (bes. bei extrem parasit. lebenden Arten, wie Federlingen, Läusen, Flöhen).

Flugkörper (engl. missiles), militär. Sammel-Bez. für unbemannte Geräte, die sich mit oder ohne Eigenantrieb auf einer Flugbahn bewegen; Einteilung nach Lenkbarkeit, Antrieb oder Verwendungszweck.

Fluglotse (Flugsicherungslotse), Beschäftigter im Flugverkehrskontrolldienst der ↑Flugsicherung, der in bodengebundenen Kontrollstellen eine Bewegungslenkung von Luftfahrzeugen durchführt.

Flugregler (Autopilot), elektron. Hilfsgerät zur automat. Steuerung eines Luftfahrzeugs.

Flugsand, vom Wind transportierter Sand, bei dessen Ablagerung eine Sortierung nach Korngrößen erfolgt.

Flugsaurier (Flugechsen, Pterosauria), ausgestorbene, vom Lias bis zur Oberen Kreide weltweit verbreitete Kriechtierordnung; von etwa Sperlingsgröße bis 8 m Flügelspannweite, Körper entfernt fledermausähnlich, Schädel meist sehr stark schnabelartig verlängert.

Flugschein, 1) Beförderungsdokument im Luftverkehr für einen Fluggast und sein Gepäck.
2) (amtl.: Erlaubnis für Luftfahrer) amtl. Dokument zum Führen eines Luftfahrzeugs.

Flugschreiber, svw. ↑Flugdatenschreiber.

Flugschriften, propagandist. Gelegenheitsdruckschriften meist polit., auch konfessionellen und kommerziellen Inhalts, wie Flugblätter unter Umgehung von Verlag oder Buchhandlung (und Zensur) verbreitet; bald nach Erfindung der Buchdruckerkunst bekannt.

Flugsicherung, Organisation *(F.dienst)* und Maßnahmen zur Gewährleistung der Sicherheit im Luftverkehr, im Rahmen der Vereinbarungen des Weltverbandes des Luftverkehrs (IATA) internat. geregelt. In der BR Deutschland oblag die F. bis 31. 12. 1992 der *Bundesanstalt für F.* (BFS), Frankfurt am Main, danach übernahm die Deutsche F. GmbH DFS deren Aufgabengebiet.

Flugsport ↑Luftsport.

Flugzeug, Luftfahrzeug, das während des Fluges durch den aerodynam. Auftrieb feststehender bzw. umlaufender Flügel getragen wird. Zum Senkrechtstart fähige F. werden beim Starten und Landen von einem Schubstrahl getragen, der durch Luftschrauben oder Strahltriebwerke erzeugt wird. Zur Überwindung des Luftwiderstandes (durch die Bewegung des F. und die Auftriebserzeugung) ist Antriebsenergie erforderlich, die von Triebwerken

Flughunde.
Flugfuchs (Körperlänge etwa 30 cm, Spannweite bis 1,2 m)

Flugzeug

Flugzeug. Airbus A 320, Großraumpassagierflugzeug für Kurz- und Mittelstrecken

geliefert bzw. bei Segel-F. aus der Verminderung potentieller Energie (Flughöhe, Gleitflug) oder der Energie aufsteigender Luftmassen (Aufwind, Thermik) gewonnen wird.
Man unterscheidet u. a. Sportflugzeuge, Schulflugzeuge, Verkehrs- und Frachtflugzeuge, Militärflugzeuge sowie Versuchsflugzeuge. Nach der *Start-* und *Landetechnik* sind Landflugzeuge und Wasserflugzeuge zu unterscheiden ebenso Flach- und Senkrechtstarter (Hubschrauber, Heckstarter, Kippflügel-F. und F. mit Hub- und/oder Schwenktriebwerken). Entsprechend der *Auftriebserzeugung* unterscheidet man: Starrflügelflugzeuge, bei denen die fest mit dem Rumpf verbundenen Flügel infolge ihres Profils und ihrer Anstellung als Auftriebskörper wirken, und Drehflügelflugzeuge (Hubschrauber), bei denen die umlaufenden Rotorblätter den Auftrieb erzeugen. Nach der *Vortriebserzeugung* unterscheidet man u. a. Propeller- und Düsenflugzeuge.
Die *Baugruppen* setzen sich zusammen aus dem Flugwerk, den Triebwerken und der Ausrüstung (v. a. Bordelektronik = Avionik). Das *Flugwerk*, früher als *Zelle* bezeichnet, gliedert sich in Rumpf, Tragwerk, Leitwerk, Steuerwerk und Fahrwerk. Unter der *Struktur* eines F. versteht man die Gerippe, das die Spanten, Stringer, Rippen und Holme bilden und das nach der Verschalung mit Blechen aus einer Aluminiumlegierung dem F. seine Form gibt. Der *Rumpf* nimmt Besatzung, Ausrüstung und Nutzlast (Passagiere, Gepäck, Fracht, Waffen) auf. Die beiden Flügel stellen das den Auftrieb erzeugende *Tragwerk* dar. Das *Leitwerk* besteht aus Flossen und Rudern des Höhen- und Seitenleitwerks sowie aus Querrudern an den Hinterkanten der Flügel. Ruder und Trimmklappen werden ebenso wie Störklappen durch das *Steuerwerk* hydraulisch bewegt. Das *Fahrwerk* (mit Gummibereifung und Scheibenbremsen) setzt sich zusammen aus dem Hauptfahrwerk, das sich etwas hinter dem Schwerpunkt des F. unter dem Rumpf oder den Flügeln befindet, und aus dem Bugfahrwerk, das beim Rollen vom Piloten durch ein Handrad im Cockpit gesteuert wird. Das Fahrwerk wird nach dem Start hydraul. eingefahren und erst beim Landeanflug wieder ausgefahren. Hubschrauber haben meist ein Kufenfahrwerk, Wasser-F. besitzen bootsähnl. Schwimmer *(Schwimmflugzeuge)* oder sind im unteren Rumpfteil wie ein Bootsrumpf gestaltet *(Flugboot)*. Beim konventionellen F.bau überwiegen als *Werkstoffe* Aluminiumlegierungen, für F. im Überschallbereich (ab Mach 2,5) werden Titan- und Stahllegierungen, für Sport- und Segel-F. v. a. glasfaserverstärkte Kunststoffe und Holz verwendet.

Geschichte: Dem F.bau liegt die Idee der Nachahmung des Vogelflugs zugrunde, die in der antiken Sage (Dädalus und Ikarus) auftaucht. Um 1500 entwarf Leonardo da Vinci Flugapparate mit von Muskelkraft bewegten Flügeln. Bekannt wurde der mißglückte, 1811 mit Schlagflügeln angestellte Flugversuch von A. L. Berblinger (gen. Schneider von Ulm). In Großbrit. entwickelte George Cayley (* 1773, † 1857) die noch heute übl. F.form und erprobte 1852/53 das erste Gleit-F., das einen Menschen trug. Unter den Pionieren des Gleitflugs ragt O. Lilienthal mit seinen bis 300 m weiten Versuchsflügen heraus (1891–96). In Amerika setzten Octave Chanute (* 1832, † 1910) und Augustus Moore Herring (* 1867, † 1926) die Gleitflugversuche fort und führten 1903 mit einem Doppeldecker mit 12 PS-Motor die ersten Motorflüge durch. 1909 überflog L. Blériot den Ärmelkanal. H. Junkers konstruierte 1915 das erste Ganzmetall-F. mit freitragenden Flügeln (J 1) und 1919 das erste Ganzmetall-Verkehrsflugzeug (F 13). Nach dem 1. Weltkrieg gelang erstmals die Atlantiküberquerung (1919 John William Alcock [* 1892, † 1919] und Arthur Witten Brown [* 1886, † 1948], Neufundland-Irland; 1927 Nonstopflug C. A. Lindberghs New York – Paris). Das erste F. mit Turboluftstrahltriebwerk (Heinkel He-178) führte 1939 seinen Jungfernflug durch. In den 50er Jahren fanden Düsen-F. Eingang in den zivilen Luftverkehr, 1976/77 wurden erstmals auch Überschallflugzeuge im Passagierliniendienst eingesetzt (die brit.-frz. »Concorde« und die sowjet. »Tupolew Tu-144«).

Flugzeugträger, Kriegsschiff mit Flugdeck (bis 200 m Länge) und Flugzeughalle unter dem Flugdeck. Flugzeugstarts mit Hilfe eines Katapults, Fangseil für Flugzeuglandungen.

Fluidum [lat.], bes. Ausstrahlung, Wirkung.

Fluktuation [lat.], kontinuierl. Wechseln, Schwanken.

Flums, Gemeinde im schweizer. Kt. Sankt Gallen, 4500 E. Baumwoll- und Maschinenfabrik. Westl. von F. das Kur- und Wintersportgebiet der *Flumserberge*. Justuskirche (um 1654) mit spätgot. Chor (um 1452).

Fluor [lat.], chem. Symbol F; chem. Element aus der VII. Hauptgruppe des Periodensystems der chem. Elemente, Ordnungszahl 9; relative Atommasse 18,998403, Halogen; F. ist ein grünlichgelbes, giftiges, sehr reaktionsfähiges Gas, Schmelztemperatur $-219,67\,°C$; Siedetemperatur $-188,14\,°C$; Dichte 1,96 kg/m^3; natürl. Vorkommen als Flußspat (CaF_2) und Kryolith (Na_3AlF_6). Seine Verbindungen sind die ↑Fluoride. F. und seine Verbindungen haben techn. Bedeutung (Fluorosilicate, Fluate, ↑Chlorfluorkohlenwasserstoffe).

Flurbereinigung

Fluorchlorkohlenwasserstoffe, Abk. **FCKW,** auch als *Chlorfluorkohlenstoffe* (Abk. CFKW) oder *Fluorchlorkohlenstoffe* (Abk. FCK) bezeichnete niedere Kohlenwasserstoffe, in denen die H-Atome durch Cl- und F-Atome ersetzt sind; unter Druck verflüssigbare Gase oder niedrig siedende Flüssigkeiten von hoher chem. und therm. Beständigkeit; dienen u. a. als Treibmittel für Spraydosen, als Kältemittel und zum Schäumen von Kunststoffen. – In die Stratosphäre gelangende F. können durch die kurzwellige solare UV-Strahlung zerlegt werden und Chlorradikale freisetzen, die mit dem Ozon der Ozonschicht reagieren und diese damit ausdünnen (↑Ozonloch). Als Folge davon kann die kurzwellige UV-Strahlung bis zur Erdoberfläche gelangen, wodurch sich u. a. die Gefahr von Hautkrebs erhöht. Auf einer UN-Konferenz zum Schutz der Ozonschicht einigten sich 1992 die teilnehmenden 91 Staaten auf ein Verbot von Produktion und Verbrauch von F. bis 1996.

Fluorescein [...restse...; lat.], Farbstoff mit kräftiger, gelbgrüner Fluoreszenz; Signalfarbe, Indikator.

Fluoreszenz [lat.], charakterist. Leuchten bei festen Körpern, Flüssigkeiten oder Gasen bei Bestrahlung mit Licht, Röntgen- oder Elektronenstrahlung. Die Strahlung wird mit gleicher oder längerer Wellenlänge wieder abgegeben; im Ggs. zur Phosphoreszenz ohne Nachleuchten.

Fluoride [lat.], Salze der Fluorwasserstoffsäure (Flußsäure); starke Ätzgifte.

Fluorit [lat.], svw. ↑Flußspat.

Fluorkohlenwasserstoffe, Abk. **FKW,** Kohlenwasserstoffe, in denen Wasserstoffatome durch Fluor ersetzt sind; Kältemittel, hydraul. Flüssigkeiten, Schmiermittel, Rohstoffe für hochbeständige Kunststoffe.

Fluorwasserstoffsäure, svw. ↑Flußsäure.

Flur, 1) *Architektur:* langgestreckter Raum innerhalb einer Wohnung mit Türen zu den angrenzenden Räumen. **2)** *Geographie:* agrar- und siedlungsgeographisch die parzellierte landwirtsch. Nutzfläche eines Siedlungs- und Wirtschaftsverbandes.

Flurbereinigung, die Zusammenlegung und wirtschaftl. Gestaltung von

Flurformen

zersplittertem oder unwirtschaftl. geformtem ländl. Grundbesitz nach neuzeitl. betriebswirtsch. Gesichtspunkten zur Förderung der wirtschaftl. und forstwirtsch. Erzeugung und der allg. Landeskultur. Alle Grundeigentümer im F.gebiet haben den zu den *gemeinschaftl.* und zu den *öffentl.* Anlagen erforderl. Grund nach dem Verhältnis des Wertes ihrer alten Grundstücke zu dem Wert aller Grundstücke des Gebietes aufzubringen. Nach Abzug dieser Flächen ist jeder Grundeigentümer mit Land von gleichem Wert abzufinden. Maßnahmen der F. führen nicht selten zur Zerstörung der alten Kulturlandschaft und zu Veränderungen im biolog. Gleichgewicht (Artenrückgang in Flora und Fauna).

Flurformen, von der Wirtschaftsform, den Besitzverhältnissen und landschaftl. Gegebenheiten abhängige Einteilung der Flur. Man unterscheidet nach Form der Parzellen (Streifen, quadrat. Blöcke), nach Größe (kurz, lang, breit, schmal) und Anordnung (gleich- oder kreuzlaufend, gereiht, radial). *Streifenfluren* bestehen aus Kurz- bzw. Langstreifenverbänden. Dazu gehört die *Hufenflur* (gereihte Streifen mit Hofanschluß). Bei *Gemengelage* wird für einen Verband gleichlaufender Streifen der Begriff Gewann verwendet. Eine *Gewannflur* besteht ganz oder überwiegend aus Gewannen. Bei den *Blockfluren* herrscht Gemengelage vor, oft mit einem Nebeneinander von Groß- und Kleinblöcken. Reine Großblockfluren sind charakterist. für Güter, Kolchosen, Plantagen und Kibbuzim.

Flurkarten, svw. Katasterkarten, ↑Karte.

Flurnamen, Namen für einzelne Teile der Landschaft. Die F.forschung kann für die Sprachwissenschaft, die Volkskunde sowie für die Siedlungs- und So-

Flurformen.
1 Kleinblockgemengeflur; 2 Waldhufenflur; 3 Langstreifengemengeflur; 4 Gewannflur

Flußkrebse

Flußbarsch

zialgeschichte wertvolle Aufschlüsse bringen.

Flurverfassung, die Regelung der Besitz- und Bodennutzungsverhältnisse in der bäuerl. Feldflur, landschaftlich stark differenziert durch verschiedenartige Siedlungsweise und Kulturentwicklung.

Flush [engl. flʌʃ »das Erröten, die Aufwallung«], anfallweise auftretende Hautrötung im Bereich des Gesichtes (auch an Hals, Brust und Oberarmen).

Fluß, in der *Geographie* jedes fließende Gewässer des Festlandes. Nach der Größe unterscheidet man Bäche, Flüsse und Ströme. Das *F.gefälle* nimmt von der Quelle zur F.mündung ab. Das aus dem *F.bett* (der von Ufern begrenzten Wasserrinne) gerissene Gesteinsmaterial wird flußabwärts transportiert, dabei zerkleinert sowie abgerundet und bei nachlassendem Gefälle bzw. an der Mündung des F. abgelagert (Deltabildung). Das von einem F. und seinen Nebenflüssen ober- und unterirdisch entwässerte Gebiet ist das von Wasserscheiden begrenzte *Einzugsgebiet.* Je feuchter das Klima, desto größer ist die *F.dichte* eines Gebietes; *Karst-F.* versikkern und fließen oft unterirdisch als *Höhlen-F.* weiter. In feuchten Gebieten führen fast alle Flüsse ständig Wasser, wenn auch mit jahreszeitl. Schwankungen *(Dauerflüsse, permanente Flüsse).* In Gebieten mit scharf ausgeprägten Trockenzeiten führen viele Flüsse nur zur Regenzeit Wasser *(period. Flüsse).* Flüsse, die nur in großen Zeitabständen kurzzeitig Wasser führen, werden als *episod. Flüsse* bezeichnet; *Fremdlingsflüsse* durchqueren ein trockenes Gebiet.

Flußbarsch (Barsch, Kretzer, Schratzen), in Fließ- und Stillgewässern Eurasiens weitverbreitete Barschart von bis zu 30 cm, max. 45 cm Länge; grünlich mit dunklen Querstreifen, Bauchflossen und Afterflosse rötlich; wohlschmeckender Speisefisch.

Flußdelphine (Süßwasserdelphine, Platanistidae), Fam. 1,5–3 m langer Zahnwale mit vier Arten in den Süßgewässern Asiens und S-Amerikas; u.a. *La-Plata-Delphin,* bis 2 m lang, *Gangesdelphin* (Susu), bis 3 m lang, *Inia* (Amazonasdelphin), bis 2,5 m lang.

Flußdiagramm, svw. ↑ Ablaufdiagramm, ↑Diagramm.

Fluß Eridanus ↑Sternbilder (Übersicht).

Flußgottheiten, Gottheiten und Geistwesen (z. B. Nymphen), deren Sitz in Flüssen gedacht wird.

flüssige Luft, durch wiederholte Kompression mit Abkühlung auf Temperaturen unter ihre Siedetemperatur (−194,5 °C) gebrachte und dadurch verflüssigte Luft.

Flüssigerdgas (engl. liquefied natural gas; Abk. LNG), Erdgas, das durch Abkühlen auf unter −161 °C (Siedetemperatur des Methans) verflüssigt wird; es läßt sich so drucklos mit speziellen Tankschiffen transportieren.

Flüssigkeit, ein Stoff im flüssigen Aggregatzustand; unterscheidet sich von Gasen dadurch, daß ihr Volumen (weitgehend) druckunabhängig (inkompressibel) ist, von festen Körpern dadurch, daß ihre Form veränderlich ist und sich der Form des jeweiligen Gefäßes anpaßt.

Flüssigkeitsgetriebe ↑Strömungswandler.

Flüssigkristalle (flüssige Kristalle), Flüssigkeit mit kristalliner Struktur, bestehend aus langgestreckten organ. Molekülen. *Eigenschaften:* 1. Änderung der Farbe bei Temperaturänderung; 2. Änderung der Transparenz bzw. Lichtdurchlässigkeit im elektr. Feld. *Verwendung* von F. insbes. in Flüssigkristallanzeigen (engl. liquid crystal display, Abk. LCD). Dazu wird eine dünne Zelle aus planparallelen Platten beidseitig mit einem elektr. leitenden, lichtdurchlässigen Raster bedampft. Beim Anlegen einer Spannung an ein Paar gegenüberliegender Rasterpunkte ändert sich im damit verbundenen elektr. Feld die Transparenz der F. in der Zelle.

Flußkrebse (Astacidae), Fam. bis 25 cm großer Zehnfußkrebse mit etwa 100 Arten, v. a. in Süßgewässern der Nordhalbkugel. In M-Europa kommen vor: *Edelkrebs,* 12–16 cm lang; *Dohlenkrebs,* etwa 14 cm lang; *Steinkrebs,* rd. 8 cm lang;

Flüssigkristalle. Verschiedene Texturen der Moleküle; von oben: nematische, smektische und cholesterinische Phase

Flußkunde

Flußmuscheln. Malermuschel (Länge 7–10 cm)

Flüsse. Auswahl			
Name	Länge[1]) in km	Name	Länge[1]) in km
Afrika		**Asien**	
Nil (mit Kagera)	6 671	Jangtsekiang	6 000
Kongo	4 374	Hwangho	4 845
Niger	4 184	Mekong	4 500
Sambesi	2 736	Amur (mit Argun)	4 444
Oranje	2 250	Lena	4 400
		Ob (mit Katun)	4 338
Südamerika		Irtysch	4 248
Amazonas	6 518	Jenissei (mit Großem Jenissei)	4 092
Paraná	3 700	Euphrat	3 380
São Francisco	2 900	Indus	3 200
Tocantins	2 640		
Paraguay	2 500	**Europa**	
Orinoko	2 140	Wolga	3 531
		Donau	2 850
Nordamerika		Dnjepr	2 200
Mississippi/Missouri	6 021	Don	1 870
Mackenzie		Petschora	1 809
(mit Athabasca)	4 241	Kama	1 805
Sankt-Lorenz-Strom	4 023	Oka	1 500
Yukon River		Dnjestr	1 352
(mit Teslin River)	3 185	Rhein	1 320
Rio Grande	3 034	Elbe	1 165
Nelson River		Tajo	1 120
(mit Saskatchewan)	2 575	**Australien**	
Colorado	2 334	Darling	2 720
Arkansas River	2 333	Murray	2 589
Ohio (mit Allegheny)	2 102		

[1]) Länge und Einzugsgebiete von Flüssen werden in Statistiken oder geograph. Werken oft unterschiedlich angegeben. Bei einigen der größten Ströme führt die fortschreitende Erforschung und Kartierung, bes. der Quellgebiete, zu neuer Berechnung; ferner besteht oft keine einheitl. Auffassung über die Einbeziehung von Quellflüssen und Flußmündungen. Schließlich erklären sich Änderungen auch durch Begradigungen, die Anlage von Staubecken und Kanälen.

Flußkrebse. Edelkrebs

Sumpfkrebs (Stachelkrebs), 11–14 cm lang; *Amerikan. F.*, bis 12 cm lang.
Flußkunde ↑Hydrologie.
Flußmittel, Zusatz bei Schmelzprozessen zur Erniedrigung der Schmelztemperatur.

Flußmuscheln, Gatt. überwiegend im fließenden Süßwasser lebender Muscheln; bekannt v. a. die *Malermuschel,* etwa 7–10 cm lang und 3–4 cm hoch, mit zungenförmiger Schale.
Flußpferde (Hippopotamidae), Fam. nicht wiederkäuender Paarhufer mit zwei Arten, v. a. in stehenden und langsam fließenden Gewässern Afrikas südl. der Sahara; Körper plump, walzenförmig, etwa 1,5 bis 4,5 m lang, bis über 3 t schwer; mit kurzen Beinen, deren vier Zehen durch kleine Schwimmhäute verbunden sind; Pflanzenfresser. In W-Afrika kommt das 1,5–1,7 m lange *Zwerg-F.* vor, überwiegend dunkel-

Foch

Flußpferde. Links: Großes Flußpferd (Körperlänge bis 4,6 m, Schulterhöhe etwa 1,5 m) ♦ Rechts: Zwergflußpferd (Körperlänge bis 1,75 m, Schulterhöhe etwa 1 m)

braun, Bestand bedroht. In oder an Gewässern großer Teile Afrikas (im Nil bereits zu Beginn des 19. Jh. ausgerottet) kommt das *Nilpferd* (Groß-F.) vor, über 4 m lang, oberseits schwärzlich-braun, an den Seiten kupferfarben, unterseits heller.

Flußsäure (Fluorwasserstoffsäure), sehr stechend riechende, farblose Lösung von Fluorwasserstoff in Wasser; aggressive Säure, die nahezu alle Metalle (außer Gold, Silber, Platin und Blei) auflöst; verwendet zum Glasätzen und zur Herstellung von Fluorkohlenwasserstoffen.

Flußspat (Fluorit), meist auf Erzgängen vorkommendes Mineral, CaF_2; Dichte 3,1–3,2 g/cm³; Mohshärte 4. Kristalle vielfach bunt. Verwendung bei der Herstellung von Flußsäure, Email und Glas.

Flußtrübe (Schweb), vom fließenden Wasser mitgeführtes, zerriebenes Gesteinsmaterial sowie organ. Schwebstoffe.

Flußzeder, Gatt. der Zypressengewächse mit neun Arten, hauptsächlich in Amerika; bis 50 m hohe, immergrüne Bäume. Die winterharte *Kalifornische Flußzeder* wird als Zierbaum angepflanzt.

Flut ↑Gezeiten.

Flutlichtanlage, Beleuchtungsanlage aus Einzelscheinwerfern oder Scheinwerfergruppen.

fluvial (fluviatil) [lat.], zum Fluß gehörend, von ihm geschaffen, abgelagert.

fluvioglazial [lat.], durch das Zusammenwirken von fließendem Wasser und Gletschereis entstanden.

Fluxus [lat.], Begriff zur zeitgenöss. Kunst für Aktionen, bei denen Künstler (mit Akteuren) versuchen, aktive Veränderungs- und Wandlungsprozesse sichtbar zu machen.

Flying Dutchman [engl. 'flaɪɪŋ 'dʌtʃmən »fliegender Holländer«], Einheitsjolle für den Rennsegelsport, mit zwei Mann Besatzung. Länge 6,05 m, Breite 1,80 m, Tiefgang 1,10 m (mit Schwert). Zeichen: FD.

Flynn, Errol [engl. flɪn], * Antrim (Nordirland; nach eigener Angabe) oder Hobart (Tasmania) 20. 6. 1909, † Los Angeles-Hollywood 14. 10. 1959, amerikan. Filmschauspieler. Helden- und Liebhaberrollen, z. B. in »Robin Hood, der König der Vagabunden« (1938), »Der Herr der sieben Meere« (1940).

fm (Fm), Abk. für ↑Festmeter.

FM, Abk. für Frequenzmodulation.

FNA, Abk. für Fachnormenausschuß; Gremium im Dt. Normenausschuß.

Fo, chin. Name für ↑Buddha.

Fo, Dario, * Sangiano bei Varese 24. 3. 1926, italien. Dramatiker. Schreibt, z. T. zus. mit seiner Frau Franca Rame (* 1929), zeitkrit., satir. Stücke, u. a. »Zufälliger Tod eines Anarchisten« (1970), »Bezahlt wird nicht!« (1975), »Mistero buffo« (1978), »Offene Zweierbeziehung« (1983), »Der Papst und die Hexe« (1991), »Hilfe, das Volk kommt« (1993).

Foch, Ferdinand [frz. fɔʃ], * Tarbes 2. 10. 1851, † Paris 20. 3. 1929, frz. Marschall. 1917 als Nachfolger Pétains Chef des Armeegeneralstabs und Mgl.

Fock

Henrich Focke

Robert William Fogel

des Obersten Kriegsrats; 1918 Oberkommandierender aller Truppen der Entente; forderte auf der Friedenskonferenz vergeblich die Verschiebung der frz. Militärgrenze bis zum Rhein.

Fock, Gorch, eigtl. Hans Kinau, *Finkenwerder (heute zu Hamburg) 22. 8. 1880, ✕ im Skagerrak 31. 5. 1916, dt. Schriftsteller. Schrieb (z. T. niederdt.) Erzählungen, u. a. »Seefahrt ist not!« (1913).

Fock [niederdt.], unterstes Rahsegel am Fockmast eines Segelschiffes.

Focke, Henrich, *Bremen 8. 10. 1890, † ebd. 25. 2. 1979, dt. Flugzeugkonstrukteur. Begann 1908 mit dem Bau von Flugzeugen, u. a. ab 1933 Hubschrauberbau (Erstflug 1936).

Focus (Fokus) [lat.], svw. ↑Brennpunkt.

Focus, seit Jan. 1993 wöchentlich in München erscheinendes Nachrichtenmagazin der Burda-Gruppe.

Föderalismus [lat.-frz.], ein Gestaltungsprinzip von Staaten, das der übergeordneten Gewalt nicht mehr Regelungsbefugnisse gegenüber nachgeordneten Gewalten einräumt, als im Interesse des Ganzen geboten ist. Typen des F. auf völkerrechtl. Grundlage (völkerrechtl. Staatenverbindungen) sind v. a. der *Staatenbund* (z. B. USA 1778–87, Dt. Bund 1815–66), aber auch *Personal-* und *Realunion*: Die Souveränität der Mgl. bleibt unangetastet (keine gemeinsame Staatsgewalt), aber die Verbindung stellt ein völkerrechtl. Subjekt dar. Als dauerhafteste polit. Gestaltung der F. hat sich der F. auf staatsrechtl. Grundlage im *Bundesstaat* erwiesen, der aus Gliedstaaten zusammengesetzt ist, die teilweise Staatsgewalt behalten (z. B. USA, Schweiz, BR Deutschland, Österreich). Die Gesamtstaatsvertretung nach außen liegt stets bei der Zentralgewalt. Der *korporative F.* geht vom Genossenschaftsgedanken aus und findet in Realkörperschaften, Personalkörperschaften und Gebietskörperschaften mit Selbstverwaltung seinen Ausdruck (z. B. die kommunalen Körperschaften).

Föderaten ↑Foederati.

Föderation [lat.], ein Staatenbündnis, dessen Partner sich nur zu einem sachlich oder zeitlich begrenzten Zweck verbinden. ↑Konföderation.

Foederati (Föderaten) [fø...; lat.], im antiken Rom auswärtige Gemeinden oder Volksstämme, die durch einen Vertrag (Foedus) mit Rom verbunden waren; urspr. Name *Socii* (Bundesgenossen).

Fogel, Robert William [engl. 'fəgəl], *New York 1. 7. 1926, amerikan. Volkswirtschaftler und Wirtschaftshistoriker. Erhielt 1993 zusammen mit D. C. North den Nobelpreis für Wirtschaftswissenschaften für seinen Beitrag zur Erneuerung der wirtschaftsgeschichtl. Forschung.

Foggara ↑Kanat.

Foggia [italien. 'fɔddʒa], italien. Prov.-Hauptstadt in Apulien, 159 200 E. Konsumgüter- u. a. Ind., Landwirtschaftsmesse. – Wichtige Residenz der Staufer.

Fogo, eine der Kapverdischen Inseln, 476 km², im noch tätigen Vulkan Pico de Cano 2 829 m hoch.

Fohlen (Füllen), Bez. für ein junges Pferd bis zum 3. Lebensjahr.

Föhn, warmer, trockener, böiger Fallwind im Lee von Gebirgen.

Föhnkrankheit, Beeinträchtigungen des körperl. Wohlbefindens bei Föhn (z. B. in den Alpen und im Alpenvorland); neben Schlaflosigkeit, Kopfschmerzen, Schwindelgefühl, Ohrensausen, Erbrechen, Einschränkungen der körperl. und geistigen Leistungsfähigkeit, Reizbarkeit, Angst, Unlust und Depressionen kann es vermutlich auch zu einer Verschlimmerung bestehender Krankheiten und zu einem gehäuften Auftreten von Herz- und Kreislaufattacken kommen.

Föhr, eine der Nordfries. Inseln, vor der W-Küste von Schlesw.-Holst., 82 km², Hauptort Wyk auf Föhr.

Föhre, svw. Waldkiefer (↑Kiefer).

Foix [frz. fwa], ehem. frz. Gft., etwa dem Dép. Ariège entsprechend; fiel 1484 an das Haus Albret; durch König Heinrich IV. 1607 mit der frz. Krone vereinigt.

Fokalinfektion, svw. ↑Herdinfektion.

Fokker, Anthony [Herman Gerard], *Kediri (Java) 6. 4. 1890, † New York 23. 12. 1939, niederl. Flugzeugkonstrukteur. Ab 1913 Flugzeugfabrik in Schwerin (u. a. einsitzige Jagdflugzeuge); nach 1922 mehrere Flugzeugwerke in den USA (u. a. Verkehrsflugzeuge); schrieb »Der fliegende Holländer« (1931).

Fokus (Focus) [lat.], svw. ↑Brennpunkt.

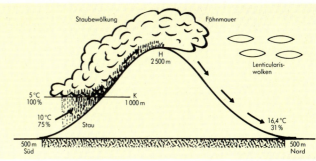

Föhn. Schematische Darstellung: K Kondensationsniveau, H Scheitelhöhe des Gebirges (Luftfeuchte in Prozent)

Fokussierung [lat.], die Zusammenführung von divergierenden bzw. parallelen elektromagnet. oder Teilchenstrahlen in einem Punkt (Brennpunkt, Fokus).

Földes, Andor, eigtl. A. Földes, *Budapest 21. 12. 1913, † Zürich 9. 2. 1992, amerikan. Pianist und Dirigent ungar. Herkunft. V. a. als Bartók- und Beethoven-Interpret bekannt.

Folge, in der *Mathematik* eine Abbildung, deren Definitionsbereich die Menge der natürl. Zahlen ist.

Folgerung, 1) die aus bestimmten Hypothesen (Gründen, Prämissen) gefolgerte These.
2) die Schlußregel, kraft deren von der Hypothese zu der These übergegangen werden darf.
3) ein log. Schluß.

Folgesatz, svw. ↑Konsekutivsatz.

Foliant [lat.], großes Buch (Folioformat).

Folie [lat.], 1) in Bahnen hergestelltes, sehr dünnes Material zum Bekleben, Verpacken.
2) Hintergrund.

Folies-Bergère [frz. fɔlibɛrˈʒɛːr], Revuetheater in Paris.

Folinsäure [lat./dt.] ↑Folsäure.

Folio [lat.], Format eines nur einmal gefalzten Bogens (= zwei Blatt).

Folketing [dän.], das dän. Parlament.

Folklore [ˈfɔlkloːr, fɔlkˈloːrə; engl.], die gesamte volkstüml. Überlieferung. Außerhalb Deutschlands bezeichnet F. vielfach auch die wiss. Beschäftigung mit diesem Bereich (Volkskunde).

Folksong [engl. ˈfəʊksɔŋ], zunächst engl. Bez. für Volkslied; später das aus der amerikan. F.bewegung hervorgegangene (sozialkrit.) Lied. F.sänger u. a. Joan Baez, Bob Dylan.

Folkunger, schwedisches Königsgeschlecht, das 1250–1363 in Schweden, 1319–87 in Norwegen und 1375–87 auch in Dänemark regierte und 1387 ausstarb.

Follen, Karl Theodor Christian, *Romrod bei Alsfeld 4. 9. 1796, † bei Schiffsunglück im Long Island Sound (USA) 13. 1. 1840, dt. Politiker und Schriftsteller. Einer der Führer des radikalen burschenschaftl. Flügels; nach Anklage wegen »demagog. Umtriebe« Flucht über Frankreich und die Schweiz in die USA (1824).

Follikel [lat.], *Anatomie:* bläschen- oder balgförmige Gebilde, z. B. Haar-F.; i. e. S. Kurz-Bez. für Eifollikel.

Follikelsprung, svw. ↑Ovulation.

Folsäure [lat./dt.] (Pteroylglutaminsäure), zus. mit ihrem Derivat *Folinsäure* eines der Vitamine (↑Vitamine, Übersicht).

Folter, die Zufügung phys. oder psych. Schmerzen zur Erzwingung einer Aussage. F.werkzeuge waren bis in die Neuzeit z. B. Daumenschrauben und span. Stiefel (zum Quetschen der Daumen bzw. Waden). Moderne F.methoden sind insbesondere die Zwangseinnahme von (u. U. die Aussagen beeinflussenden) Medikamenten, die Anwendung von Elektrizität, von Lärmgeräten, Nahrungsmittelbeschränkung, Schlafentzug, Methoden des Psychoterrors.

Folsäure. Tetrahydrofolsäure

Folz

Henry Fonda

Jane Fonda

Peter Fonda

Theodor Fontane

Im Altertum diente die F. den Völkern oder Staaten als legales Mittel zur Beschaffung von Informationen oder Geständnissen. Im Gerichtswesen Athens und Roms galt die Zeugenaussage eines Sklaven nur dann als vertrauenswürdig, wenn sie unter F. gemacht worden war. Im Hoch-MA erreichte die F. in den Prozessen gegen »Hexen« und »Ketzer« einen Höhepunkt. In einer von der mittelalterl. Kirche (↑Inquisition) wesentlich mitzuverantwortenden Rechtsfindungspraxis wurde die F. als »Beweis aller Beweise« (lat. »Probatio probatissimi«) angesehen. Zur Verhinderung des wahllosen Einsatzes der F. entwickelte erstmals die italien. Strafrechtswiss. des 14./15. Jh. Regeln; einschränkende Festlegungen erfolgten in der Carolina (1532). Die F. wurde unter dem Einfluß der Aufklärung, als das Geständnis seine prozeßentscheidende Funktion verloren hatte und durch Zeugen- und Indizienbeweise ersetzt werden konnte, hauptsächlich im 19. Jh. aus den Rechtsordnungen beseitigt.

In den Diktaturen und totalitären Staaten des 20. Jh. diente und dient die F. dazu, ideologisch oder politisch abweichende Denkweisen und ihre innerstaatl. Verbreitung mit allen Mitteln der Gewalt zu unterbinden. Nach Angaben von Amnesty International werden heute in etwa 70 Ländern jährlich etwa 500 000 Menschen gefoltert.

Internat. Ächtung erfuhr die F. in der »Allgemeinen Erklärung der Menschenrechte« von 1948. Die im geltenden Recht präziseste Regelung des F.verbots findet sich in den vier Genfer Konventionen des Internat. Roten Kreuzes (1949); sie verbieten – völkerrechtlich verbindlich – die F. ohne Einschränkung (auch als Mittel im Krieg) und stellen sie unter Strafe. 1975 verabschiedete die UNO eine »Erklärung über den Schutz aller Personen vor F. und anderer grausamer, unmenschl. oder erniedrigender Behandlung oder Strafe«. 1987 trat die »Antifolterkonvention« der UNO in Kraft; im gleichen Jahr verabschiedete der Europarat die »Europ. Antifolterkonvention«, die nichtangekündigte Gefängnisbesuche ermöglicht.

Folz (Foltz), Hans, gen. »der Barbierer«, *Worms um 1450, † Nürnberg um 1515, dt. Meistersinger. Reformierte den Meistersang; mit Fastnachtspielen Einfluß auf H. Sachs.

Fön ⓦ [zu ↑Föhn] (Haartrockner), Heißluftgebläse zum Trocknen des Haars.

Fond [fõ; lat.-frz.], 1) *Automobilbau:* Rücksitz eines Wagens.
2) *Kochkunst:* beim Braten, Dünsten oder Schmoren von Fleisch sich in der Pfanne bildender Satz; Grundlage für Soßen oder Suppen.

Fonda [engl. 'fɔndə], 1) Henry, *Grand Island (Nebr.) 16. 5. 1905, † Los Angeles 12. 8. 1982, amerikan. Filmschauspieler. Spielte u. a. in »Früchte des Zorns« (1940), »Die zwölf Geschworenen« (1957), »Spiel mir das Lied vom Tod« (1968).
2) Jane [Seymour], *New York 21. 12. 1937, amerikan. Filmschauspielerin. Tochter von Henry F.; u. a. »Barbarella« (1968), »Klute« (1971), »Nora« (1973), »Das China Syndrom« (1979); polit. Aktivitäten, u. a. gegen den Vietnamkrieg und für Umweltschutz.
3) Peter, *New York 23. 2. 1939, amerikan. Filmschauspieler. Sohn von Henry F.; weltbekannt durch den von ihm selbst produzierten Film »Easy rider« (1969).

Fonds [fõ; lat.-frz.], für einen bestimmten Zweck gebildete und verwaltete Vermögenswerte (z. B. bei Stiftungen).

Fondue [fõ'dy; frz.], ein Käse- und Fleischgericht; **F. neuchâteloise** [- nøʃate'lwaz]: Gericht aus geschmolzenem Käse, Weißwein, Gewürzen, das in einer speziellen Pfanne (Caquelon) bereitet und warm mit Brotstücken gegessen wird; **F. bourguinonne** [- burgi'ɲɔn]: Gericht, bei dem Fleischwürfel (v. a. von Rinderfilet) in einem Topf über einem Spiritusbrenner in heißem Fett gegart und mit verschiedenen pikanten Soßen und Beilagen gegessen werden.

Fontaine, Pierre François [frz. fõ'tɛn], *Pontoise 20. 9. 1762, † Paris 10. 10. 1853, frz. Baumeister. Zusammenarbeit mit Charles Percier (*1764, † 1838; Hofarchitekten Napoleons I.); Begründer des Empirestils: Arc de Triomphe du Carrousel (1806–08), Louvrefassade an der Rue de Rivoli (1806); Innenausstattungen.

Fontainebleau [frz. fõtɛn'blo], frz. Stadt im Dép. Seine-et-Marne, 18 800 E. Militärmuseum; Wohn- und

Erholungszentrum für die Pariser ist der 19 600 ha große *Wald von F.;* Schloß (16. Jh.). – Das *Revokationsedikt* von F. König Ludwigs XIV. (1685) hob das Edikt von Nantes auf; verbot das ref. Bekenntnis, verwies die ref. Geistlichen des Landes; galt bis 1791.

Fontainebleau, Schule von [frz. fõtɛnˈblo], von italien. Malern, die im 16. Jh. an der Innenausstattung von Schloß Fontainebleau arbeiteten, beeinflußte Richtung der frz. Malerei.

Fontana, Domenico, *Melide (Tessin) 1543, †Neapel 1607, italien. Baumeister schweizer. Herkunft. Gestaltete für Papst Sixtus V. Straßen, Plätze und barocke Paläste, vollendete (mit G. Della Porta) Michelangelos Kuppel der Peterskirche.

Fontane, Theodor, *Neuruppin 30. 12. 1819, †Berlin 20. 9. 1898, dt. Schriftsteller. Stammte aus einer Hugenottenfamilie; war zuerst Apotheker, 1864, 1866 und 1870 Kriegsberichterstatter, 1870–89 Theaterkritiker bei der »Voss. Zeitung« in Berlin; begann mit Balladen im Stil des Spätrealismus; gilt neben H. Heine als der bedeutendste dt. Feuilletonist (»Wanderungen durch die Mark Brandenburg«, Reisefeuilletons, 4 Bde., 1862–82). Erst im Alter schrieb er die in der Berliner Gesellschaft oder im märk. Adel spielenden großen realist. Gesellschaftsromane, in denen er das Bild einer innerlich brüchigen Zeit entwarf, so in »Irrungen, Wirrungen« (1888), »Stine« (1890) und »Die Poggenpuhls« (1896) über die Fragwürdigkeit der Standeshierarchie, in »Effi Briest« (1895; verfilmt u. a. 1974 von R. W. Fassbinder) über die lebenszerstörenden Folgen des Ehren- und Sittenkodexes seiner Zeit, in »Der Stechlin« (hg. 1899) mit starker sozialer Kritik. F. hat den dt. Roman aus der erstarrenden Tradition des Bildungsromans

Pierre François Fontaine. Arc de Triomphe du Carrousel in Paris (1806–08)

Fontainebleau. Blick auf die Schloßanlage (1528 ff.)

Fontanelle

Fontanelle. Schädel eines Neugeborenen (von oben gesehen); 1 Stirnbein; 2 Scheitelbein; 3 Hinterhauptsbein; 4 große und 5 kleine Fontanelle; 6 Stirnhöcker; 7 Scheitelhöcker

Foraminiferen. Tier mit vielkammeriger Schale, aus deren Öffnungen Scheinfüßchen austreten

gelöst und auf die Höhe des europ. krit. Gesellschaftsromans geführt. Im Zurückdrängen der Handlung zugunsten des Dialogs und in der Ausbildung eines formbewußten Erzählens, für das leise Skepsis und Ironie typisch sind, wirkte er entscheidend auf die Entwicklung des Romans. – *Weitere Werke:* Grete Minde (E., 1880), Schach von Wuthenow (E., 1883), Unterm Birnbaum (E., 1885), Frau Jenny Treibel (R., 1892).

Fontanelle [lat.-frz.], nur durch eine Membran verschlossene Lücke zw. den Knorpel- bzw. Knochenelementen des Schädeldachs neugeborener Menschen und Wirbeltiere, die sich erst mit dem Wachstum der Schädelknorpel bzw. -knochen ganz oder teilweise schließt. Beim Menschen unterscheidet man eine *große F.* zw. den Stirnbeinhälften und den Scheitelbeinen (schließt sich zw. dem 9. und 16. Lebensmonat) und eine *kleine F.* zw. Scheitelbeinen und Hinterhauptsbein (schließt sich mit der 6. Lebenswoche).

Fontenay [frz. fõt'nɛ], ehem. Zisterzienserabtei (heute Museum) in Burgund, nw. von Dijon, Frankreich (1119–1791). Die 1147 geweihte Kirche ist ein Prototyp der Zisterzienserbaukunst.

Fontenelle, Bernard Le Bovier de [frz. fõt'nɛl], *Rouen 11. 2. 1657, †Paris 9. 1. 1757, frz. Schriftsteller und Philosoph. 1699–1740 Sekretär der Académie des sciences; bed. Vorläufer der Aufklärung.

Fontevrault [frz. fõtə'vro], ehem. frz. Benediktinerabtei sö. von Saumur; die roman. Klosterkirche (12. Jh.) war Grablege der Plantagenets.

Fonteyn de Arias, Dame (ab 1956) Margot [engl. fən'teɪn], eigtl. Peggy Hookham, *Reigate 18. 5. 1919, †Panama 21. 2. 1991, engl. Tänzerin. Tanzte die großen Rollen des klass. Repertoires.

Food and Agriculture Organization of the United Nations [engl. 'fuːd ənd æɡrɪ'kʌltʃə ɔːɡənaɪ'zeɪʃən əv ðə juː'naɪtɪd 'neɪʃənz], Abk. FAO, zwischenstaatl. Fachorganisation (UN-Sonderorganisation) für Ernährung, Landwirtschaft, Forsten und Fischerei, gegr. 1945 in Quebec; Sitz Rom.

Foot [fuːt, engl. fʊt »Fuß«] (Mrz.: **feet** [engl. fiːt]), Einheitenzeichen ft, in Großbrit. und in den USA verwendete Längeneinheit; 1 ft = 12 inches = 0,3048 m.

Football [engl. 'fʊtbɔːl] (American Football), vom engl. Rugby abgeleitetes amerikan. Ballspiel zw. zwei Mannschaften (je elf Spieler, beliebig viele Auswechselspieler) auf einem 109,75 m langen und 48,80 m breiten Feld; der eiförmige Lederball (Längsachse 28,58 cm, Gewicht 396–424 g) muß über die gegner. Grundlinie getragen oder mit dem Fuß über die Torlatte befördert werden; Spielzeit 60 Minuten.

Foraminiferen [lat.] (Kammerlinge, Foraminifera), seit dem Kambrium bekannte Ordnung mariner Urtierchen mit etwa 20 μm bis 15 cm großer, vielgestaltiger Schale aus Kalk *(Kalkschaler)* oder zusammengekitteten Sedimentteilchen *(Sandschaler).* F. finden sich in rezenten marinen Ablagerungen oft in ungeheurer Zahl *(F.sand, Globigerinenschlamm),* daneben sind sie z. T. wichtige Leitfossilien und Gesteinsbildner, bes. im Karbon und in der Kreide *(F.kalke).*

Force ['fɔrs(ə); lat.-frz.], Kraft, Gewalt.

Force de frappe [frz. fɔrsde'frap] »Schlagkraft«], veraltete Bez. für die frz. Atomstreitkräfte (Forces nucléaires stratégiques, Abk. FNS).

Forchheim, Kreisstadt in Bayern, an der Mündung der Wiesent in die Regnitz, 30 100 E. Pfalzmuseum; Metall-, Textil- und Papierindustrie. Mittelalterl. Stadtbild mit Fachwerkhäusern, u. a. Rathaus (1491 und 1535); Pfarrkirche Sankt Martin (14. Jh.). Die Pfalz ist eine Wasserburg (14.–17. Jh.). – Die Königswahlen von 900 (Ludwig das Kind), 911 (Konrad I.) und 1077 (Gegenkönig Rudolf von Rheinfelden) fanden in F. statt.

forcieren [fɔr'siː...; lat.-frz.], etwas mit Nachdruck vorantreiben, steigern.

Ford [engl. fɔːd, poln. fɔrt]: **1)** Aleksander, *Łódź 24. 11. 1908, †29. 4. 1980, poln. Filmregisseur. Ab 1968 in Israel, zuletzt in den USA; drehte u. a. »Grenzstraße« (1948), »Der erste Tag der Freiheit« (1965), »Sie sind frei, Dr. Korczak« (1973).

2) Ford Madox, eigtl. F. Hermann Hueffer, *Merton (heute zu London) 17. 12. 1873, †Deauville bei Le Havre 26. 6. 1939, engl. Schriftsteller. Schrieb Romane und bed. Essays.

Forellen

3) Gerald Rudolph, *Omaha (Nebr.) 14.7. 1913, 38. Präs. der USA (1974–77). Republikaner; 1973 Nachfolger des zurückgetretenen Vize-Präs. S. T. Agnew; im Aug. 1974 nach dem Rücktritt R. M. Nixons Präs. der USA; unterlag bei den Präsidentschaftswahlen 1976 knapp dem demokrat. Kandidaten J. E. Carter.
4) **Harrison**, *Chicago (Ill.) 13.7. 1942, amerikan. Filmschauspieler. Spielte u. a. in Abenteuerfilmen (»Star Wars«-Trilogie, 1977–83; »Indiana Jones«-Trilogie, 1981–89), aber auch im anspruchsvollen Genre, u. a. »Der einzige Zeuge« (1985), »Aus Mangel an Beweisen« (1990).
5) **Henry**, *Dearborn (Mich.) 30.7. 1863, †Detroit 7. 4. 1947, amerikan. Automobilindustrieller. Konstruierte 1892 seinen ersten Motorwagen; gründete 1903 die Ford Motor Co.; verwirklichte in seinem Unternehmen konsequent den Gedanken, durch rationalisierte Massenfertigung (Arbeitsteilung, Fließbandarbeit) bei gleichzeitig möglichst günstigen Arbeitsbedingungen (kurze Arbeitszeiten, hohe Löhne) die Herstellung hochwertiger Industrieprodukte zu verbilligen, um den Absatz zu steigern *(Fordismus);* errichtete bed. Stiftungen, u. a. die Ford Foundation.
6) **John**, eigtl. Sean Aloysius O'Fearna, *Cape Elizabeth (Maine) 1. 2. 1895, †Palm Springs (Calif.) 31. 8. 1973, amerikan. Filmregisseur ir. Herkunft. V. a. durch seine Western internat. bekannt; inszenierte 130 Filme, u. a. »Ringo« (»Stagecoach«, 1939), »Der Mann, der Liberty Valance erschoß« (1962), »Sieben Frauen« (1965); auch »Früchte des Zorns« (1940, nach J. Steinbeck).

Förde [niederdt.], weit ins Flachland eindringende, langgestreckte Meeresbucht.

Fördermittel, allg. Bez. für Maschinen oder Geräte zum Transport von Material und Personen. Für den Transport von Massengütern verwendet man *Stetig- oder Fließförderer*. Hierzu gehören z. B. Fallrohre und Rutschen. *Rollenbahnen* fördern Güter mit ebener Bodenfläche auf angetriebenen zylinderförmigen Rollen. *Schneckenförderer* für Schüttgüter besitzen eine angetriebene Schneckenwelle als Schubmittel. *Bandförderer* unterscheidet man nach der Art der Förderbänder in Gummigurt-, Textilgurt-, Drahtgurt- und Stahlbandförderer. *Kettenförderer* besitzen als Zugorgan eine oder mehrere Ketten. *Fahrsteige (Rollsteige)* zum Transport von Personen zählen zu den Band- bzw. Kettenförderern. Bei *Fördergebläsen* nimmt der Luftstrom, bei *hydraul. Förderanlagen* eine strömende Flüssigkeit das Fördergut mit. *Druckluftförderer* verteilen das Fördergut auf mehrere Orte. *Saugluftförderer* fördern von mehreren Stellen nach einem Sammelpunkt. Ebenfalls pneumat. werden in *Rohrpostanlagen* z. B. Schriftstücke oder Waren in speziellen Förderbehältern befördert. Zu den *Flur-F.* rechnet man z. B. Elektrokarren und Gabelstapler. *Aufzüge* dienen der Personen- und Lastenförderung. *Personenumlaufaufzüge* bzw. *Paternoster[aufzüge]* weisen zwei dauernd umlaufende Gelenkketten auf, an denen Fahrkörbe für je zwei Personen aufgehängt sind. *Fahrtreppen* bzw. *Rolltreppen* mit endlosem Stufenband dienen dem Massenverkehr z. B. in Bahnhöfen, Warenhäusern.

Förderstufe ↑Orientierungsstufe.
Förderturm, turmartiges Bauwerk, das über einem Bergwerksschacht errichtet ist und die Fördermaschine aufnimmt.
Forderungen (Außenstände), hauptsächlich aus Warenlieferungen und Leistungen resultierende Ansprüche an Geschäftspartner, die in der Kontokorrentbuchhaltung Debitoren genannt werden.
Ford Foundation [engl. 'fɔːd faʊn-'deɪʃən], 1936 von H. und E. B. Ford gegr. größte Stiftung der USA zur Förderung des Erziehungs- und Ausbildungswesens.
Ford Motor Co. [engl. 'fɔːd 'moʊtə 'kʌmpənɪ], zweitgrößter Automobilhersteller der Welt, gegr. 1903 in Dearborn (Mich.); dt. Tochtergesellschaft ist die *Ford AG*, Köln, gegr. 1925.
Forechecking [engl. 'fɔːtʃɛkɪŋ], im *Eishockey* das Stören des gegner. Angriffes bereits im gegner. Verteidigungsdrittel.
Foreign Office [engl. 'fɒrɪn 'ɒfɪs], das brit. Außenministerium in London; Chef ist als Min. mit Kabinettsrang der Secretary of State for Foreign Affairs.
Forellen, zusammenfassende Bez. für die *Europ. F.* (Salmo trutta), ein bis 1 m langer Lachsfisch in den Süß- und Meeresgewässern Europas; die bekanntesten

Harrison Ford

Henry Ford

Forellen.
1 Regenbogenforelle;
2 Bachforelle

Unterarten sind: *Bach-F.*, 25–40 cm lang, kommt als *Schwarz-F.* und *Weiß-F.* vor; *See-F.*, meist 40–80 cm lang, in Seen N- und O-Europas sowie im Bodensee und in Alpenseen; *Meer-F.* (*Lachs-F.*), bis 1 m lang, in küstennahen Meeres- und Süßgewässern N- und W-Europas. Die *Regenbogen-F.* (Salmo gairdneri), ist ein 25–50 cm langer Lachsfisch in stehenden und fließenden Süßgewässern des westl. N-Amerika; seit 1880 in M-Europa eingeführt, hier v. a. in Zuchtanlagen. Beide Arten sowie die Unterarten sind geschätzte Speisefische.

Forellenregion, oberster Abschnitt eines Fließgewässers (überwiegend Bäche); bes. charakterist. Fischarten sind Forellen und die Groppe.

forensische Medizin, svw. ↑Gerichtsmedizin.

Forester, Cecil Scott [engl. ˈfɔrɪstə], *Kairo 27. 8. 1899, † Fullerton (Calif.) 2. 4. 1966, engl. Schriftsteller. Schrieb spannende Abenteuerromane; Hauptwerk: »Der General« (1936).

Forint, Abk. Ft., Währungseinheit in Ungarn; 1 Ft. = 100 Filler (f).

Forlì, italien. Prov.-Hauptstadt in der Emilia-Romagna, 109 800 E. Museen, Ind.- und Handelszentrum der Romagna. Zahlr. Kirchen und Paläste der Altstadt, u. a. Dom (12. Jh. ff.), Palazzo del Podestà (1459/60).

Form [lat.], 1) *Gießereitechnik:* Bezeichnung für den Hohlkörper, dessen Gestalt der des herzustellenden Gußstücks entspricht.
2) *Philosophie:* Bez. für den Zustand, den das sich Verändernde annimmt.
3) *Kunst und Literatur:* im Unterschied zum Stoff die spezif. (äußere) Struktur eines Werkes.
4) *Recht:* ↑Formvorschriften.

formal [lat.], die äußere Form (nicht den Inhalt) betreffend; nur der Form nach vorhanden, ohne Entsprechung in der Wirklichkeit.

Formaldehyd [fɔrm-al...; Kw. aus Acidum **form**icum (»Ameisensäure«) und Aldehyd] (Methanal), H–CHO, einfachster, sehr reaktionsfähiger Aldehyd; ein stechend riechendes farbloses Gas, dessen wäßrige Lösung, das *Formalin* ® (35–40 %ig) in der Medizin als Desinfektionsmittel und zur Konservierung histolog. Präparate dient. Neuere Untersuchungen ergaben Hinweise auf eine mögl. mutagene und karzinogene Wirkung.

Formalien [lat.], Förmlichkeiten, Äußerlichkeiten, Formvorschriften.

Formalismus [lat.], 1) *allg.:* das Überbewerten des Formalen.
2) *Literatur:* Richtung in der russ. Literaturwiss. Anfang des 20. Jh., ab 1930 als »ideologiefeindlich« heftig bekämpft.

Forman, Miloš, *Čáslav 18. 2. 1932, tschech. Filmregisseur. Lebt seit 1968 in den USA; drehte u. a. »Einer flog über das Kuckucksnest« (1975), »Hair« (1979), »Amadeus« (1984), »Valmont« (1989).

Format [lat.], 1) *allg.:* Gestalt, Größe, Maß; stark ausgeprägtes Persönlichkeitsbild; bes. Niveau.
2) ↑Buchformate.
3) ↑Papierformate.

Formation [lat.], 1) *Militär:* für einen bestimmten Zweck oder Auftrag gebildete Gliederung oder Aufstellung von Truppen, Schiffsverbänden oder Luftfahrzeugen.
2) (Pflanzenformation) *Botanik:* höhere Einheit bei Pflanzengesellschaften; wird durch das Vorherrschen einer bestimmten Wuchs- oder Lebensform gekennzeichnet.
3) *Geologie:* veraltete Bez. für System (↑Geologie, erdgeschichtliche Zeittafel).

Formel [lat.], 1) *allg.:* stereotype Redewendung; fester Ausdruck für einen bestimmten Begriff oder Gedanken (u. a. Gruß-, Segens-, Gebets-, Briefformeln).
2) *Naturwissenschaften:* Aussage bzw. Aussageform unter Verwendung bestimmter Zeichen (*Formelzeichen*); physikal. und techn. F. meist als Gleichung,

Forschung

in der die F.zeichen für physikal. Größen durch mathemat. Zeichen verknüpft sind.
3) ↑Motorsport.
Formelsprache, Programmiersprache für Rechenanlagen, die die Festlegung von Rechenvorgängen erlaubt, z. B. ALGOL, FORTRAN.
Formenlehre, in der *Grammatik* Teilgebiet der Morphologie, das sich mit der Formenbildung der Wörter befaßt.
Formentera, Insel der Balearen, Spanien, 115 km^2, bis 192 m hoch, Hauptort San Francisco Javier; Fremdenverkehr.
Formosa, ehem. Name der Insel ↑Taiwan.
Formosastraße, Meeresstraße zw. der Insel Taiwan und dem chin. Festland; an der engsten Stelle 135 km breit.
Formularvertrag [lat./dt.], Vertrag, dessen Inhalt formularmäßig typisiert ist (z. B. Mietvertrag).
Formvorschriften, *Recht:* die Bindung eines Rechtsgeschäfts an vorgeschriebene Erklärungsmittel; i. d. R. kann der Geschäftswille auf beliebige Art und Weise formlos erklärt werden *(Formfreiheit).* Gewisse Geschäfte von besonderer Bed. (Familienrecht, Erbrecht) sind jedoch kraft Gesetzes formgebunden, d. h., die zum Zustandekommen des Geschäfts erforderl. Willenserklärungen müssen in einer bestimmten Form abgegeben werden. Außer durch Gesetz kann eine Formbindung auch durch Rechtsgeschäft (v. a. durch Vertrag) festgelegt werden *(gewillkürte F.).* Gesetzlich vorgeschriebene Formen sind Schriftform, öffentl. Beglaubigung, notarielle Beurkundung.
Die *Schriftform* erfordert eine Urkunde, die die wesentl. Teile der Erklärung enthält und von dem Erklärenden eigenhändig unterzeichnet sein muß. Bei einem Vertrag muß die Urkunde grundsätzlich die Unterschrift sämtl. Parteien tragen (§ 126 BGB).
Die *öffentl. Beglaubigung* erfordert eine schriftl. Erklärung sowie die Beglaubigung der Unterschrift, die ein amtl. Zeugnis über die Echtheit der Unterschrift oder des Namenszeichens darstellt. Zuständig für die Beglaubigung ist in erster Linie der Notar.
Die *notarielle Beurkundung* erfordert die Aufnahme einer Niederschrift (Protokoll), die die Namen der Beteiligten und des Notars sowie die Erklärungen der Beteiligten enthalten und in Gegenwart des Notars und der Beteiligten vorgelesen, von ihnen genehmigt und eigenhändig unterschrieben werden muß.
Die Nichtbeachtung gesetzl. F. *(Formmangel)* hat grundsätzlich die Nichtigkeit des Rechtsgeschäfts zur Folge, desgleichen im Zweifel der Mangel der gewillkürten Form (§ 125 BGB). Formlos getroffene Nebenabreden eines formgebundenen Geschäfts führen im Zweifel zur Nichtigkeit des ganzen Geschäfts.
Fornax [lat.] ↑Sternbilder (Übersicht).
Forschung, i. e. S. die planmäßige und zielgerichtete Suche nach neuen Erkenntnissen in einem Wissensgebiet; i. w. S. die Gesamtheit der in allen Bereichen der Wissenschaften erfolgenden methodisch-systemat. und schöpferisch-geistigen Bemühungen, die das Gewinnen neuer allg. nachprüfbarer Erkenntnisse sowie das Ermitteln ihrer Gesetzmäßigkeiten ermöglichen.
Nach dem *F.-Anliegen* werden unterschieden: die *Grundlagen-F.,* die sich mit der Überprüfung und der Vervollkommnung der Erkenntnisgrundlagen und Theorien einer Wiss. befaßt, die *reine* oder *zweckfreie F.,* die sich unabhängig von pragmat. äußeren Zielorientierungen und Anwendungsbezügen um die Ausweitung des Erkenntnisstandes bemüht, und die *angewandte* oder *Zweck-F.,* die an der Lösung einzelner, oft in Projekten organisierter prakt. Anliegen durch zielgerichtete Ausweitung und Anwendung von F.-Ergebnissen arbeitet.
Nach den *F.-Trägern* wird zw. überwiegend staatlich finanzierter und nichtstaatl. F. unterschieden. Zur staatlich finanzierten F. gehören in der BR Deutschland die Hochschulforschung sowie die F. an Bundes- und Landesforschungsanstalten, z. T. an Bundesanstalten und -ämtern und z. T. auch an wiss. Museen und Bibliotheken, weiter die F. an anderen staatlich geförderten Institutionen, v. a. an den Großforschungseinrichtungen, an den Instituten der Max-Planck-Gesellschaft zur Förderung der Wissenschaften e. V. und an den fünf Akademien der Wissenschaften. Außerdem gehören hierzu die F. und Entwicklungen im Rahmen der Beteiligung des Bundes an internat. F.-Organisatio-

Forschungsreaktor

nen (z. B. CERN, EURATOM). Einen beträchtl. Umfang hat auch die Industrie-F., deren Motivation in den Unternehmenszielen und der Erhaltung der Wettbewerbsfähigkeit der einzelnen Unternehmen zu suchen ist. Schwierig ist die Abgrenzung zw. F. und Entwicklung. Entwicklung bezeichnet eher die Verwertung und Anwendung bes. natur- und ingenieurwissenschaftl. F.-Ergebnisse und techn. und wirtschaftl. Erfahrungen, um zu neuen Verfahren, Substanzen und Materialien, Bauelementen, Geräten, Systemen u. a. zu gelangen (Neuentwicklung) oder um bereits vorhandene zu verbessern (Weiterentwicklung). – Neben der Publizierung der F.-Ergebnisse fördern Kongresse oder der Austausch von Forschern die internat. Zusammenarbeit, sofern dies nicht durch Geheimhaltungsvorschriften ausgeschlossen wird.

Forschungsreaktor, ein Kernreaktor, der v. a. Forschungszwecken in Physik, Nuklearmedizin, Biologie u. a. dient.

Forschungs- und Entdeckungsreisen, Reisen, die der Erforschung und Entdeckung eines im Kulturkreis des Entdeckers bzw. Erforschers nicht bekannten Teils der Erde dienen oder dazu führen. Die älteste schriftlich überlieferte Reise ist die von der ägypt. Königin Hatschepsut veranlaßte Expedition nach Punt (Anfang des 15. Jh. v. Chr.). Die Griechen, Phöniker, Karthager und später die Römer erweiterten durch Entdeckungsfahrten das Weltbild. Um 100 n. Chr. hatten die Römer Kenntnis von Britannien und der norweg. Küste, der S-Küste der Ostsee bis Ostpreußen, dem gesamten Mittelmeerraum und dem W des Atlant. Ozeans bis zu den Kanar. Inseln, Arabien, Indien und China. Seit dem 7. Jh. sind neue Entdeckungsreisen von China aus (u. a. Indien, Japan) bezeugt. Arab. Händler und Reisende sind im 10.–14. Jh. am nördl. Eismeer nachgewiesen. Auch die Sahara, der Sudan und Teile Innerafrikas waren den Arabern bekannt. Im 9./10. Jh. entdeckten die Normannen Island, Grönland und (um 1000) Nordamerika. Doch erst der Bericht von Marco Polo über seine Reisen (1271–95) nach China und bis zum Pazif. Ozean erweiterte die abendländ. Weltkenntnis. Ähnl. Bed. hatten die Reisen Ibn Battutas 1325–49 für Arabien.

Das 15./16. Jh. war das eigtl. Zeitalter der Entdeckungen, nun verbunden mit der weltweiten europ. Expansion. Die Verträge von Tordesillas und Zaragoza (1494 bzw. 1529) bestätigten mit der Teilung der Erde in eine östl., portugies. und eine westl., span. Interessensphäre die geograph. Orientierung der großen Entdeckungsfahrten: 1487–92 kam P. da Covilhã über Aden nach Indien, von dort nach Moçambique und Abessinien. B. Diaz entdeckte 1487/88 das Kap der Guten Hoffnung und damit den Seeweg nach Indien; 1497/98 reiste V. da Gama nach Indien. 1492 entdeckte Kolumbus in span. Diensten die Westind. Inseln, 1498 Südamerika und 1502 Mittelamerika; 1497 bis 1504 bereiste A. Vespucci die mittel- und südamerikan. Küstengebiete. P. A. Cabral entdeckte 1500 Brasilien, G. Caboto 1497/98 das nordamerikan. Festland. Span. Konquistadoren (u. a. H. Cortés, F. Pizarro) eroberten 1519–43 die indian. Reiche in Mexiko, Kolumbien und Peru. 1513 hatte V. Núñez de Balboa den Pazif. Ozean entdeckt, 1519–22 F. de Magalhães die Erde umsegelt. 1577–80 gelang F. Drake die zweite Weltumsegelung.

Der Fortschritt der Kartographie förderte F.- u. E. in den neu entdeckten Gebieten der Erde, nun in stärkerem Umfang getragen von den aufstrebenden Seemächten England und Niederlande, deren Ostind. Kompanien (gegr. 1600/02) in Indien und auf dem Malaiischen Archipel Kolonialreiche errichteten. Australien wurde wohl schon im 16. Jh. von Portugiesen besucht, namentlich bekannt ist als erster G. de Eredia (1601), dem 1605 der Niederländer W. Janszoon folgte. Die Ostküste fand 1770 der Brite J. Cook. Der neue Erdteil wurde – wie schon vorher das in seiner allg. Struktur bis 1804 bekannte N-Amerika – zunehmend von Siedlern (zunächst jedoch meist Sträflingskolonien) erschlossen. Die wiss. Erforschung der Erde i. e. S. begann mit A. von Humboldts Süd- und Mittelamerikareise (1799–1804). Im 19./20. Jh. wurden die letzten großen unbekannten Gebiete der Erde erforscht: bis etwa 1880 Innerafrika (H. Barth, D. Living-

Forstwissenschaft

stone, J. H. Speke, H. M. Stanley), Ende 19./Anfang 20. Jh. Z-Asien (N. M. Prschewalski, S. Hedin). Der Nordpol wurde 1908, der Südpol 1911 erstmals erreicht. Daneben trat im 20. Jh. die ↑Raumfahrt.

Forseti (Forsite, fries. Fosite), in der german. Mythologie der Gerichtsgott. Sein Heiligtum soll auf *Fositesland* (Helgoland) gestanden haben.

Forßmann, Werner, * Berlin 29. 8. 1904, † Schopfheim 1. 6. 1979, dt. Chirurg und Urologe. Führte 1929 im Selbstversuch erstmals den ↑Herzkatheterismus durch; erhielt dafür 1956 den Nobelpreis für Physiologie oder Medizin (mit A. Cournand und D. W. Richards).

Forst, im Unterschied zu dem vom Menschen unbeinflußten Urwald ein Wirtschaftswald, der der Produktion von Rohstoffen (u. a. Holz, Harz, Waldfrüchte) dient. – Früher war der F. königl. Wald (Herrenwald, Bannforsten), im Unterschied zum *Märkerwald,* wo zumindest das Nutzungsrecht den Dorfgenossen gemeinsam zustand.

Forstamt, die untere Behörde der Forstverwaltung mit festgelegten Revierteilen (Revierförstereien).

Forster ['fɔrstər, engl. 'fɔːstə]: **1)** Edward Morgan, * London 1. 1. 1879, † Coventry 7. 6. 1970, engl. Schriftsteller. Bed. Erzähler, u. a. »Engel und Narren« (R., 1905), »Zimmer mit Aussicht« (R., 1908; verfilmt von J. Ivory), »Howard's End« (R., 1910; verfilmt von J. Ivory), »Auf der Suche nach Indien« (R., 1924). **2)** Friedrich, eigtl. Waldfried Burggraf, * Bremen 11. 8. 1895, † ebd. 1. 3. 1958, dt. Dramatiker. Schrieb bühnenwirksame Schauspiele, bekannt ist v. a. »Robinson soll nicht sterben« (Dr., 1932; verfilmt 1956 von Josef von Baky [* 1902, † 1966]). **3)** Georg, * Nassenhuben bei Danzig 27. 11. 1754, † Paris 10. 1. 1794, dt. Reiseschriftsteller. Begleitete seinen Vater Johann Reinhold F. und J. Cook auf Forschungsreisen; begründete mit seinem Bericht »Reise um die Welt« (2 Bde., 1777) die dt. literar. Reisebeschreibung; trat nach der Eroberung von Mainz 1792 dem dt. Jakobinerklub bei, wurde 1793 dessen Präs. und Vize-Präs. des »Rheinisch-Dt. Nationalkonvents«, in dessen Auftrag er 1793 in Paris über den Anschluß der Mainzer Republik an Frankreich verhandelte. **4)** Johann Reinhold, * Tczew 22. 10. 1729, † Halle/Saale 9. 12. 1798, deutscher Naturforscher. Begleitete J. Cook 1772–75 auf dessen 2. Weltreise; trug entscheidend zur Entwicklung einer vergleichenden Völker- und Länderkunde bei.

Förster-Nietzsche, Elisabeth, * Röcken bei Lützen 10. 7. 1846, † Weimar 8. 11. 1935, Schwester von F. Nietzsche. Fälschte und vernichtete z. T. dessen Nachlaß.

Förster-Sonde [nach dem dt. Physiker Friedrich Förster, * 1908], Gerät zur Messung magnet. Felder. Eine parallele Anordnung zweier F.-S. *(Gradientensonde)* dient in *Suchgeräten* zur Ortung von Eisen. Suchgeräte mit F.-S. dienen auch zum Aufsuchen von Lawinenverschütteten.

Forstrecht, die Gesamtheit derjenigen öffentl.-rechtl. Normen, die das Privateigentum am Wald wegen des Allgemeininteresses an der Erhaltung ausreichend großer und gesunder Wälder bes. Bindungen unterwerfen und die dem Schutz, der Überwachung und Förderung der Forstwirtschaft dienen. Das F. ist überwiegend Landesrecht, einheitlich aber durch das Bundeswaldgesetz vom 2. 5. 1975 geregelt (Rahmenvorschriften für die landesrechtl. Waldgesetze).

Forstschädlinge, pflanzl. und tier. Organismen, die das biolog. Gleichgewicht des Waldes empfindlich stören und großen wirtschaftl. Schaden verursachen können. Zu den *tier. Schädlingen* gehören u. a. Borkenkäfer, Kiefernspinner und Läuse. *Pflanzl. F.* sind v. a. Pilze.

Forstwirtschaft, Zweig der Landwirtschaft, der sich mit der wirtschaftl. Nutzung und Pflege sowie dem Anbau des Waldes beschäftigt.

Forstwissenschaft, Wiss. und Lehre von den biolog. Gesetzmäßigkeiten im Wachstum von Bäumen und Wäldern, der planmäßigen und nachhaltigen Nutzung von Holzerträgen, der Anwendung von Technik und Mechanisierung in der Forstwirtschaft sowie von der Abgrenzung und Auslotung aller rechtl. und gesetzl. Probleme bezüglich Mensch und Wald.

Werner Forßmann

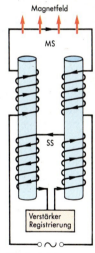

Förster-Sonde. Schematische Darstellung des Induktionsflußmagnetometers; MS Magnetisierungs- und SS Sekundärspulenpaar, als Differentialspulen gewickelt

Forsyth

Forsythie. Blüten der Forsythia europaea (Höhe bis 3 m)

Forsyth, Frederick [engl. ˈfɔːsaɪθ], *Ashford (bei Canterbury) Aug. 1938, engl. Schriftsteller. Schrieb die Bestsellerromane »Der Schakal« (1972; verfilmt 1972 von F. Zinnemann), »Die Akte Odessa« (1973; verfilmt 1974 von R. Neame), »Das vierte Protokoll« (1984), »Der Unterhändler« (1989).
Forsythie [...i-ə; nach dem brit. Botaniker William Forsyth, *1737, †1804] (Goldflieder, Forsythia), Gatt. der Ölbaumgewächse mit nur wenigen Arten in O-Asien, frühblühende, sommergrüne Sträucher mit leuchtend gelben Blüten; Ziergehölz.
Fort [frz. fo:r], Gertrud von Le, ↑Le Fort, Gertrud von.
Fort [fo:r; lat.-frz.], Befestigungsanlage; 1. selbständiges Einzelwerk *(Sperr-F.)* zur Verteidigung strategisch wichtiger Geländepunkte; 2. vorgeschobenes Außenwerk einer großen Festung.
Fortaleza, Hauptstadt des brasilian. Gliedstaates Ceará, Hafen an der NO-Küste, 1,7 Mio. E. Univ., histor., ethnolog. Museum; Zentrum der Langustenfischerei; ✈.
Fortbewegung (Lokomotion), aktiver oder passiver Ortswechsel von Lebewesen.
Fortbewegung ohne Gliedmaßen: Weit verbreitet beim Schwimmen, vielfach aber auch an Land ist die *Schlängelbewegung* des Körpers (z. B. bei Aalen, Schlangen, Robben). Wechselseitige Kontraktion von Längsmuskeln erzeugt eine Verbiegung des Körpers nach den Seiten oder nach oben und unten, die wellenförmig nach hinten läuft. Die Verbiegung erzeugt eine nach hinten gerichtete Kraft. Bei der *peristalt. Bewegung* des Regenwurms läuft zunächst durch Zusammenziehen der Ringmuskulatur eine Verdünnungswelle nach rückwärts über den Körper, die die Segmente streckt. Ihr folgt eine Verdikkungswelle durch Kontraktion der Längsmuskeln. – Das *Kriechen* der Landschnecken erfolgt durch querliegende, von vorn nach hinten verlaufende Kontraktionswellen über die Fußunterseite. Dabei gleitet die Sohle auf einem Schleimfilm, der aus einer Fußdrüse abgesondert wird.
Fortbewegung mit Gliedmaßen: Diese Form der F. funktioniert nach dem Hebelprinzip. Das *Schwimmen* erfolgt nach dem Ruderprinzip, d. h., im Wasser schlagen die Gliedmaßen mit großer Kraft nach hinten, wodurch der Körper gegen den Wasserwiderstand nach vorn bewegt wird. – Das *Gehen* und *Laufen* ist auf dem Land die am weitesten verbreitete Fortbewegung. Das primitivste Bewegungsmuster bei Vierbeinern ist der *Diagonal-* oder *Kreuzgang*. Dabei werden die Beine in der Reihenfolge links vorn, rechts hinten, rechts vorn, links hinten bewegt. Bei *schnellem Lauf* fallen die Schritte von Vorder- und gegenüberliegendem Hinterbein zeitl. zusammen (z. B. Trab beim Pferd). Daneben gibt es noch den *Paßgang* (z. B. bei Kamelen), bei dem die Vorder- und Hinterbein derselben Seite gleichzeitig eingesetzt werden, und den *Galopp,* der durch abwechselnden Einsatz beider Vorder- und Hinterbeine erfolgt. Die Bewegungskoordination wird bei Wirbeltieren hauptsächlich durch nervöse Zentren im Rückenmark gesteuert. – Beim *passiven Flug* wird aus dem Fallen ein Gleiten. Als Gleitflächen dienen Flughäute, Flossen und Flügel. Der *aktive Flug* verläuft nach denselben aerodynam. Prinzipien wie der Gleitflug. Die Flügel sind zugleich Tragflächen und Antriebsorgane. Am häufigsten ist der *Ruderflug* (Schlagflug). Dabei wird beim Abschlag der Armteil von vorn angeblasen, der Handteil von unten. Beim Übergang zum Aufschlag ändern sich die Anstellwinkel der Hand und des Arms; der der Hand wird annähernd null, der des Arms wird etwas stumpfer, so daß der Arm von unten angeströmt wird (starker Auftrieb, leichter Rücktrieb). Beim Abschlag ist somit nur der Handteil belastet, der allein den Vortrieb erzeugt. Beim *Rüttelflug* werden auch im Aufschlag durch Anströmung der Flügeloberseiten Vortriebskräfte erzeugt. – Beim *Insektenflug* entstehen die tragenden und vorwärtstreibenden Kräfte prinzipiell in gleicher Weise wie beim Vogelflug. Die Kleinheit der Insekten und ihrer Flügel erfordert eine wesentl. höhere Schlagfrequenz zur Erzeugung ausreichenden Vor- und Auftriebs (z. B. Stechmücken 300 Schläge in der Sekunde). – Schließlich können sich einige Tiere durch *Rückstoß* fortbewegen. Tintenfische nehmen dabei Wasser in

die Mantelhöhle auf, das sie dann stoßweise durch die Atemhöhle nach außen abgeben.

Fort-de-France [frz. fɔrdə'frã:s], Hauptstadt der Insel Martinique, an der W-Küste, 100 700 E. Exporthafen für die Hauptprodukte der Insel; internat. ⚓. – Gegr. 1638.

forte [italien.], Abk. f, musikal. Vortrags-Bez.: laut, stark; **fortissimo**, Abk. ff, sehr stark; **forte fortissimo**, Abk. fff, mit allerhöchster Lautstärke; **mezzoforte**, Abk. mf, mittelstark; **fortepiano**, Abk. fp, laut und sofort wieder leise.

Forth [engl. 'fɔ:θ], Fluß in Schottland, fließt bei Alloa (bis hier 105 km lang) in den *Firth of Forth*, seine 83 km lange, 2–31 km breite, von drei Brücken überspannte Mündungsbucht an der Nordsee.

Fort Knox [engl. 'fɔ:t 'nɔks], Militärlager in N-Kentucky, USA; hier lagern die staatl. Goldreserven.

Fort-Lamy [frz. fɔrla'mi] ↑N'Djamena.

Fortner, Wolfgang, * Leipzig 12. 10. 1907, † Heidelberg 7. 9. 1987. Bed. Vertreter und Lehrer zwölftöniger, später auch postserieller Komposition; Opern u. a. (nach F. García Lorca) »Bluthochzeit« (1957, Neufassung 1963), »In seinem Garten liebt Don Perlimplin Belisa« (1962), »That time« (1977, nach S. Beckett), Orchester- und Kammermusik, Vokalwerke.

Fortpflanzung (Reproduktion), die Erzeugung von Nachkommen durch Eltern bzw. durch eine Mutterpflanze. Durch F. wird i. d. R. die Zahl der Individuen erhöht (Vermehrung) und die Art erhalten. Man unterscheidet ungeschlechtl. und geschlechtl. Fortpflanzung. Die *ungeschlechtl.* F. (asexuelle F., vegetative F., Monogonie) geht von Körperzellen der mütterl. Organismus (bei Einzellern von deren einziger Körperzelle) aus und vollzieht sich über mitot. Zellteilungen, wobei die Tochterzellen den gleichen Chromosomensatz und somit dasselbe Erbgut wie der elterl. Organismus bzw. die Mutterzelle haben. Bei der *geschlechtl.* F. entsteht aus zwei geschlechtlich unterschiedl. Keimzellen durch deren Verschmelzung (↑Befruchtung) und anschließender mitot. Teilung ein neues Individuum. Die geschlechtl. F. bedingt eine Neukombination der Erbanlagen. – Eine eingeschlechtige F. ist die *Jungfernzeugung* (Parthenogenese), bei welcher aus unbefruchteten Eizellen Nachkommen hervorgehen (z. B. bei Ameisen, Bienen, Wespen, Blattläusen, Stechapfel, Nachtkerze, Frauenmantel).

FORTRAN [Kw. aus engl. **For**mula **tran**slator »Formelübersetzer«], problemorientierte Programmiersprache zur Formulierung wiss. und techn. Rechenprogramme.

Fortschreibung, in der amtl. Statistik die Weiterführung eines statist. Verzeichnisses.

Fortschritt, mit einer Weiterentwicklung verbundene Veränderung eines Zustandes, die sich von der einfachen Entwicklung dadurch unterscheidet, daß sie vorwiegend durch menschl. Aktivität bewirkt wird und daß der Gesamttendenz nach die zeitlich späteren Erscheinungsbilder jeweils einen höheren Vollkommenheitsgrad aufweisen. Insgesamt wird als F. auch die Summe dieser in ihren Auswirkungen auf den einzelnen oder die ganze Menschheit als positiv bewerteten Veränderungen aufgefaßt.

Fortschrittspartei ↑Deutsche Fortschrittspartei.

Fortuna, röm. Schicksals- und Glücksgöttin.

Fort Worth [engl. 'fɔ:t 'wə:θ], Stadt in Texas, USA, westlich von Dallas, 415 000 E. Univ.; bed. Vieh-, Getreide- und Baumwollbörse, Luftfahrtindustrie.

Forum [lat.], in der Antike der Mittelpunkt jeder von den Römern gegründeten Stadt mit Tempeln, Altären, Basiliken für Handel, Börse, Verwaltung und Rechtswesen sowie Siegessäulen, Statuen, Ehrenbögen u. a. Das *Forum Romanum* (der Stadt Rom) entstand im 6. Jh. v. Chr. durch Entwässerung einer urspr. sumpfigen Senke; Tempelgründungen ab dem 5. Jh. v. Chr. (Holz-, später Steinbauten). Zentrum des polit. Lebens der republikan. Zeit war das Comitium mit Curia (Senatsgebäude) und (Rostra) Rednerbühne. Die Ausgrabungen (1803 ff.) legten v. a. Reste des kaiserzeitl. Baubestands frei. Nördl. schließen die ehem. reich ausgestatteten *Kaiserforen* an (kaiserzeitl. Anlagen).

forzato (forzando) [italien.], Abk. fz, svw. ↑sforzato.

Wolfgang Fortner

Fosbury-Flop

Jodie Foster

Léon Foucault (anonymer Stahlstich; um 1850)

Fossilien. Urpferd; Alter etwa 40 Millionen Jahre, gefunden in der Grube Messel

Fosbury-Flop [engl. ˈfɔzbərɪˌflɔp], nach dem Amerikaner Richard Fosbury (* 1947) ben. Hochsprungtechnik (engl. flop bedeutet eigtl. »Hinplumpsen«): der Springer überquert die Latte mit Kopf und Rücken voraus.

Fos, Golf von [frz. foːs, fɔs], Bucht im Golfe du Lion, östl. der Rhonemündung; wurde zum Schwerindustriezentrum ausgebaut (Stahl-Ind., Aluminiumhütte, Erdölraffinerie, chem. Ind.). In der Gem. *Fos-sur-Mer* Erdölhafen.

Foshan [chin. fɔʃan], chin. Stadt im Perlflußdelta, wsw. von Kanton, 285 500 E. Traditionelles Zentrum der Seiden- und Porzellanherstellung; zahlr. Tempel.

Fossanova, zur italien. Gem. Priverno bei Terracina gehörende ehem. Zisterzienserabtei (1135–1812). Bed. Beispiel frühgot. Zisterzienserbaukunst. 1274 starb in F. Thomas von Aquin.

fossil [lat.], aus der erdgeschichtl. Vergangenheit stammend; Ggs. ↑rezent.

Fossilien [lat.], Überreste von Tieren oder Pflanzen, auch von deren Lebensspuren, durch Fossilisation erhalten. Neben Abdrücken und Steinkernen sind organ. Reste auch als Einschlüsse im Harz (Bernstein) und im Dauerfrostboden des arkt. Bereichs (Mammutleichen) erhalten (↑Leitfossilien).
Als *lebende F.* werden oft (fälschlich) rezente Tiere und Pflanzen bezeichnet, die bekannten fossilen Formen aus weit zurückliegenden erdgeschichtl. Perioden weitgehend gleichen, z. B. Ginkgobaum, Mammutbäume, Quastenflosser.

Fossilisation [lat.], Vorgang der Bildung von Fossilien. Erhalten bleiben v. a. Hartteile. Sie können eine Umkristallisation erfahren, d. h., die urspr. Kalksubstanz kann durch Kieselsäure, Schwefelkies u. a. ersetzt werden. Werden Hohlräume abgestorbener Lebewesen mit Sediment ausgefüllt, so entstehen *Steinkerne,* bei denen der innere Abdruck der Schale zu sehen ist. Reste von Pflanzen finden sich u. U. in Form feinster Kohlehäutchen, Kriech- und Laufspuren als *Abdruck.*

Foster [engl. ˈfɔstə], **1)** George Murphy (»Pops«), *McCall (La.) 19. 5. 1892, † San Francisco 6. 11. 1969, amerikan. Jazzmusiker (Bassist). Machte den »Slapping-bass« bekannt (Wechsel zw. Zupfen der Saiten und Schlag mit der Hand auf das Griffbrett).

2) Jodie, eigtl. Alicia Christian F., *Los Angeles 19. 11. 1962, amerikan. Filmschauspielerin. Sensible darsteller. Leistungen u. a. in »Taxi Driver« (1976), »Angeklagt« (1988), »Das Schweigen der Lämmer« (1990), »Nell« (1994); auch Regisseurin (»Das Wunderkind Tate«, 1991).

foto..., Foto... ↑photo..., ↑Photo...

Fötus ↑Fetus.

Foucauld, Charles Eugène Vicomte de [frz. fuˈko], *Straßburg 15. 9. 1858, † Tamanrasset (Algerien) 1. 12. 1916, frz. kath. Einsiedler und Missionar. Offizier; 1890 Trappist, 1901 Priester; lebte als Missionar unter den Tuareg. Seine Missionsmethode (vorbildl. christl. Leben statt direkter Beeinflussung) regte missionar. Gemeinschaften an.

Foucault [frz. fuˈko], **1)** [Jean Bernard] Léon, *Paris 18. 9. 1819, † ebd. 11. 2. 1868, frz. Physiker. Bestimmte die Lichtgeschwindigkeit (Drehspiegelmethode); demonstrierte mit einem freischwingenden Pendel die Erdrotation.
2) Michel, *Poitiers 15. 10. 1926, † Paris 25. 6. 1984, frz. Philosoph. Vertreter des Strukturalismus; schrieb u. a. »Die Ordnung des Diskurses« (1971), »Sexualität und Wahrheit« (3 Bde., 1976–84).

Fouché, Joseph [frz. fuˈʃe], Herzog von Otranto (ab 1809), *Le Pellerin bei Nantes 21. 5. 1759, † Triest 25. 12. 1820, frz. Politiker. Während der Frz. Revolution Mgl. des Konvents (Bergpartei); leitete 1793 das Blutgericht zu Lyon (1600 Todesurteile); 1794 führend am Sturz Robespierres beteiligt; bereitete den 18. Brumaire vor und war 1799–1802 und 1804–10 Polizei-Min. Napoleons I.; verhaßt wegen seines Spitzelsystems, mit dessen Hilfe er eine gewaltige Macht und großen Reichtum gewann; 1813 Gouverneur der illyr. Prov.; schloß sich 1814 den Bourbonen an; 1815 erneut Napoleons I. Polizei-Min.; bereitete gleichzeitig die Rückkehr Ludwigs XVIII. vor und trat für kurze Zeit an die Spitze der provisor. Regierung; 1816 als »Königsmörder« verbannt.

Fouchet, Christian [frz. fu'ʃɛ], *Saint-Germain-en-Laye 17. 11. 1911, † Genf 11. 8. 1974, frz. Diplomat und Politiker (Gaullist). 1954–68 mehrfach Min.; 1961/62 Vors. eines Studienausschusses, der die F.-Pläne für eine polit. Union Europas ausarbeitete.

foul [engl. faʊl], regelwidrig (Sport).

Foumban [frz. fum'ban], Dep.-Hauptstadt in Kamerun, in den Kamerunbergen, 59 700 E. Sitz des Sultans der Bamum.

Fouqué, Friedrich [Heinrich Karl] Baron de la Motte [frz. dəlamɔtfu'ke:], *Brandenburg/Havel 12. 2. 1777, † Berlin 23. 1. 1843, dt. Dichter hugenott. Abstammung. Von seinem umfangreichen Werk ist nur noch »Undine« (E., 1811; vertont von E. T. A. Hoffmann, 1816) bekannt.

Fouquet, Jean [frz. fu'kɛ], *Tours (?) zw. 1415/20, † ebd. (?) zw. 1477/81, frz. Maler. Verband Elemente der Brüder van Eyck (Landschaft) und der italien. Frührenaissance (Innenräume, Architekturen); Miniaturen (u. a. in Chantilly); Diptychon von Melun (um 1450/53).

Fourier [frz. fu'rje], **1)** Charles, *Besançon 7. 4. 1772, † Paris 10. 10. 1837, frz. Sozialphilosoph. Entwarf ein umfassendes System des utop. Sozialismus; wirkte auf Marx und Engels.

2) [Jean-Baptiste] Joseph Baron de (ab 1808), *Auxerre 21. 3. 1768, † Paris 16. 5. 1830, frz. Mathematiker und Physiker. Die von F. im Rahmen seiner Arbeiten über die Theorie der Wärmeausbreitung eingef. Methode der Entwicklung von Funktionen in *Fourier-Reihen* (Reihen zur Darstellung einer period. Funktion) erwies sich für die theoret. Physik als außerordentlich fruchtbar.

Fowler, William Alfred [engl. 'faʊlə], *Pittsburgh 9. 8. 1911, † Pasadena (Calif.) 14. 3. 1995, amerikan. Astrophysiker. Für seine theoret. und experimentellen Untersuchungen von Kernreaktionen, die für die Bildung der chem. Elemente im Weltall von Bed. sind, erhielt er 1983 (mit S. Chandrasekhar) den Nobelpreis für Physik.

Fowles, John [engl. faʊlz], *Leigh-on-Sea (heute zu Southend-on-Sea) 31. 3. 1926, engl. Schriftsteller. Schrieb u. a. die Romane »Der Magus« (1965, revidiert 1978), »Die Geliebte des frz. Leutnants« (1969; 1981 verfilmt von K. Reisz), »Die Grille« (1985).

Fox [engl. fɔks], **1)** Charles James, *London 24. 1. 1749, † Chiswick (heute zu London) 13. 9. 1806, brit. Politiker. 1770 Lord der Admiralität, 1772–74 Schatzkanzler; wechselte von den Tories zu den Whigs über; setzte sich als Anhänger E. Burkes für die Rechte der amerikan. Kolonien, Abschaffung des Sklavenhandels und eine Verfassungsreform ein; 1782/83 und 1806 Außenminister.

2) George, *Drayton bei Corby im Juli 1624, † London 13. 1. 1691, engl. Laienprediger. Begründer der Quäker.

Foxterrier [engl.] ↑Terrier.

Foxtrott [engl.], Gesellschaftstanz im $^4/_4$-Takt; langsam *(Slowfox)* oder rasch *(Quickstep)* getanzt, einer der Standardtänze.

Foyer [foa'je:; frz.], Empfangshalle, Wandelgang.

fp, Abk. für fortepiano (↑forte).

FPÖ, Abk. für ↑**F**reiheitliche **P**artei **Ö**sterreichs.

FPOLISARIO, Abk. für **F**rente **P**opular para la **L**iberación de **Sa**guia el Hamra y **Rí**o de **O**ro, 1973 gegr. Befreiungsbewegung für (span.) ↑Westsahara.

Fr, chem. Symbol für ↑Francium.

Fra [italien., Kw. für Frate »Bruder«], Anrede und Bez. für Klosterbrüder in Italien.

Fra Angelico [italien. fra an'dʒɛ:liko] ↑Angelico, Fra.

Fra Bartolomeo ↑Bartolomeo, Fra.

Fracht, Preis für den gewerbl. Transport einer Ware; allg. svw. Frachtgut.

Frachtbrief, die vom Absender eines Transportgutes ausgestellte Urkunde über Abschluß und Inhalt eines Frachtvertrages. Der F. ist Beweisurkunde.

Joseph Fouché
(Kupferstich; um 1810)

William Alfred Fowler

Frachter

Frachter, svw. Frachtschiff (↑Schiff).

Frachtgeschäft (Frachtvertrag), der Werkvertrag über die Beförderung von Gütern durch einen Frachtführer. Er verpflichtet den Frachtführer, das Gut innerhalb der vereinbarten, übl. oder angemessenen Frist zum Bestimmungsort zu befördern und es dem Empfänger auszuliefern. Transportrisiken trägt der Frachtführer. Der Absender hat die Fracht zu zahlen (grundsätzlich erst nach Ausführung des Transports).

Frack [engl.], abendl. Festanzug, mit steigenden Revers (mit Seide belegt), hinten mit langem F.schoß; Weste und Schleife weiß (beim Kellneranzug schwarz).

Fra Diavolo (Bruder Teufel), eigtl. Michele Pezza, *Itri 7. 4. 1771, † Neapel 11. 11. 1806, neapolitan. Räuberhauptmann. Kämpfte gegen die frz. Truppen; von ihnen gehängt. Oper von D. F. E. Auber (1830).

Fragebogen, Hilfsmittel für Erhebungen und Untersuchungen; in der *Statistik,* den *Sozialwissenschaften* und in der *Psychologie* zur Vereinheitlichung von Interviews oder schriftl. Befragungen bei der Erhebung von Daten benutzt, wobei in den Fällen, in denen sich Sachverhalte nicht direkt erfragen lassen, die Untersuchungsaufgaben (Programmfragen) in Testfragen (F.fragen) »übersetzt« werden.

Fragepronomen ↑Pronomen.

Fragerecht, 1) im *Zivilprozeßrecht* die Befugnis des Vors. sowie der Beisitzer, Fragen an die Parteien, Zeugen und Sachverständigen zu richten, um z. B. das für den Prozeß erforderl. Tatsachenmaterial zu beschaffen, die Stellung sachdienl. Anträge und die Bez. der Beweismittel zu veranlassen; auch die Parteien haben (über den Vors.) ein F., Anwälte können unmittelbar Fragen stellen.
2) im *Strafprozeßrecht* das Recht der Beisitzer, der Staatsanwaltschaft, des Angeklagten und seiner Verteidigers, in der Hauptverhandlung Fragen an die Beteiligten zu stellen, um eine möglichst umfassende Klärung des Beweisgegenstandes zu erreichen.

Fragestunde, in der BR Deutschland parlamentar. Einrichtung, der zufolge MdB während bestimmter Plenarsitzungen (mindestens einmal im Monat) zuvor eingereichte Fragen zur Beantwortung an die Regierung bzw. ihre Vertreter stellen können.

fragil [lat.], zerbrechlich, zart.

Fragment [lat.], Bruchstück; bes. unvollständig überliefertes oder unvollendet gebliebenes literar. Werk; in der Romantik bewußte literar. Form.

Fragonard, Jean Honoré [frz. fragɔ-ˈnaːr], *Grasse bei Cannes 5. 4. 1732, † Paris 22. 8. 1806, frz. Maler. Mit seinen in luftigen, hellen Farben gehaltenen galanten Szenen ein Hauptvertreter des Rokoko; auch Zeichnungen, Illustrationen und Radierungen.

fraise [frz. frɛːz], erdbeerfarben.

Fraktion [lat.-frz.], **1)** *Politik:* ständige Gliederung einer Volksvertretung, in der sich politisch gleichgesinnte, heute meist derselben Partei zugehörige Abg. organisieren. Im Dt. Bundestag haben die F. bes. Rechte (v. a. Besetzung der Ausschüsse und des Ältestenrates des Bundestages, finanzielle Zuwendungen aus Haushaltsmitteln).
Für *Österreich* parlamentar. ↑Klubs. In der *Schweiz* gibt es F. nur im Nationalrat und in der Bundesversammlung.
2) *Chemie:* Teil eines Substanzgemisches, das durch Fraktionierung getrennt wird.

Fraktionszwang, die im Falle des Zuwiderhandelns durch Mandatsverlust sanktionierte Verpflichtung des Abg., bei parlamentar. Abstimmungen oder Debatten die fraktionsinternen Beschlüsse einzuhalten. Die Ausübung von F. verstößt gegen den in Artikel 38 Absatz 1 Satz 2 GG niedergelegten Grundsatz des freien Mandats. Die Anerkennung der polit. Parteien und damit auch der Fraktionen durch Artikel 21 GG schließt aber verfassungsrechtlich einen fakt. Druck, der nicht in der rechtl. Sanktion des Mandatsverlustes gipfelt (wie z. B. Ausschluß aus der Fraktion), zur Durchsetzung der Fraktionsdisziplin nicht aus.

Fraktur [lat. »das Brechen«], **1)** *Schrift:* eine in Deutschland im 16.Jh. geschaffene Form der ↑gotischen Schrift, die in Deutschland bis ins 20.Jh. gegenüber der ↑Antiqua den Vorrang behauptete.
2) *Medizin:* gleichbedeutend mit Knochenbruch (↑Bruch).

Frambösie [frz.] (Framboesia tropica, Himbeerseuche), syphilisähnl. trop.

Franco Bahamonde

Hautkrankheit, wird nicht zu den Geschlechtskrankheiten gerechnet.
Franc [frã:], in Zusammensetzungen Bez. für die Währungseinheiten verschiedener Staaten, z. B. Belgiens (Belg. F.), Frankreichs (Frz. F.), sowie für die Währungen der früheren frz. Kolonien, der *Franc-Zone.* Der *CFA-Franc* der West- und Zentralafrikan. Währungsunion (Communauté Financière Africaine) steht in einem festen Wechselverhältnis zum Frz. Franc.
Française [frãˈsɛːz; frz.], Gesellschaftstanz des 18./19. Jh., ein Kettentanz in Doppelreihe.
Françaix, Jean [frz. frãˈsɛ], *Le Mans 23. 5. 1912, frz. Komponist und Pianist. Opern, Ballette, Orchester-, Kammer- und Klaviermusik.
France, Anatole [frz. frãːs], eigtl. François A. Thibault, *Paris 16. 4. 1844, †Gut La Béchellerie bei Saint-Cyr-sur-Loire (Dép. Indre-et-Loire) 12. 10. 1924, frz. Schriftsteller. Bed. v. a. sein Romanwerk, u. a. »Thais« (1881), »Die Götter dürsten« (1912), »Der Aufruhr der Engel« (1914); auch Essayist; Nobelpreis für Literatur 1921.
Francesca da Rimini [italien. franˈtʃeska], † um 1284. ∞ mit G. Malatesta, Signor von Rimini, der sie und seinen Bruder Paolo wegen Ehebruchs ermordete. Der Stoff wurde von Dante in der »Göttl. Komödie« und v. a. im 19. Jh. vielfach bearbeitet.
France-soir [frz. frãsˈswaːr; »Frankreich am Abend«], frz. Tageszeitung; erscheint als Abendblatt in Paris; gegr. 1941 u. d. T. »Défense de la France« als Blatt der Résistance.
Franche-Comté [frz. frãʃkõˈte] (Freigrafschaft Burgund), histor. Prov. und Region in Frankreich, zw. oberer Saône und frz.-schweizer. Grenze, 16 202 km², 1,1 Mio. E, Hauptstadt Besançon. – 1032/34 als Teil des Kgr. Burgund zum Hl. Röm. Reich; 1674/78 an Frankreich.
Franchise [frãˈʃiːz; frz.; zu franc »frei«], bes. Form eines Selbstbehaltes des Versicherungsnehmers (v. a. bei der Transportversicherung).
Franchising [engl. ˈfræntʃaɪzɪŋ], insbes. in den USA verbreitete Form der vertikalen Kooperation im Absatzbereich zw. juristisch und wirtschaftlich selbständigen Unternehmen. Im Rahmen eines Dauerschuldverhältnisses gewährt der *Franchisegeber* (mit weitgehendem Weisungs- und Kontrollrecht) dem *Franchisenehmer* gegen Entgelt das Recht, Waren und/oder Dienstleistungen (aus seinem Bereich) herzustellen und/oder zu vertreiben.
Francis, James Bicheno [engl. ˈfrɑːnsɪs], *Southleigh 18. 5. 1815, † Lowell (Mass.) 18. 9. 1892, brit. Ingenieur. Konstruierte die *Francis-Turbine* (Wasserkraftmaschine).
Francium [nach Francia (»Frankreich«), der Heimat der Entdeckerin Marguerite Perey, *1909, † 1975], chem. Symbol Fr, sehr seltenes und schnell radioaktiv zerfallendes Alkalimetall; Ordnungszahl 87.
Franck, 1) César, *Lüttich 10. 12. 1822, †Paris 8. 11. 1890, frz. Komponist belg.-dt. Herkunft. Schrieb v. a. Oratorien, Orgel-, Klavier- und Kammermusik.
2) James, *Hamburg 26. 8. 1882, † Göttingen 21. 5. 1964, dt. Physiker. 1933 Emigration in die USA; nahm an der Entwicklung der Atombombe teil, warnte aber 1945 die Regierung der USA vor deren Einsatz *(F.-Report);* wies 1973 zus. mit G. Hertz diskrete Anregungsstufen an Quecksilberdampfatomen nach *(Franck-Hertz-Versuch)* und bestätigte damit die Quantenhypothese und die Bohr-Sommerfeldsche Atomtheorie; erhielt den Nobelpreis für Physik 1925 (mit G. Hertz).
3) Sebastian, auch gen. Frank von Wörd, *Donauwörth 20. 1. 1499, † Basel 1542 oder 1543, dt. Mystiker. Schrieb v. a. antidogmat., volkstüml. Chroniken.
Francke, Meister ↑Meister Francke.
Francke, August Hermann, *Lübeck 22. (12.?) 3. 1663, † Halle/Saale 8. 6. 1727, dt. ev. Theologe und Pädagoge. Einer der Hauptvertreter des Pietismus. Gründete in Halle/Saale die *Franckeschen Stiftungen.* Seine Pädagogik war gekennzeichnet durch dem Spiel feindl., strenge Beaufsichtigung der Zöglinge.
Franco Bahamonde, Francisco, *El Ferrol 4. 12. 1892, † Madrid 20. 11. 1975, span. General und Politiker. 1935 wurde F. B. Generalstabschef, nach dem Sieg der Volksfront (Febr. 1936) auf die Kanar. Inseln versetzt. In Abstimmung mit anderen Militärs löste F. B. am 18. 7.

Jean Françaix

Anatole France

César Franck

James Franck

François

Francisco Franco Bahamonde

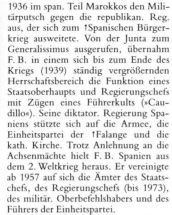

André François-Poncet

Ilja Michailowitsch Frank

1936 im span. Teil Marokkos den Militärputsch gegen die republikan. Reg. aus, der sich zum ↑Spanischen Bürgerkrieg ausweitete. Von der Junta zum Generalissimus ausgerufen, übernahm F. B. in einem sich bis zum Ende des Kriegs (1939) ständig vergrößernden Herrschaftsbereich die Funktion eines Staatsoberhaupts und Regierungschefs mit Zügen eines Führerkults (»Caudillo«). Seine diktator. Regierung Spaniens stützte sich auf die Armee, die Einheitspartei der ↑Falange und die kath. Kirche. Trotz Anlehnung an die Achsenmächte hielt F. B. Spanien aus dem 2. Weltkrieg heraus. Er vereinigte ab 1957 auf sich die Ämter des Staatschefs, des Regierungschefs (bis 1973), des militär. Oberbefehlshabers und des Führers der Einheitspartei.

François, Marie Luise von [frz. frã'swa], * Herzberg/Elster 27. 6. 1817, † Weißenfels 25. 9. 1893, dt. Schriftstellerin. Schrieb u. a. den Roman »Die letzte Reckenburgerin« (R., 1871).

François-Poncet, André [frz. fräswapõ'sɛ], * Provins bei Melun 13. 6. 1887, † Paris 8. 1. 1978, frz. Diplomat und Politiker. 1931–38 frz. Botschafter in Berlin, 1938–40 in Rom; 1943 durch die Deutschen deportiert und bis 1945 interniert; 1949–53 Hochkommissar, 1953–55 Botschafter in Bonn.

Francs-tireurs [frz. frãti'rœːr] ↑Franktireurs.

Frangipane [italien. frandʒi'paːne], röm. Adelsgeschlecht des MA, stieg dank der Verbindung mit dem Reformpapsttum des späten 11. Jh. zu einer der mächtigsten Familien Roms auf; *Giovanni Frangipane* lieferte 1268 Konradin an Karl von Anjou aus.

frank, frei, gerade, offen (nur noch in der Wendung *frank und frei,* offen und ehrlich).

Frank, 1) Adolf, * Klötze/Altmark 20. 1. 1834, † Charlottenburg (heute zu Berlin) 30. 5. 1916, dt. Chemiker. Entwickelte mit H. Caro 1899 das *Frank-Caro-Verfahren* zur Gewinnung von Kalkstickstoff aus Calciumcarbid.
2) Anne, eigtl. Annelies Marie F., * Frankfurt am Main 12. 6. 1929, † KZ Bergen-Belsen im März 1945. Tochter eines jüd. Bankiers. Emigrierte 1933 mit den Eltern in die Niederlande; bekannt durch ihre Tagebuchaufzeichnungen im Versteck ihrer Familie in Amsterdam während der dt. Besetzung vom 14. 6. 1942 bis 1. 8. 1944.
3) Bruno, * Stuttgart 13. 6. 1887, † Beverly Hills (Calif.) 20. 6. 1945, dt. Schriftsteller. 1933 Emigration, lebte ab 1937 in den USA; schrieb spannungsreiche Erzählwerke, u. a. »Trenck« (R., 1926), »Polit. Novelle« (1928), »Cervantes« (1934); erfolgreich das Lustspiel »Sturm im Wasserglas« (1930; verfilmt 1936 in Großbrit.); auch Essays und Filmdrehbücher (u. a. »Der Glöckner von Notre Dame«, 1939).
4) Hans, * Karlsruhe 23. 5. 1900, † Nürnberg 16. 10. 1946 (hingerichtet), dt. Jurist und Politiker (NSDAP). 1933/34 bayer. Justiz-Min.; Leiter der Rechtsabteilung der Reichsführung bzw. des Reichsrechtsamts der NSDAP 1930/34–42; als Generalgouverneur von Polen ab 1939 verantwortlich für brutale Besatzungspolitik.
5) Ilja Michailowitsch, * Petersburg 23. 10. 1908, † Moskau 22. 6. 1990, sowjet. Physiker. Entwickelte mit I. J. Tamm eine Theorie des Tscherenkow-Effekts; Nobelpreis für Physik 1958 (mit I. J. Tamm und P. A. Tscherenkow).
6) Leonhard, * Würzburg 4. 9. 1882, † München 18. 8. 1961, dt. Schriftsteller. 1933 Emigration, lebte ab 1940 in den USA, 1950 Rückkehr nach Würzburg; schrieb Dramen und Romane, u. a. »Das Ochsenfurter Männerquartett« (R., 1927).

Franken (lat. Franci), german. Stammesverband oder Großstamm, gebildet durch den Zusammenschluß verschiedener, zumeist am unteren und mittleren Rhein siedelnder Kleinstämme (u. a. Chamaven, Chattuarier, Brukterer, Ampsivarier, Usipeter); erstmals historisch faßbar im 3. Jh., als fränk. Gruppen wiederholt nach Gallien vordrangen. Teile des fränk. Teilstamms der *Salier (salische F.)* vom Niederrhein setzten sich im 4. Jh. in Toxandrien (Nordbrabant) als Bundesgenossen Roms fest. Zw. Lüttich und Tournai kam es im 4./5. Jh. zu einer dauernden Siedlsal. F., die unter der Herrschaft von Kleinkönigen aus der Dynastie der Merowinger standen. Zur gleichen Zeit lebten *Rhein-F.* (fälschlich Ripuarier) am Niederrhein mit Königssitz in Köln.

Frankfurt am Main

Die durch den Merowinger Chlodwig I. ab 486 eingeleitete Großmachtbildung des ↑Fränkischen Reiches wurde zum wichtigsten polit. Faktor des beginnenden MA. 499 traten die F. zum Christentum über. Die bis 500 unterworfenen Länder im W zw. Somme und Loire, im O an Mittelrhein, Main und unterem Neckar wurden fränkisch überschichtet, jedoch relativ dünn, was im W bis zum 8. Jh. zur Assimilation des german. Elements durch das roman. und zur Ausbildung der seitdem geltenden Sprachgrenze führte.

Franken, histor. Landschaft in Bayern und Bad.-Württ.; F. hat im wesentlichen Anteil am süddt. Schichtstufenland, am Fichtelgebirge, am Frankenwald und nördl. Oberpfälzer Wald. Das Klima ist kontinental, wobei das westliche Steigerwaldvorland und das Schweinfurter Becken bes. begünstigt sind.

Geschichte: Bis ins 6. Jh. Spannungsfeld zw. Thüringern und Alemannen, dann dem Fränk. Reich (zunächst nur lose) angegliedert, um 900 Ansatz zur Ausbildung eines Stammes-Hzgt. F.; im Spät-MA vielgestaltige Territorienbildung. 1805–10 wurde der größte Teil Bayern zugeteilt; Hohenlohe-F. kam an Württemberg, das Bauland und das Taubertal kamen an Baden, das ehem. mainz. Aschaffenburg kam an Bayern.

Frankenalb ↑Fränkische Alb.

Frankenhöhe, südlichster Teil des fränk. Keuperberglandes, bis 552 m hoch, erhebt sich über dem Gäuland von Crailsheim und Rothenburg ob der Tauber.

Frankenstein, Titelfigur des Romans von Mary W. Shelley (1818): Schöpfer eines künstlich hergestellten, aber beseelten Monsters, das seinen Erzeuger schließlich tötet; der Stoff wurde seit 1910 in rd. 30 Verfilmungen verarbeitet.

Frankenthaler, Helen [engl. 'fræŋkən'ðælər], *New York 12. 12. 1928, amerikan. Malerin. Wegbereiterin der Farbfeldmalerei.

Frankenthal (Pfalz), Stadt in Rheinl.-Pf., am Oberrhein, 46 900 E. Herstellung von Druckereimaschinen, Pumpen, Fußbodenbelag. Klassizist. Zwölfapostelkirche (19. Jh.), zwei Tore der ehem. Stadtbefestigung (18. Jh.). – 1562 Ansiedlung ref. Glaubensflüchtlinge aus den habsburg. Niederlanden; 1689 von frz. Truppen völlig niedergebrannt; erneuter Aufschwung unter Kurfürst Karl Theodor (ab 1755; u. a. Porzellanmanufaktur).

Frankenwald, Teil der mitteldt. Gebirgsschwelle zw. Fichtelgebirge (zu dem die *Münchberger Hochfläche* den Übergang bildet) und Thüringer Wald, im Döbraberg 795 m hoch.

Frankfort [engl. 'fræŋkfət], Hauptstadt von Kentucky, USA, am Kentucky River, 26 000 E. Histor. Museum; Univ.; Whiskeyherstellung; ⌘.

Frankfurt am Main, hess. Stadt beiderseits des Untermains, 647 200 E. Univ., Philosoph.-Theolog. Hochschule, Hochschulen für Musik und für bildende Künste, zahlr. Forschungsinstitute, Sitz von Bundesbehörden; Opern- und Schauspielhaus, Museen (u. a. Goethehaus und -museum, Naturmuseum und Forschungsinstitut Senckenberg, Jüdisches Museum, Museum für Moderne Kunst, Histor. Museum, Museumsviertel am Mainufer mit dem Liebieghaus, dem Städelschen Kunstinstitut, dem Dt. Architekturmuseum, dem Museum für Kunsthandwerk, dem Dt. Filmmuseum, dem Dt. Postmuseum); Dt. Bibliothek, Palmengarten, Zoo. Wichtigstes dt. Handels- und Finanzzentrum: Sitz der Dt. Bundesbank, des Europ. Währungsinstituts und zahlr. Großbanken; Zentrum des dt. Pelzhandels, Sitz des Börsenvereins des Dt. Buchhandels, zahlr. Verlage; Messen und Fachausstellungen (u. a. Buchmesse, Pelzmesse, Internat. Automobil-Ausstellung). Wichtigster Ind.-Standort des Ballungsgebietes am Untermain; Verkehrsknotenpunkt, Flußhäfen, internat. ⌘.

Stadtbild: Zahlr. Kirchen, u. a. got. Dom (13.–16. Jh.), Liebfrauenkirche (14./15. Jh.), Leonhardskirche (15./16. Jh.), Paulskirche (1789–1833). Erhalten bzw. wiederaufgebaut sind u. a. der Saalhof (12. Jh.), das Steinerne Haus (1464), der Römer, der als Rathaus aus verschiedenen Patrizierhäusern entstand, die Hauptwache von 1729/30. Bed. öffentl. Bauten der Gründerzeit (19. Jh.) sind u. a. die Alte Oper (nach Wiederaufbau seit 1980 Konzert- und Kongreßhaus), die Neue Börse, das Städel-

Frankfurt am Main
Stadtwappen

Frankfurter Allgemeine

sche Kunstinstitut und der Hauptbahnhof. Zu den wegweisenden Bauten zw. beiden Weltkriegen zählen verschiedene Wohnsiedlungen (v. a. Römerstadt, 1927/28) sowie das ehem. Verwaltungsgebäude der I. G. Farben (1928–30). Nach dem 2. Weltkrieg entstanden u. a. Verwaltungshochhäuser, Flughafenterminals, der Fernmeldeturm (1978), der Messeturm (mit 256 m das höchste Bürogebäude Europas [1991]).
Geschichte: Röm. Militärlager und Zivilsiedlung; um 500 fränk. Königshof; der Name *Franconovurd* (Furt der Franken) seit 794 belegt. An der Stelle der alten Pfalz entwickelte sich die Marktsiedlung, die noch vor 1200 Stadt wurde. F. am M. bildete eine eigene Stadtrechtsfamilie, zu der u. a. Friedberg, Gelnhausen, Hanau, Limburg und Wetzlar gehörten. Ab dem 12. Jh. war F. am M. häufig Ort von Königswahlen (1356 reichsrechtlich festgesetzt), ab 1562 war der Dom auch Stätte der Kaiserkrönung. Die Stadt entwickelte sich im 13. und 14. Jh. zum überregionalen Handels- und Messeplatz; 1372 reichsunmittelbar; 1535 Mgl. des Schmalkald. Bundes. 1612 erhoben sich die Zünfte gegen die Willkürherrschaft des Rates (Fettmilchaufstand). 1792 und 1796 frz. besetzt, verlor 1806 seine reichsstädt. Freiheit; wurde 1810 Hauptstadt des von Napoleon I. für den ehem. Mainzer Kurfürsten Karl Theodor von Dalberg errichteten Groß-Hzgt. Frankfurt, 1813 Freie Stadt, ab 1815/16 Sitz des Dt. Bundestages; 1866 Annexion durch Preußen. Eingemeindung von Höchst und Fechenheim 1928, von Bergen-Enkheim 1977.

Frankfurter Allgemeine [Zeitung für Deutschland], Abk. FAZ, überregionale dt. Tageszeitung, hervorgegangen 1949 aus der »Allgemeinen Zeitung«, erscheint in Frankfurt am Main.

Frankfurter Buchmesse, seit 1949 jährlich in Frankfurt am Main veranstaltete größte internationale Buchausstellung.

Frankfurter Friede, Friedensvertrag vom 10. 5. 1871, beendete nach dem Versailler Vorfrieden (26. 2. 1871) den Dt.-Frz. Krieg 1870/71.

Frankfurter Fürstentag, durch den österr. Kaiser Franz Joseph 1863 einberufene Versammlung der dt. Monarchen und Freien Städte zur Reform des Dt. Bundes; scheiterte v. a. an dem von Bismarck betriebenen Fernbleiben König Wilhelms I. von Preußen.

Frankfurter Nationalversammlung, 1848/49 in der Paulskirche zu Frankfurt am Main tagendes (daher auch »Paulskirche« gen.) Parlament. Die ab dem 18. 5. 1848 tagende F. N. wollte eine gesamtdt. Verfassung entwerfen und einen dt. Nationalstaat schaffen, der v. a. die preuß. und österr. Sonderinteressen bei Erhaltung der staatl. Vielfalt Deutschlands aufheben sollte (»dt. Frage«). Mit der Absage der F. N. an eine zu enge Verbindung des angestrebten Nationalstaats mit den nichtdt. Teilen wurde der Vielvölkerstaat Österreich zum entscheidenden, unlösbaren Problem.
Am 28./29. 6. 1848 schuf die F. N. mit der Wahl des Reichsverwesers Erzherzog Johann von Österreich eine provisor. Regierung, der jedoch eine wirksame Exekutivgewalt fehlte. So mußte sich die F. N. im Dt.-Dän. Krieg der preuß. Entscheidung anschließen und sich dem Druck der Großmächte beugen, die einen dt. Bundesstaat als Störung des europ. Gleichgewichts ablehnten. In der Septemberrevolution 1848 ließ die gemäßigt-liberale Mehrheit der F. N. einen Aufstand der radikalen Linken durch preuß. und österr. Truppen niederschlagen und verhalf so den alten Ordnungsmächten zum entscheidenden Erfolg. Die seither unter militär. Schutz tagende Versammlung verlor durch diese Maßnahme erheblich an moral. Ansehen. Während es der F. N. gelang, sich auf ein umfassendes Gesetz über die Grundrechte des dt. Volkes (27. 12. 1848) zu einigen, standen sich in der Frage des territorialen Umfangs des Bundesstaats die Kleindeutschen, die den Ausschluß Österreichs befürworteten, und die sich uneinheitl. Gruppe der Großdeutschen gegenüber. Am 28. 3. 1849 wurde schließlich der preuß. König Friedrich Wilhelm IV. zum Kaiser eines kleindt. Reiches gewählt. Mit seiner Weigerung, die Erbkaiserkrone anzunehmen, war die F. N. gescheitert.

Frankfurter Schule, Kreis von Sozial- und Kulturwissenschaftlern, die eine von K. Marx und S. Freud bestimmte krit. Gesellschaftsanalyse betreiben (↑kritische Theorie); Mittelpunkt ist das Institut für Sozialforschung an der Universität Frankfurt am Main (1923 gegr., ab 1930 unter Leitung von M. Horkheimer; 1933/34 nach Genf und New York verlegt; 1950 von T. W. Adorno und M. Horkheimer in Frankfurt am Main wiedergegr.). Zur älteren Generation gehörten die benannten u. a. W. Benjamin, E. Fromm, L. Löwenthal und H. Marcuse. Eine entscheidende Rolle spielte die F. S. seit den 1960er Jahren auf der Ebene neomarxist. Gesellschaftskritik; heute wird die F. S. v. a. von J. Habermas vertreten.

Frankfurter Wachensturm, mißglückte Erstürmung der Hauptwache und der Konstablerwache in Frankfurt am Main am 3. 4. 1833 durch Studenten und Handwerker, mit der eine revolutionäre Erhebung in SW-Deutschland ausgelöst werden sollte.

Frankfurt (Oder), Kreisstadt in Brandenburg, an der Oder, 85 700 E. Europa-Univ. Viadrina; Theater, Kleist-Gedenkstätte; Grenzübergang nach Polen; Hafen. Erhalten bzw. wiederaufgebaut u. a. spätgot. Rathaus (1607–10 umgebaut), spätgot. Pfarrkirche Sankt Marien (um 1400). 1368 bis zum Anfang des 16. Jh. Mgl. der Hanse. 1505 wurde in F. (O.) die erste brandenburg. Univ. gegr. (1811 nach Breslau verlegt). Seit 1945 bilden die östlich der Oder gelegenen Stadtteile, die *Dammvorstadt,* die zu Polen gehörende Gemeinde *Slubice.*

Fränkische Alb (Frankenalb), östl. Teil des südl. Schichtstufenlands mit bis 280 m hohem Stufentrauf, von der Schwäb. Alb durch das Nördlinger Ries getrennt, im Poppberg 657 m hoch. Im Zentrum des nördl. Teils liegt die *Fränkische Schweiz,* im südl. der Donaudurchbruch zw. Weltenburg und Kelheim.

Fränkische Saale, rechter Nebenfluß des mittleren Mains, 142 km lang.

Fränkische Schweiz ↑Fränkische Alb.

Fränkisches Reich (lat. Regnum Francorum), das bedeutendste german. Reichsgründung der Völkerwanderungszeit. Das im 5. Jh. um Tournai gebildete Kleinkönigtum der Merowinger wurde durch die Eroberungen Chlodwigs I. ab 486/487 zum Großreich. Unter seinen Söhnen kamen 531 das Thüringer- und 532/534 das Burgunderreich hinzu. Der Übertritt Chlodwigs zum kath. Christentum schuf die Voraussetzung für eine wirkl. Integration der roman. Bevölkerung. Die so gewonnene Stabilität des F. R. wurde jedoch geschwächt durch die häufigen Reichsteilungen, die bereits nach Chlodwigs Tod (511) ihren Anfang nahmen (vier Reichsteile mit den Zentren Paris, Soissons, Orléans und Metz). Hinzu kamen Spannungen zw. W-Teil (Neustrien) und O-Teil (Austrien), zw. Königtum und Aristokratie, aus deren Mitte die Hausmeier hervorgingen. Sie übten nach dem endgültigen Verfall der königl. Macht ab dem Tod Dagoberts I. (639) die eigtl. Herrschaft im F. R. aus. Mit dem Aufstieg der austr. Hausmeier aus dem Geschlecht der Karolinger, die 687 mit Pippin dem Mittleren die Alleinherrschaft im F. R. erlangten, rückte der Schwerpunkt des Reichs in den O; 751 ließ sich Pippin d. J. mit Unterstützung des Papsttums selbst zum König erheben. 754 übernahm er seinerseits als Patricius Romanorum den Schutz des Papstes und die Garantie von dessen Besitz (↑Pippinsche Schenkung). Damit war der fränk. Politik fortan auf Rom ausgerichtet und der Boden bereitet, auf dem Karl d. Gr. 800 das abendländische Kaisertum errichten konnte. Dieser Schritt war auch durch eine Reihe von territorialen Erweiterungen (Eroberung des Langobardenreiches 774, Unterwerfung der Sachsen 772 bis 804) und Sicherung des F. R. (Sieg über die Awaren 796, Errichtung der Span. Mark) vorbereitet worden. Doch schon in den Kämpfen Ludwigs des Frommen zeichneten sich Auflösungstendenzen ab, die in den Teilungsverträgen von Verdun (843), Meerssen (870) und Ribemont (880) bestätigt wurden: Nach vorübergehender Dreiteilung des F. R. verselbständigten sich mit der Teilung des Mittelreiches (»Lotharingien«) 870/880, endgültig nach der Absetzung Karls III., des Dicken, der 885–887 das F. R. noch einmal vereinigt hatte, das Westfränkische und das Ostfränkische Reich, ferner Burgund und Italien.

Franklin [engl. 'fræŋklɪn], **1)** Aretha, * Memphis (Tenn.) 25. 3. 1942, amerikanische Popmusikerin (Gesang und Klavier). Bedeutende Soul- und Gospelinterpretin

Frankfurt/Oder
Stadtwappen

Benjamin Franklin

franko

2) Benjamin, *Boston 17. 1. 1706, † Philadelphia 17. 4. 1790, amerikan. Politiker, Schriftsteller und Naturwissenschaftler. 1736–51 Schriftführer des Parlaments von Pennsylvania, dem er 1751–64 als Mgl. angehörte. 1754 unterbreitete er Pläne zur Bildung einer Union der nordamerikan. Kolonien. 1757–62 und 1764–75 vertrat er die Interessen von Pennsylvania, 1768–70 die Georgias und danach die Massachusetts' gegen die brit. Krone in London; Mitunterzeichner der Unabhängigkeitserklärung von 1776. Als Gesandter in Frankreich (1776–85) bemühte sich F. um die Herstellung eines frz.-amerikan. Bündnisses gegen Großbrit.; 1783 war er am Abschluß des Friedens von Paris beteiligt. Ab 1785 Gouverneur von Pennsylvania. – Bed. sind seine wiss. Arbeiten, die im wesentlichen aus den Jahren 1746–52 stammen; v. a. Experimente zur Elektrizität (Konstruktion von Blitzableitern, 1752 Nachweis der elektr. Natur der Gewitter).

franko [italien.], Lieferungsklausel im Handelsverkehr: Alle Transportkosten gehen zu Lasten des Verkäufers, während die Transportgefahr schon ab Werk auf den Käufer übergeht.

Frankokanadier, frz.sprachige Einwohner (v. a. im O und SO) Kanadas.

frankophil [mittellat./griech.] (gallophil), allem Französischen zugetan.

frankophob [mittellat./griech.] (gallophob), allem Französischen abgeneigt.

frankophon [mittellat./griech.], französisch sprechend.

Frankreich (französisch France), Staat in Europa, grenzt im W an den Atlantik, im NW an den Ärmelkanal, im NO an Belgien und Luxemburg, im O an Deutschland, die Schweiz und Italien, im S an das Mittelmeer, Spanien und Andorra. Zu F. gehört die Insel Korsika.
Staat und Recht: Republik (Vereinigung repräsentativer [Parlament] mit plebiszitären Elementen [Referendum] und Verknüpfung des parlamentar. mit dem präsidentiellen Prinzip); *Verfassung* vom 4. 10. 1958 (zuletzt 1994 geändert). *Staatsoberhaupt* ist der vom Volk direkt für 7 Jahre gewählte Staats-Präs.; er ernennt und entläßt den Premier-Min. und auf dessen Vorschlag die übrigen Mgl. der Regierung; er führt den Vorsitz im Min.-Rat, kann bestimmte Gesetzesvorlagen oder die Ratifizierung eines Vertrages einer Volksabstimmung unterziehen und die Nationalversammlung auflösen; er kann in bestimmten Fällen ohne Befragen des Parlaments, nach Konsultation des Premier-Min. und der Präs. von Nationalversammlung, Senat und Verfassungsrat, Notmaßnahmen anordnen. Die *Exekutive* liegt bei der Regierung mit dem Premier-Min. an der Spitze; sie ist der Nat.versammlung verantwortlich und von ihrem Vertrauen abhängig. Die *Legislative* liegt beim Zweikammerparlament (Nationalversammlung mit 577 auf 5 Jahre direkt gewählten Abg. und Senat mit 321 für 9 Jahre indirekt gewählten Mgl.). Die wichtigsten in der Nationalversammlung vertretenen *Parteien* sind (seit 1993) die »Union pour la France« (UPF, 460 Sitze; bestehend aus der gaullist. »Sammlungsbewegung für die Republik« [Rassemblement pour la République, RPR, 247 Sitze] und der liberalen »Union für die Frz. Demokratie« [Union pour la Démocratie Française, UDF, 213 Sitze], einem Zusammenschluß mehrerer Parteien), die Sozialist. Partei (↑Parti Socialiste, PS, 64 Sitze) sowie die Kommunist. Partei Frankreichs (PCF; 23 Sitze); die Umweltparteien und die rechtsextreme Nat. Front (Front National, FN) verfehlten den Einzug in die Nationalversammlung. *Streitkräfte:* allg. Wehrpflicht; Gesamtstärke (einschließlich der strateg. Atomstreitmacht [»Force de frappe«]): rd. 457 600 Mann.
Landesnatur: Kernraum ist das Schichtstufenland des Pariser Beckens, das sich zw. Ardennen und Vogesen im O, dem Zentralmassiv im S und dem armorikan. Massiv im W erstreckt. Östl. der Vogesen hat F. Anteil am Oberrhein. Tiefland. Über die Schwelle von Poitou steht das Pariser Becken mit dem Aquitanischen Becken im SW in Verbindung. Den Abschluß nach S bildet der Pyrenäenhauptkamm. Der Mittelmeerküstensaum ist schmal und wird von N durch die Rhone-Saône-Furche, einer Grabenzone zw. Zentralmassiv und Westalpen, erreicht. Im O hat F. Anteil am Jura und den Westalpen, die in der Montblancgruppe mit 4807 m den höchsten Punkt des Landes erreichen. F. hat Anteil am Klima der gemäßigten

Frankreich

Staatsflagge

Breiten und im äußersten S am mediterranen Klimabereich. Während in N- und Mittel-F. Laub- und Nadelwälder vorherrschen, wird im S das Landschaftsbild von Macchien und Gariguen geprägt. In der Bretagne finden sich Atlantische Heiden.
Bevölkerung: 70% der Bevölkerung sind nach ihrer sprachl. Herkunft Franzosen; außer Französisch wird Katalanisch, Baskisch, Bretonisch, Flämisch, Italienisch und Deutsch gesprochen, die provenzal. (okzitan.) Sprache im Gebiet der Langue d'Oc ist in ihrer Substanz bedroht. Trotz zahlr. Einbürgerungen sind etwa 7% der Bevölkerung Ausländer. 80% der Bevölkerung sind katholisch.
Wirtschaft, Verkehr: Nach 1945 vollzog sich in der bis dahin agrarisch-kleinindustriell geprägten frz. Wirtschaft ein allmähl. Prozeß der Industrialisierung und Modernisierung (bes. gegenüber der BR Deutschland) unter den Bedingungen einer 1946 eingeführten korporatistisch organisierten gesamtwirtschaftl. Rahmenplanung (»planification«) und unter der Verstaatlichung von Schlüsselsektoren; die Öffnung der weitgehend geschlossenen frz. Wirtschaft erfolgte ansatzweise seit den 1970er Jahren. Die Landwirtschaft erreicht eine führende Stellung in Europa; erzeugt werden v. a. Getreide, Zucker, Molkereiprodukte, Wein und Fleisch. An Bodenschätzen werden Eisenerz und Steinkohle (v. a. in Lothringen), Uranerz, Kalisalz, Schwefel und Erdöl gewonnen. Führende Ind.-Zweige sind die Automobil- und Flugzeug-Ind., Hütten-Ind., Schiffbau, chem. und kosmet. sowie die Textilindustrie; die industriellen Ballungsgebiete liegen überwiegend nö. einer Linie Caen–Marseille. F. ist der weltgrößte Erzeuger von Kernkraft je Einwohner. F. ist ein klassisches Fremdenverkehrsland (1991: 52 Mio. Touristen). Die Länge des Eisenbahnnetzes beträgt 34 676 km, das der Straßen 804 650 km. Die bedeutendsten Häfen sind Marseille (Erdölhafen mit Pipelines), Le Havre, Dünkirchen, Saint-Nazaire, Bordeaux und Rouen. F. verfügt u. a. über drei internat. ✈ in Paris.
Geschichte: *Karolingische Anfänge (843–987):* Mit dem Vertrag von Ver-

Frankreich
Fläche: 543 965 km²
Einwohner: 57,182 Mio.
Hauptstadt: Paris
Amtssprache: Französisch
Nationalfeiertag: 14. 7.
Währung: 1 Frz. Franc (FF) = 100 Centimes (c)
Zeitzone: MEZ

Staatswappen

dun 843 wurde die Selbständigkeit des Westfränk. Reiches (↑Fränkisches Reich) eingeleitet. 911 mußte den Normannen die Normandie als Lehnsfürstentum überlassen werden. Im Zusammenhang mit dem Abwehrkampf gegen diese entwickelten sich bis zur Mitte des 10. Jh. die großen selbständigen Lehnsfürstentümer, wodurch die Machtbasis des Königtums außerordentlich eingeschränkt und mit der Wahl nichtkarolingischer Könige in Frage gestellt wurde.
Königtum und Lehnsfürstentümer (987 bis 1214): Hugo Capet (⚭ 987–996) setzte mit der sofortigen Wahl seines Sohnes die Erblichkeit des frz. Königtums durch. Vor dem Hintergrund einer beispielhaften kulturellen, sozialen und wirtschaftl. Entwicklung vollzog sich dann v. a. im Bund mit den Päpsten der Aufstieg des kapeting. Königtums, dem es gelang, die partikularen Feudalgewalten allmählich auszuschalten. Nachdem 1154 das Haus Anjou-Plantagenet durch Heirat und Erbschaft mehr als die Hälfte von F. mit England vereinigt hatte, konnte Philipp II. August (⚭ 1180 bis 1223) 1202 dem engl. König Johann ohne Land alle frz. Lehen entreißen und in dem darauffolgenden Krieg zunächst die Normandie und die Loire-Gft. zurückgewinnen.

Bevölkerungsverteilung 1992

Bruttoinlandsprodukt 1992

Frankreich

Frankreich.
Die alte Hafenstadt Honfleur am linken Ufer der Seinemündung

Französische Vormachtstellung (1214 bis 1461): Auf der Grundlage der Bemühungen Ludwigs IX., des Heiligen (⚭1226–70), um innere Einheit und die Schaffung zentraler Behörden erfolgte die Begründung der frz. Vormachtstellung in Europa unter Philipp IV., dem Schönen (⚭1285–1314). Im Konflikt mit Papst Bonifatius VIII. konnte sich Philipp letztlich durchsetzen. Durch die erzwungene Übersiedlung nach Avignon (1309) geriet das Papsttum für nahezu ein Jh. unter frz. Einfluß. Als die Kapetinger in männl. Linie ausstarben, fiel die Krone an Philipp VI. (⚭1328 bis 1350) aus dem Hause Valois. Der hiergegen erhobene Anspruch König Eduards III. (⚭1327–77) von England wurde Anlaß für den Hundertjährigen Krieg (1337/39–1453), der ausschließlich in F. ausgetragen wurde und dort zeitweise zum Bürgerkrieg eskalierte. 1360 mußte F. große Gebiete im SW und Calais abtreten. Nachdem durch die Eroberung von ganz F. nördl. der Loire die engl. Macht in F. den Höhepunkt erreicht hatte, brachte Jeanne d'Arc bei der Belagerung von Orléans (1429) die Wende des Kriegs; er endete ohne förml. Friedensvertrag 1453, jedoch mit der fast völligen Vertreibung der Engländer. Im Innern ordnete Karl VII. (⚭1422–61) Finanzen, Justiz, Heerwesen und Verwaltung neu; 1438 begründete er die frz. Nationalkirche (Pragmat. Sanktion von Bourges).

Renaissancekönigtum und religiös-politische Krise (1461–1589): Ludwig XI. (⚭1461 bis 1483) gelangte 1475 zu einer endgültigen Friedensregelung mit England. Nach dem Tod Karls des Kühnen von Burgund (1477) wurden die frz. Lehen des Herzogtums ↑Burgund eingezogen. Mit der 1492 einsetzenden Erwerbspolitik (Neapel) Karls VIII. (⚭1483–98) beteiligte sich F. an den europ. Machtkämpfen in Italien. Ludwig XII. (⚭1498–1515) eroberte 1499 das Hzgt. Mailand; sein Nachfolger Franz I. (⚭1515–47) bewarb sich 1519 vergeblich um die dt. Krone; in insgesamt fünf Kriegen gegen die span.-habsburg. Übermacht Kaiser Karls V. konnten er und Heinrich II. (⚭1547–59) nur den Besitzstand F. wahren. Nach 1540 gewann der Kalvinismus in F. zunehmend an Einfluß. An der Spitze der Reformierten oder Hugenotten standen Mgl. des Hauses Bourbon (Condé). Die kath. Partei wurde von Angehörigen der Familie Guise geleitet. Der blutige Überfall auf die Hugenotten im März 1562 löste die religiösen Bürgerkriege aus. Zwar zeigte sich Karl IX. (⚭1560–74) bereit, sich dem Führer der Hugenotten, G. de Coligny, anzuschließen, das Blutbad der Bartholomäusnacht (Nacht zum 24. 8.) 1572 machte diese Absicht

Frankreich

jedoch zunichte; die folgenden acht Hugenottenkriege dauerten bis 1598.
Aufstieg im Zeichen des Absolutismus (1589–1715): Nach der Ermordung Heinrichs III. (⚭ 1574–1589), des letzten Valois, kam mit Heinrich IV. (⚭1589–1610) das Haus Bourbon (1589–1792) auf den frz. Thron. Die religiösen Gegensätze in F. wurden mit dem Edikt von Nantes (1598) überbrückt, das den Hugenotten Sonderrechte gewährte. Der unter Heinrich IV. begonnene absolutist. Ausbau der Königsmacht wurde 1624 von Kardinal Richelieu als leitendem Min. Ludwigs XIII. (⚭1610–43) fortgeführt; die polit. Sonderstellung der Hugenotten wurde 1628 beseitigt. Richelieus Nachfolger unter Ludwig XIV. (⚭1643 bis 1715), Kardinal Mazarin (1643–61), gewann im Westfäl. Frieden 1648 für F. die habsburg. Gebiete im Elsaß, im Pyrenäenfrieden 1659 Roussillon und Artois von Spanien. Nach Mazarins Tod führte Ludwig XIV. die absolute Monarchie zur Vollendung. Sein zunächst einflußreichster Min. Colbert (1661 bis 1672) mobilisierte nach den Maximen des Merkantilismus die Finanz- und Wirtschaftspolitik und förderte u. a. den Ausbau des Kolonialreiches in Kanada, Louisiana und Westindien. Im Kampf um die europ. Hegemonie führte Ludwig XIV., der »Sonnenkönig«, in Erweiterung der frz. N- und O-Grenzen Eroberungskriege, doch zerbrachen im Span. Erbfolgekrieg (1701–13/14) frz. Vormachtstellung und Hegemonieanspruch in Europa; das Gleichgewicht der Mächte mußte anerkannt werden.
Niedergang der absoluten Monarchie (1715–89): Unter Ludwig XV. (⚭1715 bis 1774) erlitt F. im Österr. Erbfolgekrieg und im Siebenjährigen Krieg (1756–63) gegen Preußen schwere Niederlagen. Im Frieden von Paris (1763) mußte es seine Besitzungen in Kanada an Großbrit. abtreten. Die Staatsschulden wuchsen bis zum Tode Ludwigs XV. auf 4 Mio. Livres an. Halbherzige bzw. unzureichende Reformen Ludwigs XVI. (⚭1774–92) und seiner Min. scheiterten am Widerstand der Privilegierten. Mit der Berufung der Generalstände 1789 erhoffte man sich die letzte Möglichkeit, den unauflösbaren Gegensatz zw. absolutistisch-feudalist. Staat und bürgerl. Gesellschaft durch grundlegende Reformen zu beheben.
Französische Revolution (1789–99): Der Zusammenbruch der frz. Monarchie in der ↑Französischen Revolution hatte

Frankreich.
Sisteron mit der Zitadelle über der Durance

Frankreich

Frankreich.
Hafen von Ajaccio, Korsika

die Schwäche absolutist. Herrschaft nicht nur in F. erwiesen; die Ideen von 1789 erschütterten in den Revolutionskriegen das europ. Staatensystem. Mit dem Staatsstreich des 18. Brumaire (9. 11.) 1799 versuchte Napoléon Bonaparte, die revolutionären Errungenschaften für F. zu sichern.

Konsulat und 1. Kaiserreich (1799–1814): Die Änderung der Konsularverfassung 1802 brachte die Ernennung Bonapartes zum einzigen Konsul auf Lebenszeit; 1804 ließ er sich zum Kaiser der Franzosen krönen. In den Koalitionskriegen bis 1806/07 erreichte er den Gipfel seiner Macht. Aber in den folgenden Napoleon. Kriegen (1807–12) stieß die Napoleon. Fremdherrschaft auf den Widerstand der Völker und Staaten. Die Katastrophe des Rußlandfeldzuges 1812, der in die europ. Befreiungskriege mündete, brachte den Zusammenbruch des Napoleon. F. und die Wiederherstellung des Königtums der Bourbonen.

Restauration und Revolution (1814–48): Die Restaurationsphase (1814–30) basierte auf der konstitutionellen Monarchie Ludwigs XVIII. (⌨ 1814/15–24) bzw. Karls X. (⌨ 1824–30). Infolge reaktionärer Entscheidungen des Königs kam es schließlich zum Ausbruch der vom liberalen Bürgertum getragenen Julirevolution 1830. Karl X. dankte ab; der Streit zw. Bürgertum und Arbeiterschaft um eine konstitutionell-monarchist. oder republikan. Staatsform wurde mit der Wahl des »Bürgerkönigs« Louis Philippe von Orléans (⌨ 1830 bis 1848) zugunsten der Monarchie entschieden. Als die von den Republikanern organisierten öffentl. Bankette für die Erweiterung des Wahlrechts im Febr. 1848 verboten wurden, brach in Paris die Februarrevolution 1848 aus. Der König dankte ab und floh nach Großbrit.; die neue Regierung proklamierte die 2. Republik. Nachdem in allg. und gleichen Wahlen die gemäß. Republikaner die Mehrheit in der Kammer gewonnen hatten, wurde im Dez. 1848 Charles Louis Napoléon Bonaparte durch Volksabstimmung zum Staats-Präs. gewählt (für vier Jahre, nur einmal wählbar).

Industrieller Aufschwung und 2. Kaiserreich (1848 bis 1870): Die antiparlamentar. Zermürbungspolitik des neuen Präs. gipfelte im Staatsstreich 1851 mit Auflösung der Kammer und Massenverhaftung oppositioneller Politiker. 1852 ließ sich der »Prinz-Präsident« zum Kaiser (als Napoleon III.) ausrufen und durch Volksabstimmung bestätigen; erst 1870 erfolgte der förml. Übergang zur Monarchie. Außenpolitisch führte Napoleon III. F. im Krimkrieg (1853–56) an der Seite Großbrit. aus der Isolierung, die frz. Beteiligung im italien. Einigungskrieg 1859 an der Seite Sardiniens gegen Österreich brachte mit Nizza und Savoyen auch territorialen Gewinn. Der

Frankreich

Dt.-Frz. Krieg 1870/71, auf frz. Seite aus Furcht vor dem Verlust seiner hegemonialen Stellung entstanden, führte – nach dem Fehlschlag der mex. Expedition (1861–67) – zur Wende im polit. System.

3. Republik (1871–1940): Nachdem die Preußen Napoleon III. in Sedan gefangengenommen hatten, riefen L. Gambetta und J. Favre am 4. 9. 1870 in Paris die Republik aus, die den Kampf gegen die Deutschen fortsetzte, doch die Niederlage nicht verhindern konnte. Teils aus patriot. Protest gegen den Waffenstillstand vom Jan. 1871, teils aus sozialem Protest gegen die konservative Republik entstand die Erhebung der Pariser Kommune, schon im Mai 1871 in militär. Massaker durch Regierungstruppen wieder liquidiert. Die 3. Republik bedeutete nur verfassungspolitisch (durch Einführung des Parlamentarismus 1875) einen Bruch mit dem Kaiserreich; wirtschaftlich und gesellschaftlich stand sie im Zeichen der Kontinuität; in der Anfangsphase lag die polit. Führung bei der großbürgerl. Oberschicht mit Thiers (bis 1873, ihm folgte Mac-Mahon 1873–79). Nachdem 1876 die Republikaner die Mehrheit in der Kammer, 1879 auch im Senat erlangt hatten, trat Mac-Mahon 1879 zurück.

Außenpolitisch, v. a. in der Kolonialpolitik, gewann F. in der Folgezeit durch Expansion in N-Afrika und Indochina die 1870 verlorene Großmachtrolle und Bündnisfähigkeit wieder, geriet jedoch dadurch in offenen Gegensatz zu Großbrit., am deutlichsten in der Faschodakrise (1898/99). In den Wahlen von 1885 gelangten Monarchisten und Bonapartisten in die Nähe der absoluten Mehrheit. Mehrere große polit. Krisen zeigten die Risse, die unter der Oberfläche der frz. Gesellschaft zerteilte: 1893 der Panamaskandal (↑Panamakanal), 1894 die ↑Dreyfusaffäre.

Von der Jh.wende bis zum Ende der 3. Republik stellte der Radikalsozialismus des mittleren Bürgertums die entscheidende polit. Kraft. Die neue Koalition wurde ab 1902 v. a. durch die radikal antikirchl. Schulpolitik (Trennung von Staat und Kirche, 1905) zusammengehalten. Unter A. Briand und J. Caillaux prägte außenpolit. der Ggs. zu Deutschland (2. Marokkokrise, Übergang zu dreijähriger Wehrpflicht) die frz. Politik, v. a. unter R. Poincaré als Staats-Präs. ab 1913, der als Symbolfigur des Revanchedenkens galt; diese Politik stützte sich auf das frz.-russ. Bündnis (Zweiverband) und die Entente cordiale.

Offizielles frz. Kriegsziel im 1. Weltkrieg war die Wiedergewinnung Elsaß-Lothringens; in den Versailler Friedensverhandlungen war es Clemenceau gelungen, die kontinentale Vormachtposition zurückzugewinnen; F. versuchte, ein wirtschaftl. Erstarken Deutschlands zu verhindern und eine dt. Revisionspolitik unmöglich zu machen. Im Zeichen einer rechten Kammermehrheit betrieb F. Poincaré seine Politik der »produktiven Pfänder«, die mit der Ruhrbesetzung 1923 ihren Höhepunkt erreichte. Die einsetzende Verständigungspolitik, v. a. unter É. M. Herriot und A. Briand, brachte keinen vollständigen Ausgleich des dt.-frz. Gegensatzes, da die Revisionspolitik der Weimarer Republik auf die Wiedergewinnung einer Großmachtstellung Deutschlands abzielte, was dem frz. Sicherheitsbedürfnis entgegenstand. Die Weltwirtschaftskrise verschärfte die Wirtschafts- und Finanzprobleme sowie die sozialen Spannungen und führte bei häufig wechselnden Kabinetten zu einer Dauerkrise des parlamentar. Systems. Diese Entwicklung führte im Frühjahr 1936 zu einem Wahlerfolg der aus Radikalsozialisten, Sozialisten und Kommunisten gebildeten Volksfront, deren Regierung unter L. Blum (bis 1937) weitreichende soziale Reformen durchführen konnte. Auf die Machtergreifung Hitlers hatte die frz. Regierung mit dem Versuch reagiert, durch internat. Abmachungen und Allianzen der Offensive Deutschlands entgegenzutreten; der Remilitarisierung des Rheinlandes im März 1936 durch Hitler setzte sie keinen Widerstand entgegen, konzentrierte sich auf die inneren Probleme und ließ sich – speziell im Span. Bürgerkrieg – vom Prinzip der Nichtintervention leiten. Im April 1938 tolerierte das von Daladier gebildete bürgerl. Kabinett den Anschluß Österreichs und beteiligte sich 1938 am Münchner Abkommen. Am 3. 9. 1939, nach dem Angriff der dt. Truppen auf Polen, erklärte F. gemein-

Frankreich

sam mit Großbrit. dem Dt. Reich den Krieg. Der dt. Offensive im Mai 1940 begegnete die frz. Armeeführung mit einer unzureichenden strateg. Konzeption. Die Regierung P. Pétain unterzeichnete im Juni 1940 die Waffenstillstandsabkommen mit Deutschland und Italien.

État Français (1940–44): Im neuen Regierungssitz Vichy übertrug das Parlament im Juli 1940 Marschall Pétain die unumschränkte Gewalt über das noch unbesetzte F., den autoritär-korporativen État Français. V. a. auf Grund der harten dt. Besatzungspolitik sowie in Reaktion auf die Politik des Vichy-Regimes trat die frz. Widerstandsbewegung (Résistance) zunehmend in Erscheinung. Auf sie gewann General C. de Gaulle wachsenden Einfluß, dessen Londoner Aufruf zur Fortführung des Kampfes (1940) zunächst ohne wesentl. Resonanz im Mutterland geblieben war, dem sich jedoch nach und nach die Mehrheit der frz. Überseegebiete unterstellte. Die Landung der Alliierten an der Kanal- und Mittelmeerküste im Juni bzw. Aug. 1944 führte zur Befreiung F. und zum Zusammenbruch des Vichy-Regimes.

4. Republik (1944–58): Die Provisor. Regierung der Frz. Republik nahm Ende Aug. 1944 ihre Tätigkeit in Paris auf. Sie bemühte sich zunächst um gleichberechtigte Teilnahme an den Entscheidungen der Alliierten über die Zukunft Deutschlands (und Österreichs) sowie die Wiederherstellung der frz. Herrschaft in den Kolonien. Eine neugewählte verfassunggebende Versammlung erlangte für ihren Verfassungsentwurf im Okt. 1946 eine knappe Mehrheit, womit die 4. Republik formell begründet war. 1949 schloß F. sich der NATO, 1954 der SEATO an und beteiligte sich führend an den europ. Einigungsbestrebungen. Die innenpolit. Labilität (1951–58: 12 Kabinette) und die krisenhafte Situation in den frz. Kolonien führten dazu, daß General de Gaulle im Juni 1958 die letzte Regierung der 4. Republik übernahm, die mit der Annahme der neuen Verfassung im Sept. 1958 ihr formelles Ende fand.

5. Republik (seit 1958): Die polit. Entwicklung in F. wurde bis 1969 im wesentlichen von der Persönlichkeit de Gaulles bestimmt. Die Absicht des Generals, in der Algerienfrage 1959 mit der Anerkennung des Selbstbestimmungsrechts der Assoziierung des autonomen Algerien an F. zu erreichen, führte zu scharfen Auseinandersetzungen mit den Anhängern eines »frz. Algerien«, schließlich zur Hinnahme der alger. Unabhängigkeit 1962. Die für F. angestrebte Großmachtrolle veranlaßte de Gaulle, die Entwicklung einer eigenen

Frankreich.
La Grande-Motte an der Mittelmeerküste, Languedoc

französischen Atomstreitmacht (»Force de frappe«) voranzutreiben; diesem Ziel dienten auch die (nicht völlige) Lösung von F. aus der NATO, die langjährige Blockierung eines brit. EWG-Beitritts und die Reduzierung der europ. Einigungsbemühungen auf rein wirtschaftl. Integration. Seit Mitte der 1960er Jahre bemühte sich die frz. Außenpolitik verstärkt um eine bilaterale Annäherung an die Staaten des Ostblocks sowie um einen dt.-frz. Ausgleich. Die Reaktion auf wirtschaftl. und soziale Ungerechtigkeit im Innern gipfelte in den Maiunruhen 1968, die sich durch einen Generalstreik zu einer ernsthaften Staatskrise ausweiteten. Angesichts seines Prestigeverlusts trat de Gaulle am 28. 4. 1969 zurück. Sein Nachfolger G. Pompidou wandte sich einer Reformpolitik zu. Der polit. Machtverlust des Gaullismus hatte zur Folge, daß nach dem Tod Pompidous 1974 der Liberalkonservative V. Giscard d'Estaing zum Präs. gewählt wurde. In den Wahlen zur Nat.versammlung 1978 konnte sich die bisherige Regierungsmehrheit aus Gaullisten, Giscardisten, Zentrum und Radikalsozialisten gegenüber der v. a. aus Sozialisten und Kommunisten gebildeten Linksunion deutlich durchsetzen. Bei den Präsidentschaftswahlen 1981 siegte der Sozialist F. Mitterrand. In den nachfolgenden Parlamentswahlen 1981 gewann die Sozialist. Partei die absolute Mehrheit, die Regierungskoalition aus Sozialisten und Kommunisten (1983/84 ausgeschieden) verfügte in der Nationalversammlung über zwei Drittel der Sitze. Nach dem Sieg der Gaullisten (RPR) und der bürgerl. Mittelparteien (UDF) bei den Parlamentswahlen 1986 sah sich Mitterrand zu einer Zusammenarbeit (»cohabitation«) mit diesen Kräften gezwungen und ernannte J. Chirac (RPR) zum Premier-Min. (1986–88). Angesichts der Tatsache, daß Präs. und Premier-Min. – zum ersten Male in der Geschichte der 5. Republik – gegensätzl. polit. Richtungen angehörten, bemühten sich beide, in der innenpolit. Auseinandersetzung ihre Kompetenzen als Verfassungsorgane gegeneinander abzugrenzen und verfassungspolitisch zu sichern. 1988 wurde Mitterrand erneut zum Staats-Präs. gewählt, er ernannte daraufhin M. Rocard zum Premierminister. Bei den Wahlen zur Nationalversammlung 1988 verfehlten sowohl die Sozialisten als auch die in der URC (Union du Rassemblement et du Centre) vereinigten Gaullisten und bürgerl. Mittelparteien (UDF) die absolute Mehrheit. Mitterrand ernannte erneut M. Rocard zum Premier-Min., nach dessen Rücktritt im Mai 1991 Edith Cresson und im April 1992 P. Bérégovoy. Die Parlamentswahlen im März 1993 brachten für die Sozialisten eine erdrutschartige Niederlage; sie errangen lediglich 64 der 577 Sitze, während das Wahlbündnis der bürgerl. Parteien (RPR, UDF) 460 Mandate gewann und mit E. Balladur (RPR) den Premier-Min. stellte. Im Mai 1995 konnte sich bei den Präsidentschaftswahlen der frühere Premier-Min. J. Chirac gegen E. Balladur und L. Jospin (PS) durchsetzen; er ernannte daraufhin A. Juppé (RPR) zum neuen Premierminister.

Franktireurs (Francs-tireurs) [frãti'rø:rs; frz.], bewaffnete Zivilisten, die entgegen den völkerrechtl. Bestimmungen hinter der Front Kleinkrieg führen.

Frantz, Justus, *Hohensalza 18. 5. 1944, dt. Pianist. Seit den 1970er Jahren internat. Konzertreisen, u. a. bekannt auch als Duopartner von C. Eschenbach; 1986–94 Intendant der von ihm begr. Schleswig-Holstein-Festivals.

Franz, Name von Herrschern:
Hl. Röm. Reich: **1) Franz I. Stephan,** *Nancy 8. 12. 1708, † Innsbruck 18. 8. 1765, Kaiser (ab 1745). 1729 Hzg. von Lothringen, das er infolge des Poln. Thronfolgekrieges 1736/37 gegen das Groß-Hzgt. Toskana eintauschen mußte; ∞ 1736 mit †Maria Theresia, wurde 1740 ihr Mitregent; 1745 als Nachfolger Karls VII. zum Kaiser gewählt, jedoch ohne polit. Einfluß.

2) Franz II. Joseph Karl, *Florenz 12. 2. 1768, † Wien 2. 3. 1835, Kaiser (1792–1806), als F. I. Kaiser von Österreich (1804–35). Konnte vor der Errichtung des Kaisertums Österreich 1804 und mit der Erklärung 1806, das Hl. Röm. Reich sei erloschen, Napoleons Streben nach der Röm. Kaiserkrone zunichte machen; billigte Österreichs Erhebung gegen Napoleon 1806–09 und widerstrebte nach deren Scheitern zunächst einer polit. Schwenkung,

Franz I., Römischer Kaiser (anonymer Kupferstich; 18. Jh.)

Franz II., Römischer Kaiser (Stahlstich von Jakob Hyrtl; um 1820)

Franz von Assisi

Franz Joseph I.,
Kaiser von Österreich
und König von Ungarn

Franz Ferdinand,
Erzherzog von
Österreich

stimmte aber schließlich der Heirat seiner Tochter Marie Louise mit Napoleon zu.
Frankreich: **3) Franz I.** *Cognac 12. 9. 1494, † Rambouillet 31. 3. 1547, König (ab 1515). Gewann durch den Sieg über die Schweizer bei Marignano (1515) das Hzgt. Mailand, dessen Besitz er 1516 durch das Konkordat mit Papst Leo X. sicherte; als er 1519 gegen die Kandidatur Karls I. von Spanien um die Kaiserwürde unterlag, kämpfte er in vier Kriegen (1521–26, 1527–29, 1534–36, 1542–44), in denen er sich u. a. auf die Liga von Cognac (†Heilige Liga), den Sultan, die prot. Reichsfürsten und England stützte, gegen Kaiser Karl V. und die habsburgische Umklammerung. Im 1. Krieg wurde F. bei Pavia (1525) vernichtend geschlagen und geriet in Gefangenschaft; in span. Haft 1526 zum Frieden von Madrid gezwungen, verweigerte er nach seiner Freilassung die Ratifikation. Die Friedensschlüsse von Cambrai (1529) und Crépy[-en-Laonnois] (1544) bestätigten seine Niederlage.
Lothringen: **4) Franz Stephan,** Herzog †Franz I. Stephan, Kaiser des Hl. Röm. Reiches.
Österreich: **5) Franz I.** †Franz II. Joseph Karl, Kaiser des Hl. Röm. Reiches.
Österreich-Ungarn: **6) Franz Joseph I.,** *Schönbrunn (heute zu Wien) 18. 8. 1830, † ebd. 21. 11. 1916, Kaiser von Österreich (ab 1848) und König von Ungarn (ab 1867). Geprägt vom Legitimismus der Ära Metternich und vom Erlebnis der Märzrevolution von 1848, sah F. J. in der Aufrichtung und Sicherung unbeschränkter Autorität der Zentralgewalt die Lebensfrage der Monarchie und der Dynastie. Unter dem Einfluß von Fürst Schwarzenberg ersetzte er 1851 die Verfassungszugeständnisse der Revolutionszeit durch das System des neoabsolutist. Zentralismus. Er trug daher die Verantwortung für die internat. Isolierung Österreichs im Krimkrieg und das Desaster des Sardin.-Frz.-Österr. Krieges 1859. Die Niederlage im Dt. Krieg 1866 führte zum österr.-ungar. †Ausgleich. Nach 1866 sah F. J. die Entwicklungsrichtung der Doppelmonarchie im SO, ohne indessen die Gefahr der wachsenden Rivalität zu Rußland auf dem Balkan voll zu erkennen. Den Wirkungszusammenhang von ungelöster Verfassungskrise (Badenikrise), Verwicklung in die Balkanfrage und sich ergebendem Zugzwang zu einer Politik der Stärke (Annexionskrise 1908/09) erfaßte F. J. in seinen Konsequenzen nicht mehr.
7) Franz Ferdinand, *Graz 18. 12. 1863, † Sarajevo 28. 6. 1914, Erzherzog. Neffe Kaiser Franz Josephs I.; nach dem Selbstmord des Kronprinzen Rudolf Thronfolger; entwickelte Konzeptionen für einen Staatsumbau in föderalist. und liberal-demokrat. Sinne, blieb von den Regierungsgeschäften aber strikt ausgeschlossen; seine Ermordung durch serb. Verschwörer löste den 1. Weltkrieg aus.

Franz von Assisi (Francesco d'Assisi, Franziskus), hl., eigtl. Giovanni Bernardone, *Assisi 1181 oder 1182, † ebd. 3. 10. 1226, italienischer Ordensstifter. Stammte aus wohlhabender Familie in Assisi. Nach Krankheit und Bekehrungserlebnissen pflegte er Aussätzige und führte ein Bettlerleben. Ab 1209 schlossen sich ihm einige Gefährten an. Er verpflichtete sie als »Mindere Brüder« zum Dienst an Menschheit und Kirche in Armut und Buße. 1212 gesellte sich durch die Bekehrung der adligen Klara von Assisi eine Schwesterngemeinschaft (Zweiter Orden) hinzu. Über die eigenen Gemeinschaften hinaus zog F. von A. Frauen und Männer in seinen Bann, die sich im Dritten Orden zusammenfanden. 1223 gab er seinem Orden die endgültige Regel. Seine Frömmigkeit fand in seinen Schriften (Regeln, Worte der Ermahnung, Sendschreiben, Gebete und bes. im »Sonnengesang«) ihren Ausdruck. – Fest: 4. Oktober.

Franz von Borgia [italien. ˈbɔrdʒa] (span. Francisco de Borja), hl., *Gandía bei Valencia 28. 10. 1510, † Rom 1. 10. 1572, span.-italien. kath. Theologe, dritter Ordensgeneral der Jesuiten (ab 1565). 1539–43 Vizekönig von Katalonien; nach dem Tod seiner Gattin 1546 Jesuit. Unter seiner Leitung Ausdehnung und Zentralisierung des Ordens. – Fest: 10. Oktober.

Franz von Sales (François de Sales) [ˈzaːləs, sal], hl., *Schloß Sales bei Annecy 21. 8. 1567, † Lyon 28. 12. 1622, frz. Theologe und Schriftsteller. 1602

Bischof von Genf; gründete 1610 mit J. F. F. de Chantal den Orden der Salesianerinnen. Literarisch berühmt sind das u. d. T. »Philothea« bekanntgewordene Andachtsbuch »Introduction à la vie dévote« (1608) und sein auch als »Theotimus« bekannter Traktat »Traité de l'amour de Dieu« (1616). – Fest: 24. Januar.

Franzbranntwein [eigtl. »frz. Branntwein«], aromatisierte alkohol. Lösung für Einreibungen und Umschläge.

Franzensbad (tschech. Františkovy Lázně), Heilbad mit Mineralquellen in der Tschech. Rep., bei Eger, 4800 E.

Franzensfeste (italien. Fortezza), italien. Gemeinde in Südtirol, bei Brixen, 1700 E. – Die unter Kaiser Franz I. von Österreich 1833–38 gebauten mächtigen Befestigungen an der Eisackenge (»Brixener Klause«, die »Sachsenklemme« des MA) beherrschten die Brennerstraße und den Eingang zum Pustertal.

Franziskaner (offiziell lat. Ordo Fratrum Minorum; Abk. OFM), Mgl. des »Ordens der Minderen Brüder« (Bettelorden), die nach der Regel des ↑Franz von Assisi leben; tätig in Seelsorge, Schule, Wiss. und Mission. 1517 wurden die ↑Observanten und ↑Konventualen (↑Minoriten) zu selbständigen Ordensfamilien erklärt. ↑Kapuziner.

Franziskanerschule, v. a. im Franziskanerorden verbreitete Richtung der scholast. Philosophie und Theologie; stand in scharfem Ggs. zu den Lehren des Thomas von Aquin. J. Duns Scotus baute ihre Lehren zu einem einheitl. System aus *(Skotismus)*.

Franz-Joseph-Land [nach dem österr. Kaiser Franz Joseph I.], Inselgruppe im Nordpolarmeer, östl. von Spitzbergen, Rußland. – 1873 von einer österr. Expedition entdeckt, seit 1928 sowjetisch (heute russisch).

Französisch, eine der roman. Sprachen; entwickelte sich aus dem Volkslatein Galliens nördlich der Loire *(Langue d'oïl)*. Südlich davon entstand die provenzal. Sprache *(Langue d'oc)*. Während das Altfranzösische (11.–13. Jh.) den anderen roman. Sprachen noch nahesteht, führten die raschen Veränderungen des Mittelfranzösischen (13.–16. Jh.) zu dem in seiner Struktur von ihnen stark abweichenden Neufrz. (ab 17. Jh.).

Französisch-Äquatorialafrika

Das *Alt- und Mittelfranzösische:* Das nördlich der Loire gesprochene Volkslatein wurde stärker als das Latein südlich der Loire vom Gallischen beeinflußt. Nach dem Eindringen der Franken und der Gründung des Fränk. Reiches 486 unterlag die roman. Sprache stark dem Einfluß german. Aussprachegewohnheiten. Den Entlehnungen aus dem Gallischen und Fränkischen verdankt das F. die charakterist. Färbung seines Wortschatzes. Das Altfranzösische des 11./12. Jh. kennzeichnet eine Vielfalt im phonet., morpholog. und syntakt. Bereich, die erst im Laufe des 13.–15. Jh. gewissen grammat. Vereinfachungen Platz machte.

Das *Neufranzösische:* Im Vergleich mit den übrigen roman. Sprachen ist die extreme Reduktion des Wortkörpers am auffälligsten. Die Wörter werden auf dem letzten Vokal betont. Die Folge ist ein Zurücktreten des Worttons hinter den Satzton. Die Beseitigung von Konsonantengruppen und der Abfall der Endkonsonanten haben dazu geführt, daß 80% der Silben auf Vokal enden. Das F. verfügt über 16 Vokale, darunter vier Nasalvokale. Der Schwund der Endsilben hat die Flexion verändert; die Mrz. wird durch den Artikel bezeichnet. Zur Bez. des unbestimmten Plurals entwickelte sich der Teilungsartikel.

Ausbildung der Schriftsprache und Verbreitung des Französischen: Um 1300 setzt sich das Franzische, die Mundart der Île de France, unter mittelalterl. Dialekten als Schriftsprache durch. Geht die heutige etymologisierende Schreibweise auf das 16. Jh. zurück, so wurde die Systematik der neufrz. Grammatik vor allen Dingen im 17./18. Jh. entwickelt. Das heutige Sprachgebiet des F. umfaßt Frankreich, die frz. Schweiz, einen Teil Belgiens, das sö. Kanada, die Kanalinseln, das Aostatal; in Luxemburg und Monaco ist F. Amtssprache, in Kanada und auf den Kanalinseln Amtssprache neben dem Engl., in Belgien neben dem Niederländ.; Amtssprache ist es ferner in den zur Frz. Gemeinschaft gehörenden ehemaligen frz. Kolonien. In Schwarzafrika v. a. als Verkehrssprache bedeutend.

Französisch-Äquatorialafrika, 1910 bis 1958 frz. Generalgouvernement bzw. (ab 1946) Föderation von Territo-

Französische Gemeinschaft

rien der Frz. Union auf dem ab 1842 kolonisierten Gebiet der seit 1960 unabhängigen Staaten Gabun, Tschad, Kongo und Zentralafrikan. Republik mit dem Zentrum Brazzaville.

Französische Gemeinschaft (frz. Communauté Française), 1958–60 bestehende Nachfolgeorganisation der Frz. Union auf staatsrechtl. Grundlage, umfaßte Frankreich und alle ehemaligen Kolonial-, nunmehr autonomen Gebiete Frz.-Äquatorial- und Frz.-Westafrikas (außer Guinea) sowie Madagaskar. 1960 bildete Frankreich mit den meisten seiner nunmehr völlig unabhängigen Kolonien auf völkerrechtl. Basis eine neue (zweite) F. G., die heute aber nur noch formell besteht.

französische Kolonien, das frz. Kolonialreich, das v. a. in Afrika, Amerika und Indochina im wesentlichen in zwei frz. Expansionswellen im 17. und 19. Jh. entstand und nach 1945 bis auf kleine Restbestände im Zuge der Entkolonisation aufgelöst wurde. Bis 1682 eroberte Frankreich Gebiete in Afrika (Insel Réunion, Senegal), Guayana und auf den Westind. Inseln, ferner ↑Louisiane, Neufundland (↑Newfoundland), Kanada entlang dem Sankt-Lorenz-Strom sowie erste Stützpunkte in ↑Französisch-Indien. Dieser ausgedehnte Besitz fiel nach dem Siebenjährigen Krieg im Frieden von Paris (1763) größtenteils an Großbritannien. 1830 begann mit der Eroberung von Algier eine neue Phase der frz. Kolonialexpansion. 1830–48 drangen die Franzosen in das Hinterland der Elfenbeinküste vor, erweiterten ihren Einflußbereich in Gabun und sicherten sich Stützpunkte auf den Komoren sowie auf ↑Französisch-Polynesien. In den 1850er und 1860er Jahren wurden Plätze in Somaliland und Neukaledonien erworben. 1858–62 wurde die Grundlage für die frz. Herrschaft über ↑Indochina gelegt. Im Zuge der imperialist. Expansion der europ. Großmächte erwarb die 3. Republik ab den 1870er Jahren ein riesiges überseeisches Reich in Form von Kolonien, Protektoraten und Militärterritorien: Tunis 1881, Annam 1883/84, Tonkin 1885, Madagaskar 1885–97, Laos 1886, Frz.-Westafrika 1887–1909, Frz.-Äquatorialafrika 1880–1914, Marokko 1912. Nach dem 1. Weltkrieg erhielt Frankreich die größten Teile der dt. Kolonien Togo und Kamerun sowie das Völkerbundsmandat über Syrien und den Libanon, womit das frz. Kolonialreich seine größte Ausdehnung erreichte (13,1 Mio. km^2 mit 56,9 Mio. E). Die siegreichen nat. Emanzipationsbestrebungen in der Folge des 2. Weltkrieges führten zur vollständigen Auflösung des ehem. frz. Empire. Die frz. Niederlage im Vietnamkrieg (Diên Biên Phu) und der Algerienkrieg beschleunigten die Desintegration der 1946 gebildeten ↑Französischen Union Ende der 1950er Jahre und ihre partielle Umwandlung in die lockere ↑Französische Gemeinschaft. Heute noch zur Frz. Republik zählen: Frz.-Guayana, Guadeloupe, Martinique, Réunion als *Überseedépartements,* die als Teil des Mutterlandes gelten; Frz.-Polynesien, Neukaledonien, Wallis et Futuna, die Terres Australes et Antarctiques Françaises als *Überseeterritorien* mit beschränkter Selbstverwaltung. Die Komoreninsel Mayotte sowie Saint-Pierre-et-Miquelon haben einen bes. Status.

französische Kunst, die Kunst im Gebiet des heutigen Frankreich.

Mittelalter: Die *Baukunst* der *Romanik* (980–1150) zeichnet sich durch regional unterschiedl. Formen aus. Die Kirchen erhielten Tonnengewölbe (Saint-Trophime, Arles), in Burgund protogot. Formen (Cluny): Spitzbogen, Aufgliederung der Wand, Staffelchor, Doppelturmfassade; ebenso in der Normandie (Jumièges, Caen, Mont-Saint-Michel). Sonderentwicklungen im Poitou (Poitiers) und in der Auvergne (Toulouse). Den Höhepunkt roman. *Plastik* bildet die Reliefkunst von Moissac, Vézelay und Autun. Die Abteikirche Saint-Denis in der Île-de-France (1132–44) steht für den Beginn der *Gotik,* es folgen frühgot. Kathedralen in Sens, Senlis, Noyon, Laôn und Notre-Dame in Paris. In der Hochgotik (Bourges sowie Chartres [Neubau], Amiens, Reims) erhielt der Chor fast die gleiche Länge wie das Mittelschiff. Die größten Kathedralen entstanden ab Mitte des 13. Jh. (Spätgotik): Beauvais, Le Mans (Chor), Coutances. Die got. Plastik löste sich in Form von Säulenfiguren von der Wand (Königsportal, Chartres, um 1145), vollendet in Themen wie der stehenden Madonna mit Kind. Burgund war Zen-

französische Kunst. Gewändefiguren am Westportal der Kathedrale von Senlis (2. Hälfte des 12. Jh.)

französische Kunst

französische Kunst. Claude Vasconi und Georges Pencreac'h. »Forum des Halles« in Paris (1972–87)

trum spätgot. Plastik (C. Sluter) und Malerei: neben dem Tafelbild (Altäre) Buchmalerei (Brüder Limburg) und v. a. die Glasfenster der Kathedralen.

16. bis Anfang des 19. Jahrhunderts: In der Renaissance nahm Frankreich v. a. manierist. Einflüsse aus Italien auf. Die frz. *[Schloß]architektur* stand bis ins späte 18. Jh. im Zeichen polit. Repräsentation, die dem Künstler Gefühl für Maßstäbe, für das »Angemessene« (»convenance«), für Würde und Geschmack (»bon goût«) abverlangte. Renaissanceschlösser entstanden v. a. an der Loire. Schloß Vaux-le-Vicomte (1655–62) war Vorstufe für Ludwigs XIV. Riesenprojekt Versailles (1661–82). In Paris entstanden neben großen königl. Bauvorhaben (Louvre, Tuilerien, Palais de Luxembourg, Palais Royal) zahlr. adlige Stadtsitze (»Hôtels«). Die *Plastik,* im Manierismus durch Francesco Primaticcio (*1504, †1570; Stuckdekoration in Fontainebleau), Jean Goujon (*um 1510, †zw. 1564 und 1569; Reliefs) und G. Pilon (Grabmäler) vertreten, bevorzugt ab dem 17. Jh. Standbild, Reiterstatue, Büste, meist klassizistisch (A. Coysevox), Ausnahmen bildeten P. Puget, J.-A. Houdon. In der *Malerei* verblaßt die manierist. Schule von Fontainebleau seit dem Klassizismus: N. Poussin (heroische Landschaft), Claude Lorrain (ideale Landschaft), P. de Champaigne (Porträt), die Brüder Le Nain, G. de La Tour (bäuerl. Genre). Als Vertreter der Rokokomalerei sind A. Watteau, J. H. Fragonard zu nennen. Für die neoklassizist. Malerei steht v. a. J. L. David. Im napoleon. Empirestil traten klassizist. Formen wieder in den Dienst der Herrscherrepräsentation (Schloß Malmaison).

19. und 20. Jahrhundert: In der *Architektur* griff der Historismus Stilelemente aller Epochen wieder auf, wandte aber bereits den Eisenskelettbau an, der im Eiffelturm (1889) zum Symbol des Fortschrittglaubens wurde. Bed. frz. Vertreter der modernen Architektur war Le Corbusier, der neben expressiven Sakralbauten das funktionelle Bauen beherrschte, das den frz. Wohnungs- und Städtebau weitgehend prägte (u. a. Georges Candilis [*1913]). Individuellere Gestaltungen u. a. bei Émile Aillaud (*1902, †1988) und François Spoerry (*1912). In Selbstdarstellung verwandelten Renzo Piano (*1937) und Richard Rogers (*1933) den Funktionalismus im Centre Georges-Pompidou in Paris (1971–77). Die *Plastik* des 19. Jh. blieb klassizist. Tradition verpflichtet und fand selbst im 20. Jh. bed. Vertreter (A. Maillol). Das expressive Werk A. Rodins fand seinerzeit wenig Verständnis. Die *Malerei* stand im 19. Jh. im Spannungsfeld zw. Klassizismus (J. A. Ingres) und romant. Strömungen (E. Delacroix, Historienmalerei und Symbolismus [G. Moreau]). Gesellschafts- und Sozialkritik trat v. a. in der *Graphik* zutage (H. Daumier). Die Freilichtmaler der Schule von ↑Barbizon weisen auf den ↑Impressionismus, der sich in der 2. Hälfte des 19. Jh. durchsetzte. P. Cézanne bereitete die kompositor. Bildzerlegung des Kubismus vor, den G. Braque und P. Picasso 1907 in Paris begründeten und der mit J. Gris 1912 zum synthet. Kubismus erweitert wurde. R. Delaunay und F. Léger entwickelten in Auseinandersetzung mit dem Kubismus den sog. ↑Orphismus. Dada und Surrealismus waren wieder eher emotionsbetonte Stilrichtungen (M. Ernst, M. Duchamp, H. Arp, S. Dalí, J. Miró, A. Masson). In Paris arbeiteten u. a. auch C. Brancusi, A. Giacometti und Julio Gonzáles (* 1876, † 1942), sie machten die Stadt zum Zentrum der modernen *Plastik*. M. Duchamp gilt mit seinen Readymades als Klassiker der Objektkunst der 1950er und 1960er Jahre (↑Nouveau réalisme). In den 1960er und 1970er Jahren entfalteten sich neokonstruktivist. Strömungen (↑Op-art und kinet. [Licht]kunst), surreale Tendenzen (J. Dubuffet, Jean Robert Ipoustéguy [* 1920], N. de Saint Phalle) und die ↑Prozeßkunst. Neben Claude Rutault (* 1941) und Benar Venet (* 1941) sind von den jüngeren Vertretern der Malerei u. a. Norbert Cassegrain (* 1953), Jean-Yves Langlois (* 1946), Pierre Nivolett (* 1946), Christian Sorg (* 1941), Dominique Thiolat (* 1946) sowie Robert Combas (* 1958), Hervé di Rosa (* 1959) und Jean-Charles Blais (* 1956) zu nennen.

französische Literatur, die Literatur Frankreichs und die französischsprachige Literatur Belgiens. Man unterscheidet altfrz., mittelfrz. und neufrz. Literatur (seit dem 16. Jh.).

Alt- und mittelfranzösische Literatur: Das erste literar. Zeugnis in frz. Sprache, die »Eulaliasequenz« (um 880) ist ein Beweis für die prägende Kraft, die Sprache und Lehrinhalte der Kirche für die mittelalterl. Literatur Frankreichs besaßen. Die f. L. bis etwa 1200 schöpfte einerseits aus gelehrten Konventionen (z. B. die hagiograph. Texte oder die sog. »antiken« Romane [Alexander-, Theben-, Trojaromane]) und andererseits aus der reichen Quelle der volkstüml. Überlieferung. Mündlich Erzähltes wurde schriftlich fixiert, so die »Chansons de geste«, Heldenepen, die von den Kämpfen historisch teilweise identifizierbarer Krieger und Herrscher berichten (↑»Rolandslied«). Auch der höf. Roman nahm volkstüml. Überlieferungsgut auf, das aus dem keltischen Sagenkreis um König Artus stammte. Bedeutendster Verfasser: Chrétien de Troyes. Nach der Blüte der provenzal. Lyrik (ab 1100) übernahm um etwa 1160 an die altfrz. Literatur diese Ausdrucksform (↑Troubadours, ↑Trouvères). Aus den Versfassungen des 12. Jh. enstand zw. 1220/35 der große Prosa-Lancelot-Gral-Zyklus, der eine der Vorlagen der Ritter- und Abenteuerromane wurde. Mit der bürgerl. Gesellschaft der Städte gewann die f. L. vom 13. Jh. an einen realistischeren, auch satirisch-skept. Ton (u. a. J. Bodel). Die Satire (↑Roman de Renart, Rutebeuf und Jean de Meung, ↑Rosenroman) und die burlesken Fabliaux bereicherten zusehends Ausdrucks- und Formenwelt der mittelalterl. Literatur. Andererseits entstand die erste normative frz. Poetik (»Art de dictier« [1392] des E. Deschamps). Die Literatur sprengte jedoch ständig die normativen Bemühungen, insbes. die Passionsspiele (Arnoul Gréban [* um 1420, † 1471]) sowie die Lyrik F. Villons, deren Wirkung bis ins 20. Jh. ungebrochen blieb.

16. Jahrhundert (Renaissance): Durch den Humanismus wurden die antiken Autoren in ihren Urtexten neu entdeckt. Griech. und röm. Dichter wurden zu Modellen der nationalsprachl. Literatur, wobei die italien. Literatur des Trecento Vorbildcharakter gewann. F. Rabelais lieferte mit seinem Roman um Gargantua und Pantagruel (1532 bis 64) den satir.-utop. Entwurf einer idealen humanist. Welt. 1549 legte Joachim Du Bellay (* 1522, † 1560) das Manifest einer Autorengruppe vor, die sich nach alexandrin. Vorbild »Pléiade« nannte: die »Défense et illustration de la langue française«. Das Französische sollte in die

französische Literatur

Schule antiker und italien. Werke gehen. Du Bellay und P. de Ronsard orientierten sich zeitweilig an F. Petrarca, Horaz und Anakreon. Die antike Tragödie wurde zögernd wiederentdeckt und imitiert (Robert Garnier [*1544, †1590]), ausführl. Diskussionen über die Dramentheorie des Aristoteles in Italien bereiteten die frz. Klassik vor. Die Grauen der Religionskriege zeichneten die Literatur der Zeit, so das Epos »Les tragiques« (1616) A. d'Aubignés sowie v. a. die herausragenden »Essais« (1580–95) M. de Montaignes.

17. Jahrhundert (Vorklassik und Klassik): Der sprachlich kühne, Dialektformen nicht scheuende literar. Aufbruch der frz. Renaissanceliteratur erhielt in F. de Malherbe (ab 1609 offizieller Hofdichter) einen strengen Zensor. Gegen eine vor- bzw. antiklass. Strömung, u. a. vertreten durch satir. Dichtungen von Théophile de Viau (*1590, †1626), die phantast. Reiseromane von Cyrano de Bergerac, die Schäferromane von H. d'Urfé und die burlesken Romane von P. Scarron, C. Sorel und A. Furetière, bereitete F. de Malherbe den Weg für die poetolog. Normen des Klassizismus, die mit der Gründung der Académie française (1634) zum allgemein verbindl. Literaturgesetz erhoben wurden; eine Zusammenfassung der klass. Dichtungskonzeption lieferte N. Boileau-Despréaux mit seinem Lehrgedicht »Die Dichtkunst« (1674). Vor allem die Gattung, die im Mittelpunkt des Jh. stand, das Drama, war dem klass., an der griech. Tragödie orientierten Maß verpflichtet. Die »tragédie classique«, die von P. Corneille und J. Racine mit Werken von weltliterar. Bedeutung vertreten wird, war u. a. auch Ausdruck eines allg. Kulturanspruchs, der sich in Begriffen wie Glaubwürdigkeit (vraisemblance) und Angemessenheit (bienséance) ausdrückte. Die Entwicklung zur großen klass. Tragödie verlief nicht ohne Widersprüche und Konflikte. Die Auseinandersetzung um Corneilles Tragikomödie »Der Cid« (1637), die nach Ansicht der Mgl. der Académie française nicht die Regeln der drei Einheiten erfüllte, ist als »Querelle du Cid« in die frz. Dramengeschichte eingegangen. In der »Querelle des Anciens et des Modernes«, der von C. Perrault 1687 ausgelösten Literaturdebatte, erklärten zahlr. Autoren die ästhet. Normvorstellungen als unvereinbar mit den künstler. Kriterien der Moderne. Die Komödie, die (als geringer geachtete Gattung) weniger strengen Regeln unterworfen war, fand in den Werken Molières ihre klass. Form, die bis heute als Inbegriff der Komödie gilt. In der Versdichtung schuf J. de La Fontaine als Erneuerer der klass. antiken Fabel ein Werk, das zum Bestandteil der Weltliteratur gehört (»Fabeln«, 12 Bücher, 1668, 1678/1679 und 1694). Die Erneuerung der Romanliteratur ging von dem Typus des psycholog. Romans der Madame de la Fayette aus. Bed. Vertreter der klassisch prägnanten Form von Maxime und Aphorismus waren F. de La Rochefoucauld, J. de La Bruyère und B. Pascal.

18. Jahrhundert (Aufklärung): Die 1751–80 von Diderot und d'Alembert hg. »Encyclopédie« in 35 Bänden (↑Enzyklopädie) ist ein Spiegelbild der frz. Aufklärung, deren (teilweise kontroverse) Denker (Fortschrittsgläubigkeit u. a. bei Voltaire, Zivilisations- und Kulturkritik bei Rousseau) im individualist. Skeptizismus und im Namen der Toleranz die Normen und Dogmen eines geschlossenen philosoph. Systems in Frage stellten. Die großen Philosophen der frz. Aufklärung waren zugleich auch die Repräsentanten der Literatur ihrer Zeit; die emanzipator. Ideen der Aufklärung fanden ihren adäquaten Ausdruck v. a. im philosoph. Roman bzw. romanhaften Schriften: von ↑Montesqieu und v. a. die »Pers. Briefe« (1721) zu nennen, von ↑Rousseau neben seinen »Bekenntnissen« (hg. 1782 bis 89) u. a. der Briefroman »Die neue Heloise ...« (1761); von ↑Voltaire, der auch 65 Bühnenstücke hinterließ, der Roman »Candide oder Die beste Welt« (1759); von ↑Diderot, dem Begründer des frz. bürgerl. Trauerspiels, der Roman »Jacques, der Fatalist« (entst. 1773–75). Weitere Vertreter der erzählenden Literatur sind neben C. Perrault (Märchen) P. de Marivaux, der Abbé Prévost, A. R. Lesage, Choderlos des Laclos sowie der Marquis de ↑Sade; als Vertreter des Schauspiels ist v. a. ↑Beaumarchais mit seinen zeitkrit. Komödien bekannt (u. a. »Figaros Hochzeit«, 1785).

19. Jahrhundert (Romantik, Realismus, Naturalismus, Symbolismus): Aus der unmittelbaren Begegnung mit der Geschichte während der Revolution von 1789 gewann die Literatur des 19. Jh. bed. Impulse: Auf der Ebene ihrer Theorie wurde die normative Ausrichtung an klass. (antiken und nat.) Modellen ersetzt durch Wertung und Deutung des Einzelwerkes (theoretisch erläutert von V. Hugo in seinem Vorwort zum Drama »Cromwell«, 1827). Dadurch gewann auch das MA den ihm gebührenden Rang. In der literar. Praxis erfolgte die Entdeckung des bes. Individuums in Selbstinszenierungen (H. B. Constant de Rebecque, É. Pivert de Senancour, F. R. de Chateaubriand; A. de Musset, G. de Nerval, A. de Vigny) wie durch die Auseinandersetzung mit dem Genius in der Geschichte (H. de Balzac, V. Hugo, P. Mérimée). Neben Drama und Lyrik gewann v. a. der Roman an Form- und Ausdrucksmöglichkeiten. Der *Realismus* fand in der bewußt als Sittengeschichte konzipierten »Comédie humaine« (R.-Zyklus, 1829 bis 54) Balzacs ebenso seinen Ausdruck wie im rational-leidenschaftl. Werk Stendhals (»Rot und Schwarz«, R., 1830) und der Seelenanatomie G. Flauberts (»Madame Bovary«, R., 1857). Die Entwicklung der Wissenschaften begünstigte in der zweiten Jh.hälfte den Versuch der Präzisierung des Realismusbegriffs durch die Einbeziehung naturwiss., auf soziolog. (H. Taine) und medizin. (C. Bernard) Untersuchungen basierender Erkenntnisse im naturalist. Werk É. Zolas. In der Lyrik entwarf die vielf. vorbereitete poet. Revolution C. Baudelaires nicht nur eine neue Ästhetik des Häßlichen, sondern deutete das Universum als eine Fülle von Chiffren, die wechsels. aufeinander verweisen; dieser Aspekt seiner Dichtung wurde v. a. für die Symbolisten (P. Verlaine, A. Rimbaud, S. Mallarmé, C. de Lautréamont) produktiv. Ausweg aus der Eindimensionalität des herrschenden Rationalismus suchten auch religiös inspiriert P. Claudel (»Renouveau catholique«), esoterisch J.-K. Huysmans und farcenhaft grotesk und absurd A. Jarry.

20. Jahrhundert: Die Vielfalt, die die Literatur des 19. Jh. hervorgebracht hatte, schien zunächst in einer Art klassizist. Neubesinnung gehalten, wie sie bes. von den Autoren um die einflußreiche Literaturzeitschrift »La Nouvelle Revue Française« (1909 ff.) – unter ihnen v. a. A. Gide – gepflegt wurde. M. Proust eröffnete mit dem Romanzyklus »Auf der Suche nach der verlorenen Zeit« (1913–27) dem Roman des 20. Jh. neue Horizonte. Nach dem 1. Weltkrieg entstanden Dadaismus und Surrealismus (G. Apollinaire, A. Breton, P. Éluard, L. Aragon). Sie wurden die Anreger sprachexperimenteller Lyrik. Von zunehmender Bedeutung wurden die Autoren, die vor allem auch essayistische Werke schrieben (G. Bataille, M. Blanchot, C. Lévi-Strauss, Roland Barthes [* 1915, † 1980]). Im Umkreis des Existentialismus entstand das Werk J.-P. Sartres, A. Camus'. Die »neuen Erfahrungen des Schreibens« (F. Ponge) wurden in den 1950er und 1960er Jahren im sog. Neuen Roman (Nouveau roman; N. Sarraute, A. Robbe-Grillet, M. Duras) sowie im absurden Theater S. Becketts oder E. Ionescos greifbar. Als Vertreter der jüngeren Literatur sind v. a. Autoren aus dem Umkreis der sog. †Neuen Philosophen zu nennen: u. a. A. Glucksmann, Bernard Henri Lévy (* 1948), Guy Lardreau (* 1947), Jean-Paul Dollé (* 1939) und Christian Jambert (* 1948).

Belgien: Die belg. Literatur in frz. Sprache gehört unabhängig von der Begründung des selbständigen Staates 1830 seit dem MA bis heute fest zum Bestand der frz. Literatur. Bekannteste belg. Autoren sind u. a. É. Verhaeren, M. Maeterlinck, H. Michaux sowie G. Simenon.

französische Musik, die Musik und Musikpflege im heutigen Frankreich.
Mittelalter und Renaissance: Neben Liturgie und Gregorian. Choral, dessen Repertoire im 9. Jh. ausgebildet war, entstanden als nichtliturg. Formen der Einstimmigkeit im 9. Jh. der Tropus und die Sequenz. Zentrum war Saint-Martial (Limoges). Anfang des 12. Jh. nahm die weltl. Einstimmigkeit im Zusammenhang mit der Lyrik der Troubadours und Trouvères ihren Aufschwung. Mit den Organa, Conductus und Motetten der Meister der Notre-Dame-Schule, Leoninus und Perotinus, wurden die ersten großen mehrstimmigen Kunstwerke geschaffen. Seit Adam de la Halle

französische Musik

(*um 1240, †1285) breitete sich die Mehrstimmigkeit auch auf weltl. Formen, wie Rondeau, Virelai und Ballade, aus. Mit der *Ars nova* wurden den Musikern des 14.Jh. neue techn. Möglichkeiten eröffnet, die zur Ausbildung der meist vierst. Motette führten (Hauptmeister: Guillaume de Machault). Einflüsse aus England schlugen sich im Werk von G. Dufay nieder, der mit Messen, Motetten und geistl. Chansons neben Gilles Binchois (*um 1400, †1460) als Hauptmeister des 15.Jh. gilt. Das Ende des 15.Jh. brachte einen Höhepunkt polyphonen Komponierens mit J. Ockeghem und Josquin Desprez. Daneben sind u. a. noch Loyset Compère (*um 1445, †1518), Pierre de la Rue (*um 1460, †1518) und Antoine Brumel (*um 1460, †1520) zu nennen. Im Werk von Orlando di Lasso vereinigen sich alle spezif. Nationalstile der europ. Musik; ein Teil seiner Kompositionen (Chansons, Messen und Motetten) steht in der frz. und fläm. Tradition. Nach 1500 wurde der polyphone Satz durch den neuen harmon. Stil verdrängt.

17. und 18. Jahrhundert: Die auf den königl. Hof und Paris konzentrierte Musik der sog. klass. Epoche nahm unter der Ära Mazarins starke italien. Einflüsse auf. Mit dem »Ballet de cour« nahm die dramat. Musik, die Oper, ihren Aufschwung. J.-B. Lully schuf in Zusammenarbeit mit Molière die »Comédie-ballet« und die »Tragédie lyrique«, die eine stark von der Sprache bestimmte Vokalkunst mit instrumentalen Partien verbindet. Zeitgenossen und Nachfolger von Lully wie M.-A. Charpentier führten die Tragédie lyrique weiter, jedoch kam nach 1697 die Opéra-ballet auf, deren Handlung dem Tanz wieder weiten Raum gewährte (André Campra [*1660, †1744], Michel Pinolet de Montéclair [*1667, †1737], André Cardinal Destouches [*1672, †1749]). J.-P. Rameau pflegte alle dramat. Gattungen. Die frz. Opéra comique von François André Philidor (*1726, †1795), Pierre Alexandre Monsigny (*1729, †1817), André Ernest Modeste Grétry (*1774, †1813) wurde von C. W. Glucks Opernreform aufgegriffen. In der geistl. Musik vollzog sich vom Ende des 16.Jh. bis 1660 die Wende von der klass. Vokalpolyphonie zum Generalbaß (Henry DuMont [*1610, †1684]). Mit Lully, M.-A. Charpentier und Michel-Richard Delalande (*1657, †1726) erreichte die große frz. Motette ihren Höhepunkt. Werke für Orgel schuf Jehan Titelouze (*1563/64, †1633), für Cembalo J. Champion de Chambonnières (*um 1601, †1672) und L. Couperin. Die Werke von F. Couperin und Rameau begründeten einen neuen Klavierstil.

19. und 20. Jahrhundert: Aus Elementen der Revolutionsmusik und der dt. Musik entwickelte sich die frz. Romantik mit H. Berlioz und G. Meyerbeer. C. Gounod, C. Saint-Saëns, G. Bizet, J. Massenet vertraten einen strengeren Stil der Oper und standen in bewußtem Gegensatz zu R. Wagner. C. Franck, dessen Schüler Vincent d'Indy (*1851, †1931) und später A. Roussel rechnen zum frz. Klassizismus, während Gabriel Fauré (*1845, †1924) als Spätromantiker gilt. Mit C. Debussy und M. Ravel setzt die frz. Moderne ein. Der mit dem 1. Weltkrieg markierte Einschnitt wird von der Gruppe der »Six« (D. Milhaud, A. Honegger, F. Poulenc, G. Tailleferre, G. Auric, Louis Durey [*1888, †1979]) gekennzeichnet, die sich von Wagner und Debussy ebenso abzusetzen versuchte wie die »École d'Arcueil« um E. Satie. Eigene Ziele setzten sich O. Messiaen, André Jolivet (*1905, †1974), Daniel Lesur (*1908) und Yves Baudrier (*1906, †1988) in der Gruppe »Jeune France«. Traditionelle kompositor. Mittel und zeitgemäße Tonsprache verbinden sich in den Werken von J. Ibert, G. Migot, J. Martinon, J. Françaix und Henry Dutilleux (*1916). Hauptvertreter der an Schönberg und seine Schule anschließenden Zwölftonmusik wurde René Leibowitz (*1913, †1972), während seit 1948 – ausgehend von E. Varèse – Pierre Schaeffer (*1910) und Pierre Henry (*1927) mit ihrer konkreten Musik neue Klangdimensionen eröffneten. Wichtigster Vertreter der seriellen Musik ist P. Boulez, in dessen Werk alle entscheidenden avantgardist. Richtungen vertreten sind. In seinem Umkreis experimentieren auf der Suche nach neuen Ausdrucksmitteln u. a. Gilbert Amy (*1936), Alain Louvier (*1945) und Patrice Mestral (*1945).

Französische Revolution

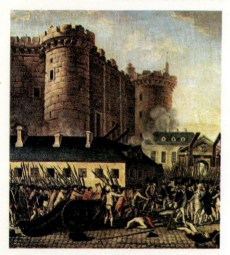

Französische Revolution. Der Sturm auf die Bastille am 14. 7. 1789; zeitgenössisches Gemälde

Französische Revolution, die Periode der frz. Geschichte von 1789 bis 1799. Hervorgerufen durch die Mißstände der absoluten Monarchie (mangelnde Reformfähigkeit, Staatsbankrott) in Frankreich, gedanklich in der Aufklärung wurzelnd, führte sie zur gewaltsamen Beseitigung des »Ancien régime« und zur Neuordnung der polit. und gesellschaftl. Verhältnisse; sie wirkte über Frankreich hinaus auch auf die europ. Staatenwelt.
Am 5. 5. 1789 traten die Generalstände zusammen, die zuletzt 1614 getagt hatten. Am 17. 6. erklärten sich die Abgeordneten des »dritten Standes« (v. a. gebildetes Bürgertum) zur verfassunggebenden Nationalversammlung. Zum Symbol der F. R. wurde die Erstürmung der Bastille durch die Pariser Massen am 14. 7.; die Nationalversammlung verkündete die Menschenrechte, schuf das zentralist. Verwaltungssystem der Départements, beseitigte alle ständ. Vorrechte von Adel und Klerus und zog das Kirchengut ein. Nach der gemäßigten Phase der konstitutionellen Monarchie gewannen unter dem Druck des Krieges radikale Gruppen (Jakobiner, Bergpartei) die Macht. 1792 wurde die Republik ausgerufen, der König im Januar 1793 hingerichtet. 1793/94 regierte M. de Robespierre mit diktator. Vollmachten an der Spitze des Wohlfahrtsausschusses. Sein Sturz setzte der »Schreckensherrschaft« ein Ende. Die neue Verfassung brachte 1795 die gemäßigte Herrschaft eines fünfköpfigen Direktoriums, das 1799 von Napoleon Bonaparte gestürzt wurde. Eng mit dem Verlauf der F. R. verbunden sind die ↑Koalitionskriege.
französische Revolutionskriege ↑Koalitionskriege.
Französischer Franc [frã:], Abk. FF, Währungseinheit in Frankreich: 1 FF = 100 Centimes (c).
französischer Garten ↑Gartenkunst.
Französisches Komitee der Nationalen Befreiung, 1943 in Algier gegr. Ausschuß des (1941 von de Gaulle in London als polit. Führungsorgan des Freien Frankreich gegr.) *Französischen Nationalkomitees;* 1944 Umwandlung in die Provisor. Regierung der Frz. Republik unter de Gaulle.
Französische Union, 1946 gebildete Gemeinschaft, die das frz. Mutterland, die frz. Überseedépartements und Überseeterritorien sowie die assoziierten Gebiete und Staaten umfaßte; 1958 von der ↑Französischen Gemeinschaft abgelöst.
Französisch-Guayana, frz. Überseedépartement an der NO-Küste Südamerikas, 91 000 km², 73 000 E, Hauptstadt Cayenne. Gehört größtenteils zum trop. Bergland von Guayana. Nw. von Cayenne entstand seit 1967 das frz. Raumfahrtzentrum Kourou, das auch von der ESA genutzt wird.
Geschichte: 1498 erkundete Kolumbus die Küste Guayanas; seit dem 16. Jh. frz. Niederlassungen. Im Frieden von Utrecht (1713) mußte Frankreich auf das Gebiet zw. Rio Oiapoque und Amazonas verzichten und konnte sich auch den verbliebenen Landesteil erst 1816 endgültig sichern. 1854–1938 frz. Sträflingskolonie; seit 1946 frz. Überseedépartement.
Französisch-Indien, ehemalige Restbestände der frz. Kolonialherrschaft in Indien nach dem Siebenjährigen Krieg (Pariser Frieden 1763): Pondicherry, Karikal und Yanam an der O-Küste sowie Mahe an der Westküste (alle bis

1954 frz.), ferner im Gangesdelta Chandernagore (bis 1950 frz.). – Ab 1668 Gründung frz. Handelskolonien durch die frz. Ostindienkompanie, ab Mitte 18.Jh. brit. Übergewicht.

Französisch-Indochina ↑Indochina.

Französisch-Polynesien, frz. Überseeterritorium im Pazifik, 130 Inseln (4000 km^2) in einem Meeresgebiet von rd. 2 Mio. km^2, 190000 E, Hauptstadt Papeete auf Tahiti. 1903 erhielt F.-P. den Status einer Kolonie. Die Eingeborenen bekamen 1945 frz. Bürgerrecht; seit 1959 Überseeterritorium.

Französisch-Somaliland ↑Djibouti.

Französisch-Westafrika, 1895–1958 frz. Generalgouvernement bzw. (ab 1946) Föderation von Territorien der Frz. Union, die schließlich das ab 1659 kolonisierte Gebiet der seit 1958/60 unabhängigen Staaten Senegal, Elfenbeinküste, Mali, Guinea, Niger, Benin, Mauretanien und Burkina Faso umfaßte; Zentrum war Dakar.

Franz Xaver, eigtl. Francisco de Jassu y Xavier (Javier), *Schloß Xaviero (Prov. Navarra) 7. 4. 1506, † auf Sankian bei Kanton 3. 12. 1552, span. kath. Theologe, Jesuit. Mitbegründer des Jesuitenordens. 1541 als päpstl. Legat in Indien; von dort aus weitere Missionsreisen. Patron der kath. Missionen. – Fest: 3. Dezember.

Frascati, italien. Stadt in Latium, sö. von Rom, 19400 E. Kern- und Raumforschungszentrum, Weinerzeugung. Barockvillen, u. a. Villa Aldobrandini (oder Belvedere), 1598–1603 erbaut für Papst Klemens VIII.; sö. Ruinen der Römerstadt *Tusculum.*

Frasch (Frash), Hermann [engl. fræʃ], *Oberrot bei Murrhardt 25. 12. 1851, † Paris 1. 5. 1914, amerikan. Chemiker und Technologe dt. Herkunft. Entwickelte das nach ihm ben. *Frasch-Verfahren* zur Gewinnung von Schwefel durch Einpressen von überhitztem Wasser (170 °C) und Preßluft in die Lagerstätte.

Fräsen [lat.-frz.], spanende Bearbeitung von Werkstücken mit rotierenden Fräswerkzeugen *(Fräser),* u. a. zur Herstellung planer Flächen, von Nuten, Profilen.

Fraser [engl. 'freɪzə], Fluß in W-Kanada, entspringt in den Rocky Mountains, mündet bei Vancouver in die Georgia Strait (Pazifik), 1368 km lang.

Frashëri, Naim [alban. 'fraʃəri], *Frashër 25. 5. (?) 1846, † Kızıltoprak bei Istanbul 20. 10. 1900, alban. Dichter. Mit seinen Brüdern Abdyl F. (*1839, †1892) und Sami F. (*1850, †1904) Vorkämpfer der alban. nat. Bewegung.

Frater [lat.»Bruder«], Bez. für Laienmönche.

Fraternisation [lat.-frz.], Verbrüderung.

Frau, erwachsener weibl. Mensch. Die Entwicklung des weibl. Organismus wird (ebenso wie die des männl.) von der Befruchtung der Eizelle an durch ein ineinander verflochtenes System genetisch gesteuerter Mechanismen gewährleistet. Grob schematisch lassen sich chromosomale, embryonale und sekundäre Geschlechtsdifferenzierungen unterscheiden. Die *chromosomale Differenzierung* (Chromosomenkombination XX beim weibl., XY beim männl. Organismus) vollzieht sich bei der Befruchtung. Vor Einsetzen der *embryonalen Geschlechtsdifferenzierung* zeigt das Urogenitalsystem auf Grund der bisexuellen Potenz des menschl. Organismus noch die beiden ursprüngl., paarigen Ausführungsgänge: die Anlagen für die äußeren Geschlechtsorgane können sich noch sowohl zum männl. wie zum weibl. hinentwickeln. Die *sekundäre Geschlechtsdifferenzierung* setzt mit der Pubertät ein und beruht auf der Wirkung von Hormonen (v. a. der Östrogene) aus hormonb. Zellen des Eierstocks.

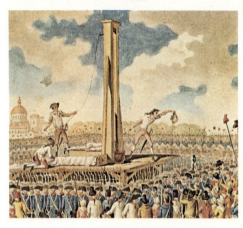

Französische Revolution. Hinrichtung Ludwigs XVI. auf der Place de la Concorde am 21. 1. 1793; zeitgenössisches Gemälde

Frau Ava

Die biolog. Merkmale der F. werden in verschiedenen Gesellschaften unterschiedlich sozial überformt. Ebenso differiert die Wesensdefinition der F. je nach geograph. Raum, histor. Epoche sowie Gesellschafts- und Kulturtypus. Die rechtl., polit. und ökonom. Stellung der F. hängt wesentlich von der gesellschaftl. Bewertung der Ehefrauen- und Mutterrolle ab. Im modernen europ. Recht errang die F. mittlerweile nahezu überall auf fast allen Rechtsgebieten die Gleichstellung mit dem Mann.

Frau Ava, † bei Melk 7. 2. 1127, dt. Dichterin. Das Todesdatum ist das der Klausnerin Ava, mit der die Dichterin vermutlich identisch ist. Schrieb zw. 1120/1125 eine von Laienfrömmigkeit geprägte früh-mhd. Heilsgeschichte in mehreren Gedichten.

Frauenbeauftragte, Frauen, die die Aufgabe haben, die Benachteiligung von Frauen im öffentl. Leben aufzudecken und abzubauen. Die F. sind meist in *Gleichstellungsstellen* bei Kommunen und anderen öffentl. Arbeitgebern (z. B. Universitäten), z. T. auch in privatwirtschaftl. Betrieben eingesetzt. Zu ihren Aufgaben gehören u. a. Prüfung von Gesetzes- u. a. Vorhaben auf mögl. Benachteiligung von Frauen hin, Erstellung von Frauenförderplänen, Beratung ratsuchender Frauen.

Frauenbewegung, organisierte Form des Kampfes um polit., soziale und kulturelle Gleichstellung der Frau, häufig im Zusammenhang mit anderen sozialen Reformbewegungen. Während der Frz. Revolution entstanden in Frankreich revolutionäre Frauenklubs (ähnlich in Deutschland um 1848). Die mit der industriellen Revolution verbundenen sozialen Umwälzungen gaben der F. nach 1850 neue Impulse. 1865 wurde der Allg. Dt. Frauenverein gegründet, der sich v. a. mit Frauenarbeit und Frauenbildung beschäftigte. Das Hauptanliegen der frühen F., das Frauenwahlrecht, wurde in Deutschland 1918 erreicht. Durch die wirtschaftl. Notwendigkeiten und sozialen Umwälzungen des 1. Weltkriegs nahm die Frauenarbeit und damit die Integration der Frau in Politik und Gesellschaft zu. Einen starken Rückschritt brachte in Deutschland die NS-Ideologie von der Rolle der Frau als Gattin und Mutter. – Eine »Neue F.« entstand Ende der 1960er Jahre im Zusammenhang mit der amerikan. Bürgerrechtsbewegung und der europ. Studentenbewegung; seit Mitte der 1970er Jahre auch Bewegungen in zahlr. Ländern der Dritten Welt. Im Unterschied zur histor. F. versteht sich die heutige F. nicht in erster Linie als eine Frauenrechts-, sondern als eine feminist. Frauenbefreiungsbewegung.

Frauenchiemsee (Frauenwörth), Benediktinerinnenkloster auf der Fraueninsel im Chiemsee, um 770 von Herzog Tassilo III. gestiftet, frühroman. Münster (11./12. Jh.) mit Fresken der Salzburger Schule des 12. Jh.; Glockenturm (1395); karoling. Reste (Torkapelle).

Frauenfeld, Hauptort des schweizer. Kt. Thurgau, 20 200 E. Thurgauisches Museum; u. a. Maschinenbau, Zuckerraffinerie. – Gründung der Grafen von Kyburg; 1264 habsburg., 1331 Stadtrechte, 1460 mit dem Thurgau von den Eidgenossen erobert; 1712–98 deren Tagsatzungsort.

Frauenhaarfarn (Adiantum), Gatt. der Tüpfelfarngewächse mit über 200 Arten in allen wärmeren Gebieten der Erde; am bekanntesten ist der *Echte F.* mit vielen haarfein gestielten Fiederchen; viele Kulturformen.

Frauenhaus, Bez. für eine Einrichtung, in der mißhandelte Frauen [mit ihren Kindern] vorübergehend Aufnahme finden.

Frauenheilkunde, svw. ↑Gynäkologie.
Fraueninsel, ↑Chiemsee, ↑Frauenchiemsee.

Frauenchiemsee. Torkapelle des Klosters; wahrscheinlich aus karolingischer Zeit

Frederiksborg

Frauenlob †Heinrich von Meißen.
Frauenmantel (Alchemilla), Gatt. der Rosengewächse mit über 20 Arten vorwiegend in gemäßigten und kühlen Gebieten und Hochgebirgen; meist Stauden mit kleinen, gelbl. oder grünen Blüten. Bekannte Sammelarten sind: *Gemeiner F.* (Marienmantel) und *Alpen-F.* (Silbermantel).

Frauenmantel. Gemeiner Frauenmantel (Höhe 15–80 cm)

Frauenschuh (Cypripedium), Gatt. der Orchideen mit etwa 50 Arten auf der nördl. Erdhalbkugel; die einzige einheim. Art ist der geschützte *Rotbraune F.* (in Wäldern).

Frauenschuh. Rotbrauner Frauenschuh (Höhe 15–80 cm)

Fräulein, Verkleinerungsbildung zu »Frau«; bis ins 18./19. Jh. als »gnädiges F.« dem Adel vorbehalten. – Die seit dem 19. Jh. generell der unverheirateten Frau geltenden Anrede ist heute der Anrede »Frau« gewichen.

Fraunhofer, Joseph von (ab 1824), *Straubing 6. 3. 1787, † München 7. 6. 1826, dt. Physiker. Entdeckte 1814 die nach ihm ben. Absorptionslinien im Sonnenspektrum *(Fraunhofer-Linien);* verhalf, unabhängig von A. J. Fresnel, der Wellentheorie des Lichtes zum endgültigen Durchbruch.

Fraunhofer-Gesellschaft zur Förderung der angewandten Forschung e. V. [nach J. von Fraunhofer], Abk. FhG, 1949 gegr. gemeinnützige Gesellschaft, die mit zahlr. wiss. Einrichtungen in der BR Deutschland angewandte und anwendungsorientierte Forschung, v. a. auf dem Gebiet der Natur- und Ingenieurwiss., betreibt.

Freak [engl. friːk], jemand, der von etwas besessen ist (Computer-F.).

Frears, Stephen Arthur [engl. 'frɪəs], *Leicester 20. 6. 1941, brit. Filmregisseur. Drehte u. a. die Filme »Mein wunderbarer Waschsalon« (1985), »Gefährliche Liebschaften« (1989), »The Snapper« (1992).

Frechen, Stadt in der Ville, NRW, 44 600 E. Keramikmuseum; Steinzeugfabriken, Braunkohlentagebau.

Fredegunde, *um 550, † 597, fränk. Königin. Nebenfrau König Chilperichs I. von Neustrien, dessen Gemahlin 567 nach der Ermordung Königin Galswindas, der Schwester Brunhildes; übernahm nach der Ermordung Chilperichs (584) die Regentschaft für ihren Sohn Chlothar II.

Fredensborg [dän. ˈfreːʼðənsbɔr], dän. Schloß am Esrumsø, im NO der Insel Seeland, 1720–24 erbaut; Sommersitz der dän. Könige.

Fredericia [dän. freðəˈreː(d)sja], dän. Hafenstadt an der O-Küste Jütlands, 45 900 E. Beltbrücke nach Fünen; Erdölraffinerie.

Frederiksberg [dän. freðrəgsˈbɛr], dän. Gem. auf Seeland, Enklave in der Stadt Kopenhagen, 85 800 E. Hochschule für Veterinärmedizin und Agrikultur, Zoo.

Frederiksborg [dän. freðrəgsˈbɔr], Renaissanceschloß auf Seeland, Dänemark (17.–19. Jh.; Museum). – Der *Friede von Frederiksborg* (3. 7. 1720) beendete den 2. Nord. Krieg zw. Schweden und Dänemark.

Joseph von Fraunhofer

Freiburg
Kantonswappen

Freetown
Stadtwappen

Frederikshåb

Frederikshåb [dän. freðregsˈhɔːˈb] (Paamunt), Hafenort an der Südwestküste Grönlands, 2300 E.
Frederikshavn [dän. freðrəgsˈhauˈn], dän. Hafenstadt am Kattegat, 35400 E. Werften, wichtigster Fährhafen Jütlands.
Fredrikstad [norweg. ˌfredriksta], Hafenstadt in SO-Norwegen, 27800 E. Im Stadtgebiet liegt *Gamlebyen,* eine 1567 gegr. Festungsstadt (unter Denkmalschutz).
Free Jazz [engl. ˈfriːˈdʒæz »freier Jazz«], gegen Ende der 1950er Jahre von afroamerikan. Musikern entwickelter Stil des Jazz, der die herkömmlichen Regeln weitgehend aufhebt (u. a. O. Coleman, J. Coltrane, C. Taylor); charakteristisch ist die Emanzipation der Klangfarbe als Mittel improvisator. Gestaltung, dabei werden tonale Bezüge sowie der Beat als Regulativ oft außer Kraft gesetzt; v. a. auch Hinwendung zu Musikkulturen der Dritten Welt.
Freese, Heinrich, *Hamburg 13. 5. 1853, † Strausberg 29. 9. 1944, dt. Industrieller und Sozialpolitiker. Führte in seinem Unternehmen Arbeitervertretung und Tarifvertrag (1884), Gewinnbeteiligung für Arbeitnehmer (1889/91) und den Achtstundentag (1892) ein.
Freesie (Freesia) [nach dem dt. Arzt Friedrich Heinrich Theodor Freese, *1795 (?), † 1876], Gatt. der Schwertliliengewächse mit nur wenigen Arten in S-Afrika; auch Schnitt- und Gartenblume.

Freesie.
Hybriden (Höhe 30–60 cm)

Freetown [engl. ˈfriːtaʊn], Hauptstadt von Sierra Leone, an der Küste der Halbinsel Sierra Leone, 470000 E. Univ., Internat. Fischereiforschungsinstitut, Landesmuseum; größtes Ind.-Zentrum und einziger Importhafen des Landes; internat. ✈. – 1787 von Engländern als Siedlung für befreite Sklaven gegründet.
Fregatte [roman.], Kriegsschiff für Sicherungs- und Geleitaufgaben, i. d. R. kleiner als der Zerstörer.
Fregattvögel (Fregatidae), Fam. der ↑Ruderfüßer, etwa 0,8–1,1 m lange Vögel mit fünf Arten, die ausgezeichnete Segler sind; v. a. an den Küsten und Inseln trop. und subtrop. Meere; Flügelspannweite bis 2,3 m.
Frege, Gottlob, *Wismar 8. 11. 1848, † Bad Kleinen am Schweriner See 26. 7. 1925, dt. Mathematiker und Philosoph. Gilt als Begründer der modernen Logik; bed. Beiträge zur mathemat. Grundlagenforschung. Auch für die Entwicklung der Linguistik wesentl. sprachanalyt. Untersuchungen.
Freiberg, Kreisstadt in Sa., 48100 E. Älteste Bergakademie der Welt (1765 gegr.); Bergbau- und Hüttenkombinat, Papiermaschinen- und Metallwerk. Spätgot. Dom (15./16. Jh.) mit der Goldenen Pforte (um 1230), Tulpenkanzel (1508–10), Orgel von G. Silbermann (1711–14); spätgot. Rathaus (1470 bis 1474). – Im MA bed. Silberbergbau; im 13. Jh. Stadtrecht.
Freiberge (frz. Franches-Montagnes), verkarstetes Hochplateau im Schweizer Jura, Pferde- und Rinderzucht.
Freibetrag, steuerfreier Betrag, der bei der Berechnung der Steuerbemessungsgrundlage unberücksichtigt bleibt (z. B. Kinderfreibeträge).
Freibeuter, früher svw. Seeräuber.
freibleibend (ohne Obligo), Klausel im *Geschäftsverkehr,* die die Bindung des Anbietenden an das Angebot oder die Bindung an einzelne vertragl. Zusagen ausschließt.
Freibord, bei einem Seeschiff der senkrechte Abstand zw. Schwimmwasserlinie und oberstem Deck *(F. deck).*
Freibrief, im *mittelalterl. Recht* Personen oder Institutionen gewährtes Privileg; auch Urkunde über die Entlassung aus der Leibeigenschaft.
Freiburg (frz. Fribourg), Kanton in der W-Schweiz, in den Voralpen und im

Schweizer Mittelland, 1591 km², 214 600 E, Hauptstadt Freiburg im Üechtland; weitgehend landwirtschaftlich orientiert.
Geschichte: 1803 aus dem ehemal. Untertanenland der Stadt Freiburg und der gemeinsam von ihr und Bern regierten ref. Herrschaft Murten gebildet; 1846 Mgl. des Sonderbunds; 1847 von Bundestruppen erobert.

Freiburger Bucht, Schwarzwaldrandbucht westl. von Freiburg im Breisgau, reicht von Emmendingen im N bis nach Staufen im Breisgau im S und wird im W vom Kaiserstuhl und Tuniberg begrenzt.

Freiburger Münster, Bischofskirche (seit 1821) in Freiburg im Breisgau; erbaut 1200 ff.; charakterist. gotische Einturmfassade mit durchbrochenem Helm (1280 ff.), got. Langhaus mit Wandflächen statt Triforium (1220 ff.). Bed. Ausstattung.

Freiburger Schule, um 1930 entstandene, v. a. durch W. Eucken repräsentierte Gruppe von Wirtschaftswissenschaftlern, die eine neoliberale wirtschaftspolit. Lehre vertraten.

Freiburg im Breisgau, 1) Stadt am Austritt der Dreisam aus dem S-Schwarzwald, Bad.-Württ., 191 600 E. Verwaltungssitz des Reg.-Bez. Freiburg, Univ. (gegr. 1457), PH, Staatl. Hochschule für Musik, Forschungsinstitute, Museen, Theater. Wirtschaftlich bed. sind v. a. Verwaltung, Handwerk, Handel, Fremdenverkehr, Chemiefaserproduktion, holzverarbeitende, pharmazeut. und elektrotechn. Ind., Verlage.
Stadtbild: Neben dem ↑Freiburger Münster sind u. a. bed.: die Martinskirche (13. Jh.), die Universitätskirche (1683), das Kaufhaus (gegen 1520), das Alte und das Neue Rathaus (1558 bzw. 1620), das Schwaben- und das Martinstor (urspr. 13. Jh.); charakteristisch sind offene »Bächle« in der Altstadt.

Fregattvögel. Prachtfregattvogel (Spannweite 2,3 m)

Freidank

Freiburg im Breisgau 1). Schwabentor (13. Jh.)

Geschichte: Zähring. Gründung (1120); 1218 an die Grafen von Urach (seitdem Grafen von Freiburg); ab 1368 unter habsburg. Herrschaft; 1678–97 frz. Festung (1744 geschleift); 1805 an Baden.
2) 1821 gegr. dt. Erzbistum mit den Suffraganbistümern Rottenburg-Stuttgart und Mainz.

Freiburg im Üechtland (frz. Fribourg), Hauptstadt des schweizer. Kt. Freiburg, sw. von Bern, 36 400 E. Kath. Univ.; Museum für Kunst und Geschichte, naturhistorisches Museum. Schul-, Markt- und Industriestadt. Hochgot. Kathedrale Sankt Nikolaus (im 18. Jh. vollendet), Franziskanerkirche (13. Jh.) mit Kreuzgang, Basilika Notre Dame (1201/02; umgestaltet), Rathaus (1500–21); zwei Tore (14./15. Jh.); Brunnen (16. Jh.). – Zähringergründung (1157); 1487 Reichsfreiheit; 1481/1502 Aufnahme in die Eidgenossenschaft; Zentrum der Gegenreformation; seit 1613 Bischofssitz.

Freidank (mhd. Frîdanc, Vrîdanc, Frîgedanc), † Kaisheim bei Donauwörth 1233 (Tod eines Fridancus bezeugt), mhd. fahrender Spruchdichter wohl oberdt. Herkunft. Verfasser einer Sammlung von meist zwei- bis vierzeili-

Freiburg im Breisgau 1) Stadtwappen

Freidenker

gen Reimpaarsprüchen mit dem Titel »Bescheidenheit« (Bescheidwissen).
Freidenker, Begriff, der im engl. Sprachgebrauch zunächst diejenigen bezeichnet, die den christlichen Glauben dem Urteil der Vernunft unterwarfen, dann allgemein diejenigen, die das Denken unabhängig von jeder Autorität allein durch die Evidenz der Gegenstandes leiten lassen; im 19./20. Jh. [Selbst]bez. für atheistische Denker. In Deutschland zunächst als *Freigeister* bezeichnet.
Freideutsche Jugend, Organisation der ↑Jugendbewegung.
Freie, im frühen MA der Stand derer, die volle Rechtsfähigkeit und polit. Rechte besaßen (Gemeinfreie). Von ihnen unterschieden waren die *Minder-* oder *Halbfreien* sowie die *Unfreien*. Von den F. hoben sich die *Edelfreien* ab, die sich meist dem Adel annäherten, während zahlr. F. im Laufe des MA in Abhängigkeit der Grundherrschaft gerieten. Neue Gruppen von F. entstanden durch bes. Zuordnung zum Herrscher oder durch Vergünstigung in Neusiedelgebieten.
Freie Demokratische Partei, Abk. FDP (seit 1968/69 parteioffiziell F. D. P.), 1948 aus dem Zusammenschluß nat.-liberaler und linksliberaler Gruppen entstandene polit. Partei; (1994) 90000 Mitglieder. 1949–56 an den CDU/CSU-geführten Bundesregierungen beteiligt, bildete die FDP 1961–66 erneut eine Koalition mit der CDU/CSU. In der Opposition setzte 1968 eine linksliberale Umorientierung ein, die 1971 in die »Freiburger Thesen« mündete. 1969 unterstützte die FDP bei der Wahl des Bundes-Präs. G. Heinemann (SPD) und bildete nach der Bundestagswahl eine Koalitionsregierung mit der SPD. Die wirtschafts- und sozialpolit. Vorstellungen des innerparteilich dominierenden Unternehmerflügels um O. Graf Lambsdorff führten im Herbst 1982 zum Koalitionswechsel zur CDU/CSU. Partei-Vors.: 1948/49 T. Heuss, 1949–54 F. Blücher, 1954–57 T. Dehler, 1957–60 R. Maier, 1960–68 E. Mende, 1968–74 W. Scheel, 1974–85 H.-D. Genscher, 1985–88 M. Bangemann, 1988–93 O. Graf Lambsdorff, 1993–95 K. Kinkel, seit 1995 W. Gerhardt.

Freie Demokratische Partei

Freie Deutsche Jugend, Abk. FDJ, 1946 gegr. dt. kommunist. Jugendorganisation (ab 14 Jahren); bis 1989 einziger, der SED eng verbundener Jugendverband in der DDR.
freie Ehe ↑eheähnliche Gemeinschaft.
freie Gewerkschaften, Bez. für die sozialistisch orientierten dt. ↑Gewerkschaften.
freie Künste ↑Artes liberales.
Freier, urspr. Bez. für den eine Heirat vermittelnden Boten (Freiwerber), dann für den Bräutigam; heute für die Kunden von Prostituierten.
Freier Deutscher Gewerkschaftsbund, Abk. FDGB, 1945 entstandene Einheitsgewerkschaft der DDR und deren größte Massenorganisation. Nach seinem Statut stand der FDGB »auf der Grundlage des Marxismus-Leninismus«, er lehnte das Streikrecht in der »volkseigenen Wirtschaft« ab und anerkannte »die führende Rolle der SED«; war ab 1949 Mgl. des kommunist. Weltgewerkschaftsbundes. 1990 löste sich der FDGB selbst auf, seine Mitgliedsgewerkschaften schlossen sich dem DGB an.
Freies Deutsches Hochstift – Frankfurter Goethe-Museum, 1859 gegr. Institut zur Pflege von Wiss., Kunst und Bildung, bes. zur Erforschung der Goethezeit. Zur Stiftung gehören u. a. das Frankfurter Goethehaus, eine Bibliothek (rd. 120 000 Bde.; von 1720–1840) sowie ein Handschriftenarchiv (gut über 30 000 Autographen).
freies Format, eine Möglichkeit der Spureinteilung bei Magnetplattenspeichern. Die Blöcke einer Spur können dabei unterschiedlich lang sein; Ggs. ↑Sektorformat.
freies Geleit, 1) *Strafrecht:* als *sicheres Geleit* die gerichtl. Zusage im Strafprozeß an einen abwesenden Beschuldigten, ihn wegen einer bestimmten strafbaren Handlung nicht in Untersuchungshaft zu nehmen.
2) im *Völkerrecht* umfaßt das *Geleitrecht* den Schutz einzelner Personen, z. B. Diplomaten, gegen Angriffe oder den Zugriff staatl. Gewalt beim Passieren fremden oder feindl. Gebiets.
freie Städte, 1) Freistädte, ↑Reichsstädte.
2) die vier Stadtrepubliken (Hamburg, Bremen, Lübeck und Frankfurt am

Main) des Dt. Bundes (ab 1815). Frankfurt wurde 1866 von Preußen okkupiert; die »Freien und Hansestädte« Lübeck und Hamburg sowie die »Freie Hansestadt« Bremen konnten ihre Selbständigkeit wahren. Während Hamburg und Bremen nach 1945 Länder der BR Deutschland wurden, kam Lübeck zu Schleswig-Holstein.

Freie Universität Berlin, Abk. FU, 1948 in Berlin (West) von relegierten Studenten und Dozenten der Humboldt-Univ. (in Berlin [Ost]) gegr. Universität. Die Studenten haben in allen Organen Sitz und Stimme.

freie Wohlfahrtsverbände, Verbände, die neben dem Staat (Gemeinden und Kommunalverbände) Wohlfahrtspflege und soziale Fürsorge betreiben und für ihre Arbeit Anspruch auf staatl. Unterstützung haben; Spitzenverbände: Arbeiterwohlfahrt e. V., Deutscher Caritasverband e. V., Deutscher Paritätischer Wohlfahrtsverband e. V., Deutsches Rotes Kreuz, Diakonisches Werk der Evangelischen Kirche in Deutschland e. V., Zentralwohlfahrtsstelle der Juden in Deutschland e. V.

Freifrau, Ehefrau des ↑Freiherrn.

Freigänger, im Strafvollzug ein Häftling, der wegen guter Führung tagsüber ohne bes. Aufsicht in einem normalen Betrieb arbeitet und abends in die Vollzugsanstalt zurückkehrt.

Freigeister ↑Freidenker.

Freigelassene ↑Freilassung.

Freigrenze, die Grenze der Steuerbemessungsgrundlage, bis zu der keine Steuer erhoben wird.

Freihäfen (Freizonen), im *Völkerrecht* Häfen, in denen zur Förderung des Handels zollpflichtige Güter und Vorgänge von der Erfüllung der innerstaatl. zollrechtl. Vorschriften ganz oder z. T. befreit sind.

Freihandel, im Rahmen der klass. Außenhandelstheorie entwickeltes Prinzip der vollkommenen Handelsfreiheit. Nach der F.lehre führt die Befreiung des internat. Güteraustausches von Kontrollen und Regulierungen (z. B. Zölle, Kontingente, Devisenbewirtschaftung) und die Durchsetzung des freien Wettbewerbs zu einer internat. Arbeitsteilung mit optimaler Produktion und größtmögl. Wohlstand; v. a. im 19. Jh. von großer Bedeutung. Nach 1945 entstanden neue Ansätze in den Liberalisierungsbemühungen des GATT und der OECD, in der wirtschaftl. Integration der EWG und EFTA.

Freihandelszone, die Vereinigung mehrerer Staaten zu einem einheitlichen Zollgebiet (z. B. EFTA, NAFTA).

Freiheit, 1) *Philosophie:* Grundbegriff der prakt. Philosophie. – Aus den vielfältigen Versuchen, den Begriff der F. in seiner Bedeutung zu erfassen, lassen sich zwei grundsätzl. Aspekte benennen: F. kann als Abwesenheit äußerer, innerer oder durch Menschen oder Institutionen (Staat, Gesellschaft, Kirche) bedingter Zwänge und Bindungen verstanden werden; dieser Aspekt des F.begriffs ist v. a. politisch, sozial und historisch von Bedeutung. In den polit. und sozialen Bereichen kann es durch Beseitigung von Zwängen *Befreiung* geben – heute oft *Emanzipation* genannt. Im Unterschied zu den Möglichkeiten polit. und sozialer Befreiungen bezeichnet die *Entscheidungs-* oder *Willensfreiheit* des einzelnen Menschen in Philosophie und Theologie eine von äußeren Einflüssen unabhängige Eigenschaft, die oft auch mit dem Begriff der *Autonomie* umschrieben wird.

Als Idee ist der Begriff der F. seit der Antike Gegenstand der Philosophie: einerseits wird philos. Denken vor die Aufgabe gestellt, die Möglichkeit von F. zu begründen, andererseits gilt es, den Freiheitsbegriff inhaltlich zu füllen. Gelingt der Nachweis der Möglichkeit von F. – nur dort, wo es F. gibt, kann es auch Verantwortung geben – so bleibt für die ↑Ethik die Aufgabe, deren Grenzen zu bestimmen und sie so gegen die Willkür abzugrenzen. In beiden Problemkreisen kennt die Geschichte des abendländ. Denkens zahlr. Ansätze. Dabei bezieht die Sichtweise, die ↑Determinismus genannt wird, die einschneidendste Position: Die Kategorie F. wird als Illusion, als Ausdruck der Beschränktheit menschl. Erkenntnisvermögens begriffen.

2) *Politik:* die äußere Unabhängigkeit und Gleichberechtigung eines Staats (↑Souveränität) wie das Recht eines Volkes, über seine staatl. Einheit und Ordnung selbst zu entscheiden (↑Selbstbestimmungsrecht), auch das Recht aller Staatsbürger auf Ausübung der Staatsgewalt (↑Demokratie) und die

Freiheit der Meere

Sicherung der Rechte des einzelnen (Grundrechte).

Freiheit der Meere, Grundsatz des *völkerrechtl. Gewohnheitsrechts,* nach dem der hohe See der Staatsgewalt einzelner Staaten entzogen ist und bleiben muß. Sie steht der freien Nutzung u. a. durch Schiffahrt und Fischerei grundsätzlich frei, wird aber durch [hoheitl.] Ansprüche einzelner Staaten (Erweiterung der Hoheitsgewässer) zunehmend eingeschränkt.

Freiheit der Person (persönliche Freiheit), in Art. 2 Abs. 2 GG verankertes Grundrecht, das vor willkürl. Verhaftungen, Festnahmen, Internierungen u. a. Maßnahmen schützt.

Freiheit, Gleichheit, Brüderlichkeit (frz. Liberté, Égalité, Fraternité), in der Frz. Revolution 1793 zuerst im Club der Cordeliers aufgestellte Losung; von der 2. Republik (1848–52) als Leitbegriff übernommen, von der 3. Republik (1870–1940) zur offiziellen Devise erklärt.

Freiheitliche (Die Freiheitlichen), seit 1995 Name der ↑Freiheitlichen Partei Österreichs.

Freiheitliche Partei Österreichs, Abk. FPÖ, 1955 entstandene österr. Partei, die ihre deutschnat. Tradition seit Mitte der 1960er Jahre durch liberale Zielsetzungen zu ergänzen suchte und damit für die SPÖ koalitionsfähig wurde (1983–86). Bundesobmann J. Haider (seit 1986) führte die FPÖ auf einen stramm nationalist. Kurs. 1995 erfolgte die Namensänderung in »Die Freiheitlichen«.

Freiheitsberaubung, strafbarer Entzug der persönl. Bewegungsfreiheit (z. B. durch vorsätzl. oder widerrechtl. Einsperren); wird mit Freiheitsstrafe bis zu fünf Jahren oder mit Geldstrafe bestraft.

Freiheitsentziehung, rechtmäßige, befristete oder unbefristete Unterbringung einer Person gegen ihren Willen oder im Zustande der Willenlosigkeit an einem eng umgrenzten Ort (Gefängnis, Haftraum, Fürsorgeanstalt, Krankenanstalt usw.). Über die Zulässigkeit und Fortdauer entscheidet der Richter.

Freiheitsglocke (Liberty Bell), 1753 in der Town Hall in Philadelphia aufgehängte Glocke, die 1776 die Unabhängigkeit der USA verkündete. Die *F. von Berlin,* 1950 von L. D. Clay dem Regierenden Bürgermeister von Berlin, E. Reuter, übergeben, ist eine Nachbildung der F. von Philadelphia.

Freiheitskriege ↑Befreiungskriege.

Freiheitsrechte ↑Grundrechte, ↑Menschenrechte.

Freiheitsstatue, auf Liberty Island vor New York als Symbol der Freiheit 1886 aufgestellte Figur (Höhe des Standbildes 46 m, Granitsockel 47 m) von Frédéric Auguste Bartholdi (* 1834, † 1904), ein Geschenk Frankreichs.

Freiheitsstatue

Freiheitsstrafe, Strafe durch Freiheitsentzug nach dem StGB. Die F. ist zeitlich begrenzt oder lebenslang.

Freiheitssymbole, meist in Verbindung mit polit. Freiheitsbestrebungen (z. B. Nordamerikan. Unabhängigkeitskrieg, Frz. Revolution) entstandene Symbole: der Freiheitsbaum, die Jakobinermütze, die Trikolore, die Freiheitsglocke sowie die Freiheitsstatue.

Freiherr, dt. Adelstitel, im Rang unter dem Grafen; der F. entspricht in Westeuropa der Baron.

Freikirche, im Ggs. zu Staats- oder Volkskirche frei konstituierte Kirche, die unabhängig von staatl. Einflüssen und deren Mgl. nur auf Grund ausdrückl. Willenserklärung aufgenommen werden. In den USA haben die meisten Kirchen den Charakter von Freikirchen. – Als F. bzw. freikirchl. Zusammenschlüsse in Deutschland sind u. a. zu nennen die Selbständige Ev.-Luth. Kir-

Freimaurerei

che, der Bund Ev.-Freikirchl. Gemeinden in Deutschland und der Bund freier ev. Gemeinden in Deutschland.

Freikonservative Partei, preuß. Partei, entstanden 1866; ihre Reichstagsfraktion nannte sich ab 1871 *Dt. Reichspartei;* unterstützte u. a. den Kulturkampf und das Sozialistengesetz. 1918 ging die F. P. in der †Deutschnationalen Volkspartei auf.

Freikörperkultur (Nacktkultur, Naturismus, Nudismus), Abk. **FKK,** Freiluftleben und Wassersport mit nacktem Körper. Anfänge in Deutschland um die Jh.wende.

Freikorps [ko:r], für die Dauer eines Krieges bzw. eines Feldzugs unter einzelnen Führern mit Ermächtigung des Kriegsherrn gebildete Freiwilligenverbände (v. a. in den Befreiungskriegen). Die nach Auflösung des kaiserl. Heeres ab Ende 1918 auf Betreiben der obersten Heeresleitung gebildeten insgesamt über 100 F. waren in der Mehrzahl republikfeindl. eingestellt und vertraten rechtsradikale Tendenzen.

Freilassung, Aufhebung von Herrschaftsrechten über Menschen minderen Rechts (Sklaven, Unfreie). – Im *Alten Orient* war die F. von Sklaven nicht selten, meist (in Ägypten nur) in Form der Adoption durch den Herrn oder des Freikaufs durch den Sklaven selbst. In der *griech. Polis* hatte die F. die Aufgabe, dem Sklaven die selbständige Rechtsfähigkeit und, bei Vorliegen eines entsprechenden Volksbeschlusses, auch das Bürgerrecht zu verleihen. In *Rom* erhielt die F. durch Zustimmung des Prätors rechtl. Anerkennung. Im Unterschied zu Griechenland blieb der Freigelassene jedoch trotz Erlangung des röm. Bürgerrechts unter dem Patronat des Freilassers. Im *Früh-MA* wurden von den meisten Germanenstämmen die röm. F.formen übernommen. Die F. nach fränk. Recht durch Schatzwurf wurde in Deutschland die wichtigste Form: Der Freizulassende hielt vor Zeugen seinem Herrn (oder dem König) eine Münze hin, dieser schlug sie ihm aus der Hand oder warf sie zu Boden. Der Freigelassene war nunmehr »frei«, blieb aber in einem Schutz- und Abhängigkeitsverhältnis milderer Art zum bisherigen Herrn. Seit der *Neuzeit* (bis zur Aufhebung der Leibeigenschaft) vollzog sich die F. nur noch durch Ausstellung einer Urkunde (Freibrief), wofür oft erhebl. Gelder gefordert wurden. Hieraus entwickelte sich meist ein Recht der Leibeigenen auf Loskauf.

Freilauf, Vorrichtung zur selbsttätigen Trennung des Antriebs vom Abtrieb, sobald sich z. B. die Abtriebswelle schneller dreht als die Antriebswelle; v. a. beim Fahrrad.

Freileitungen, oberird., an Isolatoren befestigte elektr. Leitungen ohne isolierende Umhüllung; v. a. im Rahmen der elektr. Energieversorgung und in der Nachrichtentechnik. Als Leiter werden Kupfer- oder Aluminiumseile bzw. Aluminiumseile mit bes. zugfester Stahlseele verwendet. Bei *Hochspannungsleitungen* wird als Blitzschutz ein *Erdseil* von Mastspitze zu Mastspitze gespannt.

Freilichtmalerei (Pleinairmalerei), das Malen von Landschaften unter freiem Himmel (»plein air«); Beginn mit J. Constable, Richard Parkes Bonnington (* 1801, † 1828) und der Schule von Barbizon.

Freilichtmuseum, volkskundl. Museumsanlage, in der in freiem Gelände erhaltene bzw. wiederaufgebaute Gebäude früherer Wohn- und Wirtschaftsformen veranschaulichen. Als erstes F. wurde 1891 Skansen in Stockholm eröffnet.

Freiligrath, Ferdinand [...ligra:t, ...liçra:t], * Detmold 17. 6. 1810, † Cannstatt (heute zu Stuttgart) 18. 3. 1876, dt. Dichter. Verherrlichte in Gedichten und Aufrufen die Ideen der Revolution von 1848, mußte deshalb zweimal ins Exil gehen. Schrieb u. a. die »Neueren polit. und sozialen Gedichte« (2 Bde., 1849 bis 51).

Freimaurerei [Lehnübersetzung von engl. freemasonry], internat. Bewegung von humanitärer, der Toleranz verschriebenen Geisteshaltung. Die in bdierl. Gemeinschaft in sog. »Tempelarbeiten« gewonnene Selbsterkenntnis schärft Gewissen und Verantwortungsgefühl gegenüber Staat und Gesellschaft. Die F., Vorbild war die †Bauhütte, kennt drei *Grade:* Lehrling, Geselle und Meister.

Die regulären Freimaurerlogen sind innerhalb eines Staates in einem oder auch mehreren Bünden zusammengeschlos-

Ferdinand Freiligrath

Freir

sen. Sie sind (einschließlich der Großlogen) im Vereinsregister eingetragene Vereine. Die Mgl. einer Loge wählen in freier Wahl ihren Vors., den Meister vom Stuhl bzw. Logenmeister, und diese den Großmeister.

Geschichte: Die Bez. »freemason« (ab 1376 belegt) entspricht der dt. Berufs-Bez. »Steinmetz«, »lodge« *(Loge)* bezeichnet ab 1278 das den Bauhandwerkern als Werkstatt und Versammlungsraum dienende Holzgebäude, ab dem 14./15. Jh. auch die Gruppe der dort arbeitenden Steinbauwerker. 1717 entstand in London die erste Großloge, der seit 1725 die weltweite Verbreitung der F. folgte. – Vor 1933 (Schließung der Logen, Einzug ihrer Vermögen, z. T. Verfolgung ihrer Mgl. durch das nat.-soz. Regime) arbeiteten in Deutschland etwa 76 000 Freimaurer. Die nach 1945 wieder entstandenen Logen schlossen sich 1958 zu den »Vereinigten Großlogen von Deutschland« zusammen (heute etwa 20 500 Freimaurer). – Zw. 1738 und 1918 wurde die F. in zwölf päpstl. Stellungnahmen verurteilt und ihre Mgl. exkommuniziert. Der 1972 begonnene Dialog zw. der kath. Kirche und der F. und die Aufhebung der Exkommunikation kath. Freimaurer (1972) wurden 1981 durch eine Erklärung der päpstl. Kongregation für die Glaubenslehre wieder zurückgenommen.

Freir [ˈfraɪər] ↑Freyr.

freireligiös, religiöse Haltung, die jede dogm. gebundene Religionsgemeinschaft ablehnt. 1859 Gründung des *Bundes Freireligiöser Gemeinden,* 1950 Neuorganisation im *Bund Freireligiöser Gemeinden Deutschlands* (70 000 Anhänger).

Freischaren, militär. Verbände aus Freiwilligen, die an der Seite regulärer Truppen in das Kriegsgeschehen eingreifen.

Freischütz, im Volksglauben ein Schütze, der mit sechs Freikugeln, die mit Hilfe des Teufels gegossen wurden, unfehlbar trifft; die siebte Kugel lenkt der Teufel; danach Oper von C. M. von Weber (1821).

Freising, Kreisstadt am Rand des Erdinger Mooses, Bayern, 37 300 E. Fakultäten für Landwirtschaft und für Brauwesen der TH München, Fachhochschule Weihenstephan; Museen; Maschinen- und Motorenbau, Textilindustrie. Dom (12. Jh.; barockisiert) mit Krypta und Kreuzgang, gotischer Johanniskirche (1319–21), Renaissance-Arkadenhof (1519) der ehem. fürstbischöfl. Residenz. – Wirkungsstätte des hl. Korbinian († 730), der die Anfänge des Klosters Weihenstephan begründete (1020 neugegr., 1802/03 aufgehoben). Um 738 errichtete der hl. Bonifatius das Bistum Freising (bis 1818). 1802/03 fielen die Besitzungen des Hochstifts an Bayern.

Freising. Der die Stadt beherrschende Domberg mit dem Dom (Neubau 1160–1205)

Freisinnig-Demokratische Partei der Schweiz (häufige Abk. FDP), schweizer. Partei, 1894 gegr.; verlor 1919 die absolute Mehrheit; im wesentl. eine großbürgerl. Partei, die einen sozialen Liberalismus verfolgt.

Freisinnige, Bez. für Mgl. und Anhänger liberaler Parteirichtungen in Deutschland und in der Schweiz. Im *Dt. Reich* fusionierte 1884 die dt. Fortschrittspartei mit der von den Nationalliberalen abgesplitterten Liberalen Vereinigung in der Freisinnigen Partei, die sich 1893 in die Freisinnige Vereinigung und die Freisinnige Volkspartei spaltete. In der *Schweiz* entstand der *Freisinn* nach 1815 als Gegenbewegung zur polit. Restauration (Parteiorganisation ab 1894).

Freisler, Roland, *Celle 30. 10. 1893, † Berlin 3. 2. 1945 (bei Luftangriff), dt. Jurist und Politiker (NSDAP). Ab 1925 Mgl. der NSDAP; 1934–42 im Reichsjustizministerium; als Präs. des Volksgerichtshofes (1942–45) verkörperte er den nat.-soz. Justizterror.

Freispruch, Urteil im Strafprozeß, im Ehrengerichts- und Disziplinarverfahren, durch das der Angeklagte von dem Vorwurf der Anklage befreit wird.

Freistaat, Bez. für auf Zustimmung des Staatsvolks gegründetes und freiheitlich gesinntes Staatswesen. In Anlehnung an den in der Schweiz zur Umschreibung des eidgenossenschaftl. Gemeinwesens gebrauchten Begriff übertrug C. M. Wieland 1776 die Bez. als Entsprechung zum Begriff »Republik« auf die dt. Verhältnisse. In der Zeit der Weimarer Republik nannten sich die meisten Länder des Dt. Reichs F.; nach 1945 nahmen nur Baden (bis zur Gründung Baden-Württembergs 1952), Bayern (seit 1946), Sachsen seit 1992) und Thüringen (seit 1994) den Begriff als amtl. Bez. wieder auf.

Freistellungsauftrag ↑Zinsabschlagsteuer.

Freistilringen ↑Ringen.

Freistilschwimmen ↑Schwimmen.

Freistoß, im *Fußballspiel* Strafmaßnahme des Schiedsrichters bei Regelverstoß. Am Ort des Verstoßes darf von einem beliebigen Spieler der durch den Regelverstoß benachteiligten Mannschaft ein unbehinderter Schuß abgegeben werden, der beim *direkten F.* unmittelbar zum Torerfolg führen kann, während beim *indirekten F.* der Ball von einem weiteren Spieler berührt werden muß.

Freitag, fünfter Tag der Woche. – Im Volksglauben Unglücks- bzw. Glückstag.

Freital, Kreisstadt in Sa., bei Dresden, 39 600 E. Edelstahlwerk, Kamerawerk.

Freiverkehr, Handel in Wertpapieren, bei denen keine Zulassung zum amtl. Börsenverkehr beantragt worden ist bzw. die nicht zum amtl. Verkehr zugelassen sind.

freiwillige Feuerwehr ↑Feuerwehr.

freiwillige Gerichtsbarkeit, einer der drei Zweige der ordentl. Gerichtsbarkeit, für den es aber ein bes. geregeltes Verfahren zur Erledigung bestimmter, kraft Gesetzes zugewiesener Rechtsangelegenheiten meist privatrechtl. Art gibt. Urspr. zählten zur f. G. nur Angelegenheiten der Rechtsfürsorge z. B. Vormundschafts-, Nachlaß-, Register- und Beurkundungssachen). Heute sind ihr auch bestimmte Streitsachen des privaten und z. T. des öffentl. Rechts zugewiesen, wie Hausratsverteilung, Versorgungsausgleich im Zuge der Ehescheidung, Wohnungseigentumssachen und Landwirtschaftssachen, so daß eine Abgrenzung von gewöhnl. Zivilprozeßsachen nur nach der gesetzl. Zuordnung möglich ist.

Freiwillige Selbstkontrolle der Filmwirtschaft, Abk. **FSK,** 1949 gegr. Institution, die über die Eignung der Filme zur öffentl. Vorführung (seit 1972 entscheiden hierüber die Vertreter der Filmwirtschaft allein) sowie die Altersfreigabe für Kinder und Jugendliche entscheidet.

freiwilliges soziales Jahr, freiwilliger persönl. Hilfsdienst junger Menschen zw. dem 17. und 25. Lebensjahr in Einrichtungen der Wohlfahrts- und Gesundheitspflege in der BR Deutschland für die Dauer von zwölf Monaten.

Freiwurf, eine Strafmaßnahme des Schiedsrichters bei Verstößen gegen die Regeln, v. a. beim Handball, Wasserball, Korbball und Basketball.

Freizeit, die dem Berufstätigen außerhalb der Arbeitszeit zur Verfügung stehende Zeit.

Freizügigkeit, in Art. 11 GG verankertes Grundrecht aller Deutschen, an jedem Ort des Bundesgebietes Wohnsitz

Fréjus

oder Aufenthalt zu nehmen. Einschränkungen der F. dürfen nur durch Gesetz oder auf Grund eines Gesetzes erfolgen.
Fréjus [frz. fre'ʒys], frz. Stadt in der Provence, Dép. Var, 32 700 E. Korkverarbeitung, Erwerbsgartenbau. Reste röm. Bauten, u. a. Amphitheater (1./2. Jh.); Kathedrale (11./12. Jh.), frühchristl. Baptisterium (5. Jh.), Kreuzgang (13. Jh.; archäolog. Museum).
FRELIMO, Abk. für **Fre**nte de **Li**bertação de **Mo**çambique, ab 1962 Befreiungsbewegung, 1975–90 Einheitspartei in ↑Moçambique.
Fremdbestäubung ↑Blütenbestäubung.
Fremdenlegion (Légion étrangère), zum frz. Heer gehörende Freiwilligentruppe (etwa 8 500 Mann). Angeworben und aufgenommen werden Diensttaugliche jegl. Nationalität im Alter von 18 bis 40 Jahren, die sich zunächst zu einer fünfjährigen Dienstzeit verpflichten müssen. 1831 in Algerien gebildet; als schlagkräftige (und ohne Zustimmung des Parlaments verfügbare) Berufsarmee in fast allen frz. Kolonialkriegen eingesetzt; 1940 aufgelöst; 1946 Wiedergründung.
Fremdenrecht, die Gesamtheit der zur Regelung der Rechtsstellung von Personen, die nicht die Staatsangehörigkeit ihres Aufenthaltsstaates besitzen, erlassenen Normen (↑Ausländerrecht).
Fremdenverkehr ↑Tourismus.
Fremdkapital, der Teil des Kapitals eines Unternehmens, der ihm von außen zur Verfügung gestellt wird; gehört zu den Verbindlichkeiten und wird auf der Passivseite der Bilanz ausgewiesen.
Fremdwort, aus einer Fremdsprache übernommenes Wort, das sich im Unterschied zum Lehnwort in Aussprache und/oder Schreibweise und/oder Flexion der übernehmenden Sprache nicht angepaßt hat, dessen Herkunft aus der fremden Sprache auch dem durchschnittl. Sprecher deutlich ist.
frenetisch [griech.], stürmisch (Beifall, Jubel).
Freni, Mirella, *Modena 27. 2. 1935, italien. Sängerin (Sopran). Debütierte 1955 in Modena; v. a. bekannt in Opernpartien von Mozart, Verdi, Puccini und Bizet.
frequentieren [lat.], häufig besuchen, benutzen.

Frequenz [lat. »Häufigkeit«], 1) *allg.:* Häufigkeit; Höhe der Besucherzahl; Verkehrsdichte.
2) *Physik:* Formelzeichen v oder f; bei einem period. Vorgang, z. B. einer Schwingung, der Quotient aus der Anzahl n der Perioden und der dazu erforderl. Zeit t, also $v = n/t$. Das 2π-fache der Frequenz wird als *Kreis-F.* bezeichnet: $\omega = 2\pi n$. Zw. der Periodendauer (Schwingungsdauer) T und der Frequenz v besteht die Beziehung: $v = 1/T$. Einheit der F. ist das ↑Hertz.
Frequenzbandverteilungsplan ↑Wellenplan.
Frequenzbereiche ↑Wellenlänge.
Frequenzmodulation ↑Modulation.
Frequenzmultiplexverfahren ↑Trägerfrequenztechnik.
Frequenznormal, elektron. Schaltung, die eine konstante, stets reproduzierbare Frequenz erzeugt.
Frequenzspektrometer, Gerät zur Schallanalyse.
Frequenzumformer ↑Motorgenerator.
Frequenzumsetzer (Fernsehumsetzer, Füllsender), Empfänger-Sender kleiner Leistung, die den Fernsehempfang in Tälern ermöglichen; sie empfangen dem Muttersender und strahlen dessen Signale nach Umsetzen in eine neue Trägerfrequenz verstärkt ab.
Frequenzweiche, elektron. Schaltung zur Trennung zweier Frequenzbereiche.
Frescobaldi, Girolamo [italien. fresko-'baldi], *Ferrara vermutl. 12. 9. 1583, †Rom 1. 3. 1643, italien. Komponist. Orgelvirtuose; schrieb richtungsweisende Werke für Cembalo und Orgel.
Fresenius, [Carl] Remigius, *Frankfurt am Main 28. 12. 1818, †Wiesbaden 11. 6. 1897, dt. Chemiker. Entwickelte wichtige Methoden der chem. Analyse; bed. Lehrbücher, u. a. »Anleitung zur quantitativen chem. Analyse ...« (1846).
Freskomalerei [zu italien. pittura a fresco »Malerei auf das Frische«], abschnittsweise auf noch feuchtem gipsfreien Kalkputz ausgeführte Wandmalerei; Korrekturen sind nicht möglich infolge des schnellen wasserunlösl. Auftrocknens. Das Fresko zeichnet sich durch feinen Glanz aus und ist außerordentlich haltbar. Auf Außenwänden wurde in Ägypten die Freskotechnik verwendet, die in bed. Zeugnissen auch für Kreta und Mykene, bei den Etrus-

Girolamo Frescobaldi (anonymer Kupferstich; 17. Jh.)

Remigius Fresenius

kern, in Pompeji und Herculaneum belegt ist. Sie gelangte dann im Abendland zu einer Hochblüte in der karoling., roman. und in der Renaissancekunst (Reichenau-Oberzell; Giotto; Masaccio; Michelangelo). Im 17./18. Jh. wurde das sog. Kaseinfresko (Kasein statt Wasserfarben) auf trockenem oder wieder angefeuchtetem Kalkputz (»Kalkkaseinfresko«) angewandt.

Fresnel, Augustin Jean [frz. frɛˈnɛl], *Broglie bei Lisieux 10. 5. 1788, † Ville d'Avray bei Paris 14. 7. 1827, frz. Ingenieur und Physiker. Verhalf mit experimentellen und theoret. Arbeiten (ab 1815) der Wellentheorie des Lichtes zum Durchbruch.

Fresnel-Linse [frz. frɛˈnɛl...; nach A. J. Fresnel] (Stufenlinse), Linsentyp für Sammellinsen mit großem Öffnungsverhältnis. Die F.-L. besteht aus einer zentralen Linse und außen anschließenden, ringförmigen Zonen.

Fresnelscher Spiegelversuch [frz. frɛˈnɛl...; nach A. J. Fresnel], klass. Interferenzversuch zum Nachweis der Wellennatur des Lichts.

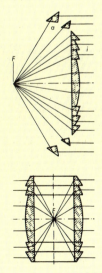

Fresnel-Linse. Meridianschnitt einer Fresnel-Linse (oben) und einer Fresnel-Gürtellinse (unten); a katoptische Ringe, i dioptische Ringe, F Brennpunkt

Freskomalerei. »Der Herr Vel Saties und sein Sklave Arnza«. Ausschnitt aus einem Fresko der Tomba François in Vulci

Freßzellen ↑Phagozyten.
Frettchen [lat.-niederl.] ↑Iltisse.
Freud, Sigmund, *Freiberg (heute Příbor [Nordmähr. Gebiet]) 6. 5. 1856, † London 23. 9. 1939, österr. Arzt und Psychologe. Seit 1902 Prof. in Wien; emigrierte 1938 nach London. F. betrieb zunächst hirnanatom. Forschungen und entdeckte die schmerzbetäubende Wirkung des Kokains. In Zusammenarbeit mit Josef Breuer (*1842, † 1925) entwickelte er ein Verfahren zur Heilung seel. Krankheiten durch »Abreaktion« verdrängter traumat. Erfahrungen, den ersten Ansatz zu der von ihm therapeutisch angewandten ↑Psychoanalyse. Die theoret. Bed. liegt in der Erweiterung der älteren Psychologie durch die Einbeziehung des Unbewußten und den daraus folgenden neuen Einsichten in die Triebdynamik. Als Haupttrieb menschl. Verhaltens nahm F. den Geschlechtstrieb (Libido) an: Da

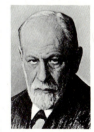

Sigmund Freud (Zeichnung; 1926)

gerade die Entfaltung der geschlechtl. Triebhaftigkeit durch gesellschaftl. Regeln und Tabus unterdrückt würden, ergäben sich hieraus die Fehlentwicklungen, die zu Neurosen führten, denen auszuweichen lediglich durch Sublimierung möglich sei. – *Werke:* Die Traumdeutung (1900), Zur Psychopathologie des Alltagslebens (1901), Totem und Tabu (1913), Das Ich und das Es (1923), Das Unbehagen in der Kultur (1929).

Freudenstadt, Kreisstadt im N-Schwarzwald, Bad.-Württ., 23 100 E. Heilklima. Kurort. – Ab 1599 im Stil der Idealstädte der Spätrenaissance erbaut. Die im April 1945 zerstörte Altstadt wurde 1949–54 wieder aufgebaut.

Freundschaftsinseln ↑Tonga.

Frevel, urspr. das schwere Vergehen, ab dem 14. Jh. das leichtere, mit Geldstrafen bedrohte Vergehen; seit dem 18. Jh. leichtere Gesetzesübertretungen, die keine Kriminalstrafe auslösten (z. B. Forst-, Jagdfrevel).

Freyja (Freia, Freya) [altnord. »Herrin«], in der altnord. Mythologie die Ur- und Erdmutter aus dem Göttergeschlecht der Wanen; später mit ↑Frigg verbunden.

Freyr [altnord. »Herr«] (Freir, Frey, Fricco), in der altnord. Mythologie aus dem Göttergeschlecht der Wanen stammender, friedenliebender Gott des Lichts und der Fruchtbarkeit.

Freytag, Gustav, *Kreuzburg O. S. 13. 7. 1816, † Wiesbaden 30. 4. 1895, dt. Schriftsteller. Schrieb Dramen (u. a. »Die Journalisten«, Kom., 1854) und v. a. Romane (u. a. »Soll und Haben«, 3 Bde., 1855; »Die Ahnen«, 6 Bde., 1873–81).

Friaul-Julisch-Venetien, Landschaft und autonome Region im östlichen N-Italien, 7 847 km^2, 1,216 Mio. E. Hauptstadt Triest.

Geschichte: Friaul war im 6. Jh. langobard. Hzgt., nach 800 fränk. Mark. 1077–1420 dem Patriarchat von Aquileja unterstellt; fiel danach mit seinem größeren Gebiet an Venedig, mit diesem 1797 an Österreich, 1866 an Italien. Der östl., von Slowenen besiedelte Teil wurde 1947 mit Jugoslawien vereinigt. 600

Fribourg [frz. fri'bu:r] ↑Freiburg mit Üechtland.

Frick, Wilhelm, *Alsenz bei Meisenheim 12. 3. 1877, † Nürnberg 16. 10. 1946 (hingerichtet), dt. Politiker (NSDAP). Jurist; 1928–45 Fraktions-Vors. der NSDAP; 1933–43 Reichsinnen-Min.; 1943–45 Reichsprotektor von Böhmen und Mähren; 1946 vom Internat. Militärtribunal zum Tode verurteilt.

Fricsay, Ferenc [ungar. 'fritʃɔi], *Budapest 9. 8. 1914, † Basel 20. 2. 1963, ungar.-österr. Dirigent. Chefdirigent des

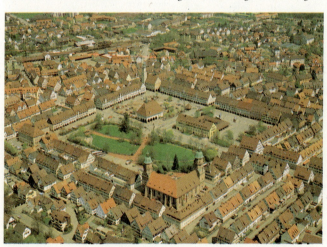

Freudenstadt. Blick auf die schachbrettartig angelegte Stadt mit dem großen laubenumzogenen Marktplatz in der Bildmitte (225×225 m)

Frieden

RIAS-Sinfonieorchesters (1948–54 und 1959–63) sowie Generalmusikdirektor der Städt. (Dt.) Oper Berlin (1948–52 und 1961–63).

Fridericus Rex [lat. »König Friedrich«], Beiname König Friedrichs II., d. Gr., von Preußen.

friderizianisch, auf die Zeit König Friedrichs II., d. Gr., von Preußen bezogen.

Fried, 1) Alfred Hermann, *Wien 11. 11. 1864, † ebd. 4. 5. 1921, österr. Pazifist. 1892 Mitbegründer der Dt. Friedensgesellschaft; erhielt 1911 den Friedensnobelpreis (mit T. M. C. Asser). **2)** Erich, *Wien 6. 5. 1921, † Baden-Baden 22. 11. 1988, österr. Schriftsteller. Lebte seit seiner Emigration 1938 in London; Vertreter der politisch engagierten zeitgenöss. Lyrik (»und Vietnam und«, 1966); auch Prosa und Hörspiele. 1987 Georg-Büchner-Preis. – *Weitere Werke:* Deutschland (Ged., 1944), Österreich (Ged., 1945), Die Beine der größeren Lügen (Ged., 1969), Höre, Israel! (Ged., 1973, erweitert 1983), Liebesgedichte (1979), Nicht verdrängen, nicht gewöhnen. Texte zum Thema Österreich (1987).

Friedan, Betty [engl. ˈfrɪdən], *Illinois 4. 2. 1921, amerikan. Frauenrechtlerin. Führende Vertreterin der emanzipator. Frauenbewegung »Women's Lib'«; schrieb »Der Weiblichkeitswahn« (1963).

Friedberg (Hessen), hess. Kreisstadt in der Wetterau, 24700 E. Bereiche der Fachhochschule Gießen (u. a. Maschinenbau); Wetterau-Museum. U. a. Zuckerfabrik, Lackfabrik, Fahrzeugbau. Got. Stadtkirche Unserer Lieben Frau (13./14. Jh.), Judenbad (1260). Die Burg steht an der Stelle eines röm. Kastells; Reste der Stadtbefestigung. – Stauf. Gründung.

Friedeburg, Hans-Georg von, *Straßburg 15. 7. 1895, † Flensburg 23. 5. 1945 (Selbstmord), dt. Admiral. Kommandierender Admiral der Unterseeboote (ab 1943); Mitunterzeichner der Gesamtkapitulation der dt. Wehrmacht.

Friedelehe [zu ahd. friudil »Geliebter«] ↑ Ehe.

Friedell, Egon, eigtl. E. Friedmann (bis 1916), *Wien 21. 1. 1878, † ebd. 16. 3. 1938 (Selbstmord nach dem Einmarsch der dt. Truppen), österr. Kulturphilosoph, Schauspieler und Theaterkritiker, am bekanntesten wurde sein essayist. Werk, v. a. die »Kulturgeschichte der Neuzeit« (3 Bde., 1927–31) und die »Kulturgeschichte des Altertums« (2 Bde., 1936–50 [hg.]).

Frieden, Zustand eines verträgl. und gesicherten Zusammenlebens von Menschen auf versch. Ebenen; als Zustand einer Regelung der Verhältnisse innerhalb von und zw. Staaten eng mit dem Begriff des Rechts verknüpft.

Der F. im AT (schalom) meint das heilsame Intaktsein einer Gemeinschaft, das als Gabe der Gerechtigkeit ihres gnädigen Schöpfers erfahren wird. F. ist göttl. Geschenk, kaum menschl. Aufgabe. Das NT verstärkt diese Auffassung, da seine gesamte Heilsbotschaft als Verkündigung des F. verstanden wird. In Jesus Christus ist der F. der ganzen Welt beschlossen, und wer ihm folgt, wird zum F.stifter. Augustinus hat im 19. Buch von »De civitate Dei« streng unterschieden zw. dem innerweltl. Bereich, in dem der F. mit Macht und Herrschaft und notfalls auch durch »gerechten Krieg« (bellum iustum) gesichert wird, und dem Bereich eschatolog. F.erwartung, der den Möglichkeiten ird. Politik entzogen ist.

Trotz dieser Trennung von Welt-F. und Gottes-F. war im MA das Streben unübersehbar, christl. Ordnungsvorstellungen der Welt des Politischen aufzuprägen. »Pax et Justitia« (F. und Recht) lautete der Jh. die Zielbestimmung der öffentl. Ordnung: das Recht diente dem F. und war selbst Ausdruck des Friedens. In der Epoche des Gottes- und Land-F. entwickelten sich die Herrschaftsinstanzen zu Trägern der Rechts- und F.idee. Im Ewigen Landfrieden von 1495 erreichte diese Entwicklung ihren Höhepunkt. Globale Bedeutung gewannen die Prinzipien einer rechtl. verfaßten F.ordnung im Zeitalter von Renaissance und Humanismus. Erasmus von Rotterdam verwarf den Krieg als naturwidrig und forderte zwischenstaatl. Garantieerklärungen und Schiedsgerichte. Die Zweifel an der Unvermeidbarkeit von Kriegen wuchsen bes. seit der Zeit der Aufklärung. I. Kant umriß in seinem Entwurf »Zum ewigen F.« (1795) die Bedingungen einer globalen Rechtsordnung als F.ordnung und postulierte eine unbedingte sittl.

Alfred Hermann Fried

Erich Fried

Friedensbewegung

F.pflicht, die eine Rechtfertigung des Krieges als »ultima ratio« ausschloß. In der Folge ging aus der Euphorie der Befreiungskriege und dem Nationalismus der europ. Völker eine neue Kriegsbereitschaft hervor, und die innerstaatl. Klassengegensätze der Ind.gesellschaft waren mit den überkommenen F.ideen nicht mehr zu überbrücken. Die Kriege der jüngeren Zeit haben den Ruf nach F. lauter werden lassen. Zu Beginn des 19. Jh. gründeten die Quäker *Friedensgesellschaften* (Peace Societies) in Amerika und Großbritannien. 1892 wurde die *Dt. Friedensgesellschaft* gegründet. Die Bewahrung des F. im atomaren Zeitalter steht unter der Drohung mögl. globaler Zerstörung.

Die heutige *Friedensforschung,* die von verschiedenen wissenschaftlichen Disziplinen und Einrichtungen getragen wird, konzentriert sich v. a. auf folgende Aufgaben:
1. Friedenssicherung durch polit. und militär. Stabilität (balance of power); 2. Schutz für einzelne und Gruppen vor individueller und kollektiver Gewalt (staatliches, rechtlich geordnetes Gewaltmonopol); 3. Sicherung gegen Not und Teilhabe am gesellschaftl. Reichtum (minimal welfare); 4. Gewährleistung staatsbürgerl. Freiheit (Rechtsstaat); 5. Sicherung gegen Umweltterror als Mittel eines Krieges.

Friedensbewegung. NATO-Soldaten vor einer Raketenattrappe bei einer Großkundgebung im Bonner Hofgarten am 22. Oktober 1983, die den Abschluß einer von der Friedensbewegung initiierten Aktionswoche gegen die Stationierung neuer amerikanischer Mittelstreckenraketen bildete

Friedensbewegung, Sammel-Bez. für politisch uneinheitl. Organisationen und Initiativen, deren Mgl. aus den verschiedensten Gründen durch persönl. Einsatz auf Krieg und Kriegsgefahr aufmerksam machen wollen. F. richten sich häufig gegen die offizielle Regierungspolitik der Staaten und suchen durch öffentl. Aktionen (z. B. Unterschriftensammlungen, Demonstrationen) die eigenen Regierungen zu entsprechendem polit. Handeln zu veranlassen. Seit dem 2. Weltkrieg richtete sich die F. auch gegen die Bedrohung durch die (militär.) Nutzung der Kernkraft und nahm einen Teil der *Ostermarschbewegung* (gegen die Kernkraft) der 1950er und 1960er Jahre in sich auf. Nachdem in der BR Deutschland die F. in den 1970er Jahren zunächst bedeutungslos geworden war, konnte sie durch die Diskussionen um den NATO-Doppelbeschluß (1979) und die Stationierung von Marschflugkörpern auf dem Gebiet der BR Deutschland (ab 1983) die Öffentlichkeit mobilisieren.

Friedenskuß (Pax), Friedensgestus in den christl. Liturgien an je nach Ritus verschiedener Stelle der Eucharistiefeier: stilisierte Umarmung mit gegenseitiger Berührung der linken Wangen zw. zelebrierendem Priester und Konzelebranten bzw. Diakon. Seit dem 2. Vatikan. Konzil wird der Friedensgruß auch zw. den Gottesdienstteilnehmern (als Handschlag) voll-zogen.

Friedensnobelpreis ↑Nobelpreis.
Friedenspfeife ↑Kalumet.
Friedenspflicht, Pflicht der Tarifvertragsparteien, für die Dauer des Tarifvertrages den Arbeitsfrieden zu wahren. Dazu gehört v. a. der Verzicht auf Arbeitskampfmaßnahmen zur Durchsetzung von solchen Forderungen, die über die im laufenden Vertrag geregelten hinausgehen.

Friedenspreis des Börsenvereins des Deutschen Buchhandels, 1950 als »F. des Dt. Buchhandels« gestiftet (10 000 DM), 1951 in Form einer Stiftung vom Börsenverein des Dt. Buchhandels übernommen. Verliehen für die »Förderung des Gedankens des Friedens, der Menschlichkeit und der Verständigung der Völker untereinander« (seit 1972 auch postum und an Organisationen). Bisherige Preisträger: M. Tau (1950),

A. Schweitzer (1951), R. Guardini (1952), M. Buber (1953), C. J. Burckhardt (1954), H. Hesse (1955), R. Schneider (1956), T. Wilder (1957), K. Jaspers (1958), Th. Heuss (1959), V. Gollancz (1960), S. Radhakrishnan (1961), P. Tillich (1962), C. F. von Weizsäcker (1963), G. Marcel (1964), N. Sachs (1965), A. Bea und W. A. Visser't Hooft (1966), E. Bloch (1967), L. S. Senghor (1968), A. Mitscherlich (1969), G. und A. Myrdal (1970), M. Gräfin Dönhoff (1971), J. Korczak (postum 1972), Club of Rome (1973), R. Schutz (Frère Roger; 1974), A. Grosser (1975), M. Frisch (1976), L. Kołakowski (1977), A. Lindgren (1978), Y. Menuhin (1979), E. Cardenal (1980), L. S. Kopelew (1981), G. F. Kennan (1982), M. Sperber (1983), O. Paz (1984), Theodore Kollek (*1911; 1985), Władysław Bartoszewski (*1922; 1986), H. Jonas (1987), S. Lenz (1988), V. Havel (1989), Karl Dedecius (*1921; 1990), G. Konrád (1991), A. Oz (1992), F. Schorlemmer (1993), J. Semprún (1994), Annemarie Schimmel (*1922; 1995).
Friedensresolution des Reichstags, das am 19. 7. 1917 von einer Reichstagsmehrheit (SPD, Zentrum, Fortschrittl. Volkspartei) auf Initiative von M. Erzberger beschlossene Bekenntnis zum Verständigungsfrieden ohne Annexionen und Kriegsentschädigungen. Schuf erste Voraussetzungen zur Bildung der späteren Weimarer Koalition.
Friedensrichter, u. a. in den angelsächs. Staaten, Frankreich und der Schweiz überwiegend ehrenamtl. tätige Richter (meist ohne jurist. Ausbildung); zuständig für Zivil-, Strafsachen von geringerer Bedeutung.
Friedensvertrag, völkerrechtlicher Vertrag, durch den der Kriegszustand zwischen zwei oder mehreren Staaten beendet wird. Er enthält als wesentl. Bestimmung die Wiederherstellung friedl. Beziehungen zw. den kriegführenden Parteien, außerdem Bestimmungen über die Abtretung von Gebieten und über Reparationen oder Kriegsentschädigungen.
Friedenthal, Richard, *München 9. 6. 1896, † Kiel 19. 10. 1979, dt. Schriftsteller. Emigrierte 1938 nach London; schrieb v. a. Biographien, u. a. über Goethe (1963) und Luther (1967).

Friederike von Sesenheim ↑Brion, Friederike.
Friedhof (Totenacker, Gottesacker), abgesonderte Stätte, an der die Toten bestattet werden. Seit dem Neolithikum wurden Gräber in einem bes. Bezirk angelegt (Gräberfeld, Nekropole), z. B. in einem Totental oder vor den Toren. In der röm. Spätantike kamen die Katakomben auf, u. a. auch als christl. F.; mit dem christl. Kirchenbau die Bestattung in und bei Kirchen (Kirchhof). Pest und andere Seuchen führten ab Ende des MA allg. zur Trennung von Pfarrkirche und F. außerhalb der Wohngebiete (meist mit dem hl. Michael geweihten Kapellen). Anstelle der Steinarchitekturen setzte sich seit dem 18. Jh. in M-Europa eine parkähnl. Gestaltung durch. ↑Grab, ↑Grabmal.
Recht: Das F.wesen ist in den F.- und Bestattungsgesetzen der Länder geregelt. Die *Friedhofsordnungen* werden vom jeweiligen F.träger erlassen; es besteht gesetzl. Pflicht, Leichen und Urnen auf Friedhöfen beizusetzen *(Friedhofszwang).*
Friedland, Gem. bei Göttingen, Ndsachs., 9500 E. 1945–90 Grenzdurchgangslager.
Friedländer, Max [Jacob], *Berlin 5. 6. 1867, † Amsterdam 11. 10. 1958, dt. Kunsthistoriker. 1896–1933 an der Berliner Gemäldegalerie, ab 1924 als Erster Direktor; 1908–28 gleichzeitig Direktor des Kupferstichkabinetts. 1938 Emigration in die Niederlande. Von grundlegender Bed. ist sein 14bändiges Werk »Die altniederl. Malerei« (1924–37).
Friedland (Ostpr.) (russ. Prawdinsk), Stadt in Ostpreußen, Rußland, 3000 E. – 1312 als Grenzburg des Dt. Ordens gegründet. Am 14. 6. 1807 schlug Napoleon I. bei F. (O.) die Russen unter L. A. G. Graf Bennigsen.
Friedlosigkeit, im *german.* Strafrecht des frühen MA strafweiser Ausschluß aus der Gemeinschaft, die dem Menschen Schutz, Sicherheit und Recht verbürgte. Der Friedlose war rechtlos und durfte straflos getötet werden.
Friedman, 1) Jerome Isaac ['fri:dmən], *Chicago (Ill.) 28. 3. 1930, amerikan. Physiker. Erhielt 1990 mit H. W. Kendall und R. E. Taylor für den Nachweis der Quarkelementarteilchen den Nobelpreis für Physik.

Max Friedländer

Jerome Isaac Friedman

Friedrich

Milton Friedman

2) Milton ['fri:dmən], * New York 31. 7. 1912, amerikan. Wirtschaftswissenschaftler. Erhielt 1976 den Nobelpreis für Wirtschafts-Wiss. für seinen Beitrag zur Konsumanalyse, Geldgeschichte und Geldtheorie sowie für die Darstellung der Komplexität der Stabilisierungspolitik.

Friedrich, Name von Herrschern:
Hl. Röm. Reich: **1) Friedrich I. Barbarossa** (»Rotbart«), * Waiblingen (?) 1122, † im Saleph (heute Göksu, Kleinasien) 10. 6. 1190 (ertrunken), als F. III. Hzg. von Schwaben, Röm. König (seit 1152), Kaiser (seit 1155). F. trennte 1156 Österreich als babenberg. Hzgt. vom Hzgt. Bayern ab. Nach dem ersten Italienzug 1154/55, der der Kaiserkrönung galt, kam es 1157 (Reichstag zu Besançon) zum ersten Konflikt mit dem Papsttum, als F. sich weigerte, das Kaisertum als päpstl. Lehen (»beneficium«) anzuerkennen. Die folgenden Italienzüge (1158, 1163, 1166–68, 1174–77) wurden unternommen, um die kaiserl. Rechte in den lombard. Städten wiederherzustellen (Ronkalischer Reichstag 1158) und um das 1159 ausgebrochene Schisma zw. den Päpsten Alexander III. und (dem von F. unterstützten) Viktor (IV.) zu beenden; sie endeten mit einer Niederlage seines Heeres. 1178 ließ sich F. in Arles zum König von Burgund krönen. Im Reich gelangen ihm der Ausbau der stauf. Hausmacht (v. a. Städtegründungen) und der Sturz Heinrichs des Löwen (1180 Teilung des Hzgt. Sachsen, Bayern an die Wittelsbacher), doch kein Ausgleich mit den Welfen. Auf dem sechsten Italienzug 1184 ließ er seinen Sohn Heinrich (VI.) zum König von Italien krönen. F. fand auf dem 3. Kreuzzug (1189–92) den Tod. – Auf F. wurde erstmals 1519 die urspr. um F. II. entstandene Kyffhäusersage übertragen.

2) Friedrich II., * Iesi bei Ancona 26. 12. 1194, † Fiorentino bei Lucera 13. 12. 1250, Röm. König (1196/1212), Kaiser (1220). Nach dem Tod seines Vaters, Kaiser Heinrichs VI. (1197), verzichtete Kaiserin Konstanze II. auf das dt. Königtum (1198 Krönung zum König von Sizilien). Der Feldzug des welf. Kaisers Otto IV. nach S-Italien bewog Papst Innozenz III., die Wahl des Staufers zum Gegenkönig zu betreiben, die 1211/12 erfolgte. Obwohl F. entgegen früherem Versprechen seinen Sohn Heinrich (VII.) 1220 zum Röm. König erheben ließ, krönte der Papst F. zum Kaiser, um dessen versprochenen Kreuzzug nicht zu verzögern. In Sizilien schuf F. mit den Assisen (Hoftagsbeschlüssen) von Capua 1220 und den Konstitutionen von Melfi 1231 einen straff organisierten »Beamtenstaat«. Trotz päpstl. Banns (1227, 1231 aufgelöst) wegen des mehrfach verschobenen Kreuzzugs brach F., in zweiter Ehe ∞ mit der Erbtochter des Königs von Jerusalem, 1228 auf und krönte sich 1229 zum König von Jerusalem. Nach der Niederwerfung des Aufstands Heinrichs (VII.) 1235 ließ er 1237 den jüngeren Sohn Konrad zum Röm. König (Konrad IV.) wählen. Als F. nach dem Sieg über den Lombardenbund bei Cortenuova (1237) die Unterwerfung Mailands und der Lombardei forderte, wurde er von Gregor IX. 1239 erneut gebannt. Papst Innozenz IV. erklärte F. auf dem Konzil von Lyon (1245) für abgesetzt und ließ in Deutschland Gegenkönige (Heinrich Raspe, Wilhelm von Holland) wählen, gegen die sich F. allerdings behaupten konnte. F. galt bereits den Zeitgenossen als »stupor mundi« (»der die Welt in Erstaunen versetzt«); sein Buch über die Falkenjagd (um 1246) gilt als frühes Meisterwerk beobachtender Naturwissenschaft.

3) Friedrich der Schöne, * 1289, † Burg Gutenstein (Niederösterreich) 13. 1. 1330, König, als F. II. Herzog von Österreich (ab 1306). 1314 zum Gegenkönig Ludwigs des Bayern gewählt; mußte in den Vertrag von München (1325) einwilligen, der die Gemeinschaftlichkeit des Königtums vereinbarte.

4) Friedrich III., * Innsbruck 21. 9. 1415, † Linz 19. 8. 1493, Kaiser, als F. V. Herzog von Steiermark. 1440 zum König gewählt und 1452 in Rom zum Kaiser gekrönt; konnte das Abbröckeln des habsburg. Hausmachtbesitzes nicht verhindern.

Dt. Reich: **5) Friedrich,** * Potsdam 18. 10. 1831, † ebd. 15. 6. 1888, Kaiser (1888), als König von Preußen F. III. Ältester Sohn Kaiser Wilhelms I.; ab 1858 ∞ mit der brit. Prinzessin Viktoria; stand den liberalen Zeitströmungen nahe; starb nach 99 Tagen Regierung.

Friedrich

Baden: **6) Friedrich I.,** *Karlsruhe 9. 9. 1826, † Schloß Mainau im Bodensee 28. 9. 1907, Großherzog (ab 1856). Betrieb eine ausgesprochen liberale Politik; wirkte 1870/71 vermittelnd bei der Reichsgründung; am Sturz Bismarcks beteiligt.
Brandenburg: **7) Friedrich I.,** *1371, † Cadolzburg 20. 9. 1440, Kurfürst (1417–25), als F. VI. Burggraf von Nürnberg (ab 1397). Stammvater der brandenburg. Hohenzollern.
8) Friedrich II., der Eiserne, *Tangermünde 19. 11. 1413, † auf der Plassenburg bei Kulmbach 10. 2. 1471, Kurfürst (ab 1440). Sohn Kurfürst Friedrichs I.; setzte die landesfürstl. Gewalt gegenüber Adel und Städten durch.
9) Friedrich Wilhelm, gen. der Große Kurfürst, *Berlin 16. 2. 1620, † Potsdam 9. 5. 1688, Kurfürst (ab 1640). Gewann im Westfäl. Frieden Hinterpommern mit Cammin, Minden, Halberstadt und die Anwartschaft auf Magdeburg. Baute ein stehendes Heer auf (1688: 31 000 Mann) und arbeitete auch mit der Aufhebung der ständ. Finanzrechte, der Einführung der Kontribution und der Akzise, u. a. auf ein einheitl. Staatswesen im Sinne des Absolutismus hin.
Dänemark: **10) Friedrich II.,** *Haderslevhus bei Hadersleben 1. 7. 1534, † Antvorskov bei Slagelse 4. 4. 1588, König von Dänemark und Norwegen (ab 1559), Herzog von Schleswig und Holstein. Eroberte 1559 die Bauernrepublik Dithmarschen.
11) Friedrich IV., *Kopenhagen 11. 10. 1671, † Odense 12. 10. 1730, König von Dänemark und Norwegen (ab 1699), Herzog von Schleswig und Holstein. Verwirklichte innere Reformen, v. a. die Abschaffung der Leibeigenschaft (1702).
12) Friedrich VI., *Kopenhagen 28. 1. 1768, † ebd. 3. 12. 1839, König (ab 1808). Führte Dänemark zur kulturellen und wirtschaftl. Blüte; mußte im Kieler Frieden 1814 Norwegen an Schweden abtreten.
13) Friedrich VII., *Kopenhagen 6. 10. 1808, † Glücksburg 15. 11. 1863, König (ab 1848), Herzog von Schleswig, Holstein und Lauenburg (ab 1848). Wandelte 1849 die absolute in eine konstitutionelle Monarchie um.
Hessen-Homburg: **14) Friedrich II.,** *Homburg (heute zu Bad Homburg v. d. H.) 30. 3. 1633, † ebd. 24. 1. 1708, Landgraf. Historisches Vorbild zu Kleists »Prinz Friedrich von Homburg«.
Hessen-Kassel: **15) Friedrich II.,** *Kassel 14. 8. 1720, † Weißenstein bei Kassel 31. 10. 1785, Landgraf (ab 1760). Kämpfte im Siebenjährigen Krieg auf der Seite von Preußen und Großbrit.; nach Kriegsende rege Bautätigkeit in Kassel, erhielt die finanziellen Mittel dazu zum großen Teil von Großbrit. in Form von Subsidien für die Entsendung hess. Soldaten (1776–83 etwa 12 000) auf den amerikan. Kriegsschauplatz.
Niederlande: **16) Friedrich Heinrich,** Prinz von Oranien, Graf von Nassau, *Delft 29. 1. 1584, † Den Haag 14. 3. 1647, Statthalter (ab 1625 von Holland, Utrecht, Geldern und Seeland, seit 1640 auch von Groningen und Drente). Sohn Wilhelms von Oranien; bed. Heerführer, v. a. im Festungskrieg, der die Verteidigungslinie (»Barriere«) der Republik schuf, die sie im Westfäl. Frieden und später behauptete.
Pfalz: **17) Friedrich I., der Siegreiche,** *Heidelberg 1. 8. 1425, † ebd. 12. 12. 1475, Pfalzgraf bei Rhein, Herzog von Bayern und Kurfürst von der Pfalz (ab 1452). Begründete die pfälz. Vormachtstellung am Oberrhein.
18) Friedrich III., *Simmern 14. 2. 1515, † Heidelberg 26. 10. 1576, Kurfürst (ab 1559). Trat 1546 offen zur Reformation (Kalvinismus) über; veranlaßte die Abfassung des Heidelberger Katechismus (1563).
19) Friedrich V., *Amberg 26. 8. 1596, † Mainz 29. 11. 1632, Kurfürst (ab 1610), als F. I. König von Böhmen (1619/20). Ließ sich als Haupt der prot. Union 1619 zum böhm. König wählen, wurde jedoch von den Truppen Kaiser Ferdinands II. und der kath. Liga am Weißen Berg geschlagen und geächtet (wegen seiner kurzen Regierungszeit »Winterkönig« gen.); die pfälz. Kurwürde fiel an Bayern.
Preußen: **20) Friedrich I.,** *Königsberg 11. 7. 1657, † Berlin 25. 2. 1713, als F. III. Kurfürst von Brandenburg (ab 1688), König in Preußen (ab 1701). Sohn Kurfürst F. Wilhelms d. Gr. von Brandenburg; erlangte von Kaiser Leopold gegen Hilfeversprechen im Span.

Friedrich VI., König von Dänemark und Norwegen (Kupferstich; um 1815)

Friedrich

Erbfolgekrieg die Anerkennung des Königtums für das Hzgt. Preußen; förderte Kunst und Wissenschaft.

21) Friedrich Wilhelm I., *Kölln (heute zu Berlin) 14. 8. 1688, † Potsdam 31. 5. 1740, König (ab 1713). Wegen seiner Vorliebe für die Armee »Soldatenkönig« genannt. Unter ihm wurde die absolute Monarchie in Brandenburg-Preußen vollendet. Der preuß. Staat erhielt seine einseitig militär. Ausrichtung. Es wurde ein stehendes Heer geschaffen, das, hervorragend geschult, eine bevorzugte Rolle im Staat spielte; konnte im Frieden von Stockholm (1720) Schwed.-Vorpommern (samt Stettin) bis zur Peene gewinnen.

Friedrich II., der Große

22) Friedrich II., der Große, *Berlin 24. 1. 1712, † Potsdam 17. 8. 1786, König (ab 1740). Von seinem Vater, F. Wilhelm I., streng erzogen, nach einem fehlgeschlagenen Fluchtversuch in der Festung Küstrin inhaftiert, während sein an den Fluchtplänen beteiligter Freund Hans Hermann von Katte (* 1704, † 1730) vor seinen Augen hingerichtet wurde. Kurz nach seinem Regierungsantritt begann F. ohne Rechtsgrundlage den 1. Schles. Krieg (1740 bis 42). Er verteidigte das eroberte Schlesien erfolgreich im 2. Schles. Krieg (1744/45). Überzeugt, daß der Dualismus zw. Preußen und Österreich in offenem Konflikt enden würde, legte F. großen Wert auf die Vervollkommnung seiner Armee. Die Überschneidung des preuß.-österr. und des brit.-frz. Ggs. führte zu einer entsprechenden Bündniskonstellation im Siebenjährigen Krieg (1756–63), den F. durch Einmarsch in Kursachsen auslöste und in dem er sich als hervorragender Feldherr erwies. Der polit. Umschwung in Großbrit. 1760 brachte F. an den Rand der Kapitulation, vor der er nur durch den Tod der mit Österreich verbündeten Zarin Elisabeth 1762 bewahrt blieb. Im Frieden von Hubertusburg 1763 wurde zwar der territoriale Vorkriegsstand bestätigt, doch fand Preußen Aufnahme in das Konzert der europ. Mächte. Im Zuge der 1. Poln. Teilung 1772 erwarb F. Ermland und Westpreußen ohne Danzig und Thorn. Innenpolitisch erstrebte er, bestimmt von der Staatsauffassung des aufgeklärten Absolutismus, ein merkantilist. Wirtschafts- und Finanzsystem, die Bildung eines zu unbedingtem Gehorsam verpflichteten Beamtenstandes, ferner umfassende Reformen im Heer-, Rechts-, Erziehungswesen und in der Landwirtschaft (Kolonisation); bed. Förderer von Wiss. und Kunst.

23) Friedrich Wilhelm II., *Berlin 25. 9. 1744, † Potsdam 16. 11. 1797, König (ab 1786). Neffe von Friedrich II., dem Großen; unter ihm kam es zur Annäherung an Österreich (1790 Konvention von Reichenbach) und zu bed. Gebietserweiterungen (Ansbach-Bayreuth 1791, Gebiete aus der 2. und 3. Teilung Polens 1793 und 1795).

24) Friedrich Wilhelm III., *Potsdam 3. 8. 1770, † Berlin 7. 6. 1840, König (ab 1797). Sohn von König F. Wilhelm II.; seine Neutralitätspolitik führte zur außenpolit. Isolierung und Abhängigkeit von Napoleon I.; konnte dadurch 1803 und 1805/06 Preußen erhebl. vergrößern. Trat 1806 überstürzt in den Krieg gegen Napoleon I. ein, der ihn nach der Niederlage bei Jena und Auerstedt zum demütigenden Frieden von Tilsit 1807 zwang. Versuchte, die 1815 bestätigte Großmachtstellung Preußens im Bündnis mit Rußland und Österreich zu bewahren. Seine Innenpolitik wurde von den Reformplänen des Frhr. vom Stein, Hardenbergs, Scharnhorsts und Gneisenaus bestimmt.

25) Friedrich Wilhelm IV., *Berlin 15. 10. 1795, † Schloß Sanssouci 2. 1. 1861, König (ab 1840). Sohn F. Wilhelms III.; von der dt. Romantik geprägt, einem christl.-german. Staatsideal verhaftet. Vorstellungen vom Gottesgnadentum und vom mittelalterl. Ständestaat verhinderten im Vormärz einen preuß. Übergang zum Konstitutionalismus; lehnte 1849 die von der Frankfurter Nationalversammlung angeb. Erbkaiserwürde ab. Strebte die nat. Einigung durch eine Union auf der Basis des Dreikönigsbündnisses und mit Hilfe des Erfurter Unionsparlaments an, scheiterte aber 1850 am russ.-österr. Widerstand (Olmützer Punktation).

Sachsen: **26) Friedrich I., der Streitbare,** *Altenburg (?) 11. 4. 1370, † ebd. 4. 1. 1428, Kurfürst (ab 1423), als F. IV. Markgraf von Meißen (ab 1381). Begründete den Aufstieg des Hauses Wettin.

Friedrichshafen

27) Friedrich III., der Weise, *Torgau 17. 1. 1463, † Lochau bei Torgau 5. 5. 1525, Kurfürst (ab 1486). Bemühte sich um die Reichsreform; gewährte Luther Schutz, obwohl er selbst der neuen Lehre abwartend gegenüberstand.
28) Friedrich August I., Kurfürst von Sachsen, ↑August II., der Starke, König von Polen.
29) Friedrich August III., *Dresden 25. 5. 1865, † Sibyllenort (Niederschlesien) 18. 2. 1932, König (ab 1904). Mußte 1918 abdanken.
Schwaben: **30) Friedrich I.,** *um 1050, † 1105, Herzog (ab 1079). Schwiegersohn Kaiser Heinrichs IV.; versuchte, durch zahlr. Klostergründungen Zentren herrschaftl. Macht für seine Familie zu bilden; schuf die Grundlage für den späteren Aufstieg der Staufer.
Württemberg: **31) Friedrich I.,** *Treptow a./Rega (Hinterpommern) 6. 11. 1754, † Stuttgart 30. 10. 1816, König (ab 1806; 1803–06 Kurfürst), als F. II. Herzog (1797–1803). Nutzte den Anschluß an die Politik Napoleons I. zur Verdoppelung des Territoriums und zur Erlangung der Souveränität; wandelte sein Land zum bürokrat.-absolutist. Einheitsstaat.
Friedrich von Hausen, ✕ Philomelium (Kleinasien) 1190, mhd. Lyriker. Unter diesem Namen sind etwa 50 Strophen überliefert, die zum ersten Mal in der dt. Lyrik (neben H. von Veldeke) das Thema der hohen Minne voll entfalten (provenzal. Einflüsse); Kreuzzugsgedichte.

Caspar David Friedrich.
Abtei im Eichwald (um 1808)

Friedrich, 1) Caspar David, *Greifswald 5. 9. 1774, † Dresden 7. 5. 1840, dt. Maler. Die neuen Inhalte romant. Sehens sind symbol. Spiegelungen seiner individuellen Gefühlswelt. – *Werke:* Das Kreuz im Gebirge (1808; Dresden, Gemäldegalerie), Mönch am Meer (um 1808/09; Berlin, Schloß Charlottenburg), Kreidefelsen auf Rügen (um 1820; Winterthur, Stiftung Oskar Reinhart), Das Eismeer (um 1823/24; Hamburg, Kunsthalle).
2) Götz, *Naumburg/Saale 4. 8. 1930, dt. Opernregisseur. 1968–72 an der Kom. Oper in Berlin (Ost) unter W. Felsenstein, danach in Hamburg, 1976 auch in London, seit 1981 Generalintendant der Dt. Oper Berlin, seit 1984 am Intendant am Theater des Westens.
Friedrich-Ebert-Stiftung e.V., der SPD nahestehende, auf Wunsch F. Eberts nach seinem Tode 1925 gegr. Stiftung mit dem Ziel, das demokrat. Bewußtsein und die internat. Verständigung zu fördern. 1933 verboten, 1947 neu gegr.; u. a. eigenes Forschungsinstitut, Sitz Bonn-Bad Godesberg.
Friedrich-Naumann-Stiftung, der FDP nahestehende, 1958 durch T. Heuss gegr. Stiftung zur Pflege und Förderung der polit. Erwachsenenbildung; zentrale Bildungsstätte: Theodor-Heuss-Akademie in Gummersbach-Niederseßmar.
Friedrichsdor, preuß. Goldmünze, geschaffen von Friedrich II., d. Gr.; geprägt 1740–1855.
Friedrichshafen, Kreisstadt am N-Ufer des Bodensees, Bad.-Württ., 54 200 E.

Friedrichsdor.
½ Friedrich-Wilhelm-d'or (Preußen, 1833)

Vorderseite

Rückseite

Caspar David Friedrich.
Selbstbildnis, Kreidezeichnung (Berlin, Staatliche Museen)

Friedrichsruh

Friedrichshafen. Barockfassade der evangelischen Schloßkirche, 1695–1701 von Christian Thumb erbaut

Städt. Bodensee-Museum mit Zeppelinabteilung; Internat. Bodenseemesse und Bootsausstellung; u. a. Metall- und Elektro-Ind.; Fähre nach Romanshorn (Schweiz), Jachthafen. Barocke Schloßkirche (1695–1701) im ehemaligen Benediktinerklosterbezirk. – Das 838 zuerst erwähnte *Buchhorn* wurde 1275/99 Reichsstadt; mit dem Klosterbezirk *Hofen* (gegr. 1085) 1811 zu F. zusammengeschlossen.

Friedrichsruh, Ortsteil der Gem. *Aumühle,* Schlesw.-Holst., im Sachsenwald, östlich von Hamburg. Schloß Bismarcks mit Mausoleum, Bismarckmuseum.

Frieren, Reaktion des Warmblüterorganismus auf eine Erniedrigung der Umgebungstemperatur deutlich unter die Behaglichkeitsgrenze. Nervenendigungen in der äußeren Haut (Kältezeptoren) registrieren die Kälte und leiten entsprechende Erregungen zu höheren Zentren im Rückenmark und im Gehirn weiter. Als Abwehrmaßnahme wird nun eine erhöhte Wärmeproduktion in Gang gesetzt, die sich v. a. in vermehrter Muskeltätigkeit äußert (Muskelzittern, z. B. als Zähneklappern oder als Gänsehaut).

Fries, Ernst, *Heidelberg 22. 6. 1801, †Karlsruhe 11. 10. 1833, dt. Maler. Lebte 1823–27 in Rom, dort mit L. Richter befreundet; ab 1831 Hofmaler in Karlsruhe. Gilt als einer der bedeutendsten Vertreter der Heidelberger Romantik, v. a. Landschaftsdarstellungen (Zeichnungen, Aquarelle, Ölbilder).

Fries [frz.], *Baukunst:* mit plast. oder gemalten Ornamenten und figürl. Darstellungen ausgestaltete streifenförmige Fläche als Gliederung und Schmuck einer Wand. Zierformen der Antike: Palmetten und Lotosblüten *(Anthemion),* Akanthus, Mäander, Eierstab; Romanik: Rundbogen, Zahnschnitt, Schachbrett, Würfel, Kugel, Zickzackband; Gotik: Laub- und Blattformen; Jugendstil: Pflanzenornament.

Friesach, Stadt im Metnitztal, Kärnten, Österreich, 5700 E. Pfarrkirche Sankt Bartholomäus (12.–15. Jh.), Dominikanerklosterkirche (13. Jh.); auf dem *Petersberg* Peterskirche (zw. 860 und 927) und Burgruine (11./12. Jh.). – Zuerst in F. geprägt, dann vielfach nachgeahmt, wurden die *Friesacher Pfennige* als beliebte Handelsmünzen im 12.–14. Jh. verwendet.

Friesen (lat. Frisi, Frisiones), westgerman. Stamm an der Nordseeküste (Kernraum zw. Vliestroom und Ems), der 12 v. Chr. bis Ende des 3. Jh. unter röm. Herrschaft stand und um 700 ein Großreich von Brügge bis zur Weser bildete (später Ausdehnung der F. bis ins heutige N-Friesland). Karl d. Gr. unterwarf das F.reich 785 und ließ die fries. Volksrechte aufzeichnen. Angelsächs. Missionare (Willibrord, Bonifatius) christianisierten die Friesen. Zur Karolingerzeit erste hohe Blüte der fries. Seefahrt. Nach 1000 Ausbildung von Bauernrepubliken, die im 15./16. Jh. zerfielen.

Friesisch, zur westgerman. Gruppe der german. Sprachen gehörende Sprache, noch heute in der niederl. Prov. Friesland *(Westfriesisch)*, im niedersächs. Saterland *(Saterländisch* oder *Ostfriesisch)*, auf Helgoland, Sylt, Föhr, Amrum, den nördl. Halligen und an der W-Küste Schleswig-Holsteins *(Nordfriesisch)* gesprochen. Zw. den Mundarten ist die Verständigung fast unmöglich. Das F. zeigt enge Verwandtschaft zum Englischen.

Fries. a Eierstab; **b** Mäander; **c** Rundbogen-, **d** Kreuzbogen-, **e** Zickzack- und **f** Zahnfries

Friesland, 1) Prov. in den nördl. Niederlanden, 3357 km², 600 000 E, Verwaltungssitz Leeuwarden. *Geschichte:* 1492 von Herzog Albrecht dem Beherzten von Sachsen besetzt; kam 1515 durch Kauf an die Habsburger (Kaiser Karl V.); nahm von Anfang an an dem Aufstand gegen die habsburg. Herrschaft teil (Achtzigjähriger Krieg). **2)** Landkr. im Regierungsbezirk Weser-Ems, Niedersachsen.

Frigg [altnord.] (Frija, Frea, Freyja), nord- und westgerman. Göttin, Gattin Wodans, Mutter Baldrs.

frigid [lat.] (frigide), sexuell empfindungslos (von Frauen); **Frigidität**, Gefühlskälte der Frau in sexueller Beziehung; psychotherapeutisch behandelbar.

Friktion [lat.], Reibung zw. gegeneinander bewegten Körpern; ermöglicht die Übertragung von Kräften und Drehmomenten.

Frings, Josef, *Neuß 6. 2. 1887, † Köln 17. 12. 1978, dt. kath. Theologe und Kardinal (ab 1946). 1942–69 Erzbischof von Köln, 1945–65 Vors. der Fuldaer Bischofskonferenz; maßgebl. Beteiligung am 2. Vatikan. Konzil.

Frisbee ⓦ [...bi; engl.], Freizeitsportgerät; tellerähnl. Wurfscheibe aus Plastik.

Frisch, 1) Karl von, *Wien 20. 11. 1886, † München 12. 12. 1982, österr. Zoologe. Grundlegende Untersuchungen über die Sinnes- und Verhaltensphysiologie von Tieren (»Tanzsprache und Orientierung der Bienen«, 1965); 1973 mit K. Lorenz und N. Tinbergen Nobelpreis für Physiologie oder Medizin. **2)** Max, *Zürich 15. 5. 1911, † ebd. 4. 4. 1991, schweizer. Schriftsteller. Urspr. Architekt; lebte u. a. 1960–65 in Rom; eng mit I. Bachmann befreundet. Seine Romane »Stiller« (1954), »Homo faber« (1957) und »Mein Name sei Gantenbein« (1964) beschäftigen sich außer mit den Fragen nach Schuld, Macht und Gerechtigkeit mit dem Problem der Identität, der Freiheit, sich nicht anders verhalten zu können, und dem Ausbruch aus den Klischees vorgezeichneter Abläufe. Seine zunächst von Brecht beeinflußten Dramen »Andorra« (1961), »Herr Biedermann und die Brandstifter« (Hsp., 1956; Dr., 1958) behandeln oft gleichnishaft Gegenwartsprobleme.

Karl von Frisch

Max Frisch

Frischen

Otto Robert Frisch

Ragnar Frisch

Gert Fröbe

Friedrich Fröbel
(Lithographie; um 1840)

Die Spätwerke zeigen Alters- und Todesbewußtsein. In seinen Tagebüchern sind seine Werke vielfach vorkonzipiert. – 1958 Georg-Büchner-Preis, 1976 Friedenspreis des Börsenvereins des Dt. Buchhandels. – *Weitere Werke:* Die Chinesische Mauer (Dr., 1947), Tagebuch 1946–1949 (1950), Graf Öderland (Dr., 1951), Don Juan oder Die Liebe zur Geometrie (Dr., 1953, Neufassung 1961), Tagebuch 1966–1971 (1972), Montauk (E., 1975), Triptychon (drei szen. Bilder, 1978), Der Mensch erscheint im Holozän (E., 1979), Blaubart (E., 1982).
3) **Otto Robert**, *Wien 1. 10. 1904, † Cambridge 22. 9. 1979, brit. Physiker österr. Herkunft. U. a. an der Entwicklung der Atombombe beteiligt; 1939 mit L. Meitner physikal. Deutung der experimentellen Ergebnisse von O. Hahn und F. Straßmann (Beschuß von Urananatomkernen mit Neutronen); prägte dabei den Begriff »nuclear fission« (Kernspaltung).
4) **Ragnar**, *Oslo 3. 3. 1895, † ebd. 31. 1. 1973, norweg. Nationalökonom. Arbeitete v. a. über Nachfrageforschung und Konjunkturtheorie; erhielt 1969 mit J. Tinbergen den Nobelpreis für Wirtschaftswissenschaften.
Frischen, Umwandlung von Roheisen in Stahl bei der Stahlerzeugung.
Frisches Haff, flaches Haff zw. der ostpreuß. Küste und der 60 km langen und bis 2 km breiten *Frischen Nehrung,* 860 km², durch das *Pillauer Seetief* mit der Ostsee verbunden.
Frischling, Wildschwein im ersten Lebensjahr.
Frischmuth, Barbara, *Altaussee 5. 7. 1941, österr. Schriftstellerin. Schreibt Romane und Erzählungen, u. a. »Amy oder Die Metamorphose« (R., 1978), »Kai und die Liebe zu den Modellen« (R., 1979), »Die Frau im Mond« (R., 1982), »Über die Verhältnisse« (R., 1987), »Einander Kind« (R., 1990).
Frischzellentherapie, Behandlung mit vital konserviertem tier. Körpergewebe zur Behebung einer Organschwäche, v. a. bei altersbedingtem Leistungsabfall. Wirkungsweise und Erfolg sind wiss. umstritten.
Frisieren ↑ Tuning.
Frist, eine durch Gesetz, durch richterl. oder verwaltungsbehördl. Verfügung oder durch Rechtsgeschäft festgelegte Zeitspanne, die auch aus nichtzusammenhängenden Zeitabschnitten bestehen kann.
Fristenlösung ↑ Schwangerschaftsabbruch.
Fritfliege, 2–3 mm große, oberseits glänzend schwarze, unterseits braune, rotäugige Halmfliege (Getreideschädling).
Fritsch, 1) Werner Frhr. von, *Benrath (heute zu Düsseldorf) 4. 8. 1880, ⚔ vor Warschau 22. 9. 1939, dt. General. 1934 Chef der Heeresleitung, 1935–38 Oberbefehlshaber des Heeres; 1938 unter dem verleumdet. Vorwurf der Homosexualität aus der Armee entlassen (*Fritsch-Krise;* wurde rehabilitiert).
2) Willy, *Kattowitz 27. 1. 1901, † Hamburg 13. 7. 1973, dt. Filmschauspieler. Spielte v. a. Liebhaberrollen (oft mit L. Harvey), u. a. in »Die Drei von der Tankstelle« (1930) und »Der Kongreß tanzt« (1931).
Fritzlar, hess. Stadt an der Eder, 13 800 E. Dommuseum. Konservenfabrik, Textil-Ind. Roman. Pfarrkirche, sog. Dom (11.–14. Jh.), Frauenmünsterkirche mit hochgot. Wandmalereien (13./14. Jh.); Stadtmauer (13./14. Jh.) mit Wehrtürmen; zahlr. Fachwerkhäuser (15.–18. Jh.) sowie got. Steinhäuser (14. Jh.). – 724 gründete Bonifatius bei einem fränk. Kastell sein zweites Kloster in Hessen, 774 von den Sachsen zerstört; in karoling. Zeit Königspfalz. Anfang des 12. Jh. Gründung der Stadt durch den Mainzer Erzbischof.
frivol [lat.-frz.], leichtfertig.
Fröbe, Gert, *Planitz (heute zu Zwickau) 25. 2. 1913, † München 5. 9. 1988, dt. Theater- und Filmschauspieler. Charakterrollen, u. a. in den Filmen »Berliner Ballade« (1948), »Es geschah am hellichten Tag« (1958), »Goldfinger« (1964), »Das Schlangenei« (1977), »August der Starke« (1983).
Fröbel, Friedrich [Wilhelm August], *Oberweißbach/Thür. Wald 21. 4. 1782, † Marienthal (heute zu Bad Liebenstein) 21. 6. 1852, dt. Pädagoge. Vorreiter des ganzheitl. Denkens in der Pädagogik; 1837 Gründung einer »Autodidakt. Anstalt« bzw. »Pflege-, Spiel- und Beschäftigungsanstalt«; seit 1840 »Kindergarten« genannt; 1851 Verbot der Kindergärten durch das preuß. Kul-

Froschbißgewächse

tusministerium wegen »destruktiver Tendenzen auf dem Gebiet der Religion und Politik« (1860 Aufhebung des Verbots).

Frobenius, Leo, *Berlin 29. 6. 1873, † Biganzolo Selasca (heute zu Verbania) 9. 8. 1938, dt. Völkerkundler. Entwickelte den Begriff »Kulturkreis« (Gebiete mit ähnl. Kulturelementen); 1904–35 zwölf Expeditionen nach Afrika; ab 1893 völkerkundl. Bildersammlung, die den Grundstock für das F.-*Institut* (völkerkundl. Forschungsinstitut; 1922 von F. als privates Forschungsinstitut für Kulturmorphologie gegr.; Sitz Frankfurt am Main) bildete; schrieb u. a. eine »Kulturgeschichte Afrikas« (1933).

Froberger, Johann Jakob, *Stuttgart 19. 5. 1616, † Héricourt bei Montbéliard 6. (7.?) 5. 1667, dt. Komponist. V. a. Klavierwerke; gilt als Schöpfer der Klaviersuite.

Frobisher Bay [engl. ˈfrəʊbɪʃə ˈbeɪ] ↑ Baffinland.

Froelich, Carl, *Berlin 5. 9. 1875, † ebd. 12. 2. 1953, dt. Filmregisseur. Drehte 1929 den ersten dt. Tonfilm (»Die Nacht gehört uns«).

Fröhlich-Krankheit [nach dem österr. Neurologen Alfred Fröhlich, *1871, † 1953], Fettsucht, v. a. im Bereich des Unterbauchs, der Hüften, des Gesäßes und der Oberschenkel, verbunden mit einer Unterfunktion der Geschlechtsdrüsen.

Fromm, Erich, *Frankfurt am Main 23. 3. 1900, † Muralto (bei Locarno) 18. 3. 1980, amerikan. Psychoanalytiker dt. Herkunft. Zunächst am Frankfurter Institut für Sozialforschung; emigrierte 1934 in die USA (1940 eingebürgert); als Kritiker S. Freuds einer der Hauptvertreter der Neopsychoanalyse; betonte auf neomarxist. Grundlage die Bedeutung von soziokulturellen Faktoren. – *Werke:* Psychoanalyse und Ethik (1947), Die Kunst des Liebens (1956), Sigmund Freuds Sendung (1959), Anatomie der menschl. Destruktivität (1975), Haben oder Sein (1976).

Fronde [frz. ˈfrõːdə], Bez. für die oppositionelle Bewegung und die Aufstände gegen das absolutist. frz. Königtum 1648–53. Träger der 1. F. (1648/49) war das Pariser Parlament (Gerichtshof), 1649 wurde die 2. F. vom Hochadel (»Prinzen-F.«) mit span. Unterstützung fortgeführt und von Mazarin 1653 unterdrückt.

Fronen (Fronden, Frondienste, Scharwerk), bis zur Bauernbefreiung übl. Dienstleistungen, die persönl. abhängige Personen, Besitzer bestimmter Liegenschaften oder Bewohner eines Bezirks zum Vorteil eines Dritten (z. B. Landesherr) leisten mußten.

Fronleichnam [zu mhd. vrōnlīcham »Leib des Herrn«], Fest der kath. Kirche (seit 1264) zur Verehrung der Eucharistie, am Donnerstag nach dem ersten Sonntag nach Pfingsten gefeiert.

Front [lat.-frz.], 1) *allg.:* Vorder-, Stirnseite.
2) *Militär:* 1. die ausgerichtete vordere Reihe einer angetretenen Truppe; 2. die vorderste Linie der kämpfenden Truppe; 3. das Kampfgebiet.
3) *Meteorologie:* die schmale Grenzzone, an der Luftmassen verschiedenen Ursprungs und verschiedener Eigenschaften gegeneinandergeführt werden (z. B. Kalt-F., Warm-F.).

frontal [lat.], an der Vorderseite befindlich, von der Vorderseite kommend.

Frontantrieb (Vorderradantrieb), beim Kfz der Antrieb der lenkbaren Vorderräder über Gelenkwellen.

Frontier [engl. ˈfrʌntɪə], die äußerste noch von der europ. bestimmten Zivilisation erfaßte Zone am Rande der Wildnis während der Besiedlung der USA und Kanadas.

Frontispiz [lat.], mit einem Bild (früher Kupferstich) geschmückte Vortitelseite.

Erich Fromm

Froschbißgewächse. Froschbiß (Länge des Blattes einschließlich des Blattstiels 10–40 cm)

Froschbißgewächse (Hydrocharitaceae), Fam. der Einkeimblättrigen mit etwa 15 Gatt. und 100 Arten in wärmeren und gemäßigten Zonen der Erde, meist ausdauernde, in Süß- und Salzge-

Frösche

wässern untergetauchte oder schwimmende Kräuter. Bekannt ist die *Krebsschere (Wasseraloe)* in nährstoffreichen Gewässern.

Frösche, 1) *allg.:* volkstüml. Bez. für ↑Froschlurche.
2) (Echte F., Ranidae), artenreiche, weltweit verbreitete Fam. der Froschlurche. Kopf nach vorn verschmälert, mit großem Trommelfell und (bei ♂♂) häufig ausstülpbaren Schallblasen; vorn am Mundboden ist eine meist zweilappige, klebrige Zunge angewachsen, die beim Beutefang (v. a. Insekten, Schnecken, Würmer) herausgeschnellt werden kann. – Die meisten Arten halten sich überwiegend im und am Wasser auf. In Eurasien verbreitet sind: *Grasfrosch,* bis 10 cm lang; *Moorfrosch,* etwa 6–7 cm lang; *Springfrosch,* 6–9 cm lang, kann bis 2 m weit springen; *Seefrosch,* 17 cm lang; *Wasserfrosch* (Teichfrosch), 8–12 cm lang (häufigste einheim. Art); in W-Afrika lebt der bis 40 cm lange *Goliathfrosch,* in den USA der 10–15 cm lange *Amerikan. Ochsenfrosch.* Zu den F. gehören auch die ↑Färberfrösche.

Frösche. Grasfrosch

Froschlurche (Anura, Salientia), mit etwa 2600 Arten weltweit verbreitete Ordnung der Lurche; Körper klein bis mittelgroß, gedrungen, schwanzlos (im erwachsenen Zustand), mit nackter, drüsenreicher Haut und zwei Gliedmaßenpaaren, von denen die hinteren (Sprungbeine) meist sehr viel länger als die vorderen sind; an den Vorderextremitäten vier, an den Hinterextremitäten fünf Zehen, oft durch Schwimmhäute verbunden oder mit endständigen Haftballen (z. B. bei Laubfröschen). Zu den F. gehören u. a. ↑Scheibenzüngler, ↑Kröten und Echte ↑Frösche.

Froschmann, speziell ausgebildeter und ausgerüsteter Taucher für militär. und Noteinsätze.

Frost, Robert Lee, *San Francisco 26. 3. 1874, †Boston 29. 1. 1963, amerikan. Lyriker. Beschreibt in seinen Gedichten Landschaft und Menschen Neuenglands.

Frost, Absinken der Lufttemperatur unter den Gefrierpunkt des Wassers.

Frostbeulen (Pernionen), durch die Einwirkung von Kälte und Feuchtigkeit auftretende geschwollene und gerötete, später bläulich verfärbte Hautstellen an Fingern, Ohren, Unterschenkeln und im Gesicht.

Frostboden, Boden in polaren Zonen oder im Hochgebirge, dessen Bodenwasser dauernd oder zeitweilig gefroren ist.

Frostmusterböden, svw. Strukturböden. ↑Solifluktion.

Frostschutz, Maßnahmen zum Schutz vor Schäden durch gefrierendes Wasser bzw. zum Verhindern des Gefrierens. *F. schutzmittel* (Gefrierschutzmittel) setzen den Gefrierpunkt herab (z. B. Glykol, Glyzerin, Salze).

Frostspanner, Schmetterlinge aus der Fam. der ↑Spanner, deren flugunfähige Weibchen von den von Okt.–Dez. fliegenden Männchen begattet werden. Die im Frühjahr schlüpfenden Raupen sind Obstschädlinge. In M-Europa kommen drei Arten vor: *Kleiner F.* (Gemeiner F.), etwa 25 mm spannend; *Großer F.,* etwa 4 cm spannend; *Buchen-F.* (Wald-F.), ♂♂ etwa 25 mm spannend.

Frottee [frz.] (Frottégewebe), Woll-, Baumwoll- oder Zellwollstoff mit rauher gekräuselter Oberfläche.

Frottierware [frz.] (Frottiergewebe), aus Baumwolle gefertigtes Schlingengewebe für Handtücher, Bademäntel, Bettwäsche.

Frostspanner. Männchen (oben) und Weibchen (unten) des Kleinen Frostspanners

Frucht (Fructus), aus der Blüte hervorgehendes pflanzl. Organ, das die Samen bis zur Reife birgt und meist auch der Samenverbreitung dient.

Fruchtformen

Fruchtbarer Halbmond, die Steppengebiete Vorderasiens, die halbkreisförmig um die Wüsten- und Halbwüstengebiete nördl. der Arab. Halbinsel liegen und in denen noch Regenfeldbau möglich ist.

Fruchtbarkeit, svw. ↑ Fertilität.

Fruchtbecher, oft mit Schuppen oder Stacheln versehene, becherförmige (z. B. bei der Eiche) oder viertelige (z. B. bei der Rotbuche) Achsenwucherung, die die Früchte der Buchengewächse umgibt.

Fruchtblase (Fruchtsack), die das Fruchtwasser und den Embryo umschließende Hülle.

Fruchtblatt (Karpell), bes. ausgebildetes Blattorgan der Blüte, das die Samenanlagen trägt.

Fruchtbringende Gesellschaft (Palmenorden), älteste dt. ↑ Sprachgesellschaft.

Früchte, 1) ↑ Frucht.
2) *Recht:* die nicht durch Gebrauch, sondern durch sonstige Nutzung einer Sache oder eines Vermögensrechts erzielten Vorteile, z.. B. die Einnahme von Mietzins.

Fruchtfliegen (Bohrfliegen, Trypetidae), weltweit verbreitete Fam. der Fliegen mit etwa 2000 Arten, deren Larven in Pflanzen schmarotzen. Am bekanntesten sind die *Kirschfliege,* etwa 6 mm lang und die *Spargelfliege,* 7–8 mm lang.

Fruchtfolge (Rotation), die zeitl. Aufeinanderfolge von Kulturpflanzen auf einer landwirtschaftl. Nutzfläche.

Fruchtformen, Grundformen der Frucht der Samenpflanzen, die nach Ausbildung und Art der beteiligten Organe in drei Haupttypen untergliedert werden: 1. *Einzelfrüchte:* Aus einer Blüte geht nur eine einzige Frucht hervor, die sich bei der Reife ganz oder teilweise öffnet und die Samen freigibt (*Öffnungsfrüchte, Streufrüchte;* z. B. Balgfrucht, Hülse, Schote und Kapselfrucht) oder in geschlossenem Zustand von der Pflanze abfällt (*Schließfrüchte;* z. B. Nuß, Beere, Steinfrucht); 2. *Sammelfrüchte:* Aus jedem einzelnen Fruchtblatt entsteht eine Frucht für sich (*Früchtchen*), jedoch bilden alle Früchtchen dieser Blüte unter Mitwirkung anderer Blütenteile (z. B. der Blütenachse) bei der Reife einen einheitl. Verband (*Fruchtverband*), der eine Einzelfrucht vortäuscht (*Scheinfrucht*) und sich als Gesamtheit ablöst. Nach der Ausbildung der Früchtchen werden die Sammelnußfrucht (z. B. Erdbeere), die Sammelsteinfrucht (z. B. Brombeere) und die Sammelbalgfrucht (z. B. Apfel) unterschieden; 3. *Fruchtstände:* Ganze Blütenstände, die bei der Reife (unter Mitwirkung zusätzl. Organe) das Aussehen einer Einzelfrucht annehmen und als Ganzes verbreitet werden (Scheinfrüchte). Fruchtstände können als *Nußfruchtstand* (z. B. Maulbeere), *Beerenfruchtstand* (z. B. Ananas) oder *Steinfruchtstand* (z. B. Feige) ausgebildet sein.

Fruchtformen. Einzelfrüchte: **a–d** Öffnungsfrüchte: **a** Balg (Sumpfdotterblume); **b** Hülse (Wachsbohne); **c** Kapsel (Mohn); **d** Schote (Raps); **e–i** Schließfrüchte: **e** Nuß (Haselnuß); **f** Beere (Johannisbeere); **g** Steinfrucht (Kirsche); **h** Spaltfrucht (Kümmel); **i** Bruchfrucht (Gliederhülse des Vogelfußklees); Sammelfrüchte: **k** Sammelnußfrucht (Erdbeere); **l** Sammelsteinfrucht (Brombeere); **m** Sammelbalgfrucht (Apfel); Fruchtstände: **n** Beerenfruchtstand (Ananas)

Fruchtholz

Fruchtholz, die blüten- und fruchttragenden Kurz- oder Langtriebe der Obstbäume und Beerensträucher.

Fruchtknoten, der aus Fruchtblättern gebildete, geschlossene Hohlraum, in dem die Samenanlagen eingeschlossen sind.

Fruchtkörper, vielzelliges Geflecht aus verzweigten und miteinander verwachsenen Pilzfäden bei Pilzen und Flechten; trägt die Sporen.

Fruchtkuchen ↑ Plazenta.

Fruchtsaft, der mittels mechan. Verfahren aus Früchten gewonnene gärfähige, aber nicht gegorene Saft. Als F. gilt auch das Erzeugnis, das aus *konzentriertem F.* durch Wiederzufügung der dem Saft bei der Konzentrierung entzogenen Menge Wasser hergestellt wird. Von F. zu unterscheiden sind *Fruchtnektar* (aus F., konzentriertem F., Fruchtmark, Wasser und Zucker) und *Fruchtsirup* (dickflüssige Zubereitung aus F., konzentriertem F. oder aus Früchten unter Verwendung von verschiedenen Zuckerarten mit oder ohne Aufkochen hergestellt; höchstens 68% Zucker).

Fruchtsäuren, organ., im Obst vorkommende Säuren, bes. Wein-, Apfel- und Zitronensäure.

Fruchtstand ↑ Fruchtformen.

Fruchtwand (Perikarp), der aus der Fruchtknotenwand hervorgehende Teil der Frucht der Samenpflanzen.

Fruchtwasser (Amnionwasser), vom Amnion gebildete Flüssigkeit innerhalb der Amnionhöhle bzw. Fruchtblase. Im F. ist der Embryo frei beweglich eingebettet und gegen Druck, Stoß und Erschütterungen von außen geschützt.

Fructose [lat.] (Fruchtzucker), ein Monosaccharid, das zus. mit Traubenzucker im Saft süßer Früchte und im Honig vorkommt; Süßmittel für Zuckerkranke.

Frueauf, 1) Rueland, d. Ä., *Obernberg am Inn (?) um 1440, † Passau 1507, dt. Maler der Spätgotik in Salzburg. Vater von R. F. d. J.; Regensburger Altar (Stadtmuseum), Salzburger Tafeln (1490/91; Wien, Österr. Galerie).
2) Rueland, d. J., *um 1465/70, dt. Maler der Spätgotik in Passau (nachweisbar bis 1545). Tafeln vom Leopoldsaltar (1505; Klosterneuburg), Vorläufer der Donauschule (Landschaftsmotive).

frugal [lat.-frz.], mäßig, einfach (von Speisen); fälschlich auch im Sinne von »üppig« verstanden.

frühchristliche Kunst (altchristliche Kunst), die von Anhängern der neuen christl. Religion in der Spätantike vom 3. bis 6. Jh. geschaffene Kunst, meist unter Abgrenzung der ↑ byzantinischen Kunst. Thema der Katakombenmalerei und Mosaikkunst ist der christl. Erlösungsgedanke, ausgedrückt in Symbolen (Pfau, Taube, Fisch) sowie in alt- und neutestamentl. Szenen. Die Bautätigkeit setzte ein im 4. Jh. in Bethlehem (Grabeskirche, 326) und in Rom: Erlöserbasilika [San Giovanni in Laterano] (326), ↑ Peterskirche, San Paolo fuori le mura und im 5. Jh. Santa Maria Maggiore. Neben diesen röm. Patriarchalbasiliken entstanden Kirchen v. a. in Ravenna (San Vitale, 547; Sant' Apollinare in Classe, 549) und Mailand. Bed. Zeugnisse f. K. sind auch die Elfenbeinarbeiten und die Sarkophagreliefs; von der Buchmalerei ist wenig erhalten (Wiener Genesis, 6. Jh.).

Frühgeburt, vorzeitige Entbindung eines lebenden Neugeborenen zw. der 28. (»Siebenmonatskind«) und 38. Schwangerschaftswoche. Ursachen einer *spontanen F.* sind entweder Erkrankungen der Mutter oder Erkrankungen des Kindes. Als *künstl. F.* bezeichnet man die vom Arzt herbeigeführte vorzeitige Entbindung.

Frühgeschichte, Übergangsphase zw. der Vorgeschichte bzw. Urgeschichte und der durch schriftl. Überlieferung dokumentierten Geschichte.

Frühling ↑ Jahreszeiten.

Frühlorchel (Frühlingslorchel, Frühjahrslorchel, Giftlorchel, Speiselorchel), Schlauchpilz mit weißl. bis blaßviolettem geschlitzten, bis 7 cm hohem Stiel und hohlem, rundl., kaffee- bis schwarzbraunem Hut; Giftpilz.

Frühreife, die außergewöhnl. Beschleunigung des phys. und/oder psych. Rei-

---

Fructose

β-D-Fructose, Pyranoseform   β-D-Fructose, Furanoseform

frühchristliche Kunst. Baptisterium des Domes von Ravenna (um 458)

feprozesses eines Individuums; betrifft oft nur einzelne Merkmale.

Frühwarnsystem (Early Warning System), System möglichst nah an den gegner. Grenzen angesiedelter Radarstationen und geeigneter Sensoren in Erdsatelliten, mit denen gegner. Raketen und Flugzeuge frühzeitig erfaßt werden können. ↑AWACS.

Frundsberg, Georg von, *auf der Mindelburg bei Mindelheim 24. 9. 1473, † ebd. 20. 8. 1528, dt. Landsknechtsführer. In Diensten Maximilians I. und Karls V.; beteiligt an der Vertreibung Herzog Ulrichs aus Württemberg durch den Schwäb. Bund; hatte entscheidenden Anteil an den Siegen des kaiserl. Heeres in Italien (Bicocca 1522, Pavia 1525).

Frunse, Michail Wassiljewitsch, *Bischkek 2. 2. 1885, † Moskau 31. 10. 1925, sowjet. Politiker und Militärspezialist. Organisator der Roten Armee und Begründer der sowjet. Militärwiss.; wurde 1925 Volkskommissar für Heer und Flotte.

Frunse ↑Bischkek.

Frustration [lat.], Erlebnis der Enttäuschung durch Ausbleiben eines erwarteten und/oder geplanten Handlungserfolgs, von dem die Befriedigung primärer oder sekundärer Bedürfnisse abhängt.

Fry [engl. fraɪ], **1)** Christopher, urspr. C. Harris, *Bristol 18. 12. 1907, engl. Dramatiker. Bekannt durch metaphernreiche, von Wortspielen lebende Komödien; auch Filmdrehbücher (u. a. »Ben Hur«), Hör- und Fernsehspiele. – *Werke:* Ein Phönix zuviel (1946), Die Dame ist nicht fürs Feuer (1949), Venus im Licht (1950), Das Dunkel ist licht genug (1954), Ein Hof voll Sonne (1971). **2)** Elizabeth, geb. Gurney, *Norwich 21. 5. 1780, † Ramsgate 12. 10. 1845, brit. Sozialreformerin. Kämpfte für eine Reform des Strafrechts und des Strafvollzugs.

FSK, Abk. für ↑**F**reiwillige **S**elbst**k**ontrolle der Filmwirtschaft.

ft, Einheitenzeichen für ↑Foot bzw. Feet.

FTZ-Nummer ↑**F**ernmelde**t**echnisches **Z**entralamt.

Fuad I., *Gise 26. 3. 1868, † Kairo 28. 4. 1936, ägypt. Sultan (1917–22) und König (1922–36).

Fuchs, 1) Ernst, *Wien 13. 2. 1930, österr. Maler und Graphiker. Bed. Vertreter des »Wiener Schule« des phantast. Realismus, der im Surrealismus wurzelt, v. a. bibl. Themen von oft brisanter Erotik; auch Illustrator, u. a. »90 Träume« zu H. C. Artmanns »Grünverschlossene Botschaft« (1967).
2) Günter Bruno, *Berlin 3. 7. 1928, † ebd. 19. 4. 1977, dt. Schriftsteller. Zeitkrit. Lyriker und Prosaist, u. a. »Brevier eines Degenschluckers« (Ged. und En., 1960), »Handbuch für Einwohner« (Ged., 1970).
3) Jürgen, *Reichenbach/Vogtl. 19. 12. 1950, dt. Schriftsteller. Nach Protest gegen die Ausbürgerung W. Biermanns 1976 mehrere Monate in Haft; 1977 nach Berlin (West) abgeschoben; neben Lyrik (»Pappkameraden«, 1981), Essays und Hörspielen v. a. bekannt durch seinen Roman »Fassonschnitt« (1984). – *Weitere Werke:* Das Ende einer Feigheit (1988), ... und wann kommt der Hammer? (1990).
4) Klaus, *Rüsselsheim 29. 12. 1911, † Berlin (Ost) 28. 1. 1988, dt. Physiker. 1933 Emigration nach Großbritannien; als brit. Staatsangehöriger 1943–46 im

Jürgen Fuchs

Fuchs

amerikan. Atomforschungszentrum Los Alamos, 1946 am brit. Atomforschungszentrum Harwell tätig; 1950 wegen Verrats von Atombombengeheimnissen an die UdSSR verurteilt; seit seiner Begnadigung (1959) lebte er in der DDR.
5) Leonhart, *Wemding 17. 1. 1501, † Tübingen 10. 5. 1566, dt. Arzt und Botaniker. Einer der bedeutendsten humanist. Mediziner des 16. Jh.; verfaßte die erste systemat. Darstellung und wiss. Benennung von Pflanzen.
Fuchs ↑ Sternbilder (Übersicht).
Fuchs, 1) (Raubtier) ↑ Füchse.
2) Bez. für einige Tagfalter: *Kleiner F.* (Nesselfalter), 4–5 cm spannend; *Großer F.*, ziemlich selten, 5–6 cm spannend.

Fuchsie

Fuchs 2). Links: Großer Fuchs (Spannweite 6–7 cm) ♦ Rechts: Kleiner Fuchs (Spannweite 4–5 cm)

3) Pferd mit rötl. (fuchsfarbenem) Deckhaar und gleichgefärbtem oder hellerem Mähnen- und Schweifhaar.
Füchse, etwa 20 miteinander eng verwandte Arten aus der Raubtier-Fam. Hundeartige; meist schlanke, nicht hochbeinige, weltweit verbreitete Tiere mit verlängerter, spitzer Schnauze, großen, zugespitzten Ohren und buschigem Schwanz. Hierher gehören u. a.: *Polarfuchs* (Eisfuchs), am Nordpol bis zur südl. Baumgrenze lebend, 45–70 cm lang, Schwanz 30–40 cm lang; je nach Fellfärbung im Winter unterscheidet man *Blaufuchs* (blaugrau) und *Weißfuchs* (rein weiß); *Korsak* (Steppenfuchs) in Z-Asien, etwas kleiner als der Rotfuchs; *Fennek* (Fenek, Wüstenfuchs), in N-Afrika und SW-Asien, 35–40 cm lang, Schwanz 20–30 cm lang. Außerdem zählen zu den F. die fast weltweit verbreiteten, überwiegend nachtaktiven *Echten Füchse* (Vulpes) mit neun Arten, darunter der in Eurasien, N-Afrika und N-Amerika vorkommende *Rotfuchs* (Vulpes vulpes), 60–90 cm lang, Schwanz etwa 35–40 cm lang. In Tibet und Nepal lebt der *Tibetfuchs*, etwas kleiner als der Rotfuchs; *Kamafuchs* (Silberrückenfuchs) in S-Afrika, rd. 50 cm lang.
Fuchsie ['fʊksiə; nach L. Fuchs] (Fuchsia), Gatt. der Nachtkerzengewächse mit etwa 100 Arten in Amerika und Neuseeland; Halbsträucher, Sträucher oder kleine Bäumchen; Zierpflanzen.
Fuchsjagd, Reitjagd, bei der nicht mehr der Fuchs gejagt wird, sondern ein Reiter, der durch einen Fuchsschwanz an der Schulter bezeichnet ist.
Fuchskauten, mit 656 m ü. M. die höchste Erhebung des Westerwaldes.
Fuchsschwanz, Handsäge (↑ Säge).
Fuchsschwanzgewächse (Amarantgewächse, Amaranthaceae), weltweit verbreitete Pflanzen-Fam. mit etwa 900 Arten in über 60 Gattungen.
Fuchsschwanzgras, Gatt. der Süßgräser mit dichten, weichen Ährenrispen; in M-Europa sieben Arten auf Wiesen, Äckern und an feuchten Stellen, z. B. *Acker-F.*, bis 45 cm hoch, und *Wiesen-F.*, 30–100 cm hoch.
Fuciner Becken ['fu:tʃinər -], italien. Beckenlandschaft in den sö. Abruzzen, ehem. von einem Karstsee mit stark schwankendem Wasserspiegel erfüllt; 1854–76 endgültig trockengelegt.
Fuder, altes, noch verwendetes Hohlmaß, v. a. für Wein; 1 rhein. F. = 1200 l, 1 bad. F. = 1500 l, an der Mosel 1000 l.
Fudschijama ↑ Fuji.
Fuentes, Carlos [span. 'fuentes], *Mexiko 11. 11. 1928, mex. Schriftsteller. 1950–59 Diplomat, 1975–77 Botschaf-

ter in Paris, lebt seitdem vorwiegend in den USA; beschreibt in seinen Romanen, u. a. »Hautwechsel« (1967) und »Terra nostra« (1975), die Kultur und Geschichte des zeitgenöss. Mexiko (mit wechselseitigem Blick auf die Geschichte Europas und Amerikas). – *Weitere Werke:* Landschaft in klarem Licht (R., 1958), Nichts als das Leben (R., 1962), Die Herediás (R., 1980), Der alte Gringo (R., 1985), Christóbal Nonato (R., 1987), Der vergrabene Spiegel. Die Geschichte der hispan. Welt (1991).

Fuerteventura, zweitgrößte der Kanarischen Inseln, 1 731 km², bis 807 m ü. M., Hauptort Puerto del Rosario.

Füetrer, Ulrich ['fy:ɛtrɔr], *Landshut 1. Hälfte des 15. Jh., † um 1496, dt. Dichter und Maler. Verfaßte u. a. ein »Buch der Abenteuer« (zw. 1473/84), eine Zusammenstellung und Bearbeitung höf. Epen in rd. 41 500 Versen.

Fuchsschwanzgras. Wiesenfuchsschwanzgras (Höhe 30 – 100 cm)

Fugard, Athol [Halligan] [engl. 'fju:gɑ:d], *Middelburg (Kapprovinz) 11. 6. 1932, südafrikan. Dramatiker. Exponent des engagierten Theaters seines Landes; schrieb u. a. »Mit Haut und Haar« (1961), »Sizwe Bansi ist tot« (1973), »Der Weg nach Mecca« (1985).

Fugato [lat.-italien.], nach Art einer Fuge gearbeiteter Abschnitt innerhalb einer Sinfonie, Sonate o. ä.

Fuge [lat.-italien.], meist vierstimmiges Instrumental- oder Vokalstück, dessen streng kontrapunktisch gesetzte Stimmen ein Thema imitatorisch-variativ durchführen. Die in der Bach-Zeit exemplarisch ausgebildete F. hat etwa folgenden Aufbau: Ein Thema (Subjekt) erklingt zunächst allein in seiner Grundgestalt (Dux, Führer), hierauf wird es in einer anderen Stimme auf der Dominante oder Subdominante beantwortet (Comes, Gefährte). Diese Beantwortung ist entweder »real«, d. h. intervallgetreu, oder »tonal«, d. h. mit charakterist. Abweichungen, wobei die Ausgangstonart erhalten bleibt. Danach beginnen sukzessiv die nächsten Stimmen wieder mit dem Dux bzw. Comes. Außer zum ersten erklingt zu jedem Themeneinsatz ein Kontrapunkt – häufig als beibehaltener Gegensatz (Kontrasubjekt) –, der schließlich in einen freien Kontrapunkt übergeleitet wird. Die erste Durchführung des Themas, die Exposition, endet, wenn alle Stimmen einmal das Thema als Dux bzw. Comes vorgetragen haben. Hieran schließen sich nach einem freien Zwischenspiel weitere Durchführungen (und Zwischenspiele) an, in denen das Thema in veränderter Gestalt, z. B. in der ↑ Umkehrung, als ↑ Krebs auftritt oder die Themeneinsätze gegeneinander verschoben sind (Engführung). Die Anzahl der Themeneinsätze ist ebensowenig festgelegt wie Anzahl und Länge der Durchführungen.

Fugger, dt. Kaufmannsfamilie (ab 1511 Reichsadel, ab 1514 Reichsgrafen); 1367 mit dem Weber Hans Fugger aus Graben am Lech nach Augsburg eingewandert. Die noch heute bestehende Linie »F. von der Lilie«, begründet von Jakob d. Ä. († 1469), erlangte durch die Fuggersche Handelsgesellschaft Weltgeltung. Raimund († 1535) und Anton († 1560) begründeten die beiden noch

Fuge. Johann Sebastian Bach. Fuge C-Dur aus dem »Wohltemperierten Klavier« (2. Teil, 1744); Links: Thema ♦ Mitte: tonale Beantwortung ♦ Rechts: reale Beantwortung

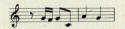

Fühler

Jakob II. Fugger
(Holzschnitt von
Hans Burgkmair d. Ä.;
um 1510)

Franz Fühmann

Kenichi Fukui

bestehenden Hauptlinien: F. von Kirchberg und F. von Glött (1913 bayr. Fürstenstand). Der Zweig F. von Babenhausen wurde 1803 in den Reichsfürstenstand erhoben. Bed. Vertreter:
1) Anton, Reichsgraf (seit 1530), *Augsburg 10. 6. 1493, †ebd. 14. 9. 1560, Handelsherr. Unterstützte Ferdinand I. und Karl V.; konnte mit des Kaisers Hilfe den Handel bis nach Buenos Aires, Westindien und Mexiko ausdehnen; hinterließ sechs Mio. Goldkronen und beträchtl. Landbesitz.
2) Jakob II., der Reiche, Reichsgraf (seit 1514), *Augsburg 6. 3. 1459, †ebd. 30. 12. 1525, Handelsherr und Bankier. Übernahm 1485 die Leitung der F.schen Faktorei in Innsbruck; verbündete sich mit Erzherzog Maximilian, dem er 1490 zur Übernahme Tirols verhalf; auf Grund seiner Beteiligungen am ungar. Bergbau und Metallhandel eroberte er binnen weniger Jahre eine Monopolstellung auf dem europ. Kupfermarkt; wurde zum Bankier des Kaisers, der Päpste und der röm. Kurie; finanzierte 1519 die Wahl Karls I. von Spanien zum Kaiser und wurde weitgehend dessen Geldgeber; schuf 1519 die »Fuggerei«, eine (noch bestehende) Wohnsiedlung für bedürftige Mitbürger.
Fühler, Bez. für die ↑Antennen und ↑Tentakeln bei niederen Tieren.
Fühlerlehre (Fühllehre, Spion), Meßwerkzeug zur Bestimmung der Breite von Spalten (z. B. Elektrodenabstand bei Zündkerzen); ein Satz von Stahlblechzungen mit Dicken von 0,05–1,0 mm.
Fühlerlose (Scherenfüßer, Chelicerata), seit dem Kambrium bekannter, heute mit über 35 000 Arten weltweit verbreiteter Unterstamm 0,1–60 cm langer Gliederfüßer (fossile Arten bis 1,8 m lang); Antennen fehlen; erstes Gliedmaßenpaar (Cheliceren) meist scherenoder klauenförmig, zweites Gliedmaßenpaar (Pedipalpen) als Kiefertaster ausgebildet; drei rezente Klassen: Pfeilschwanzkrebse, Spinnentiere, Asselspinnen.
Fühmann, Franz, *Rochlitz (heute tschech. Rokytnice nad Jizerou, Riesengebirge) 15. 1. 1922, †Berlin (Ost) 8. 7. 1984, dt. Schriftsteller. Lebte ab 1950 in der DDR. Sein bekanntestes Werk ist der autobiographisch bestimmte Erzählband »Das Judenauto« (1962); auch Lyrik (u. a. »Fahrt nach Stalingrad«, 1953), Kinder- und Jugendbücher, Essays.
führende Nullen, in der *elektron. Datenverarbeitung* die vor der höchstwertigen Zahl aufgeführten Nullen. Beim Ausdruck der Daten können die führenden Nullen durch einen Befehl unterdrückt werden.
Führerprinzip, ein den Werten und Zielen demokrat. Organisation prinzipiell entgegengesetztes polit. Leitungsprinzip, nach dem Autorität ausschließlich von einer monokrat. Spitze nach unten ausgeübt, Verantwortung hingegen ausschließlich von unten nach oben geschuldet wird.
Führerschein ↑Fahrerlaubnis.
Fuhrmann ↑Sternbilder (Übersicht).
Führungsaufsicht, eine seit dem 1. 1. 1975 im Strafrecht bestehende ↑Maßregel der Besserung und Sicherung, die rückfallgefährdete Täter vor Straftaten bewahren soll. Während der F., die zwei bis fünf Jahre dauert, stehen den Verurteilten eine Aufsichtsstelle und ein Bewährungshelfer zur Seite.
Führungszeugnis (früher polizeil. F.), urkundl. Auszug aus dem Bundeszentralregister, soweit es die Person des Antragstellers betrifft.
Fujaira (Fudjaira) [fudʒ...], Scheichtum der ↑Vereinigten Arabischen Emirate.
Fuji [jap. fudʒi] (Fujisan, Fudschijama), mit 3 776 m ü. M. höchster Berg Japans, auf Honshū, etwa 100 km wsw. von Tokio, ein nicht aktiver Vulkan.
Fujian, Prov. in SO-China, 121 000 km², 30,610 Mio. E. Hauptstadt Fuzhou.
Fujisan [jap. fudʒi-] ↑Fuji.
Fujiwara, jap. Adelsgeschlecht, eine der »vier (großen) Sippen«; Ahnherr ist der aus dem Shinto-Priestergeschlecht Nakatomi stammende Fujiwara no Kamatari (*614, †669), Mitbegründer der Staatsform des alten kaiserl. Japan; die Familie war bis ins 12. Jh. in Politik und Kunst (F.zeit 894 bis 1185) führend.
Fukui, Kenichi, *Nara 4. 10. 1918, jap. Chemiker. Arbeiten zur theoret. Chemie, insbes. zur Quantenchemie der chem. Reaktivität und der organ.-chem. Reaktionen (Grenzorbitaltheorie); erhielt zus. mit R. Hoffmann 1981 den Nobelpreis für Chemie.

Fulda

Fuji

Fukuoka, jap. Ind.- und Hafenstadt an der NW-Küste von Kyūshū, 1,24 Mio. E. Zwei Univ.; u. a. Metallindustrie. – Die Hafenstadt *Hakata* war im MA eine der bedeutendsten Japans.

Fulbe (Einz.: Pulo, Fellata; engl. Fulani, frz. Peuls), Volk in Senegal, Mali, Burkina Faso, Kamerun und Tschad; im 15. und 19. Jh. staatenbildend.

Fulbright, James William [engl. 'fʊlbraɪt], *Sumner (Montana) 9. 4. 1905, † Washington 9. 2. 1995, amerikan. Politiker (Demokrat). Brachte als Abg. die F.-Resolution ein, eine der Grundlagen für die Gründung der UN; initiierte 1946 die nach ihm ben. Fulbright-Stipendien zur Finanzierung eines akadem. dt.-amerikan. Austauschprogramms; 1945–74 Senator von Arkansas; 1959–74 Vors. des außenpolit. Ausschusses.

Fulda, 1) hess. Kreisstadt in dem von der Fulda durchflossenen Fuldaer Becken zw. Rhön und Vogelsberg, 56 700 E; philosoph.-theolog. Hochschule, Fachhochschule, Museen; Schulstadt und Ind.-Standort.

Bauten: Dom (barocker Neubau, 1704–12) mit bed. Domschatz, Michaelskirche (urspr. Friedhofskapelle; 820–822, im 10.–12. Jh. umgebaut), barocke Stadtpfarrkirche (1770–88). Das Schloß, ehem. Residenz der Fürstäbte, hat Teile der Abtsburg (1294–1312) bewahrt; das Renaissanceschloß (1607 bis 1612) wurde (1707–13) barock ausgebaut. Vier Bergklöster im N, O, W und S von F. bezeichnen symbolisch die Enden eines Kreuzes.

Geschichte: 744 wurde das benediktin. Musterkloster F. begründet, 765 Reichsabtei, 774 Verleihung der Immunität; wurde unter Hrabanus Maurus (Abt 822–844) zu einem führenden Vermittler abendländische Kultur in Deutschland. F. wurde wohl um 1114 Stadt. 1752 wurde für das Stiftsland ein selbständiges (Fürst-)Bistum F. errichtet; seit 1867 Sitz der Fuldaer Bischofskonferenz (jetzt Dt. Bischofskonferenz). **2)** linker Quellfluß der Weser, 218 km lang.

Fulbe. Mädchen aus dem Kameruner Grasland (Foumban)

Fulda 1). Rotunde und Apsis der Michaelskirche (820–822, im 10. bis 12. Jh. umgebaut)

Füllen

Füllen ↑Sternbilder (Übersicht).
Füllen, svw. ↑Fohlen.
Fullerene [nach dem amerikan. Architekten Richard Buckminster Fuller, *1895, † 1983], erstmals 1985 nachgewiesene, ausschließlich aus Kohlenstoff bestehende Riesenmoleküle (Cluster) mit in sich geschlossener, polyedrischer Struktur und einer geraden Anzahl von Atomen, insbes. die F. aus Kohlenstoff C 60 (Buckminster-F.) sowie C 70, bei denen die Atome auf der Moleküloberfläche ein Netzwerk aus jeweils zwölf Fünfecken und einer unterschiedl. Zahl von Sechsecken bilden. Feststoffe, die aus einem Gemisch verschiedener F.-Moleküle aufgebaut sind, werden *Fullerite* genannt. Sie stellen eine bisher unbekannte und – neben Graphit und Diamant – reine Form des Kohlenstoffs dar. Reines Fullerit ist elektrisch nichtleitend, aber in Verbindung mit Alkalimetallen wird es leitend bzw. bei noch relativ hohen Temperaturen supraleitend.
Füllhorn, ein mit Blumen und Früchten gefülltes Horn, das in antiken Darstellungen ab dem 4.Jh. v. Chr. als Sinnbild des Überflusses verschiedenen Göttern beigegeben wurde.
Füllstoffe, Materialien, die Kunststoffen, Papier, Lacken u. a. zugesetzt werden, die bestimmte Eigenschaften verbessern und das Volumen erhöhen.
Full-time-Job [engl. 'fʊltaim »Vollzeit«], Beschäftigung, die jemanden ganz ausfüllt; Ganztagsarbeit.
fulminant [lat.], zündend, ausgezeichnet.
Fumarolen [lat.-italien.], in Vulkangebieten Austrittsstellen von chem. sehr aggressiven, 200–1 000 °C heißen Gasen.
Fumarsäure [lat./dt.], einfachste ungesättigte Dicarbonsäure, HOOC-CH=CH-COOH, trans-Form; cis-Form ist die ↑Maleinsäure; in Pilzen und Flechten, Zwischenprodukt des Kohlenhydratabbaus.
Funafuti, Atoll im Pazifik mit dem gleichnamigen Verwaltungssitz von Tuvalu.
Funchal [portugies. fũ'ʃal], Hauptstadt der portugies. Insel Madeira, 48 600 E. Weinkellereien, Hafen, ✈.
Fund, die Inbesitznahme einer verlorenen, aber nicht herrenlosen fremden Sache. Der Finder muß den F. unverzüglich dem Empfangsberechtigten oder der Polizei anzeigen. Vom Empfangsberechtigten kann er einen *Finderlohn* (bei Sachen im Wert bis 1 000 DM: 5 %, darüber hinaus 3 %, bei Tieren: 3 %) verlangen. Mit dem Ablauf von sechs Monaten nach Anzeige des F. erwirbt der Finder das Eigentum an der F.sache. Der Finder ist aber noch drei Jahre nach dem Eigentumserwerb dem urspr. Eigentümer zur Rückübereignung nach den Vorschriften der ↑ungerechtfertigten Bereicherung verpflichtet. Sonderfälle: *Kleinfund* (von Sachen, die nicht mehr als zehn DM wert sind): Er bedarf keiner Anzeige an die Polizei. *Verkehrsfund* (in Räumen oder Beförderungsmitteln einer Behörde oder Verkehrsanstalt): Die Sache ist unverzügl. abzuliefern. *Schatzfund* (einer Sache, die so lange verborgen war, daß ihr Eigentümer nicht mehr zu ermitteln ist): Mit der Inbesitznahme erwerben Miteigentum je zur Hälfte der Entdecker und der Eigentümer der Sache, in welcher der Schatz verborgen war. Für *Altertumsfunde* gelten länderrechtl. Sonderbestimmungen.
fundamental [lat.], grundlegend; schwerwiegend.
Fundamentalismus [lat.], **1)** *allg.:* das kompromißlose Festhalten an (polit., religiösen) Grundsätzen.
2) *Christentum:* Ende des 19.Jh. entstandene Bewegung des amerikan. Protestantismus zur Abwehr des Liberalismus; sie geht mit Entschiedenheit davon aus, daß die Bibel unmittelbares Wort Gottes (gewissermaßen wörtlich diktiert) und aus diesem Grund irrtums- und widerspruchsfrei sei.
3) *Islam:* bei nichtmuslim. Beobachtern eingebürgerte Bez. für eine Strömung im Islam, deren Vertreter die urspr. und reine islam. Religion zur Grundlage des sozialen und polit. Lebens machen wollen. Die *Fundamentalisten* fordern die wörtl. Befolgung der Vorschriften des Korans und einen islam. Staat, in dem die islam. Pflichtenlehre *(Scharia)* gilt. Die Anwendung der in der Scharia vorgesehenen Körperstrafen (u. a. Abhacken einer Hand für Diebstahl) symbolisiert die Islamität des Gemeinwesens. Der gegenwärtige islam. F. begreift den Islam als geschlossenes System von Lösungen für alle Lebensfragen,

wobei die westl. Zivilisation als materialistisch und zerstörerisch empfunden wird.

Fundamentalpunkte, Bez. für den Schmelzpunkt *(Eispunkt)* und den Siedepunkt *(Dampfpunkt)* des Wassers in ihrer Eigenschaft als Bezugspunkte für die Temperaturmessung.

Fundamentalsterne, Fixsterne, deren Position und Eigenbewegung bes. genau bekannt sind; in *Fundamentalkatalogen* zusammengefaßt, dienen sie u. a. zur Bestimmung der Örter anderer Sterne.

Fundamentaltheologie (früher Apologetik), Disziplin der kath. Theologie, die die Prinzipien der Theologie, die Möglichkeit des Glaubens und der diesem zugrundeliegenden Offenbarung sowie den Wiss.anspruch der Theologie und ihr Verhältnis zu anderen Wiss. untersucht.

Fundus [lat. »Boden, Grund(lage)«], **1)** *allg.:* Grundlage, Unterbau; Grundbestand.
2) *Theater und Film:* Bestand an Kostümen, Requisiten u. a. Ausstattungsmitteln.
3) *Anatomie:* Grund, Boden eines Organs.

Fundy, Bay of [engl. 'beɪ əv 'fʌndɪ], Bucht des Atlantiks an der kanad. Küste mit den stärksten Gezeiten der Erde (14 m, bei Springflut 21 m).

Fünen, dän. Ostseeinsel zw. Großem und Kleinem Belt, 2 976 km², bis 131 m hoch, Hauptstadt Odense. 1994 wurde ein 7,7 km langer Eisenbahntunnel unter dem Großen Belt durchstoßen, der F. über die Insel Sprogø mit Seeland verbindet.

Fünferalphabet (Fünfercode) ↑ Telegrafenalphabet.

Fünfkampf, sportl. Wettkampf; in der *Leichtathletik* internat. F. für Männer (Weitsprung, Speerwurf, 200-m-Lauf, Diskuswurf und 1 500-m-Lauf; für Frauen 1981 durch den Siebenkampf ersetzt); *moderner F.:* Springreiten, Degenfechten, 300-m-Schwimmen, Pistolenschießen (auf Ganzfigurenscheiben), 4 000-m-Geländelauf.

Fünfkirchen ↑ Pécs.

Fünfprozentklausel, gegen Splitterparteien gerichtete Vorschrift in Wahlgesetzen, um arbeitsfähige Mehrheiten im Parlament zu schaffen. Bei der Verteilung der Parlamentssitze nach dem System der Verhältniswahl werden nur solche Parteien berücksichtigt, die mindestens 5% der Stimmen (Quorum) im ganzen Wahlgebiet errungen haben. In der BR Deutschland verlangt das Bundeswahlgesetz vom 7. 7. 1972 für die Wahlen zum Bundestag, daß 5% der im gesamten Bundesgebiet abgegebenen Zweitstimmen erreicht werden; auch ohne Erreichen dieses Quorums zieht eine Partei in den Bundestag ein, wenn sie durch die Mehrheit der Erststimmen drei Direktmandate erzielt.

Fünftagefieber (wolhyn. Fieber), Infektionskrankheit mit period., meist im Abstand von fünf Tagen auftretenden Fieberschüben, heftigen Kopf- und Gliederschmerzen sowie Leber- und Milzvergrößerung; Übertragung durch Kopf- und Kleiderläuse.

Fünfte Republik (Cinquième République), Bez. für das polit. System Frankreichs seit 1958.

Fünf Zivilisierte Nationen, 1834–98 bestehender einflußreicher Zusammenschluß von Indianerstämmen in den USA; nach der Vertreibung aus dem sö. Waldland in das Indianerterritorium in Oklahoma von den Creek, Cherokee, Choctaw, Chickasaw und Seminolen gebildet.

fungieren [lat.], eine bestimmte Funktion ausüben.

Fungizide [lat.], Stoffe, die bereits in niedriger Konzentration Pilze vernichten. Der Übergang zu den *Fungistatika,* die das Pilzwachstum nur hemmen, ohne abtötend zu wirken, ist fließend und oft nur eine Frage der Dosis und Anwendungsdauer.

Funk, Walther, * Trakehnen 18. 8. 1890, † Düsseldorf 31. 5. 1960, dt. Politiker (NSDAP). Ab 1932 MdR, ab 1933 Pressechef und Staatssekretär im Propagandaministerium; als Reichswirtschafts-Min. (1938–45) und (ab 1939) zugleich Reichsbank-Präs. mitverantwortlich für die Forcierung der Kriegsvorbereitungen.

Funkdienst, der von der Internat. Fernmeldeunion (Genf) in der »Vollzugsordnung für den Funkdienst« (VO Funk) internat. geregelte Funkverkehr zw. zwei oder mehreren Funkstellen. Man unterscheidet *feste F.* zw. festen Funkstellen, z. B. Satellitenfunk, Rundfunkdienste (Hörfunk, Fernsehen), und be-

Funkenentladung

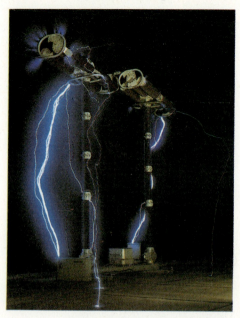

Funkenentladung in einem Hochspannungsprüffeld zwischen einem getesteten Leistungsschalter und Erde

wegliche F. mit mindestens einer ortsveränderl. Funkstelle. Zu letzteren zählt man die Land-F., See-F. und Flug-F., die nichtöffentlich oder (bei einer Verbindung mit einem öffentl. Fernmeldenetz) öffentlich sein können. *Land-F.* sind z. B. Autotelefon, Funkrufdienste, Taxifunk; Rangierfunk der Eisenbahn; Internat. Rheinfunk der Binnenschiffahrt. Der *See-F.* dient der Unterstützung weltweiter Fernsprech- und Fernschreibverbindungen und der Funknavigation (Funkortung), der *Flug-F.* der Sicherung der zivilen und militär. Luftfahrt. ↑Mobilfunk.

Funkenentladung, eine Form der ↑Gasentladung; entsteht bei genügend hoher Spannung als *Durchbruch* (Durchschlag) einer Gasstrecke. Eine F. zw. zwei Wolken oder zw. Wolke und Erde ist der Blitz.

Funkenerosion, svw. ↑Elektroerosion.

Funkeninduktor (Induktionsapparat), Hochspannungstransformator, mit dem Gleichstrom in hochgespannten Wechselstrom umgewandelt wird; Spannungen bis mehrere 10^5 Volt.

Funkenkammer, in der *Kernphysik* Gerät zum Nachweis oder zur Sichtbarmachung der Spuren energiereicher ionisierender Teilchen.

Funkentstörung (Entstörung), Maßnahmen zur Vermeidung oder Verringerung von Funkstörungen. Dazu dienen z. B. Kondensatoren, Drosseln, Filter.

Funkfeuer (Funkbake), ortsfester Sender für die Zwecke der Funknavigation von Schiffen und Flugzeugen. Man unterscheidet rundstrahlende oder *ungerichtete F., Richt-F.* mit z. T. mehreren Richtstrahlen und *Dreh-F.* mit umlaufendem Richtstrahl.

Funkkolleg, wiss. Vorlesungsreihe im Hörfunk, die im Medienverbund angeboten wird (Texte, Studienbegleitbriefe und -zirkel). F. sind als Fernstudium konzipiert und anerkannt. ↑Telekolleg.

Funkmeßtechnik, Verfahren, die das Messen und Auswerten von gesendeten und/oder empfangenen Funkwellen umfassen; i. e. S. Radartechnik.

Funknavigation (Funkortung), die Navigation von Wasser- oder Luftfahrzeugen mit Hilfe von Funksignalen, die von ortsfesten Funkfeuern ausgesendet und von bordeigenen Funkpeilern empfangen werden oder von Bordsendern abgestrahlt und als reflektierte Signale empfangen werden. Bei den *Richtempfangsverfahren* wird die Richtungsabhängigkeit der Antennenspannung einer Richtantenne ausgenutzt (z. B. beim Radio- oder Funkkompaß). Bei *Differenzentfernungsmeßverfahren* werden Entfernungen zu verschiedenen Bodenstationen aus den *Laufzeitdifferenzen* gleichzeitig ausgesendeter Impulse bestimmt *(LORAN-Verfahren)* oder aus den *Phasendifferenzen* zw. gleichfrequenten elektromagnet. Wellen *(Decca-Navigator-System).* Radarverfahren (Doppler-Radar) dienen in der Schiffahrt v. a. zur Ermittlung des Standorts und des Kurses bei Nacht und schlechter Sicht.

Funkpeiler, Funkempfänger mit Richtantenne zur Bestimmung und Anzeige der Richtung zu einem Sender.

Funkrufdienst, Abk. FuRD, einseitig gerichtete Funkverbindung zw. Landfunkstellen und tragbaren oder bewegl.

Funkrufempfängern (insbes. in Kfz). Ein Anruf vom öffentl. Fernsprecher zur Rufzentrale löst im Empfänger opt. oder akust. Signale aus mit vorher festzulegender Bedeutung (z. B. Aufforderung zu telefon. Rückruf).

Funksprechgerät ↑ Sprechfunkgerät.

Funkstörung, Störung des Rundfunkempfangs durch elektromagnetische Schwingungen, ausgehend v. a. von elektr. Maschinen. F. im Kurzwellenbereich beruhen auf Veränderungen der Ionosphäre.

Funktechnik (drahtlose Nachrichtentechnik), Teilgebiet der Nachrichten- bzw. Hochfrequenztechnik; die Gesamtheit aller techn. Verfahren und Geräte zur drahtlosen Übermittlung von Signalen, Sprache, Musik und Bildern mit Hilfe elektromagnet. Wellen. Spezielle Bereiche der F. sind Rundfunktechnik, Fernsehtechnik und Funkfernschreibtechnik.

Funktion [lat.], **1)** *allg.:* Aufgabe, Tätigkeit, Stellung (innerhalb eines größeren Ganzen). **2)** *Mathematik:* nach traditioneller Auffassung eine Zuordnungsvorschrift, die gewissen Zahlen x (den Argumenten) wieder eine Zahl $y = f(x)$ als F.werte zuordnet. Man bezeichnet x gewöhnl. als Veränderliche oder *unabhängige Variable*, y als *abhängige Variable*. F. mit reellen Werten x, y *(reelle F.)* lassen sich graph. durch eine Kurve im (x, y)-Koordinatensystem darstellen, die genau aus denjenigen Punkten (x, y) besteht, für die $y = f(x)$ ist. Man unterscheidet *ganzrationale F.*, $f(x) = a_n x^n + a_{n-1} x^{n-1} + \ldots + a_1 x + a_0$, die für $n = 1$ speziell die *linearen F.* enthalten, und *rationale F.* (Quotienten von ganzrationalen F.). *Algebraische F.* können auch Wurzeln enthalten, z. B. $y = \sqrt[4]{1 + x^2}$; sie sind allg. dadurch definiert, daß eine algebraische Gleichung zw. x und y besteht (↑ algebraische Funktion), z. B. $y^4 - x^2 - 1 = 0$. F., wie z. B. $y = \sin x$, $y = e^x$, $y = \ln x$, für die keine algebraische Beziehung zw. y und x besteht, nennt man *transzendente Funktionen*. Außer den F. in einer Variablen gibt es die *F. mehrerer Variablen*, z. B. $z = f(x, y)$ und $u = f(x, y, z)$ bei 2 bzw. 3 unabhängigen Variablen, allg. $u = f(x_1, x_2, \ldots, x_n)$ bei n unabhängigen Variablen $x_1, x_2, \ldots, x_n$. Daneben kennt man F., deren Werte nicht Zahlen, sondern z. B. Vektoren *(Vektor-F.)* sind. Eine bes. Bedeutung haben die von der Funktionentheorie behandelten komplexwertigen F. eines komplexen Arguments $z = x \pm i y$ *(komplexe F.)*. Die traditionelle Vorstellung vom F.begriff ist unscharf und außerdem für heutige Zwecke auch nicht weit genug. Man geht daher heute von einer allgemeineren und präzisen Definition der F. aus, die an die Vorstellung des Graphen (der »Kurve«) in der (x, y)-Ebene lose anknüpft: Es seien zwei nichtleere Mengen D und W gegeben (Definitionsbereich D, Wertebereich W). Eine Menge von Paaren $f = \{(x, y) | x \in D,\ y \in W\}$ nennt man [Graph einer] F., wenn gilt: Zu jedem $x \in D$ gibt es genau ein Paar $(x, y) \in f$.

funktional, die Funktion betreffend, auf die Funktion bezogen.

Funktionalgleichung, *Mathematik:* eine Gleichung, die die Eigenschaft einer Funktion beschreibt; zum Beispiel ist $f(x) + f(y) = f(x \cdot y)$ eine F. für die Logarithmusfunktion.

Funktionalismus [lat.], **1)** Gestaltungsprinzip der *Architektur* und des *Designs:* Die Form bzw. Gestalt eines Objekts wird aus seiner Funktion abgeleitet, d. h., Form und Funktion sollen eine Einheit bilden. Die Theorie des F. geht auf den amerikan. Bildhauer Horatio Greenough (*1805, †1852) zurück. ↑ Bauhaus. **2)** *Psychologie:* zu Beginn des 20. Jh. in den USA entstandene Theorie, nach der die psycholog. Funktionen von den biolog. Anlagen, insbes. von den Antrieben oder Bedürfnissen abhängig sind.

Funktionär [lat.-frz.], hauptberufl. oder ehrenamtl. Beauftragter in gesellschaftl. Organisationen, z. B. in Parteien, Gewerkschaften, Verbänden.

funktionell, 1) (im Sinne einer Funktion) wirksam; auf die Leistung bezogen. **2)** *Medizin:* mit der (gestörten) Funktion eines Organs zusammenhängend.

funktionelle Gruppen, Atome oder Atomgruppen, die Wasserstoffatome einer Stammverbindung ersetzen und damit die charakterist. Eigenschaften bestimmen können.

Furchenfüßer (Solenogastres), Klasse der Stachelweichtiere mit über 120, etwa 3–300 mm langen, weltweit in den

Furchenwale

Furchenwale. Links: Buckelwal (Körperlänge bis 15 m) ♦ Rechts: Blauwal (Körperlänge bis 30 m)

Furfural

Jonas Furrer

Meeren auf schlammigem Grund oder auf Nesseltierstöcken vorkommenden, zwittrigen Arten.
Furchenwale (Balaenopteridae), mit sechs Arten in allen Meeren verbreitete Fam. etwa 9–33 m langer Bartenwale (Gewicht bis max. etwa 130 t); an Kehle und Brust etwa 15–100 Furchen, die eine starke Erweiterung des Rachens ermöglichen; Bestände z. T. stark bedroht. – Zu den F. gehören: *Blauwal,* 30 m lang, bis 130 t schwer; *Buckelwal,* 11,5–15 m lang, bis 30 t schwer; *Finnwal,* bis 24 m lang und bis 80 t schwer; *Seiwal* (Rudolphswal), etwa 15–18 m lang; *Zwergwal* (Hechtwal), bis 9 m lang.
Furcht, Gefühl des Bedrohtseins; ist im Unterschied zur Angst objektbezogen, d. h., sie tritt nur angesichts einer tatsächl. Gefahr auf.
Furchungsteilung (Eifurchung, Furchung, Eiteilung, Blastogenese), erste Phase der Keimesentwicklung; gesetzmäßig aufeinanderfolgende Zellkernteilung des aktivierten Eies der Vielzeller, wobei durch Längs- und Querteilungen (stets kleiner werdende) Furchungszellen entstehen und sich ein kugeliger Zellhaufen ausbildet (bei totaler Furchung). Einen entscheidenden Einfluß auf den Verlauf der F. hat u. a. auch die Dottermenge. Ist nur wenig Dotter vorhanden, so wird das ganze befruchtete Ei in Furchungszellen zerlegt *(totale Furchung),* ist dagegen viel Dotter vorhanden, wird dieser nicht mit in den Teilungsvorgang einbezogen *(partielle Furchung).* Letztere kann sich auf eine Keimscheibe am animalen Pol beschränken *(diskoidale Furchung;* bei Vögeln, Fischen, Reptilien). Entstehen durch Teilung des Kerns lediglich viele Kerne, die sich mit Plasma umgeben, nach außen wandern und dort dann eine Zellschicht (Keimhaut) bilden, spricht man von *superfizieller Furchung* (bei Insekten).
Furfural [Kw. aus lat. **furfur** (»Kleie«) und **Al**dehyd] (Fural), durch Erhitzen mit verdünnten Mineralsäuren aus Stroh gewinnbares farbloses Öl; Verarbeitung zu Adipinsäure, Hexamethylendiamin (Rohstoffe von Nylon ®).
Furiae (Dirae) ↑Erinnyen.
Furier [frz.], früher der für Verpflegung, Futter und Unterkunft zuständige Unteroffizier.
furioso [italien.], musikal. Vortrags-Bez.: leidenschaftlich, erregt, stürmisch.
Furka ↑Alpenpässe (Übersicht).
Furneauxgruppe [engl. ˈfəːnəʊ...], austral. Inselgruppe in der Bass-Straße; bewohnt ist nur *Flinders Island* (2089 km²).
Furniere, dünne Holzblätter aus gutem Holz, die auf weniger wertvolles Holz aufgeleimt werden. Nach Art der Herstellung unterscheidet man in *Messer-F., Schäl-F.* (rund vom Stamm geschält; für Furnierplatten) und *Sägefurniere.*
Furrer, Jonas, *Winterthur 3. 3. 1805, †Bad Ragaz 25. 7. 1861, schweizer. Politiker. Führender liberaler Politiker im Kt. Zürich; 1845 Bürgermeister von Zürich; befürwortete die Auflösung des Sonderbundes und die Einführung der neuen Bundesverfassung; erster schweizer. Bundes-Präs. 1848.
Fürsorge, frühere Bez. für ↑Sozialhilfe.
Fürsorgeerziehung, eine Erziehungsmaßnahme, die vom Vormundschaftsgericht für einen Minderjährigen, der das 17. Lebensjahr noch nicht vollendet

Fürstenberg

hat, angeordnet werden kann, wenn der Minderjährige zu verwahrlosen droht oder verwahrlost ist. Bei Vorliegen einer Straftat kann F. als Erziehungsmaßregel auch durch das Jugendgericht angeordnet werden. – Die F. findet unter Aufsicht des Landesjugendamts i. d. R. in einer geeigneten Familie oder in einem Heim (Erziehungsheim) statt; sie endet spätestens mit der Volljährigkeit.

Fürsorgepflicht, *Arbeitsrecht:* Verpflichtung des Arbeitgebers (des Dienstherrn), für das Wohl seiner Arbeitnehmer (seiner Beamten, Richter und Soldaten) Sorge zu tragen. Die F. bildet das Gegenstück zur Treuepflicht der Arbeitnehmer (der Beamten usw.). Die F. des *Dienstherrn* hat Verfassungsrang, da das Beamten- und Richterverhältnis von Verfassungs wegen ein gegenseitiges Treueverhältnis darstellt. Sie erstreckt sich personell über den Beamten usw. hinaus auch auf dessen Angehörige sowie zeitlich über die aktive Dienstzeit auf den Ruhestand.

Fürspan, Schmuckspange, die in der Männer- und Frauenkleidung des 12. und 13. Jh. den Brustschlitz der Gewänder zusammenhielt.

Fürst [ahd. furisto, eigtl. »der Erste«, »der Vornehmste« (lat. Princeps), **1)** *allg.:* verfassungsrechtl. Bez. für die Mgl. der aristokrat. Herrschaftsfunktionen ausübenden Führungsschicht eines Volkes oder Stammes sowie auch allg. für das monarch. Staatsoberhaupt.

2) in der europ. Verfassungsgeschichte seit dem MA Bez. für die höchste Schicht des hohen Adels, die durch ihre bes. Königsnähe an der Herrschaft über das Reich, bes. in seiner territorialen Gliederung, teilhatte und sich zum Reichsfürstenstand formierte (↑Reichsfürst). Ihnen stand das Recht der Königswahl (ab dem 13. Jh. ↑Kurfürsten) zu und die Pflicht, bei Entscheidungen in Reichssachen mitzuwirken.

Fürstabt, Titel eines Abtes bzw. einer Äbtissin, die zum Reichsfürstenstand gehörten.

Fürstbischof, im Hl. Röm. Reich seit dem 13. Jh. eine auf die weltl. Stellung bezogene (kirchenrechtlich bedeutungslose) Bez. der geistl. Fürsten im Bischofsrang.

Fürstenberg, oberdt. Grafen- und Fürstengeschlecht, ben. nach der ehem. Stadt F. (heute zu Hüfingen), mit umfangreichem Besitz in Oberschwaben; Erhebung in den Reichsfürstenstand (1664 für die Heiligenberger Linie, 1716 für das ganze Haus).

Fürstenberg, rhein.-westfäl. Uradelsgeschlecht, erlangte 1660 den Reichsfreiherrnstand, 1840/43 den preuß. Grafenstand; bed.: Ferdinand Freiherr von Fürstenberg (* 1626, † 1683), Fürst-

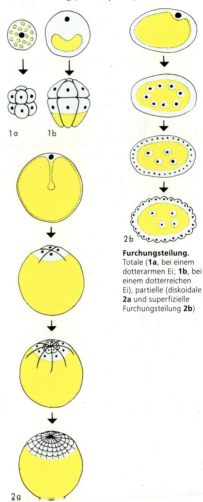

Furchungsteilung. Totale (**1a**, bei einem dotterarmen Ei; **1b**, bei einem dotterreichen Ei), partielle (diskoidale **2a** und superfizielle Furchungsteilung **2b**)

Fürstenbund

bischof von Paderborn und Münster (ab 1661/78).

Fürstenbund, 1785 abgeschlossenes Bündnis, das auf Betreiben König Friedrichs II. von Preußen und der Kurfürsten von Hannover und Sachsen zustande kam; sollte v. a. den österr. Expansionsbestrebungen Kaiser Josephs II. entgegenwirken.

Fürstenfeldbruck, Kreisstadt an der oberen Amper, Bayern, 31 200 E. Fliegerhorst. Klosterkirche (18. Jh.) mit Fresken der Brüder Asam. – Entwickelte sich bei einem 1258 gegr. Zisterzienserkloster.

Fürstenprivilegien, zwei Reichsgesetze (*Confoederatio cum principibus ecclesiasticis,* 1220; *Statutum in favorem principum,* 1231/32), in denen Kaiser Friedrich II. den geistl. und weltl. Reichsfürsten Münz-, Markt-, Zollrecht u. a. Regalien überließ, über die sie bereits verfügten.

Fürstenrat ↑ Reichsfürstenrat.

Fürstenrecht, Bez. für das vom allg. geltenden Recht, insbesondere vom Privatrecht, abweichende Recht fürstl., rechtlich autonomer Familien. Die häufigsten und wichtigsten Bestimmungen des F. waren: Als Mgl. der Familie gilt nur, wer einer vom Chef des Hauses genehmigten ebenbürtigen Ehe entstammt; die Familienstammgüter sind unteilbar und unveräußerlich, es gilt die Erbfolge des ältesten Sohnes oder nächsten Agnaten; das Hausvermögen (Stammlande, Stammgut) haftet nicht für Privatverbindlichkeiten des jeweiligen Inhabers.

Fürstenschulen, die von Moritz von Sachsen 1543 aus eingezogenem Klostergut errichteten drei Gymnasien (mit Internat) für protestant. Schüler (Alumnen): Schulpforta bei Bad Kösen (Saale), St. Afra in Meißen und St. Augustin in Grimma.

Fürstenspiegel, Schriften, in denen das Musterbild eines Fürsten aufgestellt ist; enthalten eth. Vorstellungen über Rechte und Pflichten, Befugnisse und Begrenzungen fürstl. Macht. Berühmt sind die Selbstbetrachtungen Mark Aurels und Augustinus' »De civitate Dei«. Machiavellis Traktat »Il principe« (1532) markiert die Wendung vom Fürstenideal des »princeps christianus« zum »princeps optimus« (besten Fürsten).

Fürstentage, Versammlungen der dt. Reichsfürsten außerhalb der Reichstage; der bekannteste F. des MA fand in Forchheim (13. 3. 1077) statt (Wahl Rudolfs von Schwaben zum Gegenkönig).

Fürstentum, 1) *allg.*: Herrschaftsgebiet eines Angehörigen des Fürstenstandes, v. a. in O-Europa auch staatsähnl. monarch. Herrschaftsgebiet. Die einzigen noch bestehenden F. in Europa sind Monaco und Liechtenstein.
2) im *Hl. Röm. Reich* bis 1806 reichsunmittelbares Territorium mit einem (geistl. oder weltl.) Fürsten als Oberhaupt.

Fürstenverschwörung, Erhebung dt. Reichsfürsten gegen die Reichs- und Kirchenpolitik Karls V. (1551/52).

Fürstenwalde/Spree, Kreisstadt in Brandenburg, 34 300 E. Spätgot. Marienkirche, Rathaus (beide 15. Jh.). Gegr. zw. 1252 und 1258.

Fürstprimas, Titel, der Karl Theodor von Dalberg, zuvor Kurfürst von Mainz und Reichserzkanzler, durch die Rheinbundakte 1806 verliehen wurde.

Furt, seichte Übergangsstelle in Gewässern, an der Durchwaten und Übergang ohne bes. Übersetzmittel möglich ist. Bed. für die Entstehung von Ansiedlungen (z. B. Frankfurt, Schweinfurt, Ochsenfurt).

Fürstenwalde/Spree. Spätgotisches Rathaus (um 1500) mit Maßwerkgiebel, links der Turm (1769–71) der Pfarrkirche Sankt Marien (begonnen 1446)

Fürth, Stadt am Zusammenfluß von Rednitz und Pegnitz, Bayern, 104 400 E. Verwaltungssitz des Landkreises F.; Theater, Hafen am Rhein-Main-Donau-Kanal; bildet mit Nürnberg eine wirtschaftl. Einheit. Got. Kirche Sankt Michael (umgebaut im 14. und 15. Jh.), barocke Patrizierhäuser (17. und 18. Jh.). – Wohl im 10. Jh. gegr.; im 16. und 17. Jh. Ansiedlung von Hugenotten und Holländern.

Furtwangen, Stadt im Südschwarzwald, Bad.-Württ., 10 000 E. Uhrenmuseum; u. a. Uhren-Ind.; Luftkurort.

Furtwängler, 1) Adolf, *Freiburg im Breisgau 30. 6. 1854, † Athen 10. 10. 1907, dt. Archäologe. Vater von Wilhelm F.; beteiligt an Ausgrabungen in Olympia, Ägina und Orchomenos.

2) Wilhelm, *Berlin 25. 1. 1886, † Ebersteinburg (heute zu Baden-Baden) 30. 11. 1954, dt. Dirigent. 1922–28 Dirigent des Leipziger Gewandhausorchesters, 1922–45 und 1947–54 Leiter der Berliner Philharmoniker, deren Dirigent auf Lebenszeit ab 1952; ab 1931 musikal. Leitung der Bayreuther Festspiele, ab 1933 auch Direktor der Berliner Staatsoper.

Furunkel [lat., eigtl. »kleiner Dieb«] (Furunculus), durch Eindringen von Bakterien (meist Staphylokokken) in einen Haarbalg oder eine Talgdrüse verursachte erbsen- bis walnußgroße knotenförmige eitrige Entzündung der Unterhaut. Beginnt als harte, gerötete und schmerzhafte Schwellung, die meist nach einigen Tagen eitrig abschmilzt, wobei das zerstörte Gewebe als Pfropf abgestoßen wird. Abheilung unter Narbenbildung. Gehen mehrere, nebeneinanderliegende F. ineinander über, spricht man von *Karbunkel.*

Fürwort ↑ Pronomen.

Fuselöle ↑ Amylalkohole.

Fushun, chin. Stadt beiderseits des Hunho, 1,18 Mio. E. Wichtigstes Zentrum des Kohlenbergbaus in der Mandschurei.

Füsiliere [lat.-frz.], urspr. Bez. für die mit dem Steinschloßgewehr ausgerüsteten frz. Soldaten, später allg. Bez. für die v. a. zur Führung des Schützengefechts bestimmte leichte Infanterie.

füsilieren [lat.-frz.], (früher) nach Kriegs- oder Ausnahmerecht standrechtlich erschießen.

Fuß

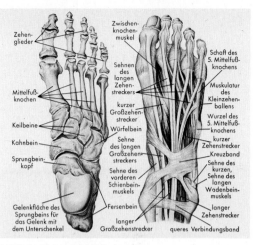

Fuß 1). Knochen und Weichteile des rechten Fußes

Fusion [zu lat. fusio »das Gießen, Schmelzen«],
1) *Physik:* ↑ Kernfusion.
2) *Physiologie:* Verschmelzung der mit beiden Augen aufgenommenen Sinneseindrücke zu einem Bild.
3) *Wirtschaft:* Vorgang, bei dem zwei oder mehrere Unternehmen so zusammengeschlossen werden *(fusionieren),* daß sie rechtlich und wirtschaftlich eine Einheit bilden.

Fusionskontrolle, zum Schutz des Wettbewerbs eingerichtete Institution (in der BR Deutschland: Bundeskartellamt), die die Entstehung oder Verstärkung marktbeherrschender wirtschaftl. Positionen von Unternehmen (durch Fusionen) verhindern soll.

Fuß, 1) *Anatomie:* (Pes), unterster Teil der Beine der Wirbeltiere; beim Menschen und bei den Affen lediglich an den beiden hinteren Extremitäten. Der F. des Menschen ist durch das Sprunggelenk mit dem Unterschenkelknochen (Waden- und Schienbein) verbunden. Man kann ein zw. den beiden Knöcheln gelegenes oberes Sprunggelenk (Knöchelgelenk, ein Scharniergelenk für das Heben und Senken des F.) und ein unteres Sprunggelenk (für drehende F.bewegungen) unterscheiden. – Der F. setzt sich zus. aus der *Fußwurzel* mit

Wilhelm Furtwängler

Fußball

den Fußwurzelknochen, dem *Mittelfuß* mit den (meist fünf) langgestreckten, durch Bänder miteinander verbundenen Mittelfußknochen und den *Zehen*. Ein Fortsatz des Fersenbeins bildet eine nach hinten gerichtete Vorwölbung, die Ferse. Das Fußskelett besteht aus den Knochen der fünf Zehen, aus sieben Fußwurzelknochen (Fersenbein, Sprungbein, Kahnbein, Würfelbein, drei Keilbeinen) und fünf Mittelfußknochen. An der Unterseite ist ein Fußgewölbe ausgebildet, das durch drei durch Ballen gepolsterte und durch das Fersenbein und die Enden des inneren und äußeren Mittelfußknochens gebildete Punkte vom Boden abgestützt wird.

2) *Meßwesen:* Einheitenzeichen: ´, von der Länge des menschl. Fußes abgeleitete alte Längeneinheit unterschiedl. Größe, in Deutschland zw. 250 mm (z. B. in Hessen) und 429,5 mm (z. B. in Sachsen); entsprach 10 Zoll (Dezimal-F.) oder auch 12 Zoll. Die in der Luftfahrt zur Angabe von Höhen verwendete Längeneinheit F. entspricht dem ↑Foot.

3) *Musik:* bei Orgel und Cembalo ↑Fußtonzahl.

Fußball (Fußballspiel), ein zw. zwei Mannschaften ausgetragenes Ballspiel mit dem Ziel, den Ball nach bestimmten Regeln über die Torlinie des gegnerischen Tors zu spielen.

Äußerer Rahmen und Spielregeln: Das rechteckige Spielfeld ist im allg. 70 m breit und 105 m lang. Die Spieldauer beträgt zweimal 45 Minuten und mindestens fünf Minuten Pause; für den Hallen-F. gelten kürzere Spielzeiten und geänderte Spielbedingungen. Spiele von Jugendlichen und Frauen dauern zweimal 40 Minuten, von Schülern zweimal 30 Minuten. Elf Spieler (zehn Feldspieler und ein Torwart) bilden eine Mannschaft. Eine beschränkte Anzahl von Spielern kann im Verlauf des Spiels ausgetauscht werden. Der Ball ist 396 bis 453 g schwer, hat einen Umfang von 68 bis 71 cm und bestand früher meist aus Leder mit einer Gummiblase. Er wird vorwiegend mit dem Fuß weitergespielt, darf aber auch mit dem ganzen Körper berührt und weitergegeben werden. Nicht erlaubt ist das absichtl. Berühren des Balls mit der Hand oder mit dem Arm (gilt nicht für den Torwart innerhalb des eigenen Strafraums). Das Tor ist 2,44 m hoch und 7,32 m breit. Die Zahl der erzielten Tore entscheidet über den Spielausgang; bei Torgleichheit endet das Spiel unentschieden (oder wird mit Verlängerung bzw. Elfmeterschießen fortgesetzt). Ein Schiedsrichter leitet zusammen mit zwei Linienrichtern das Spiel. Für den Sieg in einem Wettbewerbsspiel werden drei (in einigen europ. Ligen auch zwei) Punkte, bei einem Unentschieden wird ein Punkt angerechnet. Bei Verstößen eines Spielers gegen die Spielregeln wird der gegnerischen Mannschaft ein ↑Freistoß (bzw. ↑Strafstoß) zugesprochen. Auch Verwarnungen und Spielfeldverweise kann der Schiedsrichter aussprechen. Der Raum vor dem Tor (bis zu einem Abstand von 16,50 m) ist der Strafraum. Ein Tor ist erzielt, wenn der Ball vollständig die Linie zwischen den Torpfosten (auch in der Luft) überschritten hat. Wenn der Ball von einem Spieler über die seitl. oder hintere Begrenzung des Spielfeldes gespielt wird, darf die gegner. Mannschaft den Ball »einwerfen« (bei Seitenaus: der Einwurf muß mit beiden Händen über Kopf ausgeführt werden) bzw. einen Eckball ausführen (bei Toraus). Eine bes. Bedeutung hat die Abseitsregel (↑Abseits).

Wettbewerbe: In Deutschland werden Meisterschaften für Herren seit 1903, für Damen seit 1974 ausgetragen; regelmäßige Länderspiele finden seit 1908 statt. Der älteste dt. Pokalwettbewerb ist der 1908 gestiftete Kronprinzenpokal, der seit 1951 als Amateur-Länderpokal ausgespielt wird; der DFB-Vereinspokal wird seit 1935 ausgespielt. Seit 1908 ist F. für Herren im olymp. Programm (Damen offiziell seit 1991), seit 1930 werden Weltmeisterschaften, seit 1967 Europameisterschaften ausgetragen. Europ. Vereinsmannschaften spielen international um den Europapokal der Landesmeister (seit 1955), den Europapokal der Pokalsieger (seit 1960) und den UEFA-Pokal (seit 1971, zuvor »Messe-Pokal«). In der BR Deutschland wurde 1963 die Bundesliga als oberste Spielklasse gegründet; darunter besteht seit 1974 die ein-, zeitweise auch zweiteilige Zweite Bundesliga. Im Amateurbereich sind die Regionalligen (seit

Füssen. Hohes Schloß (1490–1503)

1994) und Oberligen (seit 1978) die höchsten Spielklassen.
Geschichte: Spiele, bei denen ein Ball mit dem Fuß vorwärts getrieben wurde, finden sich bereits in China, in Lateinamerika oder im antiken Rom. Die Entstehung des heutigen F. im England des 19. Jh. geht zurück auf die Streitfrage, ob bei einer Vorform des Spiels der Ball nur mit dem Fuß oder auch mit der Hand gespielt werden dürfe; 1863 schlossen sich die Gegner dieser Regelung in der English Football Association, 1871 deren Befürworter in der Rugby Football Association zusammen. In Deutschland wurden Ende des 19. Jh. die ersten Fußballvereine, 1900 der Dt. Fußball-Bund (DFB) gegründet. 1904 entstand der Weltverband »Fédération Internationale de Football Association« (FIFA; Sitz: Zürich), auf europ. Ebene 1954 die »Union Européenne de Football Association« (UEFA; Sitz: Bern).

Fußballtoto, staatlich genehmigte Sportwette auf den Ausgang von Fußballspielen; erstmals 1921 in Großbrit. eingeführt.

Füssen, Stadt am Austritt des Lechs aus den Kalkalpen, Bayern, 13 500 E. Mittelpunkt der z. T. vom Forggensee bedeckten *Füssener Bucht;* im Ortsteil *Bad Faulenbach* Kneipp- und Mineralbad. Pfarrkirche Sankt Mang (1701–17), Frauenkirche am Berge (1682/83), Franziskanerkirche (18. Jh.). Die Burg wurde 1486–1505 zum Schloß ausgebaut. Nahebei die Schlösser Neuschwanstein und Hohenschwangau. – Aus einer um 748 gegr. Zelle entstand noch im 8. Jh. das Benediktinerkloster *Sankt Mang,* um das sich im 13. Jh. die Stadt entwickelte. – Der *Friede von F.* (22. 4. 1745) beendete zw. Bayern und Österreich den Österr. Erbfolgekrieg. Kurfürst Maximilian III. Joseph von Bayern verzichtete auf die Kaiserwürde, erkannte die Pragmat. Sanktion an und versprach gegen Rückgabe seiner Erblande Großherzog Franz Stephan von Toskana bei der Kaiserwahl seine Stimme.

Fussenegger, Gertrud, *Pilsen 8. 5. 1912, österr. Schriftstellerin. Schrieb v. a. zeitbezogene Gesellschaftsromane; u. a. »Das Haus der dunklen Krüge« (R., 1951), »Das verschüttete Antlitz« (R., 1957), »Nur ein Regenbogen« (En., 1987).

Füssli, Johann Heinrich, in England Henry Fuseli, *Zürich 6. 2. 1741, † London 16. 4. 1825, Maler und Graphiker. Emigrierte 1764 nach London; visionäre Bilder und Zyklen meist zu literar. Stoffen; formal dem Klassizismus verpflichtet. – Abb. S. 1154.

Fußpilzerkrankung, durch Befall mit parasitären Pilzen hervorgerufene krankhafte Veränderung der Fußhaut mit stärkster Ausprägung in den Zehenzwischenräumen.

Fußpunkt

Johann Heinrich Füssli. Der Nachtmahr, Zweitfassung (1790/91; Frankfurt am Main, Städelsches Kunstmuseum)

Fußpunkt, *Geometrie:* der Punkt, in dem das auf eine Gerade oder Ebene gefällte Lot diese trifft.

Fußschweiß, vermehrte Absonderung von Schweiß an den Füßen, besonders zwischen den Zehen und auf der Fußsohle; kann – v. a. zwischen den Zehen – zu Hautentzündungen und Ekzemen führen.

Fußtonzahl, die in Fuß (etwa 30 cm; Zeichen ') angegebene Tonlage eines Orgelregisters, benannt nach der Pfeifenlänge des jeweils tiefsten Tons, z. B. 4-, 8-, 16-Fuß. Auf das Cembalo übertragen heißt der normal gestimmte Saitenbezug achtfüßig, der mit halber Länge vierfüßig, der mit doppelter Saitenlänge sechzehnfüßig.

Fußwaschung, Reinigungssitte im Alten Orient und im Mittelmeerraum, die vor der Mahlzeit üblich war. Die F. galt als Sklavenarbeit. Nach Joh. 13, 1–17 wäscht Jesus seinen Jüngern die Füße als Zeichen demütiger Dienst- und Liebesbereitschaft am Nächsten. Die Fußwaschung ging in das Brauchtum der Klöster ein. Von hier übernahmen Bischöfe und Fürsten den Brauch, am Gründonnerstag zwölf Armen oder Alten die Füße zu waschen.

Fust, Johann, *Mainz um 1400, † Paris 30. 10. 1466, dt. Verleger und Buchhändler. Gläubiger Gutenbergs, gegen den er 1455 prozessierte. Verlegte mit Hilfe seines Schwiegersohnes Peter Schöffer u. a. den von J. Gutenberg begonnenen Mainzer Psalter (1457).

Fusulinen [lat.] (Fusulinidae), Fam. fossiler, etwa 0,5 mm–10 cm großer Foraminiferen, vom Oberen Karbon bis

Fußwaschung. Duccio di Buoninsegna, Ausschnitt aus dem Maestà-Altar (1308–11; Siena, Dom-Museum)

Futurismus

Perm in Europa, Asien und Amerika weit verbreitet; bed. Kalkbildner.

Futter (Futtermittel), der tier. Ernährung dienende organ. oder mineral. Stoffe. Nach der ernährungsphysiolog. Aufgabe unterscheidet man zw. *Erhaltungs-F.* zur Aufrechterhaltung der Lebensfunktionen und *Leistungs-F.* (Produktions-F.; Kraft-F.) zur Erzielung höherer Leistungen (z. B. in bezug auf Milch, Wolle, Fett- und Fleischansatz).

Futteral [german.-mittellat.], gefütterte (Schutz)hülle, Überzug für einen Gegenstand.

Futterrübe ↑ Runkelrübe.

Futuna [frz. fyty'na], Vulkaninsel im Pazifik, ↑ Wallis et Futuna.

Futur [lat.] (Futurum, Zukunft, Futur I), Tempus des Verbs, das ein erwartetes, in der Zukunft ablaufendes Geschehen oder Sein bezeichnet. Das F. wird im Dt. mit dem Hilfsverb *werden* und dem Infinitiv gebildet: ich werde arbeiten. Das F. im Dt. drückt nur selten wirklich etwas Zukünftiges aus, häufiger ist seine Verwendung für modale Abstufungen, z. B. Vermutungen, Aufforderungen, Befehle, Absichten.

Futurismus [lat.], literar. und künstler. Bewegung zu Beginn des 20. Jh. (v. a. in Italien und Rußland) mit starken Einflüssen auf Expressionismus, Dadaismus und Surrealismus. Der F. hatte den Anspruch, die Phänomene der Welt der modernen Technik als »Bewegung der Dynamik«, als »allgegenwärtige Geschwindigkeit, die die Kategorien Raum und Zeit aufhebt«, mit den entsprechenden experimentellen Mitteln in eine neue Struktur von Literatur (u. a. Zerstörung der überkommenen Syntax, Abschaffung von Adjektiven, Adverbien und Interpunktion, Schlagwort: Parole in libertà) und Kunst (u. a. körperauflösende Dynamik von Bewegung und Licht; simultane Darstellung verschiedener Erlebnis- und Ereignisebenen; Entsprechung von Farbe und Form) umzusetzen. Hauptvertreter des italien. F. waren neben den Schriftstellern F. T. Marinetti (schrieb u. a. das Gründungsmanifest »Manifeste du futurisme«, 1909), G. Papini, A. Palazzeschi, Guiseppe Prezzolini (* 1892, † 1982) und Paolo Buzzi (* 1874, † 1976) die Maler und Bildhauer U. Boccioni, G. Balla, G. Severino, C. Carrà und Luigi Russolo (* 1885, † 1947). Der russ. F. (1910–20) knüpfte in einigen Pro-

Johann Fust. Satzstück aus der ersten Seite des Psalterium Moguntium (1457)

Futurologie

Futurismus. Umberto Boccioni. »Urformen der Bewegung im Raum« (Bronze; 1913; Mailand)

Johann Joseph Fux (anonyme zeitgenössische Lithographie)

grammpunkten an Marinetti (der auch in Rußland war) an, war aber eine eigenständige, stärker auf die Literatur (als autonomer und experimenteller Kunst) konzentrierte Erscheinung; wichtige Vertreter des sog. *Kubo-F.* waren W. W. Majakowski und W. Chlebnikow (Manifest: »Eine Ohrfeige dem allgemeinen Geschmack«, 1912).

Futurologie [lat./griech.], Zukunftsforschung; gliedert sich in Prognostik, Planungs-Wiss. und Philosophie der Zukunft (Ideologie- und Utopiekritik); will v. a. alternative Entwicklungsmöglichkeiten aufzeigen und dadurch Entscheidungsgrundlagen liefern.

Futurum exactum [lat. »vollendete Zukunft«] (Vorzukunft, Futurum II), Tempus des Verbs, das ein in der Zukunft liegendes Geschehen bezeichnet, das sich bei Eintritt eines anderen zukünftigen Geschehens bereits vollendet hat. Im Dt. wird das F. e. durch die Hilfsverben *werden* und *haben* bzw. *sein* gebildet, drückt aber eigtl. kein Tempus, sondern eine Vermutung aus, z. B. die Aufgabe *wirst du sicher rasch erledigt haben;* er *wird* um diese Zeit in der Stadt *gewesen sein.*

Fux, Johann Joseph, *Hirtenfeld (heute zu Langegg bei Graz) 1660, † Wien 13. 2. 1741, österr. Komponist. War ab 1698 kaiserl. Hofkomponist und ab 1715 Hofkapellmeister in Wien. Bed. Meister des südt.-österr. Barock; komponierte über 500 Werke (u. a. etwa 80 Messen, Oratorien, Opern, Triosonaten und Orchestersuiten). F. schrieb ein Lehrbuch des Kontrapunkts (»Gradus ad Parnassum«, 1725, Nachdr. 1974), das bis heute als Kontrapunktlehre verwendet wird. Seine Bühnenwerke verbinden die Wiener Tradition mit dem neueren Stil der neapolitan. Oper.

Fuzhou, Hauptstadt der chin. Prov. Fujian, in Küstennähe am Min Jiang, 1,25 Mio. E. Univ.; u. a. chem. und Papier-Ind., Maschinenbau; Hafen.

Fuzuli, Mehmet ibn Süleiman (Fusuli, aserbaidschan. Füzuli), *Ende 15. Jh., † in Irak (Kerbela?) 1566, türk. Dichter. Schrieb in aserbaidschanisch-türk. Muttersprache sowie auch in arab. und pers. Sprache; gilt als bedeutendster Klassiker der türk. Literatur, v. a. Meister der Ghaseldichtung.

Fuzzy-Logik [von engl. fuzzy logic; »unscharfe Logik«], Erweiterung der klass. Mengenlehre und Logik, indem neben den klass. (scharfen) Wahrheitswerten 0 (»falsch«) und 1 (»wahr«) beliebige reelle Zahlen als unscharfe Werte zugelassen sind, so daß eine Darstellung unpräziser Informationen (z. B. weiß, leise, bewölkt) möglich wird. Anwendung findet die F. L. v. a. in der Steuer- und Regelungstechnik und im Zusammenwirken mit ↑neuronalen Netzen.

fz, Abk. für *forzato* (↑ sforzato).

Gg

G, 1) der siebte Buchstabe des Alphabets. Im Lateinischen durch Zufügung eines Querstrichs aus C entwickelt.
2) *Münzwesen:* Abk. für **G**enius und **G**ens (auf röm. Inschriften).
3) *Musik:* (g), die Bez. für die 5. Stufe der Grundtonleiter C-Dur.
4) ↑Vorsatzzeichen.
5) *Wirtschaft:* Abk. für Geld, Zusatz auf Kurszetteln hinter dem Kurs; besagt: Zum genannten Kurs bestand Nachfrage, jedoch kamen keine oder nur wenige Kaufaufträge zur Ausführung.

g, 1) Einheitenzeichen für die Masseneinheit Gramm (↑Kilogramm).
2) *Physik:* Formelzeichen für die Fall- oder Schwerebeschleunigung (↑Fall).

G-7, Bez. für die sieben führenden westl. Industriestaaten (↑Weltwirtschaftsgipfel).

Ga, chem. Symbol für ↑Gallium.

Gäa (Gaia), bei den Griechen die göttl. »Urmutter Erde«, die alles Sterbliche hervorbringt und wieder in sich aufnimmt.

GaAs-Bauelemente, Halbleiterbauelemente auf der Basis von Galliumarsenid (GaAs) mit hoher Ladungsträgerbeweglichkeit (dadurch schnelle Schaltkreise); eingesetzt u. a. in der Mikrowellentechnik und Optoelektronik.

Gabardine [span.-frz.], einfarbiges festes Kammgarngewebe in Köperbindung.

Gabbro [italien.], dunkles, grobkörniges Tiefengestein, Hauptbestandteile: Plagioklas und Pyroxen.

Gabelhorntiere (Antilocapridae), Fam. der Paarhufer mit mehreren fossilen Gatt., z. T. großes, stark verzweigtes (hirschgeweihähnl.) Gehörn; einzige rezente Art ist der 1,3 m lange *Gabelbock* (Gabelantilope) in N-Amerika, etwa rehgroß. – Abb. S. 1158.

Gabelsberger, Franz Xaver, *München 9. 2. 1789, † ebd. 4. 1. 1849, dt. Stenograph. Schuf als erster eine kursive Kurzschrift, die später eine der Voraussetzungen für die dt. Einheitskurzschrift wurde.

Gabelschwanz, Name einiger Schmetterlinge aus der Fam. der Zahnspinner, u. a. der bis 7 cm spannende *Große G.*, der etwa 4 cm spannende gelblichgraue *Kleine G.* und der bis 6 cm spannende *Hermelinspinner.*

Gabelstapler ↑Hubstapler.

Gabelweihe, svw. Roter Milan (↑Milane).

Gabès [frz. ga'bɛs], tunes. Gouvernementshauptstadt am Golf von G., 92 300 E. Zentrum einer ausgedehnten Küstenoase; Erdölraffinerie, chem. Ind., Zementfabrik, Kunsthandwerk; Fischerei; Seebad; Tiefseehafen.

Gabin, Jean [frz. ga'bɛ̃], eigtl. Jean Alexis Moncorgé, *Mériel bei Paris 17. 5. 1904, † Neuilly-sur-Seine 15. 11. 1976, frz. Filmschauspieler. Bed. Charakterdarsteller, u. a. in »Pépé le Moko« (1937), »Bestie Mensch« (1938), »Hafen im Nebel« (1938), »Im Kittchen ist kein Zimmer frei« (1959), »Die Katze« (1970), »Der Fall Dominici« (1973), »Das Urteil« (1974); ab 1957 auch als Kommissar Maigret in Verfilmungen der Romane von G. Simenon.

Gabirol, Salomon ben Jehuda ibn, latinisiert Avicebron oder Avencebrol, *Málaga um 1021, † Valencia 1058 oder 1070, span.-jüd. Dichter und Philosoph. Sein in arab. Sprache abgefaßtes philosoph. Hauptwerk »Lebensquell« (nur in lat. Übersetzung erhalten) war von großem Einfluß auf die Philosophie des MA bis hin zu Spinoza; gilt als erster jüd. Philosoph des Abendlandes.

Jean Gabin

Γ	Altgriechisch
G	Römische Kapitalschrift
Ϲ	Unziale
ſ	Karolingische Minuskel
𝔊g	Textur
Gg	Renaissance-Antiqua
𝕲g	Fraktur
Gg	Klassizistische Antiqua

Entwicklung des Buchstabens G

Gable

Gabelhorntiere. Gabelbock (Kopf-Rumpf-Länge 100–130 cm, Körperhöhe 88–105 cm)

Dennis Gábor

Gable, Clark [engl. gɛɪbl], *Cadiz (Ohio) 1. 2. 1901, † Los Angeles-Hollywood 16. 11. 1960, amerikanischer Filmschauspieler. Zunächst Theaterschauspieler; international bekannt durch Hauptrollen in »Meuterei auf der Bounty« (1935), »Vom Winde verweht« (1939), »Nicht gesellschaftsfähig« (1960).

Gabler, weidmänn. Bez. für einen Rothirsch *(Gabelhirsch)* oder Rehbock *(Gabelbock)* mit einfach verzweigtem Geweih.

Gablonz an der Neiße, Stadt in der Tschech. Rep., 45600 E. Mittelpunkt der nordböhm. Bijouteriewarenindustrie.

Gabo, Naum [engl. ˈgɑːbəʊ], eigtl. N. Pevsner, *Brjansk 5. 8. 1890, † Waterbury (Conn.) 23. 8. 1977, russ.-amerikan. Bildhauer. Bruder von A. Pevsner. Vertreter des russ. Konstruktivismus (»Raumplastiken«); lebte ab 1946 in den USA.

Gábor, Dennis [ungar. ˈgaːbor], *Budapest 5. 6. 1900, † London 9. 2. 1979, brit. Physiker ungar. Herkunft. Erfand 1948 die Holographie; Nobelpreis für Physik 1971.

Gaborone (bis 1970 Gaberones), Hauptstadt von Botswana, im SO des Landes, 79000 E. Univ., Nationalmuseum, Nationalarchiv, Bahnstation, ✈.

Gabriel, einer der Erzengel; in Luk. 1, 26 Engel der Verkündigung der Geburt Jesu; gilt im Islam als der höchste Engel.

Gabriel, Jacques-Ange [frz. gabriˈɛl], *Paris 23. 10. 1698, † ebd. 4. 1. 1782, frz. Baumeister. Vertreter eines strengen Klassizismus (Place de la Concorde in Paris, 1755 ff.), schuf die Oper in Versailles, 1769/70 und Petit Trianon, 1764–68.

Gabrieli, Giovanni, *Venedig zw. 1554 und 1557, † ebd. 12. 8. 1612 oder 1613, italienischer Komponist. Organist an San Marco in Venedig; baute die Mehrchörigkeit bis zu vier oder fünf Chor- bzw. Instrumentalgruppen aus; war auch an der Ausbildung einer eigenständigen Instrumentalmusik entscheidend beteiligt.

Jacques-Ange Gabriel. Südfassade des Petit Trianon in Versailles (1764–68)

Gaddi

Gabun (Gabon), Staat in Afrika, grenzt im W an den Atlantik, im N an Äquatorialguinea und Kamerun, im O und S an Kongo.
Staat und Recht: Präsidialrepublik; *Verfassung* von 1991. *Staatsoberhaupt* und Inhaber der *Exekutivgewalt* ist der für 5 Jahre direkt gewählte Staatspräsident. *Legislative* ist die Nationalversammlung (120 Abg., für 5 Jahre gewählt). Stärkste polit. *Partei* ist der Parti démocratique gabonais (PDG).
Landesnatur: G. liegt auf der Niederguineaschwelle, die in einigen Gebirgszügen über 1 000 m Höhe erreicht. Den N und O des Landes nehmen Hochplateaus ein. Trop. Klima mit zwei Regenzeiten und schwach ausgeprägter Trockenzeit. Im SO des Landes finden sich Trockensavannen, ansonsten wird G. von trop. Regenwald bedeckt.
Bevölkerung: Neben kleinen Pygmäengruppen leben v. a. Bantu (Pangwe, Eschira, Mbete) in Gabun. 52% der E sind kath., 8% prot. Christen, daneben Anhänger von Naturreligionen.
Wirtschaft, Verkehr: Außer Kakaokulturen besteht unbedeutende Landwirtschaft. Wichtigster Wirtschaftsfaktor ist der Holzreichtum (Okume, Ozigo). Erdöl wird an der Küste bei Port-Gentil gefördert; außerdem Abbau von Mangan-, Eisen- und Uranerzen. Das Straßennetz ist 7 500 km lang (600 km asphaltiert). Die Trans-G.-Eisenbahn (523 km) wurde 1986 fertiggestellt. Wichtigster Wasserstraße ist der Ogowe. Die wichtigsten Seehäfen sowie internat. ✈ sind Libreville und Port-Gentil.
Geschichte: Entdeckung der Küste von G. 1472 durch Portugiesen; ab 1839 im frz. Interessenbereich; erhielt 1886 den Status einer Kolonie; seit 1910 Teil von Frz.-Äquatorialafrika; ab 1958 innerhalb der Frz. Gemeinschaft selbständig; seit 1960 unabhängig. Staats-Präs. ist seit 1967 O. Bongo (PDG; zuletzt 1993 bestätigt). Zu den Parlamentswahlen von 1980 und 1985 waren auch unabhängige Kandidaten zugelassen. Nach wochenlangen Massenstreiks Anfang 1990 wurde die Regierung umgebildet und die Auflösung der Einheitspartei angekündigt; an den Parlamentswahlen von 1990 nahmen erstmals auch Oppositionsparteien teil.

Gad, einer der zwölf Stämme Israels.

Gabun

Fläche:	267 667 km²
Einwohner:	1,237 Mio.
Hauptstadt:	Libreville
Amtssprache:	Französisch
Nationalfeiertag:	17. 8.
Währung:	1 CFA-Franc = 100 Centimes (c)
Zeitzone:	MEZ

Gadamer, Hans-Georg, *Marburg 11. 2. 1900, dt. Philosoph. 1949–68 Prof. in Heidelberg; bekannt v. a. durch seine »philos. Hermeneutik«, die wesentl. Impulse von W. Dilthey, E. Husserl und M. Heidegger verarbeitet hat; programmat. Hauptwerk: »Wahrheit und Methode« (1960).

Gadda, Carlo Emilio, *Mailand 14. 11. 1893, †Rom 21. 5. 1973, italien. Schriftsteller. Schrieb v. a. Romane und Erzählungen, u. a. »Die gräßliche Bescherung in der Via Merulana« (R., 1957), »Die Erkenntnis des Schmerzes« (R., 1963).

Gaddhafi (al-G., Khadafi, Qadafi), Moammar, *Sirte 1942, libyscher Offizier und Politiker. Stürzte mit anderen Offizieren 1969 die Monarchie, wurde Oberbefehlshaber der Streitkräfte und 1969–77 (als Präs. des Revolutionsrates) Staatsoberhaupt; 1970–72 auch Verteidigungs-Min. und Min.-Präs.; 1977 bis 1979 Staats-Präs.; seit 1979 ohne polit. Funktion, übt als »Führer der Revolution« dennoch entscheidenden Einfluß auf die Politik seines Landes aus; vertritt eine Politik der arab. Einheit auf der Grundlage eines sozialist. Islams; gilt als Förderer zahlr. terrorist. Aktivitäten.

Gaddi, Taddeo, *Florenz (?) um 1300, † ebd. 1366, italien. Maler. Gehilfe von Giotto; Fresken der Cappella Baroncelli in Santa Croce, Florenz (1332–38).

Gabun

Staatsflagge

Staatswappen

Bevölkerungsverteilung 1992

Bruttoinlandsprodukt 1992

Gade

Heinrich von Gagern

Daniel Carletan Gajdusek

Gade, Nils [Wilhelm] [dän. ˈgaːðə], *Kopenhagen 22. 2. 1817, † ebd. 21. 12. 1890, dän. Komponist. An Mendelssohn Bartholdy und Schumann orientiert, u. a. Ballette, acht Sinfonien u. a. Orchesterwerke, ein Violinkonzert, Chor- und Kammermusik, Klavierstücke und Lieder.

Gaden (Gadem), 1. Einraumhaus, Kammer; 2. Fensterbereich des Mittelschiffs in einer Basilika *(Licht-G., Ober-G.).*

Gadolinium [nach dem finn. Chemiker Johan Gadolin, *1760, † 1852], chem. Symbol Gd; metall. chem. Element aus der Gruppe der ↑Lanthanoide; Ordnungszahl 64; relative Atommasse 157,25; Schmelztemperatur 1312 °C; Siedetemperatur 3266 °C; Verwendung in der Kerntechnik und als Legierungszusatz bei Stählen.

Gaewolf, Handels-Bez. für das Fell eines v. a. in Korea lebenden, neuerdings auch in Großfarmen Chinas gezüchteten wolfsartigen Windhundes.

Gaffel [niederdt. »Gabel«], am oberen Teil eines Schiffsmastes angebrachtes, schräg nach hinten aufwärts ragendes Rundholz, an dem die Oberkante des *G. segels* befestigt wird.

Gaffky, Georg [Theodor August] [ˈgafki], *Hannover 17. 2. 1850, † ebd. 23. 9. 1918, dt. Bakteriologe. Schüler R. Kochs; züchtete 1884 erstmals den Typhusbazillus in Reinkultur.

Gag [gɛk, engl. gæg], mit einem Überraschungseffekt verbundener witziger Einfall (im Theater, Film, Kabarett).

Gagaku [jap.], die klass. (ga) Musik (gaku) Japans, wie sie seit Anfang des 8. Jh. bis heute am Kaiserhof gepflegt wird: Instrumentalmusik mit dazugehörigen Tänzen (»bugaku«).

Gagarin, Juri Alexejewitsch, *Kluschino (Gebiet Smolensk) 9. 3. 1934, † bei Nowosjolowo (Gebiet Wladimir) 27. 3. 1968 (Flugzeugabsturz), sowjetischer Luftwaffenoffizier und Kosmonaut. Umkreiste am 12. 4. 1961 als erster Mensch die Erde in einer Raumkapsel.

Gagat (Jet), v. a. aus Bitumen bestehende tiefschwarze Kohle von samtartigem Wachs- oder Fettglanz; Verwendung als Schmuckstein.

Gagausen, Turkvolk in Moldawien, Rumänien und Bulgarien.

Gage [altfränk.-frz. ˈgaːʒə], Bezahlung, Gehalt von Künstlern.

Gagern, dt. Uradelsgeschlecht (Stammsitz Gawern auf Rügen); erstmals 1290 urkundlich erwähnt: **1)** *Friedrich Freiherr von,* *Schloß Mokritz (Krain) 26. 6. 1882, † Geigenberg bei Sankt Leonhard am Forst 14. 11. 1947, österr. Schriftsteller. Enkel von Heinrich Reichsfreiherr von G.; schrieb kulturkrit. Abenteuer-, Reise- und Jagdgeschichten.

2) *Friedrich (Fritz) Ludwig Balduin Karl Moritz Reichsfreiherr von,* *Weilburg 24. 10. 1794, ✕ bei Kandern 20. 4. 1848, General. Bruder von Heinrich Reichsfreiherr von G.; führte in der Revolution 1848 die bad. und hessisch-darmstädt. Truppen gegen die von F. Hecker und G. von Struve geführten Freischärler.

3) *Heinrich Reichsfreiherr von,* *Bayreuth 20. 8. 1799, † Darmstadt 22. 5. 1880, Politiker. Mitbegründer der Allg. Dt. Burschenschaft; 1847 im Darmstädter Landtag Sprecher des Liberalismus; am 19. 5. 1848 zum Präs. der Frankfurter Nationalversammlung gewählt; Dez. 1848 bis März 1849 (Rücktritt) Leiter des Reichsministeriums; vertrat eine kleindt. Lösung und brachte eine Mehrheit für die Wahl Friedrich Wilhelms IV. von Preußen als Kaiser der Deutschen zustande.

Gaillarde [frz. gaˈjardə;] (Gagliarda, Galliarde), lebhafter Tanz des 15. bis 17. Jh., wahrscheinlich aus Italien; auch selbständiges Instrumentalstück.

Gailtaler Alpen, Teil der südl. Kalkalpen zw. Drau und Gail, von den Karnischen Alpen durch das Gailtal getrennt, Österreich; im W-Teil, den *Lienzer Dolomiten,* bis 2772 m hoch.

Gainsborough, Thomas [engl. ˈgeɪnzbərə], *Sudbury bei Colchester 14. 5. 1727, † London 2. 8. 1788, engl. Maler. Malte v. a. Ganzfigurenporträts vor Landschaftshintergründen in zarter heller Tönung; Wegbereiter der engl. Landschaftsmalerei; auch ländl. Genreszenen (mit Kindern).

Gaiser, Gerd, *Oberriexingen 15. 9. 1908, † Reutlingen 9. 6. 1976, dt. Schriftsteller. Schrieb Romane, die das Thema der Einsamkeit und Isoliertheit des Einzelmenschen gestalten, u. a. »Die sterbende Jagd« (R., 1953), »Schlußball«

Galapagosinseln

(R., 1958), »Mittagsgesicht« (En., hg. 1983).

Gaismair, Michael [...maɪər], * Sterzing um 1491, † Padua April 1532 (ermordet), Tiroler Bauernführer. Übernahm 1525 die Führung des Tiroler Bauernaufstandes, floh nach dessen Scheitern nach Zürich zu Zwingli. Verfaßte 1526 die »Tiroler Landesordnung«, die die kirchl. Neuordnung im Sinne Zwinglis und die Umwandlung Tirols in eine Republik vorsah.

Gajdusek, Daniel Carletan [engl. geɪˈduːsək], * Yonkers (N. Y.) 9. 9. 1923, amerikan. Kinderarzt und Virologe. Erhielt 1976 für seine Untersuchungen über bestimmte Viren (zus. mit B. S. Blumberg) den Nobelpreis für Physiologie oder Medizin.

Gajus (Gaius), röm. Jurist des 2. Jh. n. Chr. Von ihm stammt das einzige fast vollständig überlieferte Werk der klass. röm. Rechtswissenschaft.

Gala [altfrz.-span.], für einen bes. Anlaß vorgeschriebene festl. Kleidung; großer Gesellschaftsanzug; in Zusammensetzungen: in festl. Rahmen stattfindend, z. B. G.empfang, G.konzert.

Galagos [afrikan.] (Buschbabies, Ohrenmakis, Galagidae), Fam. dämmerungs- und nachtaktiver Halbaffen in Afrika (südl. der Sahara); u. a. der bis 20 cm lange *Senegal-G.* (Moholi), der bis 35 cm lange *Riesen-G.* (Komba) sowie der bis 15 cm lange *Zwerggalago.*

Galagos. Senegalgalago

galaktisch [griech.], zum System der Galaxis, dem Milchstraßensystem gehörend.

galakto..., Galakto... [griech.], Bestimmungswort von Zusammensetzungen mit der Bedeutung »Milch...«.

Galaktose [griech.], im Milchzucker, in Pektinstoffen und Zerebrosiden enthaltenes Monosaccharid (gehört zu den Aldohexosen).

galant [frz.], betont höflich, zuvorkommend (bes. gegenüber Frauen).

Galapagosechse, svw. ↑Meerechse.

Galapagosinseln, ecuadorian. Inselgruppe im Pazifik, fast 1 000 km westl. der Küste, Hauptort Puerto Baquerizo auf *San Cristóbal.* Bewohnt sind außerdem die Inseln *Isabela,* mit 5 824 km² die größte der G., *Santa Cruz* und *Santa María.* Die G. zeichnen sich durch ihre ein-

Thomas Gainsborough. Der Morgenspaziergang (1785; London, National Gallery)

D(+)-Galaktose (offenkettige Formel)

α-D-Galaktose (Ringform)

Galaktose

Galapagosriesenschildkröte

Galapagosinseln. Meerechsen auf einer der Inseln

zigartige Flora und Fauna aus; sie sind seit 1969 Nationalpark. – Die G. wurden 1535 entdeckt; C. R. Darwin studierte die dortige Tierwelt (u. a. Galapagos-Finken).
Galapagosriesenschildkröte ↑ Riesenschildkröten.
Galater (lat. Galatae), Bund von drei kelt. Stämmen, die 278/277 v. Chr. die Dardanellen überschritten und sich 277–274 in Inneranatolien (in dem zu Groß-Phrygien gehörenden *Galatien*) niederließen; suchten die griech. Küstenstädte wie das Innere Kleinasiens durch ständige Plünderungen heim; 189 von den Römern fast gänzlich vernichtet; Galatien wurde 25 v. Chr. röm. Prov. *(Galatia).*
Galaterbrief, Abk. Gal., echter Brief des Apostels Paulus an die Christen in Galatien, in dem er die Freiheit des Christen vom alttestamentl. Gesetz betont.
Galaţi [...tsɨ], Hauptstadt des rumän. Verw.-Geb. Galaţi, an der Donau, 295 000 E. Univ., Museen. Wichtigstes Ind.- und Handelszentrum in SO-Rumänien; Hafen für Hochseeschiffe. – Im 15. Jh. erstmals erwähnt.
Galaxis [griech.], Bez. für das Milchstraßensystem; als *Galaxien* bezeichnet man extragalakt. Sternsysteme (Spiralnebel).

Galba, Servius Sulpicius, *Tarracina (heute Terracina) 24. 12. 4 v. Chr., †Rom 15. 1. 69 n. Chr., röm. Kaiser (seit April 68). Seine rigorosen Maßnahmen führten in Rom zur Unzufriedenheit der Prätorianer; auf Betreiben Othos ermordet.
Galbraith, John Kenneth [engl. 'gælbreɪθ], *Iona Station (Ontario) 15. 10. 1908, amerikan. Wirtschaftswissenschaftler. Berater mehrerer amerikan. Präs. (F. D. Roosevelt, J. F. Kennedy); Kritiker der Industriegesellschaft des 20. Jh. (Mißverhältnis von privater Verschwendung und öffentl. Armut); vertritt die »Theorie der gegengewichtigen Marktmacht«.
Galeasse [italien.-frz.-niederl.], **1)** im 18. und 19. Jh. in der Nord- und Ostsee verwendeter anderthalbmastiger Küstenfrachtsegler.
2) ↑ Galeere.
Galeere [griech.-italien.], auf antike Vorbilder zurückgehender, von italien. Seestädten erstmals um 1000 gebauter Ruderschiffstyp; als *Kriegs-G.* bis zum 16. Jh., z. T. noch bis ins 18. Jh. im Mittelmeerraum verwendet. Die sehr niedrig gebaute G. besaß bei einer Länge von 40–50 m und einer Breite von rd. 6 m hohe Wendigkeit, war aber wegen ihres geringen Tiefgangs nur bei relativ ruhiger See einsetzbar. Angetrieben wurde das Schiff mit meist 50, auf einer Ebene angeordneten Riemen, die urspr. jeweils mit einem, später mit bis zu fünf Mann (oft »G.-Sklaven«) besetzt wurden. Segel (i. d. R. zwei Lateinsegel) dienten nur als Hilfsantrieb. Als Waffen verwendete man einen am Bug über Wasser angebrachten Rammsporn sowie vorn und achtern aufgestellte Wurfmaschinen, später Geschütze. Bis zur Seeschlacht von Lepanto (1571) bildeten die G. als Hauptkampfschiffe den Kern der im Mittelmeer eingesetzten Kriegsflotten. Im 16. Jh. entwickelten sich aus der G. zusätzlich die kampfkräftigere, aber schwerfälligere *Galeasse* (bis 70 m lang, 16 m breit) und die leichtere *Galeote* mit etwa 20 Riemen als Aufklärungsschiff; gegen Ende des 16. Jh. wurde die G. durch die ↑ Galeone verdrängt.
Galeerenstrafe, eine ab dem 15. Jh. in den seefahrenden Staaten, ab Mitte des 16. Jh. auch in Deutschland bekannte

Galilei

Kriminalstrafe, die auf Zeit oder lebenslänglich verhängt wurde. Die Sträflinge waren mit Ketten an die Ruderbank geschmiedet; die Todesrate lag bei 70%. Die G. wurde anstelle der Todesstrafe bei Kapitalverbrechen oder als Strafe für Wiederholungstäter verhängt; sie traf deshalb auch Diebe und Wilderer. Die Zahl der zur G. Verurteilten stand in engem Zusammenhang mit dem Bedarf der Seemächte (Venedig, Genua) an Ruderern. Die Seemächte kauften die Verurteilten den Landesfürsten ab.

Galen (lat. Claudius Galenus), *Pergamon (Kleinasien) 129 (?), † Rom (?) 199 (?), pergamen. Arzt. Neben Hippokrates der bedeutendste Arzt der Antike; schuf ein umfassendes System der Medizin, das mehrere Jahrhunderte die Heilkunde beherrschte.

Galen, Clemens August Graf von, *Dinklage 16. 3. 1878, † Münster 22. 3. 1946, dt. kath. Theologe, Bischof von Münster (ab 1933), Kardinal (1946); entschiedener Gegner des Nationalsozialismus.

galenische Arzneimittel (Galenika) [nach dem Arzt Galen], Arzneizubereitungen aus Drogen, die (z. B. als Extrakte und Tinkturen) die Wirkstoffe in ihrer natürl. Zusammens. enthalten.

Galeone (Galione) [span.-niederl.], Segelschifftyp; im 16./17. Jh. v. a. als Kriegsschiff verwendet; Wasserverdrängung bis zu 1 500 t, drei bis fünf Masten, davon zwei rahgetakelt. Im Hauptdeck meist auch schwere Geschütze. Als Handelsschiff bis ins 18. Jh. eingesetzt.

Galeote ↑ Galeere.

Galerie [italien.], **1)** *Architektur:* an der Außenseite eines Gebäudes ein mit Fenstern, Arkaden u. ä. versehener Gang. **2)** Kunsthandlung (im Italienischen auch Kunstsammlung). **3)** oberster Rang im Theater.

Galeriewald, Grundwasser anzeigender Waldstreifen, der sich entlang von Flußläufen und Seen, an Talhängen und in Schluchten findet.

Galerius (Gaius G. Valerius Maximianus), *bei Serdica (heute Sofia) um 250, † Nikomedia (heute İzmit) am Mai 311, röm. Kaiser (Caesar seit 293, Augustus seit 305). Von niederer Abkunft, 293 durch Diokletian adoptiert; rigorose Christenverfolgungen.

Galgen, Vorrichtung zur Vollstreckung der Todesstrafe durch Erhängen (in Deutschland bis ins 19. Jh. sowie 1933–45 in Gebrauch).

Galgenmännlein ↑ Alraune.

Galicien, histor. Prov. (autonome Region) in NW-Spanien, ein Mittelgebirgsland, das sich von den sö. Randgebirgen nach N und NW abdacht. Neben Landwirtschaft und metallverarbeitender Ind. bed. Fischereihäfen (Vigo, La Coruña, El Ferrol).
Geschichte: Von Kelten bewohnt; nach röm. Eroberung unter Augustus Teil der Prov. Tarraconensis; im 5. Jh. sweb. Kgr.; seit 585 Teil des Westgot. Reichs; zw. 711 und 718 von den Arabern erobert; gehörte dann meist zum Kgr. León.

Galicisch, im NW Spaniens gesprochener, aus dem Vulgärlateinischen hervorgegangener Dialekt; seit 1975 als span. Regionalsprache anerkannt.

Galiläa, nördl. Teil von Israel. *Obergaliläa* ist eine stark gegliederte Gebirgslandschaft mit dem höchsten Berg des Landes (Meron, 1 208 m ü. M.); zentraler Ort ist Zefat. *Untergaliläa* ist ein bis 598 m hohes Berg- und Hügelland; zentrale Orte sind Nazareth und Karmiel.
Geschichte: Ab 107 v. Chr. Teil des jüd. Einheitsstaats, gehörte später zum Reich Herodes' d. Gr.; die von den Evangelien als Wirkungsstätten Jesu gen. Orte Nazareth, Kana, Kapernaum, Chorazin, Bethsaida lagen in selbständigen Landkreisen (Toparchien).

Galiläisches Meer ↑ Genezareth, See von.

Galilei, Galileo, *Pisa 15. 2. 1564, † Arcetri bei Florenz 8. 1. 1642, italien. Mathematiker, Philosoph und Physiker. Prof. der Mathematik in Pisa (1589–92) und Padua (1592–1610); ab 1610 Hofmathematiker in Florenz. G. wurde durch die Einführung des (quantitativen) Experimentes der Begründer der modernen Naturwissenschaft. Er leitete die Pendelgesetze ab, erfand einen Proportionalzirkel und leitete in reinen Gedankenexperimenten die Gesetze des freien Falls her. Mit dem von ihm nach niederl. Vorbild konstruierten Fernrohr entdeckte er u. a. die Phasen der Venus, die vier ersten, von ihm »Mediceische Gestirne« gen. Monde des Jupiter sowie die Saturnringe und erkannte, daß die

John Kenneth
Galbraith

Galileo

Sternhaufen und die Milchstraße aus Einzelsternen bestehen. Seine Planetenbeobachtungen machten ihn zum Vorkämpfer der heliozentr. Lehre des Kopernikus; dies führte zu Auseinandersetzungen mit der römischen Kirche und zu einem Prozeß, der mit seiner Abschwörung und Verurteilung am 22. 6. 1633 endete. G. wurde zu unbefristeter Haft verurteilt, die er (ab 1637 erblindet) mit kurzer Unterbrechung in seinem Landhaus verbrachte; seine Rehabilitierung durch die kath. Kirche erfolgte erst 1992. Legende ist der Ausspruch »Und sie (die Erde) bewegt sich doch«. Im Hausarrest verfaßte er 1634 seine »Unterredungen und mathematische Demonstrationen über zwei neue Wissenszweige, die Mechanik und die Fallgesetze betreffend«, sein für den Fortgang der neuen Physik wichtigstes Werk.

Galileo [nach dem italien. Astronom und Physiker Galileo Galilei], eine im Oktober 1989 gestartete amerikan. Raumsonde, die 1995 das Raumgebiet von Jupiter und seinen Monden erreichte. 1991 übermittelte G. das erste Bild des Asteroiden Gaspra aus einer Entfernung von 16 000 km zur Erde.

Galion [span.-niederl.], verstärkter Vorbau am Bug alter Schiffe, häufig mit einer hölzernen *Galionsfigur* (meist Frauenfigur) verziert.

gälische Sprachen, i. w. S. svw. goidelische Sprachen (↑keltische Sprachen); i. e. S. svw. ↑Schottisch-Gälisch.

Galitzin-Pendel [ɡaˈlɪtsɪn..., ˈɡalɪtsɪn...; nach dem russ. Physiker Boris Borissowitsch Golizyn, *1862, †1916] (Tauchspulenseismometer), Gerät zur Messung von Erdbebenwellen, bei dem eine kleine Induktionsspule als Pendelmasse an den Polen eines starken Dauermagneten vorbeischwingt.

Galizien, histor. Landschaft nördl. der Karpaten, vorwiegend Hügelland, mit Erdöl-, Erdgas-, Salz-, Steinkohle-, Blei- und Zinkerzlagerstätten.

Geschichte: G. wurde nach german. Besiedlung ab Mitte des 6. Jh. n. Chr. von Slawen besetzt (im W v. a. Polen, im O Ukrainer). Nach Eroberung von Ost-G. (Rotreußen) Ende des 10. Jh. durch das Kiewer Reich Bildung eines Ft. Galitsch im 11./12. Jh., im 14. Jh. an Polen. Durch die 1. Poln. Teilung 1772 zu dem neuformierten österr. »Königreich Galiziens und Lodomeriens« geschlagen; erhielt 1867 umfassende Autonomie, eigenen Landtag, poln. Amtssprache. 1918 annektierte das neu erstandene Polen G.; Ost-G. wurde 1939 von der UdSSR annektiert (Teil der Ukraine).

Gall, Lothar, *Lötzen (Ostpreußen) 3. 12. 1936, dt. Historiker. Seit 1975 Prof. in Frankfurt am Main; beschäftigt

Galion. Historische Galionsfiguren

sich v. a. mit der Geschichte des 19. und 20. Jh. sowie des Liberalismus; schrieb u. a. »Bismarck. Der weiße Revolutionär« (1980).

Galla (Eigenbez. Oromo), äthiopides Volk in S-Äthiopien, in zahlr. Stämme gegliedert; meist Hirtennomaden. Ihre Sprache ist die am stärksten verbreitete Sprache Äthiopiens, jedoch ohne offiziellen Status; sie gehört zur nordkuschit. Gruppe der hamitosemit. Sprachen.

Galläpfel [lat./dt.] ↑Gallen.

Galla Placidia (Aelia G. P.), *Konstantinopel etwa 390, † Rom 27. 11. 450, weström. Kaiserin. Tochter Theodosius' I.; heiratete 414 den Westgotenkönig Athaulf († 416), dann den späteren Kaiser Konstantius III.; 421 zur Augusta erhoben. – Berühmt ist ihre Kapelle (wohl Teil einer verschwundenen Kirche) in Ravenna.

Gallas, Matthias, Reichsgraf (1632), *Trient 16. 9. 1584, † Wien 25. 4. 1647, kaiserl. General. Erhielt nach Wallensteins Ermordung (1634) die Herrschaft Friedland und den Oberbefehl über das kaiserl. Heer; siegte 1634 bei Nördlingen über die Schweden.

Galle (Bilis, Fel), stark bitter schmeckendes Sekret und Exkret der Leber des Menschen und der Wirbeltiere, das als dünne, hellgelbe Flüssigkeit direkt durch den Lebergallengang in den Dünndarm gelangt oder (meist) zunächst in der Gallenblase gespeichert und eingedickt wird (die G. wird zähflüssig und bräunlichgelb), um später auf Grund chemisch-reflektor. Reizung (bei fett- und eiweißreicher Nahrung) als grünl. Flüssigkeit entleert zu werden. Die G. enthält neben Cholesterin, Harnstoff, Schleim, Salzen u. a. Stoffen v. a. Gallenfarbstoffe und die für die Verdauung wesentl. »gepaarten« Gallensäuren. Die in der Leber des gesunden Menschen bei normaler Ernährung täglich gebildete Menge beträgt etwa 800–1000 cm³.

Gallé, Émile [frz. ɡɑˈle], *Nancy 4. 5. 1846, † ebd. 23. 9. 1904, frz. Kunsthandwerker. Führender Vertreter des Jugendstils; bed. seine Glasprodukte (G.-Gläser).

Gallegos, Rómulo [span. ɡaˈjeɣɔs], *Caracas 2. 8. 1884, † ebd. 5. 4. 1969, venezolan. Schriftsteller und Politiker.

Gallen

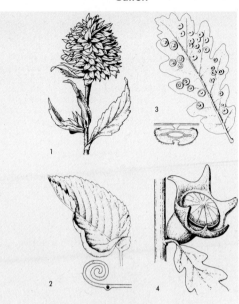

Gallen. 1 aus stark veränderten Grundorganen bestehende (organoide) Galle (Verlaubung des Blütenstandes und Blattvermehrung durch Gallmilben); **2–4** durch zusätzliche Gewebswucherungen entstandene (histoide) Gallen (**2** Blattrandrollung an einem Birnenblatt durch Gallmilben; **3** linsenförmige Gallen auf einem Eichenblatt; **4** Markgalle aus einer Eichenknospe durch Gallwespen)

1930–36 im Exil in Spanien; ab Febr. 1948 Staatspräs., im Nov. 1948 durch eine Militärrevolte gestürzt. 1949–58 im Exil in Mexiko. Sein Romanwerk, u. a. »Doña Bárbara« (1929), »Canaima« (1932), »Cantaclaro« (1934), zählt zu den bed. Leistungen der lateinamerikan. Literatur seiner Zeit.

Gallehus [dän. ˈɡaləhu:ˀs], dän. Ort in Nordschleswig, 4 km nw. von Tondern. Fundort zweier Goldhörner mit einer in ihrem Sprachtypus dem Gemeingerman. ähnl. Runeninschrift (1639 bzw. 1734 gefunden).

Gallen [lat.] (Pflanzengallen, Zezidien), Gestaltsanomalien an pflanzl. Organen, hervorgerufen durch Wucherungen, die durch die Einwirkung pflanzl. oder (meist) tier. Parasiten ausgelöst werden (z. B. Galläpfel, bis 2 cm groß, an

Gallenblase

Eichenblättern). G.bildungen sind als Schutzmaßnahme der befallenen Pflanze aufzufassen.

Gallenblase (Vesica fellea), dünnwandiger, rundl. bis birnenförmiger, mit glatter Muskulatur versehener Schleimhautsack als Speicherorgan für die Galle; steht durch den G.gang mit dem zum Darm führenden, durch einen Schließmuskel verschließbaren Lebergallengang und dem aus der Leber kommenden Lebergang in Verbindung; beim Menschen auf der Unterseite des rechten Leberlappens angewachsen.

Gallenröhrling
(Hutdurchmesser 7–12 cm)

Gallenblasenentzündung (Cholezystitis), Entzündung der Gallenblase, meist verbunden mit einer bakteriellen Entzündung der Gallenwege *(Cholangitis)*. Akute Anzeichen: Fieber, ausstrahlende, auch kolikartige Schmerzen im rechten Oberbauch, Übelkeit, Erbrechen, auch leichte Gelbsucht.

Gallenfarbstoffe, Gruppe von Farbstoffen mit Tetrapyrrolstruktur, die beim Zerfall roter Blutkörperchen aus dem Blutfarbstoff Hämoglobin entstehen. Zuerst wird das grüne *Choleglobin (Verdoglobin)* gebildet, das noch Eisen und den Eiweißkörper Globin enthält. Durch Abspaltung von Eisen und Globin entsteht der blaugrüne Pyrrolfarbstoff *Biliverdin,* der zum orangeroten *Bilirubin* reduziert werden kann und in den Leberzellen mit Glucuronsäure zu Bilirubinglucuronid gebunden wird; *Bilirubinglucuronid* gelangt mit der Galle in den Darm und wird dort zu gelbem *Mesobilirubin* und dann farblosem *Mesobilirubinogen (Urobilinogen)* und *Sterkobilinogen* abgebaut.

Gallen-Kallela, Akseli, eigtl. Axel Gallén, *Pori 26. 5. 1865, † Stockholm 7. 3. 1931, finn. Maler und Graphiker. Behandelte nationalromant. Themen aus dem finn. Nationalepos »Kalevala« und der Volksliedichtung (Kanteletar).

Gallenkolik (Colica hepatica), durch Dehnungsschmerz der Gallenblase oder der Gallengänge oder durch Spasmen der glatten Gallenwegsmuskulatur bei Steineinklemmung *(Gallensteinkolik)* oder durch Entzündungen der Gallenwege verursachte Erkrankung mit krampfartigen, heftigsten Schmerzen im rechten Oberbauch, dicht unterhalb des Rippenbogens, begleitet von Übelkeit, Brechreiz, Schweißausbruch, flacher Atmung und Bauchdeckenspannung.

Gallenröhrling (Bitterpilz), von Juni bis Oktober an feuchten Stellen in Nadelwäldern wachsender Ständerpilz aus der Fam. der Röhrlinge; ungenießbar (Verwechslungsgefahr mit Steinpilz).

Gallensäuren, zu den Steroiden gehörende Gruppe chem. Verbindungen, die in der Gallenflüssigkeit von Mensch und Wirbeltieren enthalten sind. Die G. und ihre wasserlösl. Alkalisalze sind für die Emulgierung der Fette und für die Resorption der Fettsäuren im Darm unentbehrlich.

Gallenstein (Cholelith), steinähnl. Gebilde in den Gallengängen (Choledocholithiasis) oder in der Gallenblase (Cholelithiasis). Ursachen sind Entzündungen der Gallenwege, Stauungen des Galleflusses oder bestimmte Stoffwechselstörungen. G.leiden begünstigende Faktoren sind Fettsucht, Schwangerschaft, Bluthochdruck und Altersdiabetes. Anzeichen sind u. a. Druckgefühl im rechten Oberbauch, Blähungen und Fettunverträglichkeit; charakteristischstes Symptom ist die Gallenkolik.

Gallensteinkolik ↑Gallenkolik.

Gallerte [ga'lɛrtə, 'gal...; mittellat.], in der Lebensmittelchemie und Mikrobiologie die im Gelzustand vorliegenden Kolloide (Gelatine, Agar-Agar, Pektin), die eine hohe Affinität zu ihrem Lösungsmittel, meist Wasser, haben. Sie dienen u. a. zur Steifung mikrobiolog. Nährböden oder von Produkten der Nahrungsmittelindustrie.

Gallertpilze (Zitterpilze, Tremellales), Ordnung der Ständerpilze; vorwiegend auf Holz wachsende Pilze mit wachsartigem, knorpeligem oder gallertartigem Fruchtkörper; u. a. der eßbare *Rotbraune*

G. und der *Gallertartige Zitterzahn* (Eispilz).
Galliarde ↑Gaillarde.
Galli da Bibiena ↑Bibiena.
Gallien (lat. Gallia), in der röm. Antike das Land der Gallier zw. Rhein, Alpen, Mittelmeer, Pyrenäen und Atlantik, ab dem 4. Jh. v. Chr. das Gebiet zw. Alpen und Apennin. Von Rom aus gesehen nw. der Alpen *Gallia transalpina* oder *Gallia ulterior* (G. jenseits der Alpen oder jenseitiges G.) genannt; entsprach im wesentlichen dem Gebiet des heutigen Frankreich sowie Belgien; wurde in die *Belgica* (zw. Atlantik, Ardennen und Seine), *Celtica* (zw. Seine, Rhone, Cevennen und Garonne) und *Aquitania* (zw. Garonne, Pyrenäen und Atlantik) gegliedert. Diese drei Landesteile nannte man auch *Gallia comata*. Südl. der Alpen *Gallia cisalpina* oder *Gallia citerior* (G. diesseits der Alpen oder diesseitiges G.) gen. und durch den Po (Padus) in die *Gallia cispadana* (zw. Apennin und Po) und *Gallia transpadana* (zw. Po und Alpen) unterteilt. 225–191 v. Chr. unterwarfen die Römer Gallia cisalpina; die Eroberung des südl. Teils der Gallia transalpina und die Einrichtung der Prov. *Gallia Narbonensis* (ben. nach Narbo = Narbonne) erfolgte 125–118 v. Chr.; von hier aus eroberte Cäsar 58–51 v. Chr. die Gallia comata. Zw. 27 und etwa 16 v. Chr. Neuordnung der gall. Prov.: *Belgica* (Hauptort Augusta Treverorum = Trier), *Lugdunensis* (Hauptort Lugdunum = Lyon) und *Aquitania* (Hauptort ab dem 2. Jh. Burdigala = Bordeaux). Im 4. Jh. n. Chr. Eindringen der Franken in die Belgica, 406/407 Invasion der Alanen, Vandalen und Quaden; um 500 wurde fast ganz G. dem Fränk. Reich einverleibt.
Gallienus, Publius Licinius Egnatius, *Mediolanum (heute Mailand) 218, † vor Mediolanum 268, röm. Kaiser (Alleinherrscher ab 259). Führte fast ständig Krieg an Rhein- und Donaufront; Aufhebung der Edikte Valerians um 260.
Gallier (lat. Galli) ↑Kelten.
Gallikanismus [mittellat.], die frz. Form des Staatskirchentums, die aus der fränk. Landeskirchenherrschaft entstand; erreichte ihren Höhepunkt mit der Pragmat. Sanktion von Bourges (1438), die in den sog. *gallikan. Artikeln* die *gallikan. Freiheiten,* d. h. die Unabhängigkeit der frz. Kirche vom Papst auch in kirchl. Angelegenheiten, formulierte; blieb bis zur Frz. Revolution in Geltung. Der G. wurde vom 1. Vatikan. Konzil (1869/70) endgültig verurteilt.
Gallinas [span. ɣaˈjinas] (Punta G.), Kap in Kolumbien, am Karib. Meer, nördlichster Punkt des südamerikan. Festlandes.
Gallipoli ↑Gelibolu.
gallischer Hahn, nat. Tiersymbol der Franzosen (Doppelbedeutung von lat. »gallus«: »Gallier« und »Hahn«)
Gallischer Krieg (lat. Bellum Gallicum), die Unterwerfung der Gallier durch Cäsar 58–51 v. Chr., in den sieben Büchern der »Commentarii de bello Gallico« von Cäsar dargestellt.
Gallium [lat.], chem. Symbol Ga, chem. Element aus der III. Hauptgruppe des Periodensystems der chem. Elemente; Ordnungszahl 31; relative Atommasse 69,72; Schmelztemperatur 29,78 °C; Siedetemperatur 2 403 °C; Dichte 5,904 g/cm^3. Das silberweiße Metall tritt in seinen Verbindungen meist dreiwertig auf; wird durch Elektrolyse gewonnen und als Wärmeaustauschermedium in Kernreaktoren verwendet. Wichtig ist aber vor allem die Herstellung von G.-Arsenid und -Phosphid als Halbleitermaterialien.
Gallizismus [lat.-frz.], semant., syntakt. oder idiomat. Eigenart der frz. Sprache, die in eine andere Sprache übernommen wurde.
Gallmilben (Tetrapodili), Unterordnung 0,08 bis 0,27 mm langer Milben; Pflanzenparasiten.
Gallmücken (Itonididae), mit etwa 4 000 Arten weltweit verbreitete Fam. der Zweiflügler, 4–5 mm groß, z. T. Pflanzenschädlinge.

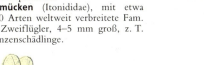

Gallmilben.
Johannisbeergallmilbe

Gallmücken.
Weizengallmücke

Gallon [engl. ˈgælɔn] (Gallone), angloamerikan. Volumeneinheit. Das v. a. in Großbrit. und in Australien benutzte

Galloromanisch

Imperial gallon beträgt 4,546 l. Daneben wird in den USA und Kanada das [alte] *Winchester gallon* (= 3,785 l) verwendet (Einheitenzeichen: gal oder US gal).

Galloromanisch, die im röm. Gallien aus dem dortigen Vulgärlatein hervorgegangenen roman. Sprachen Französisch, Provenzalisch und Frankoprovenzalisch (die Mundarten der frz. Schweiz, Savoyens und des Aostatals).

Gallup-Institut [ˈgalʊp; engl. ˈgæləp], das von George Horace Gallup (*1901, †1984) 1935 gegr. »American Institute of Public Opinion« (AIPO) zur Erforschung der öffentl. Meinung und der Wirkung von Massenmedien; veranstaltet wöchentl. Befragungen über polit., soziale und wirtschaftl. Angelegenheiten.

Gallus, hl., *in Irland um 555, † Arbon um 645 (16. 10. 650?), ir. Missionar. Lebte in der sog. G.zelle, aus der später das Kloster Sankt Gallen wurde. – Fest: 16. Oktober.

Gallussäure [lat./dt.] (Acidum gallicum, 3,4,5-Trihydroxybenzoesäure), aromat. Pflanzensäure (u. a. in Eichenrinde, Galläpfeln, Tee). Bei Zusatz von Eisen(II)-salzen bilden sich blauschwarze Niederschläge, sog. Eisengallustinte.

Gallwespen [lat./dt.] (Cynipoidea), mit etwa 1 600 Arten v. a. auf der Nordhalbkugel verbreitete Über-Fam. der Hautflügler (Unterordnung Taillenwespen); 1–5 mm lange, häufig schwarz und/oder braun gefärbte Insekten. Die meisten Arten der G. parasitieren in Pflanzen; am häufigsten sind die *Gemeine Eichen-G.* und die rötlichgelbe *Eichenschwamm-G.*, die *Gemeine Rosen-G.* und die *Himbeer-G.* (Brombeer-G.).

Galmei [mittellat.-frz.], 1. (Zinkspat, Smithsonit, Carbonat-G.) meist gelbbraunes Mineral, $ZnCO_3$; wichtiges Zinkerz; 2. Sammelbez. für carbonat. und silicat. Zinkerze, v. a. Zinkspat, Zinkblüte.

Galopp [frz.], 1) ↑Fortbewegung. 2) *Tanz:* um 1820 aufgekommener schneller Rundtanz im $^2/_4$-Takt.

Galopprennen ↑Reitsport.

Galosche [frz.], schützender Überschuh.

Galsworthy, John [engl. ˈgɔːlzwəːði], *Coombe (heute zu London) 14. 8. 1867, † London 31. 1. 1933, engl. Schriftsteller. Rechtsanwalt; Mitbegründer und bis zu seinem Tode Präs. des PEN-Clubs. Sein Hauptwerk ist das Zeitgemälde der ausgehenden Viktorian. Epoche, »Die Forsyte Saga« (R.-Zyklus, 5 Teile, 1906–21) mit Fortsetzungen: »Moderne Komödie« (1924 bis 28) und »Die Cherrell-Chronik« (1931 bis 33). Nobelpreis für Literatur 1932.

Galton, Sir (ab 1909) Francis [engl. gɔːltn], *Birmingham 16. 2. 1822, † London 17. 1. 1911, brit. Naturforscher und Schriftsteller. Mitbegründer der Eugenik (G. prägte diesen Begriff); außerdem begründete er die Zwillingsforschung und stellte eine Reihe von Erbgesetzen auf. Die *Galton-Regel* (G.sche Kurve) zeigt, daß bestimmte erbl. Eigenschaften stets um einen Mittelwert schwanken. Er erkannte die Individualität des Hautreliefs.

Galtonsches Brett [engl. gɔːltn... -; nach Sir F. Galton], Vorrichtung zur Veranschaulichung der sog. *Binomialverteilung:* Kugeln werden durch gleichmäßig angeordnete Hindernisse (Nägel) in Kammern verteilt. Damit kann man annähernd eine Normalverteilung erreichen.

Galuth [hebr. »Verbannung«], das Leben des jüd. Volkes außerhalb Israels, in

Gallussäure

Galtonsches Brett

John Galsworthy

Gallwespen.
Oben: Gallwespe ◆ Mitte: Eichenblatt mit Gallapfel ◆ Unten: aufgeschnittener Gallapfel mit Larve

der Zeit, als es keinen jüd. Staat gab (70–1948).

Galvani, Luigi, *Bologna 9. 9. 1737, † ebd. 4. 12. 1798, italien. Arzt und Naturforscher. Entdeckte 1780 die Kontraktion präparierter Froschmuskeln beim Überschlag elektr. Funken. 1786 zeigte er, daß diese Reaktion auch dann eintritt, wenn der Muskel lediglich mit zwei verschiedenen miteinander verbundenen Metallen in Kontakt gebracht wird *(Froschschenkelversuch).* Diese Erscheinung, die früher als *Galvanismus* bezeichnet wurde, führte zur Entdeckung der elektrochem. Elemente.

galvanisch [nach L. Galvani], **1)** auf elektrochem. Stromerzeugung beruhend; Gleichstrom betreffend.
2) unmittelbar elektrisch leitend verbunden.

galvanisches Bad, eine Elektrolytlösung von Metallsalzen und Zusatzmitteln zur Abscheidung metall. Überzüge *(galvanisieren).*

galvanisches Element ↑elektrochemische Elemente.

galvanomagnetische Effekte, Sammelbez. für eine Reihe von physikal. Erscheinungen, die bei Einwirkung eines homogenen Magnetfeldes auf einen stromdurchflossenen elektr. Leiter auftreten.

Galvanometer, empfindl. Instrument zur Messung und zum Nachweis schwacher elektr. Ströme und Spannungen, bei dem die Kraftwirkung zw. einem Magneten und einem vom zu messenden Strom durchflossenen Leiter zur Anzeige ausgenutzt wird. Das am häufigsten benutzte *Drehspul-G.* (Spulen-G.) besitzt eine drehbare, vom zu messenden Strom durchflossene Spule zw. den Polen eines Permanentmagneten; dabei wird zw. einem Zeiger-, Spiegel- (Lichtzeiger-) oder Lichtmarken-G. unterschieden. Beim *Zeiger-G.* wird die Torsion der Spule über einen Zeiger auf eine Skala übertragen. Im *Spiegel-G.* ist an der Spule oder am Spanndraht der Spule ein sehr leichter Spiegel befestigt, der eine von Lichtquelle und Blende erzeugte Strichmarke auf eine Skala reflektiert.

Galvanoplastik (Elektroformung, Elektroplattierung), elektrochem. Verfahren zur Herstellung oder Nachbildung z. B. von Kunstgegenständen oder Duplikaten von Druckplatten des Hochdrucks durch galvan. Abscheidung eines Metallüberzuges auf einer zuvor hergestellten Negativform, von der er schließlich abgenommen wird *(Galvano).*

Gama, Dom (ab 1499) Vasco da, Graf von Vidigueira (ab 1504), *Sines 1468 oder 1469, † Cochin 24. 12. 1524, portugies. Seefahrer. Umsegelte das Kap der Guten Hoffnung und gelangte über Malindi nach Calicut in Vorderindien (1498); schuf als Vizekönig von Indien mit außerordentl. Härte die Grundlagen der portugies. Hegemonie im Ind. Ozean.

Gamander.
Echter Gamander (Höhe 15–30 cm)

Gamander [griech.-mittellat.], Gatt. der Lippenblütler mit mehr als 100 Arten in den gemäßigten und wärmeren Zonen; Kräuter, Halbsträucher oder Sträucher; bekannt ist der karminrot blühende *Echte Gamander.*

Gambe [italien.] ↑Viola da gamba.

Gambenstimmen, in der Orgel ein eng mensuriertes Labialregister, mit zart streichendem bis schneidendem Klang.

Gambetta, Léon [frz. gãbɛ'ta], *Cahors 3. 4. 1838, † Ville-d'Avray bei Paris 31. 12. 1882, frz. Politiker. Entschiedener Gegner Napoleons III., formulierte 1869 die polit. Zielsetzung der Radikalsozialisten; scheiterte im Dt.-Frz. Krieg 1870/71 mit dem Versuch, in der Prov. militär. Widerstand zu organisieren und Paris zu befreien,

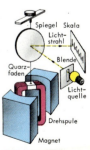

Galvanometer.
Spiegelgalvanometer

Gambia

Gambia

Staatsflagge

Staatswappen

Gambia

Fläche:	11 295 km²
Einwohner:	908 000
Hauptstadt:	Banjul
Amtssprache:	Englisch
Nationalfeiertag:	18. 2.
Währung:	1 Delasi (D) = 100 Bututs (b)
Zeitzone:	MEZ – 1 Std.

Gambia, Staat in Afrika, grenzt im W an den Atlantik, sonst allseitig an Senegal. **Staat und Recht:** Republik; *Verfassung* von 1970. *Staatsoberhaupt* und Inhaber der *Exekutive* ist der Präs. (Amtszeit 5 Jahre); der von ihm ern. Vizepräs. vertritt die Regierung im Parlament. *Legislative:* Repräsentantenhaus (36 für 4 Jahre gewählte Abg., neun ernannte, fünf von einer Häuptlingsversammlung gewählte Abg.). *Parteien:* People's Progressive Party, National Convention Party. **Landesnatur:** G. umfaßt einen 10–15 km breiten Streifen beiderseits des Gambia, der sich 375 km weit ins Landesinnere erstreckt. Es herrscht randtrop. Klima mit Sommerregen. Im Mündungsgebiet ausgedehnte Mangrovesümpfe, ansonsten auf laterit. oder sandigen Böden überwiegend Savanne. **Bevölkerung:** Die E sind v. a. Malinke, Fulbe, Wolof. 85 % sind Muslime, 11 % Anhänger traditioneller Religionen, 3 % Christen. **Wirtschaft, Verkehr:** Dominierend ist die Landwirtschaft. Wichtigstes Anbauprodukt sind Erdnüsse. Für die Selbstversorgung werden Hirse, Reis und Maniok angebaut. Hauptverkehrsader ist der Fluß Gambia. Das Straßennetz ist 2 990 km lang (1 718 km ganzjährig befahrbar). Hochseehafen ist Banjul. Internat. ✈ ist Yundum bei Banjul.

Geschichte: G. gehörte wahrscheinlich im 10./11. Jh. zum Reich Gana, im 13.–15. Jh. zum Reich Mali; die Portugiesen kannten die Gambiamündung seit 1447; im 15.–19. Jh. von verschiedenen Kolonialmächten umkämpft; 1816 gründeten die Briten Bathurst (heute Banjul); 1843 Kronkolonie, 1888 Protektorat; erhielt am 18. 2. 1965 die Unabhängigkeit, wurde 1970 Republik mit D. Jawara als Präsident. Nach einem mit Hilfe der senegales. Armee niedergeschlagenen Putschversuch (Juli 1981) wurde 1982 mit Senegal eine lockere Föderation »Senegambia« vereinbart, die im Sept. 1989 wieder aufgelöst wurde. Nach dem Militärputsch von 1994, bei dem der seit 1970 ununterbrochen als Präs. amtierende Jawara abgesetzt wurde, wurden die Verfassung außer Kraft gesetzt und polit. Parteien verboten.

Gambia, Fluß in NW-Afrika, entspringt in Guinea, mündet bei Banjul, Gambia, in den Atlantik, 1 120 km lang.

Gambier, Îles [frz. ilgãˈbje], frz. Inselgruppe im zentralen Pazifik, 15 km², Hauptort Rikitea auf *Mangareva*.

Gambit [vulgärlat.-italien.-span.], *Schachspiel* Eröffnung einer Partie mit dem Opfer eines Bauern zur Erlangung eines Stellungsvorteils.

Gambrinus, angeblich flandr. König zur Zeit Karls d. Gr., gilt als Erfinder des Bieres und Schutzherr der Bierbrauer und -trinker.

Gamelan [javan.], das vorwiegend aus Idiophonen gebildete musikal. Ensemble javan. Ursprungs, das im 14. Jh. auch nach Bali gelangte. Die Instrumente gliedern sich in drei Gruppen, solche, die die Kernmelodie vortragen, solche, denen die Verzierung zugeordnet ist, und solche, die die Stücke in Abschnitte gliedern. Das volle javan. Orchester besteht aus verschiedenen Gongs, Metallophonen, Xylophon, Flöte, Laute, Zither, Handtrommeln, Chor und Einzelsängern.

Gamelin, Maurice Gustave [frz. gamˈlɛ̃], *Paris 20. 9. 1872, † ebd. 18. 4. 1958, frz. General. Ab 1931 Chef des Generalstabs der Armee; 1938–40 Oberbefehlshaber der frz., Sept. 1939 bis Mai 1940 der alliierten Truppen in Frankreich; von der Vichy-Regierung für die Niederlage Frankreichs verant-

Gäncä

wortlich gemacht (bis 1943 in frz., 1943–45 in dt. Haft).

Gameten [griech.], svw. ↑Geschlechtszellen.

Gametophyt [griech.] (Gamont), die geschlechtl., haploide Generation im Fortpflanzungszyklus der Pflanzen. G. gehen aus Sporen der ungeschlechtl. Generation hervor und bilden ihrerseits geschlechtl. Fortpflanzungszellen.

Gamma, dritter Buchstabe des griech. Alphabets: Γ, γ

Gammaglobulin (γ-Globulin), eine überwiegend Antikörper enthaltende, zu den Immunglobulinen zählende Eiweißstruktur des Blutplasmas. Funktion ist die körpereigene Abwehr von Krankheiten.

Gammastrahlung (γ-Strahlung), i. e. S. die von angeregten Atomkernen bei Gammaübergängen ausgesandte äußerst kurzwellige elektromagnet. Wellenstrahlung (Wellenlängen zw. 10^{-9} und 10^{-12} cm), deren Photonen, die sog. *Gammaquanten,* sehr hohe Energie besitzen. Sie tritt v. a. bei der natürl. und künstl. Radioaktivität auf. Beim radioaktiven Zerfall bildet die G. neben der Alpha- und Betastrahlung die dritte Komponente der radioaktiven Strahlung. Auf Grund ihrer hohen Quantenenergie ist die G. sehr durchdringend und wirkt ionisierend; ihre physiolog. Wirkung ist die gleiche wie die von Röntgenstrahlung. Sie wird in der Technik v. a. zur zerstörungsfreien Werkstoffprüfung, in der Medizin zur Tumorbehandlung herangezogen.

Gamone [griech.] (Befruchtungsstoffe), von männl. und weibl. Geschlechtszellen gebildete Befruchtungshormone, die die Sexualreaktion zw. den ♀ und ♂ Gameten auslösen.

Gamow, George [engl. ˈgeɪmaʊ], *Odessa 4. 3. 1904, †Boulder (Colo.) 19. 8. 1968, amerikan. Physiker russ. Herkunft. Wandte 1928 – gleichzeitig mit Ronald Wilfried Gurney (*1899[?], †1953) und Edward Uhler Condon (*1902, †1974) – die Quantentheorie auf den Alphazerfall auf Atomkernen an und deutete diesen als Tunneleffekt.

Gamsbart, Haarbüschel vom Widerrist der Gemse (an Trachten- und Jägerhüten).

Gana (Ghana), ehem. westsudan. Reich, gegr. (um 770) von Weißen (von Berbern?); erstreckte sich während seiner größten Ausdehnung (nach 790) vom oberen Niger bis zum mittleren Senegal und nördl. bis in die Saharazone; 1240 von Mali erobert.

Gäncä (Gjandscha, Gandscha), 1935–89 Kirowabad (nach S. M. Kirow), Stadt in

Gamelan.
Gamelanorchester auf einem Tempelvorplatz auf Bali

1171

Gand

Aserbaidschan, am N-Rand des Kleinen Kaukasus, 270 000 E; landwirtschaftl. und polytechn. Hochschule; Textil-, Nahrungsmittelindustrie.

Gand [frz. gã], frz. für ↑Gent.

Gandersheim, Hrotsvit von ↑Hrotsvit von Gandersheim.

Gandhara, NW-Prov. des alten Indien im heutigen O-Afghanistan und westl. Pakistan. Die *Gandharakunst* (1.–5. Jh., Nachwirkung bis zum 7./8. Jh.) verschmolz ind. mit hellenistisch-röm. Elementen; hohe künstler. Blüte: Klöster, Stupas (u. a. in Taxila), zahlr. Statuen (v. a. von Buddha) und Reliefs; bed. Ausstrahlung auf die ind. und buddhist. Kunst überhaupt.

Gandhara. Buddha mit Stifterfiguren. Fragment eines Weihreliefs (2. Jh. n. Chr.; Rom, Museo Nazionale d'Arte Orientale)

Indira Gandhi

Gandhi, 1) Indira, *Allahabad 19. 11. 1917, †Delhi 31. 10. 1984 (Attentat), ind. Politikerin. Tochter J. Nehrus; 1946–64 enge Mitarbeiterin ihres Vaters; 1964–66 Informations-Min., 1966 bis 77 Premier-Min. und Parteiführerin; nach dem Wahlerfolg ab 1980 erneut Premier-Min.; von fanat. Sikhs ermordet.

2) Mohandas Karamchand, gen. Mahatma [Sanskrit »dessen Seele groß ist«] (ab 1915), *Porbandar (Gujarat) 2. 10. 1869, †Delhi 30. 1. 1948 (Attentat), ind. Freiheitskämpfer. G. entwickelte 1893–1914 in Südafrika im Kampf um die polit. Rechte der ind. Einwanderer seine Methode des gewaltlosen Widerstands gegen die brit. Politik in Indien ab 1920: Mittel waren Verweigerung der Mitarbeit in Behörden (»non-cooperation«) und bürgerl. Ungehorsam (»civil disobedience«). Der von G. geführte Indian National Congress (INC) wurde dabei zur einflußreichen Organisation des ind. Unabhängigkeitskampfes. G., der wiederholt in brit. Haft war, initiierte Massenbewegungen der ind. Bev. (u. a. 1930 den »Salzmarsch« als Protest gegen das brit. Salzmonopol). Er widmete sich bes. der Aufgabe, der im hinduist. Denken verankerten gesellschaftl. Ächtung der »Parias« (Unberührbare) entgegenzuwirken. 1934 trat G. aus dem INC aus. Im 2. Weltkrieg verlangte er von Großbritannien die sofortige Lösung der ind. Frage. Die blutigen Auseinandersetzungen zw. Hindus und Muslimen nach 1947 suchte er vergeblich zu verhindern. Durch seine polit. Einsicht, asket. Lebensweise und seine tiefe, im Hinduismus begründete Religiosität hatte er wesentl. Anteil an der Unabhängigkeit Indiens; die Teilung des Landes konnte er nicht verhindern; 1948 wurde er von einem fanat. Hindu erschossen.

3) Rajiv, *Bombay 20. 8. 1944, †Sriperumbudur (bei Madras) 21. 5. 1991 (Attentat), ind. Politiker. Sohn und Nachfolger von Indira G. als Premier-Min. (1984–90) und Vors. der Kongreßpartei (ab Nov. 1984); während des Wahlkampfs zu den Parlamentswahlen 1991 ermordet.

Gandhinagar [engl. 'gɑːndɪnagə], Hauptstadt des ind. Unionsstaats Gujarat, W-Indien, unmittelbar nördl. der früheren Hauptstadt Ahmadabad, 122 000 E. Mit dem Bau der Stadt wurde 1966 begonnen.

Ganerbschaft, nach altem dt. Recht gemeinschaftliches Vermögen, insbes. Grundvermögen, von *Ganerben* (Miterben zur gesamten Hand).

Gang [gæŋ; engl.-amerikan.], Zusammenschluß von Verbrechern *(Gangstern);* ↑Bande.

Gang, 1) *Kfz-Technik:* ein bestimmtes [durch Betätigen des G.schaltungshebels wählbares] Untersetzungsverhältnis (im 1. Gang 4 : 1, im höchsten Gang 1 : 1) zw. Motor- und Raddrehzahl.

2) *Uhrentechnik:* die durch Änderung der Schwingungsdauer des schwingenden Systems bewirkte Abweichung von der idealen Genauigkeit.

Gänse

3) *Geologie, Bergbau:* die Ausfüllung von Gesteinsklüften mit Erzen oder Mineralien.

Ganges, mit rd. 2700 km Länge größter Strom N-Indiens; entsteht im westl. Himalaya durch Zusammenfluß von Alaknanda und Bhagirathi, durchbricht die Siwalikketten und fließt in der Gangesebene nach SO, stark mäandrierend mit häufiger Aufspaltung und Inselbildung, bildet zus. mit dem Brahmaputra ein riesiges Delta am Golf von Bengalen. Sein Wasser gilt als heilig und rituell reinigend.

Gangesebene (Gangestiefland), westl. Teil des Ganges-Brahmaputra-Tieflands mit sehr fruchtbaren Böden, eines der höchstkultivierten ind. Gebiete.

Ganggesteine, aus Restlösungen magmat. Schmelzen auskristallisierte Spaltenfüllungen. Dazu gehören Aplite, Pegmatite und Lamprophyre.

Ganghofer, Ludwig, *Kaufbeuren 7. 7. 1855, † Tegernsee 24. 7. 1920, dt. Schriftsteller. Schrieb Volksstücke und [Heimat]romane, u. a. »Die Martinsklause« (R., 1894), »Schloß Hubertus« (R., 1895).

Ganglienblockade [griech./frz.] (Blokkade), Abschwächung bzw. Unterbrechung der Erregungsübertragung in den ↑Synapsen der sympath. und parasympath. Ganglien durch Ganglienblocker; diese werden wegen zahlr. Nebenwirkungen heute nicht mehr angewendet.

Ganglienzelle [griech./dt.], svw. ↑Nervenzelle.

Ganglion [griech.], **1)** *Anatomie:* (Nervenknoten, G.knoten) Verdickung des Nervensystems, in der die Zellkörper der Nervenzellen (Ganglienzellen) konzentriert sind.
2) *Medizin:* ↑svw. Überbein.

Gangrän [griech.], svw. ↑Brand.

Gangster ↑Gang.

Gangtok, Hauptstadt des ind. Gliedstaates Sikkim, im Vorderhimalaja, 1730 m ü. M., 36700 E. Institut für Tibetologie.

Gangway [engl. 'gæŋweɪ, eigtl. »Gehweg«], Treppe, die zum Ein- und Aussteigen an Schiffe oder Flugzeuge herangefahren oder -gerollt wird.

Gänse (Anserinae), mit etwa 30 Arten weltweit verbreitete Unter-Fam. etwa 0,4–1,7 m langer Entenvögel, die in der freien Natur an Gewässern leben. Man unterscheidet drei Gruppen: die entengroßen Pfeifgänse, die sehr großen, langhalsigen ↑Schwäne und die zw. diesen Gruppen stehenden *Echten G.* mit etwa 15 Arten, v. a. in den gemäßigten und kälteren Regionen Eurasiens und N-Amerikas; Schnabel keilförmig, Oberschnabelspitze als kräftiger, nach unten gebogener Nagel gestaltet, der zum besseren Abrupfen von Gräsern, Blättern und Halmen dient; meist gute Flieger, die im Flug den Hals nach vorn strecken; Zugvögel, die häufig in Keilformation ziehen. ♂ und ♀ sind gleich gefärbt, Paare halten auf Lebenszeit zusammen. Die fast 90 cm lange, dunkelgraue *Saatgans* kommt auf Grönland und in N-Eurasien vor; orangefarbene Füße. Eine aus der *Schwanengans* gezüchtete Hausgansrasse ist die *Höckergans;* fast 70 cm lang ist die in Z-Asien lebende *Streifengans;* die *Kaisergans* ist etwa so groß wie die Graugans und kommt in

Mohandas Karamchand (Mahatma) Gandhi

Rajiv Gandhi

Gänse.
Links: Graugans (Länge bis 90 cm) ◆
Mitte: Saatgans (Länge 71–90 cm) ◆
Rechts: Bleßgans (68–76 cm)

Gänseblümchen

Gänsefuß.
Guter Heinrich
(Höhe 20–60 cm)

Gänseblümchen
(Höhe 3–10 cm)

Gänsedistel.
Ackergänsedistel

N-Alaska und O-Sibirien vor; bis 75 cm lang und weiß mit schwarzen Handschwingen ist die *Große Schneegans* in NO-Sibirien, im nördl. N-Amerika und auf Grönland. Die *Graugans* (Anser anser) ist 70 cm (♀) bis 85 cm (♂) groß und kommt in Eurasien vor; Stammform der *Hausgans*, die als Brut- oder Legegans gehalten wird. Die Arten der Gatt. *Meer-G.* haben einen völlig schwarzen Schnabel. Bekannt sind u. a.: *Rothalsgans*, bis 55 cm lang, in W-Sibirien; *Kanadagans*, bis 1 m lang, in N-Amerika und Europa; *Ringelgans*, etwa 60 cm lang, im arkt. Küstengebiet. – Vermutlich wurde die Graugans schon seit der Jungsteinzeit als Haustier gehalten.
Gänseblümchen (Maßliebchen, Bellis), Gattung der Korbblütler mit zehn Arten in Europa; bekannteste Art ist das 5–15 cm hohe, auf Weiden, Wiesen, Rainen und Grasplätzen wachsende sehr kleine *Gänseblümchen* (Bellis perennis); gefüllte Zuchtform ist z. B. Tausendschön.
Gänsedistel (Saudistel, Sonchus), Gatt. der Korbblütler mit über 60 Arten in Europa, Afrika und Asien; einheim. u. a. die *Acker-G.*, bis 1,50 m hoch.
Gänsefuß (Chenopodium), Gatt. der G.gewächse mit etwa 250 Arten in den gemäßigten Zonen; einheim. u. a.: *Guter Heinrich*, bis 50 cm hoch; kultiviert und als Blattgemüse gegessen werden *Echter Erdbeerspinat* und *Ähriger Erdbeerspinat*.
Gänsefußgewächse (Chenopodiaceae), Fam. zweikeimblättriger Kräuter; bekannte Gatt. sind Gänsefuß, Melde, Spinat, Runkelrübe.
Gänsehaut, meist reflektorisch durch Kältereiz oder durch psych. Faktoren bewirkte Hautveränderung. Das höckerige Aussehen der Haut wird durch Zusammenziehung der an den Haarbälgen ansetzenden glatten Muskeln verursacht, die die Haarbälge hervortreten lassen und die Haare aufrichten.
Gänsekresse (Arabis), Gatt. der Kreuzblütler mit etwa 100 Arten, v. a. in den Gebirgen Europas, Asiens, Afrikas und N-Amerikas; niedrige, rasen- oder polsterförmig wachsende Kräuter; häufig u. a. die *Rauhe G.*; z. T. beliebte Steingartenpflanzen.
Gänsevögel (Anseriformes, Anseres), seit dem Eozän bekannte, heute mit etwa 150 Arten weltweit verbreitete Ordnung 0,3–1,7 m langer Vögel; zwei Fam.: *Entenvögel, Wehrvögel*.
Gansu (Kansu), Prov. in NW-China, 454 000 km², 22,93 Mio. E. Hauptstadt Lanzhou.
Ganter (Gänserich), die männl. Gans.
Ganymed, 1) *griech. Mythologie:* der schöne Mundschenk des Zeus; trojan. Prinz, der, von Zeus entführt, in ewiger

Jugend seinen Dienst an der Göttertafel versieht.
2) *Astronomie:* ein Mond des ↑Jupiter.
Ganz, Bruno, *Zürich 22. 3. 1941, schweizer. Schauspieler. Bed. Charakterdarsteller; Theaterrollen v. a. an der Schaubühne in Berlin; zahlr. Filmrollen, u. a. »Die Marquise von O.« (1975), »ie linkshändige Frau« (1977), »Messer im Kopf« (1978), »Nosferatu« (1978), »Der Himmel über Berlin« (1987).
ganze Zahlen (ganzrationale Zahlen), Bez. für die Zahlen ..., −3, −2, −1, 0, 1, 2, 3, ... Die Menge Z der g. Z. ist eine geordnete Menge mit folgenden Eigenschaften: 1. Die Menge Z hat kein letztes Element; 2. jeder Rest von Z ist wohlgeordnet; 3. jedes Element von Z hat genau einen Vorgänger. − Die g. Z. $z < 0$ bezeichnet man als *negative g. Z.,* die g. Z. $z > 0$ als *natürliche* oder *positive ganze Zahlen.*
Ganzheit, die bes. Struktur komplexer, aus qualitativ gleichen oder/und qualitativ verschiedenen, funktionell voneinander abhängigen bzw. einander zugeordneten Elementen bestehender (physikal., biolog., psych., sozialer) Systeme, die als Einheit wirken und wegen der Wechselbeziehung (Wechselwirkung) der Elemente untereinander eine qualitativ andere (höhere) Wirkung (Leistung) zeigen.
Ganzheitsmedizin, medizin. Richtung, die den Kranken nicht nur nach Einzelbefunden, sondern in seinem physischpsych. Gesamtzustand erfassen und behandeln will. ↑Psychosomatik.
ganzrationale Zahlen, svw. ↑ganze Zahlen.
Ganzton, in der *Musik* der Tonabstand der großen ↑Sekunde.
Ganztonleiter, die Aneinanderreihung von temperierten Ganztönen zur Oktavskala: c, d, e, fis, gis, ais (b), c.
Gao, Regionshauptstadt in Mali, am Niger, 35 000 E. Hl. Stadt für die Muslime Westafrikas; Handelszentrum; Nigerhafen, Endpunkt der Transsaharastraße über den Adrar des Iforas, ⌂. − Im 7. Jh. gegründet.
Gaon [hebr. »Exzellenz«] (Mrz. Geonim), Titel der babylonisch-jüd. Schulhäupter von Sura und Pumbeditha. Sie legten Gebetstexte fest und sicherten Traditionsliteratur. ↑Saadja gilt als der bedeutendste G

García Márquez

Garantie [altfränk.-frz.], Bürgschaft, Gewähr, Sicherheit; im 17. Jh. aus der frz. Diplomatensprache entlehnt. Zum Recht ↑Mängelhaftung.
Garantieschein ↑Mängelhaftung.
Garaudy, Roger [frz. garo'di], *Marseille 17. 7. 1913, frz. Politiker und Philosoph. 1933 Mgl. der KPF, 1946−51 und 1956−58 Abg. in der Nationalversammlung; 1956−70 Mgl. des Politbüros der KPF und deren Chefideologe; wegen seiner Kritik am sowjet. Einmarsch in die Tschechoslowakei aus der Partei ausgeschlossen; schrieb u. a. »Die große Wende des Sozialismus« (1969), »Aufruf an die Lebenden« (1979).
Garbo, Greta [schwed. 'garbu], eigtl. Greta Lovisa Gustafsson, *Stockholm 18. 9. 1905, †New York 15. 4. 1990, schwed. Filmschauspielerin. Legendärer Star der Filmgeschichte, u. a. in »Gösta Berling« (1925), »Die freudlose Gasse« (1925), »Anna Karenina« (1927, 1935 als Tonfilm), »Mata Hari« (1932), »Menschen im Hotel« (1932), »Ninotschka« (1939).
García Calderón, Ventura [span. gar'sia kalde'rɔn], *Paris 23. 2. 1886, † ebd. 28. 10. 1959, peruan. Schriftsteller. Erzähler, Lyriker und Essayist; schrieb u. a. »Peruan. Novellen« (1924), »Traum in der Sierra« (En., 1931).
García Lorca, Federico [span. gar'θia 'lɔrka], *Fuente Vaqueros bei Granada 5. 6. 1898, †Viznar bei Granada 19. 8. 1936 (von Falangisten erschossen), span. Dichter. Befreundet mit S. Dalí, M. de Falla und L. Buñuel; schrieb Lyrik (u. a. »Dichter in New York«, hg. 1940) »Diwan des Tamarit«, hg. 1984) und Dramen, u. a. »Bluthochzeit« (1933; verfilmt 1981 von C. Saura), »Bernarda Albas Haus« (1933−36, gedr. 1945), »Yerma« (hg. 1937), »Doña Rosita bleibt ledig oder Die Sprache der Blumen« (hg. 1938).
García Márquez, Gabriel [span. gar'sia 'markes], *Aracataca bei Santa Marta 6. 3. 1928, kolumbian. Schriftsteller. Lebt in Mexiko; sein Roman »Hundert Jahre Einsamkeit« (1967) machte ihn weltberühmt; erhielt 1982 den Nobelpreis für Literatur. − *Weitere Werke:* Chronik eines angekündigten Todes (R., 1981; verfilmt 1986 von F. Rosi), Die Liebe in den Zeiten der Cholera (R., 1985), Die Abenteuer des Miguel

Bruno Ganz

Roger Garaudy

Greta Garbo

Federico García Lorca

García Robles

Gabriel García Márquez

Alfonso García Robles

Gardenie.
Gardenia jasminoides
(Höhe 90–120 cm)

Littín (Reportage, 1986), Der General in seinem Labyrinth (R., 1989), Zwölf Geschichten aus der Fremde (En., 1993).

García Robles, Alfonso [span. gar'sia 'rrɔβles], *Zamora de Hidalgo 20. 3. 1911, † Mexiko 2. 9. 1991, mex. Diplomat. 1971–75 Botschafter bei den UN; 1975/76 Außen-Min.; seit 1977 Leiter der mex. Delegation bei der Abrüstungskommission der UN in Genf. 1982 erhielt er mit Alva Myrdal den Friedensnobelpreis.

Garcilaso de la Vega [span. garθi'laso ðe la 'βeɣa], *Toledo 1503, ✕ Nizza 14. 10. 1536, span. Lyriker der Renaissance.

Garçon [gar'sõ:; frz.], veraltend für Kellner.

Gard [frz. ga:r], rechter Nebenfluß der Rhone, mündet bei Avignon, 133 km lang, im Unterlauf überspannt vom röm. Aquädukt *Pont du Gard.*

Gardasee, mit 368 km² größter italien. See in den südl. Alpen, bis 346 m tief, Hauptzufluß Sarca.

Garde [german.-frz.], Leibwache, Elitetruppe.

Gardelegen, Kreisstadt in der Altmark, Sa.-Anh., 13 700 E. U. a. Asbestzementwerke. Marienkirche (um 1200–1558), Rathaus (16. Jh.), Salzwedeler Tor (um 1550). – Entstand bei einer 1133 gen. Burg.

Gardenie (Gardenia) [nach dem schott. Naturforscher Alexander Garden, *1730 (?), † 1791], Gatt. der Rötegewächse mit etwa 60 Arten in den Tropen und Subtropen Asiens und Afrikas; z. T. Ziersträucher.

Garde républicaine [frz. gardrepybli'kɛn], Verband der frz. Gendarmerie, mit der Bewachung des Élysée-Palastes und mit dem Ehrendienst in der Hauptstadt betraut.

gardez! [gar'de:; frz. »schützen Sie (Ihre Dame)!«], beim *Schachspiel* höfl. Hinweis an den Gegner, daß seine Dame geschlagen werden kann.

Gardiner [engl. 'ga:dnə], **1)** John Eliot, *Fountmell Magna (Dorset) 20. 4. 1943, brit. Dirigent. Gründete 1964 den »Monteverdi Choir«, 1968 das »Monteverdi Orchestra«; 1983–88 Musikdirektor der Oper Lyon; seit 1991 Chefdirigent des Symphonie-Orchesters des NDR in Hamburg.

2) Stephen, *Bury Saint Edmunds um 1497 (1493?), † Whitehall (heute zu London) 12. 11. 1555, engl. Bischof von Winchester und Lordkanzler. Unterstützte den Supremat Heinrichs VIII., betrieb später die Rekatholisierung Englands.

Garfield, James Abraham [engl. 'gɑ:fi:ld], *Orange bei Cleveland 19. 11. 1831, † Elberon (N. J.) 19. 9. 1881, 20. Präs. der USA (1881). Fiel kurz nach seiner Wahl zum Präs. einem Attentat zum Opfer.

Garfield ['gɑ:fi:ld], der Titelheld (ein gelbschwarz getigerter Hauskater) einer amerikan. Comicserie; von Jim Davis (*1945) erfunden, erscheint G., inzwischen auch verfilmt, seit 1975.

Gärfutter (Sauerfutter, Silofutter, Silage), pflanzliches Futter (z. B. Grünfutter, Kartoffeln, Rüben, Treber), das in Gärfutterbehältern (Silos) oder Erdgruben mittels Milchsäuregärung in einen haltbaren Zustand überführt wird.

Gargano (Monte), in das Adriat. Meer als »Sporn« vorspringendes verkarstetes Gebirgsmassiv in Apulien, bis 1 056 m hoch.

Gargantua, Held frz. Volkssagen und eines 1532 erschienenen Volksbuches. Dem Volksbuch entnahm F. Rabelais den Namen für seinen Roman »Gargantua et Pantagruel« (1532–52).

Garibaldi, Giuseppe, *Nizza 4. 7. 1807, † Caprera 2. 6. 1882, italien. Freiheitskämpfer und Politiker. Floh 1834 nach einem gescheiterten Aufstand ins Exil nach Südamerika; kehrte bei Ausbruch der Revolution 1848 nach Italien zurück und kämpfte gegen die Österreicher in Oberitalien; leitete 1849 ohne Erfolg die Verteidigung der Republik Rom gegen die intervenierenden frz. und bourbon. Truppen; unternahm 1860 den »Zug der Tausend«, eroberte Sizilien, setzte mit seinem auf 30 000 Mann angewachsenen Heer nach Unteritalien über und stürzte dort die Bourbonen.

Garigue [frz. ga'rig; provenzal.-frz.] (Garrigue), offene mediterrane Gebüschformation, 0,5–2 m hoch, gebildet u. a. aus Kermeseiche, Hartlaubzwergsträuchern, Mastixarten, Zistrosen, Rosmarin und Lavendel sowie Wolfsmilcharten.

Garnett

Garmisch-Partenkirchen. Partenkirchen mit Wettersteingebirge

Garizim, Berg im Westjordanland, 881 m ü. M., südlich von Nablus; der heilige Ort der Gemeinde der ↑Samaritaner.

Garland [engl. 'gɑːlənd], **1)** [Hannibal] Hamlin, * bei West Salem (Wis.) 14. 9. 1860, † Los Angeles-Hollywood 4. 3. 1940, amerikan. Schriftsteller. Schrieb naturalist. Romane und Erzählungen über den Mittelwesten.
2) Judy, eigtl. Frances Gumm, * Grand Rapids (Minn.) 10. 6. 1922, † London 22. 6. 1969, amerikan. Filmschauspielerin. Mutter von Liza Minelli; spielte v. a. in Musikfilmen, u. a. »Ein neuer Stern am Himmel« (1955).

Garmisch-Partenkirchen, Marktgemeinde am N-Fuß des Wettersteingebirges, Bayern, 27 700 E. Hotelfachschule; Werdenfelser Museum; heilklimat. Kurort. Alte Pfarrkirche Sankt Martin (Wandmalereien 13. und 15. Jh.), Neue Pfarrkirche Sankt Martin (1730–34); Wallfahrtskirche Sankt Anton in Partenkirchen (18. Jh.) mit bed. Deckengemälden. 1936 Austragungsort der Olymp. Winterspiele.

Garn, 1) *Textiltechnik:* durch mechan. Spinnverfahren aus Fasern von wenigen Zentimetern Länge hergestelltes fadenförmiger Textilerzeugnis.
2) *Seemannssprache:* nach dem zum Nähen von Segeltuch benutzten Faden im 19. Jh. entstandene Bez. für abenteuerliche Geschichten, die sich Matrosen erzählten, wenn sie aus altem Tau G. spannen; *Seemannsgarn spinnen,* abenteuerliche [unglaubwürdige] Geschichten erzählen.

Garnelen [niederl.] (Natantia), Unterordnung überwiegend meerbewohnender Zehnfußkrebse mit etwa 2000 bis über 30 cm großen Arten; Körper schlank, fast stets seitlich zusammengedrückt, häufig glasartig durchsichtig. Die bekanntesten Arten sind: *Felsengarnele* (Krevette), etwa 5–7 cm lang, an der südeurop. Atlantikküste und im Mittelmeer; *Nordseegarnele* (Gemeine G.), etwa 4,5 (♂) bis 7 (♀) cm lang; *Ostseegarnele,* etwa 6 cm lang, werden zu Konserven (Krabben) verarbeitet; *Pistolenkrebs* (Knallkrebschen), bis etwa 5 cm lang, an der kaliforn. Küste N-Amerikas; *Steingarnele,* etwa 3–6 cm lang, in der Nordsee sowie im Mittelmeer.

Garnett, David [engl. 'gɑːnɪt], * Brighton 9. 3. 1892, † Montcuq (Dép. Lot, Frankreich) 17. 2. 1981, engl. Schriftsteller. Verfasser grotesk-satir. Romane und Novellen; u. a. »Meine Frau, die Füchsin« (R., 1922).

1177

Garnier

Garnier, Charles [frz. gar'nje], * Paris 6. 11. 1825, † ebd. 3. 8. 1898, frz. Baumeister. Pariser Oper (1861 bis 1874); Kasino in Monte Carlo (1878–81).

Garnison [frz.], die militär. Besatzung eines Ortes; auch Orte mit ständiger militär. Belegung *(Standort).*

Garnitur [frz.], mehrere zu einem Ganzen gehörende Stücke, z. B. Couch und Sessel in gleicher Ausstattung; Wäschegarnitur.

Garnnumerierung, in der *Textiltechnik* die Angabe der *Feinheit* von Garnen durch Nummern. – Beim *metrischen System* wird eine massenbezogene Länge Nm (Nummer metrisch) angegeben, Nm 25 = 25 m/1 g. Beim internat. verwendeten *Tex-System* wird die Feinheit in Tex angegeben (Abk. tex; 1 tex = 1 g/1 000 m). Das *Denier-System* ist veraltet.

Garonne [frz. ga'rɔn], Zufluß des Atlantiks, entspringt in den span. Pyrenäen, durchfließt das Aquitan. Becken, Frankreich; ihr Mündungstrichter ist die *Gironde;* 647 km lang (ohne Gironde 575 km).

Garrett, João Baptista da Silva Leitão de Almeida, * Porto 4. 2. 1799, † Lissabon 9. 12. 1854, portugies. Dichter und Politiker. Liberaler; Gründer des portugies. Nationaltheaters in Lissabon (1836); 1852 Außen-Min.; sammelte Balladen und Lieder.

Garrick, David [engl. 'gærɪk], * Hereford 19. 2. 1717, † London 20. 1. 1779, engl. Schauspieler und Dramatiker. Berühmt wegen seiner auch für das dt. Theater maßgeblichen Shakespeare-Inszenierungen; 1747–76 Leiter des Drury Lane Theatre in London.

Garrigue [frz. ga'rig] ↑Garigue.

Garrigues [frz. ga'rig], von Flüssen tief zertalte frz. Landschaft am S-Fuß der Cevennen im Languedoc.

Garrotte [span.], Halseisen zur Vollstreckung der Todesstrafe durch Erdrosseln; wurde v. a. in Spanien und den ehemaligen span. Kolonien angewendet (bis Anfang der 1970er Jahre).

Garschin, Wsewolod Michailowitsch, * Gut Prijatnaja Dolina (Gebiet Donezk) 14. 2. 1855, † Petersburg 5. 4. 1888 (Selbstmord), russischer Schriftsteller. Schrieb naturalist. und impressionist. Erzählungen (»Vier Tage«, 1877; »Die rote Blume«, 1883).

Gartenaere, Wernher der ↑Wernher der Gartenaere.

Gartenbänderschnecke ↑Schnirkelschnecken.

Gartenbauausstellungen, nat. oder internat. Leistungsschauen des Gartenbaus, die meist mit der Errichtung bleibender Garten- und Parkanlagen verbunden sind (z. B. Essen: Gruga, 1929, Stuttgart: Killesberg, 1939); in unregelmäßigen Abständen findet in Deutschland in verschiedenen Städten eine Bundesgartenschau statt, außerdem alle zehn Jahre die Internat. G. »IGA« (zuletzt 1993 in Stuttgart), daneben in einzelnen Bundesländern Landesgartenschauen.

Gartenkunst. Englischer Garten, Stourhead Garden, Wiltshire (um 1740)

Gartenkunst (Gartengestaltung), die künstler. Formung begrenzter Freiräume durch Pflanzen, Wege, Anschüttungen, Planierungen, Architekturelemente, Wasser, Bildwerke. Beim symmetr. *französischen Garten* sind das weite Parterre (Blumenrabatten, Wasserbekken) und Boskett, Pavillon, »Lusthaus«, Grotte und Schloß Teile einer Gesamtkonzeption. Das Vorbild von Versailles (angelegt von A. Le Nôtre) prägte die barocken Gartenanlagen in ganz Europa. Um 1730 entstand der *englische Garten* als Landschaftsgarten mit natürl. Baumgruppen, geschwungenen Wegen, großen Rasenflächen sowie weiteren kleinen mittelalterl. (got.), griech. und chin. Lustbauten. Der Typus des engl. Gartens wurde auch für öffentl. Parks maßgebend (Engl. Garten in München, ab 1789; Bois de Boulogne in Paris, 1853; Central Park in New York, ab 1858). Moderne Aufgaben der G. sind Stadtdurchgrünung und Erholungszonen (Landschaftsbau, -gestaltung).

Gartenlaube, Die, 1853 gegr. dt. illustrierte Familienzeitschrift; vorwiegend belehrende Beiträge und leichte Unterhaltung (bis 1944).

Gartenlaubkäfer (Junikäfer, Kleiner Rosenkäfer), häufiger, 9–12 mm großer, brauner Blatthornkäfer mit blaugrünem Kopf und Halsschild in M-, S- und N-Europa.

Gartenlaubkäfer

Gartensalat ↑Lattich.
Gartenschläfer ↑Bilche.
Gartenschnecke ↑Schnirkelschnecken.
Gartenstadt, engl. Stadttypus (»garden city«) mit sozialreformer. Zielsetzungen; von Grünanlagen durchsetzte Siedlung mit Gewerbeniederlassungen in der Nähe übervölkerter Großstädte.
Gärtner, Friedrich Ritter von (ab 1837), *Koblenz 10. 12. 1792, † München 21. 4. 1847, dt. Baumeister, Hofarchitekt König Ludwigs I. von Bayern (zahlr. Gebäude in der Münchner Ludwigstraße).

Gärung, Bez. für den anaeroben (ohne Sauerstoff ablaufenden) enzymat. Abbau von Kohlenhydraten. Die G. beginnt mit der Reaktionskette der Glykolyse d.h. Abbau von Glucose zu Brenztraubensäure (Pyruvat). Bei der *Milchsäure-G.* wird die Brenztraubensäure (Pyruvat) zu Milchsäure (Lactat) hydriert (bed. für die Energiegewinnung bei der Muskelarbeit). Bei der insbes. durch Hefen bewirkten *alkoholischen G.* entsteht aus Traubenzucker oder anderen Hexosen Alkohol (Äthanol) und Kohlendioxid (CO_2) gemäß der Bilanzgleichung

$$C_6H_{12}O_6 \rightarrow 2\,CH_3CH_2OH + 2\,CO_2.$$

Die *Propionsäure-G.* spielt v. a. bei der Käsereifung eine Rolle (die Löcher im Schweizer Käse entstehen durch dabei freigesetztes CO_2).

Die Gartenlaube. Titelblatt einer Ausgabe von 1872

Gary

Gary, Romain [frz. ga'ri], eigtl. Roman Kassew, Pseudonym Émile Ajar, *Wilna 8. 5. 1914, † Paris 2. 12. 1980 (Selbstmord), frz. Schriftsteller. Lebte ab 1928 in Frankreich; Verfasser zeitkrit. und satir. Romane, u. a. »General Nachtigall« (1945), »Frauenlicht« (1977).

Gas [griech.-niederl.], Materie im sogenannten gasförmigen Aggregatzustand, bei dem die zwischenmolekularen Kräfte so gering sind, daß diese Materie weder eine bestimmte Form noch ein konstantes Volumen hat, sondern jeden zur Verfügung stehenden Raum durch (im Mittel gleichmäßige) Verteilung der Atome bzw. Moleküle ausfüllt, sofern keine äußeren Kräfte (z. B. die Schwerkraft) einwirken. Ist ein G. in einem bestimmten Raumgebiet eingeschlossen (z. B. in einem Gefäß), so übt es auf jedes Flächenelement der Oberfläche bzw. eines im G.raum befindlichen festen oder flüssigen Körpers einen Druck aus *(Gasdruck).* – Der *Zustand eines G.* wird durch die drei Zustandsgrößen Druck p, Temperatur T und Volumen V festgelegt. Als *ideales G.* wird ein G. bezeichnet, bei dem man voraussetzt, daß die therm. Zustandsgleichung $p \cdot V = R \cdot T$ (R ↑Gaskonstante) für beliebige Drücke p, Volumina V und Temperaturen T gilt. Die *realen G.* verhalten sich bei genügend hohen Temperaturen und genügend geringen Dichten nahezu wie ideale G.

Gasa ↑Gaza.

Gasanalyse, quantitative und qualitative Analyse zur Feststellung der chem. Zusammensetzung von Gasen oder Gasgemischen. Verwendete Verfahren sind u. a. Gasvolumetrie, Gastitrimetrie, Gasgravimetrie und Gaschromatographie.

Gasbad, Trockenbad in Kohlensäure- oder Schwefelwasserstoffgas; zur Behandlung von Herz-, Gefäß- und Hautkrankheiten.

Gasbrand (Gasödem, Gasgangrän, Gasphlegmone), schwere Wundinfektion durch Gasbrandbakterien, bes. bei tiefgehenden Gewebszerreißungen (z. B. als Folge von Schußverletzungen); das absterbende Gewebe (v. a. Muskulatur) schwillt an, wobei sich knisternde Gasbläschen bilden; starke Schmerzen und hohes Fieber.

Gasbrandbakterien, Clostridiumarten, die beim Menschen Gasbrand hervorrufen können. Da die G. überall im Erdboden vorkommen, besteht bei jeder verschmutzten Wunde Infektionsgefahr.

Gaschromatographie, in der analyt. organ. Chemie wichtigstes Verfahren zur Trennung von gasförmigen Stoff- und Substanzgemischen. Das reaktionsträge Trägergas (Helium, Argon, Stickstoff) transportiert das Gemisch in eine Trennsäule, die mit einem festen Adsorptionsmittel (Aktivkohle, Aluminiumoxid) und einem mit einer nicht flüchtigen Flüssigkeit imprägnierten Trägermaterial (stationäre Phase) gefüllt ist. Je nach ihrer Bindung zur stationären Phase werden die einzelnen Komponenten des Gemisches mehr oder weniger stark zurückgehalten und treten am Ende der Säule getrennt aus. Der Nachweis der einzelnen Bestandteile erfolgt mit einem Detektor.

Gascogne [frz. gas'kɔɲ], histor. Gebiet in S-Aquitanien (Frankreich). Das Gebiet der heutigen G. bildete in röm. Zeit die Prov. *Novempopulana.*

Gasdynamik, Teilgebiet der Strömungslehre, das sich mit der experimentellen und theoret. Untersuchung der Strömungen von Gasen bei großen Strömungsgeschwindigkeiten (größer als ein Siebtel der lokalen Schallgeschwindigkeit) befaßt. Wichtigste Kennzahl der G. ist die ↑Machzahl *Ma.*

Gasentladung, der Durchgang des elektr. Stromes durch ein Gas oder einen Dampf und die dabei auftretenden physikal. Erscheinungen (Leuchten, akust. Effekte, Ozon-, Stickoxidbildung). Da Gase normalerweise aus elektr. neutralen Molekülen bestehen, besitzen sie keine oder nicht genügend Ladungsträger zur Leitung des elektr. Stromes; es müssen in ihm Ladungsträger erzeugt werden. Da durch Höhen- und Umgebungsstrahlung stets ionisierende Teilchen vorhanden sind, die als Primärteilchen die Bildung von Ladungsträgerlawinen verursachen können, ist oberhalb einer krit. Feldstärke stets eine *selbständige G.* möglich. Beispiele dafür sind Glimmentladung, Bogenentladung, elektr. Funke und Büschelentladung.

Gasentladungslampe, eine Lichtquelle, in der die beim Durchgang des elektr. Stroms durch ein Gas entstehende sichtbare Strahlung ausgenutzt wird. Man unterscheidet *Niederdrucklampen* (Fülldruck des Gases meist zw. 1 und 20 hPa; z. B. Leuchtstoffröhre) und *Hochdrucklampen* (Fülldruck <1 MPa; z. B. Quecksilberdampflampe); bei Gasdrücken von über 2 MPa spricht man meist von *Höchstdrucklampen* (z. B. Edelgaslampen).

Gasgangrän, svw. ↑Gasbrand.

Gasgesetze, Sammelbez. für die das Verhalten idealer oder realer Gase beschreibenden physikal. Gesetze, z. B. das ↑Boyle-Mariottesche Gesetz und das ↑Gay-Lussacsche Gesetz.

Gasherbrumgruppe [engl. 'gæʃəbrʌm...], Berggruppe in dem unter pakistan. Verwaltung stehenden Teil von Kaschmir, in Baltistan, am Baltorogletscher im Karakorum; im G. I. (Hidden Peak) 8068 m ü. M., im G. II. 8035 m ü. M.

Gasira (al-G.), wichtigstes Agrargebiet der Republik Sudan, zw. Blauem und Weißem Nil, mit ausgedehntem Bewässerungssystem.

Gaskammer, 1) in einigen Staaten der USA verwendete Einrichtung zur Vollstreckung der Todesstrafe; in den Hinrichtungsraum werden Giftgase eingeleitet.
2) im Nat.-Soz. im Zusammenhang mit der sog. Endlösung der Judenfrage ab 1942 geschaffene Einrichtungen zur Massenvernichtung der Juden in Vernichtungslagern.

Gaskell, Elizabeth Cleghorn [engl. 'gæskəl], geb. Stevenson, *Chelsea (heute zu London) 29. 9. 1810, † Holybourne bei Alton (Hampshire) 12. 11. 1865, engl. Erzählerin. Ihre sozialkrit. Romane entstanden aus der Kenntnis der Not der engl. Arbeiterklasse, u. a. »Mary Barton« (1848).

Gaskonstante, die in der allg. Zustandsgleichung der Gase $p \cdot V = R \cdot T$ (Druck p, Volumen V, Temperatur T) auftretende Konstante R. Man unterscheidet dabei zw. der von der Art des betrachteten Gases abhängigen *speziellen* G. und der stoffunabhängigen, auf 1 Mol eines Gases bezogenen *allgemeinen* oder *universellen* G. (Formelzeichen R_0;

$$R_0 = 8{,}31510 \; \frac{\text{J}}{\text{mol} \cdot \text{K}}).$$

Gasteiner Konvention

Gasmaske (Schutzmaske), umgangssprachlich für ↑Atemschutzgerät.

Gasödem, svw. ↑Gasbrand.

Gasöl ↑Erdöl.

Gasparri, Pietro, *Ussita 5. 5. 1852, † Rom 18. 11. 1934, italien. Kardinal (ab 1907). Leitete alle Vorarbeiten zur Veröffentlichung des Codex Iuris Canonici; war als Kardinalstaatssekretär (1914–30) an dem Zustandekommen der Lateranverträge maßgeblich beteiligt.

Gasperi, Alcide De ↑De Gasperi, Alcide.

Gasphlegmone, svw. ↑Gasbrand.

Gasreinigung, Verfahren zur Isolierung oder Reinigung techn. Gase durch Kondensation, Adsorption oder Waschen.

Gassendi, Petrus [frz. gasɛ̃'di], eigtl. Pierre Gassend, *Champtercier bei Digne 22. 1. 1592, † Paris 24. 10. 1655, frz. Philosoph und Naturforscher. Vertrat eine dem modernen Empirismus nahekommende Position; bed. Leistungen auf dem Gebiet der Astronomie, Mechanik und Hydrostatik; in seinem metaphys. Hauptwerk »Syntagma philosophicum« (1658, postum) entwickelte er eine Theorie vom Aufbau der Materie aus Atomen, denen er einen inneren Bewegungsantrieb zuschrieb.

Petrus Gassendi

Gasser, Herbert Spencer, *Platteville (Wis.) 5. 7. 1888, † New York 11. 5. 1963, amerikan. Physiologe. Entdeckte zus. mit J. Erlanger differenzierte Funktionen einzelner Nervenfasern und erhielt 1944 mit ihm den Nobelpreis für Physiologie oder Medizin.

Gasspürgerät, tragbares Gerät zur Luftanalyse mittels Farbreagenzien, bes. zum Erkennen giftiger und explosionsgefährl. Gase und Dämpfe an Arbeitsplätzen (↑MAK-Wert) oder von Leckstellen z. B. an Gasleitungen.

Gastarbeiter ↑ausländische Arbeitnehmer.

Gastein, österr. Talschaft in den Hohen Tauern mit bed. Fremdenverkehrsorten.

Gasteiner Konvention, Vertrag zw. Preußen und Österreich (1865); regelte das Kondominium über die Elbherzogtümer Schleswig (durch Preußen verwaltet) und Holstein (durch Österreich verwaltet); bestätigte u. a. den Verzicht Österreichs auf das Hrgt. Lauenburg gegen eine Abfindung.

Herbert Spencer Gasser

Gaster

Gaster [griech.], svw. ↑Magen.

gastral [griech.], zum Magen oder zum Magen-Darm-Kanal gehörend bzw. diese betreffend.

Gastrecht (Gästerecht), das bes. Recht bzw. der Schutz, den der eigentlich rechtlose Fremde früher genoß, in ältester Zeit durch die *Gastfreundschaft* (zeitweiliges Schutz- und Friedensverhältnis) geregelt. Etwa vom 11. bis ins 18. Jh. das Recht derjenigen Personen, die in einer Stadt kein Bürgerrecht besaßen, sondern sich nur vorübergehend dort aufhielten.

Gastritis [griech.], svw. Magenschleimhautentzündung (↑Magenerkrankungen).

gastro..., **Gastro...**, vor Selbstlauten meist: gastr..., Gastr... [griech.], Bestimmungswort von Zusammensetzungen mit der Bedeutung »Magen..., Bauch...«.

gastroduodenal [griech./lat.], zum Magen und Zwölffingerdarm gehörend, diese betreffend.

Gastroenteritis [griech.] ↑Darmkrankheiten.

gastrogen, vom Magen ausgehend.

Gastronom [griech.-frz.], Gastwirt mit bes. Kenntnissen auf dem Gebiet der Kochkunst.

Gastronomie [griech.], Gaststättengewerbe; feine Kochkunst.

Gastropoda [griech.], svw. ↑Schnecken.

Gastrula [griech.] (Becherkeim), im Verlauf der Keimesentwicklung aus der Blastula hervorgehendes, oft becherförmiges Entwicklungsstadium des Vielzellerkeims; aus dem inneren (Entoderm) und äußeren Keimblatt (Ektoderm) bestehend.

Gaststätten, jedermann oder bestimmten Personengruppen zugängl. Betriebe zur Bewirtung oder Beherbergung. Das G.gesetz unterscheidet Schankwirtschaften, Speisewirtschaften und Beherbergungsbetriebe. Es macht den Betrieb einer Gastwirtschaft von der Erteilung einer verwaltungsbehördl. Erlaubnis abhängig (Konzession), enthält Bestimmungen u. a. über die Sperrzeit (Beginn: sog. *Sperrstunde*) und die in G. beschäftigten Personen sowie allg. Verbote (z. B. das Verabreichen von Speisen von der Bestellung von Getränken abhängig zu machen).

Gasverflüssigung, die Überführung eines unter Normalbedingungen gasförmigen Stoffes in den flüssigen Aggregatzustand. Die G. wird unterhalb der krit. Temperatur (das ist diejenige Temperatur, oberhalb der ein Gas auch bei Anwendung noch so hoher Drücke nicht verflüssigt werden kann) des Gases durch Druckerhöhung erreicht. Weitere Methoden der G. beruhen auf der Abkühlung der Gase bei ihrer Expansion. Die G. wird technisch v. a. zum Entmischen von Gasen (bes. Luft, Erdgas), für die Lagerung und den Transport ausgenutzt.

Gasvergiftung, i. d. R. über die Atemwege erfolgende Vergiftung durch gasförmige Stoffe; i. e. S. svw. ↑Kohlenmonoxidvergiftung.

Gaszentrifuge, Gerät zur Isotopentrennung, dessen Wirkungsweise darauf beruht, daß auf die verschieden schweren Isotope eines chem. Elements unterschiedlich große Zentrifugalkräfte in einer sehr schnell rotierenden Zentrifuge wirken.

Gate [geɪt; engl. Tor], die Steuerelektrode eines Feldeffekttransistors.

Gate-Array-Technik [geɪtə'reɪ-; engl.], in der *Mikroelektronik* Chips mit einer regelmäßigen Anordnung von Logikgattern, die nach Kundenwünschen aufgabenspezifisch durch Aufdampfen von Leiterbahnen »verdrahtet« werden.

Gateway [geɪtweɪ; engl.], in der *Datenverarbeitung* ein Verbindungsrechner zw. unterschiedl. (inhomogenen) Netzen.

Gatt [niederdt.] (Gat), enges Loch, z. B. in der Reling für den Ablauf von Wasser bestimmte Schlitze *(Spei-G.);* auch Bez. für eine enge Meeresdurchfahrt (z. B. Kattegat); kleiner Raum an Bord eines Schiffes (z. B. Kabel-G.).

GATT [gat; engl. gæt], Abk. für General **A**greement on **T**ariffs and **T**rade, Allg. Zoll- und Handelsabkommen, am 30. 10. 1947 unterzeichnetes, am 1. 1. 1948 in Kraft getretenes, von der Welthandelsorganisation abgelöstes Abkommen zur Durchsetzung einer weltweiten handelspolit. Ordnung; Sonderorganisation der UN, Sitz: Genf. Die Anzahl der Vertragspartner erhöhte sich von den 23 Gründungs-Mgl. auf 123 Mgl. (1994). Hauptziel des GATT war, durch Senkung der Zölle und Abbau sonstiger Außenhandelsbeschränkungen den

Gauchheil

Welthandel zu fördern. Dies geschah, indem allen Handelspartnern eines Landes gleichermaßen Zollvergünstigungen gewährt wurden (Meistbegünstigung) und erlaubte Ausnahmen vom Verbot mengenmäßiger Beschränkungen auf alle Partner Anwendung fanden (Nichtdiskriminierung).

Geschichte: Der Zeitraum zw. 1947 und 1951 war gekennzeichnet durch hohe Zollsenkungen (insgesamt 23,8%), denen der Abbau mengenmäßiger Beschränkung des Im- und Exportes und sonstiger Diskriminierungen des internat. Handels folgte. Die Reform des Abkommens nach 1955 berücksichtigte v. a. die Probleme der schwächeren Mgl.staaten. Als Ergebnis des *Dillon-* und v. a. der von J. F. Kennedy angeregten *Kennedy-Runde* (1964 bis 67) wurden Zollsenkungen von insgesamt 42% erreicht; die Kennedy-Runde allein erbrachte eine Senkung des Zollniveaus um 35%. Die *Tokio-Runde* (1973–79) erzielte neben weiteren Zollsenkungen den Abbau nichttarifl. Handelshemmnisse sowie Vereinbarungen, die eine begünstigte Behandlung der Entwicklungsländer ohne Ausnahmegenehmigung zulassen. Die *Uruguay-Runde* (1986–93), die zu dem im April 1994 unterzeichneten neuen GATT-Abkommen führte, liberalisierte den Welthandel in den Bereichen Landwirtschaft, Textilien, Dienstleistungen und geistiges Eigentum in bisher nicht gekanntem Ausmaß. Zur Durchsetzung und Überwachung dieser neuen Abkommen wurde zum 1. 1. 1995 die ↑Welthandelsorganisation (WTO) begründet, in der GATT aufging.

Gatter (Verknüpfungsglied), in der *Elektronik* eine log. Verknüpfung der Schaltalgebra.

Gattersäge, Maschine zum Auftrennen von Holzstämmen und Holzblöcken zu Brettern und Bohlen. Nach der Anordnung der Sägeblätter *(Gatter)* unterscheidet man *Senkrecht- (Vertikal-)* und *Waagerechtgatter (Horizontalgatter).*

Gatti, Armand, *Monaco 26. 1. 1924, frz. Schriftsteller und Regisseur. Vertreter des polit. [Dokumentar]theaters, u. a. mit »V wie Vietnam« (Dr., 1967), »Rosa Kollektiv« (Dr., 1973).

Gattung, 1) (Genus) *Biologie:* eine systemat. Kategorie, in der verwandt-schaftlich einander sehr nahe stehende Arten zusammengefaßt werden.
2) *Literaturwissenschaft:* Klassifikation der Dichtung: Lyrik, Epik und Dramatik; in jüngerer Zeit auch Essayistik.
3) *bildende Kunst:* (G. der) Baukunst, Plastik und Malerei.

Gattungskauf, der Kauf einer nur der Gattung nach bestimmten Sache (z. B. 100 kg Zwetschgen). Der Verkäufer muß Sachen mittlerer Art und Güte liefern.

Gattungsname, svw. ↑Appellativ.

Gatwick [engl. 'gætwɪk], internat. ✈ südlich des Londoner Zentrums.

Gau, 1) im alten Ägypten eine Verwaltungseinheit (im 2. Jt. v. Chr.: 42), an deren Spitze ein Beamter stand.
2) (mittellat. pagus) in german. Zeit die Siedlungsräume der Untergliederungen der Stämme, oft Herrschaftsbereiche von Unterkönigen *(Gaukönige).*
3) territoriale Organisationseinheit der NSDAP (1939: 42; 1942: 43), an deren Spitze Hitler bzw. dessen Stellvertreter direkt untergeordnete *Gauleiter* standen.

GAU, Abk. für **g**rößter **a**nzunehmender **U**nfall, Störfall im Betrieb eines Kernkraftwerks mit den größten Auswirkungen auf die Umgebung der Anlage; wird der zur Erlangung der Baugenehmigung vorzulegenden Sicherheitsanalyse zugrunde gelegt.

Gauchheil, Gatt. der Primelgewächse mit etwa 40 über die ganze Erde verbreiteten Arten; einheim. u. a. der *Akker-G.,* ein Acker- und Gartenunkraut.

Gauchheil. Ackergauchheil (Höhe 5–25 cm)

Gaucho

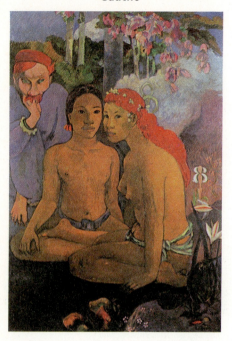

Paul Gauguin. Contes barbares (1902; Essen, Museum Folkwang)

Charles de Gaulle

Gaucho [ˈgaʊtʃo; indian.-span.], Bez. für die berittenen Viehhirten v. a. der argentin. Pampas.

Gauck, Joachim, * Rostock 24. 1. 1940, deutscher evangelischer Theologe und Politiker. 1989 Mitbegründer des Neuen Forums; 1990 Abgeordneter in der Volkskammer; seit Sept. 1990 Sonderbeauftragter der Bundesregierung für die Verwaltung der Akten der Staatssicherheit der DDR.

Gaudi [lat.], svw. ↑Gaudium.

Gaudí, Antoni, eigtl. A. Gaudí y Cornet [span. gauˈði i kɔrˈnɛt], * Reus 25. 6. 1852, † Barcelona 10. 6. 1926, span. Architekt des Jugendstils in Barcelona. Von der Plastik abgeleitete Formerfindungen; Kirchen, v. a. »Sagrada Familia« (1883ff.), Park Güell (1900ff.), Wohnhäuser.

Gaudium [lat.], Spaß, Belustigung.

Gaufrage [goˈfraːʒə; frz.], Musterung, Narbung von Papier oder Geweben, hergestellt durch *Gaufrieren* (Warmprägen) auf einem Gaufrierkalander.

Gaugamela, bei der irak. Stadt *Arbil* (Arbela) gelegener Schlachtort (Sieg Alexanders d. Gr. 331 v. Chr. über Darius III.).

Gauguin, Paul [frz. goˈgɛ̃], * Paris 7. 6. 1848, † Atuona auf Hiva Oa (Marquesasinseln) 8. 5. 1903, frz. Maler und Graphiker. Nach der Hinwendung zur Kunst 1882 führte G. ein Wanderleben, das ihn in die Bretagne, nach Martinique, zu van Gogh nach Arles (1888) und 1891–93 sowie 1895–1901 nach Tahiti und anschließend auf die Marquesasinseln führte. G. suchte, ähnlich wie Cézanne und van Gogh, die formauflösende Malerei des Impressionismus zu überwinden und erreichte neue Ausdruckswirkungen durch zeichnerisch gefestigte Flächengliederung mit ornamentaler Wirkung und reine, in ihrer Leuchtkraft expressiv gesteigerte Farben. In seinen Südseebildern behandelt er v. a. mytholog. Themen polynes. Kulte; auch Farbholzschnitte zu seiner autobiograph. Schrift »Noa-Noa« (1897), Keramik, Holzplastik.

Gauklerfische (Schmetterlingsfische, Chaetodontinae), Unter-Fam. meist bunt gefärbter, etwa 10–20 cm langer Knochenfische in den trop. und subtrop. Meeren.

Gäulandschaften, zusammenfassende Bez. für den Teil des südwestdt. Schichtstufenlands, der sich zw. den Buntsandsteinlandschaften im W und den Keuperbergen im O erstreckt; fruchtbare Böden, warmes, trockenes Klima.

Gaulle, Charles de [frz. dəˈgoːl], * Lille 22. 11. 1890, † Colombey-les-deux-Églises 9. 11. 1970, frz. General und Politiker. In den 1920er Jahren u. a. Dozent für Militärgeschichte; Teilnahme am Ersten und Zweiten Weltkrieg (ab 1940 Brigadegeneral). Nach der frz. Kapitulation rief er in der Londoner Rundfunkrede vom 18. 6. 1940 zur Fortführung des Krieges gegen die Achsenmächte auf und erklärte sich zum legitimen Repräsentanten Frankreichs; das Vichyregime verurteilte ihn deshalb zum Tode. Ab Juni 1943 war er Chef der frz. Exilregierung, die er im Mai 1944 zur Provisor. Regierung der Frz. Republik erklärte. 1945/46 wurde de G. als Min.-Präs. bestätigt und zum provisor. Staatsoberhaupt gewählt. Nach dem erfolgenlosen Versuch, mit dem Rassemblement du Peuple Français (Abk. RPF) eine ausreichende polit. Massenbasis zu gewinnen, zog sich de G. 1953 aus dem öffentl. Leben zurück. Nach dem Militärputsch von Algier (13. 5. 1958) beauftragte Staats-Präs. R. Coty de G. am 29. 5. 1958 mit der Bildung einer neuen Regierung, die die Anerkennung der Unabhängigkeit Algeriens (Juli 1962) durchsetzen konnte. Die neue Verfassung der 5. Republik, zu deren erstem Präs. de G. am 21. 12. 1958 gewählt wurde, war auf seinen persönl. Regierungsstil zugeschnitten und erleichterte durch ihren stark plebiszitären Charakter eine stabile Regierungstätigkeit. Sein vorrangiges außenpolit. Ziel war die Wiederherstellung der Großmachtposition Frankreichs und die Schaffung eines eigenständigen Europas unter frz. Führung, verbunden mit einer Distanzierung von den USA. Die dt.-frz. Aussöhnung vollzog er 1963 mit der Unterzeichnung des Dt.-Frz. Vertrages. 1965 erst im zweiten Wahlgang mit 55% der Stimmen wiedergewählt, verband de G., nach den Maiunruhen 1968 resignierend, ein Referendum über eine Regional- und Senatsreform mit einem Plebiszit über seine persönl. Politik und trat nach dessen negativem Ausgang am 28. 4. 1969 zurück.

Gaullismus [go...], Bez. für die von de Gaulle entwickelten und von seinen Anhängern, den *Gaullisten,* getragenen Ideen und Prinzipien. Der G. ist die programmat. Grundlage der gaullistischen Parteien; 1947–52 der RPF (Rassemblement du Peuple Français), 1958 bis 68 die UNR (Union pour la Nouvelle République), 1968–76 die UDR (Union des Démocrates pour la Ve République), seit 1976 der RPR (Rassemblement pour la République).

Gaumen (Munddach, Palatum), obere Begrenzung der Mundhöhle bei den Wirbeltieren, deren Epithel bei den Fischen und Amphibien durch Deckknochen an der Basis des Hirnschädels gestützt wird *(primärer G.).* Durch einwärts in die Mundhöhle wachsende Fortsätze des Zwischen- und Oberkiefers und des Gaumenbeins bildet sich bei den höheren (luftatmenden) Wirbeltieren ein *sekundärer G.* aus, der nach oben eine Nasenhohle abteilt. Beim Menschen und den Säugetieren gliedert sich der sekundäre G. in einen vorderen *harten G. (knöcherner G.)* und einen hinten anschließenden *weichen Gaumen (G.segel)* mit dem frei herabhängenden *G.zäpfchen* (Zäpfchen).

Gaumenmandel, jederseits zw. den Gaumenbögen des weichen Gaumens liegendes lymphat. Organ der Säugetiere; Abwehrorgan gegen Infektionskeime.

Gaumensegel ↑Gaumen.

Gaumenspalte (Palatoschisis, Uranoschisis), erblich bedingte Mißbildung durch Ausbleiben der Verwachsung beider Gaumenhälften untereinander oder mit dem Nasenseptum. Durch ungenügenden Abschluß des Nasenrachenraums kommt es bei der G. zu Sprachstörungen.

Gaumenzäpfchen ↑Gaumen.

Gaunersprache, Sondersprache der Landstreicher und Gauner, oft als Geheimsprache verwendet. Die dt. G. wird als ↑Rotwelsch bezeichnet (frz. Argot).

Gaur [engl. 'gaʊə], ind. Ruinenstadt im Gliedstaat West Bengal, 6 km sö. von English Bazar; alte Hauptstadt Bengalens, auch *Lakhnauti,* zeitweise *Jannatabad* gen.; 1198–1575 mit Unterbrechungen Sitz der muslim. Vizekönige von Bengalen.

Paul Gauguin (Selbstporträt)

Gaur ['gaʊər; Hindi] (Dschungelrind), sehr großes, kräftig gebautes Wildrind in Vorder- und Hinterindien; Körperlänge etwa 2,6 (♀) bis 3,3 m (♂), Schulterhöhe etwa 1,7–2,2 m, Gewicht bis etwa 1 t. Die halbzahme Haustierform des G. ist der kleinere *Gayal* (Stirnrind).

Gaus, Günter, *Braunschweig 23. 11. 1929, dt. Publizist und Politiker.

Gaur
(Körperlänge bis 3,3 m; Schulterhöhe 1,7–2,2 m)

Gauß

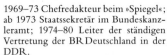

Carl Friedrich Gauß

Joseph Louis
Gay-Lussac

1969–73 Chefredakteur beim »Spiegel«; ab 1973 Staatssekretär im Bundeskanzleramt; 1974–80 Leiter der ständigen Vertretung der BR Deutschland in der DDR.
Gauß, Carl Friedrich, *Braunschweig 30. 4. 1777, † Göttingen 23. 2. 1855, dt. Mathematiker, Astronom und Physiker. Veröffentlichte grundlegende Werke über die höhere Arithmetik, die Differentialgeometrie und die Bewegung der Himmelskörper. Zus. mit dem Physiker Wilhelm Weber widmete er sich der Erforschung des Erdmagnetismus, wobei er das nach ihm ben. absolute physikal. Maßsystem aufstellte.
Gaußsche Gleichung [nach C. F. Gauß], die bei einer opt. Abbildung durch eine einzelne brechende Kugelfläche (Radius r) zw. den Schnittweiten (s, s') und Brennweiten (f, f') geltende Beziehung

$$n'/s' + n/s = (n' - n)/r = n'/f' = n/f,$$

wobei n und n' die Brechungsindizes im Ding- bzw. Bildraum sind.
Gaußsche Koordinaten [nach C. F. Gauß] (krummlinige Koordinaten), Koordinaten auf gekrümmten Flächen, z. B. geograph. Länge und Breite auf einer Kugel.
Gaußsche Zahlenebene [nach C. F. Gauß], eine Ebene mit einem kartes. Koordinatensystem zur Darstellung der komplexen Zahlen; die Abszisse (x-Achse) liefert den Realteil, die Ordinate (y-Achse) den Imaginärteil. Jedem Punkt der G. Z. ist genau eine komplexe Zahl zugeordnet und umgekehrt.
Gautama [Sanskrit], Geschlechtsname des ↑Buddha.
Gauten, einer der beiden großen Stammesverbände, die das mittelalterl. schwed. Reich bildeten; umstritten ist, ob die G. identisch sind mit den »géatas« des »Beowulf«. Ihre Siedlungsgebiete lagen hauptsächlich südl. des Vänersees und des Götaälv in Väster- und Östergötland.
Gauteng [sesotho 'ǵɐʊtɛŋ], Provinz der Republik Südafrika, 18 810 km², 6,51 Mio. E, Hauptstadt Johannesburg.
Geschichte: G. entstand unter dem Namen Pretoria-Witwatersrand-Vereeniging im Zuge der Neugliederung Südafrikas 1994 durch Vereinigung zentraler Teile der ehem. Provinz ↑Transvaal mit Teilen des Homelands ↑Bophuthatswana.
Gautier, Théophile [frz. go'tje], *Tarbes 30. 8. 1811, † Neuilly-sur-Seine 23. 10. 1872, frz. Dichter und Kritiker. Kontakte u. a. zu G. de Nerval und C. Baudelaire (dessen erster Interpret er war); ab den 1840er Jahren ausgefeilte virtuose Lyrik (»Emaillen und Kameen«, 1852), in der er das Ideal des ↑L'art pour l'art des Parnasse vorwegnahm; schrieb auch Romane sowie literarhistor. Werke.
gautschen, 1) *Papierherstellung:* Fasern entwässern und zu Papierbahnen zusammenpressen.
2) Brauchtum im *graph. Gewerbe,* den angehenden Gesellen in ein Wassergefäß zu tauchen.
Gavarni, Paul, eigtl. Hippolyte Guillaume Sulpice Chevalier, *Paris 13. 1. 1804, † Auteuil 24. 11. 1866, frz. lithograph. Zeichner. Amüsante Darstellungen des Pariser Lebens.
Gävle [schwed. 'jɛːvlə], schwed. Hafenstadt der Bottn. Meerbusen, 87 800 E. Hauptstadt des Verw.-Geb. Gävleborg; Museen; u. a. Zellulose- und Papierfabrik, Maschinenbau. Schloß Gävleborg (16. Jh.).
Gavotte [ga'vɔtə, frz. ...'vɔt], alter frz. Volkstanz (Paartanz in Reihen) im $^2/_2$-Takt mit zweiteiligem Auftakt und in mäßigem Tempo; heute noch in bask. und breton. Gebieten.
Gay, John [engl. gɛɪ], ≈Barnstaple 16. 9. 1685, † London 4. 12. 1732, engl. Dichter. Schrieb erfolgreiche Komödien; Begründer der Ballad-opera mit »The beggar's opera« (1728, dt. u. d. T. »Die Bettleroper«; von Brecht erneuert, Musik von K. Weill).
Gay-Lussac, Joseph Louis [frz. gely'sak], *Saint-Léonard-de-Noblat bei Limoges 6. 12. 1778, † Paris 9. 5. 1850, frz. Physiker und Chemiker. Stellte 1802 das nach ihm ben. Gesetz der Wärmeausdehnung von Gasen auf.
Gay-Lussacsches Gesetz [frz. gely'sak... -; nach J. L. Gay-Lussac], Gesetzmäßigkeit im Verhalten idealer Gase: Das Volumen V vergrößert sich bei konstantem Druck p linear mit der Temperatur: $V = V_0 (1 + \alpha t) = V_0 \alpha T$ (t in °C bzw. T in K), wobei der [isobare] Ausdehnungskoeffizient für alle idealen Gase den Wert $\alpha = 1/273{,}15$ hat

Gebärmutter

(V_0 Volumen bei 0 °C). Daraus folgt, daß sich bei konstantem Druck die jeweiligen Gasvolumina wie die absoluten Temperaturen des Gases verhalten, $V_1 : V_2 = T_1 : T_2$.

Gaza, Hafenstadt am Mittelmeer, 175 000 E. Univ.; zentraler Ort des *Gazastreifens*. Der 202 km² umfassende Gebietsstreifen an der Mittelmeerküste wurde nach dem ägyptisch-israel. Waffenstillstand 1949 unter ägypt. Verwaltung gestellt, 1956 von israel. Truppen besetzt, 1957 wieder geräumt; ab 1967 erneut von israel. Truppen besetzt, befindet er sich seit 1994 unter palästinens. Selbstverwaltung.

Gazankulu, ehem. südafrikan. Homeland, aus drei Teilgebieten bestehend, 7 730 km², 630 000 E, Verwaltungssitz Giyani; ab 1973 Selbstverwaltung im Rahmen der Apartheidspolitik; 1994 vollständige Wiedereingliederung in die Republik Südafrika (Provinz Nord-Transvaal).

Gaze ['ga:zə; span.-frz.], netzartiges Gewebe aus feinen Garnen für Gardinen, Insektenschutz und medizin. Zwecke. Stark appretierte G. wird als Stickereigrundstoff (Stramin, Kanevas) verwendet.

Gazellen. Thomsongazelle

Gazellen (Gazella) [arab.-italien.], Gatt. 0,9–1,7 m langer (Körperhöhe 0,5–1,1 m) Paarhufer aus der Unter-Fam. *Gazellenartige* (Springantilopen, Antilopinae) mit etwa 12 Arten; meist leicht gebaut mit langen, schlanken Beinen, wodurch hohe Laufgeschwindigkeiten erreicht werden. Bekannte Arten: *Dama*-G. in den Wüstengebieten S-Marokkos und der Sahara; *Grant*-G. in O-Afrika; *Kropf*-G. in SW- und Z-Asien; *Rotstirn*-G. in W-Afrika; *Sömmering*-G. in NO-Afrika; *Thomson*-G. in O-Afrika.

Gazette [ga'tsɛtə, ga'zɛt; frz. ga'zɛt], nach der venezian. Münze Gazzetta, dem Preis für die älteste venezian. Zeitung, ben., veraltete Bez. (v. a. 17. und 18. Jh.) für Zeitung.

Gd, chem. Symbol für ↑Gadolinium.

Gdańsk [poln. gdai̯sk], poln. für Danzig.

Gdingen (poln. Gdynia; 1939–45 Gotenhafen), poln. Stadt am W-Ufer der Danziger Bucht, 247 000 E. Hochschulen, Institut für Hochseefischerei; Hafen, Werften. – Das Fischer- und Badedorf G. wurde nach dem Bau eines Seehafens 1926 Stadt und entwickelte sich zum Konkurrenten Danzigs; 1939 wurde G. in das Dt. Reich eingegliedert (bis 1945) und die poln. Bevölkerung weitgehend ausgesiedelt.

Ge, chem. Symbol für ↑Germanium.

Gebärde (Gehabe[n]), Verhaltensausdruck einer bestimmten psych. Verfassung bei Tieren und Menschen. Charakteristisch ist das Übermitteln einer Information. Entwicklungsgeschichtlich vorprogrammiert sind die Instinktgebärden, die instinktiv auch von den Artgenossen verstanden werden. Bekannte Beispiele dafür sind die Demutsgebärde, das Drohverhalten oder das Imponiergehabe. In bezug auf die menschl. G. lassen sich unwillkürliche und bewußte G. unterscheiden; für das Verständnis der G. im Rahmen menschl. Kommunikation spielen Gruppen- und kulturspezif. Konventionen eine erhebl. Rolle.

Gebaren, gesamtpersönl. Ausdrucksgeschehen eines Menschen in Gebärden, Gesten und Mimik. Im übertragenen Sinn auch svw. auffälliges Verhalten.

Gebärfische (Aalmuttern, Zoarcidae), Fam. der Dorschfische mit etwa 60 Arten im N-Atlantik, N-Pazifik sowie in arkt. und antarkt. Gewässern; einige Arten sind lebendgebärend, z. B. die Art *Aalmutter* (Grünknochen).

Gebärmutter (Uterus), Teil der inneren weibl. Geschlechtsorgane, in den die

Gebärmuttererkrankungen

Eileiter münden. Die G. dient der Einnistung der sich im Mutterleib weiterentwickelnden Eier. Sie mündet in die Scheide. Beim Menschen ist die sehr dehnbare, muskulöse G. *(Uterus simplex)* 6–9 cm lang und birnenförmig. Der Hauptanteil der G., der *G. körper* verengt sich am *inneren Muttermund* und läuft in den *G. hals* aus. Dessen zapfenartig in die Scheide vorgestülpter Endteil ist die *Portio vaginalis,* deren schlitzförmige Mündung in die Scheide als *äußerer Muttermund* bezeichnet wird. Der vordere bzw. untere und hintere bzw. obere Anteil des äußeren Muttermundes sind die *Muttermundlippen*.

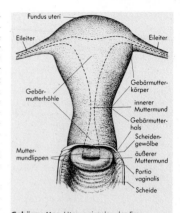

Gebärmutter. Uterus simplex der Frau

Gebärmuttererkrankungen, funktionelle Störungen oder organ. Veränderungen der Gebärmutter. Häufig auftretende G. sind: *Gebärmuttergeschwülste,* die gutartige (Polypen, Myome) und bösartige (Karzinome) Gewebewucherungen sein können; häufigstes Symptom sind unregelmäßige Blutungen. Der von der Gebärmutterschleimhaut ausgehende *Gebärmutterkrebs* ist die bei Frauen am häufigsten auftretende Krebserkrankung. Befallen werden zu 20% der Gebärmutterkörper und zu rd. 70% der Gebärmutterhals. Der *Gebärmutterkörperkrebs* tritt zumeist erst nach den Wechseljahren auf. Der *Gebärmutterhalskrebs* tritt am häufigsten zw. dem 40. und 50. Lebensjahr auf. Er entwickelt sich ohne warnende Anzeichen. *Gebärmutterverlagerungen* sind Abweichungen der Gebärmutterlage vom Normalen hinsichtlich Stellung, Neigung und Achsenkrümmung. Eine *Rückwärtsknickung der Gebärmutter* findet sich oft bei allg. Bindegewebsschwäche oder Überlastung der Haltebänder, insbes. wenn sich die Gebärmutter nach einer Schwangerschaft nur langsam zurückbildet. Die zu starke *Vorwärtsknickung der Gebärmutter* ist meist Teilerscheinung einer allg. Unterentwicklung der Geschlechtsorgane. Ursachen für eine *Gebärmuttersenkung* sind schlaffes Bindegewebe, nachlassende Elastizität im Alter und Überdehnung oder Einrisse der Beckenbodenmuskulatur nach schweren Geburten. Aus der Gebärmuttersenkung kann sich u. U. ein *Gebärmuttervorfall* entwickeln, bei dem die Gebärmutter zw. den Schamlippen hervortritt. Der *Gebärmutterkatarrh* ist eine nichteitrige Entzündung der Gebärmutterschleimhaut, verbunden mit einem klaren bis weißl. Ausfluß.

Gebäudeversicherung (Immobilienversicherung), Versicherung gegen Feuer-, Sturm-, Hagel- und Leitungswasserschäden sowie gegen Glasbruch.

Gebet, in den *Religionen* die mit Worten und begleitenden Handlungen (Gebärden wie Niederknien, Händefalten u. a.) verbundene Anrede einer Gottheit durch den Menschen.

Gebetbuch, in der kath. *Kirche* die neben den liturg. Büchern bestehende Gebetssammlung. Für die *ev. Kirchen* ↑Gesangbuch.

Gebetsmantel ↑Tallit.

Gebetsmühle (Gebetszylinder), im tibet. *Lamaismus* gebräuchl. sakrales Gerät, das die mündl. Rezitation hl. Sprüche mechanisch ersetzen soll: ein zylinderf., um eine Achse drehbarer Behälter.

Gebetsnische ↑Mihrab.

Gebetsriemen ↑Tefillin.

Gebetsteppich, kleiner oriental. Knüpfteppich, auf dem der Muslim beim Gebet kniet. Die Spitze des auf dem G. dargestellten ↑Mihrab ist dabei nach Mekka gerichtet.

Gebhard, Truchseß von Waldburg, * Heiligenberg bei Überlingen 10. 11. 1547, † Straßburg 31. 5. 1601, Kurfürst und Erzbischof von Köln (1577–83). Konvertierte und heiratete Agnes von Mansfeld (1582); versuchte, das Erzstift Köln zu säkularisieren; im Köln. Krieg unterlegen und vertrieben (1583).

Gebirgsbildung

Gebiet, *Völkerrecht* ↑Gebietshoheit, ↑Territorium.

Gebietshoheit, im *Völkerrecht* die Befugnis zur Entfaltung staatl. Macht auf dem Staatsgebiet; im *Kommunalrecht* die Gesamtheit der Hoheitsrechte, die die Gemeinden und Gemeindeverbände über alle Personen in ihrem Gebiet ausüben.

Gebietskörperschaft, Körperschaft des öffentl. Rechts, deren Gebietshoheit einen räumlich abgegrenzten Teil des Staatsgebiets sowie dessen Bewohner als gesetzl. Mitglieder ihrer Organisation erfaßt (u. a. Gemeinden).

Gebietsreform ↑Kommunalreform.

Gebirge, 1) räumlich geschlossene, höhere Teile der Erdoberfläche, die sich von der tieferen Umgebung durch einen deutl. *Gebirgsfuß* absetzen. Man unterscheidet: *Mittel-G.* (500–1 000 m Höhenunterschied zw. Gebirgsfuß und Gipfel) mit gerundeten Formen und *Hoch-G.* (über 1 000 m Höhenunterschied) mit schroffen Formen (oft glazial überformt) sowie nach der äußeren Form: *Kamm-, Ketten-, Kuppen-* und *Tafelgebirge*. Durch die Besonderheiten des Gebirgsklimas bedingt, weist die Vegetation eine Folge von Höhenstufen auf (↑Vegetationsstufen).

2) *Geologie:* abgesehen von Vulkanbergen, Großscholle mit in sich gleichartigem Bau, nach der tekton. Verformung eingeteilt in 1. *Schollen-G.* (auch Rumpfgebirge) mit Horsten, Gräben, Schollen; 2. *Bruchfalten-G.,* bei dem die Schollen von Sedimentgestein verhüllt sind, daher Mulden über Gräben, Sättel über Horsten liegen; 3. *Falten-G.,* gekennzeichnet durch Verbiegung urspr. horizontaler Gesteinsschichten, einschließlich der *Decken-G.* mit großen Überschiebungsdecken.

3) *Bergbau:* das gesamte Gestein, das eine Lagerstätte oder einen Grubenbau umgibt.

Gebirgsbildung (Orogenese), episod. Vorgang der Verformung von Teilen der Erdkruste, verbunden mit vertikalen und horizontalen Verlagerungen der Gesteine, mit Faltung, Bruchtektonik, Deckenbau, Vulkanismus. Theorien versuchen, die Kräfte, die diese Bewegungsabläufe verursachen und diese selbst zu erklären: Die *Kontraktionstheorie* geht von Schrumpfung der Erdkruste aus, die *Oszillationstheorie* von Verlage-

Gebirge 1). Hohe Tauern, Gletschergebiet der Vendigergruppe

Gebirgsjäger

rung von Magmamassen mit Abgleiten der Deckschichten, die sich in Senken stauchen. Die *Unterströmungstheorie* sieht als Kraftquelle für die G. Konvektionsströmungen (Wärmeaustausch) im plast. Untergrund der Erdkruste an. Die Theorie der ↑Kontinentalverschiebung führt das Entstehen von Faltengebirgen auf Stau bei der aktiven Drift der Kontinente zurück. Eine Weiterentwicklung ist die Theorie der ↑Plattentektonik.

Gebirgsjäger, für den Einsatz im bergigen Gelände und im Hochgebirge ausgebildeter Soldat.

Gebirgsklima, unter dem Einfluß des Gebirgsreliefs geprägtes Klima. Typ. Merkmale: Abnahme des Luftdruckes mit der Höhe; Absinken der Lufttemperatur mit größeren tägl. Schwankungen; Zunahme der Niederschläge; langanhaltende Schneedecke.

Gebirgsschlag, durch frei werdende mechan. Spannungen im Grubenbau herbeigeführte Verstürzung und das dadurch ausgelöste örtl. Erdbeben.

Gebiß, die Gesamtheit der ↑Zähne.

Gebläse, Verdichter mit niedrigem Druckverhältnis zw. End- und Ansaugdruck (zw. 1,1:1 und 3:1) zur Erzeugung eines Gasstromes (u. a. bei der pneumat. Förderung) und zur Absaugung und Verdichtung von Gasen.

Geblütsrecht, im MA das Anrecht der Blutsverwandten der Herrscherfamilie, die Nachfolge anzutreten oder zum Herrscher gewählt zu werden.

Gebot, 1) *allgemein:* die auf eine Autorität zurückzuführende bzw. von ihr erlassene oder hergeleitete religiöse, polit., soziale oder eth. Norm für eine bestimmte Handlung. – In den *Religionen* ist das G. dem Gesetz vergleichbar. **2)** *Recht:* die in der Versteigerung abgegebene Erklärung des Bieters, einen ausgebotenen Gegenstand zu einem bestimmten Preis erwerben zu wollen.

gebrannter Kalk, svw. ↑Calciumoxid.

Gebrauchsgraphik (Graphikdesign), zweckbestimmte Druckgraphik, z. B. *Werbegraphik, Buchgraphik, amtl. Graphik* (Postwertzeichen).

Gebrauchsmuster, Arbeitsgerätschaften, Gebrauchsgegenstände oder Teile davon, die unter bestimmten Voraussetzungen eine dem Patent ähnl. Schutzfähigkeit erlangen können. G. müssen sich in einer Raumform verkörpern, eine neue Anordnung, Gestaltung, Vorrichtung oder Schaltung aufweisen und auf einem erfinderischen Schritt beruhen. Das *G.-Recht* ist im *Dt. G.-Gesetz* geregelt. Die Schutzfrist für die beim Dt. Patentamt anzumeldenden G. beträgt drei Jahre, höchstens acht Jahre.

Gebühren, Geldleistungen für die Inanspruchnahme öffentl. und privater Dienstleistungen; bilden eine bed. Einnahmequelle der Gemeinden, v. a. als Verwaltungs- und Benutzungsgebühren. Die vereinnahmten Mittel sind zweckgebunden. – Von den G. im eigtl. Sinne unterscheidet man Zahlungen an Einrichtungen, die im öffentl. Interesse bestehen. Diese im Rahmen einer G.ordnung festgelegten Beträge sind außer bei Gerichten und Gerichtsvollziehern v. a. bei freien Berufen anzutreffen (u. a. bei Rechtsanwälten).

gebührenpflichtige Verwarnung ↑Verwarnung.

gebundene Rede, durch feste metr. und rhythm. Mittel gestaltete sprachl. Redeweise.

gebundenes System, in der *Baukunst* die Aufteilung des Grundrisses von roman. Basiliken in quadrat. Einheiten: Mittel- und Querschiff in den Maßen des Vierungsquadrats, die Seitenschiffe in Quadrate halber Breite. Voraussetzung für Kreuzgewölbe mit halbkreisförmigen Gurten.

Geburt, Vorgang des Ausstoßens der Nachkommen aus dem mütterl. Körper bei lebendgebärenden (viviparen) Tieren und beim Menschen (bei letzterem auch als *Niederkunft* oder *Entbindung* bezeichnet). *Unipare* Lebewesen gebären nur ein Junges (z. B. Pferd, Rind, Affen, Mensch), *multipare* Tiere bringen mehrere Junge in einem G.akt zur Welt (z. B. Nagetiere, Katzen, Hunde, Schweine). Die *Wehen* sind mehr oder weniger schmerzhafte rhythm. Kontraktionen der Gebärmutter vor bzw. während einer Geburt zur Ausstoßung der Leibesfrucht. Man unterscheidet: unregelmäßige *Vorwehen, Stellwehen* (fixieren den Kopf im kleinen Becken), *Eröffnungswehen, Austreibungs-* oder *Preßwehen* (werden von den Bauchdeckenmuskeln, der sog. Bauchpresse, unterstützt), *Nachgeburtswehen* (zur Lösung der Nachgeburt). Beim Menschen tritt die G. als Abschluß der ↑Schwangerschaft um den

Geckos

280. Tag nach dem ersten Tag der letzten Menstruation ein (äußerste Grenze: 236 und 334 Tage). Sie zeigt sich mit dem Einsetzen der zunächst in größeren Abständen sich wiederholenden, dann im Abstand von etwa fünf Minuten erfolgenden Wehen an. Mit dem Blasensprung endet die *Eröffnungsperiode,* und es beginnt die *Austreibungsperiode (Austreibung)* unter starker Dehnung des G.kanals einschließlich des Beckenbodens und Damms, wobei die Mutter mitpreßt. Bei normaler G. kommt zuerst der Kopf des Kindes (Hinterhaupt voran) zum Vorschein. Nach der G. des Kindes wird dieses abgenabelt. Die *Abnabelung* ist eine doppelte Unterbindung und Abtrennung der Nabelschnur, etwa eine Handbreite vom kindl. Nabel entfernt. In der Nachgeburtsperiode wird die Plazenta samt den Embryonalhüllen, dem Rest der Nabelschnur und der obersten Unterschleimhautschicht als *Nachgeburt* ausgestoßen.
Geburtenbuch ↑Personenstandsbücher.
Geburtenhäufigkeit, Begriff der amtl. Bevölkerungsstatistik für den natürl. Bevölkerungszuwachs. Maßzahlen für die relative und absolute G. sind Geburtenanzahl, Geburten- und Fruchtbarkeitsziffer. Die *Geburtenziffer* gibt an, wie hoch der Anteil der Lebendgeborenen an 1 000 Personen der mittleren Bevölkerungsanzahl für eine Periode ist.
Geburtenregelung (Geburtenkontrolle), Sammelbegriff für alle Maßnahmen zur gezielten Einflußnahme auf die Geburtenhäufigkeit (z. B. bevölkerungspolit. Maßnahmen); i. e. S. Maßnahmen zur Verhütung unerwünschter Nachkommen im Sinne der Familienplanung durch ↑Empfängnisverhütung.
Geburtenziffer ↑Geburtenhäufigkeit.

Geburtshelferkröte. Männchen mit Eischnüren

Geburtshelferkröte (Feßlerkröte, Glokkenfrosch), etwa 3–5,5 cm großer Froschlurch (Fam. Scheibenzüngler). Die bei der Paarung vom ♀ abgegebenen, durch eine Gallertschnur zusammengehaltenen Eier werden vom ♂ besamt und anschließend um die Lenden oder Hinterbeine gewickelt. Das ♂ trägt die Laichschnüre etwa drei Wochen mit sich und setzt die schlüpfreifen Larven dann im Wasser ab.
Geburtshilfe (Obstetrik), Teilgebiet der Frauenheilkunde, das sich mit Verhütung, Erkennung und Behandlung krankhafter Zustände während der Schwangerschaft, bei der Geburt und im Wochenbett befaßt.
Geckos [malaiisch] (Haftzeher, Geckonidae), Fam. überwiegend nachtaktiver Echsen mit rd. 670 Arten; Körpergestalt meist abgeflacht; Schwanz kann (wie bei den Eidechsen) bei Gefahr an vorgebildeten Bruchstellen abgeworfen werden; Finger und Zehen meist verbreitert, häufig mit Haftlamellen. Zu den G. gehören u. a.: die Gatt. *Blattfinger-G.* mit dem *Europ. Blattfingergecko* (7 cm lang); die artenreiche Gatt. *Dickfinger-G.,* etwa 10–20 cm lang, leben in Wüsten, Halbwüsten und Savannen S-Afrikas; die etwa 10 cm langen Arten der Gatt. *Dünnfinger-G.* kommen in N-Afrika und W-Asien vor; die Gatt.

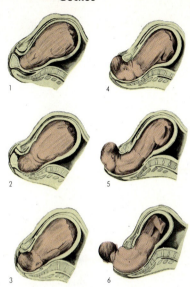

Geburt. Austreibungsperiode (Seitenansicht); **1** Beginn der Austreibung (Muttermund vollständig erweitert, Fruchtblase kurz vor dem Springen); **2** nach dem Blasensprung; **3** Beginn des »Einschneidens« des Kopfes; **4** »Einschneiden« des Kopfes; **5** Kopf im »Durchschneiden«; **6** Kopf und Hals vollständig geboren

Gedächtnis

Geckos.
Mauergecko

Halbzeher hat über 40, 7–20 cm lange Arten, v. a. in den Tropen und Subtropen. Die bekannteste Art ist der nachts in Häuser eindringende und dort Insekten jagende *Afrikan. Haus-G.* In den Mittelmeerländern kommt der 10–15 cm lange *Mauer-G.* vor. Die rd. 80 Arten der Gatt. *Nacktfinger-G.* leben in allen warmen Gebieten; ausschließlich tagaktiv sind die bis 25 cm langen Arten der *Tag-G.*, kommen auf Madagaskar, den Komoren, Andamanen und Seychellen vor; der knapp 15 cm lange *Wüsten-G.* lebt in Wüstengebieten Kaliforniens.

Gedächtnis, Fähigkeit, Informationen abrufbar zu speichern und zu reproduzieren. Körperl. Grundlage für das G. ist bei Mensch und Tier die Gesamtheit der Nervenzellen. Wie diese die Informationen aufbewahren, d. h., durch welche Vorgänge Erregungen zurückbleiben bzw. Spuren hinterlassen, ist noch weitgehend ungeklärt. – Das menschl. G. arbeitet in drei Stufen: Im *Ultrakurzzeit-G.* werden für 6–10 Sekunden Eindrücke bewahrt. Das *Kurzzeit-G.* hält Eindrücke für maximal ein bis zwei Stunden fest, im allg. jedoch nur für Sekunden bis Minuten, denn danach wird die Information entweder gelöscht oder vom Langzeit-G. übernommen. Im *Langzeit-G.* werden Eindrücke dauerhaft gespeichert und manchmal lebenslang aufbewahrt. – Die meisten Informationen werden in dem am stärksten differenzierten Teil der Großhirnrinde, dem *Neokortex,* gespeichert. Die *Gedächtnisleistung* hängt von der Größe des Gehirns und von der Komplexität des Nervensystems und z. T. auch von der Größe der Nervenzellen selbst ab. – Ungelöst ist das Problem des *Vergessens.* Im allg. gilt: 1. Es wird umso mehr vergessen, je größer der zeitl. Abstand zw. Einspeicherung und Erinnerung ist; 2. sinnarmes, unwichtiges und umfangreiches Material wird eher vergessen; 3. Art und Anzahl der auf einen Lernvorgang folgenden Eindrücke beeinflussen das Ausmaß des Vergessens.
Von den Tieren haben (mit Ausnahme der Mesozoen und Schwämme) alle vielzelligen Tiere ein Gedächtnis.

Gedächtnisstörung (Dysmnesie), vorübergehende oder anhaltende Veränderung der Erinnerungs- oder Merkfähigkeit. Häufigste G. ist die totale oder teilweise Erinnerungslücke *(Amnesie).* In den meisten Fällen seelisch bedingt ist die mangelhafte Erinnerung an Vorgänge, die unter starker Gefühlserregung bei Bewußtseinseinschränkung erlebt werden *(Hypomnesie).* Hochgradige Merkfähigkeitsschwächen *(Gedächtnisschwäche)* treten u. a. bei Gehirnarterienverkalkung, bei Altersblödsinn sowie bei fortschreitender Gehirnerweichung auf.

Gedankenlesen ↑Telepathie.
Gedankenübertragung ↑Telepathie.
Gedda, Nicolai, eigtl. N. Ustinow, * Stockholm 11. 7. 1925, schwed. Sänger (Tenor) russ. Herkunft. Singt u. a. seit 1953 an der Mailänder Scala, seit 1954 an der Covent Garden Opera in London und seit 1957 an der Metropolitan Opera in New York.

Gedicht, Dichtung in gebundener Rede; heute ungenau gebraucht für meist kürzere, von Prosa unterschiedene Formen. ↑Lyrik.

gediegen, in der *Mineralogie* Bez. für rein, als Element vorkommend; g. kommen z. B. Gold, Silber, Platin, Schwefel vor.

Gedinge, im *Bergbau* Form des Leistungslohns.

gedruckte Schaltung, elektron. Schaltungsanordnung: Eine einseitig mit Kupferfolie kaschierte Isolierstoffplatte wird auf der Folienseite mit dem Bild

Gefahr im Verzug

der gewünschten Leiterbahnen ätzfest bedruckt, das unbedruckte Kupfer wird dann abgeätzt. Nach dem Bohren feiner Löcher wird die Platte von der Rückseite her mit Bauelementen bestückt, deren Anschlußdrähte durch Tauchlötung mit den Leiterbahnen verbunden werden. Die Weiterentwicklung der g. S. ist die ↑integrierte Schaltung.

Gedser [dän. 'gesər], Ort in der Gem. Sydfalster an der S-Spitze der dän. Ostseeinsel Falster, 1200 E. Bed. Fährhafen.

Geertgen tot Sint Jans [niederl. 'xe:rtxə tɔt sɪnt 'jɑns] (Gerrit von Haarlem), * Leiden (?) zw. 1460/65, † Haarlem vor 1495, niederl. Maler. Lebte bei den Haarlemer Johannitern, für deren Kirche er einen »Kreuzigungsaltar« (nach 1484) schuf; wegweisende Einbeziehung der Natur, u. a. »Johannes der Täufer, in einer Landschaft sitzend« (Berlin, Gemäldegalerie), »Geburt Christi« (um 1490; London, National Gallery).

Geest, Landschaftstyp in NW-Deutschland, Schleswig-Holstein und W-Jütland, der die höhergelegenen, sandigen und weniger fruchtbaren Altmoränengebiete umfaßt.

Geesthacht, Stadt am rechten Ufer der Elbe, Schlesw.-Holst., 26 400 E. Forschungsreaktor. Elbstaustufe mit Pumpspeicherwerk. Nahebei Kernkraftwerk Krümmel.

gedruckte Schaltung. Ausschnitt aus einer Leiterplatte

Gefahr, 1) *allgemein:* die Sicherheit von Menschen, anderen Lebewesen oder Sachen bedrohendes Unheil.

2) *Recht:* 1. die Möglichkeit eines Schadenseintritts; 2. das Risiko eines zufälligen (unverschuldeten) Schadens. Zu unterscheiden sind: *Personen-* und *Sachgefahren* (für zufällige Schäden an Personen und Sachen), sie sind grundsätzlich vom Geschädigten (Eigentümer) zu tragen; *Forderungsgefahren* (das Risiko, bei zufälliger Unmöglichkeit der Leistung den Anspruch auf die Leistung oder eine Ersatzlieferung einzubüßen).

Gefährdungshaftung ↑Haftung.

Gefahrensymbole, internat. festgelegte bildl. Warnzeichen zur Kennzeichnung gefährl. Stoffe.

Gefahr im Verzug, Möglichkeit eines Schadenseintrittes infolge Verzögerung einer Handlung. Bei G. im V. dürfen (bes. im Strafverfahren) Maßnahmen ergriffen werden, die im Normalfall unzulässig sind.

T giftig
T+ sehr giftig

C ätzend

O brandfördernd

Gefahrensymbole. Symbole und Bezeichnungen nach der Gefahrstoffverordnung vom 26. 8. 1986

Xn mindergiftig
Xi reizend

E explosionsgefährlich

F leicht entzündlich
F+ hoch entzündlich

Gefahrklassen

Gefahrklassen, seit 1. 7. 1977 im internationalen Straßen- und Eisenbahnverkehr vorgeschriebene Einteilung gefährlicher Güter. So kennzeichnet z. B. die G. 1a explosive Stoffe und Gegenstände, die G. 3 entzündbare flüssige Stoffe, die G. 6 giftige Stoffe und die G. 7 radioaktive Stoffe.

gefährliche Arbeitsstoffe, Bez. für gefährl. Stoffe oder Zubereitungen, aus denen oder mit deren Hilfe Gegenstände erzeugt oder Leistungen erbracht werden. ↑Gefahrstoffverordnung.

Gefahrstoffe, Stoffe und Zubereitungen, die explosionsgefährlich, brandfördernd, hochentzündlich, leichtentzündlich, entzündlich, sehr giftig, giftig, mindergiftig, ätzend, reizend, sensibilisierend, krebserzeugend, fruchtschädigend, erbgutverändernd oder auf sonstige Weise chronisch schädigend oder umweltgefährlich sind. Die Gefahrstoffverordnung vom 26. 8. 1986 (in geänderter Fassung vom 1. 11. 1993) enthält verschärfte Regelungen aus der bisherigen Arbeitsstoffverordnung, ferner Bestimmungen aus den giftrechtl. Vorschriften des Bundes und der Länder sowie den entsprechenden EU-Richtlinien.

Gefälle (Neigung), der Höhenunterschied zweier Punkte *(absolutes G.)*; häufiger das Verhältnis des Höhenunterschieds zu dem in der Horizontalen gemessenen Abstand dieser Punkte, d. h. der Tangens des Neigungswinkels *(relatives Gefälle)*.

Gefälligkeitsfahrt, einem mitfahrenden Insassen eines Kfz stehen bei einem Unfall versicherungsrechtl. Ansprüche gegen Fahrer oder Halter des Fahrzeugs nur zu, wenn es sich um eine entgeltl., geschäftsmäßige Personenbeförderung handelt. Bei privaten G. (z. B. Mitnehmen eines Anhalters) liegt i. d. R. keine vertragl. Vereinbarung über eine Haftung vor. Schadenersatzansprüche kann der Geschädigte bei G. i. d. R. nur aus unerlaubter Handlung stellen; er muß das Verschulden des Fahrers oder Halters nachweisen.

Gefangenenbefreiung, vorsätzl. Befreiung eines Gefangenen; mit Freiheitsstrafe bis zu drei Jahren oder Geldstrafe bedroht.

Gefangenenfürsorge, Maßnahmen zur Resozialisierung im Strafvollzug.

Gefängnis, frühere amtl. Bez. für Justizvollzugsanstalten; *Gefängnisstrafe,* bis zum 31. 3. 1970 mittelschwere Freiheitsstrafe; an die Stelle verschiedener Arten von Freiheitsstrafen ist die einheitl. *Freiheitsstrafe* getreten.

Gefäße, röhrenartige Hohlorgane in Organismen zur Leitung von Flüssigkeiten (z. B. Blut-G., Lymph-G.).

gefäßerweiternde Mittel (Vasodilantia), Arzneimittel, die durch Erschlaffung der glatten Gefäßmuskulatur die Lumina des Gefäßsystems weiter stellen und dabei auf bestimmte Arteriengebiete (Herz, Gehirn, Haut, Extremitäten) einwirken oder allg. den peripheren Gesamtwiderstand herabsetzen und dadurch den Blutdruck senken.

gefäßverengende Mittel (Angiotonika), Arzneimittel, die durch periphere Wirkung im Bereich der Gefäßwand oder auf dem Umweg über das Zentralnervensystem zu einer Kontraktion der Blutgefäße, v. a. der Arteriolen, und damit gewöhnlich auch zu einer Blutdrucksteigerung führen.

Gefechtsstand, feste (Bunker) oder bewegliches (Gefechtsstandfahrzeug) Einrichtung zur Führung der Truppe im Gefecht.

Gefieder (Federkleid), die Gesamtheit aller Federn eines Vogels; dient vorwiegend als Wärmeschutz, der Fortbewegung (Flügel- und Schwanzfedern) und – durch art- und geschlechtsspezif. Färbungsmuster – der Art- und Geschlechtserkennung.

Geflecht (Plexus), in der *Anatomie* netzartige Vereinigung bzw. Verzweigung von Gefäßen *(Ader-, Lymph-G.)* oder Nerven *(Nerven-G.)*.

geflügelte Worte, seit G. Büchmann geläufige Bez. für bekannte Redewendungen, deren Herkunft (literar. Zitat, histor. Ausspruch) eindeutig nachgewiesen werden kann.

Gefolgschaft, im 19. Jh. entstandener Begriff für die von röm. Schriftstellern (Caesar, Tacitus) beschriebenen, auf gegenseitiger Eidbindung beruhenden Zusammenschlüsse wehrfähiger junger german. Männer freien Standes *(Gefolgsmänner)* unter der Führung eines Fürsten *(Gefolgsherrn)*.

Gefreiter [eigtl. »(vom Schildwachestehen) Befreiter«], militär. Mannschaftsdienstgrad.

Gegenreformation

Gefrieren, 1) der Übergang des Wassers, einer wässerigen Lösung oder einer anderen Flüssigkeit in den festen Aggregatzustand. Die Temperatur, bei der dieser Übergang stattfindet, ist der sog. *Gefrierpunkt*.
2) ([Tief]gefrieren, Tiefkühlen, Kältekonservierung) Verfahren zur Konservierung von Lebensmitteln durch Abkühlen auf Temperaturen beträchtlich unterhalb des Eispunktes (0 °C). Nährstoffe, Vitamine, Farbe, Geruch und Geschmack bleiben dabei weitgehend erhalten. *Gefrierverfahren:* Beim *Luft-G.* dient rasch bewegte Luft von −30 bis −45 °C als Kälteträger. Beim *Kontaktgefrieren* wird das Gut zw. gekühlten Metallplatten gefroren. In Schrumpffolie verpackte Lebensmittel lassen sich durch *Tauch-G.* in Kühlsolen gefrieren. Neuerdings gewinnt das *G. mit verdampfenden Kältemitteln* (z. B. flüssiger Stickstoff, Methylchlorid) an Bedeutung. Bei *Gefrierlagerung* bei −18 bis −30 °C ist das Gut *(Tiefkühlkost)* längere Zeit ohne spürbare Qualitätseinbußen haltbar.
Gefrierpunkt ↑Gefrieren.
Gefrierpunktserniedrigung, die Erniedrigung des Gefrierpunktes eines Lösungsmittels durch in ihm gelöste Stoffe.
Gefrierschutzmittel ↑Frostschutz.
Gefriertrocknung, Verfahren zur Konservierung von hochwertigen Stoffen (Blutplasma, Vitaminpräparate) und Lebensmitteln. Dem zu trocknenden Gut wird das Wasser im gefrorenen Zustand (bis −70 °C) im Vakuum entzogen. Da Schrumpfungsprozesse hierbei nicht auftreten, bleibt die Feinstruktur des Materials erhalten.
Gefüge, 1) der durch tekton. Vorgänge (Faltung, Schieferung, Klüftung) erworbene innere Aufbau von Gesteinskomplexen.
2) der kristalline Aufbau eines Werkstoffes.
Gefühl, Grundphänomen des individuellen, subjektiven Erlebens einer Erregung (Spannung) oder Beruhigung (Entspannung). G. sind Erlebnisse wie Freude, Liebe, Trauer, Ärger, Zorn, Aggression, Besorgnis, Antipathie, sie sind jeweils mehr oder minder deutlich von Lust oder Unlust begleitet. Das G. hängt eng mit der Tätigkeit des vegetativen Nervensystems zusammen, die physiolog. Begleiterscheinungen sind hierbei z. B. Änderungen der Puls- und Atemfrequenz oder des Volumens einzelner Organbereiche.
Gegen, Gruppe der ↑Albaner.
Gegendarstellung, in der *Publizistik* das grundrechtlich gestützte, mit dem Persönlichkeitsrecht verbundene Recht, eine Gegenäußerung (Entgegnung) zu veröffentlichen; die G. steht demjenigen zu, der durch eine in einem periodisch erscheinenden Druckwerk enthaltene Tatsachenbehauptung persönlich getroffen ist. Der Anspruch auf G. kann auch Rundfunksendungen betreffen, er ist in den Landespressegesetzen geregelt.
Gegengift (Antidot), Substanz bzw. Arzneimittel, das die schädl. Wirkung eines im Körper befindl. Giftes zu verhindern, abzuschwächen oder aufzuheben vermag.
Gegenklage ↑Klage.
Gegenkönig, im MA der dem herrschenden König entgegengestellte, von einer Gruppe der Fürsten gewählte König.
Gegenlichtblende (Sonnenblende), Blendschutz gegen seitl. Lichteinfall in photograph. Objektive.
Gegenpapst ↑Papst.
Gegenreformation, erstmals 1776 verwendete, als Epochenbegriff von Moriz Ritter (*1840, †1923) 1889 geprägte

Gefüge 2).
a Polyeder,
b Dendrite,
c Stengelkristalle

Gegenrevolution

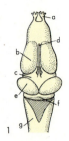

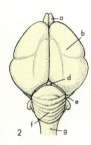

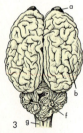

Gehirn
eines Frosches (**1**), einer Gans (**2**), eines Pferdes (**3**; alle Abbildungen von oben gesehen); a Riechnerv, b Vorderhirn (bei vielen Säugern und beim Menschen stark gefurchte Großhirnoberfläche), c Zwischenhirn, d Zirbeldrüse, e Mittelhirn, f Kleinhirn, g Nachhirn (verlängertes Mark)

Bez. für die nach 1519 mit Hilfe staatl. Machtmittel unternommenen Versuche der (z. T. gewaltsamen) Rekatholisierung prot. gewordener Gebiete, in Deutschland v. a. 1555–1648 (zuerst in Bayern). Die G. führte als Teil der allg. polit. Konfessionalisierung (»Konfessionelles Zeitalter«) in den Dreißigjährigen Krieg und wurde durch den Westfäl. Frieden beendet (Besitzstandsgarantie des Normaljahrs 1624). – Die G. wurde auch wirksam in Spanien (Inquisition), im Achtzigjährigen Krieg der Niederlande, in Frankreich (Hugenottenkriege, Revokationsedikt von Fontainebleau 1685) und Polen (Sigismund III.). ↑katholische Erneuerung.

Gegenrevolution, polit. Schlagwort, svw. Konterrevolution (↑Revolution).

Gegensatz (Opposition, Antithese), ursprünglich die einer Behauptung zum Zwecke ihrer Widerlegung entgegengesetzte Behauptung, ihr Gegenteil; in der *klassischen Logik* die Relation von Aussagen oder Begriffen, die sich ausschließen.

Gegensonne, atmosphärisch-opt. Erscheinung in Form eines leuchtenden Flecks in gleicher Höhe wie die Sonne, aber in entgegengesetzter Himmelsrichtung.

Gegenstand, 1) ↑Objekt.
2) *Recht:* Oberbegriff für Sachen und Rechte. Ein Recht kann sich nur auf einen G. als Rechtsobjekt beziehen.
gegenständig ↑Laubblatt.
Gegenwart, 1) *Philosophie:* im strengen Sinn das Jetzt, der Zeitpunkt (in mathematisch-physikal. Sicht ohne zeitl. und räuml. Ausdehnung) zw. Nicht-Mehr (Vergangenheit) und Noch-Nicht (Zukunft). Im erweiterten Sinn die auszugrenzende Zeitspanne zw. der jüngeren Vergangenheit und der näheren Zukunft.
2) *Sprachwissenschaft:* svw. ↑Präsens.
Gegenzeichnung ↑Gesetzgebungsverfahren.
Gehabe, svw. ↑Gebärde.
Gehalt, 1) *Wirtschaft:* das dem Angestellten von seinem Arbeitgeber zu zahlende Arbeitsentgelt; i. d. R. nach Monaten bemessen.
2) *Chemie und Physik:* der Anteil einer bestimmten Substanz in einem Gemisch oder einer Legierung.
Gehängeschutt ↑Schutt.

Geceeb, Paul, *Geisa 10. 10. 1870, †Hasliberg (Kt. Bern) 1. 5. 1961, dt. Pädagoge. Gründete 1906 mit G. Wyneken die Freie Schulgemeinde Wickersdorf, 1910 bei Heppenheim das Landerziehungsheim Odenwaldschule und, nach seiner Emigration 1934, in Versoix bei Genf die »École d'Humanité«.

Geheimbünde, Vereinigungen zum Zweck magischer sowie religiöser Erfahrung und Praxis, auch polit., meist kämpfer. Geheimorganisationen und terrorist. Untergrundbewegungen, deren Struktur, Absichten und Ziele vor der sozialen Umwelt geheim gehalten werden. Allg. suchen kult. G. durch Mythen, Kultfeiern und -mähler, durch Maskerade u. a. *(Geheimriten, Geheimkulte)* Verbindung zu göttl. Wesenheiten zu gewinnen. – Polit. G. verschiedenster Zielrichtung mit bis zu Terror und Mord reichenden Methoden und Formen entstanden im 19. Jh.; u. a. Mafia (in Italien), Comuneros (in Spanien), IRA (in Irland), Boxer (in China), Ku-Klux-Klan (in den USA).

Geheimdienste ↑Nachrichtendienste.
Geheimdiplomatie, die Verwendung geheimer diplomat. Agenten neben der offiziellen Diplomatie; auch die Praxis von Geheimverträgen, v. a. in den Zeiten dynast. Außenpolitik.
Geheime Offenbarung ↑Apokalypse des Johannes.
Geheimer Rat, seit dem 16./17. Jh. in Deutschland ein Kollegium von Räten, das unmittelbar dem absolutist. Herrscher zu dessen Beratung unterstellt und (bis zum 19. Jh.) Exekutivorgan war.
geheimes Staatsarchiv, ein Auslesearchiv für Urkunden und Akten von bes. dynast. oder polit. Bedeutung, das sich auch zum Zentralarchiv entwickeln kann; in Deutschland das ehem. Zentralarchiv des preuß. Staates (1803 bis 1945), das 1945 entweder in die Bestände des Hauptarchivs des Senats von Berlin (West), seit 1965 »Geheimes Staatsarchiv Preuß. Kulturbesitz«, oder in die Bestände des Zentralen Staatsarchivs der DDR (bis 1974 »Dt. Zentralarchiv«, 1990 als Bundesarchiv Potsdam dem Bundesarchiv eingegliedert) gelangte.
Geheime Staatspolizei, Abk. Gestapo, 1933 entstandene polit. Polizei des nat.-soz. Regimes; 1936 mit der Ernennung

Gehirn

Himmlers zum Chef der dt. Polizei reichseinheitlich organisiert. Die G. S. hatte die von rechtsstaatl. Normen losgelöste Aufgabe, alle »staatsgefährl. Bestrebungen« zu erforschen und zu bekämpfen, gegen verdächtige Personen »Schutzhaftbefehle« zu erstellen und die Betroffenen in Konzentrationslager einzuweisen. Die G. S. besaß Weisungsrecht gegenüber der Ordnungspolizei. Sie richtete eigene Arbeitserziehungslager ein, war für die Bewachung der ausländ. Zivilarbeiter und Kriegsgefangenen zuständig und beteiligte sich an Deportationen und mit ihren Einsatzgruppen auch an der Massenvernichtung der Juden. Die G. S. wurde vom Internat. Militärgerichtshof in Nürnberg (1945 bis 46) zur verbrecher. Organisation erklärt.

Geheimkulte ↑Geheimbünde.
Geheimrat, früher als Anrede gebrauchte Kurzform verschiedener Titel.
Geheimriten ↑Geheimbünde.
Geheimschrift, schriftl. Darstellung von Informationen in verschlüsselter (chiffrierter) Form; Wiedergewinnung des *Klartextes* durch Entschlüsselung (Dechiffrierung) nach einem *Schlüssel (Code)*; auch unsichtbare, nur durch bestimmte Prozeduren sichtbare werdende Schriften werden als G. bezeichnet.
Geheimsprachen, künstl. Sprachen, die nur Eingeweihten verständlich sind; sie entstehen meist aus bestehenden Sprachen durch Veränderung der Wortformen.
Geheimwissenschaften, nur einem eingeweihten Personenkreis zugängl., in verdunkeltem Schrifttum niedergelegte Wissenssysteme um geheime, nicht jedem erkennbare Eigenschaften und Kräfte der Natur.
Gehen 1) ↑Fortbewegung.
2) *Sport:* Disziplin der Leichtathletik für Männer; im Unterschied zu den Laufwettbewerben muß jeweils immer ein Fuß Kontakt mit dem Boden haben.
Gehẹnna [griech.-lat.; nach der hebr. Orts-Bez. Ge-Hinnom »Tal Hinnoms«], Bez. für die Hölle (nach 2. Kön. 23, 10).
Gehirn (Hirn, Cerebrum, Encephalon), (in der Kopfregion lokalisierter) Abschnitt des Zentralnervensystems, in dem sich die wichtigsten Schalt- und Steuerzentren des Körpers befinden.

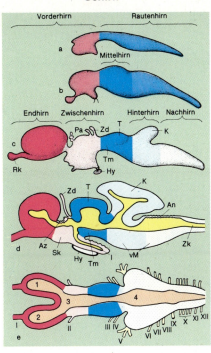

Gehirn. Entwicklung der Gehirnabschnitte bei den Wirbeltieren; **a, b, c** frühe Entwicklungsstadien; **d** späteres Stadium (Sagittalschnitt); **e** Horizontalschnitt mit Hirnhöhlen (Ventrikel 1–4) und Hirnnerven (I–XII); An und Az Adergeflecht des Nach- bzw. Zwischenhirns; Hy Hypophyse, I Infundibulum, K Kleinhirn, Pa Parietalorgan, Rk Riechkolben, Sk Sehnervenkreuzung, T Tectum, Tm Tegmentum, vM verlängertes Mark, Zd Zirbeldrüse, Zk Zentralkanal

Das G. nimmt hauptsächlich die Meldungen *(Afferenzen)* aus den Fernsinnesorganen (v. a. Gesichtssinn, Gehör, Geruch) auf; diese werden koordiniert und verrechnet und die (motor.) Antworten an die Muskulatur *(Efferenzen)* programmiert.
Bei einfachen *wirbellosen Tieren* übernehmen Nervenknoten *(Ganglien)* am Vorderende des Körpers die Funktion des G.; Weichtiere haben durch das Zusammenrücken von Nervenknotenpaaren bereits ein gut ausgebildetes Gehirn. Das G. der *Wirbeltiere* ist der von der Schädelkapsel umgebene Teil des Zentralnervensystems. Es ist außerdem von Bindegewebshüllen *(Meningen)* umgeben. Das G. wird v. a. aus zwei Zellsorten aufgebaut, den Gliazellen mit Stütz- und Ernährungsfunktion und den für die nervösen Prozesse im G. zuständigen Nervenzellen mit ihren Zellfortsätzen. – Zus. mit dem Rückenmark wird die G.anlage in der Embryonalentwick-

Gehirn

Gehirn.
Grundfläche (Basis) des menschlichen Gehirns

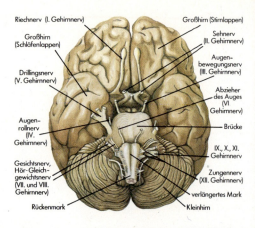

lung als Platte an der Oberfläche des Keims angelegt, die anschließend in die Tiefe sinkt und sich zum Rohr schließt. Im Innern dieses Neuralrohrs bleibt ein Hohlraum (Zentralkanal) übrig, der Gehirn-Rückenmarks-Flüssigkeit enthält und sich in manchen G.abschnitten zu Aussackungen *(Gehirnventrikel)* weitet. Im frühen Embryonalstadium lassen sich zunächst G.abschnitte unterscheiden: *Rautenhirn* und *Vorderhirn*. Der ventrale Teil des Rautenhirns ähnelt in seinem Aufbau dem Rückenmark. Hier entspringen alle Hirnnerven mit Ausnahme der Geruchs- und Sehnerven, die keine echten Hirnnerven sind, sondern Ausstülpungen des G. darstellen. Aus dem Rautenhirn gehen später *Nachhirn, Hinterhirn* und *Mittelhirn* hervor. Im dorsalen Teil des Hinterhirns ist das *Kleinhirn* (Cerebellum) ausgebildet, das als Hirnzentrum für die Erhaltung des Gleichgewichts und die Koordination von Bewegungen wichtig ist. – Das Vorderhirn gliedert sich in *Zwischenhirn* und paariges *Endhirn*. Der Zwischenhirnanteil des Vorderhirns umschließt den dritten Ventrikel. An seinem Boden treten vorn die Sehnerven in das G. ein und bilden die Sehnervenkreuzung. Dahinter liegt die Hypophyse, die wichtigste Hormondrüse des Organismus. Die Wände des Zwischenhirns werden als *Thalamus* bezeichnet. – Am bedeutsamsten in der Evolution ist die Entwicklung der Endhirnhemisphären, die bei den Vögeln und Säugetieren zum Großhirn werden.

Das *Gehirn des Menschen* hat ein mittleres Gewicht von 1 245 g (Frauen) bzw. 1 375 g (Männer). Der Intelligenzgrad steht in keinem Zusammenhang mit dem absoluten G.gewicht. Das *Großhirn,* Hauptanteil des Endhirns, besteht aus zwei stark gefurchten Halbkugeln (Hemisphären), die durch einen tiefen Einschnitt voneinander getrennt sind. Die Verbindung zw. den beiden Hemisphären wird durch einen dicken Nervenstrang hergestellt. Der oberflächl., stark gefaltete Teil des Großhirns ist die *Großhirnrinde,* die etwa 3 mm dick ist und rd. 14 Mrd. Zellkörper der Nervenzellen enthält. Sie weist in ihrem Feinbau sechs verschiedene Schichten auf, die sich durch die Form der in ihnen enthaltenen Nervenzellen unterscheiden. Als Ganzes bezeichnet man diese Schichten als *graue Substanz.* Funktionell lassen sich in bestimmten Rindenfeldern bestimmte Leistungen lokalisieren. Der Stirnlappen der Großhirnrinde steht in enger Beziehung zur Persönlichkeitsstruktur. Der Hinterhauptslappen enthält Sehzentren, der Schläfenlappen Hörzentren. An der Grenze zw. Stirn- und Scheitellappen liegen zwei Gebiete mit den motor. Zentren für die einzelnen Körperabschnitte und einem Zentrum für Sinneseindrücke aus der Körperfühlsphäre. Das Großhirn ist Sitz von Bewußtsein, Wille, Intelligenz, Ge-

Gehirnerweichung

dächtnis und Lernfähigkeit. Zum Großhirn gehört auch das *limbische System*, das »gefühlsmäßige« Reaktionen (z. B. das Sexualverhalten) als Antwort auf bestimmte Umweltsituationen beeinflußt oder bestimmt.

Das *Kleinhirn*, das wie das Großhirn aus zwei Hemisphären besteht, ist v. a. für den richtigen Ablauf aller Körperbewegungen verantwortlich; zudem ermöglicht es die Orientierung im Raum.

Zum *Zwischenhirn* gehören der paarig angelegte Thalamus (Sehhügel) und der Hypothalamus. Der Thalamus ist z. T. einfach nervöse Schaltstation zw. Peripherie und Großhirn, z. T. Bestandteil des extrapyramidal-motor. Systems. Im Hypothalamus befinden sich verschiedene übergeordnete Zentren des autonomen Nervensystems, von denen lebenswichtige vegetative Funktionen gesteuert werden, so z. B. der Wärme-, Wasser- und Energiehaushalt des Körpers. – Den *Hirnstamm* (Stammhirn) bilden die tieferen, stammesgeschichtl. ältesten Teile des G., er umfaßt Rauten-, Mittel- und Zwischenhirn sowie die Basalganglien des Endhirns. Im Hirnstamm liegen bes. wichtige Zell- und Fasersysteme als Steuerungszentren für Atmung und Blutkreislauf. – Als *Formatio reticularis* bezeichnet man ein dichtes Netzwerk von Schaltneuronen mit einigen Kerngebieten, die sich längs über den ganzen Hirnstamm erstrecken; sie kann u. a. die Aufmerksamkeit ein- und ausschalten und den Schlaf-Wach-Rhythmus steuern. – Im *verlängerten Mark* kreuzen sich v. a. die Nervenbahnen des Pyramidenstrangs. In ihr liegen die Steuerungszentren für die automatisch ablaufenden Vorgänge wie Herzschlag, Atmung, Stoffwechsel. Außerdem liegen hier das Nervenzentrum für Kauen, Speichelfluß, Schlucken sowie die Schutzreflexe Niesen, Husten, Lidschluß, Erbrechen. Das verlängerte Mark geht in das Rückenmark über.

Das G. wird von einem mit Gehirn-Rückenmarks-Flüssigkeit *(Liquor)* gefüllten Kanal durchzogen, der die Fortsetzung des Rückenmarkkanals darstellt und sich im Rauten-, Zwischen- und Endhirn zu den vier Hirnkammern *(Hirnventrikel)* ausweitet. – Das G. ist, wie das Rückenmark, von drei durch flüssigkeitserfüllte Spalträume voneinander getrennten †Gehirnhäuten umgeben. Die direkt am G. (in ihrer Mehrzahl im Hirnstamm) entspringenden zwölf Hauptnervenpaare werden als Hirnnerven bezeichnet: I *Riechnerv;* II *Sehnerv;* III *Augenmuskelnerv;* IV *Rollnerv;* V *Drillingsnerv* (Trigeminus) mit *Augennerv, Oberkiefernerv* und *Unterkiefernerv;* VI *seitlicher Augenmuskelnerv;* VII *Gesichtsnerv* (Fazialis); VIII *Hör- und Gleichgewichtsnerv;* IX *Zungen-Schlund-Nerv;* X *Eingeweidenerv* (Vagus); XI *Beinerv* (Akzessorius); XII *Zungenmuskelnerv.*

Gehirnanhangsdrüse, svw. †Hypophyse.

Gehirnblutung (Enzephalorrhagie), Blutung in das angrenzende Gehirngewebe nach Zerreißung von Hirngefäßen.

Gehirndruck (Hirndruck), der im Schädelinnern herrschende hydrostat. Druck der Gehirn-Rückenmarks-Flüssigkeit (entspricht normal 10–20 mbar).

Gehirnentzündung (Encephalitis, Enzephalitis), zusammenfassende Bez. für die verschiedenen, durch Viren, Rikkettsien, Bakterien hervorgerufenen Erkrankungen des Gehirns, die auch auf das Rückenmark *(Enzephalomyelitis)* und die Gehirnhäute *(Meningoenzephalitis)* übergreifen können. Allg. Symptome sind meist Kopfschmerzen, oft in der Stirn- und Augengegend, Benommenheit, Störungen des Schlaf-Wach-Rhythmus, Erbrechen, Lichtscheu, Gliederschmerzen sowie manchmal Lähmungen einzelner Hirnnerven, epilept. Anfälle und erhöhter Hirndruck. Die vermutlich durch ein Virus hervorgerufene *epidem.* G. kommt nur noch vereinzelt vor; sie äußert sich in Augenmuskellähmungen und Schlafsucht. †Zeckenenzephalitis.

Gehirnerschütterung (Commotio cerebri), vorübergehender, i. d. R. gutartig verlaufender Zustand als Folge einer stumpfen Gewalteinwirkung auf den Schädel. Characterist. Symptome sind Bewußtseinsstörung, Übelkeit, Brechreiz, Kreislauf- und Atemstörungen, Veränderungen der Hirnstromkurve und schließlich eine Erinnerungslücke.

Gehirnerweichung (Enzephalomalazie), herdförmige Erweichung von Gehirnteilen infolge Durchblutungsmangel mit entsprechendem Funktionsaus-

Gehirnhäute

fall, bes. nach Embolie, Thrombose (auf arteriosklerot. Grundlage) bzw. Massenblutung durch Gefäßzerreißung bei Bluthochdruck.

Gehirnhäute (Hirnhäute, Meningen), Gehirn und Rückenmark umgebende, bindegewebige Schutzhüllen des Menschen und der Wirbeltiere. Die außenliegende *harte Gehirnhaut* (Dura mater) ist im Schädelbereich fest mit dem Knochen verwachsen. Ihr liegt die *Spinngewebshaut* (Arachnoidea) verschiebbar an. Gehirn und Rückenmark werden von der *weichen Gehirnhaut* (Pia mater) fest umschlossen.

Gehirnhautentzündung (Meningitis), entzündl. Erkrankung der Hirnhäute. *Symptome* einer G. sind im allg. Kopfschmerzen, Fieber, Erbrechen, Nackensteifigkeit, starke Berührungs-, Geräusch- und Lichtempfindlichkeit, Bewußtseinsstörungen bis zur tiefen Bewußtlosigkeit. Die *akute G.* ist eine bakterielle Infektion, die am häufigsten durch Meningokokken und Pneumokokken hervorgerufen wird. Die *epidem. G.* (Meningitis epidemica, epidem. Genickstarre) ist eine durch Meningokokken hervorgerufene, vereinzelt oder in Epidemien auftretende eitrige G. Als *seröse G.* (lymphozytäre G.) wird eine Reihe meist leichter verlaufender Erkrankungen der Hirnhäute bezeichnet. Die *chron. G.* kann sich, v. a. bei ungenügender Behandlung, aus der akuten G. entwickeln.

Gehirnquetschung (Gehirnkontusion, Contusio cerebri), zusammenfassende Bez. für die schweren Folgen eines stumpfen Schädeltraumas mit Verletzungs- und Blutungsherden in der Großhirnrinde und im Hirnstamm. Symptome: tiefe Bewußtlosigkeit, Unruhe, Schock, Fieber, ungleiche Pupillengröße, Verlust von Sprache und Geruchssinn, psych. Störungen.

Gehirn-Rückenmarks-Flüssigkeit (Zerebrospinalflüssigkeit), lymphähnliche Flüssigkeit, die die Gehirnkammern, den Rückenmarkkanal und die Räume zw. harter Gehirnhaut und Oberfläche von Gehirn und Rückenmark ausfüllt. Die Menge beträgt beim Menschen etwa 120–200 cm^3.

Gehirnschlag, svw. ↑Schlaganfall.

Gehirntumor (Tumor cerebri), die sich innerhalb der Schädelhöhle entwickelnde Geschwulst. Der häufigste G. ist das bösartige, schnell wachsende *Glioblastom*, das vom Hüllgewebe der Nervenzellen, der Glia, ausgeht. Es kann von einer Großhirnhälfte auf die andere übergreifen; dabei kommt es häufig zu Lähmungen und Sprachstörungen. Die *Kleinhirnbrückenwinkeltumoren* gehen von der Nervenscheide der Gehör- und Gleichgewichtsnerven aus (verbunden mit Taubheit und Gleichgewichtsstörungen). Die *Hirnhauttumoren* sind i. d. R. gutartig und wachsen langsam außerhalb des Gehirns. Sie führen zu Störungen des Geruchssinns, einseitigen Sehnervenschädigungen und Augenmuskellähmungen.

Gehirnwäsche (Mentizid), gewaltsame geistige Desorganisation und Umstrukturierung einer Person zur Erzwingung von Geständnissen, Geheimnisverrat, Selbstbezichtigungen u. ä. mittels endloser Verhöre, Folterungen, suggestiver Einwirkungen und fortwährender Überreizung des Nervensystems.

Arnold Gehlen

Gehlen, 1) Arnold, *Leipzig 29. 1. 1904, † Hamburg 30. 1. 1976, dt. Philosoph und Soziologe. Seine philos. Anthropologie stellt den Menschen hinsichtlich seiner Organ- und Instinktausstattung als »Mängelwesen« dar, das seine Umwelt durch ein von Institutionen geleitetes und gesichertes Handeln verändern muß, um überleben zu können (Kulturleistungen als Organersatz). – *Werke:* Der Mensch. Seine Natur und seine Stellung in der Welt (1940), Urmensch und Spätkultur (1956), Die Seele im techn. Zeitalter (1957).

2) Reinhard, *Erfurt 3. 4. 1902, † Berg (bei Starnberg) 8. 6. 1979, dt. General. Baute nach 1945 den als »Organisation G.« bezeichneten Nachrichtendienst auf (heute ↑Bundesnachrichtendienst).

Gehör, 1) (Gehörsinn, Hörsinn) die Fähigkeit, Schallwellen wahrzunehmen. Ein G. ist bislang nur für den Menschen, für Wirbeltiere und Gliederfüßer (v. a. Insekten) nachgewiesen (↑Gehörorgan).

2) *Recht:* ↑rechtliches Gehör.

Gehörgang ↑Gehörorgan.

Gehörknöchelchen ↑Gehörorgan.

Gehörlosigkeit, svw. ↑Taubheit.

Gehörorgan, dem Gehörsinn dienendes Organ. Bei den Wirbeltieren wird das paarig angelegte G. im allg. auch als

Gehörorgan

Ohr (Auris) bezeichnet. Das höchstentwickelte G. haben der Mensch und die Säugetiere. – Man unterscheidet *Außenohr* (Ohrmuschel und Gehörgang), *Mittelohr* (Paukenhöhle mit Gehörknöchelchen) und *Innenohr* (Schnecke und Bogengänge des Gleichgewichtsorgans). Die *Ohrmuschel* des Menschen besteht mit Ausnahme des Ohrläppchens aus Knorpel; sie sammelt die auftreffenden Schallwellen. Am inneren Ende des 2,5–3,5 cm langen *Gehörgangs* (äußerer Gehörgang) liegt das Trommelfell, das durch Ohrenschmalz geschmeidig gehalten wird. Das *Trommelfell* ist beim Menschen etwa 0,5 cm^2 groß und trichterförmig. Die Trommelfellmembran wird durch die ankommenden Schallwellen in Schwingungen versetzt und überträgt diese auf die drei *Gehörknöchelchen (Hammer, Amboß, Steigbügel)* im Mittelohr. Die gelenkig verbundenen Knöchelchen wirken dabei als Hebelsystem und verstärken die auftreffenden Schallwellen etwa um das Zwei- bis Dreifache. Der Steigbügel gibt über das ovale Fenster (Vorhoffenster) die Schallwellen an das Innenohr weiter. Das *ovale Fenster* hat etwa $1/20$–$1/30$ der Fläche des Trommelfells; dadurch wird eine Verstärkung des Schalldrucks auf das 20–25fache erreicht. Schließlich erreicht der Schalldruck vom Eindringen in den Gehörgang an mit rund 180facher Verstärkung das Innenohr. Dieses ist durch die *Eustachi-Röhre* (Ohrtrompete) mit der Rachenhöhle verbunden; sie dient dem Druckausgleich zw. Außenluft und Mittelohr. Das *Innenohr* (Labyrinth) besteht aus dem eigtl. G., der Schnecke, und den Bogengängen. Letztere sind Gleichgewichtsorgane und haben keinen Einfluß auf den Hörvorgang. Die *Schnecke* (Cochlea) gliedert sich in zwei Teile. Die knöcherne Schnecke besteht aus der Achse (Schneckenspindel) und einer Knochenleiste, die die Fasern des Hörnervs enthalten. Der *häutige* Teil der Schnecke (Schneckengang) ist ein (im Querschnitt) dreieckiger Bindegewebsschlauch, der an der Knochenleiste befestigt ist. Durch diese Anordnung wird der Innenraum der Schnecke in sog. Treppen aufgegliedert, die *Vorhoftreppe* und die *Paukentreppe*. Die häutige Schnecke wird mit zwei Membranen gegen die Treppen abgegrenzt. Die Begrenzung gegen die Vorhoftreppe bildet die *Reissner-Membran*. Gegen die Paukentreppe wird die Begrenzung von der *Basilarmembran* gebildet. Auf dieser liegt das eigtl. schallaufnehmende Organ, das *Corti-Organ*. Die Sinneszellen (Hörzellen) des Corti-Organs (beim Menschen rund 16000–23000) liegen zw. Stützzellen und tragen an ihrem oberen Ende feine Sinneshärchen. Unmittelbar über den Sinneszellen befindet sich die Deckmembran, die wahrscheinlich mit den Sinneshärchen verwachsen ist und dadurch die Sinneszellen durch Schwingungen reizen kann.

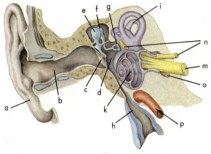

Gehörorgan. Schematische Übersicht des ganzen Ohres: a Ohrmuschel; b äußerer Gehörgang; c Trommelfell; d Paukenhöhle; e Hammer; f Amboß; g Steigbügel; h Ohrtrompete; i Bogengänge; k Schnecke; m Gehör- und Gleichgewichtsnerv; n Gesichtsnerv; o innerer Gehörgang; p innere Kopfschlagader

Hören ist das Wahrnehmen von Schallwellen, wobei eine Umwandlung der Schallwellen in nervale Reize erfolgt, die zum Gehirn weitergeleitet und dort in einen Höreindruck umgewandelt werden. Die in jedem Augenblick auf das G. einwirkenden Schallwellen werden durch den äußeren Gehörgang zum Trommelfell geleitet. Trommelfell und Gehörknöchelchenkette stellen auf Grund ihrer Elastizität ein schwingungsfähiges Gebilde dar, dessen Eigenfrequenz zw. 100 und 1500 Hz liegt. Durch die auftreffenden Schallwellen, infolge Reflexions- und Resonanzerscheinungen an Kopf, Ohrmuschel und Gehörgang, ist der Schalldruck am Trommelfell größer als außerhalb des

Gehorsamspflicht

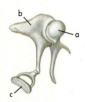

Gehörorgan.
Die drei Gehörknöchelchen:
a Hammer; b Amboß;
c Steigbügel

Ohres. Trommelfell und Gehörknöchelchen übertragen die Schallwellen. Indem die Steigbügelfußplatte ihre Schwingungen über die Membran des Vorhoffensters auf die Lymphflüssigkeit im Vorhof und auf die Vorhoftreppe überträgt, werden darin Druck- und Dichteschwankungen kleiner Amplitude erzeugt, diese übertragen sich auf den schwingungsfähigen häutigen Schneckengang. Außerdem pflanzen sie sich durch das Schneckenloch an der Schneckenspitze in die Paukentreppe fort, wo über die Membran des runden Fensters ein Druckausgleich stattfindet. Längs des häutigen Schneckengangs findet nun die Reizverteilung statt. – Da das menschl. G. paarig (binaural) ausgebildet ist, hat es die Fähigkeit zum *Richtungshören.* Dafür wertet das Gehirn zwei Informationen aus: 1. den Zeitunterschied des Schalleinfalls auf die beiden Ohren; 2. den durch die Schallschattenwirkung des Kopfes hervorgerufenen Intensitätsunterschied an beiden Ohren. Eine Zeitdifferenz von nur 0,03 ms ruft beim Menschen bereits einen Richtungseindruck hervor.

Gehorsamspflicht, im *Recht* die Pflicht des Soldaten, einen ihm erteilten verbindl. Befehl auszuführen. Die Verweigerung der Ausführung eines verbindl. Befehls *(Befehlsverweigerung)* stellt grundsätzlich ein [nur disziplinarrechtlich zu ahndendes] Dienstvergehen dar. Ein Recht auf Befehlsverweigerung besteht dann, wenn der Befehl nicht zu dienstl. Zwecken erteilt wird oder durch seine Ausführung die Menschenwürde des Soldaten oder eines Dritten verletzt würde. Er ist zur Befehlsverweigerung verpflichtet, wenn durch die Ausführung des Befehls ein Vergehen begangen, gegen die Verfassung oder allg. Regeln des Völkerrechts (einschließlich des Kriegsrechts) verstoßen oder den übergesetzl. Grundsätzen der Menschlichkeit und Gerechtigkeit zuwidergehandelt würde (Mißbrauch der Befehlsgewalt durch Vorgesetzte).

Gehörsinn, svw. ↑Gehör.

Gehrung, Schrägschnitt (meist unter 45°) an einem Rahmenteil oder Profilstab.

Geibel, Emanuel, *Lübeck 17.10. 1815, † ebd. 6. 4. 1884, dt. Dichter. Klassizist. Lyriker der dt. Einigungsbestrebungen unter preuß. Führung; auch Volkslieder (u. a. »Der Mai ist gekommen«).

Geier, adlerartige, aasfressende Greifvögel mit etwa 23 Arten, v. a. in den Tropen und Subtropen der Alten und Neuen Welt. Die Fam. *Neuwelt-G.* (Cathartidae) hat sieben Arten. Als Kondor bezeichnet werden: 1. der in den Anden S-Amerikas lebende *Andenkondor,* bis 1,3 m groß, Flügelspannweite von etwa 3 m; mit nacktem Kopf und Hals; 2. der *Kaliforn. Kondor,* etwa gleich groß. Der *Königs-G.* ist fast 80 cm groß und kommt von S-Mexiko bis S-Brasilien vor. Vom südl. Kanada bis fast über ganz S-Amerika verbreitet ist der etwa 75 cm lange und fast 1,7 m spannende *Truthahn-G.* Etwa kolkrabengroß ist der *Raben-G.* (Urubu) in den südl. USA sowie in M- und S-Amerika. Die *Altwelt-G.* (Aegypiinae) sind eine Unter-Fam. der Habichtartigen mit 16 Arten.

Geier.
Von links: Bartgeier,
Gänsegeier,
Andenkondor

Geißblatt

Bekannt sind u. a.: *Bart-G.* (Lämmergeier), 115 cm groß, Flügelspannweite bis zu 3 m, in S-Europa, Asien, N-Afrika; *Gänse-G.*, etwa 1 m groß, Flügelspannweite bis 2,4 m, in den Gebirgen und Hochsteppen NW-Afrikas und S-Europas; *Schmutz-G.*, etwa 70 cm lang, in Afrika, S-Europa und W-Asien; *Mönchs-G.* (Kuttengeier), über 1 m lang, in den Mittelmeerländern und in Asien bis zur Mongolei.

Geige, dt. Bez. für ↑Violine.

Geiger, Hans, eigtl. Johannes G., *Neustadt an der Weinstraße 30. 9. 1882, † Potsdam 24. 9. 1945, dt. Physiker. Entwickelte das nach ihm und Erwin Wilhelm Müller (*1911, †1977) ben. Zählrohr *(Geiger-Müller-Zählrohr),* das zu einem wichtigen Meßgerät der Kernphysik wurde.

geil, 1) üppig wuchernd (von Pflanzen). 2) sexuell (stark) erregt; begierig.

Geiler von Kaysersberg, Johannes, *Schaffhausen 16. 3. 1445, † Straßburg 10. 3. 1510, dt. Theologe und Volksprediger. Ab 1478 Straßburger Dompredigier; berühmt wurde seine 1498/99 gehaltene Folge von Predigten über die Narren in S. Brants »Narrenschiff«.

Geirangerfjord [norweg. ˈjeiraŋɔrfjuːr], südlichster, tief eingeschnittener Arm des Storfjords, Norwegen, mit zahlr. Wasserfällen (u. a. Sieben Schwestern).

Geisel, allg. eine gewaltsam und widerrechtlich ergriffene und festgehaltene Person, durch deren Festhaltung und Bedrohung der *Geiselnehmer* Forderungen gegen Dritte durchsetzen will. Durch das *Strafrecht* ist die *Geiselnahme* mit Freiheitsstrafe nicht unter drei Jahren bedroht.

Die vertragl. Bereitstellung von G. im Frieden wie im Krieg (letztmalig vollzogen zw. Großbrit. und Frankreich im Aachener Frieden von 1748) war völkerrechtlich unbedenklich. Die einseitige Geiselnahme im Krieg, die, v. a. beginnend im 18. Jh., die vertragl. G. mehr und mehr verdrängte und die im 2. Weltkrieg [u. a. durch die dt. Besatzungstruppen, v. a. in Frankreich und auf dem Balkan] ins Maßlose gesteigert wurde, galt nach den mil. Heeresinstruktionen grundsätzlich als erlaubt; sie ist heute durch die Genfer Konvention zum Schutz von Zivilpersonen in Kriegszeiten (1949) generell untersagt.

Geiseltal, ehem. bed. Braunkohlengebiet in Sa.-Anh. mit Resten tertiärer Tiere und Pflanzen, westlich von Merseburg/Saale.

Geiser, svw. ↑Geysir.

Geiserich, *um 390, † 25. 1. 477, König der Vandalen und Alanen (ab 428). Führte 429 sein Volk über die Meerenge von Gibraltar nach Afrika (Gründung des ersten unabhängigen Germanenreiches auf röm. Boden); eroberte Sardinien, Korsika, die Balearen, das westl. Sizilien; 455 Plünderung Roms.

Geisha [ˈgeːʃa, ˈgaiʃa; jap.-engl.], jap. Gesellschafterin, die zur Unterhaltung der Gäste in Teehäusern gemietet wird; oft seit früher Kindheit für diesen in der Tokugawazeit (1603–1867) entstandenen Beruf u. a. in Tanz, Gesang und gepflegter Konversation ausgebildet.

Geislingen an der Steige, Stadt am Trauf (Geislinger Steige) der Schwäb. Alb, Bad.-Württ., 27 200 E. Heimatmuseum; u. a. metallverarbeitende Industrie. Ev. Stadtpfarrkirche (1424–28) mit Chorgestühl (1512); Fachwerkbauten, u. a. das Alte Rathaus (1422); oberhalb der Stadt die Burg der Grafen von Helfenstein, die die 1250 erstmals nachweisbare Stadt gründeten.

Hans Geiger

Geißblatt. Wald-G.; oben blühend, unten mit Früchten

Geißblatt (Heckenkirsche, Lonicera), Gatt. der G.gewächse mit etwa 180 Arten auf der Nordhalbkugel und in den Anden; Sträucher; in vielen Arten und

Geißblattgewächse

Hans Werner Geissendörfer

Formen als Ziersträucher in Kultur, z.B. *Wohlriechendes G.* (Jelängerjelieber), 1–2 m hoher windender Strauch; *Schwarze Heckenkirsche,* bis 1,5 m hoher, sommergrüner Strauch mit blauschwarzen Beeren.

Geißblattgewächse (Caprifoliaceae), Fam. der zweikeimblättrigen Pflanzen mit etwa 400 Arten in 15 Gatt.; Bäume, Sträucher oder Stauden.

Geißel (Flagelle, Flagellum), fadenförmiges, bewegl. Organell zur Fortbewegung bei Einzellern und den Geschlechtszellen von Vielzellern bzw. zum Stofftransport bei bestimmten Zellen der Vielzeller.

Geißeltierchen ↑Flagellaten.

Geißelung, ab dem Altertum weitverbreitete Körperstrafe, vollzogen mit Riemen- oder Strickpeitschen bzw. mit Ruten *(Geißeln).* G. wurde als Strafmittel früh in Ordensregeln aufgenommen. Als freiwillige Bußübung, in der Form der Selbst-G., kam sie im MA auf und wurde auf den Geißlerzügen (↑Flagellanten) geübt.

Geissendörfer, Hans Werner, *Augsburg 6. 4. 1941, dt. Filmregisseur. Verfilmte literar. Vorlagen, u. a. »Der Zauberberg« (1982, nach T. Mann), »Ediths Tagebuch« (1983, nach P. Highsmith); einer der Regisseure der Fernsehserie »Lindenstraße« (seit 1985).

Geißfuß, Gatt. der Doldengewächse mit zwei Arten in Europa und Sibirien; darunter der *Gewöhnl. G. (Giersch).*

Geißfuß.
Gewöhnlicher Geißfuß
(Höhe 30–100 cm)

Geißler, 1) Heinrich, *Oberndorf am Neckar 3. 3. 1930, dt. Politiker (CDU). 1965–67 und erneut seit 1980 MdB; 1967–77 Sozial-Min. von Rheinl.-Pf.; 1977–89 Generalsekretär der CDU; 1982–85 Bundes-Min. für Jugend, Familie und Gesundheit.
2) Horst Wolfram, *Wachwitz (heute zu Dresden) 30. 6. 1893, †München 19. 4. 1983, dt. Schriftsteller. Schrieb zahlr. unterhaltende Romane, u. a. »Der liebe Augustin« (R., 1921).

Geißler ↑Flagellanten.

Geist, 1) die in Form des denkenden und wollenden Bewußtseins über das Sinnliche und Materielle hinausreichende Dimension des menschlichen Seins.
2) die in Sprache, Kunst, Wiss. u. a. objektivierten Leistungen des Menschen.

Geist, Heiliger ↑Heiliger Geist.

Geister, selbständige numinose Wesen im Glauben vieler Religionen, den Zwischenbereich zw. Göttern und Menschen bildend (u. a. Dämonen, Engel).

Geisterstadt (engl. ghost town), Bez. für aufgelassene Bergbaustädte und ehem. Goldsucher-Camps.

Geisteskrankheit, gemeinsprachl. Bez. für seelisch-geistige Störungen; im psychiatr. und psycholog. Sprachgebrauch nur noch selten verwendet, man spricht hier einerseits von ↑seelischen Krankheiten, andererseits von ↑Oligophrenie.

Geisteswissenschaften, [in der Pluralform] im dt.sprachigen Kulturbereich seit etwa Mitte des 19. Jh. verwendeter Begriff, der die Wiss. bezeichnet, die die Ordnungen des Lebens in Staat, Gesellschaft, Recht, Sitte, Erziehung, Wirtschaft und Technik sowie die Deutungen der Welt in Sprache, Mythos, Kunst, Literatur, Philosophie, Religion u. a. zum Gegenstand haben (im Englischen *Humanites* oder *Social sciences;* im Französischen *Lettres* oder *Sciences humaines*).

Geistliche, seit dem 15. Jh. Standesbez. für den Klerus.

geistliche Fürsten, im Hl. Röm. Reich (bis 1803) hohe Geistliche, die dem Reichsfürstenstand angehörten (z. B. die geistl. Kurfürsten, die Fürsterzbischöfe und Fürstbischöfe).

Geistlicher Vorbehalt, Bestimmung des Augsburger Religionsfriedens (1555) zugunsten der kath. Kirche, daß die geistl. Reichsstände nach Übertritt zum luth. Bekenntnis ihr kirchl. Amt

Gelbrandkäfer

und den dazugehörigen Besitz verlieren sollten.

geistliches Spiel, zusammenfassende Bez. für das Drama des MA: Passionsspiel, Fronleichnamsspiel, Moralität, Mysterienspiel, Mirakelspiel, Auto sacramental.

Gekriech, langsame Abwärtsbewegung von oberflächl. Bodenpartien an durchfeuchteten Hängen. Ausstreichende Schichten werden dabei talwärts abgebogen *(Hakenschlagen)*, bei Bäumen entstehen gekrümmte Stämme *(Säbelwuchs)*.

Gekröse ↑Bauchfell.

Gel [gekürzt aus **Gel**atine], ein disperses System, bei dem die dispergierten Bestandteile im Dispersionsmittel in unregelmäßigen Gerüsten angeordnet sind, wodurch das System formbeständig wird. Man unterscheidet feste *Aero-G.* (Luft als Dispersionsmittel), zähelast. *Lyo-G. (Gallerten)* und feste *Xerogele.*

Gela [italien. ˈdʒɛːla], italien. Hafenstadt an der S-Küste von Sizilien, 78600 E. Archäolog. Museum; petrochem. Industrie. – Ruinen von zwei dor. Tempeln (6. und 5. Jh. v. Chr.). Gegr. um 690 v. Chr. von dor. Kolonisten, 405 von den Karthagern zerstört; Neugründung 1230 als *Terracina di Sicilia* (Name bis 1927) durch Kaiser Friedrich II.

Geländefahrzeug, geländegängiges Fahrzeug mit großer Bodenfreiheit, oft Allradantrieb und Sperrdifferential.

Geländelauf ↑Cross-Country.

Geländeritt ↑Cross-Country.

Gelasius I., † 19. 11. 496, Papst (ab 1. 3. 492). Formulierte die im MA maßgebl. Lehre von den zwei gleichberechtigten, selbständigen Gewalten (↑Zweigewaltenlehre).

Gelatine [ʒeː...; lat.], geruch- und farblose kolloide Substanz (↑Kolloide), die aus dem in Knochen und Häuten enthaltenen Gerüsteiweißstoff Kollagen gewonnen wird.

Gelb, Bez. für jede Farbempfindung, die durch Licht einer Wellenlänge zw. etwa 555 und 590 nm *(gelbes Licht)* oder durch additive Farbmischung von Rot und Grün hervorgerufen wird.

Gelbbuch ↑Farbbücher.

gelbe Gefahr, ab 1894/95 (insbes. nach dem Aufstand der Boxer [1900] und nach dem Sieg Japans über Rußland [1905]) geläufiges Schlagwort, das die Furcht vor einer polit. Emanzipation und wirtschaftl. Konkurrenz asiat. Länder ausdrückte.

gelber Fleck ↑Auge.

Gelber Fluß ↑Hwangho.

Gelbe Rübe, svw. Karotte (↑Möhre).

Gelbes Meer, flaches Randmeer des Pazifiks zw. der NO-Küste Chinas und der Halbinsel Korea, 417000 km², größte Tiefe 106 m.

Gelbfieber [nach der dabei auftretenden Gelbsucht] (gelbes Fieber, Ochropyra, Yellow fever), gefährl., im trop. Afrika und Amerika endemisch vorkommende, in Deutschland meldepflichtige Infektionskrankheit. Erreger ist das Gelbfiebervirus, Überträger die Gelbfiebermücke. Drei bis sechs Tage nach dem Insektenstich kommt es zu hohem Fieber, Schüttelfrost, Kopfschmerzen. Nach einer kurzen Besserung folgt unter erneutem Temperaturanstieg das tox. Stadium des G. u. a. mit schweren Leber- und Nierenschäden. Eine bes. Form des G. ist das *Dschungel[gelb]fieber* (Buschfieber), das in Afrika und Südamerika Brüllaffen, Opossum, Ameisenbären und Gürteltiere befällt und durch Aedesmücken übertragen wird.

Gelbfiebermücke ↑Aedesmücken.

Gelbguß ↑Messing.

Gelbkörper, im Eierstock von Mensch und Säugetieren nach dem Ausstoßen des reifen Eies (Follikelsprung) aus den zurückbleibenden Follikelzellen entstehende endokrine Drüse, die u. a. das G.hormon (↑Progesteron) erzeugt. Nistet sich in der Gebärmutterschleimhaut ein befruchtetes Ei ein, so trägt die G.hormonsekretion zur Erhaltung der Schwangerschaft bei.

Gelbkreuzkampfstoffe, Bez. für hautätzende Kampfstoffe, z. B. ↑Senfgas.

Gelblinge (Kleefalter, Heufalter), Gatt. mittelgroßer Tagschmetterlinge mit etwa 60 Arten in Eurasien, Afrika, N- und S-Amerika. In M-Europa gibt es u. a.: *Moor-G.* (Hochmoorgelbling, Zitronengelber Heufalter), 5 cm spannend; *Postillion* (Wander-G., Posthörnchen, Orangeroter Kleefalter), 5 cm spannend; *Goldene Acht* (Gemeiner Heufalter), 4–5 cm spannend.

Gelbrandkäfer, Gattung 22–45 mm langer Schwimmkäfer mit rund 30 Ar-

Gelbrandkäfer. Großer Gelbrandkäfer

Gelbsucht

ten in den Süßgewässern der Nordhalbkugel; Oberseite schwarzbraun mit gelbem Seitenrand. In M-Europa kommt bes. der *Große G.* (Gelbrand) vor, 3–4 cm lang.

Gelbsucht (Ikterus, Icterus), gelbl. Verfärbung von Haut und Schleimhäuten sowie der meisten inneren Organe, Gewebe und Flüssigkeiten durch erhöhten Gehalt des Blutes an Gallenfarbstoff (auch fälschlich für ↑Leberentzündung). Die G. ist keine eigenständige Krankheit, sondern ein Symptom, das bei verschiedenen Leberkrankheiten oder Leberschäden bzw. bei Gallengangsverschluß oder bei vermehrtem Zerfall roter Blutkörperchen auftreten kann. Erstes Anzeichen einer mit G. einhergehenden Erkrankung ist die Gelbfärbung der Lederhaut der Augen. Auf Haut und Schleimhäute greift die G. erst bei Blutbilirubinwerten von über 2–4 mg% über.

Gelbwurzel (Safranwurzel), aus S- und SO-Asien stammendes, in den Tropen vielfach kultiviertes Ingwergewächs; aus Wurzelstock und Nebenknollen wird ein Gewürz (*Kurkuma*, Hauptbestandteil des Currys) hergestellt.

Geld, 1) *Wirtschaft:* allg. Tauschmittel, das durch seine Funktion, gegen alle Waren tauschbar zu sein, in einer arbeitsteiligen Wirtschaft unentbehrlich ist. Es dient 1. als *Zahlungsmittel;* 2. als *Recheneinheit,* indem es alle bewertbaren Güter vergleichbar macht; 3. als *Mittel zur Wertspeicherung,* mit dessen Hilfe der Tausch von Gütern zeitlich versetzt stattfinden kann.

An *Geldarten* sind zu unterscheiden: 1. das *Hart-* oder *Münzgeld,* das in der BR Deutschland im Auftrag des Bundesfinanzministeriums aus Metall geprägt wird; 2. das *Zeichen-* oder *Papiergeld,* das von der Zentralbank als Banknoten ausgegeben wird; 3. das *Buch-* oder *Giralgeld,* das durch Sichtguthaben bei Geschäftsbanken gebildet wird. Die Summe von Banknoten und Münzen, die sich nicht bei der Zentralbank befinden, werden als *Bargeldumlauf* bezeichnet; rechnet man dazu die Sichtguthaben der Geschäftsbanken bei der Zentralbank, ergibt sich als Summe das *Zentralbankgeld.*
Zur *Geschichte* ↑Zahlungsmittel.
2) *Börsenwesen:* Nachfrage.

Geldausgabeautomat (Geldautomat, Bankomat), techn. Anlage mit speziellen Ein- und Ausgabeeinheiten, über die Bankkunden mit einer maschinell lesbaren Identitätskarte rund um die Uhr Bargeld von ihrem Konto abheben können. Neben der ec-Karte (↑Eurocheque) verfügt jeder Kunde über eine persönl. Identifikationsnummer, die in die Tastatur des G. eingeben muß.

Gelderland [niederl. ˌxɛldərlant] (dt. Geldern), niederl. Prov. zw. Deutschland und dem IJsselmeer, 5011 km², 1,76 Mio. E, Verwaltungssitz Arnheim. – Die Prov. G. geht auf die Gft. Geldern (11. Jh.) zurück; das Geschlecht der Grafen von Geldern (ab 1339 Herzöge) starb 1372 aus; Nachfolger wurden 1377 Wilhelm von Jülich, 1423 die Grafen von Egmond; 1543 wurden Geldern und Zutphen Teil der habsburg. Erblande. 1597 eroberte Moritz von Nassau fast ganz Geldern für die Vereinigten Niederlande. Das heutige Geldern entstand 1814/15 auf dem Wiener Kongreß.

Geldkurs, Nachfragekurs für Devisen und Wertpapiere; Ggs. ↑Briefkurs.

Geldmarkt, i. e. S. Markt für Zentralbankgeld zwischen Geschäftsbanken und für notenbankfähige G.papiere zwischen diesen und der Zentralbank zum kurzfristigen Liquiditätsausgleich. Die *Geldmarktsätze* (Tages-, Monats-, Dreimonatsgeld-Zinssatz und Diskontsatz) sind Instrumente der Geldpolitik. I. w. S. auch Markt für kurzfristige Kredite, also auch Bank-, Konsumenten- und andere Kredite.

Geldmenge (Geldvolumen), allg. der Bestand an Zahlungsmitteln, die zum Erwerb von Gütern und finanziellen Forderungen oder zur Schuldentilgung verwendbar ist. Die Dt. Bundesbank definiert in ihren Monatsberichten mehrere statist. G.begriffe: 1. M_1 umfaßt den Bargeldumlauf und Sichtguthaben inländ. Nichtbanken bei Geschäftsbanken; 2. M_2 ergibt sich als Summe von M_1 und Termingeldern unter vier Jahren *(geldnahe Forderungen);* 3. die weiteste Abgrenzung der G.definition M_3 nimmt noch die Spareinlagen mit gesetzl. Kündigungsfrist hinzu. Ein weiterer G.begriff ist der der Zentralbank-G., die sich aus dem Bargeldumlauf und dem Mindestreservesoll auf Inlandsverbindlichkeiten zusammensetzt.

Geldpolitik, Gesamtheit der Maßnahmen zur Beeinflussung und Kontrolle des Geldvolumens (↑Geldmenge) und der Zinssätze einer Volkswirtschaft. Träger der G. ist i. d. R. die Zentralbank. Die wichtigsten Instrumente der G. sind: 1. *Mindestreservepolitik:* Festlegung und Veränderung der Mindesteinlagen, die Geschäftsbanken unverzinslich bei der Zentralbank zu halten haben; 2. ↑*Diskontpolitik* einschließlich der Festlegung der ↑*Rediskontkontingente;* 3. *Offenmarktpolitik:* Veränderung der Geldmenge durch den An- und Verkauf von Wertpapieren durch die Bundesbank auf eigene Rechnung am Geldmarkt.

Geldschöpfung, Schaffung zusätzl. Geldes durch das Zentralbanksystem oder durch Kreditinstitute entweder durch Monetisierung eines Aktivums (dazu gehört auch die Kreditgewährung an Wirtschaftssubjekte des Nichtbankensektors [*Kreditschöpfung*]) oder durch Tausch einer Forderung, die nicht Geld ist, gegen eine Bank in eine Geldforderung (z. B. Umwandlung eines Spar- oder Termingutshabens in ein Sichtguthaben). Der gegenteilige Vorgang heißt *Geldvernichtung.*

Geldschrank ↑Tresor.

Geldstrafe, im *Strafrecht* eine der beiden Hauptstrafen. Die G. wird in Tagessätzen bemessen, deren Höhe das Gericht nach den Verhältnissen des Täters festsetzt. Ist die G. uneinbringlich, so tritt an ihre Stelle pro Tagessatz je ein Tag Freiheitsstrafe.

Geldtheorie, Disziplin der *Wirtschaftswiss.,* in der Wesen und Funktionen, Wert sowie Wirkungen des Geldes untersucht werden.

Geld- und Wertzeichenfälschung (frühere Bez. Münzverbrechen und Münzvergehen), Verstöße gegen die Sicherheit und Zuverlässigkeit des staatl. und internat. Geldverkehrs. Geschützt werden Metall- und Papiergeld aus dem In- und Ausland, amtl. Wertzeichen (z. B. Briefmarken) sowie Inhaberschuldverschreibungen, Aktien, Reiseschecks u. a. (Wertpapiere). Man unterscheidet folgende Delikte: *Falschmünzerei* (Banknotenfälschung); sie begeht, wer Geld nachmacht; dagegen begeht *Münzverfälschung,* wer echtes Geld verändert, um ihm den Schein eines höheren Wertes oder der Fortdauer seiner Geltung zu verleihen. In beiden Fällen ist die Absicht erforderlich, das *Falschgeld* zu gebrauchen oder sonst in den Verkehr zu bringen; die Strafe ist Freiheitsstrafe nicht unter zwei Jahren. *Münzbetrug* begeht, wer nachgemachtes oder verfälschtes Geld vorsätzlich in den Verkehr bringt oder wer sich zu diesem Zweck Falschgeld verschafft oder aus dem Ausland einführt (Freiheitsstrafe bis zu fünf Jahren oder Geldstrafe). Die gleiche Strafdrohung gilt für die *Wertzeichenfälschung* und die Fälschung von *Wertpapieren.*

Geldvolumen ↑Geldmenge.

Geldwäscherei, das Verheimlichen oder Verschleiern von Vermögenswerten illegaler Herkunft, insbesondere aus Raub, Erpressung, Drogen-, Waffen- und Frauenhandel, durch komplizierte Finanztransaktionen, mit dem Ziel, den Eindruck zu erwecken, diese Vermögenswerte seien legal erworben. Das urspr. »schmutzige« Geld wird durch diesen Vorgang »gewaschen« und dann in den legalen wirtschaftl. Kreislauf wieder eingeschleust.

Geldwechsler ↑Münzautomat.

Gelee [ʒəˈleː; lat.-frz.], eingedickter Fruchtsaft (mit Zucker, u. U. Geliermitteln) oder Sud von Fleisch, Knochen oder Knorpel.

Gelée royale [frz. ʒəlerwaˈjal »königl. Gelee«] (Brutmilch, Weiselfuttersaft, Königinnenstoff), Sekret der Futtersaftdrüsen der Honigbienenarbeiterinnen, mit dem diese die Königinnenlarven füttern; enthält u. a. viele Vitamine, Pantothensäure und Biotin; v. a. zur Herstellung von kosmet. und pharmazeut. Präparaten verwendet.

Gelege, die Gesamtheit der von einem Tier an einer Stelle abgelegten Eier, bes. auf Reptilien und Vögel bezogen.

Geleit, 1) im MA und in der frühen Neuzeit Begleitung durch bewaffnetes Gefolge (gegen Bezahlung eines G.zolles) zum Schutz von Reisenden vor drohenden Gewalttätigkeiten. Das ursprüngl. königl. Hoheitsrecht ging ab dem 13. Jh. an die Landesherren über. **2)** im *Recht* ↑freies Geleit.

Geleitzug ↑Konvoi.

Gelenk, 1) (Articulatio, Articulus, Diarthrose, Diarthrosis) *bei Tieren* und *beim Menschen* durch Muskeln bewegt-

Gelenkentzündung

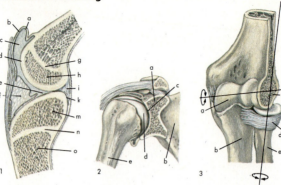

Gelenk 1). 1 Schematische Darstellung eines Gelenks; a synoviale Gelenkkapsel, b faserreiche (fibröse) Gelenkkapsel, c Schleimbeutel, d Gelenkknorpel, e Gelenkhöhle, f Fettfalte, g Epiphysenlinie, h Epiphyse (Endstück), i Zwischenscheibe, k Gelenkknorpel, m Epiphyse, n Epiphysenlinie, o Diaphyse (Mittelstück); **2** Kugelgelenk (Schultergelenk); a Gelenkteil des Schulterblatts, b Schulterblatt, c Gelenkpfanne des Schulterblatts, d Gelenkkopf des Oberarmbeins, e Schaft des Oberarmbeins; **3** Scharnier- und Drehgelenk (Ellbogengelenk); a Rolle, b Elle, c Köpfchen des Oberarmbeins, d Köpfchen der Speiche, e Speiche (horizontale Linie: Achse des Scharniergelenks zwischen Ober- und Unterarm, vertikale Linie: Achse des Drehgelenks zwischen Speiche, Elle und Oberarm)

Verbindung zw. Körperteilen, die in sich mehr oder weniger starr sind (v. a. zw. Knochenenden). Das G. des Menschen und der Wirbeltiere besteht aus zwei Teilen. Das vorgewölbte G.teil wird als *G.kopf*, das ausgehöhlte als *G.pfanne* bezeichnet. Beide Knochenenden sind von Knorpel überzogen und durch einen *G.spalt* (G.höhle; kann durch Ausbildung einer *G.scheibe* zweigeteilt sein) voneinander getrennt. Nur die Knochenhaut überzieht beide Knochen und bildet die *G.kapsel*, die das G. nach außen abschließt. Die innere Auskleidung der G.kapsel sondert die *G.schmiere* (G.flüssigkeit) ab, die ein besseres Gleiten der beiden G.flächen gewährleistet. Je nach G.form und Freiheitsgraden der Bewegung unterscheidet man verschiedene G.typen: *Kugel-G.* (freie Bewegung nach allen Richtungen möglich, z. B. Schultergelenk); eine Sonderform des Kugel-G. mit etwas eingeschränkter Bewegungsfreiheit ist das *Nuß-G.* (Hüftgelenk); *Scharnier-G.* (Bewegungen nur in einer Ebene mögl., z. B. Ellbogen- und Kniegelenk); *Ei-G.* (Bewegungen in zwei Richtungen möglich, Drehung ausgeschlossen, z. B. Handwurzelknochen); *Sattel-G.* (Bewegungen in zwei Ebenen möglich, z. B. Daumen-G.); *Dreh-G.* (z. B. bei Elle und Speiche); *Plan-G.* (Gleitbewegungen möglich, z. B. zw. den Halswirbeln). – Außer bei den Wirbeltieren kommen G. v. a. auch bei Gliederfüßern vor, bei denen sie die über eine membranartige Haut *(G.haut)* gegeneinander bewegl. Teile des Außenskeletts miteinander verbinden.

2) bei *Pflanzen* die krümmungsfähigen Gewebebezirke mit spezieller anatom. Struktur, an denen Bewegungen der angrenzenden Pflanzenteile möglich sind (z. B. *Wachstums-G.* in den Stengelknoten [G.knoten] der Grashalme, *G.polster [Blattpolster]* an der Basis von Blattstielen [Bohne]).

3) *Bautechnik:* die bewegl. Verbindung von Bauteilen (Stäben, Trägern u. a.), die Zug- und Druckkräfte aufnimmt und frei drehbar ist.

4) *Maschinenbau:* eine nichtstarre Verbindung zw. zwei bewegten Maschinenteilen oder Getriebegliedern (Elementenpaar).

Gelenkentzündung (Arthritis) ↑Gelenkerkrankungen.

Gelenkerguß, krankhaft vermehrte Flüssigkeitsansammlung in einem Gelenk; Ursachen können Verstauchungen, Verrenkungen und Entzündungen sein.

Gelenkerkrankungen, Sammel-Bez. für entzündl. und degenerative Erkrankungen der Gelenke. – Zu den *entzündl. G.* (Gelenkentzündungen, Arthritiden [Einz. Arthritis]) gehören u. a. der akute *Gelenkrheumatismus* (Polyarthritis rheumatica) im Verlauf des †rheumatischen Fiebers, der primär chron. Gelenkrheumatismus und die †Bechterew-Krankheit. – Die *degenerativen G.* (Arthropathien) sind v. a. durch Alter, Krankheit oder Überbeanspruchung bedingte Abnützungserscheinungen. Die *Arthrosis deformans* tritt am häufigsten bei Männern nach dem 50. Lebensjahr auf. Zu Anfang besteht eine nervösreflektor. Verspannung durch den Belastungsreiz. Nach Verspannung und Verkrampfung gelenknaher Muskeln, Bewegungsschmerzen sowie Druckschmerzen in den betroffenen Muskeln kommt es zum Abbau der Knorpel- und Knochensubstanz mit sekundärer Knochenwucherung an den Gelenkrändern. Ähnlich ist die im Bereich der Wirbelsäule auftretende *Spondylarthrose* (Spondylosis deformans). Eine v. a. im Kindesalter auftretende chronisch-entzündl. G. als Folge der Infektion eines Gelenks mit Tuberkelbazillen ist die *Gelenktuberkulose.* Sie läuft entweder als feuchte Form mit einem chron. Gelenkerguß ab oder als trockene Form unter spindelförmiger Auftreibung des Gelenks (Gelenkschwamm).

Gelenkfahrzeug, Schienen- oder Straßenfahrzeug aus mehreren, durch spezielle Gelenkkonstruktionen oder Drehgestellanordnungen gelenkig miteinander verbundenen Teilfahrzeugen.

Gelenkflüssigkeit †Gelenk.

Gelenkkapsel †Gelenk.

Gelenkmaus (freier Gelenkkörper, Corpus liberum), bei Gelenkerkrankungen auftretendes, aus Bindegewebe, Knorpel- oder Knochensubstanz bestehendes kleines Gebilde im Innern eines Gelenks, v. a. im Kniegelenk.

Gelenkrheumatismus †Gelenkerkrankungen.

Gelenkschmiere †Gelenk.

Gelenktuberkulose †Gelenkerkrankungen.

Gelenkversteifung, in der *Medizin* Versteifung von Gelenken *(Ankylose),* meist nach Gelenkkrankheiten, v. a. Gelenkrheumatismus.

Gelenkwelle, nichtstarre Antriebswelle.

Gelibolu (früher Gallipoli), Hafenstadt auf der *Halbinsel G.* (zw. dem Golf von Saros und den Dardanellen, im europ. Teil der Türkei; in der Antike *Thrakische Chersones*), 14 700 E. – In der Antike *Kallipolis.* Mit der Eroberung durch die Osmanen 1354 begann der osman. Eroberungszug nach Europa.

Gelieren, durch Geliermittel bewirktes Erstarren bestimmter Flüssigkeiten.

Gelimer, letzter König des afrikan. Vandalenreiches (ab 530); ergab sich im Frühjahr 534 nach zwei Niederlagen (533) gegen Belisar.

Gellert, Christian Fürchtegott, * Hainichen 4. 7. 1715, † Leipzig 13. 12. 1769, dt. Dichter. Seine Fabeln und kom. [Vers]erzählungen gehören zu den volkstümlichsten Dichtungen der Aufklärung; sein Roman »Das Leben der schwed. Gräfin von G. ...« (2 Bde., 1747–48) ist prototypisch für die Literatur der †Empfindsamkeit.

Gell-Mann, Murray [engl. 'gɛl'mæn], * New York 15. 9. 1929, amerikan. Physiker. Stellte das »Quark«-Modell der Elementarteilchen auf; Nobelpreis für Physik 1969.

Gelnhausen, hess. Stadt am S-Abfall des Vogelsberges, 19 000 E. Gummiwarenherstellung, Nukleartechnik. Kaiserpfalz (1180; Verfall ab dem 14. Jh.), frühgot. Marienkirche (Ende des 12. Jh.) mit Wand- und Glasmalereien sowie Lettner (alle Mitte des 13. Jh.), Romanisches Haus (um 1180), Rathaus (14. Jh.), gut erhaltene Stadtbefestigung. – 1123 erstmals erwähnt, von Kaiser Friedrich I. Barbarossa um 1170 als Reichsstadt neu gegr.; Stätte der Reichstage von 1180, 1186 und 1195. Ab 1736/46 bestand die Reichsfreiheit faktisch nicht mehr; 1813 endgültig Kurhessen eingegliedert.

Gelobtes Land, in der jüd. und christl. Tradition das *Land der Verheißung,* svw. Palästina.

Gelon, * Gela etwa 540 v. Chr., † Syrakus 478 v. Chr., Tyrann von Syrakus (ab 485). Besiegte 480 die Karthager bei Himera.

gelöschter Kalk, svw. †Calciumhydroxid.

Gelsenkirchen, Stadt im Ruhrgebiet, NRW, 293 400 E. Hochschulen, Mu-

Christian Fürchtegott Gellert

Murray Gell-Mann

Gelnhausen
Stadtwappen

Gelsenkirchen
Stadtwappen

Gelübde

siktheater, Museen, Ruhr-Zoo, Safaripark, Rennbahnen; Steinkohlenbergbau, Eisen- und Stahl-Ind.; Großbetriebe der Kohle- und Petrochemie, Häfen am Rhein-Herne-Kanal. Reste des Wasserschlosses Horst (1570), Haus Berge (16. Jh.; heute Hotel). – G. entstand 1928 durch Zusammenlegung von G. (Stadt 1875), *Buer* (Stadt 1918) und *Horst* als G.-Buer; G. seit 1930.

Gelübde (Votum), in den *Religionen* ein feierlich Gott oder bei Gott gegebenes Versprechen, in dem sich der Gelobende zu etwas verpflichtet.

GEMA, Abk. für **G**esellschaft für **m**usikal. **A**ufführungsrechte und mechan. Vervielfältigungsrechte, 1933 in Berlin gegr. ↑Verwertungsgesellschaft von Urheberrechten; Sitz Berlin.

Gemarkung, urspr. Markung, Grenze; heute im dt. SW in der Bed. von »Feldmark«, »Gesamtgebiet einer Gemeinde«.

Gemarkungskarten, Katasterkarten (↑Karte).

gemäßigte Zone, Klimagebiet zw. der subtrop. und der subpolaren Zone (zw. den Wende- und den Polarkreisen); Regen zu allen Jahreszeiten.

Gemeinde, 1) in der *Bibel* ↑Ekklesia.
2) (Kirchen-G.) in den *christl. Kirchen* heute die kleinste Einheit kirchl. Gliederung, meist auf regionaler Ebene (Pfarrei, Pfarr-G.).
3) *öffentlich-rechtliche Gebietskörperschaft* mit dem Recht der Selbstverwaltung, d. h. dem Recht, alle Angelegenheiten der örtl. Gemeinschaft im Rahmen der Gesetze in eigener Verantwortung zu regeln.

Gemeindebürgerrecht, mit dem Kantonsbürgerrecht Grundlage des Schweizer Bürgerrechts. Der Erwerb des G. ist eine Voraussetzung der Einbürgerung.

Gemeindehelfer (Gemeindediakon), in den *ev. Kirchen* Bez. für den in der Gemeindepflege tätigen Mann bzw. Frau *(Gemeindehelferin).*

Gemeindekirchenrat (Presbyterium, Kirchengemeinderat, Kirchenvorstand), Organ zur Selbstverwaltung in ev. Kirchen, bestehend aus [gewählten] Ältesten und den Pfarrern einer Gemeinde.

Gemeindeordnungen, Landesgesetze, welche die Stellung, Aufgaben und Rechte der Gemeinden, ihre Verfassung, Verwaltung, Wirtschafts- und Haushaltsführung sowie die Staatsaufsicht über sie regeln.

Gemeinderat, eine vom GG (Art. 28 Abs. 1 GG) vorgeschriebene Volksvertretung in den Gemeinden *(Gemeindevertretung),* die aus allgemeinen, unmittelbaren, freien, gleichen und geheimen Wahlen hervorgehen muß; in den Städten auch *Stadtrat* genannt. Der G. ist das oberste Organ der Willensbildung in der Gemeinde und hat über alle wichtigen Angelegenheiten der Gemeinde (Haushaltsplan, Erlaß von Satzungen u. a.) zu beschließen.

Gemeindereferent (Seelsorgehelfer), in der *kath. Kirche* Beruf mit Fachhochschulstudium; der G. ist in der Glaubensverkündigung, in der Jugend- und Erwachsenenbildung und im karitativen Bereich tätig.

Gemeindeschwester, Krankenschwester, die die ambulante Kranken- und/oder Altenpflege in einer Gemeinde, [Gesamt]kirchengemeinde oder in einem Kommunalverband versieht.

Gemeindesteuern, Steuern, deren Aufkommen nur den Gemeinden zusteht; u. a. Grundsteuer, Vergnügungssteuer, Getränkesteuer und Schankerlaubnissteuer.

Gemeindetag ↑kommunale Spitzenverbände.

Gemeindeverbände, kommunale Gebietskörperschaften mit überörtl. Aufgaben und dem Recht der Selbstverwaltung für den Bereich mehrerer Gemeinden, z. B. die *Ämter* (in NRW, Saarland und Schlesw.-Holst.), die *Samtgemeinden* (in Ndsachs.), die *Verbandsgemeinden* (in Rheinl.-Pf.), die *Landkreise,* die *Bezirke* (in Bayern) und die *Landschaftsverbände* (in NRW). Die Mgl. von G. sind entweder Gemeinden und andere G. (so bei den Landschaftsverbänden) oder die in dem betreffenden Gebiet lebenden Bürger (so bei den Landkreisen).

Gemeindeverfassungsrecht, die Gesamtheit der Rechtsnormen, welche die Verfassung der Gemeinden regeln. Alle Gemeindeordnungen sehen als oberstes Willensbildungsorgan die Bildung einer Gemeindevertretung vor; neben ihr gibt es den Gemeindevorsteher, Bürgermeister, Ersten Bürgermeister, in kreisfreien Gemeinden und großen Kreisstädten Oberbürgermeister genannt, der die Gemeindeverwaltung leitet und die Beschlüsse der Gemeindevertretung ausführt. In manchen Ländern ist zw. Gemeindevertretung und Gemeindevorsteher ein kollegialer *Gemeindevorstand* (Magistrat, Verwaltungsausschuß) eingeschaltet. Die von den Gemeindeorganen zu erfüllenden Aufgaben werden unterteilt in Angelegenheiten des eigenen und Angelegenheiten des übertragenen Wirkungskreises.

gemeine Figuren ↑Wappenkunde.

Gemeineigentum, urspr. das einer Gesamtheit zur gemeinschaftl. Nutzung zustehende Eigentum, bes. im bäuerl. Bereich das gemeinschaftl. Weideland. Im heutigen [Rechts]sprachgebrauch ist G. kollektives, durch Sozialisierung (Verstaatlichung) entstandenes, gemeinwirtschaftlich zu nutzendes Eigentum.

Gemeiner, im dt. Heer bis 1918 Bez. für den einfachen Soldaten.

Gemeiner Pfennig, Bez. für die auf dem Wormser Reichstag 1495 beschlossene allg. unmittelbare Reichssteuer.

gemeiner Wert, Begriff des *Steuerrechts*, der die Bewertung eines Wirtschaftsgutes zum Einzelveräußerungspreis beschreibt, der im gewöhnl. Geschäftsverkehr zu erzielen wäre.

gemeines Recht, allg. geltendes Recht eines Staates, im Ggs. zum bes. *(partikularen)* Recht bestimmter Provinzen oder Personen.

Gemeingebrauch, die jedermann eingeräumte Berechtigung, *öffentliche Sachen* (wie Straßen, Wege, Grünanlagen, Wasserstraßen, Luftraum) ohne bes. Zulassung entsprechend ihrer Zweckbestimmung und ohne Beeinträchtigung anderer unentgeltl. zu benutzen.

gemeingefährliche Straftaten, Sammelbez. für Straftaten wie Brandstiftung, Herbeiführen einer Explosion durch Kernenergie, Gefährdung des Bahn-, Schiffs- und Luftverkehrs, Trunkenheit im Verkehr, unterlassene Hilfeleistung.

Gemeinkosten, Kosten, die sich nicht unmittelbar einer bestimmten Leistung zurechnen lassen; z. B. Abschreibungen, Versicherungen, Transportlöhne.

gemeinnützige Unternehmen, private oder öffentliche, nicht auf Gewinn ausgerichtete Unternehmen, die gemeinnützige, mildtätige und/oder kirchliche Zwecke verfolgen; erhalten steuerliche Vergünstigungen und sind von der Körperschaftsteuer befreit.

gemeinnützige Wohnungsunternehmen, Wohnungsunternehmen, die als jurist. Person betrieben werden und nicht unter dem überwiegenden Einfluß von Angehörigen des Baugewerbes stehen.

Gemeinsamer Ausschuß (Notstandsausschuß, Notparlament), Verfassungsorgan der BR Deutschland, das aus 32 Abg. des Bundestages, die nicht der Bundesregierung angehören dürfen, und aus 16 von den Landesregierungen bestellten von der G. A. weisungsfreien Mgl. des Bundesrates besteht. Im Verteidigungsfall hat er die Stellung von Bundestag und Bundesrat und nimmt deren Rechte einheitlich wahr. Gesetze des G. A. dürfen die Verfassung nicht ändern, suspendieren die im normalen Gesetzgebungsverfahren erlassenen Gesetze nur und treten spätestens sechs Monate nach Beendigung des Verteidigungsfalles außer Kraft.

Gemeinsamer Markt, fälschlich gebrauchte Bez. für ↑Europäische Wirtschaftsgemeinschaft.

Gemeinschaft, 1) *allgemein:* vielseitiger Begriff, bezeichnet u. a. ein festes Verhältnis von Menschen, die auf Grund (historisch gewachsener) religiöser, weltanschaul., polit. oder ideeller Gemeinsamkeiten einander verbunden sind; in der *Politikwiss.* und *Soziologie* wird der Begriff der mehr oder minder homogenen, ein gemeinsames Ziel verfolgenden G. von dem Begriff der Gesellschaft, die aus vielen, oft gegensätzl. Gruppen besteht, unterschieden. **2)** *Recht:* jede privatrechtl. Verbindung von Personen mit gemeinsamen vermögensrechtl. Interessen, z. B. die Zweckgemeinschaft, die Interessengemeinschaft, die eheliche Gütergemeinschaft, die Erbengemeinschaft.

Gemeinschaften Christlichen Lebens, Abk. GCL, seit 1967 unter diesem Namen erneuerte Fortführung der 1563 gegr. kath. *Marianischen Kongregationen:* kirchl. Gemeinschaften (Kleriker und Laien), die sich dem Dienst in Kirche und Welt widmen.

Gemeinschaftsaufgaben, Aufgaben auf bestimmten Gebieten, auf denen der Bund bei der Erfüllung von Aufgaben der Länder mitwirkt, wenn diese Aufga-

Gemeinschaftsbewegung

ben für die Gesamtheit bedeutsam sind und die Mitwirkung des Bundes zur Verbesserung der Lebensverhältnisse erforderlich ist.

Gemeinschaftsbewegung, zusammenfassende Bez. für eine innerprot. Erneuerungsbewegung mit Betonung charismat. Laienarbeit.

Gemeinschaftskunde, gymnasiales Schulfach der Oberstufe, das z. T. die Fächer Geographie, Sozialkunde und Geschichte zusammenfaßt.

Gemeinschaftsschule (früher Simultanschule), im Unterschied zu der konfessionell gebundenen Bekenntnisschule die seit den 1960er Jahren in der BR Deutschland übl. Schulform, die Schüler der verschiedenen Bekenntnisse vereinigt.

Gemeinschaftsteuern, Bez. für die Gesamtheit der Steuern, die Bund und Länder nach Artikel 106 GG gemeinsam zustehen: Lohnsteuer, veranlagte Einkommensteuer, Kapitalertragsteuer, Körperschaftsteuer, Umsatzsteuer (Mehrwertsteuer) und Einfuhrumsatzsteuer.

Gemeinschaft Unabhängiger Staaten, Abk. GUS, am 8. 12. 1991 in Minsk gegr. lockerer Staatenbund zunächst zw. Rußland, der Ukraine und Weißrußland, dem am 21.12. 1991 acht weitere ehem. sowjet. Republiken beitraten und der (1995) Armenien, Aserbaidschan (1992/93 vorübergehend ausgetreten), Georgien (seit 1994), Kasachstan, Kirgistan, Moldawien, Rußland, Tadschikistan, Turkmenistan, Ukraine, Usbekistan und Weißrußland umfaßt. Mit der Bildung der GUS wurde die ↑Sowjetunion offiziell aufgelöst. Die Mgl.staaten verpflichteten sich, die von der Sowjetunion übernommenen internat. Verpflichtungen (v. a. Schuldentilgung, Abrüstungsvereinbarungen) zu erfüllen. Sie einigten sich auf die Einrichtung gemeinsamer Organe (u. a. Rat der Staatsoberhäupter) und ein gemeinsames Oberkommando der strateg. Streitkräfte (1993 aufgelöst). Der zunächst angestrebte Ausbau der GUS auf militär. und wirtschaftl. Gebiet scheiterte jedoch an den Befürchtungen einiger Mgl.staaten vor russ. Dominanz sowie nat. und wirtschaftlich-polit. Spannungen zw. einzelnen Mgl.staaten (z.B. militär. Konflikt zw. Armenien und Aserbaidschan um Bergkarabach; Streit zw. Rußland und der Ukraine um die Schwarzmeerflotte); dies bewirkte eine zunehmende Instabilität der GUS. So konnte ein militär. Beistandspakt im Mai 1992 nur zw. Armenien, Kasachstan, Rußland, Tadschikistan, Turkmenistan und Usbekistan abgeschlossen werden. Auch über die Beibehaltung des Rubels als Währung bestand keine Einigkeit (Einführung eigener Währungen in zahlr. Mgl.staaten).

Gemeinschuldner, derjenige Schuldner [einer Mehrzahl von Gläubigern], über dessen Vermögen der Konkurs stattfindet.

Gemeinwirtschaft, Wirtschaftsform, die das Ziel der volkswirtschaftl. Bedarfsdeckung verfolgt und bei der Festsetzung ihrer Preise für Güter und Dienstleistungen nach dem Prinzip der Kostendeckung verfährt.

Gemenge ↑Gemisch.

Gemengelage (Streulage) ↑Flurformen.

Gemini [lat.] (Zwillinge), Sternbild, ben. nach den Zwillingssternen Castor und Pollux. ↑Sternbilder (Übersicht).

Geminiani, Francesco [italien. dʒemi-'nja:ni], ≈Lucca 5. 12. 1687, † Dublin 17. 9. 1762, italien. Violinist und Komponist. Lebte u. a. in London und Paris; sein Lehrwerk »The art of playing on the violin« (1751) war grundlegend für die moderne Violintechnik.

Geminiden [lat.], ein ekliptikaler Meteorstrom; zw. 5. und 15. Dezember.

Gemini-Programm, zweites Raumfahrprogramm der NASA (1961–66) mit zweisitzigen, teilaktiven Raumkabinen (Orbitalmasse: 3560 kg) als Vorbereitung auf die Apollo-Flüge.

Gemisch (Mischung), eine Substanz, die sich durch physikal. Trennmethoden in ihre Bestandteile (Komponenten) zerlegen läßt. *Homogene G.* bestehen aus nur einer Phase (z. B. Flüssigkeits-G., Lösungen), *heterogene G. (Gemenge)* aus mehreren (z. B. Suspensionen).

gemischte Stimmen, Orgelregister (Mixtur, Kornett u. a.), die aus mehreren Aliquotstimmen zusammengesetzt sind.

gemischtwirtschaftliche Unternehmen, privatrechtl. Unternehmen, deren Eigenkapital sowohl durch öffentl. Körperschaften als auch durch Privatpersonen aufgebracht wird und an deren Leitung beide Bereiche beteiligt sind; finden sich v. a. in der Energieversorgung und im Verkehrswesen.

Gemme [lat.-italien.] ↑Steinschneidekunst.

Gemse (Gams), etwa ziegengroße Art der Horntiere (Unter-Fam. Ziegenartige) in den Hochgebirgen Europas (mit Ausnahme des N) und SW-Asiens, eingebürgert auch in europ. Mittelgebirgen (z. B. im Schwarzwald und Erzgebirge) und in Neuseeland; Körperlänge etwa 1,1–1,3 m, Schulterhöhe etwa 70–85 cm, Gewicht bis 60 kg; die bes. verlängerten Haare auf Widerrist und Kruppe liefern den *Gamsbart*; ♂ und ♀ mit hakenartig nach hinten gekrümmtem Gehörn *(Krucken, Krickel, Krückel)*; die spreizbaren, hart- und scharfrandigen Hufe mit einer elast. Sohlenfläche passen sich gut dem Gelände an; lebt in Rudeln.

Gemswurz (Gamswurz), Gatt. der Korbblütler mit etwa 35 Arten in Europa und Asien, v. a. in Mittel- und Hochgebirgen; viele Arten sind beliebte, gelbblühende Zierpflanzen.

Gemswurz

Gemüse, pflanzl. Nahrungsmittel (mit Ausnahme des Obstes und der Grundnahrungsmittel Getreide und Kartoffel), die roh oder nach bes. Zubereitung der menschl. Ernährung dienen. Man unterscheidet: *Wurzel- und Knollen-G.* (Kohlrabi, Rettich, Radieschen, Rote Rübe), *Blatt- und Stiel-G.* (Spinat, Rhabarber), *Frucht-G.* (Erbse, Tomate, Gurke), *Kohl-G.* (Weißkohl, Rosenkohl, Blumenkohl).

Gemüsekohl (Brassica oleracea), zweijähriger bis ausdauernder (als Kulturform auch einjähriger) Kreuzblütler; wild wachsend an Strandfelsen; bis 3 m hohe Pflanze. – Der G. ist eine alte Kulturpflanze mit zahlr. Kulturformen, die sich in folgende morpholog. Gruppen unterteilen lassen: *Stammkohl* (z. B. Kohlrabi); *Blätterkohl* (Blattkohl, Grünkohl); *Kopfkohl*; *Infloreszenzkohl* (z. B. Blumenkohl, Spargelkohl).

Gemüt, Begriff, der im Unterschied zu den intellektuellen Funktionen die emotionalen Seiten des Menschen bezeichnet (z. B. Stimmungen, Affekte, Gefühle, Leidenschaften).

Gemütskrankheiten, Bez. für seelische Krankheiten; z. B. Depression.

Gen [griech.] (Erbeinheit, Erbanlage), urspr. die letzte, unteilbare, zur Selbstverdopplung (Autoreduplikation) befähigte Einheit der Erbinformation. Die Gesamtheit aller Gene eines Organismus wird als *Genom* bezeichnet. Ein G. bestimmt die Ausbildung eines bestimmten Merkmals. Gene sind in Chromosomen angeordnet. Die alternativen Formen eines Gens, die an einem bestimmten Chromosomenort sitzen, werden *Allele* genannt. Durch Mutation können neue Allele entstehen. – Die mit der steigenden Zahl von bekannten G. entdeckten Einschränkungen der freien Kombinierbarkeit untereinander (bei den sog. *gekoppelten G.*) führten zur Aufstellung von *Kopplungsgruppen* als G.zusammenschlüssen *(G.kopplung).* Trotzdem kommt es aber auch zw. (homologen) Kopplungsgruppen zu einem gegenseitigen Austausch von Genen *(Cross-over).* Die Kopplungsgruppen wurden mit den mikroskopisch erkennbaren Chromosomen identifiziert, die G. selbst mit den Chrome-

Gemse

...**gen**

ren gleichgesetzt. – Die *Molekulargenetik* definiert das G. als einen einzelnen Abschnitt auf einem viele G. umfassenden Nukleinsäuremolekül; es enthält die genet. Information für die Bildung eines einheitl., vollständigen G.produktes (meist ein Protein bzw. eine Polypeptidkette). Damit ist die Definition beibehalten worden, daß das G. die Einheit der genet. Funktion (Einheit der Merkmalausbildung) darstellt.

...gen [griech.], Nachsilbe mit der Bedeutung »erzeugend, bildend; erzeugt«, z. B. anthropogen.

Genaustausch, svw. ↑Faktorenaustausch.

Genbank, Einrichtung zur Sammlung, Erhaltung und Nutzung des Genmaterials bestimmter Pflanzen- und Tierarten.

Gendarmerie [ʒa-; aus frz. gens d'armes »bewaffnete Männer«], urspr. im MA in der Leibgarde der frz. Könige dienende Edelleute, 1445–1789 eine schwere Reitertruppe; bis 1809 in Deutschland eine militärisch organisierte Polizei auf dem Lande (Land-G.). In Preußen unterstanden die *Gendarmen* bis 1919 hinsichtlich der polizeil. Aufgaben dem Min. des Innern, 1919–34 als *Landjäger* den Polizeibehörden.

In der BR Deutschland wird die Bez. nicht mehr geführt, in der frz.sprachigen Schweiz nur inoffiziell. In Österreich gibt es die Bundes-G., in den Ländern Landesgendameriekommandos, in jeder Gemeinde ein G.-Postenkommando, die nur auf Verlangen der Gerichte und Staatsanwaltschaften tätig werden und außerhalb des Bereiches der Polizei für öffentl. Ordnung und Sicherheit sorgen.

Genealogie [griech.] (Ahnenforschung, Geschlechterkunde), Lehre von der Herkunft und den Verwandtschaftsverhältnissen von Personen oder Familien. Genealog. Sachverhalte werden meist in tabellar. Übersichten dargestellt.

genehmigtes Kapital, der Betrag, um den der Vorstand einer Aktiengesellschaft das Grundkapital durch Ausgabe neuer Aktien erhöhen kann.

Genehmigung, 1) die nachträgl. [d. h. nach dem Abschluß eines zustimmungsbedürftigen Rechtsgeschäfts erteilte] und unwiderrufl. Zustimmung.

2) die [vor oder nach Geschäftsabschluß erteilte] behördl. Zustimmung zu einem Privatrechtsgeschäft sowie die behördl. Erlaubnis.

geneigte Ebene (früher unexakt: schiefe Ebene), eine um den Winkel a (Neigungswinkel) gegen die Horizontale geneigte Fläche. Ein auf ihr befindl. Körper mit der Gewichtskraft G erfährt eine senkrecht zur g. E. gerichtete *Normalkraft* $N = G \cos a$ und eine parallel zur g. E. nach unten gerichtete *Hangabtriebskraft* $H = G \sin a$.

General [lat.], seit dem 18. Jh. in zahlr. Streitkräften Angehöriger der Dienstgradgruppe »Generale«.

In Deutschland wurde die Bez. ab dem 16. Jh. in Verbindungen wie G.-Feldoberst, dann in der selbständigen Form G., ab dem 17. Jh. auch für die Führer einzelner Truppengattungen verwendet. Entsprechend der übl. Dreiteilung der Befehlsstufen (Befehlshaber–Stellvertreter–Wachtmeister) bildete sich im 16./17. Jh. die Hierarchie G.–G.-Leutnant–G.-Wachtmeister heraus. Der G.-Wachtmeister wurde zum G.-Major, als für die Stufe Wachtmeister ab der Ebene Regiment die Bez. Major üblich wurde. Mit der Herausbildung eines festen Dienstgradsystems wurde der G.-Oberst zum höchsten militär. Dienstgrad. Kommandierende G. standen an der Spitze von Korps, G.-Leutnante waren Divisionskommandeure. In der Bundeswehr wurde in Angleichung an die NATO-Streitkräfte der Rang Brigade-G. als unterster G.-Dienstgrad eingeführt. Der Dienstgrad G. (Viersterne-G.) ist an bestimmte militär. Spitzendienstposten gebunden.

General... [lat.], Bestimmungswort von Zusammensetzungen mit der Bedeutung »Haupt..., Oberst..., Allgemein...«.

Generalabsolution, in der *kath. Kirche* die sakramentale Lossprechung von Sünden ohne vorhergehendes persönliches Schuldbekenntnis (z. B. in Todesgefahr).

General Agreement on Tariffs and Trade [engl. ˈdʒɛnərəl əˈgriːmənt ɔn ˈtærɪfs ənd ˈtreɪd] ↑GATT.

Generalanzeiger, Bestandteil im Titel dt. Zeitungen, zugleich dt. Zeitungstyp v. a. zw. 1870 und 1914; wichtigste Merkmale: Finanzierung v. a. über Anzeigeneinnahmen; Bevorzugung der Nachricht gegenüber der Parteinahme, Betonung von Unterhaltung und Belehrung, Ausgestaltung insbes. des regionalen Teils.

Generalbaß (italien. Basso continuo), in der Musik des 17./18. Jh. die der Komposition zugrundeliegende instrumentale Baßstimme, nach der bei der Aufführung auf einem oder mehreren Akkordinstrumenten (Orgel, Cembalo, Laute), die häufig von tiefen Streich- oder Blasinstrumenten verstärkt werden, eine mehrstimmige G.*begleitung* zu spielen ist. In der Regel ist der G. »beziffert«, d. h., die Klänge sind durch die dem notierten Baßton zugefügten Ziffern, die die Intervalle angeben, festgelegt.

Generalbaß. Unten: notierte Stimme ♦ Oben: mögliche Ausführung

Generalbundesanwalt ↑Bundesanwaltschaft.

General Electric Company [engl. 'dʒenərəl ɪ'lektrɪk 'kʌmpənɪ], größter Elektrokonzern der Welt; Sitz New York; entstanden 1892 durch Fusion der *Edison General Electric Co.* (gegr. 1878) und der *Thomson-Houston Electric Co.*

Generalgouvernement, Bezeichnung für das Restgebiet Polens nach der dt. und sowjet. Besetzung 1939 und der Abtretung großer Gebiete an Deutschland und die UdSSR. ↑Polen (Geschichte).

Generalgouverneur, urspr. Gouverneur mit militär. Befehlsgewalt; dann auch oberster Verwaltungsbeamter, der einem größeren, aus mehreren Gouvernements gebildeten Gebiet *(Generalgouvernement)* vorsteht; in mehreren Staaten des Commonwealth Vertreter der brit. Krone.

Generalić, Ivan [serbokroat. gɛnɛ'ralitɕ], *Hlebine bei Koprivnica 21. 12. 1914; kroat. naiver Maler. Malt in klaren Farben Öl- und v. a. Hinterglasbilder mit Szenen aus dem Dorfleben, Landschaften, Blumen und Tiere, auch traumhaft-phantast. Szenen.

Generalinspekteur der Bundeswehr, Dienststellungsbez. für den ranghöchsten Soldaten der ↑Bundeswehr; unmittelbar dem Verteidigungs-Min. nachgeordnete ministerielle Instanz für die Gesamtkonzeption der militär. Verteidigung; militär. Berater des Verteidigungs-Min. und der Bundesregierung; Vors. des Militär. Führungsrates.

Generalisierung [lat.], in der *Logik* und *Wissenschaftstheorie* ein Verfahren, aus einer Allaussage durch Wahl eines generellen Subjektbegriffs eine neue Allaussage zu gewinnen, z. B. ist »alle Menschen sind eigensinnig« eine G. von »alle Kinder sind eigensinnig«.

Generalissimus [lat.-italien.], Oberstkommandierender, früher in einigen Staaten höchster militär. Dienstgrad; Titel Stalins und Francos.

Generalität [lat.], die Gesamtheit der Generale eines Staates.

Generalkapitän, militär. Oberbefehlshaber; in Spanien ab dem 16. Jh. zur Sicherung exponierter Gebiete in Amerika und zur militär. Kontrolle des Mutterlandes. Heute in Spanien der kommandierende General eines Militärbezirks.

Generalklausel, Gesetzesbestimmung, welche die von ihr erfaßten Sachverhalte nicht abschließend aufzählt, sondern nur abstrakt umschreibt; z. B. das Prinzip von *Treu und Glauben.*

General Motors Corporation [engl. 'dʒenərəl 'məʊtəz kɔːpə'reɪʃən], Abk. GMC (auch GM), Kraftfahrzeug- und Industriekonzern; gegr. 1908, Sitz Detroit (Mich.). Neben Kfz baut GMC Dieselmotoren, Lokomotiven, Baumaschinen, elektron. Bauteile, militär. Flugkörper. Mit Electronic Data Systems Corp. besitzt GMC eines der bedeutendsten Softwareunternehmen der Erde.

Generaloberer, der höchste Obere einer kath. Ordensgemeinschaft.

Generalpächter, Bez. für die Hauptpächter von Zöllen, Monopolen und anderen Steuern, v. a. in Frankreich (Anfang des 17. Jh. bis 1790).

Generalpause, Abk. G. P., in der Musik gemeinsame Pause aller Stimmen.

Generalquartiermeister, Führungsgehilfe von Oberkommandierenden; im

Generalsekretär

Großen Generalstab der preuß. Armee Dienststellung unterhalb des Chefs des Generalstabes, z. B. E. Ludendorff (1916 bis 1918) und W. Groener (1918/19).

Generalsekretär, oberster Geschäftsführer von Parteien, Verbänden sowie internat. Organisationen (z. B. UN, NATO); in kommunist. Parteien (häufig auch *Erster Sekretär* gen.) der eigtl. Parteiführer.

Generalstaaten (niederl. Staten-Generaal), urspr. eine gemeinsame Vertretung der Stände mehrerer Territorien eines Landesherrn (in den Niederlanden erstmals 1464). 1588 Bez. für die von Spanien abgefallenen niederländ. Prov., seit 1814 für das niederländ. Parlament.

Generalstaatsanwalt ↑Staatsanwaltschaft.

Generalstab, Einrichtung in nahezu allen Armeen der Welt zur Vorbereitung und Durchführung militär. Operationen, bestehend aus ausgewählten und eigens ausgebildeten Offizieren, die als Gehilfen der Befehlshaber fungieren. Die Bundeswehr besitzt keinen G., sie kennt nur Offiziere im G.dienst. – Nach dem 1. Weltkrieg traten in den verschiedenen Staaten neben die Generalstäbe des Heeres und der Marine solche der Luftwaffe sowie diesen übergeordnete Generalstäbe wie die Joint Chiefs of Staff in den USA. Parallel zum G. bestand in Deutschland bis 1918 ein *Admiralstab* der Marine als deren oberster Führungsstab.

Generalstabsdienst, Summe der Dienststellungen, in denen in der Bundeswehr bes. ausgebildete Offiziere im Verteidigungsministerium, in Kommandobehörden und in Truppenstäben Dienst tun.

Generalstabskarte ↑Karte.

Generalstände (frz. États généraux), **1)** Versammlung von Vertretern der drei Stände des Adels, der Geistlichkeit und städt. Körperschaften im frz. Kgr.; 1614 durch das absolutist. Königtum ausgeschaltet. Ihre Wiederberufung 1789 führte zur Frz. Revolution.

2) ↑Generalstaaten.

Generalstreik ↑Streik.

Generalsuperintendent, in den *ev. Kirchen* Deutschlands seit der Reformation Titel leitender geistl. Amtsträger.

Generalversammlung ↑Genossenschaft.

Generalvikar (Vicarius generalis), in der *röm.-kath. Kirche* der ständige Vertreter des Diözesanbischofs für den Bereich der allg. Diözesanverwaltung; wird vom Diözesanbischof frei ernannt und abgesetzt.

Generation [lat.], **1)** Gesamtheit aller annähernd gleichaltrigen Individuen einer Art; bes. beim Menschen werden in der G.folge unterschieden: Großeltern, Eltern, Kinder, Enkel.

2) *Soziologie:* die Gesamtheit der Altersgruppen, die ähnl. kulturelle und soziale Orientierungen, Einstellungen und Verhaltensmuster aufweisen und sich dadurch von anderen Altersgruppen abheben.

3) *Biologie:* in bezug auf den ↑Generationswechsel jede der beiden Entwicklungs- oder Fortpflanzungsphasen (geschlechtl. G., ungeschlechtl. G.) eines Organismus.

Generationswechsel, Wechsel zw. geschlechtl. und ungeschlechtl. Fortpflanzungsweisen bei Pflanzen und Tieren im Verlauf von zwei oder mehreren Generationen, häufig mit Gestaltwechsel (Generationsdimorphismus) verbunden.

generative Grammatik (heute meist generative Transformationsgrammatik, Abk.: TG), auf N. Chomsky zurückgehende Grammatiktheorie, die erklären will, auf welche Weise es dem Menschen möglich ist, mit einer endl. Menge von Regeln eine unendl. Menge von Sätzen hervorzubringen und zu verstehen.

Generator [lat.], **1)** *Elektrotechnik:* eine Maschine, in der mit Hilfe der elektromagnet. Induktion mechan. Energie in elektr. Energie umgewandelt wird. Das geschieht z. B. durch Drehen einer Spule in einem Magnetfeld *(Außenpolmaschine)* oder durch Drehung eines [Elektro]magneten um eine feststehende Spule *(Innenpolmaschine).* Primär wird dabei stets eine Wechselspannung erzeugt.

2) *Elektrik:* ↑Bandgenerator.

3) (Gas-G.) schachtofenartiger Apparat, in dem aus festen Brennstoffen bei Luftzufuhr *G.gas* (Kraftgas, Luftgas) entsteht; enthält neben Stickstoff und Kohlendioxid etwa 25% Kohlenmonoxid und etwa 15% Wasserdampf; bei Zumischung von Wasserdampf entsteht *Wassergas.*

genetische Beratung

Generator 1). Blick in den wassergekühlten Ständer eines Kraftwerkgenerators bei der Montage der Ständerwicklung

Jean Genet

4) *EDV:* (Programm-G.) ein Grundprogramm, das aufgabenspezif. Programme aufstellen *(generieren)* kann.

generell [lat.], allgemein, allgemeingültig.

generös [lat.-frz.], großmütig, großzügig.

Genese (Genesis) [griech.], Entstehung, Entwicklung.

Genesis [griech. »Schöpfung«], griech.-lat. Bez. für das 1. Buch Moses, erstes Buch des Pentateuchs und der Bibel überhaupt; Abk. 1. Mos. oder Gen. (Gn). Es gliedert sich in zwei Hauptteile: die Urgeschichte (z. B. Schöpfung, Paradies und Sündenfall) und die Geschichte der Erzväter Abraham, Isaak und Jakob, Josephs und seiner Brüder. Die *Altsächs. G.,* ein um 830 verfaßtes Epos in Stabreimversen, ist neben dem »Heliand« das bedeutendste Denkmal in altsächs. Sprache.

Genesis [engl. ˈdʒenəzıs], 1966 gegr. brit. Rockmusikgruppe; bekannt durch literarisch eigenwillige, surrealist. Songs ihres Sängers Peter Gabriel (*1950); nach dessen Ausscheiden 1975 musikal. Kommerzialisierung unter P. Collins.

Genet, Jean [frz. ʒəˈnɛ], *Paris 19. 12. 1910, †ebd. 15. 4. 1986, frz. Schriftsteller. Fremdenlegionär, Landstreicher, zahlr. Gefängnisstrafen, lebenslängl. Haft; auf Fürsprache von Sartre, Cocteau und Picasso begnadigt. Sein 1942 im Gefängnis entstandener Roman »Notre-Dame-des-fleurs« (1944) nimmt bereits das für die späteren Werke bed. Motiv »Homosexualität und Verbrechen« auf. – *Weitere Werke:* Wunder der Rose (R., 1946), Querelle (R., 1947, verfilmt 1982 von R.W. Fassbinder), Die Zofen (Dr., 1948), Der Balkon (Dr., 1956), Die Neger (Dr., 1959), Wände überall (Dr., 1961).

Genetik [griech.] (Vererbungslehre, Erbkunde, Erbbiologie, Erblehre), Teilgebiet der Biologie. Die *klass.* G. befaßt sich vorwiegend mit den formalen Gesetzmäßigkeiten (z. B. nach den Mendel-Regeln) der Vererbungsgänge. Die *Molekular-G.* erforscht die Phänomene der Vererbung im Bereich der Nukleinsäuren, die die Träger der †genetischen Information sind.

genetisch, die Entstehung bzw. Entwicklung der Lebewesen (im Sinne der Genetik) betreffend; entwicklungsgeschichtlich, erblich bedingt.

genetische Beratung, v. a. bei einer biolog. Eheberatung die Untersuchung und Berechnung der Wahrscheinlichkeit (in Form einer Erbdiagnose), daß Kinder mit genetisch bedingten An-

1217

genetische Information

genetischer Code. A Adenin, C Cytosin, G Guanin, U Uracil; das Schema wird von innen nach außen gelesen; zum Beispiel steuert das Triplett UGG (Innenfeld) den Einbau von Tryptophan (äußeres Feld) bei der Proteinsynthese

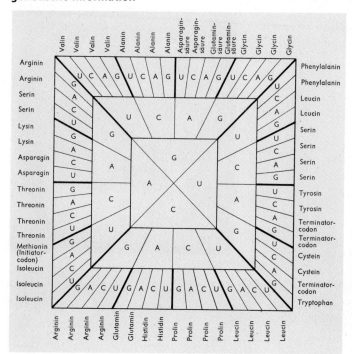

omalien (Erbkrankheiten) zur Welt kommen könnten.

genetische Information, Gesamtheit der Baupläne (bzw. Teile davon) für alle Moleküle, die in einer Zelle synthetisiert werden können. Materieller Träger der g. I. ist das Genom bzw. das genetische Material (in den meisten Fällen die doppelsträngige DNS). Jeder einzelne der beiden Stränge eines DNS-Moleküls enthält bereits die vollständige g. I. des Moleküls, der zweite Strang ist als sein komplementärer Gegenstrang bereits durch den ersten vollständig festgelegt. Die identische Verdopplung der g. I. ist die Grundlage des Vererbungsvorgangs. Die Realisierung der g. I. in einer Zelle erfolgt unter dem Einfluß der Umwelt, durch spezifische Enzyme und in der abschnittsweisen Synthese von Messenger(Boten)-RNS-Molekülen, die ihrerseits als Matrize für die Proteinsynthese dienen.

genetischer Code [-'ko:t] (genet. Alphabet, Schlüssel für die Übertragung genet. Information von den Nukleinsäuren (DNS, RNS) auf die Proteine bei der †Proteinbiosynthese. Der g. C. ist universell, d. h. die Nukleotidsequenzen, die für eine bestimmte Aminosäure kodieren, sind für alle Lebewesen gleich. Drei unmittelbar benachbarte Nukleotide kodieren für eine Aminosäure – es liegt also ein *Triplettcode* vor. Bei insgesamt $4^3 = 64$ mögl. Tripletts und nur 20 korrespondierenden Aminosäuren entsprechen häufig mehrere (bis zu sechs) Tripletts einer einzelnen Aminosäure. Drei der 64 Tripletts entsprechen keiner der Aminosäuren, sondern steuern (als *Terminatorcodon*) den Abbruch der Proteinsynthese und das Freisetzen der fertigen Polypeptidkette vom Ribosom. Eines der Codons steuert zugleich mit der Aminosäure Methionin den Beginn der Proteinsynthese *(Initiatorcodon).*

Genfer Konferenzen

Genève [frz. ʒəˈnɛːv], frz. für ↑Genf.
Genever [ʒeˈneːvər, ʒəˈn...; geˈn...; lat.-frz.], niederl. Wacholderbranntwein.
Genezareth, See (See von Tiberias, Galiläisches Meer, hebr. Yam Kinnereth, arab. Bahr et-Tabaije), vom Jordan durchflossener Süßwassersee in N-Israel, etwa 170 km^2, Seespiegel 209 m u. M.; ein Großteil des Wassers wird für Bewässerungszwecke genutzt.
Genf (frz. Genève), **1)** Hauptstadt des schweizer. Kt. Genf, am Ausfluß der Rhone aus dem Genfer See, 169 600 E. Univ., mehrere Hochschulen, Staatsarchiv, Theater, Museen, Observatorium, botan. Garten, Sitz zahlr. internat. Organisationen, u. a. Inter-nat. Arbeitsorganisation, Weltgesundheitsorganisation, Welthandelsorganisation, Internat. Komitee vom Roten Kreuz, Ökumen. Rat der Kirchen, Luther. Weltbund; nw. von G. in Meyrin die Forschungsstätten der CERN. Bank-, Handels- (Messen und Ausstellungen) und Verkehrszentrum. U. a. Herstellung von Lokomotiven, Turbinen, Nähmaschinen, Uhren, Präzisionsgeräten; Verlage.
Stadtbild: Frühgotische Kathedrale Saint-Pierre (12./13. Jh.) mit Fassade des 18. Jh.; Moschee (1978); Akademie (1559–63), Rathaus (16./17. Jh.), Reformationsdenkmal (1909–17), Palais des Nations (1930 ff.).

Geschichte: Ehem. Hauptstadt der kelt. Allobroger *Genava*; um 400 erstmals Bischofssitz; 443–461 Hauptstadt des Kgr. Burgund; 534 fränk.; nach 887 zum neuen Kgr. Burgund (Hochburgund); 1124–1534 unter Herrschaft der Bischöfe, die sich gegen die Grafen von Genevois durchsetzten. Calvin machte nach 1536 aus G. die reformierte Hochburg. 1798–1814 von Frankreich annektiert, seit 1815 Mgl. der Eidgenossenschaft; 1920–46 Sitz des Völkerbundes. **2)** Kt. in der W-Schweiz, umfaßt das Hügelland um den sw. Teil des Genfer Sees, 246 km^2, 383 900 E, Hauptstadt Genf. U. a. Weinbau, Fremdenverkehr.
Genfer Abkommen, svw. ↑Genfer Konventionen.
Genfer Katechismus, Bez. für zwei Schriften Calvins: 1. Katechismus von 1537 *(Genfer Bekenntnis);* 2. Katalog von 373 Fragen und Antworten, in der für die ref. Kirchen richtungweisenden Reihenfolge: Glaube–Gesetz; gilt in den ref. Kirchen als Bekenntnisschrift.
Genfer Konferenzen, internat. Verhandlungen in Genf mit unterschiedl. Zusammensetzungen und Zielsetzungen, u. a.:
Genfer Abrüstungskonferenz (1932 bis 34/35): Die Forderungen Frankreichs nach kollektiver Sicherheit (keine Abrüstung, frz. Übergewicht) und Deutschlands nach dt. Gleichberechtigung (dt.

Genf 1)
Stadtwappen

Genf 1).
Blick auf das Stadtzentrum mit dem Ausfluß der Rhone aus dem Genfer See

Genfer Konventionen

Aufrüstung und dt. Übergewicht) endeten ergebnislos.

Genfer Indochina-Konferenz (26. 4. bis 21. 7. 1954): Ziel war die Beendigung des Vietnamkriegs. Für Vietnam wurde eine Demarkationslinie nahe dem 17. Breitengrad festgelegt, die jedoch keine polit. Grenze sein sollte. Die vietnam. Regierungstruppen sollten sich in die südl., der Vietminh in die nördl. Zone zurückziehen. Die Vereinbarungen führten zu keiner Befriedung.

Genfer Gipfelkonferenz (18.–23. 7. 1955): D. D. Eisenhower, N. Bulganin (begleitet von N. Chruschtschow), A. Eden und E. Faure trafen sich mit dem Ziel einer weltpolit. Entspannung nach Aufnahme der BR Deutschland in die NATO und die WEU.

Genfer Außenministerkonferenz (11. 5. bis 20. 6. und 13. 7.–5. 8. 1959): Das durch das sowjet. Berlin-Ultimatum vom 27. 11. 1958 veranlaßte Treffen, an dem die USA, die UdSSR, Großbrit., Frankreich sowie beratend die BR Deutschland und die DDR beteiligt waren, blieb ergebnislos.

Genfer Laos-Konferenz (16. 5. 1961 bis 23. 7. 1962): Ziel war die Beendigung des Laos-Konflikts und der ausländ. Einmischung (bes. der USA, der UdSSR und Nord-Vietnams) in Laos. Im Schlußprotokoll erklärte Laos seine Neutralität. Die anderen Konferenzteilnehmer verpflichteten sich zur Respektierung der laot. Neutralität, Souveränität und Integrität.

Genfer Abrüstungskonferenz der 18 Mächte (1962–69): Die mit der umfassenden Erörterung des Abrüstungsproblems betraute Konferenz setzte sich aus je fünf Staaten der NATO (USA, Großbrit., Italien, Kanada; Frankreich nahm seinen Sitz nicht ein) und des Warschauer Paktes (UdSSR, Bulgarien, ČSSR, Polen, Rumänien) sowie aus acht blockfreien Ländern (Ägypten, Äthiopien, Birma, Brasilien, Indien, Mexiko, Nigeria, Schweden) zusammen; 1969 wurde sie eine Institution der UN *(Abrüstungsausschuß der Vereinten Nationen)* mit 26 Mgl. (zusätzlich: Argentinien, Japan, Jugoslawien, Marokko, Mongolei, Niederlande, Pakistan, Ungarn). Sie verabschiedete 1967 den Weltraumvertrag, 1968 den Kernwaffensperrvertrag, 1971 den Meeresbodenvertrag und 1972 das B-Waffen-Übereinkommen.

Genfer Nahost-Friedenskonferenz (1973/74): Ziel war die Beendigung des israelisch-arab. Kriegs; wurde 1974 vertagt.

Amerikanisch-sowjetische Abrüstungsverhandlungen: 1. über nukleare Mittelstreckenwaffen (↑INF; 1981–83); 2. über strateg. Rüstungen (↑START; 1982/83); 3. Wiederaufnahme des abgebrochenen INF- und START-Dialogs und Gespräche über Rüstungskontrolle im Weltraum (ab 1985; Unterzeichnung des amerikan.-sowjet. INF-Abkommens 1987 in Washington, des Vertrags über die konventionellen Streitkräfte in Europa 1990 in Paris und der START-Vereinbarungen 1991 in Moskau).

Genfer Konventionen (Genfer Abkommen, Genfer Übereinkommen), die zahlr. multilateralen, in Genf geschlossenen völkerrechtl. Verträge, insbes.: die [vier] *Genfer Abkommen zum Schutz der Kriegsopfer* vom 12. 8. 1949 (in der dt. Gesetzessprache *Genfer Rotkreuz-Abkommen* genannt) mit folgenden Einzelabkommen: 1. Das Genfer Abkommen zur Verbesserung des Loses der Verwundeten und Kranken der Streitkräfte im Felde; 2. das Genfer Abkommen zur Verbesserung des Loses der Verwundeten, Kranken und Schiffbrüchigen der Streitkräfte zur See; 3. das Genfer Abkommen über die Behandlung der Kriegsgefangenen; 4. das Genfer Abkommen zum Schutze von Zivilpersonen in Kriegszeiten. Vorläufer war die am 22. 8. 1864 durch 16 Staaten (Deutschland: Baden, Hessen, Sachsen, Preußen und Württemberg) beschlossene *Konvention zur Verbesserung des Loses der verwundeten Soldaten der Armeen im Felde,* angeregt durch die von H. Dunant veröffentlichte Schrift »Un souvenir de Solférino« (1862); deren Neufassung von 1906 wurde ersetzt durch die *Genfer Konvention* vom 27. 7. 1929, durch die das ↑Rote Kreuz als internat. Organisation zum Schutz der Verwundeten und Kriegsgefangenen völkerrechtl. Sicherung erlangte. Die Abkommen gelangen zur Anwendung, sobald ein bewaffneter Konflikt zw. zwei oder mehreren Vertragsparteien ausbricht. Eine weitere wichtige G. K. ist das *Abkommen über die Rechtsstellung der Flüchtlinge* (Genfer Flüchtlingsabkommen) vom 28. 7. 1951.

Genfer Protokoll, 1) von der Völkerbundsversammlung am 2. 10. 1924 beschlossene Empfehlung zur friedlichen Regelung internat. Streitigkeiten zum Schutz des Weltfriedens und zur Ächtung des Angriffskriegs als »internat. Verbrechen«. Da die brit. (konservative) Regierung Baldwin nicht unterzeichnete, konnte das G. P. nicht verwirklicht werden.
2) internat. Abkommen vom 17. 7. 1925 über das Verbot von erstickenden, giftigen oder ähnl. Gasen sowie von bakteriolog. Mitteln im Krieg.

Genfer See (frz. Lac Léman), von der Rhone durchflossener sichelförmiger See am S-Rand des Schweizer Mittellandes; 581 km² (Schweiz und Frankreich).

Genfer Übereinkommen ↑Genfer Konventionen.

Gengenbach, Stadt im Kinzigtal, Bad.-Württ., 10600 E. Museum; Holz- und Papierind. – Kirche der ehem. Benediktinerabtei (gegr. im frühen 8.Jh.), ehem. Klosterbauten (1693–1702/03). – 1230 Stadtrecht, 1360 Reichsstadt.

Genialität [lat.], geistige Schöpferkraft.

Genick, von den beiden ersten Wirbeln gebildetes Gelenk beim Menschen und bei den Reptilien, Vögeln, Säugetieren, das eine meist ausgeprägte Beweglichkeit des Kopfes gegen den Rumpf ermöglicht; im allg. Sprachgebrauch meist svw. Nacken.

Genickstarre, svw. epidem. ↑Gehirnhautentzündung.

Genie [ʒeˈniː; frz.], Mensch von überragender schöpferischer Begabung.

genital [lat.], die Geschlechtsorgane betreffend.

genitale Phase, nach S. Freud die mit der Pubertät beginnende Stufe der menschl. Sexualentwicklung, die der phallischen Phase folgt und durch den Geschlechtstrieb bestimmt ist.

Genitalien (Genitalorgane) [lat.], svw. ↑Geschlechtsorgane.

Genitiv [lat.], zweiter Fall in der Deklination, in dem das Objekt bestimmter intransitiver Verben, bestimmte substantivist. Attribute und bestimmte adverbiale Fügungen stehen.

Genitschesk, Straße von [russ. gɪˈnitʃisk] ↑Asowsches Meer.

Genossenschaft

Genius [lat.], in der *röm. Religion* die dem Mann innewohnende göttl. Kraft, die sich speziell auf seine Zeugungsfähigkeit bezieht.

Gennes, Pierre-Gilles de [frz. 'ʒen], *Paris 24. 10. 1932, frz. Physiker. Erhielt für die Entdeckung, daß Methoden zur Beschreibung der Ordnung in einfachen Systemen auch für kompliziertere Formen von Materie gelten, 1991 den Nobelpreis für Physik.

Genom [griech.] ↑Gen.

Genosse, 1) Teilhaber, Mitgenießer an irgendwelchen Sachen oder Rechten, Mitglied einer Genossenschaft.
2) Bez. und Anrede für Mgl. sozialist. Parteien.

Genossenschaft (eingetragene G.), in der *Wirtschaft* eine Gesellschaft mit unbegrenzter Mitgliederzahl, die die wirtschaftl. Förderung ihrer Mgl. mittels gemeinschaftl. Geschäftsbetriebes bezweckt und in das Genossenschaftsregister eingetragen ist. Die G. ist jurist. Person, also eine rechtsfähige Gesellschaft, und körperschaftlich organisiert (mit Satzung, Organen und eigenem Namen). Sie wird als Vollkaufmann behandelt, obwohl sie kein [auf Gewinnerzielung gerichtetes] Gewerbe betreibt, sondern in erster Linie dazu dient, ihre Mgl. zu unterstützen, z. B. durch Gewährung von Krediten, durch gemeinsamen Verkauf, Herstellung und Veräußerung von Waren, Errichtung von Bauten. Rechtl. Grundlage ist das G.gesetz (GenG) vom 20. 5. 1898, grundlegend geändert durch ein Bundesgesetz vom 9. 10. 1973. Rechtsform der G. ist seitdem die eingetragene G. (Abk. e. G.). – Die G. haftet im Falle des Konkurses nur mit ihrem Vermögen. Die Nachschußpflicht der Genossen ist, bei entsprechender Regelung im Statut, beschränkt, unbeschränkt oder kann ausgeschlossen werden. Organe der G. sind die *Generalversammlung* (Bestellung von Aufsichtsrat und Vorstand und Feststellung des Jahresabschlusses), der *Aufsichtsrat* (Überwachung des Vorstandes) und der *Vorstand* (Geschäftsführung und Vertretung der G. gegenüber Dritten). Die Mitgliedschaft zu einer G. wird erworben durch Unterzeichnung der Satzung bei Gründung oder durch unbedingte schriftl. Beitrittserklärung und Eintragung in die beim Registergericht

1221

Genossenschaftsbanken

geführte Genossenliste. Jeder Genosse hat ein Recht auf Mitverwaltung (Stimmrecht), auf Teilnahme an den gemeinschaftl. Einrichtungen und, falls in der Satzung nicht ausgeschlossen, auf Beteiligung am Reingewinn der G. und am Zuwachs des G.vermögens. Er ist verpflichtet, die satzungsmäßig bestimmte Mindest[pflicht]einlage auf seinen Geschäftsanteil zu leisten, u. U. in der Satzung niedergelegte Bezugs- und Lieferungsverpflichtungen zu erfüllen.

Die neuzeitl. G. entstanden 1830–40 in W-Europa im Zusammenhang mit der Industrialisierung als wirtschaftl. Selbsthilfeeinrichtungen. H. de Saint-Simon und C. Fourier entwickelten in Frankreich den Gedanken der Produktiv-G. Die Verbraucher-G. haben ihren Ursprung in Großbrit., wo die Ideen von W. King und R. Owen 1844 zur Gründung eines Konsumvereins in Rochdale führten (»Die redl. Pioniere von Rochdale«). Das gewerbl. G.-Wesen in Deutschland geht auf H. Schulze-Delitzsch und das landwirtschaftl. auf F.W. Raiffeisen zurück.

Zur besseren Durchführung ihrer Aufgaben und zur Vermeidung der Einführung einer staatl. Aufsicht schlossen sich einzelne G. schon früh zu *Genossenschaftsverbänden* zusammen. Heute bestehen in der BR Deutschland folgende Spitzenverbände: Deutscher Genossenschafts-Raiffeisenverband, Bund dt. Konsumgenossenschaften GmbH, Gesamtverband gemeinnütziger Wohnungsunternehmen e. V.

Gent
Stadtwappen

Gent.
Giebelhäuser aus dem 16. und 17. Jh. in der Kaistraße Graslei

Das österr. und *schweizer. G.recht* entsprechen im wesentlichen dem dt. Recht.

Genossenschaftsbanken, Banken in der Rechtsform einer eingetragenen Genossenschaft (u. a. Volksbanken und Raiffeisenbanken). Spitzeninstitut ist die Dt. Genossenschaftsbank.

Genotyp [griech.] (Genotypus), die Summe der genet. Informationen eines Organismus. ↑Phänotyp.

Genova [italien. 'dʒeːnova] ↑Genua.

Genoveva von Brabant (Genovefa) der Legende nach Gemahlin eines Pfalzgrafen Siegfried (8. Jh.). Verleumderisch des Ehebruchs bezichtigt, kann sie in den Wald entfliehen, wo sie mit ihrem Säugling von einer Hirschkuh ernährt wird. Der heimgekehrte Gemahl findet sie und läßt den Verleumder Golo töten; beliebtes dt. Volksbuch (18. Jh.).

Genoveva von Paris (Genovefa, frz. Geneviève), hl., *Nanterre um 422, † Paris um 502, Patronin von Paris. Angeblich blieb auf ihre Fürbitte hin Paris 451 beim Hunneneinfall verschont; 1791 wurde ihre Kirche (1764–90 erbaut) zum ↑Panthéon.

Genozid [griech./lat.] ↑Völkermord.

Genre [ʒãːr; frz.], **1)** Gattung. **2)** *bildende Kunst:* Darstellung des alltägl. Lebens, als eigene Gattung wurde die *Genremalerei* in der niederl. Malerei des 16. Jh. ausgebildet.

Gens (Mrz. Gentes) [lat.], im antiken Rom ein Verband zw. Staat und Familie, dessen Angehörige *(Gentilen)* sich auf einen gemeinsamen Ahnherrn beriefen und einen gemeinsamen Gentilnamen führten.

Genscher, Hans-Dietrich, *Reideburg bei Halle/Saale 21. 3. 1927, dt. Politiker (FDP). Jurist; 1968–74 stellv., 1974–85 Vors. der FDP; 1969–74 Bundes-Min. des Innern; 1974–92 Bundes-Min. des Auswärtigen.

Gent [niederl. xɛnt] (frz. Gand), belg. Hafen- und Ind.stadt an der Schelde, 235 400 E. Verwaltungssitz der Prov. Ostflandern; Univ.; Königl. Fläm. Akademie für Sprache und Literatur; Staatsarchiv; Kunst-, archäolog. u. a. Museen; internat. Messe, Zentrum der belg. Textil-Ind., Blumenzucht; Hafen. *Bauten:* Got. Kirchen, u. a. Kathedrale Sint-Baafs, Sint-Niklaaskerk und Sint-Michielskerk; Rathaus (15.–17. Jh.), Justizpalast (19. Jh.) mit 95 m hohem

Gentz

Genua. Blick auf das Stadtzentrum mit dem alten Hafen im Hintergrund

Belfried (14. Jh.); Zunfthäuser (13. bis 16. Jh.), Wasserburg 's-Gravensteen (1180 ff.).
Geschichte: Die Kaufleute der im 10. Jh. entstandenen Siedlung erlangten im frühen 12. Jh. polit. Rechte gegenüber den Grafen von Flandern, aus ihrer Mitte erwuchs ein Patriziat (ab Anfang des 14. Jh. Beteiligung der Tuchweber am Stadtregiment). Kaiser Karl V. nahm der Stadt 1540 alle polit. Rechte. Zur Zeit des niederl. Aufstandes mußte G. den span. Truppen die Tore öffnen, wurde zugleich aber Zentrum formierten Widerstands.
Gentechnologie, Teilgebiet der Molekularbiologie und Biotechnologie, das sowohl die theoret. Aspekte als auch die prakt. Methoden *(Gentechnik, Genchirurgie)* umfaßt, durch die Gene und deren Regulatoren isoliert, analysiert, verändert und wieder in Organismen eingebaut werden. Erst seit Entdeckung der Restriktionsenzyme (Anfang der 1970er Jahre), die einzelne Gene aus einem DNS-Faden herausschneiden können, lassen sich solche Versuche mit Erfolg durchführen. Durch die Übertragung von Genen zw. verschiedenen Arten, bes. der Einbau in die Plasmide von Bakterien, ist die Massenproduktion von sonst nur sehr schwer zugängl. Genprodukten (Proteine, Hormone, monoklonale Antikörper) möglich geworden. 1990 trat in der BR Deutschland das *Gentechnik-Gesetz* in Kraft. – Tabelle S. 1224.

Genter Pazifikation, 1576 in Gent zw. den aufständ. Prov. Holland und Seeland sowie Wilhelm von Oranien einerseits und den Generalstaaten der nichtaufständ. Länder andererseits geschlossener Bund zur Befriedung des Landes.
Gentherapie, Verfahren zur gezielten Korrektur von Veränderungen der genet. Strukturen bei Menschen mit erblich bedingten Erkrankungen. Die hierfür notwendige Maßnahme besteht in der Einführung eines definierten DNA-Stücks in das menschl. Genom mit dem Ziel, die durch eine erbl. Veränderung des genet. Materials bedingte funktionelle Störung zu beheben.
Gentleman [engl. 'dʒɛntlmən], in England urspr. der zur ↑Gentry gehörende Adlige; heute Mann von Lebensart und Charakter.
Gentlemen's Agreement (Gentleman's Agreement) [engl. 'dʒɛntlmənz ə'gri:mənt] ↑Agreement.
Gentner, Wolfgang, * Frankfurt am Main 23. 7. 1906, † Heidelberg 4. 9. 1980, dt. Physiker. Entwickelte mit seinen Mitarbeitern u. a. die Kalium-Argon-Methode zur Altersbestimmung.
Gentry [engl. 'dʒɛntrɪ], der niedere Adel in England/Großbrit., der ab der Tudorzeit wichtige Aufgaben in der lokalen Selbstverwaltung versah. Neben der wappentragenden älteren bzw. reichen G., den *Knights,* gab es die nichtritterl. Schicht der *Squires.*
Gentz, Friedrich, * Breslau 2. 5. 1764, † Wien 9. 6. 1832, dt. Publizist und Po-

Hans-Dietrich Genscher

Friedrich Gentz

Geologie

Geologie. Erdzeitalter

Zeitalter	System	Abteilung	Beginn vor Mio. Jahren	Entwicklung der Organismen
Erdneuzeit (Neozoikum, Känozoikum)	Quartär	Holozän Pleistozän		Veränderung der Umwelt durch den Menschen; Pflanzen- und Tierwelt der Gegenwart Den Eiszeiten und Zwischeneiszeiten angepaßte Tier- und Pflanzenwelt Erstes Auftreten der Gattung Homo
			2,5	
	Tertiär	Pliozän Miozän Oligozän Egozän Paläozän		Entwicklung der Vögel und Säugetiere, insbes. der Herrentiere; Höhepunkt in der Entwicklung der Schnecken
			65	
Erdmittelzeitalter (Mesozoikum)	Kreide	Oberkreide Unterkreide		Aussterben der Dinosaurier und Flugsaurier; zahlreiche Foraminiferen und Muscheln (z. T. Leitfossilien); Entwicklung der Bedecktsamer
			144	
	Jura	Malm Dogger Lias		Reiche marine Fauna mit Ichthyosauriern, Plesiosauriern, Ammoniten (Leitfossilien), Belemniten, riffbildenden Schwämmen, Auftreten des Archäopteryx
			213	
Erdaltertum (Paläozoikum)	Trias	Keuper Muschelkalk Buntsandstein		Im Keuper Auftreten der ersten Säugetiere, im Muschelkalk reiche marine Fauna (u. a. Seelilien, Muscheln, Brachiopoden, Kopffüßer), im Buntsandstein Fährten von Chirotherium (ein Saurier)
			248	
	Perm	Zechstein Rotliegendes		Entwicklung und Differenzierung der Reptilien, daneben Großforaminiferen, Bryozoen; Glossopteris-Flora in Gondwanaland
			286	
	Karbon	Oberkarbon Unterkarbon		Zahlreiche Amphibien; erste Reptilien; baumförmige Farne, Schachtelhalme, Bärlappgewächse (erhalten in Steinkohlenlagern)
			360	
	Devon	Oberdevon Mitteldevon Unterdevon		Brachiopoden, Kopffüßer und Fische als Leitfossilien; im Mitteldevon erste Farne, Schachtelhalme und Bärlappgewächse
			408	
	Silur			Erstes Auftreten der Fische, im obersten Silur der ersten Gefäßpflanzen (Landbewohner); reiche marine Fauna, u. a. riffbildende Korallen und Graptolithen (Leitfossilien)
			438	
	Ordovizium			Erstes Auftreten der Graptolithen und Korallen, daneben Brachiopoden, Echinodermen, Kopffüßer und Trilobiten
			505	
	Kambrium			Erstes Auftreten der Trilobiten (Leitfossilien), Brachiopoden Echinodermen und Kopffüßer
			590	
Erdfrühzeit (Präkambrium)	Proterozoikum			Erste, rein weichkörprige Vielzeller
			2500	
	Archaikum			Älteste Spuren des Lebens
			etwa 4000	Entstehung des Lebens

litiker. 1793–1802 preuß. Kriegsrat, ab 1803 polit. Publizist in Wien; wurde durch seinen Kampf gegen die Prinzipien der Frz. Revolution, seine Deutung des Phänomens der modernen Revolution und seinen Widerstand gegen die europ. Machtpolitik Napoleons I. führender dt. konservativer Staatsdenker und Publizist.

Genua (italien. Genova), Hauptstadt der italien. Region Ligurien, am Golf von Genua, 701 000 E. Univ. (gegr. 1471), ozeanograph. und meteorolog. Institut; Museen, Gemäldegalerien, Oper; Sitz von Börse, Behörden und Verbänden. G. bildet mit seinen Nachbargemeinden einen der wichtigsten Wirtschaftsräume Italiens, v. a. Schwer-Ind., Schiff- und Maschinenbau, Kfz-Ind., Raffinerien, Reedereien; internat. Messen. Pipelines in die Schweiz und nach Ingolstadt. Bed. Hafen, ⚓.
Stadtbild: Wahrzeichen der Stadt ist der 75 m hohe Turm (1543) am Hafen. Dom (1307–12 got. erneuert) mit Renaissancekuppel (1567); Adelspaläste, die v. a. 1530–1650 entstanden sind.
Geschichte: Schon im Altertum Handels- und Schiffahrtszentrum Liguriens; im Hoch- und Spät-MA eine führende Handelsmacht im Mittelmeer, blieb G. im erbitterten Machtkampf mit Pisa erst 1284 siegreich, unterlag aber nach wechselvollen Kämpfen 1380 Venedig. Bis zur Wiederherstellung der Unabhängigkeit durch Andrea Doria (1528) war G. meist wechselnd in frz. oder mailändischer Hand. Durch Napoleon I. wurde G. (mit vergrößertem Gebiet) als Ligur. Republik eingerichtet und 1805 Frankreich einverleibt; 1815 mit dem Kgr. Sardinien vereinigt. – Abb. S. 1223
genuin [lat.], angeboren, natürlich; echt, unverfälscht.
Genus, 1) *Biologie:* svw. ↑Gattung.
2) *Sprachwissenschaft:* grammat. Kategorie (»grammat. Geschlecht«), die die Substantive, Adjektive und Pronomina in verschiedene Klassen einteilt und auf der Unterscheidung der natürl. Geschlechts aufbaut; im Dt. werden unterschieden: männl. G. (Maskulinum: der Mann, Bruder), weibl. G. (Femininum: die Frau, Schwester) und sächl. G. (Neutrum, eigtl. »keines von beiden«, d. h. hinsichtlich des Sexus indifferent: das Wesen, Kind). Grammat. G. und Sexus stimmen nur z. T. überein (nicht in: das Weib, Mädchen). Andere Sprachen kennen nur zwei Genera (männl./weibl.) oder verzichten auf jede solche Unterscheidung. – Als G. *des Verbs* (G. verbi) wird die Verhaltensrichtung des Verbs (Aktiv, Passiv, Medium) bezeichnet.
Genußmittel, Lebensmittel oder ähnl. Stoffe, die nicht wegen ihres Nährwerts, sondern wegen ihres Geschmacks und/oder ihrer anregenden Wirkung genossen werden (Gewürze, Kaffee, Tee, Konfekt usw.).
Genußschein, Wertpapier, das verschiedene Rechte gegenüber einer AG verbrieft; i. d. R. garantiert der G. einen Anspruch auf den Reingewinn und den Liquidationserlös.
Genzmer, Harald, *Blumenthal (heute zu Bremen) 9. 2. 1909, dt. Komponist. Schüler von P. Hindemith; gemäßigt moderne Kompositionen aller Gattungen.
Geo..., geo... [griech.], Bestimmungswort von Zusammensetzungen mit der Bedeutung »Erd..., erd..., Land..., land...«.
Geobiologie, die Wiss. vom menschl., tier. und pflanzl. Leben in den natürl. und durch die Zivilisation bedingten künstl. Feldern, Strahlungen und Strömungen; beschäftigt sich mit der physikal. und biolog. Klärung bisher beobachteter Zusammenhänge zwischen Untergrund, Klima, Wetter und Krankheitsgeschehen.
Geochronologie, Teilgebiet der Geologie, befaßt sich mit relativer und absoluter Altersbestimmung.
Geodäsie [griech.], Wiss. und Technik der Bestimmung von Form und Größe der Erde bzw. von Teilen ihrer Oberfläche. Fundamentale Bedeutung für die G. haben Messungen des Schwerefeldes der Erde, weil daraus auf die Erdform geschlossen werden kann. Grundlage für Messungen auf der Erdoberfläche ist die Festlegung eines sog. Festpunktfeldes *(Triangulierungsnetz).* Die Gegenwart ist geprägt durch die Schaffung geodät. Fixpunkte mittels *Satellitentriangulierung* und die Ablösung des Triangulierungsverfahrens durch die exakteren Laserstrahlmessungen.
Geode [griech.] (Mandel), Konkretion von Mineralen in Blasenhohlräumen

Genua
Stadtwappen

Étienne Geoffroy Saint-Hilaire

von Ergußgesteinen, daher für diese (Basalt, Diabas u. a.) auch die Bez. *Mandelstein.*

Geoffroy Saint-Hilaire, Étienne [frz. ʒɔfrwasɛti'lɛːr], *Étampes (Essonne) 15. 4. 1772, † Paris 19. 6. 1844, frz. Naturforscher. Vertrat die Ansicht, daß die Entwicklung der Lebewesen (Artenbildung) von einem einzigen Bauplan hergeleitet werden könne.

Geographie (Erdkunde), Wiss., deren Forschungsgegenstand v. a. Länder und Landschaften sind. Im Mittelpunkt ihres Interesses stehen die Elemente, Strukturen, Beziehungsgefüge und Prozesse des weltweiten Geosystems Mensch–Erde. Die G. gliedert sich in die *Länderkunde* (befaßt sich mit der Erforschung und Darstellung von bestimmten Teilräumen der Erdoberfläche, von Staaten, Ländern oder größeren Räumen, Kulturerdteilen, auch mit Meeresgebieten) und die in einzelne Teilgebiete aufgegliederte (u. a. Ozeanographie; Klima-G.) *allgemeine Geographie* (analysiert v. a. die geographisch wichtigen Gegebenheiten der Erdoberfläche und/oder die raumwirksamen Prozesse nach ihrer Verbreitung, ihrer räuml. Strukturen, ihren Entstehungs- und Entwicklungsbedingungen sowie ihren Funktionen). Bes. Bed. kommt heute auch der *Landschaftsökologie* zu.

geographische Lage, bei Siedlungsplätzen die großräuml. Verkehrslage, z. B. Küsten-, Ufer-, Paßlage. Die *topographische Lage* wird dagegen von kleinräuml. Eigenschaften bestimmt, z. B. Berg-, Tal-, Sporn-, Insellage.

Geokorona, die äußerste Schicht der Erdatmosphäre, zur Exosphäre gehörend; 2000–20 000 km Höhe.

Geologenkompaß, Kompaß mit Klinometer, 360°- oder 400-Gon-Teilung und Libelle, bei dem die Bez. für Osten (E) und Westen (W) vertauscht sind; mit dem G. werden Streichen und Fallen von Gesteinsschichten sowie Klüfte und Störungen gemessen.

Geologie, Wiss. von Entstehung, Entwicklung und Aufbau der Erde und der fossilen Lebewesen. Sie umfaßt zwei große Gebiete: *allgemeine* oder *dynamische G.* und *histor. G.*; die allg. G. untersucht alle Kräfte, die von außen auf die Erdkruste einwirken (exogene Dynamik) sowie die innenbürtigen Kräfte (endogene Dynamik), d. h. Tektonik und Vulkanologie. Der Ablauf der Erdgeschichte, dargestellt in der erdgeschichtl. Zeittafel (†geologische Uhr), ist Aufgabe der histor. G.; sie bedient sich dazu der Stratigraphie, der Geochronologie, der Paläontologie und der Paläogeographie. Die angewandte G. befaßt sich mit Baugrunduntersuchungen, Wasserversorgung, Erkundung von Bodenschätzen.

geologische Uhr, Darstellung der Erdgeschichte auf einem »Zifferblatt«, auf dem die geolog. Systeme ihrer Zeitdauer entsprechend eingezeichnet sind.

Geomedizin, Zweig der Medizin, der sich mit Vorkommen, Ausbreitung und Verlauf von Krankheiten in ihrer Abhängigkeit von geograph. und klimat. Bedingungen befaßt.

Geometer [griech.], Landvermesser; heute Vermessungsingenieur.

Geometrie [griech.], Teilgebiet der *Mathematik,* das sich mit der Größe, Gestalt, gegenseitiger Lage und Richtung von ebenen und räuml. Figuren befaßt. Als *euklidische G.* bezeichnet man den Teilbereich, der auf dem von Euklid aufgestellten Axiomensystem beruht. Von ihr unterscheiden sich die *nichteuklidischen G.* dadurch, daß in ihnen das Parallelenaxiom nicht gilt. Die G. der Ebene bezeichnet man auch als *Planimetrie,* die des (dreidimensionalen) Raumes als *Stereometrie,* die der Kugeloberfläche als *sphärische G.* Prakt. Bedeutung hat die *darstellende G.,* die räuml. Gebilde durch Projektion auf Ebenen darzustellen lehrt. Die *analytische G.* stellt Kurven und Flächen als Graphen von Funktionen und Relationen ihrer Koordinaten dar.

geometrische Kunst, Stilepoche der griech. Kunst (900–700 v. Chr.).

Geomorphologie (Morphologie), die Wiss. von den Oberflächenformen der Erde, Teilgebiet der phys. Geographie und der dynam. Geologie, untersucht nicht nur das Relief der Natur- und Kulturlandschaft, sondern auch die Kräfte und gesetzmäßigen Abläufe, durch die die verschiedenen Formen gestaltet werden.

Geophon [griech.] (Erdhörer, Seismophon), mikrophonähnl. Wandler, der die bei sprengseismischen Untersuchungen ausgelösten Bodenerschütte-

Georg

geometrische Kunst. Geometrische Kanne aus Attika (um 750 v. Chr.; Hannover, Kestner-Museum)

rungen in elektr. Signale umwandelt; auf See werden sog. *Hydrophone* verwendet.

Geophysik, Teilbereich der Physik, der sich mit den natürl. Erscheinungen auf der Erde, in ihrem Inneren und im erdnahen Bereich befaßt. Teilgebiete der G. sind u. a. die *Gravimetrie* (Lehre von der Schwerkraft), die *Seismologie* (Erdbebenkunde) und die *Lehre vom Erdmagnetismus*. Ozeanographie und Meteorologie werden wie selbständige Disziplinen behandelt.

Geopolitik, Grenzfach zw. Geographie, Staats-Wiss., Geschichte und Soziologie; beschäftigt sich mit der Raumbezogenheit der polit. Zustände und Vorgänge.

Geopotential, 1) *Ökologie:* Bez. für die Gesamtheit der ober- und unterirdischen Lagerstätten, der Böden und des Grundwassers.
2) *Physik:* Maß für die Arbeit bzw. Energie, die aufzuwenden ist, um auf der Erde eine Masseneinheit (z. B. 1 kg) von einem Höhenniveau Z_1 (z. B. dem Meeresniveau) entgegen der Schwerebeschleunigung auf ein Höhenniveau Z_2 zu heben.

Georg, hl., Märtyrer. Die Existenz des Heiligen ist bis heute umstritten; in der Legende Märtyrer (röm. Offizier) des 4. Jh.; Drachenkämpfer.

Georg, Name von Herrschern:
Bayern-Landshut: **1) Georg der Reiche,** *Landshut vor dem 15. 8. 1455, † ebd. 1. 12. 1503, Herzog (ab 1479). Seine Erbverfügung zugunsten seines Schwiegersohns Ruprecht von der Pfalz führte zum Landshuter Erbfolgekrieg (1504/1505). Feierte 1475 die prunkvolle *Landshuter Fürstenhochzeit* mit Hedwig von Polen.

Böhmen: **2) Georg von Podiebrad und Kunstatt** [ˈpɔdiebrat], *Poděbrady 6. 4. 1420, † Prag 22. 3. 1471, König von Böhmen (ab 1458). Ab 1452 Reichsverweser; 1466 vom Papst gebannt; 1469 wurde sein Schwiegersohn Matthias I. Corvinus zum Gegenkönig gewählt.

Griechenland: **3) Georg I.,** als dän. Prinz **Wilhelm,** *Kopenhagen 24. 12. 1845, † Saloniki 18. 3. 1913 (ermordet), König (ab 1863). Sohn Christians IX. von Dänemark; von der griech. Nationalversammlung gewählt.
4) Georg II., *Schloß Tatoi bei Athen 19. 7. 1890, † Athen 1. 4. 1947, König (ab 1922). 1924–35 im Exil; ermächtigte 1936 General J. Metaxas zur Errichtung einer Diktatur; 1941–44 erneut im Exil, nach Plebiszit 1946 Rückkehr auf den Thron.

Großbritannien und Hannover: **5) Georg Ludwig,** *Hannover 7. 6. 1660, † Osnabrück 22. 6. 1727, Kurfürst von Hannover (ab 1698), König von Großbrit. und Irland (ab 1714). Mit G. L. als König Georg I. begann die Personalunion von Großbrit. und Hannover.
6) Georg II. August, *Herrenhausen b. Hannover 10. 11. 1683, † London 25. 10. 1760, Kurfürst von Hannover, König von Großbrit. und Irland (ab 1727). Im Österr. Erbfolgekrieg 1741 mit Maria Theresia verbündet (1743 Sieg bei Dettingen über die Franzosen); nahm als Verbündeter Friedrichs II. am Siebenjährigen Krieg teil; Gründer der nach ihm ben. Univ. in Göttingen.
7) Georg III. Wilhelm Friedrich, *London 4. 6. 1738, † Windsor 29. 1. 1820, König von Großbrit. und Irland (ab 1760), Kurfürst/König von Hannover (ab 1760/1814). Erzwang 1761, um die Stellung der Krone zu stärken, den Rücktritt von Pitt d. Ä.; verschuldete den Abfall der nordamerikan. Kolonien; verfiel ab 1810 dem Wahnsinn.

Großbritannien: **8) Georg V.,** *London 3. 6. 1865, † Sandringham bei King's Lynn 20. 1. 1936, König (ab 1910). 1911 auch zum Kaiser von Indien gekrönt; 1921 um Ausgleich in der ir. Frage bemüht.
9) Georg VI., urspr. Albert, *Sandringham bei King's Lynn 14. 12. 1895, † ebd. 6. 2. 1952, König (ab 1936). Bestieg nach der Abdankung seines Bruders Eduard VIII. den Thron.

Georg I., König von Griechenland

Georg-Büchner-Preis

Heinrich George

Stefan George

Georgia
Flagge

Hannover: **10) Georg V.**, *Berlin 27. 5. 1819, † Paris 12. 6. 1878, König (1851 bis 1866). Setzte 1855 die Verfassung von 1848 außer Kraft; 1866 wurde sein Land von Preußen annektiert.

Sachsen: **11) Georg der Bärtige** (G. der Reiche), *Meißen 27. 8. 1471, † Dresden 17. 4. 1539, Herzog (ab 1500). Versuchte die Ausbreitung der Reformation in Sachsen zu verhindern; unterdrückte den Bauernkrieg in Thüringen.

Waldeck: **12) Georg Friedrich**, *Arolsen 31. 1. 1620, † ebd. 19. 11. 1692, Graf (regierte ab 1645), Fürst (ab 1682). 1642–51 in militär. Dienst Friedrich Heinrichs von Oranien; 1651–59 im Dienst des Großen Kurfürsten; kämpfte nach kurzer Tätigkeit für Schweden (1658–1660) als Feldmarschall Wilhelms III. von Oranien gegen Frankreich; Reichsmarschall im Großen Türkenkrieg (1683–85).

Georg-Büchner-Preis, 1923 gestifteter Kunstpreis für hess. Künstler, 1945 neu ins Leben gerufen, 1951 Umwandlung in einen allg. Literaturpreis des deutschsprachigen Kulturlebens, von der Dt. Akademie für Sprache und Dichtung verliehen (derzeit 60 000 DM). Preisträger: G. Benn (1951), (1952 nicht verliehen), E. Kreuder (1953), M. Kessel (1954), M. L. Kaschnitz (1955), K. Krolow (1956), E. Kästner (1957), M. Frisch (1958), G. Eich (1959), P. Celan (1960), H. E. Nossack (1961), W. Koeppen (1962), H. M. Enzensberger (1963), I. Bachmann (1964), G. Grass (1965), W. Hildesheimer (1966), H. Böll (1967), G. Mann (1968), H. Heißenbüttel (1969), T. Bernhard (1970), U. Johnson (1971), E. Canetti (1972), P. Handke (1973), H. Kesten (1974), M. Sperber (1975), H. Piontek (1976), R. Kunze (1977), H. Lenz (1978), Ernst Meister (*1911, † 1979; 1979 postum), Christa Wolf (1980), M. Walser (1981), P. Weiss (1982), W. Schnurre (1983), E. Jandl (1984), Heiner Müller (1985), F. Dürrenmatt (1986), E. Fried (1987), A. Drach (1988), B. Strauß (1989), T. Dorst (1990), W. Biermann (1991), G. Tabori (1992), P. Rühmkorf (1993), A. Muschg (1994), D. Grünbein (1995).

George, 1) Götz, *Berlin 23. 7. 1938, dt. Schauspieler. Sohn von Heinrich G.; zahlr. Spielfilm- und Fernsehrollen; wurde v. a. als Kommissar Horst Schimanski in der Fernsehserie »Tatort« bekannt. – *Weitere Filme:* Abwärts (1984), Die Katze (1987), Der Bruch (1988), Blauäugig (1989), Schtonk (1991), Der Totmacher (1995).

2) Heinrich, eigtl. Georg Heinrich Schulz, *Stettin 9. 10. 1893, † Internierungslager Sachsenhausen bei Oranienburg wohl 25. 9. 1946, dt. Schauspieler. Begann als bed. Charakterdarsteller des expressionist. Theaters; ab 1922 in Berlin; bekannte sich 1933 zum Nationalsozialismus; 1936–45 Intendant des Schillertheaters; nach Kriegsende verhaftet; zahlr. Filme, u. a. »Berlin-Alexanderplatz« (1931), »Der Postmeister« (1940), »Kolberg« (1945).

3) Stefan, *Büdesheim (heute zu Bingen) 12. 7. 1868, † Minusio bei Locarno 4. 12. 1933, dt. Lyriker. Gehört mit seinem lyr. Werk (v. a. Gedichtzyklen) zu den bed. Vertretern des Symbolismus; seine durch die Bekanntschaft u. a. mit S. Mallarmé, P. Verlaine und H. von Hofmannsthal angeregte exklusive Kunstauffassung des L'art pour l'art wurde zum Programm der von ihm gegr. »Blätter für die Kunst« (1892 bis 1919), das sich auch um den Dichter sammelnder Kreis von Künstlern und Gelehrten *(George-Kreis)* zu eigen machte, dem (zeitweise) angehörten oder nahestanden Dichter wie K. Wolfskehl, M. Dauthendey, H. von Hofmannsthal, Maler wie Melchior Lechter (*1865, † 1937), Wissenschaftler wie G. Simmel, E. Kantorowicz, L. Klages, Literaturwissenschaftler wie F. Gundolf, Norbert von Hellingrath (*1888, † 1916), Max Kommerell (*1902, † 1944). Aus Protest gegen Umdeutung und Reklamierung seines Werks durch den Nationalsozialismus ging G. 1933 in die Schweiz. – *Werke:* Algabal (1892), Das Jahr der Seele (1897), Der Teppich des Lebens und die Lieder von Traum und Tod (1900), Der Stern des Bundes (1914).

Georgetown [engl. ˈdʒɔːdʒtaʊn], Hauptstadt von Guyana, an der Mündung des Demerera in den Atlantik, 188 000 E. Univ., Museum, botan. Garten, Zoo. Handelszentrum und Haupthafen des Landes; ⚓. – 1782 von Franzosen gegründet.

George Town [engl. ˈdʒɔːdʒtaʊn], Hauptstadt des malays. Sultanats Pe-

Georgien

nang, an der O-Küste der Insel Penang, 251 000 E. Univ., Museen, botan. Garten; wirtschaftl. Zentrum der Insel; internat. ✈. – Gegr. 1786 von der brit. Ostind. Kompanie.

Georgi, Yvonne, *Leipzig 29. 10. 1903, † Hannover 25. 1. 1975, niederl. Ausdruckstänzerin, Choreographin und Ballettmeisterin dt. Herkunft; ab 1959 Prof. in Hannover.

Georgia [engl. 'dʒɔ:dʒə], Staat im SO der USA, in der Atlant. Küstenebene, 152 576 km², 6,75 Mio. E, Hauptstadt Atlanta.
Geschichte: Das heutige G. wurde 1540 erstmals von Europäern betreten. 1754 brit. Kronkolonie (ben. nach Georg II.), ratifizierte 1776 die Unabhängigkeitserklärung, gab sich 1777 eine Verfassung; spielte bei der Sezession der Südstaaten eine führende Rolle; 1870 wieder in die Union aufgenommen.

Georgia, Strait of [engl. 'streɪt əv 'dʒɔ:dʒə], südl. Teil der Meeresstraße des Pazifiks zw. dem Festland und Vancouver Island, Kanada.

Georgien (georgisch Sakartwelo; Grusinien), Staat in SW-Asien, grenzt im W ans Schwarze Meer, im N an Rußland, im O und SO an Aserbaidschan, im S an Armenien und im SW an die Türkei.
Staat und Recht: Präsidialrepublik; *Verfassung* von 1995. Staatsoberhaupt ist der direkt gewählte Staatspräsident, der über ausgeprägte exekutive Befugnisse verfügt. Die *Legislative* liegt beim Einkammerparlament (222 Abg.). Mehrparteiensystem.
Landesnatur: G. ist ein Gebirgsland. Im N liegen der vergletscherte Hauptgebirgskamm des Großen Kaukasus (Schchara, 5068 m ü. M.) und seine Südabdachung, im S der westl. Rücken des Kleinen Kaukasus (Mepiszkaro, 2850 m ü. M.) und Randteile des vulkanisch geprägten Hochlands von Armenien (Großer Abul, 3301 m ü. M.), dazwischen im W die zum Schwarzen Meer geöffnete Kolchis und in der Mitte die transkaukas. Senke. Das Klima ist im Bereich der Kolchis feucht-tropisch, nach O nimmt die Kontinentalität und somit die Trockenheit rasch zu. Etwa ²/₅ der Landesfläche sind waldbedeckt.
Bevölkerung: Die Bevölkerung setzt sich aus 70% Georgiern, 8% Armeniern, 6% Russen, 6% Aserbaidschanern u. a. zusammen. Die Georgier gehören der georgisch-orthodoxen Kirche an.
Wirtschaft, Verkehr: In der Landwirtschaft dominieren Weinbau, Obst- und Teeanbau; daneben besteht eine umfangreiche Seidenraupenzucht sowie Rinder- und Schafhaltung. Nahrungsmittel- und GenußmittelInd. sowie die Textil-Ind. sind die wichtigsten Ind.-Zweige, aber auch der Bergbau (Steinkohle, Mangan- und Kupfererze) sowie die Eisen- und Kupferverhüttung, chem. Ind. und der Fahrzeug- und Werkmaschinenbau haben Bedeutung. Das 1580 km lange Eisenbahnnetz ist vollständig elektrifiziert. Das Straßennetz umfaßt 42 800 km (37 600 km mit fester Decke). Haupthäfen sind Batumi und Poti. Internat. ✈ in Tiflis.
Geschichte: Im Altertum stand der westl. Teil des heutigen G. (Kolchis) unter griech., der östl. (Iberien) unter pers. Einfluß. Im 4. Jh. wurde G., seit 65 v. Chr. von Rom abhängig, christianisiert. Im 7. Jh. von Arabern erobert, erlebte es nach dem Zerfall der arab. Macht im 12./13. Jh. seine Blütezeit. In der Folgezeit zerfiel es in Teilherrschaften, die unter wechselnder mongol., pers. und türk. Vorherrschaft standen. 1801 wurde es russ. Provinz, 1918 unabhängig, jedoch 1921 durch die Rote Ar-

Georgien

Fläche:	69 700 km²
Einwohner:	5,471 Mio.
Hauptstadt:	Tiflis
Amtssprache:	Georgisch
Nationalfeiertag:	20. 11.
Währung:	Einführung des Lari (seit 1996)
Zeitzone:	MEZ + 3 Std.

Georgien

Staatsflagge

Staatswappen

1970 1992 1970 1992
Bevölkerung Bruttosozial-
(in Mio.) produkt je E
  (in US-$)

Bevölkerungsverteilung 1992

Bruttoinlandsprodukt 1992

Georgiew mee erobert. 1921–91 war G. Teil der Sowjetunion, 1936–91 als Grusin. SSR. Am 9. 4. 1991 erklärte G. seine Unabhängigkeit. 1992 kam es zu fortgesetzten bürgerkriegsähnl. Unruhen, in deren Verlauf Präs. S. Gamsachurdija gestürzt wurde; zum neuen Staatsoberhaupt wurde E. Schewardnadse gewählt. In der autonomen Rep. Abchasien entbrannte nach deren Unabhängigkeitserklärung 1992 ein Krieg zw. abchas. Separatisten und georg. Truppen, in dem die abchas. Kräfte letztlich die Oberhand behielten. In der Folge suchte G. wieder stärkere Anlehnung an Rußland und trat 1994 der GUS bei. Die Präsidentschaftswahlen im Nov. 1995 konnte Schewardnadse für sich entscheiden; zugleich gewann seine Partei die Parlamentswahl.

Georgiew, Kimon Stojanow, *Pasardschik 11. 8. 1882, † Sofia 29. 9. 1969, bulgar. Politiker. Stützte als Min.-Präs. 1934/35 das autoritäre Regime König Boris' III.; ab 1943 führendes Mgl. der Widerstandsbewegung; Min.-Präs. 1944–46, 1946–62 stellvertretender Min.-Präs., 1949–59 Verkehrsminister.

Georgisch, zur Gruppe der südkaukas. Sprachen (Kartwelsprachen) gehörende Sprache; deren einzige Literatursprache (mit eigener Schrift).

Geosphäre, der Raum, in dem sich Erdkruste (Lithosphäre), Wasser- (Hydrosphäre) und Lufthülle (Atmosphäre) berühren und durchdringen.

Geosynklinale [griech.], weiträumiges, über lange Zeiträume hinweg aktives Senkungsgebiet der Erdkruste, in dem sich größere Mengen von Sedimentgesteinen ansammeln.

geothermische Tiefenstufe, Bez. für die Strecke, bei der die Temperatur der Erdkruste um 1 °C in Richtung Erdmittelpunkt ansteigt, im Durchschnitt 33 m (Faustregel: 3 °C/100 m). Starke Abweichungen von diesem Mittelwert sind bedingt durch die unterschiedl. Wärmeleitfähigkeit der Gesteine und den geolog. Bau eines Gebiets.

geozentrisches System, ein Weltbild, bei dem die Erde als Mittelpunkt des Weltalls, insbes. des Planetensystems (einschließlich Sonne und Mond) gedacht wurde (z. B. bei Aristoteles, Ptolemäus, T. Brahe).

geozyklisch, den Umlauf der Erde um die Sonne betreffend.

Gepard [mittellat.-frz.] (Jagdleopard), schlanke, hochbeinige, kleinköpfige Katzenart, v. a. in den Steppen und Savannen Afrikas und einiger Gebiete Asiens; Körperlänge etwa 1,4–1,5 m, Schwanz 60–80 cm lang, Schulterhöhe etwa 75 cm. Der G. ist das schnellste Säugetier. Er erreicht eine Geschwindigkeit bis etwa 100 km pro Stunde, die er jedoch nur über kurze Strecken durchzuhalten vermag.

Gepiden (lat. Gepidae), ostgerman., urspr. zu den Goten gehörendes Volk, das im 3. Jh. n. Chr. von der Weichselmündung an den N-Hang der Karpaten zog. Nach hunn. Herrschaft (um 400–454) errichteten die G. ein Reich zw. Donau, Theiß, Alt und Karpaten; traten zum Arianismus über; 567 von Ostgoten und Langobarden vernichtend geschlagen.

Ger, german. Wurfspieß.

Gera, Kreisstadt in Thüringen, im Tal der Weißen Elster, 132 300 E. Bergbauschule, Museen, Theater; botan. Garten. U. a. Textil-Ind., Maschinenbau. Trinitatiskirche (14. und 17. Jh.), spätgot. Marienkirche (um 1440), Renaissancerathaus (1573–76), Stadtapotheke (1606) am Markt mit Simonsbrunnen (17. Jh.); barocke Orangerie (1729 bis 32). – Vor 1237 Stadtrecht. 1562 gingen Stadt und Herrschaft an die jüngere Linie des Hauses Reuß über, die bis 1918 in G. residierte.

Gerade, 1) *euklid. Geometrie:* die kürzeste Verbindung zweier Punkte *A* und *B*, die beiderseits über diese Punkte hinaus verlängert ist; die Gerade ist also – im Gegensatz zur Strecke und zum Strahl – nicht durch Endpunkte begrenzt.

Gepard
(Körperlänge bis 1,5 m, Schulterhöhe etwa 0,75 m)

2) *Sport:* 1. gerade verlaufender Teil einer Laufbahn oder Rennstrecke; 2. Boxschlag (Stoßen der Faust in gerader Richtung nach vorn).

gerade Zahl, eine durch die Zahl 2 ohne Rest teilbare natürl. Zahl.

Geradflügler (Orthopteroidea, Orthoptera), mit etwa 17 000 Arten weltweit verbreitete Überordnung kleiner bis großer Landinsekten mit den Ordnungen Heuschrecken, Gespenstschrecken, Ohrwürmer.

Geranie [griech.], gärtner. Bez. für die ↑Pelargonie.

Geranium [griech.], svw. ↑Storchschnabel.

Gérard, François Baron (ab 1819) [frz. ʒeˈraːr], *Rom 4. 5. 1770, † Paris 11. 1. 1837, frz. Maler. Schüler J. L. Davids; zahlr. Porträtskizzen und Porträts. – Abb. S. 1232.

Geräuschlaut, Sprachlaut mit deutl. Geräusch, bes. stimmlose Konsonanten, z. B. [p t k f s ʃ ç x h]; Ggs. ↑Sonor.

Gerbera [nach dem dt. Arzt Traugott Gerber, † 1743], Gatt. der Korbblütler mit etwa 45 Arten in Afrika und Asien; beliebte Schnittblumen.

Gerbera. Hybriden (Höhe bis 30 cm)

Gerberstrauch (Lederstrauch), einzige Gatt. der zweikeimblättrigen Pflanzen-Fam. *G.gewächse* (Coriariaceae) mit 10 Arten in den Tropen und Subtropen.

Gerbstoffe (unkorrekt Gerbsäuren), zur Umwandlung von tier. Häuten in Leder benutzte fäulnishemmende Substanzen. Natürlich vorkommende *organ. G.* (Tannine, Catechine) enthalten Phenolderivate von Flavonen bzw. sind Zuckerreste der Gallussäure; sonstige G. sind Trane, Formalin®, bas. Chrom(III)- und Zirkoniumsalze sowie polymere Phosphate.

Gere, Richard [engl. gɪːr], *Philadelphia (Penn.) 31. 8. 1949, amerikan. Filmschauspieler. Seit 1991 ∞ mit Cindy Crawford (* 1966); spielte u. a. in »American Gigolo« (1980), »Ein Offizier und Gentleman« (1982), »Atemlos« (1983), »Pretty Woman« (1990), »Sommersby« (1993).

Gerechtigkeit, als Idee oder Ideal ein Grundbegriff der Ethik, der Rechts- und Sozialphilosophie sowie des religiösen, polit., sozialen und jurist. Lebens. Der Begriff der G. bezieht sich auf das Verhalten des oder der Menschen im gesellschaftl. Zusammenleben: er reflektiert vor allem den Widerspruch zw. dem Gleichheitsanspruch der Menschen und der realen Ungleichheit zw. den einzelnen Menschen, zw. gesellschaftl.

Gerechtigkeit

Gera. Renaissancerathaus am Markt (1573–76, 1780 umgestaltet), davor der Simsonbrunnen (1685/86)

Gera Stadtwappen

Gerberstrauch. Echter Gerberstrauch (Höhe bis 3 m)

Gerechtsame

François Gérard. Der Miniaturmaler Jean-Baptiste Isabey mit seiner Tochter (1795; Paris, Louvre)

Gruppierungen oder auch den verschiedenen Völkern. In diesem Sinne ist die Frage der G. mit den Grund- und Menschenrechten sowie der Selbstbestimmung der Völker verknüpft.

Gerechtsame, in der *älteren dt. Rechtssprache* geläufiges Wort für Berechtigung, Privileg, rechtl. Eigenschaft.

geregelter Katalysator ↑Abgaskatalysator.

Gergovia (frz. Gergovie), Festung der kelt. Arverner, in der Auvergne, südlich von Clermont-Ferrand. Im Aufstand des Vercingetorix 52 v. Chr. errangen die Gallier in G. einen bed. Abwehrerfolg gegen Cäsar.

Gerhaert von Leiden (Leyden), Nicolaus [niederl. ˈxeːraːrt], *Leiden zw. 1420/30, †Wiener Neustadt 1473(?), niederl. Bildhauer. Lebensnahe Gestaltung der Figuren; Einbeziehung des Räumlichen in die spätgot. Plastik. – *Werke:* Epitaph des Conrad von Busnang (1464; Straßburg, Münster); Büsten (1463/64) eines Propheten (Straßburg, Frauenhaus) und einer Sibylle (»Bärbel von Ottenheim«; Frankfurt am Main, Liebighaus); Steinkruzifix (1467; Baden-Baden, St. Peter und Paul), Grabplatte Kaiser Friedrichs III. (1467 ff.; Wien, Stephansdom).

Gerhard (Gerhardt), Hubert, *Amsterdam (?) um 1550, †München 1622/23, niederl. Bildhauer. Tätig in Süddeutschland. Italien. Einflüsse bestimmen seinen frühbarocken Stil von hoher plast. Kraft. Werke in München (»Hl. Michael«, 1588–92, an Sankt Michael; »Bavaria«, 1594, Hofgarten; »Patrona Bavariae«, Marienplatz) und Augsburg (»Augustusbrunnen«, 1589 bis 1594).

Gerhardt, 1) Paul, *Gräfenhainichen 12. 3. 1607, †Lübben/Spreewald 27. 5. 1676, dt. Dichter. Sein Schaffen bildet den Höhepunkt der ev. Kirchenlieddichtung nach Luther (u. a. »Geh aus, mein Herz und suche Freud«, 1656; »O Haupt voll Blut und Wunden«, 1656).

2) Wolfgang, *Ulrichstein-Helpershain 31. 12. 1943, dt. Politiker (FDP). 1987 bis 91 Min. für Wissenschaft und Kunst in Hessen; seit 1995 Vors. der FDP.

Geriatrie [griech.] (Altersheilkunde), Teilgebiet der klin. Medizin, das sich mit den spezif. Alterskrankheiten und den allg. Erkrankungen des alten Menschen, ihrer Vorbeugung und Behandlung befaßt.

Geriatrika [griech.], Arzneimittel zur Steigerung der körperl. und geistigen Leistungsfähigkeit im höheren Lebens-

Nicolaus Gerhaert von Leyden. Büste eines Propheten (1463/64; Straßburg, Frauenhaus)

gerinnungshemmende Mittel

alter, zur Behandlung von Alterskrankheiten.
Géricault, Théodore [frz. ʒeriˈko], *Rouen 21. 9. 1791, † Paris 26. 1. 1824, frz. Maler. Steht mit E. Delacroix am Beginn der frz. Romantik (»Das Floß der Medusa«, 1818/19); Pferdeszenen, Bildnisse (Geisteskranker).
Gerichte, unabhängige, nicht an Weisungen gebundene Organe der Rechtspflege mit der Aufgabe, darüber zu entscheiden, was im konkreten Falle rechtens ist. Sie verkörpern die *rechtsprechende Gewalt,* die gemäß Artikel 92 GG den Richtern anvertraut ist. Träger der G. sind in erster Linie der Bund und die Länder. Ein Teil der *Berufs-* und *Ehrengerichte* wird von Selbstverwaltungskörperschaften (berufsständische Kammern) unterhalten. Außer den staatl. G. gibt es *kirchl., Verbands-* und *Schiedsgerichte,* die auf Kirchengesetzen, Vereinssatzungen oder Vereinbarungen beruhen (z. B. Sportgerichte). Von zunehmender Bedeutung auch für den innerstaatl. Bereich sind *supranationale* und *internat. G.,* v. a. der Europ. Gerichtshof und der Europ. Gerichtshof für Menschenrechte.
Nach österr. *Verfassungsrecht* sind die G. *Behörden des Bundes,* deren Organe mit bestimmten verfassungsgesetzl. Garantien ausgestattet sind. In der *Schweiz* gilt eine dem dt. Recht im wesentl. entsprechende Regelung. Träger der Gerichte sind in erster Linie die Kantone.
Gerichtsbarkeit, Ausübung der rechtsprechenden Gewalt durch unabhängige Gerichte. Diejenigen Gerichte, die derselben G. angehören, bilden zumeist einen *Instanzenzug* (z. B. Arbeits-, Landesarbeits-, Bundesarbeitsgericht).
Gerichtsbezirk, räuml. Bereich, für den ein Gericht örtl. zuständig ist.
Gerichtsferien, Zeitraum vom 15. 7. bis 15. 9. eines jeden Jahres, während dessen bei den ordentl. Gerichten nur in Feriensachen Sitzungen abgehalten und Entscheidungen erlassen werden. Der Lauf gewöhnl. Fristen wird durch die G. gehemmt.
Gerichtsherr, frühere Bez. für den Inhaber der Gerichtsbarkeit (z. B. im republikan. Rom Konsuln und Prätor, im dt. MA König bzw. Kaiser). Ausgeübt wurde die Gerichtsbarkeit meist von Delegierten des G. (Amtsträger, Grafen, Richter, Vögte). – In der *Militärgerichtsbarkeit* war G. der Kommandant der militär. Einheit.
Gerichtshof, früher Bez. für alle Kollegialgerichte, heute für einige Gerichte höherer Instanz.
Gerichtshoheit, Befugnis einer Person oder Körperschaft, Gerichtsbarkeit auszuüben. Der G. der dt. Gerichte unterliegen grundsätzlich auch Ausländer.
Gerichtskosten, die in einem gerichtl. Verfahren anfallenden *Gerichtsgebühren* sowie die Auslagen der Staatskasse; für die meisten Gerichtsverfahren geregelt im Gerichtskostengesetz und in der Kostenordnung.
Gerichtsmedizin (gerichtl. Medizin, forens. Medizin), Zweig der Medizin, der sich mit allen Fragen beschäftigt, die für die Rechtspflege von Bedeutung sind: u. a. medizin. Begutachtung bei Mordfällen, Fragen zur Körperverletzung, Spurenuntersuchungen, Blutalkoholbestimmungen; die *gerichtliche (forensische) Psychiatrie* begutachtet die Schuldfähigkeit von Angeklagten.
Gerichtsstand, die *örtl.* Zuständigkeit der Zivil- und Strafgerichte.
Gerichtsverfassung, externe und interne Organisation sowie Zuständigkeit der Gerichte. Geregelt im GG (Artikel 92 ff.) und in zahlr. (meist Bundes-)Gesetzen.
Gerichtsvollzieher, in eigener Verantwortung handelnder Beamter mittleren Dienstes, der unter Aufsicht des Gerichts v. a. mit der Durchführung der Zwangsvollstreckung betraut ist und u. a. Zustellungen und Ladungen (der Prozeßparteien).
geringstes Gebot, das niedrigste in der Zwangsversteigerung zulässige Gebot.
geringwertige Wirtschaftsgüter, bewegl. Wirtschaftsgüter des Anlagevermögens, die der Abnutzung unterliegen und deren Anschaffungs- oder Herstellkosten 800 DM (zuzügl. Umsatzsteuer) je Gut nicht übersteigen; können im Jahr der Anschaffung oder Herstellung von der Steuer abgesetzt werden.
Gerinnung, Vorgang, der durch Ausflockung von (kolloidalen) Eiweißstoffen gekennzeichnet ist.
gerinnungsfördernde Mittel, svw. ↑Koagulantia.
gerinnungshemmende Mittel, svw. ↑Antikoagulantia.

Paul Gerhardt

Wolfgang Gerhardt

Gerlach

Gerlach, 1) Ernst Ludwig von, *Berlin 7. 3. 1795, † ebd. 18. 2. 1877, preuß. Jurist und Politiker. Bruder von Leopold von G.; 1844–74 Präs. des Oberlandes- und Appellationsgerichts in Magdeburg. Gründete 1848 zus. mit F. J. Stahl die preuß. Konservative Partei und als deren Organ die Neue Preuß. Zeitung (»Kreuzzeitung«); Gegner Bismarcks.
2) Helmut von, *Mönchmotschelnitz (Schlesien) 2. 2. 1866, † Paris 1. 8. 1935, dt. Publizist und Politiker. Wirkte im Ersten Weltkrieg als Pazifist. Führte in der Weimarer Republik einen publizist. Kampf gegen Rechtsradikalismus und Militarismus (Gründungs-Mgl. der Dt. Friedensgesellschaft, Vors. der dt. Liga für Menschenrechte); emigrierte 1933 (über Österreich) nach Frankreich.
3) [Ludwig Friedrich] Leopold von, *Berlin 17. 9. 1790, † Potsdam 10. 1. 1861, preuß. General und Politiker. 1850 Generaladjutant Friedrich Wilhelms IV.; als Anhänger des Ständestaats und der †Heiligen Allianz Kopf der »Kamarilla« um den König. Sein Briefwechsel mit Bismarck zeigt klassisch den Ggs. von Prinzipien- und Realpolitik.

Gerlospaß †Alpenpässe (Übersicht).

Gerlsdorfer Spitze, Berg in der Hohen Tatra, mit 2 655 m höchster Gipfel der Slowak. Republik und der Karpaten.

Germanen, Sammelname für verschiedene Völker und Stämme in N- und M-Europa, die einen Teil der indogerman. Sprachfamilie bilden, aus der sie sich seit der ersten (german.) Lautverschiebung herausheben. Der Name G. (lat. *Germani*) bezog sich urspr. auf eine Gruppe kleinerer Stämme im heutigen Belgien, die von O über den Rhein gewandert sein sollen; sie wurden erstmals von Poseidonios um 80 v. Chr., später von Cäsar 57/53 v. Chr. genannt. Von Galliern und Römern wurde dieser Name auf sämtl. rechtsrhein. Völkerschaften übertragen. Die G. selbst kannten keine für ihre Gesamtheit geltende Bezeichnung.

Siedlungsraum und Entstehung: Die neuere archäologisch-histor. Forschung lehnt die Vorstellung von einer Urheimat der G. zw. S-Skandinavien und Mittelelbegebiet, die angeblich seit der Bronzezeit (2. Jt. v. Chr.) nachzuweisen sei, sowie von einer aus diesen Gebieten erfolgten, stetig fortschreitenden »Germanisierung« südlich und westlich anschließender Landschaften weitgehend ab. Vielmehr gilt die Entstehung und Ausbreitung der G. als ein außerordentlich vielschichtiger, bislang nicht völlig geklärter Vorgang. Einigkeit herrscht lediglich darüber, daß offenbar eine Vielzahl eisenzeitl. Bevölkerungsgruppen unterschiedl. Ursprungs und Kulturniveaus im Gebiet zw. norddt. Flachland (einschl. S-Skandinavien) und der Mittelgebirgszone an der Entstehung der german. Stämme beteiligt waren. In jenem Raum lassen sich in den letzten Jahrhunderten v. Chr. mehrere regionale eisenzeitl. Kulturgruppen nachweisen, die sich kontinuierlich aus bronzezeitl. Wurzeln gebildet hatten. Diese waren einer Beeinflussung seitens der höher entwickelten Zivilisation kelt. Stämme ausgesetzt, deren Siedlungsgebiete sich von Gallien über S-Deutschland und Böhmen bis nach S-Polen erstreckten. Bei allen regionalen Unterschieden war die Zugehörigkeit zur Randzone der kelt. La-Tène-Kultur das verbindende Element. So darf die Ethnogenese der G. verstanden werden als ein Ausgleichsprozeß verschiedenartiger ethn. Gruppen, die jeweils starkem kelt. Einfluß unterlagen, ohne selbst Kelten zu werden. Einen wichtigen Anteil an diesem Vorgang hatten die Träger der sich seit dem 6./5. Jh. v. Chr. entwickelnden *Jastorfkultur*, die von der jüt. Halbinsel über Mecklenburg und Brandenburg bis nach N-Böhmen verbreitet waren. Sie gelten als die Vorläufer der späteren Elb-G. Um 100 v. Chr. bildete sich im stark keltisch geprägten Raum zw. Oder und Warthe die german. *Przeworskkultur* heraus (u. a. Übernahme kelt. Waffen). Schon bald einsetzende Vorstöße aus diesem Raum ins Elbe-Saale-Gebiet vermittelten dem südl. Jastorfkreis die Sitte des Waffenbeigebens als Ausdruck neu entstehenden, wohl gefolgschaftlich organisierten Kriegertums. So hat spätestens im letzten Jh. v. Chr. der schon seit längerem wirkende kelt. Einfluß nicht nur die materielle Kultur, sondern offenbar auch die Gesellschaftsstruktur der weiter nördlich siedelnden Bevölkerungsgruppen entscheidend verändert und mit zur

Germanen

Ethnogenese der G. beigetragen. – In den ersten Jahrhunderten n. Chr. lassen sich mehrere, archäologisch bezeugte german. Fundgruppen nachweisen, denen bestimmte, von den Römern erstmals genannte Stämme zugeordnet werden können: *Nordsee-G.* (Friesen, Chauken, Sachsen), *Rhein-Weser-G.* (Tenkterer, Sugambrer, Brukterer, Cherusker, Chatten), *Elb-G.* (Langobarden, Semnonen, Hermunduren, Markomannen, Quaden), *Oder-Warthe-G.* (Lugier, Vandalen), *Weichsel-G.* (Rugier, Burgunder, Goten), *Ostsee-G.* (kleinere südskandinav. Stämme). Erst im 3. Jh. kam es zum Zusammenschluß der historisch bekannten Großstämme (Alemannen, Franken, Sachsen, Goten). Die von Tacitus genannten drei german. Stammesgruppen (↑Herminonen, ↑Ingwäonen, ↑Istwäonen) sind wohl eher als religiös-polit. Kultverbände aufzufassen.

Die german. *Gesellschaft* gliederte sich nach Sippen, über denen der in Gaue unterteilte Stamm stand; sie setzte sich aus Freien (Kriegsdienst, polit. Rechte), Halbfreien (Unterworfene, Freigelassene) und Sklaven (Kriegsgefangene, unfrei Geborene oder Gewordene) zusammen. Aus dem politisch bed. Adel heraus entstand im Christi Geburt das Königtum mit sakralen, krieger. und richterl. Aufgaben. Die G. siedelten in Einzelhöfen sowie Dörfern und betrieben Ackerbau, Haustierhaltung, Metallverarbeitung und Fernhandel (Bernstein, Wolle, Felle).

Geschichte: Im 3./2. Jh. drangen Bastarnen aus Mitteleuropa an die Schwarzmeerküste vor. Große Unruhe in der Mittelmeerwelt rief der Vorstoß der Kimbern und Teutonen (113–101 v. Chr.) auf röm. Gebiet hervor. Um 70 v. Chr. zogen zum Swebenbund gehörende elbgerman. Stämme unter Ariovist an den Oberrhein, wo sich einige von ihnen niederließen, während andere den Fluß überquerten. Nach ihrer Niederlage beim heutigen Mülhausen gegen Cäsar 58 v. Chr. wurden die G. des Ariovist über den Rhein zurückgedrängt. 38 v. Chr. wurden die Ubier links des Rheins angesiedelt (Gründung von Ara Ubiorum, der späteren Bürgerkolonie Colonia Agrippinensis, heute Köln). Die vernichtende Niederlage des röm. Statthalters M. Lollius durch Sugambrer und Tenkterer (16 v. Chr.) leitete die Phase röm. Angriffskriege gegen german. Stämme östlich des Rheins ein. Ziel von Kaiser Augustus war die Einbeziehung Germaniens ins Röm. Reich bis zur Elbe-March-Linie, was durch die erfolgreichen Kriegszüge des Drusus und Tiberius (22 v. Chr. bis 5 n. Chr.) weitgehend gelang und u. a. zum Abzug der Markomannnen des Marbod vom Main nach Böhmen führte. Dort entwickelte sich bald ein bed. polit. und kulturelles Machtzentrum. Die vernichtende Niederlage des röm. Statthalters Varus durch Arminius (9 n. Chr.) bewirkte die Aufgabe der röm. Stützpunkte rechts des Rheins und der röm. Expansionspolitik insgesamt. Während die linksrhein. Gebiete unter dem Schutz von Legionslagern rasch romanisiert wurden, verblieb das *freie Germanien (Germania libera)* weiterhin unter der Herrschaft german. Stämme. Domitians Chattenkriege (83–89) führten zur Errichtung des obergerman. ↑Limes, der das bisherige Vorfeld des Röm. Reiches im Winkel zw. Rhein und Donau (Dekumatland) einbezog und unter Antoninus Pius (Mitte 2. Jh.) zum obergerman.-rät. Limes ausgebaut wurde. Um 90 wurden die beiden Grenzprovinzen *Obergermanien (Germania superior)* mit Mainz und *Niedergermanien (Germania inferior)* mit Köln als Hauptort eingerichtet. Völkerbewegungen des 2. Jh. im Innern Germaniens führten zum Einfall von Langobarden, Markomannen und Quaden ins Röm. Reich, der die Markomannenkriege (166–180) auslöste und die Grenzsituation an der Donau veränderte. Seit 213 standen die Alemannen am Limes, dessen Durchbruch ihnen 259/260 gelang. Fränk. Einfälle im 3. Jh. beunruhigten die Niederrheingrenze und bedrohten Gallien. Von der Weichsel, wo sie ihre erste Stammesbildung erlebten, wanderten die ↑Goten ins Schwarzmeergebiet ab, fielen 238 in Mösien ein und besiegten die Römer unter Decius; Teile von ihnen besetzten Dakien. Bis ins 4./5. Jh. verteidigten die Römer, z. T. mit german. Söldnern, die Reichsgrenzen, konnten sie jedoch nicht dauerhaft halten. Im Grenzbereich der Donau siedelten inzwischen Goten, Gepiden, Rugier, Heruler und Vandalen

Germania

Der Vorstoß der Hunnen aus Asien nach S-Rußland verursachte den Untergang des Ostgotenreiches am Schwarzen Meer (375/376) und löste in den nächsten Jahrzehnten die †Völkerwanderung aus, in deren Verlauf auf dem Boden des Imperium Romanum german. Reiche entstanden, die in der nun völlig veränderten spätantiken Mittelmeerwelt weitgehend die polit. Geschicke bestimmten. 413–534 bestand das Reich der mit Rom verbündeten Burgunder um Worms, ab 443 in der Landschaft Sapaudia (Savoyen), 418–507 das Westgotenreich von Tolosa (Toulouse), danach westgot. Königreich von Toledo bis 711, 429–534 das Vandalenreich in N-Afrika. 476 beseitigte der Skire Odoaker das weström. Kaisertum. Ab 486 bestand das Frankenreich Chlodwigs zw. Somme und Loire, 493–555 das Ostgotenreich in Italien, 568–774 das Langobardenreich in Italien.

Germania [lat.], Personifikation Germaniens bzw. Deutschlands; in der röm. Antike dargestellt als trauernde Gefangene, im Hoch-MA als gekrönte Frau; im 19. Jh. als jungfräul. oder mütterl. Walküre.

Germanicus, Gajus Julius Cäsar (Gaius Iulius Caesar G.), * Rom 24. 5. 15 v. Chr., † Daphne bei Antiochia (Syrien) 10. 10. 19 n. Chr., röm. Feldherr. Sohn Drusus' d. Ä., 4 n. Chr. von Tiberius adoptiert, Vater Caligulas; u. a. 14–16 Vorstöße nach Germanien; bekam 17 n. Chr. einen Triumphzug bewilligt.

Germanien, 1) im Altertum das von den Germanen besiedelte Gebiet (lat. Germania), das sich in die beiden röm. Prov. *Germania inferior* und *Germania superior* und das nichtröm. freie G. gliederte.
2) im MA häufig Bez. für das Ostfränk. Reich.

germanische Dichtung, Dichtung der german. Stämme vor der Christianisierung; sie kann, da nur mündlich tradiert, lediglich aus sekundären Quellen erschlossen werden. Zwei Epochen sind zu unterscheiden: die Dichtung der bäuerl. Urgesellschaft (»Merseburger Zaubersprüche«) und die Dichtung der Völkerwanderungszeit (Heldenlieder: »Hildebrandslied«, Preislieder: »Ludwigslied«).

germanische Kunst, das künstler. (kunsthandwerkl.) Schaffen der Germanen bis zum Ende der Wikingerzeit. Neben prähistor. und außereurop. (Steppenkunst) Einflüssen spielt der Kontakt mit dem mediterranen Kunstkreis eine entscheidende Rolle. Wie in vielen bäuerl. Kulturen waren die Kunstgegenstände anfangs schlicht und zweckgebunden. Für die meisten Metallarbeiten sind Vorbilder aus Holz vorauszusetzen, nachweisbar bes. beim *Kerbschnittdekor* an Werken des 4.–6. Jh. An Schmucktechniken bei Metall waren üblich die Preßblechformung über Modeln, Tauschierung und Punzierung, dazu kamen im *farbigen Stil* (400–700) Niello und Zellverglasung (Cloisonné). Beim Bronzeguß war anschließende Feuervergoldung häufig. Die g. K. wird zw. dem späten 5. Jh. und der Wikingerzeit in drei *Tierstile* gliedert, der erste (mit Vorstufen) war nur in Skandinavien verbreitet, der zweite entstand vor 600 n. Chr. in der germanisch-roman. Kontaktzone. Neben ihm gibt es die Vendelstile B und C (in Skandinavien, ben. nach dem schwed. Fundort). Der Tier-

germanische Kunst. Detail eines Zierblechs von Thorsberg bei Süderbrarup (3. Jh. n. Chr.; Schleswig-Holsteinisches Landesmuseum für Vor- und Frühgeschichte)

germanische Religion

germanische Kunst. Stilisierte Götterfiguren aus dem Wittemoor, Holz (3. Jh. n. Chr.; Oldenburg, Staatliches Museum für Naturkunde und Vorgeschichte)

stil III wird auch als Vendelstil E bezeichnet, daneben bestand noch ein Vendelstil D. Beide gehen in die *Wikingerkunst* über (Mitte 9.Jh.–11.Jh.), bekannt durch das Schiffsgrab von Oseberg. Man unterscheidet den Borrestil, im 10. Jh. den Jellingestil und den Mammenstil sowie den Ringerikestil (spätes 10. bis spätes 11. Jh.) und ab 1050 den Urnesstil. Die anscheinend von bloßem Dekor bestimmte germanische Kunst stellt offenbar exemplarisch-sakrales Geschehen dar (»Heilsbilder«). – Abb. S. 1238.

germanische Religion, zusammenfassende Bez. für die Glaubensformen aller german. Stämme, die zwar keine völlige Einheitlichkeit aufweisen, aber in vielen wesentl. Anschauungen und mytholog. Vorstellungen übereinstimmen. Die *Entstehung der Welt* vollzog sich nach der g. R. aus den Körperteilen des riesenhaften Urwesens Ymir: Aus seinem Fleisch entstand die Erde, aus seinem Blut das Meer, aus seinen Knochen die Berge, sein Haar wurde zu Bäumen, sein Schädel bildete den Himmel. Im *räuml. Weltbild* nimmt die Weltesche Yggdrasil, die ihre Äste über das All breitet, die zentrale Stellung ein. An ihren Wurzeln sind die Quellen der Weisheit und des Schicksals, an der sich die drei Schicksalsgöttinnen (Nornen) Urd, Werdandi und Skuld aufhalten. Mittelpunkt der Welt ist der Lebensraum des Menschen, das Reich Midgard, das von der Midgardschlange umgeben ist; außerhalb (in Utgard) wohnen die Riesen, unterhalb liegt die Unterwelt Hel und über der Erde Asgard, das Land der Götter. Die *Götter* gehören zwei verschiedenen Geschlechtern an, den (älteren) Wanen und den (jüngeren) Asen, die mit Odin (Wodan), Thor (Donar) und Tyr (Ziu) bes. Bed. haben.

Der *Kult* der g. R. war sowohl öffentl. Kult, in dem der König als oberster Priester die rituelle Tötung des Opfertieres (auch Menschenopfer) vollzog, als auch Familienkult. Pflicht und (held.) Ehre prägen die *Moral* der g. R. ebenso wie ihren *Jenseitsglauben:* Die in tapferem Kampf Gefallenen kommen, geführt

germanische Kunst. Vollplastische Tierfiguren auf der Trinkhornkette von Keistrup, Jütland; Bronze (1./2. Jh. n. Chr.; Kopenhagen, Nationalmuseum)

Germanischer Lloyd

germanische Kunst. Silberpokal von Himlingøie, Seeland (3. Jh. n. Chr.; Kopenhagen, Nationalmuseum)

von den Walküren, nach Walhall, der »Halle der Kampftoten«, alle anderen Verstorbenen zur Unterweltsgöttin Hel. Die *Universaleschatologie* ist geprägt von der Vorstellung von einem alles vernichtenden Weltbrand und der mit der Rückkehr ↑Baldrs neu werdenden Erde.

Germanischer Lloyd [- lɔyt], Abk. GL., 1867 gegründete Klassifikationsgesellschaft (seit 1889 AG), Sitz Hamburg. Der Germanische Lloyd erläßt behördlich anerkannte Vorschriften für den Bau und die Reparatur von Handelsschiffen, tätig auch im Brückenbau/Umweltschutz.

germanische Sprachen, Zweig der indogerman. Sprachfamilie. Sprachhistorisch wird heute eine Gliederung in fünf Gruppen angenommen, die z. T. durch Gemeinsamkeiten wiederum miteinander zu verbinden sind: 1. Ostgermanisch (Sprachen der Goten, Burgunder, Vandalen, Heruler und Gepiden); 2. Nordgermanisch (Schwed., Dän., Norweg., Island., Färöisch); 3. Nordseegermanisch oder Ingwäonisch (Angelsächs., Fries., Altsächs., Niederdt.); 4. Rhein-Weser-Germanisch oder Istwäonisch (»Mitteldt.«: Fränk., Thüring.); 5. Elbgermanisch oder Herminonisch (»Oberdt.«: Alemann., Bairisch). Diese Einteilung ist eher angemessen als die Dreiteilung »Westgermanisch, Ostgermanisch, Nordgermanisch«. Charakteristisch für sämtl. g. S., d. h. also auch für das dieser Gruppe zugrunde liegende (nur indirekt erschlossene) »Urgermanische« sind v. a. die folgenden Veränderungen gegenüber der indogerman. Grundsprache und damit auch gegenüber allen anderen indogerman. Sprachen: 1. die Erscheinungen der sog. german. (ersten) Lautverschiebung; 2. die Festlegung des Intensitätsakzentes auf der (ersten) Stammsilbe, die zur Schwächung unbetonter Silben führte (sog. Auslautgesetze); 3. die Herausbildung des sog. »schwachen« Adjektivs und als Folge der systemat. Ausbau der Doppelflexion des Adjektivs (dt. ein blinder Mann – der blinde Mann); 4. die starke Vereinfachung des gesamten grammat. Systems.

germanische Volksrechte (veraltet lat. Leges Barbarorum), Rechtsaufzeichnungen v. a. über straf- und prozeßrechtl. Bestimmungen german. Stämme aus dem 5. bis 9. Jh. in überwiegend lat. Sprache. Soweit es sich um Gesetze nachmals dt. Stämme handelt, z. B. Volksrechte der Bayern und der Sachsen (*Lex Baiuvariorum* bzw. *Lex Saxonum*), galten sie bis ins Hoch-MA und wurden dann vergessen. Das Westgotenrecht *(Lex Visigothorum)* behielt demgegenüber in Spanien bis in die Neuzeit Geltung.

Germanismus [lat.], oft fehlerhafte Übertragung einer Eigentümlichkeit der dt. auf eine andere Sprache.

Germanistik [lat.], Wissenschaft von der Entwicklung der deutschen Literatur und Sprache, unterteilt in deutsche Philologie, deutsche Literaturwiss. und (germanist.) Linguistik.

Germanium [lat.], chem. Symbol Ge; halbmetallisches chem. Element aus der IV. Hauptgruppe des Periodensystems der chem. Elemente, Ordnungszahl 32; relative Atommasse 72,59. Das metallisch grau schimmernde, spröde amphotere Element hat eine Schmelztemperatur von 937,2 °C, eine Siedetemperatur von 2830 °C und eine Dichte von 5,326 g/cm^3. G. findet sich in den Mineralen Germanit und Argyrodit. In seinen Verbindungen tritt G. meist vierwertig auf. Verwendung in Halbleiterbauelementen (Germaniumdiode) und opt. Bauelemente.

Germer, Lester Halbert [engl. 'gə:mə], *Chicago 10. 10. 1896, †Gardiner (N.Y.) 3. 10. 1971, amerikan. Physiker. Wies zus. mit C. J. Davisson 1927 die Wellennatur der Elektronen anhand von Interferenzerscheinungen nach.

Geronten

Germer. Weißer Germer

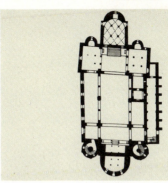

Gernrode. Grundriß der Stiftskirche

Germer (Veratrum), Gatt. der Liliengewächse mit etwa 45 in Europa, N-Asien und N-Amerika verbreiteten Arten; in Europa: *Schwarzer G.,* bis 1 m hohes, mehrjähriges Kraut mit schwarzpurpurfarbenen Blüten; *Weißer G.,* 0,5–1,5 m hoch, Blüten gelblichweiß, Wurzelstock sehr giftig durch hohen Alkaloidgehalt.

Germersheim, Kreisstadt an der Mündung der Queich in den Oberrhein, Rheinl.-Pf., 12 700 E. Fachbereich für angewandte Sprachwiss. der Univ. Mainz; Bundeswehrstandort; Rheinhafen, Rheinbrücke. – 1055 erstmals erwähnt, erhielt 1276 Stadtrecht.

germinal [lat.], den Keim betreffend.

Gernhardt, Robert, *Reval 13. 12. 1937, dt. Schriftsteller und Zeichner. Bed. Satiriker; schrieb u. a. »Die Wahrheit über Arnold Hau« (1966; u. a. mit F. K. Waechter), »Wörtersee« (1981), »Ich Ich Ich« (R., 1982); auch Kinderbücher (»Der Weg durch die Wand«, 1982) zus. mit seiner Frau, der Malerin Almut Gernhardt (*1941, †1989).

Gernrode, Stadt am NO-Rand des Harzes, Sa.-Anh., 5000 E. Ferienheime. Otton. Stiftskirche (961 ff.). – Abb. S. 1240.

Gernsbach, Stadt im Murgtal, Bad.-Württ., 13 900 E. U. a. Papierherstellung. Spätgotisch sind die Liebfrauenkirche (14. Jh.) und die Jakobskirche (15. Jh.); frühbarockes ehem. Rathaus (1617/18); Schloß Eberstein (13., 16. und 19. Jh.).

Gero, † 20. 5. 965, Markgraf der Elbmark (ab 937). Eroberte 939 Brandenburg, zerschlug 940 den Bund der Wenden und besiegte 955 mit Otto d. Gr. die Elbslawen.

Gerokreuz, frühestes erhaltenes Zeugnis otton. Großplastik in Holz (um 970); von Erzbischof Gero von Köln (969–976) dem Dom gestiftet.

Gerolstein, Stadt in der Eifel, Rheinl.-Pf., 6600 E. Museen; Kohlensäurequellen.

Gerona [xe...], †Girona.

Geronten †Gerusia.

Gerokreuz. Von Erzbischof Gero von Köln gestiftetes Holzkreuz (um 970; Köln, Dom)

Gerontokratie

Gernrode. Ansicht der Stiftskirche Sankt Cyriakus von Nordwesten; begonnen 961, mit der Apsis aus dem 12. Jh.

Gerontokratie [griech.], Bez. für die Herrschaftsform eines sozialen Systems, bei der die Entscheidungsbefugnisse i. d. R. in den Händen seiner älteren bzw. erfahreneren Mgl. liegen.

Gerontologie [griech.] (Alternsforschung), die Erforschung des biol. Alterungsvorgangs (Seneszenz) und seiner Ursachen. Die Aufgabe der G. ist es, den Prozeß des Alterns hinsichtlich seiner biolog., medizin., psycholog. und sozialen Aspekte zu erkennen.

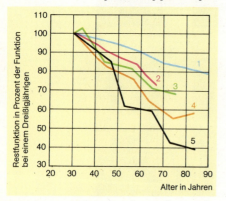

Gerontologie. Abnahme der Körperfunktion beim Mann; 1 Grundstoffwechsel; 2 Gesamtmuskelleistung; 3 Herzausstoß (in Ruhe); 4 normales Fassungsvermögen der Lunge; 5 größte Atmungsgeschwindigkeit

Gerschom (Gerson) **Ben Jehuda,** *um 960, † Mainz 1028, Talmudgelehrter und liturg. Dichter. Prägte durch seine Mainzer Talmudakademie das mittelalterl. Judentum in Deutschland, Frankreich und Italien.

Gershwin, George [engl. 'gəːʃwɪn], eigtl. Jacob G., *New York-Brooklyn 26. 9. 1898, † Beverly Hills (Calif.) 11. 7. 1937, amerikan. Komponist. Schuf den »sinfon. Jazz«; berühmt machten ihn die »Rhapsody in blue« (Klavierkonzert mit Jazzorchester, 1924), das Klavierkonzert f-Moll (1925), das Orchesterwerk »Ein Amerikaner in Paris« (1928) und die Oper »Porgy and Bess« (1935).

Gerson, Jean de [frz. ʒɛr'sõ], eigtl. Jean Charlier de Gerson, gen. Doctor Christianissimus, *Gerson bei Rethel 14. 12. 1363, † Lyon 12. 7. 1429, frz. Theologe. Vertrat im Abendländ. Schisma konziliarist. Ideen; führender Theologe auf dem Konstanzer Konzil.

Gerstäcker, Friedrich, *Hamburg 10. 5. 1816, † Braunschweig 31. 5. 1872, dt. Schriftsteller. Schrieb spannende Romane und Reiseberichte (1837–43 in den USA, 1849–52 in S-Amerika und Australien), u. a. »Die Flußpiraten des Mississippi« (R., 3 Bde., 1848), »Gold« (R., 3 Bde., 1858).

Geruchssinn

Gerste (Hordeum), Gatt. der Süßgräser mit etwa 25 Arten auf der Nordhalbkugel und in S-Amerika; Blütenstand eine Ähre mit zwei Gruppen von je drei einblütigen, meist lang begrannten Ährchen an jedem Knoten. Die bekannteste Art ist die in vielen Varietäten und Sorten angebaute *Saat-G.* (Hordeum vulgare); einjähriges *(Sommergerste)* oder einjährig überwinterndes *(Wintergerste)*, 0,5–1,3 m hohes Getreide; Verarbeitung zu Brotgetreide, Viehfutter. Die Hauptanbaugebiete liegen zw. dem 55. u. 65. nördl. Breitengrad *(Gerstengürtel)*. Die Weltproduktion betrug 1992 rd. 155,6 Mio. t. – Als Unkraut kommt in M- und S-Europa, N-Afrika, Vorderasien und Amerika die bis 40 cm hohe *Mäuse-G.* vor. An den Küsten W-Europas, des Mittelmeers und Amerikas wächst die 10–40 cm hohe *Strand-G.* – Schon um 4000 v. Chr. wurden in Ägypten und Mesopotamien viele wilde Formen angebaut.

Gerstenberg, Heinrich Wilhelm von, *Tondern 3. 1. 1737, † Altona (heute zu Hamburg) 1. 11. 1823, dt. Dichter und Kritiker. Bed. sind v. a. seine Schriften zur Ästhetik und Theorie der Dichtung; sein Trauerspiel »Ugolino« (1768) war von Einfluß auf die Bewegung des Sturm und Drang.

Gerstenkorn (Hordeolum), akute eitrige Entzündung der Talgdrüsen im oberen oder unteren Augenlid. Das *äußere G.* bricht nach außen, das *innere G.* nach innen zum Bindehautsack hin auf.

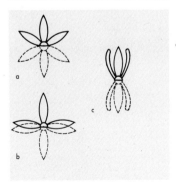

Gerste. Schematische Querschnitte der Ährenformen bei Saatgerste; **a** sechszeilige Gerste; **b** vierzeilige Gerste; **c** zweizeilige Gerste

Gerstenmaier, Eugen, *Kirchheim unter Teck 25. 8. 1906, † Remagen 13. 3. 1986, dt. Politiker (CDU). Ev. Theologe; Mgl. der Bekennenden Kirche und des Widerstandes gegen Hitler im ↑Kreisauer Kreis; nach dem 20. Juli 1944 zu sieben Jahren Zuchthaus verurteilt; 1954–69 Präs. des Dt. Bundestages.

Gerster, Ottmar, *Braunfels 29. 6. 1897, † Borsdorf bei Leipzig 31. 8. 1969, dt. Komponist. Schrieb Opern, u. a. »Enoch Arden« (1936), Instrumental- und Vokalwerke.

Eugen Gerstenmaier

Gert, Valeska, *Berlin 11. 1. 1900, † Kampen (Sylt) 15. 3. 1978, dt. Tänzerin, Kabarettistin, Filmschauspielerin. Gastierte in den 1920er Jahren in ganz Europa mit Grotesktänzen; in Berlin eigenes Kabarett (»Kohlkopp«); 1933 Emigration nach New York; 1948 Rückkehr; spielte u. a. in den Filmen »Die freudlose Gasse« (1925), »Die Dreigroschenoper« (1931), »Julia und die Geister« (1965), »Der Fangschuß« (1977).

Geruch, die charakterist. Art, in der ein Stoff durch den Geruchssinn wahrgenommen wird.

Geruchsorgane (Riechorgane, olfaktor. Organe), der Wahrnehmung von Geruchsstoffen dienende chem. Sinnesorgane (↑Geruchssinn) bei tier. Organismen und beim Menschen. Die Geruchssinneszellen (Osmorezeptoren) liegen bei Wirbellosen über den ganzen Körper verstreut oder treten gehäuft an bestimmten Stellen auf. Spinnen und Krebse tragen sie an den Extremitäten, Insekten vorwiegend an den Antennen. Bei den Wirbeltieren sind die Geruchssinneszellen stets in einem als ↑Nase bezeichneten Organ vorn am Kopf vereinigt. Kriechtiere besitzen als bes. G. das ↑Jacobson-Organ im Gaumendach.

George Gershwin

Geruchssinn (Geruch, Riechsinn), durch niedrig liegende Reizschwellen ausgezeichneter, bei höheren Tieren und beim Menschen in Nasenorganen lokalisierter Fernsinn, der mit Hilfe bes. Geruchsorgane als chem. Sinn die Wahrnehmung von Geruchsstoffen ermöglicht. Die Geruchsreize werden bei Wirbeltieren (einschließl. Mensch) über paarige Geruchsnerven dem Gehirn zugeleitet. – Zur Unterscheidung verschiedener Düfte sind mehrere Typen

Geruchsstoffe

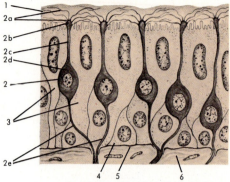

Geruchssinn. Menschliches Riechepithel; 1 Schleimfilm; 2a–e Riechzelle (2a Riechhärchen, 2b Riechkolben, 2c peripherer Zellfortsatz, 2d Zellkörper der Sinneszelle mit Zellkern, 2e Riechfädchen, gehen in die Riechnerven über); 3 Stützzellen; 4 Basalzellen; 5 Basalmembran; 6 Bindegewebe

von Rezeptoren notwendig. – Viele Gerüche haben ausgesprochen angenehme, andere unangenehme Affektkomponenten, wodurch sie großen Einfluß auf das emotionale Verhalten ausüben können. Auch haben Düfte häufig einen hohen Gedächtniswert und können als Schlüsselreize wirken. Bei Dauerreizung durch einen bestimmten Geruchsstoff unterliegt der G. einer ausgeprägten Adaptation, d. h., die Geruchsempfindung erlischt (ohne jedoch die Empfindlichkeit für andere Stoffe zu beeinflussen). Bemerkenswert ist noch, daß derselbe Stoff je nach Konzentration ganz verschiedene Geruchsempfindungen hervorrufen kann.

Geruchsstoffe (Riechstoffe), gas- oder dampfförmige bzw. gelöste chem. Stoffe, auf die die Geruchssinneszellen ansprechen; z. B. äther. Öle, Schwefelverbindungen, Chlor.

Geruchsverschluß (Siphon), U-förmig gebogenes Rohr oder becherförmiges Gefäß in Abwasserleitungen.

Gerundium [lat.], in der lat. Grammatik Bez. für das vom Präsensstamm gebildete Verbalsubstantiv; z. B. *ars scribendi* (»die Kunst des Schreibens«).

Gerundivum [lat.], in der lat. Grammatik Bez. für das passivische Verbaladjektiv, das die Notwendigkeit einer Handlung bezeichnet, z. B. *homo laudandus* (»ein Mann, der gelobt werden muß; ein lobenswerter Mann«).

Gerusia (Gerusie) [griech.], Ältestenrat antiker griech. Staaten; am berühmtesten die G. in Sparta; sie bestand aus 28 über 60 Jahre alten, lebenslänglich gewählten Personen *(Geronten)* und den beiden Königen.

Gervinus, Georg Gottfried, *Darmstadt 20. 5. 1805, † Heidelberg 18. 3. 1871, dt. Literarhistoriker und Politiker. Beschrieb als erster die dt. Literatur vor dem Hintergrund ihrer histor. und polit. Entwicklung; 1837 als einer der †Göttinger Sieben seines Lehramtes enthoben, 1844–53 Honorar-Prof. in Heidelberg, dann wegen seiner demokrat. Ideen Entzug der Lehrbefugnis und Hochverratsverfahren. – *Werke:* Geschichte der poet. Nationalliteratur der Deutschen (5 Bde., 1835–42), Geschichte des 19. Jh. seit den Wiener Verträgen (8 Bde., 1855–66).

Ges, Tonname für das um einen chromat. Halbton erniedrigte G.

Gesamtdeutsche Partei, Abk. GDP, aus der Fusion von Gesamtdt. Block/Block der Heimatvertriebenen und Entrechteten und Dt. Partei 1961 hervorgegangene polit. Partei in der BR Deutschland; seit 1965 GDP Deutschlands; 1972 aufgelöst.

Gesamtdeutscher Block/Block der Heimatvertriebenen und Entrechteten, Abk. GB/BHE, polit. Partei in der BR Deutschland, gegr. 1950/51 als Bund der Heimatvertriebenen und Entrechteten, der 1952 seinem Namen die

Geruchsverschluß.
a Rohrgeruchsverschluß; **b** Flaschengeruchsverschluß

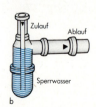

Georg Gottfried Gervinus

Bez. »Gesamtdt. Block« voranstellte; trat bes. für die Interessen der durch Kriegs- und Nachkriegsereignisse geschädigten Gruppen ein; gehörte 1953–55 der Bundesregierung an; schloß sich 1961 mit der Dt. Partei zus. (↑Gesamtdeutsche Partei).

Gesamtdeutsche Volkspartei, Abk. GVP, polit. Partei in der BR Deutschland 1952–57; gegründet von bürgerlichen Politikern (u. a. G. Heinemann, Helene Wessel); strebte die Wiedervereinigung Deutschlands durch Neutralisierung an und lehnte die mit der Wiederbewaffnung verbundene, betont westorientierte Außenpolitik Adenauers ab.

Gesamtgläubigerschaft, die Gläubigermehrheit, bei der jeder Gläubiger die ganze Leistung fordern kann, der Schuldner aber nur einmal [an einen beliebigen Gläubiger] zu leisten braucht. Der Gläubiger, der die Leistung empfangen hat, ist den anderen ausgleichungspflichtig.

Gesamthandsgemeinschaft (Gemeinschaft zur gesamten Hand), die Gemeinschaft an einem Sondervermögen, über das die Gemeinschafter nur zus. (»mit gesamter Hand«) verfügen können.

Gesamthochschule, die inhaltl., verwaltungsmäßige und organisator. Verbindung herkömml. Hochschulen wie Univ., PH oder Fachhochschulen, in der innerhalb der gleichen Fachrichtung für verschiedene Studienziele nach Schwerpunkten, Dauer und Abschluß unterschiedene Studiengänge angeboten werden.

Gesamtnachfolge (Gesamtrechtsnachfolge, Universalsukzession), die Rechtsnachfolge in ein ganzes Vermögen; möglich nur in den gesetzlich bestimmten Fällen (z. B. Erbfolge).

Gesamtschuld, das zw. einem Gläubiger und mehreren Schuldnern bestehende Schuldverhältnis, auf Grund dessen jeder Schuldner zur ganzen Leistung verpflichtet ist, der Gläubiger aber die Leistung nur einmal fordern kann. Die Gesamtschuldner sind verpflichtet, zur Befriedigung des Gläubigers mitzuwirken und, wenn einer den Gläubiger befriedigt hat, ihm Ausgleich zu leisten; i. d. R. haften die Gesamtschuldner untereinander zu gleichen Teilen.

Gesamtschule, eine Schule, in der entweder die verschiedenen herkömml. Schularten (Hauptschule, Realschule, Gymnasium) aufgehen und eine neue organisator. Einheit bilden *(integrierte G.)* oder die Schultypen lediglich räumlich (in Schulzentren) vereinigt werden, meistens unter Einführung einer gemeinsamen Orientierungsstufe im 5. und 6. Schuljahr *(kooperative G.).* In der integrierten G. gibt es nur anfänglich feste Klassenverbände, später greift das Kurssystem, d. h. die einzelnen Fächer werden in Kursen verschieden hoher Anforderung angeboten, so daß ein Schüler nebeneinander Kurse hoher und normaler Anforderung besuchen kann.

Gesamtstrafe, Strafe, die bei gleichzeitiger Verurteilung wegen mehrerer selbständiger Straftaten aus den verhängten Einzelstrafen gebildet wird; darf die Summe der Einzelstrafen nicht erreichen.

Gesamtvereinbarung (Kollektivvereinbarung) ↑Tarifvertrag.

Gesandter, ein Missionschef der zweiten Rangklasse, der beim Staatsoberhaupt akkreditiert ist; leitet die einer Botschaft entsprechende *Gesandtschaft.*

Gesandtschaftsrecht, einerseits die durch das Völkerrecht gewährte Befugnis, Gesandte zu entsenden und zu empfangen, andererseits die Summe der völkerrechtl. Regeln, die den diplomat. Verkehr sowie die Rechte und Pflichten der Diplomaten zum Gegenstand haben, kodifiziert in der *Wiener Konvention über diplomatische Beziehungen* vom 18. 4. 1961. Im Auslandsdienst haben die Diplomaten gewisse Vorrechte und Privilegien: die Räumlichkeiten der Mission sind unverletzlich und jeder Durchsuchung oder Exekution entzogen; den Diplomaten steht Exterritorialität zu, sie dürfen im Empfangsstaat (mit Vorbehalten) in der vollen Bewegungs- und Reisefreiheit nicht beschränkt werden.

Gesang, 1) *Musikwissenschaft:* sowohl die von einem einzelnen (Solo-G.) oder von mehreren Sängern zugleich (Chor-G.) ausgeübte Tätigkeit des Singens wie auch für eine abgeschlossene musikal. Einheit (das G.stück, Lied). **2)** *Literatur:* längerer Abschnitt in Versdichtungen, z. B. in Klopstocks Epos »Der Messias« (20 Gesänge).

Gesangbuch

3) *Zoologie:* Bez. für mehr oder weniger wohlklingende oder rhythm. Lautäußerungen von Tieren, wie sie z. B. bei Grillen, Heuschrecken, Zikaden und v. a. bei Vögeln vorkommen; steht meist in enger Beziehung zum Fortpflanzungsverhalten.

Gesangbuch, die für eine Glaubensgemeinschaft bestimmte Sammlung kirchl. oder geistl. Lieder, u. a. das »Ev. Kirchengesangbuch« (1950), 1993 für das gesamte dt. Sprachgebiet ersetzt durch das »Ev. Gesangbuch«, sowie das »Einheitsgesangbuch« (1973) der kath. Kirche, 1975 für das gesamte dt. Sprachgebiet ersetzt durch »Gotteslob – Kath. Gebet- und Gesangbuch«.

Gesäß (Gesäßbacken, Sitzbacken), auf Grund seines aufrechten Ganges beim Menschen bes. ausgebildetes, das Sitzen erleichterndes unteres Rumpfende, das sich durch die kräftigen Gesäßmuskeln und die dort (unterschiedlich stark) entwickelten Fettpolster vom Rücken absetzt und vorwölbt *(G.rundung).* In der tiefen, senkrechten *G.spalte* liegt der After. Eine quer verlaufende *G.furche (G.falte)* grenzt (v. a. beim stehenden Menschen) das G. von den Oberschenkeln ab.

gesättigte Kohlenwasserstoffe, Kohlenwasserstoffe, in denen keine Doppel- oder Dreifachbindungen vorhanden sind.

Geschäftsanteil, im *Recht* bei der Genossenschaft der Betrag, bis zu dem sich der einzelne Genosse mit Einlagen an der Genossenschaft beteiligen kann, bei der GmbH die (veräußerl.) Mitgliedschaft eines Gesellschafters.

Geschäftsbericht, schriftl. Bericht über den Verlauf eines Geschäftsjahres und die Lage einer (Aktien-)Gesellschaft (Lagebericht) sowie über das Zustandekommen einzelner Bilanzpositionen (Erläuterungsbericht).

Geschäftsfähigkeit, die Fähigkeit, rechtswirksam Rechtsgeschäfte vorzunehmen. *Unbeschränkt geschäftsfähig* ist der volljährige Mensch, der weder geistesgestört noch entmündigt ist. Dies wird als Regelfall angenommen, deshalb muß der Mangel der Geschäftsfähigkeit von dem bewiesen werden, der sich darauf beruft. Der *Geschäftsunfähige* (Minderjähriger, der das 7. Lebensjahr noch nicht vollendet hat, und Personen, die wegen krankhafter Geistesstörung unter dauernder Pflegschaft stehen) kann nur durch seinen gesetzl. Vertreter (Eltern, Vormund, Pfleger) rechtswirksam handeln. *Beschränkt geschäftsfähig* sind Personen zwischen 7 und 18 Jahren, wegen Geistesschwäche, Verschwendung und Trunksucht unter Pflegschaft gestellte Personen. Ein beschränkt Geschäftsfähiger kann ohne Zustimmung des gesetzl. Vertreters rechtlich wirksam vornehmen: Rechtsgeschäfte, die ihm lediglich rechtlich Vorteil bringen (Schenkungsannahme); Geschäfte, die er mit seinem Taschengeld abwickelt (§ 110 BGB, Taschengeldparagraph); bei Ermächtigung zum selbständigen Betrieb eines Erwerbsgeschäfts Geschäfte, die er in diesem Rahmen abschließt *(Handelsmündigkeit);* Geschäfte zur Eingehung oder Aufhebung vom gesetzl. Vertreter generell erlaubter Arbeitsverhältnisse *(Arbeitsmündigkeit).*

Geschäftsführer, der gesetzl. Vertreter einer GmbH.

Geschäftsführung, 1) die mit der Leitung eines Unternehmens oder Verbandes ausgeübte Tätigkeit.
2) *Recht:* (Geschäftsbesorgung), Vornahme von Rechtsgeschäften und rechtlich bedeutsamen Handlungen für einen anderen. Bei einer *G. ohne Auftrag* ist das Geschäft so zu führen, wie es dem Interesse des Geschäftsherrn und seinem wirkl. oder mutmaßl. Willen entspricht, andernfalls hat der Geschäftsführer den entstandenen Schaden zu ersetzen (§§ 677 ff. BGB).

Geschäftsgeheimnis (Betriebsgeheimnis), eine für die Wettbewerbsfähigkeit eines Geschäftsbetriebs bedeutsame Tatsache, die nur einem eng begrenzten Personenkreis bekannt ist und nach dem Willen des Geschäftsinhabers geheim gehalten werden soll.

Geschäftsgrundlage, einem Rechtsgeschäft zugrunde liegende Vorstellungen der Beteiligten, ohne die das Geschäft nicht oder nicht mit einem solchen Inhalt zustande gekommen wäre. Die G. ist rechtserhebl. Motiv oder Geschäftsvoraussetzung, deren Störung zur Änderung oder Aufhebung des Geschäfts führen kann.

Geschäftsjahr, Zeitraum, zu dessen Ende jeder Vollkaufmann Inventar, Bi-

Geschichtsschreibung

lanz und Gewinn-und-Verlust-Rechnung aufzustellen hat. Die Dauer des G. darf zwölf Monate nicht überschreiten.
Geschäftsordnung, Gesamtheit der rechtl. (gesetzl., satzungsmäßigen, vertragl.) Regeln über den Willensbildungsprozeß und die innere Ordnung einer Organisation des Privatrechts (Verein, Gesellschaft) oder des öffentl. Rechts.
Geschäftsstelle, bei jedem Gericht eingerichtete, mit Urkundsbeamten besetzte Stelle, durch die u. a. Beurkundungen, Ausfertigungen von Urteilen, Zustellungen vorgenommen werden.
Geschäftsträger, Missionschef, der nur beim Außen-Min. des Empfangsstaates akkreditiert ist.
Geschichte (lat. historia), i. w. S. Ablauf und Zusammenhang allen Geschehens, das an Raum und Zeit gebunden ist: Erd-G., Natur-G., Menschheits-G.; i. e. S. die politisch-sozialen Beziehungen der Menschen in Vergangenheit, Gegenwart und Zukunft. G. ist zugleich der Prozeß ihrer bewußten Aneignung durch den Menschen.
Geschichtsbild, vorwiss. oder wiss. begründete Auffassung von den geltenden Kräften bzw. vom Gesamtverlauf der Geschichte; es entwickelt sich in Wechselbeziehung mit dem Gegenwartsbewußtsein und ist damit selbst Produkt des histor. Entwicklungsgangs. Das G. der Völker und Nationen kann Überzeugungen von ihren geschichtl. Aufgaben religiöser oder polit. Mission, der Weltbefriedung oder Menschheitsbefreiung beinhalten.
Geschichtsklitterung, unkrit., sinnentstellende oder parteil. Darstellung geschichtl. Vorgänge.
Geschichtsphilosophie, auf Voltaire zurückgehender Begriff sowohl für die Deutung der Universalgeschichte auf ihren Sinn hin oder ihre Erklärung durch allg. Gesetze als auch für die Methodologie der Geschichtsschreibung. Vorbereitet und beeinflußt wurden die Sinndeutungen der *spekulativen* G. seit G. B. Vico durch die christl. Geschichtstheologie. Der Übergang zur neuzeitl. G. fand v. a. auf Grund der Trennung (und der damit beginnenden Befreiung) des Wissens vom Glauben im Nominalismus (insbes. bei Wilhelm von Ockham), in der Reformation, insbes. im Kalvinismus, statt. Für Vico war Geschichte eine Abfolge von Epochen kulturellen Wachstums und Verfalls, die sich auf jeweils höherer Ebene wiederholt; die Vorsehung, obschon als solche noch anerkannt, wurde de facto mit den Gesetzen dieses Prozesses identifiziert. In der Aufklärung wurde nicht nach solchen Gesetzen gesucht, sondern die Geschichte im allg. als ein Fortschritt der Vernunft aus Aberglauben und Barbarei dargestellt (Voltaire, Condorcet u. a.). J. G. Herder betonte die Notwendigkeit der Entfaltung der Humanität in jeder Kulturstufe. Hegel stellte die Weltgeschichte als eine in dialekt. Schritten sich vollziehende Selbstverwirklichung des Geistes zu immer größerer Freiheit dar. Marx und Engels übernahmen zwar die dialekt. Schrittfolge als das allg. Bewegungsgesetz der Geschichte, setzten aber in ihrer *materialist.* G. des histor. †Materialismus an die Stelle des »im Bewußtsein der Freiheit« fortschreitenden Geistes den [Klassen]kampf um die Befriedigung der Bedürfnisse der »wirklichen Individuen«. A. Comte erklärte die Geschichte nach seinem †Dreistadiengesetz. Als Folge der sozialen polit. und kulturellen Veränderungen am Ende des 19. und zu Beginn des 20. Jh. wurden wieder die Gesetze von Wachstum und Verfall der Kultur formuliert (O. Spengler, A. J. Toynbee). Gegenüber den Versuchen spekulativer Sinndeutung und Erklärung der Geschichte durch Bewegungsgesetze ist insbes. von den Vertretern einer krit. G. eingewandt worden, daß sie methodisch ungeklärt oder empirisch ungeprüft oder falsch seien (so v. a. K. R. Popper). Die seit Vico stattfindende Methodendiskussion wird heute v. a. in der Sprache der Logik und der Wissenschaftstheorie geführt.
Geschichtsschreibung, der Versuch, anhand der Darstellung von Vorgängen, Zuständen und Personen Geschichte bewußt werden zu lassen.
Altertum: Bei Ägyptern, Babyloniern, Assyrern u. a. wurden die Taten der Herrscher in *Tatenberichten,* meist in *Inschriften,* gelegentlich auch in *Annalen,* gerühmt. Ansätze zu einer G. mit histor. Kritik und der Frage nach geschichtl. Wahrheit finden sich bei den Hethitern, ähnlich bei den Israeliten, die zudem ihre eigene Vergangenheit als Heilsge-

schichte verstanden. Um Erfahrung weiterzugeben, wollten die Griechen das Traditionsgut mit einem unbedingten Wahrheitsanspruch überliefern und Gründe und Zusammenhänge histor. Vorgänge aufzeigen (v. a. Herodot); Thukydides gilt mit der Darstellung des Peloponnes. Krieges als Schöpfer der *histor. Monographie.* Ab dem 4. Jh. v. Chr. entstanden v. a. nach rhetor. Regeln verfaßte Geschichtswerke. Diese G. erreichte in der röm. Kaiserzeit zu Beginn des 2. Jh. mit Tacitus ihren Höhepunkt. – Neben die G. trat ab etwa dem 4. Jh. v. Chr. die *Biographie* bzw. biograph. Behandlung histor. Stoffe (Plutarch, Sueton).

Mittelalter: Der allg. Rückgang der Schriftlichkeit des MA betraf auch die G.; sie begann nur zögernd im Zuge der Rezeption antiker Kulturformen, getragen fast nur von Geistlichen, daher in lat. Sprache. Es entwickelte sich die für längere Zeit deutlich unterschiedenen Hauptgattungen *Biographie (Vita), Annalen, Chronik* und *Gesta.* Die geistigen Auseinandersetzungen des 11. Jh. bewirkten u. a. eine verstärkte Hinwendung zur *Weltchronik,* die ihren Höhepunkt im geschichtstheolog. Werk Ottos von Freising fand. Vom italien. Frühhumanismus des 14. Jh. an wechselte die G. zw. *Quellenkritik* (Konstantin. Schenkung) und *Geschichtsklitterung,* zw. zeitgeschichtl. Interesse und *Memoirenliteratur* (P. de Commynes). Mit der polit. Geschichtsdarstellung seit dem Ende des 15. Jh. erfolgte die Verbreitung der modernen Staatengeschichte.

Neuzeit: Unter dem Einfluß der Glaubenskämpfe wurde die *Kirchengeschichte* wiederentdeckt. Die Mauriner (benediktin. Reformkongregation) entwickelten die *philolog. Quellenkritik* und begründeten die *histor. Hilfswissenschaften* wie z. B. die *Urkundenlehre.* Die G. der Aufklärung (Voltaire, Montesquieu u. a.) überwand die heils- und territorialgeschichtl. Verengung durch eine an der Entwicklung der Menschheit orientierte *Universalgeschichte.* Neue Sachgebiete wurden erschlossen oder entstanden. Die Vollendung der *histor. Methode* ist Deutschlands klass. Beitrag zur Grundlegung der modernen Geschichtswissenschaft und G. im 19. Jh. Die Kategorien Entwicklung und Individualität wurden im dt. *Historismus* zu Leitprinzipien der G., die die Vergangenheit nun in ihrer Eigentümlichkeit zu verstehen suchte (L. von Ranke, B. G. Niebuhr). Die philologisch-histor. Methode *(Quellenedition)* wurde zur Grundlage aller Geschichtsforschung. Befruchtend auf die G. wirkten die histor. Schulen der Rechts-Wiss. und der Nationalökonomie. Die enge Verbindung zu den polit. Tendenzen der Zeit wird deutlich in den verschiedenen Strömungen der G., der liberalen (u. a. G. G. Gervinus, F. C. Dahlmann) sowie in zwei sich heftig bekämpfenden Richtungen, der preußisch-kleindt. (J. G. Droysen, H. von Treitschke, H. von Sybel) und der österr.-großdt. (J. von Ficker). In Gegensatz zur polit. G. wurde von Wilhelm Heinrich von Riehl (*1825, †1897), G. Freytag und J. Burckhardt die Kulturgeschichte zum vornehml. Gegenstand histor. Darstellung gemacht. L. von Stein begründete die *Sozialgeschichte,* W. Dilthey und F. Meinecke die *Ideengeschichte.* Die G. als Erzeugnis und Erbteil der bürgerl. Epoche erlebte am Ende des 19. Jh. mit der »Krise des Historismus« (F. Meinecke) eine Erschütterung, die vom modernen naturwiss. Weltbild (Positivismus) ihren Ausgang nahm. Der Übergang zu einer sich auch als Sozialwissenschaft verstehenden G. setzte sich erst in der Folge der polit. Katastrophen und sozialen Krisen des 20. Jh. durch.

Geschichtsvereine, aus den »Patriot. Gesellschaften« der Aufklärung erwachsene Vereine zur Pflege und Publizierung orts-, heimat- und landesgeschichtl. Studien *(histor. Vereine)* und zur Pflege und Erhaltung von Altertümern und Denkmälern *(Altertumsvereine).*

Geschichtswissenschaft, die method. Erforschung der Geschichte des Menschen auf Grundlage der kritisch gesicherten Überlieferung (»Quellen«). – Aufgabe und Funktion der G. werden im allgemeinen folgendermaßen definiert: 1. Kenntnis des Vergangenen ist Notwendigkeit. Dabei ist das histor. Material unwandelbar, nicht aber die daraus zu gewinnende Erkenntnis; 2. G. ist eine potentiell ideologiekrit. Wissenschaft; 3. G. legt auch Wurzeln der Gegenwart frei; 4. G. kann keine Handlungsanweisungen bereitstellen. Jedoch

geschlechtsgebundenes Merkmal

erhellt sie die Bedingungen, unter denen sich das Handeln in der Gesellschaft vollzieht; 5. die Frage nach dem Sinn der Geschichte kann nicht in positiver Form beantwortet, aber negativ eingegrenzt werden. – *Einteilung und Organisation* von Forschung und Lehre folgen im wesentlichen bis heute der klass. Periodisierung: Alte, Mittlere und Neuere Geschichte, innerhalb der letzteren: Neueste Geschichte (seit der Frz. Revolution bzw. der Industrialisierung) und Zeitgeschichte. Quer zu dieser Einteilung bildeten sich seit der Mitte des 19. Jh. spezif. Varianten der G.: Am bedeutendsten, nicht zuletzt auf Grund ihrer richtungweisenden Funktion für die moderne Sozial- und Wirtschaftsgeschichte und die Revision des klass. Geschichtsbilds, war die Kulturgeschichte. Eine Fülle von Spezialdisziplinen umfaßt die Bez. histor. Hilfswiss., die die Mittel zur krit. Erforschung der Quellen bereitstellen. Bes. Aspekte der Geschichte behandeln u. a. Rechts-, Religions- und Wirtschaftsgeschichte. Die Grenze zu den von sozialwiss. Methodologie bestimmten Nachbardisziplinen ist fließend.

Geschiebe, vom Gletscher oder Inlandeis transportierte und in Moränen abgelagerte, der Größe nach unsortierte Gesteinsbrocken, die kantengerundet und gekritzt sind. Besonders große Geschiebe werden als *Findlinge (errat. Blöcke)* bezeichnet.

Geschiebemergel, Sediment, abgelagert aus Gletschereis.

Geschlecht, 1) *Biologie:* (Sexus) die Differenzierung von Lebewesen in männl. oder weibl. Gameten hervorbringende Individuen. Sind Lebewesen angelegt, Spermien zu erzeugen, so spricht man vom *männl. G.* (biolog. Symbol: ♂ = Speer und Schild des Mars). Besitzen sie die Fähigkeit, Eizellen hervorzubringen, spricht man von *weibl. G.* (Symbol: ♀ = Spiegel der Venus). Beim gleichzeitigen Vorhandensein beider Fähigkeiten spricht man vom *zwittrigen G.* (Symbol: ⚥ oder ☿).
2) *german. und mittelalterl. Recht:* die durch agnat. Abkunft gekennzeichnete adlige bzw. königl. Verwandtschaftsgemeinschaft. Im Spät-MA auch die einflußreichen Patrizierfamilien größerer Städte. Heute Menschen, die auf Grund ihrer Blutsverwandtschaft erbl. näher miteinander verbunden sind.
3) *Sprachwissenschaft:* ↑Genus.

Geschlechterkunde, svw. ↑Genealogie.

Geschlechtsbestimmung, die Festlegung des jeweiligen Geschlechts eines Organismus (oder bestimmter Bezirke) durch Faktoren, die die urspr. allen Zellen zugrundeliegende bisexuelle Potenz in entsprechender Weise, d. h. zum ♂ oder ♀ hin, beeinflussen. Man unterscheidet zw. *phänotyp. G.*, bei der innere oder äußere Umweltfaktoren das Geschlecht bestimmen (z. B. ändert sich bei Napfschnecken das Geschlecht mit dem Alter, junge Tiere sind ♂, alte ♀) und *genotyp. G.*, bei der v. a. in den Geschlechtschromosomen liegende geschlechtsdeterminierende Gene das Geschlecht bestimmen.

Geschlechtschromatin (Sexchromatin, Barr-Körper[chen], X-Chromatin), nahe der Kernmembran bei etwa 60–70% der ♀ determinierten Körperzellen des Menschen (bei ♂ nur zu etwa 6%) vorkommender, entsprechend anfärbbarer, etwa 0,8–1,1 µm großer Chromatinkörper. *Drumstick* wird ein kleines tropfenförmiges, G. enthaltendes Anhängsel am Segmentkern mancher weißer Blutkörperchen genannt; es kommt bei etwa 3% aller Granulozyten der Frau, dagegen nur äußerst selten beim Mann vor. Eine Untersuchung im Hinblick auf das G. ist z. B. bei der Kontrolle von Sportlern auf ihre Geschlechtszugehörigkeit üblich.

Geschlechtsdimorphismus (Sexualdimorphismus), äußerlich sichtbare Verschiedenheit der Geschlechter derselben Art.

Geschlechtsdrüsen (Keimdrüsen, Gonaden), drüsenähnlich aufgebaute Organe bei den meisten mehrzelligen Tieren und beim Menschen, in denen sich die Keimzellen (Ei- oder Samenzellen) entwickeln. Die G. bilden ♂ ↑Hoden, beim ♀ ↑Eierstock) bilden einen Teil der inneren Geschlechtsorgane.

geschlechtsgebundenes Merkmal, Merkmal, dessen Erbsubstanz (Gen) in den Geschlechtschromosomen (X- und Y-Chromosom) lokalisiert ist und sich daher geschlechtsgebunden weitervererbt (*geschlechtsgebundene Vererbung;* z. B. die Bluterkrankheit).

1247

Geschlechtshormone

Geschlechtshormone (Sexualhormone), i. w. S. alle Hormone, die die Entwicklung und Funktion der Geschlechtsdrüsen und Geschlechtsorgane bestimmen und steuern. Außerdem bestimmen sie die Ausbildung der männl. oder weibl. Geschlechtsmerkmale. Sie werden in den Hoden, den Eierstöcken und in der Nebennierenrinde, während der Schwangerschaft auch in der Plazenta gebildet. Ein durchgehender Ggs. zw. weibl. (Östrogenen und Gestagenen) auf der einen und männl. (Androgenen) auf der anderen Seite besteht nicht. Beide Geschlechter bilden, wenn auch in unterschiedl. Menge, sowohl männl. als auch weibl. Geschlechtshormone. – Die Sekretion der G. unterliegt dem übergeordneten Einfluß der Hypophyse. Deren Tätigkeit wird durch einen Teil des Zwischenhirns, den Hypothalamus, gesteuert, der Neurohormone produziert. Die Neurohormone wirken als Freisetzungsfaktoren (Releaserfaktoren) auf die Hypophyse, so daß diese die G. direkt ausschüttet oder über Vermittlung anderer Hormone die Sekretion der Nebennierenrindenhormone stimuliert. Nach ihrer Zugehörigkeit zu bestimmten chem. Grundverbindungen teilt man die G. in die beiden Gruppen der Gonadotropine (gonadotrope Hormone) und der Steroidhormone ein. Die *Gonadotropine* werden im Hypophysenvorderlappen gebildet. Hierzu gehören: *follikelstimulierendes Hormon* (Abk.: FSH, Follikelreifungshormon), bewirkt bei der Frau die Reifung des Eierstockfollikels und steuert die Östrogenproduktion; beim Mann steuert er den Entwicklungs- und Reifungsprozeß der Samenzellen; *luteinisierendes Hormon* (Gelbkörperbildungshormon, Abk.: LH), löst bei der Frau den Eisprung aus und reguliert Funktion und Lebensdauer des Gelbkörpers; beim Mann steuert es die Produktion und Ausschüttung der Androgene; *luteotropes Hormon* (Prolaktin, Abk.: LTH), bewirkt eine Vermehrung des Brustdrüsengewebes, löst die Milchsekretion aus und bewirkt eine vermehrte Progesteronbildung des Gelbkörpers und damit erhaltend auf die Schwangerschaft. Das *Prolan* (Choriongonadotropin, Abk.: CG) wird während der Schwangerschaft in der Plazenta gebildet und fördert die Östrogen- und Progesteronproduktion und damit das Wachstum der Gebärmutter. – Zu den *Steroidhormonen* gehören: die in den Hoden gebildeten *Androgene* mit den v. a. für die Ausbildung der sekundären männl. Geschlechtsmerkmale verantwortl. *Androsteron* und *Testosteron*; die *Gestagene*, die v. a. im Gelbkörper des Eierstocks und im Mutterkuchen gebildet werden und für die Vorbereitung und Erhaltung der Schwangerschaft sorgen; sie werden v. a. in Form des *Progesterons* (Gelbkörperhormon) gebildet; die *Östrogene* werden im Eifollikel, im Gelbkörper, in der Plazenta und in der Nebennierenrinde synthetisiert. Natürlich vorkommende Östrogene sind das *Östradiol*, das *Östriol* und das *Östron*; sie bewirken die Entwicklung der weibl. Geschlechtsorgane und der sekundären Geschlechtsmerkmale, die Wucherung der Gebärmutterschleimhaut und ohne Aufrechterhaltung der Schwangerschaft. Zus. mit den Gestagenen sind die Östrogene wichtige Bestandteile von Ovulationshemmern (↑Empfängnisverhütung).

Geschlechtskrankheiten (venerische Krankheiten), Infektionskrankheiten, die überwiegend durch Geschlechtsverkehr übertragen werden und deren Erscheinungen v. a. an der Haut und an den Schleimhäuten der Geschlechtsorgane auftreten. Zu den G. des Menschen gehören ↑Tripper, ↑Syphilis, weicher ↑Schanker und ↑Lymphogranuloma inguinale. Behandlung und Bekämpfung der G. sind in der BR Deutschland nach dem Gesetz zur Bekämpfung der Geschlechtskrankheiten vom 23. 7. 1953 (geändert) geregelt. Der die G. feststellende Arzt muß die Ansteckungsquelle und eventuelle Kontaktpersonen ermitteln und darauf dringen, daß diese sich in ärztl. Beobachtung bzw. Behandlung begeben.

Geschlechtsmerkmale, kennzeichnende Merkmale des ♂ bzw. ♀ Geschlechts, deren Bildung bereits während der Embryonalentwicklung beginnt. Man unterscheidet primäre, sekundäre und tertiäre Geschlechtsmerkmale. *Primäre G.* sind die Geschlechtsorgane und deren Anhangsdrüsen. In bezug auf die *sekundären G.* unterscheiden sich ♂♂ und ♀♀ hinsichtlich Gestalt, Färbung und Verhalten äußerlich voneinander. Bes. cha-

Geschlechtsorgane

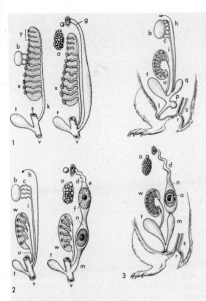

Geschlechtsorgane von Wirbeltieren: männliche (links) und weibliche (rechts) Geschlechtsorgane der Haifische und Lurche **1**, der Kriechtiere und Vögel **2**; **3** männliche (oben) und weibliche (unten) Geschlechtsorgane der Säugetiere. Gonaden: a Eierstock, b Hoden; keimleitende Organe: c Nebenhoden, d Eileiter mit Eizelle e, die von einer aus Drüsen der Eileiterwand abgeschiedenen Eiweißhülle f umgeben ist, g Müllerscher Gang, h rudimentärer Müllerscher Gang, i Samenleiter, k Urnierengang (Wolffscher Gang); Begattungsorgane: l Penis, m Scheide; Brutpflegeorgan: n Gebärmutter; o Embryo mit Embryonalhülle; Anhangsorgane: p Vorsteherdrüse, q Samenblase; Ausscheidungsorgane: r After, s Enddarm, t Harnblase, u Harnleiter, v Kloake, w Nachniere, x Urniere, y Vorderniere

rakterist. sekundäre G. sind Sonderbildungen zur Begattung und Brutpflege sowie akust., opt. und chem. Reize, die von einem Geschlechtspartner ausgehen. Als sekundäre G. sind bei ♂♂ häufig Hörner, Geweihe, Prachtkleider, Mähnen ausgebildet, die v. a. der Abwehr von Rivalen dienen oder die Aufmerksamkeit der ♀♀ auf das ♂ lenken sollen. Bei ♀♀ tritt die Ausbildung sekundärer G. in Form von bes. Organen zur Brutpflege (z. B. Beutel der Känguruhs, die Milchdrüsen) auf. Sind bestimmte, sonst den ♂♂ eigene Bildungen auch bei den ♀♀ entwickelt (z. B. ein Geweih wie beim Ren, Stoßzähne beim Afrikan. Elefanten), so verlieren diese Bildungen ihren Charakter als sekundäre G. und werden zu Artmerkmalen. – Beim Menschen vollzieht sich die endgültige Ausbildung der sekundären G. während der Pubertät unter dem Einfluß der Geschlechtsdrüsen und Hypophysenhormone. Sie betreffen bes. die Behaarung, Stimme und Ausbildung der Milchdrüsen. – Unterschiede in der Körpergröße, im Knochenbau, in der Herz- und Atemtätigkeit sowie in anderen physiolog., auch psych. Faktoren werden zuweilen auch als *tertiäre G.* bezeichnet.

Geschlechtsorgane (Fortpflanzungsorgane, Genitalorgane, Genitalien, Geschlechtsteile), die unmittelbar der geschlechtl. Fortpflanzung dienenden Organe der Lebewesen. Bei den Tieren und beim Menschen stellen sie gleichzeitig die primären Geschlechtsmerkmale dar. Die G. der Tiere und des Menschen lassen sich in äußere und innere G. gliedern. Die äußeren G. des Mannes umfassen Penis und Hodensack (mit Hoden und Nebenhoden), die der Frau Schamspalte, Schamlippen und Kitzler. Zu den inneren G. gehört beim Mann der Samenleiter nebst Anhangsorganen wie Vorsteherdrüse, bei der Frau Eierstock, Eileiter, Gebärmutter und Scheide nebst Bartholin-Drüsen. Die G. der Wirbellosen bestehen oft nur aus (meist paarig angelegten) Eierstökken bzw. Hoden. Bei allen Wirbeltieren (Ausnahme Rundmäuler) besteht eine enge Verbindung zw. Geschlechts- und Exkretionsorganen, die daher als Urogenitalsystem zusammengefaßt werden. Bei den *Blütenpflanzen* sind die ♂ G. die Staubblätter, deren Pollenkörner nach

Geschlechtsreife

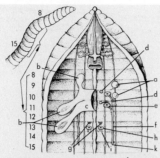

Geschlechtsorgane wirbelloser Tiere (Regenwurm); a Samentaschen, b Samenblasen, c Samenkapsel (rechts geöffnet), d Hoden, e Flimmertrichter des Samenleiters f, g Eierstöcke, h Wimpertrichter des Eihälters mit Eileiter i, k Samenleitermündung, 8–15 Körpersegmente

dem Auskeimen die ♂ Geschlechtszellen bilden. Die ♀ G. sind die Fruchtblätter mit den Samenanlagen; die Eizelle entsteht dann im Embryosack. Die ♂ G. der Moose und Farne sind die Antheridien, in denen die bewegl. ♂ Geschlechtszellen gebildet werden. Die ♀ G. sind die Archegonien, in denen die meist unbewegl. Eizelle entsteht.

Geschlechtsreife, Lebensalter, in dem die Fortpflanzungsfähigkeit eines Lebewesens eintritt; hängt von klimat., physiolog. (z. B. Ernährung, Krankheiten), soziolog. und individuellen (z. B. Erbanlage) Bedingungen ab. Beim Menschen erfolgt die G. mit der ↑Pubertät.

Geschlechtstiere, Einzeltiere in Tierstöcken, die Fortpflanzungsfunktion haben, bzw. fortpflanzungsfähige Individuen bei sozialen Insekten.

Geschlechtstrieb ↑Sexualität.

Geschlechtsumwandlung, ärztlicher Eingriff (durch Operation, Hormontherapie) zur Angleichung der Geschlechtsmerkmale an das ♂ bzw. ♀ Geschlecht bei Hermaphroditismus. Rechtl. Grundlage für eine G. ist in der BR Deutschland das *Transsexuellengesetz* von 1980. Danach besteht unter gewissen Voraussetzungen die Möglichkeit, durch Entscheidung des Amtsgerichts, den/die Vornamen zu ändern und im Personenstandsregister eintragen zu lassen. Außerdem kann nach einer operativen G. von unverheirateten und fortpflanzungsunfähigen Antragstellern eine gerichtl. Feststellung der Geschlechtszugehörigkeit in einem entsprechenden Verfahren beantragt werden.

Geschlechtsverkehr (Geschlechtsakt, Beischlaf, Koitus), genitale Vereinigung, beim Menschen durch Einführung des Penis in die Vagina (entsprechend der ↑Kopulation bei Tieren) und rhythm. Hin- und Herbewegen des Penis in der Vagina. Beim ersten G. kommt es bei der Frau meist zur ↑Defloration. Der G. erfüllt biolog., psycholog. und soziolog. Funktionen. Die *biolog.* bzw. *Zeugungsfunktion (Begattung)* liegt in der Übertragung männl. Keimzellen in den weibl. Organismus mit der mögl. Folge einer Befruchtung und Schwangerschaft. Die *psycholog. Funktion* des G. besteht v. a. in der Befriedigung des Geschlechtstriebs. Die *soziolog. Funktion* betrifft die sexuelle und seel. Partnerbindung, die beim Menschen (im Ggs. zum Tier) an keine Brunstzyklen gebunden ist.

Über die sog. Normalität des G. gibt es keine verbindl. Kriterien. Dies gilt sowohl für die Form, die vielfach durch zahlr. Koituspositionen und Sexualtechniken (wie Fellatio und Cunnilingus) variiert wird, als auch für die Häufigkeit des Geschlechtsverkehrs.

Geschlechtswort, svw. ↑Artikel.

Geschlechtszellen (Keimzellen, Fortpflanzungszellen, Gameten), die bei der Befruchtung miteinander verschmelzenden, als ♂ oder ♀ unterschiedenen, haploiden Zellen. Man unterscheidet: *Isogameten,* wenn die ♂ und ♀ G. morphologisch gleich sind und sich nur in ihrem Verhalten unterscheiden (z. B. bei Algen); *Anisogameten,* wenn sie morpholog. Unterschiede, hpts. in der Größe, aufweisen: Die größeren ♀ G. heißen dann *Makrogameten,* die kleineren ♂ *Mikrogameten* (z. B. bei Pilzen, Sporentierchen), *Heterogameten,* wenn sie (als Anisogameten) als größere, in allg. unbewegl. Eizellen und kleinere, bewegl. Samenzellen ausgebildet sind.

geschlossene Fonds (engl. closed-endfunds), Investmentfonds mit endgültig festgelegter Anteilszahl.

Geschmack, 1) *Ästhetik:* im 17./18. Jh. gültiger Begriff für die Fähigkeit, das Schöne in Natur und Kunst aus der Unmittelbarkeit der ästhet. Erfahrung zu

Geschoß

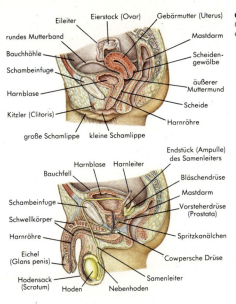

Geschlechtsorgane des Menschen.
Oben: weibliche ♦ Unten: männliche Beckeneingeweide (Längsschnitt)

beurteilen; nach Kant ein »Gefühlsurteil«.
2) *Biologie:* svw. ↑Geschmackssinn.
Geschmacksmuster, schutzfähige, gewerbl. verwertbare ästhet. Gestaltungsform (z. B. Stoffmuster); schutzfähig sind nur neue und gewerblich verwendbare Erzeugnisse. Die Schutzfrist beträgt 1–15 Jahre nach Eintragung in das *Musterregister* beim Amtsgericht.
Geschmackssinn (Geschmack, Schmecksinn), chem. Sinn zur Wahrnehmung von Nahrungsstoffen und zum Abweisen ungenießbarer bzw. schädl. Substanzen beim Menschen und bei Tieren. Der G. ist ein Nahsinn mit relativ hohen Reizschwellen. Die *Geschmackssinneszellen (Geschmacksrezeptoren)* sprechen auf gelöste Substanzen *(Geschmacksstoffe)* an. Sie liegen beim Menschen und bei den Wirbeltieren fast ausschließlich im Bereich der Mundhöhle. Bei Säugetieren und beim Menschen stehen die sekundären Geschmacksrezeptoren mit dazwischen liegenden Stützzellen in sog. *Geschmacksknospen* zusammen. Die spindelförmigen Sinneszellen stehen durch einen feinen Kanal mit der Mundhöhle in Verbindung. An ihrer Basis treten Nervenfasern aus, die Geschmacksimpulse zu den betreffenden Gehirnzentren weiterleiten. Jede Sinneszelle hat feine Fortsätze, die in eine kleine, nach der Mundhöhle sich öffnende Grube *(Geschmacksporus)* hineinragen. Der erwachsene Mensch hat rd. 2 000 Geschmacksknospen (ihre Zahl verringert sich mit zunehmendem Alter). Sie liegen hpts. auf den vorderen und seitl. Zungenteilen und am Zungengrund. Die vielfältigen Sinnesempfindungen, die z. B. beim Abschmecken von Speisen und beim Kosten von Getränken auftreten, beruhen v. a. auf dem Zusammenwirken von Geschmacks- und von Geruchsempfindungen. Die vier Grundqualitäten des G. sind süß, sauer, salzig und bitter. Süß schmeckt man mit der Zungenspitze, sauer an den Zungenrändern, salzig an Rändern und Spitze, bitter erst am Zungengrund.

Geschoß, 1) *Waffentechnik:* (Projektil) Körper, der mit Hilfe einer Waffe verschossen wird und eine ballist. Flugbahn (Geschoßbahn) beschreibt.
2) *Bauwesen:* (Stockwerk, Etage) Gebäudeteil; umfaßt die auf einer Ebene liegenden Räume.

Geschmackssinn.
Schema einer menschlichen Geschmacksknospe; a Geschmacksporus; b Sinneszellen mit Geschmacksstiftchen; c Stützzellen; d Nervenbündel

Geschoßbahn

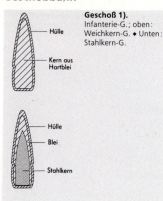

Geschoß 1). Infanterie-G.; oben: Weichkern-G. ♦ Unten: Stahlkern-G.

Geschoßbahn, Flugbahn eines Geschosses unter dem Einfluß von Schwerkraft und Lufttreibung. In großer Höhe (praktisch ohne Lufttreibung) oder bei geringer Geschwindigkeit ergibt sich eine parabelförmige G. *(Wurfparabel).* Wirkt sich v. a. bei hohen Geschwindigkeiten der Luftwiderstand aus (Verzögerung proportional dem Quadrat der Geschwindigkeit), so ergibt sich die sog. *ballist. Kurve.* Sie liegt bei gleichen Anfangsbedingungen ganz innerhalb der idealen Wurfparabel.

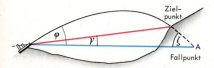

Geschoßbahn. Ballistische Kurve; tatsächliche Schußweite rot, waagerechte oder schußtafelmäßige Schußweite blau, ϕ Abgangswinkel, γ Geländewinkel oder Zielhöhenwinkel, ζ schußtafelmäßiger Fallwinkel

Geschoßflächenzahl, nach der Baunutzungsverordnung diejenige Zahl, die angibt, wieviel m² Geschoßfläche je m² Grundstücksfläche zulässig sind.

Geschoßgarbe (Garbe), schnelle Folge von (ungezielten) Schüssen (militär.: *Feuerstoß)* aus einer Maschinenwaffe.

Geschütz, militär. Feuerwaffe zum Abschießen von Geschossen aus einem Geschützrohr mit Hilfe einer Pulverladung (Treibladung). Das G., die Hauptwaffe der Artillerie, gehört auch zur Bewaffnung von Panzern, Flugzeugen und Kriegsschiffen.

Kanonen sind G. mit im Verhältnis zum Kaliber langen Rohren, hoher Abgangsgeschwindigkeit der Geschosse und großer Reichweite (Panzer- bzw. Flugabwehrkanone, *Pak* bzw. *Flak,* Bordkanone verschiedener Panzer, Schiffsgeschütz); mit Ausnahme der Flak zählen sie zu den *Flachfeuergeschützen. Haubitzen* sind G. mit kürzeren Rohren (Bauarten: fahrbare *Feldhaubitzen,* Haubitzen auf Selbstfahrlafetten, panzerähnl. *Panzerhaubitzen). Mörser* sind *Steilfeuer-G.* mit kurzen Rohren und großem Kaliber. Moderne G. zeichnen sich durch hohe Beweglichkeit, geringes Gewicht, schnelle Schußfolge *(Kadenz),* große Reichweite und maschinelle Ladeautomatik auch für verschiedene Munitionsarten aus. Hauptteile eines Geschützes sind: 1. das *Geschützrohr* samt Verschluß, mechan. oder elektr. Abfeuerungseinrichtung, Mündungsbremse (zur Minderung der Rückstoßkräfte) und Rauchabsauger; 2. die *Lafette,* mit der sog. Rohrwiege und den Richtwerken, die die vertikale und horizontale Einstellung des G.rohres ermöglichen; 3. die *Ladeeinrichtung* (z. T. vollautomat.) und 4. die *Zieleinrichtung* (Zielwerke).

Geschichte: Die G. haben sich aus den ersten primitiven Feuerwaffen entwickelt. Anfangs verwendete man kurze, aus Eisen geschmiedete oder aus Bronze gegossene Rohre. Als Geschosse dienten Steinkugeln, seit der 2. Hälfte des 15. Jh. auch gußeiserne Kugeln. Es gab eine Fülle verschiedener G.arten: Steinbüchsen (für Steinkugeln), Klotzbüchsen (für Kugeln aus Eisen und Bronze), Lotbüchsen (für Bleikugeln); Metzen und Kanonen hatten großes Kaliber; Mörser, Böller, Tummler waren kurz und weit; Mauerbrecher, Bombarden oder Hauptbüchsen dienten zum Brescheschuß; Kartaunen waren kleine Hauptbüchsen; Schlangen besaßen bis zu 4 m lange Rohre (Kaliber 10–15 cm). Um die Mitte des 19. Jh. lösten gezogene Hinterlade-G. die Vorderlader ab. 1840 wurden in Schweden Hinterlade-G. mit Kolbenverschluß hergestellt. Um die Jh.wende wurde das Schnellfeuer-G. entwickelt. Schon zu Beginn des 1. Weltkrieges wurde der auf eine Räderlafette montierte Kruppsche Mörser (»Dicke Berta«, Reichweite 15 km) eingesetzt. Gegen Ende des 1. Weltkriegs gab es bes. leichte Infanterie-G. sowie Flug- und Panzerabwehrkanonen. Im 2. Weltkrieg wurden v. a. Feld- und Ka-

Geschwulst

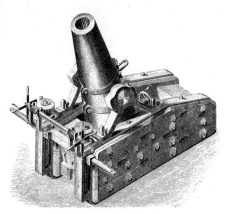

Geschütze. Deutscher Mörser der Belagerungs- und Festungsartillerie in fahrbarer Lafette, Kaliber 21 cm; 1870

nonenhaubitzen verwendet, die Zünd- und Zielvorrichtungen der G. verbessert (elektr. Zünder, maschinelle Richt- und automat. Zielwerke). Nach dem 2. Weltkrieg wurden *Atom-G.* entwickelt.

geschützte Pflanzen und Tiere, wildwachsende Pflanzen, deren Beschädigung oder Entfernung vom Standort wegen ihrer Seltenheit verboten oder nur beschränkt zulässig ist, sowie wildlebende Tiere, deren mutwillige Tötung, mißbräuchl. Aneignung und Verwertung ständig oder zeitweise verboten ist. Eingeschlossen in diesen Schutz sind Entwicklungsformen, Lebensstätten, Lebensräume und Lebensgemeinschaften. Der gesetzl. Schutz ist im wesentlichen im Rahmen des Bundesnaturschutzgesetzes (in der Fassung vom 10. 12. 1986) und der Bundesartenschutzverordnung (vom 18. 9. 1989) vorgesehen, ergänzend dazu durch internat. Vereinbarungen, denen sich die BR Deutschland angeschlossen hat, sowie durch den Biotopschutz.

Geschwader [lat.-italien.], fliegender Einsatzverband der *Luftwaffe* auf Regimentsebene; in der *Marine* eine organisator. und takt. Zusammenfassung von (meist gleichartigen) Kriegsschiffen.

Geschwindigkeit, Formelzeichen v, bei einer gleichförmigen Bewegung der konstante Quotient aus dem zurückgelegten Weg s und der dazu benötigten Zeit t, also $v = s/t$. Bei ungleichförmiger Bewegung der entsprechende Differentialquotient $v = ds/dt$. Die G. wird im allg. in bezug auf ein als fest angenommenes Koordinatensystem gemessen und dann auch als *Absolut-G.* bezeichnet, im Ggs. zur *Relativ-G.*, mit der sich zwei Körper gegeneinander bewegen. *SI-Einheit* der G. ist Meter durch Sekunde, Einheitenzeichen m/s. Ein Körper hat die G. 1 m/s, wenn er in 1 Sekunde einen Weg von 1 Meter zurücklegt. Eine weitere Einheit ist Kilometer pro Stunde (km/h); 1 m/s = 3,6 km/h.

Geschworene ↑Schöffen.

Geschwulst (Tumor, Neoplasma, Blastom), krankhafte Neubildung in menschl. oder tier. Geweben, die meist ohne erkennbare Ursache entsteht. *Gut-*

Geschütze. Deutscher Mörser »Gamma-Gerät«, sogenannte Dicke Berta, Kaliber 42 cm; 1911

Geschwür

artige (benigne) Geschwülste sind scharf abgegrenzt, oft abgekapselt. Sie wachsen langsam, dringen nicht in fremde Gewebe und Blutgefäße ein (sie wachsen nicht infiltrierend) und führen nicht zu Absiedlungen (Metastasen). *Bösartige (maligne) Geschwülste* dagegen sind unscharf begrenzt, wachsen schnell und die Nachbargewebe zerstörend, setzen Metastasen, führen zur Stoffwechselvergiftung und neigen nach der Behandlung zu Rückfällen. ↑Krebs.

Geschwür (Ulkus, Ulcus), örtl., verhältnismäßig tiefer, schlecht heilender Substanzdefekt an der Haut oder Schleimhaut, gewöhnlich durch Zerfall krankhaft veränderten Gewebes entstanden.

Geselle, jemand, der einen Ausbildungsberuf des Handwerks erlernt und vom Prüfungsausschuß der Handwerkskammer bzw. -innung ein Zeugnis, den *Gesellenbrief,* erhalten hat.

Gesellenvereine, in der Phase des Übergangs zur Industriegesellschaft entwickelte Standesorganisationen unselbständiger Handwerker zur sozialen Unterstützung und Bildung der Handwerksgesellen. Die bedeutendsten G. sind das kath. ↑Kolpingwerk und der ev. ↑Christliche Verein junger Männer.

Gesellschaft, 1) Grundbegriff der *Sozialwiss.:* das strukturierte und organisierte System menschl. Zusammenlebens und -wirkens.
Die *ständisch* gebaute G. war dem Staat eingeordnet, Staat und G. waren im wesentlichen bis in das 19. Jh. gleichgesetzt. Die seit 1789 entstandene *bürgerl.* G. bezog ihre Dynamik und Gestaltungskraft aus den wirtschaftlich-techn. Umwälzungen in der 1. Hälfte des 19. Jh. (industrielle Revolution, Verstädterung, Auflösung patriarchal. Strukturen usw.). Der Marxismus entwickelte die These, die soziale Revolution der Arbeiterklasse werde unter Aufhebung (»Überwindung«) des Staates als äußerem Rahmen die *klassenlose* G. errichten. Seit der 2. Hälfte des 20. Jh. werden die westl. Demokratien mit dem Begriff der *pluralist.* G. im Sinne eines vielschichtigen Gruppen- und Wertesystems identifiziert. ↑Massengesellschaft.
2) *Biologie:* die Verbundenheit von Lebewesen mit anderen ihrer Art und ihr Eingeschlossensein in den gleichen Lebenszusammenhang.
3) *Recht:* jede privatrechtl. Personenvereinigung, die zur Erreichung eines bestimmten gemeinsamen Zwecks durch Rechtsgeschäft (Gesellschaftsvertrag, Satzung) begründet wird, z. B. rechtsfähige Vereine und nichtrechtsfähige G. des bürgerl. Rechts.

Gesellschaft des bürgerlichen Rechts (BGB-Gesellschaft, bürgerlich-rechtl. Gesellschaft), auf einem Gesellschaftsvertrag beruhende, nicht rechtsfähige Personenvereinigung zur Förderung eines von den Gesellschaftern (den Trägern des Gesellschaftsvermögens) gemeinsam verfolgten ideellen oder materiellen Zwecks. Betreibt die Gesellschaft ein vollkaufmänn. Handelsgewerbe, so ist sie eine OHG oder KG. – Die *Geschäftsführung* steht den Gesellschaftern (sofern durch den Gesellschaftsvertrag nicht anders geregelt) grundsätzlich gemeinsam zu; jedes Geschäft erfordert deshalb grundsätzlich einen einstimmig gefaßten (formlosen) *Gesellschafterbeschluß* (bei Personengesellschaften). Aus Verbindlichkeiten, die von vertretungsberechtigten Gesellschaftern für die Gesamtheit eingegangen werden, haften alle Gesellschafter als Gesamtschuldner, also auch mit ihrem Privatvermögen. – Die *Aufnahme* eines neuen Gesellschafters erfordert im allgemeinen einen Aufnahmevertrag zw. dem Aufzunehmenden und den bisherigen Gesellschaftern. Beim *Ausscheiden* eines Gesellschafters wächst den übrigen Gesellschaftern der Anteil des Ausgeschiedenen an der Gesellschaft zu. – *Mit der Auflösung* (z. B. durch Gesellschafterbeschluß oder Konkurs oder Kündigung durch einen Gesellschafter) wandelt sich die Gesellschaft in eine *Auseinandersetzungsgesellschaft* um. Zum Zweck der Auseinandersetzung sind grundsätzlich zuerst die gemeinschaftl. Schulden zu zahlen und den Einlagen der Gesellschafter zurückzuerstatten.

Gesellschaft des Göttlichen Wortes (lat. Societas Verbi Divini) ↑Steyler Missionare.

Gesellschaft Deutscher Naturforscher und Ärzte e. V., Vereinigung zur Förderung der Naturwissenschaften und Medizin; 1822 in Leipzig gegründet; Sitz: Leverkusen.

Gesellschaften für Christlich-Jüdische Zusammenarbeit, seit 1946/47 entstandene Vereinigungen in der BR Deutschland, die für ein besseres Verhältnis zw. Christen und Juden und für den Abbau von Vorurteilen gegenüber Minderheiten eintreten; Sitz des »Dt. Koordinierungsrates der G. f. C.-J. Z.« ist Frankfurt am Main. In der *Woche der Brüderlichkeit* (seit 1951) verleiht der Koordinierungsrat seit 1966 die *Buber-Rosenzweig-Medaille* an Persönlichkeiten, die sich um das christlich-jüd. Gespräch verdient gemacht haben.

Gesellschafter, Mgl. einer Personengesellschaft oder Anteilsinhaber einer GmbH.

Gesellschaft für deutsche Sprache ↑Deutscher Sprachverein.

Gesellschaft für Mathematik und Datenverarbeitung mbH Bonn, Abk. **GMD,** von der BR Deutschland und dem Land NRW 1968 gegr. Gesellschaft mit der Aufgabe, auf dem Gebiet der Datenverarbeitung Ausbildung, Beratung und Grundlagenforschung zu betreiben; 1973 Übernahme des *Dt. Rechenzentrums* in Darmstadt.

Gesellschaft für musikalische Aufführungsrechte und mechanische Vervielfältigungsrechte ↑GEMA.

Gesellschaft für Schwerionenforschung mbH, Abk. **GSI,** 1969 gegr. Großforschungseinrichtung zur Schwerionenforschung; Sitz Darmstadt.

Gesellschaft Jesu ↑Jesuiten.

Gesellschaft mit beschränkter Haftung, Abk. **GmbH,** rechtsfähige Kapitalgesellschaft, für deren Verbindlichkeiten nur das Gesellschaftsvermögen haftet. Sie ist Handelsgesellschaft, auch wenn sie kein Handelsgewerbe betreibt. Ihr *Stammkapital* (mindestens 50000 DM) wird durch die *Stammeinlagen* der Gesellschafter (Mindestbetrag 500 DM) aufgebracht. – Eine GmbH wird durch eine oder mehrere Personen gegründet, die in notariel-ler Urkunde einen Gesellschaftsvertrag (= Satzung) errichten, darin die Stammeinlagen übernehmen und einen *Geschäftsführer* mit unbeschränkter Vertretungsmacht bestellen. Durch die Eintragung ins Handelsregister erlangt die Gesellschaft Rechtsfähigkeit. Die *Gesamtheit der Gesellschafter* faßt ihre (grundsätzlich formlosen) Beschlüsse *(Gesellschafterbeschluß)* meist in einer *Gesellschafterversammlung;* ein *Aufsichtsrat* muß nur ausnahmsweise (z. B. auf Grund des Betriebsverfassungsgesetzes in Betrieben mit mehr als 500 Arbeitnehmern) bestellt werden. – Auflösungsgründe sind v. a. Gesellschafterbeschluß und Konkurs. – Die Mitgliedschaft (Geschäftsanteil) gewährt ein Mitverwaltungs-(Stimm-, Auskunfts-) Recht und einen Anspruch auf einen Gewinnanteil, verpflichtet aber auch zur Erbringung der Stammeinlage, ferner (falls im Gesellschaftsvertrag vorgesehen) zur Leistung von (beschränkten oder unbeschränkten) Nachschüssen.

Gesellschaftsformation, Begriff des histor. Materialismus für die Gesamtheit der materiellen und ideolog. Verhältnisse der Gesellschaft in einer bestimmten Entwicklungsstufe (Urkommunismus, Sklavenhaltertum, Feudalismus, Kapitalismus, Sozialismus, Kommunismus).

Gesellschaftsinseln.
Blick auf Mooréa mit der Cook-Bucht

Gesellschaftsinseln, zu Französisch-Polynesien gehörende Inselgruppe im südl. Pazifik, 1 647 km² (größte der G. ist ↑Tahiti). – 1767 entdeckt; 1880 frz. Kolonie. – Abb. S. 1255.

Gesellschaftslied, Bez. der Liedtraditionen v. a. des 17. und 18. Jh., die weder dem Kunstlied noch dem Volkslied zuzurechnen sind und von einer bestimmten Gesellschaftsschicht getragen wurden, u. a. Tanz-, Trink-, Festlieder der Studenten.

Gesellschaftsroman ↑Roman.

Gesellschaftstanz, Bez. für Tanzformen, die in ihren Grundschritten weitgehend festgelegt sind (z. B. Walzer, Foxtrott, Tango, Rumba, Rock 'n' Roll, Breakdance); G. werden i. d. R. in Paaren getanzt.

Gesellschaftsteuer ↑Kapitalverkehrsteuer.

Gesellschaftsvermögen, das gemeinschaftl. Vermögen der Gesellschafter einer Personengesellschaft, das i. d. R. aus den Beiträgen der Gesellschafter und den für die Gesellschaft erworbenen Gegenständen gebildet wird.

Gesellschaftsvertrag, 1) *Geschichtswissenschaft:* ↑Vertragslehre.
2) *Recht:* 1. der [grundsätzlich formlose] Vertrag, durch den eine Personengesellschaft errichtet wird; 2. die Satzung einer Gesellschaft mit beschränkter Haftung.

Gesellschaftswissenschaften, svw. ↑Sozialwissenschaften.

Gesellschaft zur Vereinigung des Weltchristentums ↑Vereinigungskirche e. V.

Gesenk, Preßwerkzeug in Gestalt einer Hohlform, zw. deren Oberteil (*Ober-G., Stempel*) und Unterteil (*Unter-G.*) Preßteile gefertigt werden können (*G.schmieden, G.pressen*).

Geser (Gezer), Ruinenhügel Tel Gezer, 25 km sö. Tel Aviv, Israel, alte bed. Stadt, namentlich belegt seit dem 15. Jh. v. Chr. als *Gazru;* Ausgrabungen seit 1902.

Gesetz, 1) *allg.:* die theoret. Formulierung eines als wesentlich erkannten Zusammenhanges zw. bestimmten Dingen und Erscheinungen bzw. Vorgängen in Natur, Wiss. und Gesellschaft, durch den ihr Verhalten bzw. ihr Ablauf eindeutig bestimmt und der unter gleichen Bedingungen in gleicher Weise feststellbar ist; auch svw. Regel, Vorschrift, Richtlinie oder Norm, nach der man handeln muß oder handelt. Zu unterscheiden sind Denk- und Naturgesetze. Die *Denkgesetze* beschreiben (als log. G.) die allgemeinsten Verfahrensweisen des Denkens bei der Bildung von Begriffen, Urteilen und Schlüssen, oder sie drükken Folgerungen aus, die sich durch Anwendungen der log. G. ergeben. Die sich auf die reale Welt beziehenden *Naturgesetze* erhält man durch generalisierende Induktion aus Einzelfällen.
In der *Physik* ist ein G. ein durch Messung oder wiss. Experiment nicht widerlegter allg. gültiger Satz. Physikal. G. sind allg. G., d. h., sie gelten in beliebig reproduzierbaren Situationen. Die empir. G., wie etwa die Fall-G. oder die Keplerschen G., werden auf Grund-G. in Form von Differentialgleichungen zurückgeführt. In der *Mathematik* und in der *Logik* werden Axiome und Sätze einer Theorie (z. B. bei der Addition und Multiplikation das Assoziativ-G., das Kommutativ-G., das Distributiv-G.) als G. bezeichnet. Dabei wird das Kriterium der Gültigkeit im Fall der Axiome durch das der Widerspruchsfreiheit des Axiomensystems, im Fall der Sätze durch das der Ableitbarkeit aus den Axiomen ersetzt.
2) *Recht:* 1. *im formellen Sinn:* der in einem verfassungsmäßig vorgesehenen, förml. Gesetzgebungsverfahren unter Beteiligung der Volksvertretung zustandegekommene Rechtssatz; 2. *im materiellen Sinn:* jeder Rechtssatz, d. h. jede hoheitliche, generelle und abstrakte Regelung mit allgemeinverbindliche Wirkung. – Vom Verwaltungsakt und Richterspruch unterscheidet sich das G. dadurch, daß es nicht einen oder mehrere Einzelfälle, sondern eine unbestimmte Vielzahl von Fällen regelt. An das G. sind alle drei Staatsgewalten gebunden.

Gesetzblätter, amtl. Verkündungsblätter zur Veröffentlichung der Gesetze und Rechtsverordnungen (z. B. das Bundesgesetzblatt).

Gesetzentwurf ↑Gesetzgebungsverfahren.

Gesetzesinitiative ↑Gesetzgebungsverfahren.

Gesetzeskonkurrenz ↑Konkurrenz von Straftaten.

Gesetzeskonkurrenz

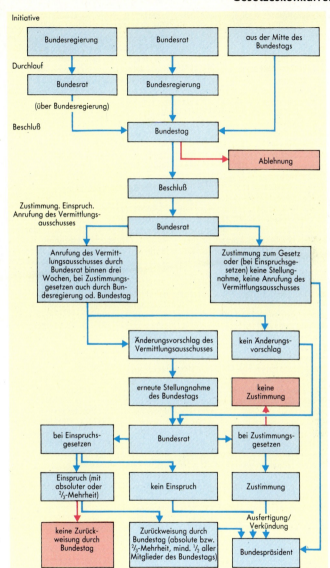

Gesetzgebungsverfahren in der Bundesrepublik Deutschland

Gesetzesreligion

Gesetzesreligion, Religionsform, die das Gesetz und seine Befolgung in den Mittelpunkt religiösen Verhaltens stellt. In ihr gilt Gott als allein rechtmäßiger Gesetzgeber (u. a. Judentum und Islam).

Gesetzesvorbehalt ↑Grundrechte.

Gesetzgebung, Erlaß von Rechtssätzen, d. h. von Gesetzen im formellen und materiellen Sinne. Die G. ist Funktion der *gesetzgebenden Gewalt* (Legislative) innerhalb der drei Staatsgewalten. Allerdings ist die Gewaltentrennung durchbrochen, da auch z. T. die Exekutive zur G. befugt ist (Erlaß von Rechtsverordnungen). In der BR Deutschland ist die Befugnis zur G. zw. Bund und Ländern aufgeteilt. Nach Art. 74 GG haben die Länder die Befugnis zur G., soweit der Bund von seinem G.recht keinen Gebrauch macht (konkurrierende G.). Die Fälle, in denen ausschließlich der Bund G.kompetenz hat, sind in Art. 73 GG aufgeführt. Die Befugnis zur G. auf dem Gebiet des Finanzwesens ist gesondert geregelt (Art. 105 GG). In allen übrigen Fällen haben die Länder die G.kompetenz (Art. 70 GG).

Gesetzgebungsnotstand ↑Notstand.

Gesetzgebungsverfahren, Verfahren, in dem *Gesetze im formellen Sinne* zustande kommen. Sie werden entsprechend der Befugnis zur Gesetzgebung von den gesetzgebenden Organen des Bundes (Bundestag und Bundesrat) oder der Länder beschlossen. Das G. für Bundesgesetze beginnt mit der *Einbringung einer Gesetzesvorlage* (Gesetzesentwurf, Vorlage) beim Bundestag durch die Bundesregierung, aus der Mitte des Bundestages oder durch den Bundesrat *(Gesetzesinitiative).* Die Gesetzentwürfe werden im Bundestagsplenum in drei Lesungen beraten, wobei sie im Anschluß an die erste Lesung einem Ausschuß überwiesen werden. Nachdem ein Bundesgesetz vom Bundestag beschlossen worden ist, wird es dem Bundesrat zugeleitet. Dieser kann verlangen, daß ein aus Mgl. des Bundestages und des Bundesrates gebildeter ↑Vermittlungsausschuß einberufen wird. Schlägt dieser eine Änderung des Gesetzesbeschlusses vor, so hat der Bundestag erneut Beschluß zu fassen. Für das weitere G. ist entscheidend, ob für das Bundesgesetz kraft ausdrückl. verfassungsrechtl. Vorschrift die Zustimmung des Bundesrates erforderlich ist (sog. *Zustimmungsgesetz*) oder ob es sich um ein sog. *Einspruchsgesetz* handelt (d. h., der Bundesrat kann bei Nichtberücksichtigung seiner Einwendungen durch den Vermittlungsausschuß Einspruch einlegen, den der Bundestag jedoch zurückweisen kann). Die nach den Vorschriften des GG zustandegekommenen Bundesgesetze werden vom Bundes-Präs. nach Gegenzeichnung durch den Bundeskanzler oder den zuständigen Bundes-Min. ausgefertigt (↑Ausfertigung), im Bundesgesetzblatt verkündet und treten an dem Tag in Kraft, den das Gesetz bestimmt, oder 14 Tage nach Verkündung.

In *Österreich* darf sich die Gesetzgebung des Bundes nur im Rahmen der dem Bund zugewiesenen Kompetenzen bewegen. Organe der Bundesgesetzgebung sind der *Nationalrat* und der *Bundesrat.* Gesetzesanträge gelangen an den Nationalrat als Regierungsvorlagen, Initiativanträge seiner Mgl., Anträge des Bundesrates oder als Volksbegehren. Über solche Anträge ist nach Beratung in einem Ausschuß im Nationalratsplenum abzustimmen. Der Bundesrat kann in bestimmten Angelegenheiten gegen vom Nationalrat angenommene Anträge ein aufschiebendes Veto erheben. Der Einspruch kann durch einen Beharrungsbeschluß des Nationalrates entkräftet werden. Der Bundes-Präs. beurkundet das verfassungsmäßige Zustandekommen der Bundesgesetze unter Gegenzeichnung des Bundeskanzlers und der zuständigen Ressortminister. Bestimmte Gesetze sind vor Verkündung im Bundesgesetzblatt einer Volksabstimmung unterworfen.

In der *Schweiz* wird das Bundes-G. durch eine *Gesetzesinitiative* des *National-* oder des *Ständerats*, eines Kantons oder des *Gesamtbundesrats* in Gang gesetzt. Im Verfassungs-G. besitzt überdies noch das Volk ein Initiativrecht. Auf die Gesetzesinitiative hin arbeitet der Bundesrat einen *Gesetzentwurf* (Vorlage) aus, den er der Bundesversammlung in Form einer *Botschaft* unterbreitet. Eine parlamentar. Kommission aus Mgl. beider Räte unterzieht den Entwurf einer Vorberatung. Den Präs. der beiden Räte obliegt sodann die Vereinbarung, welche

Parlamentskammer die Plenarberatung zuerst aufzunehmen hat (Parallelensystem). Weicht der Beschluß des zweitberatenden Rates von demjenigen des erstberatenden ab, so kommt es zum sog. *Differenzbereinigungsverfahren,* d. h., die Streitpunkte werden nochmals an den erstbehandelnden Rat verwiesen. Dieses Verfahren wird, wenn nötig, so lange fortgesetzt, bis in beiden Räten gleichlautende Beschlüsse vorliegen oder aber an den Differenzen festgehalten wird; in diesem Falle, wie auch dann, wenn ein Rat die Vorlage in der Gesamtabstimmung verwirft, ist die Vorlage gescheitert. Beim Verfassungs-G., oder wenn 30 000 Stimmberechtigte oder acht Kantone es verlangen, muß das Gesetz der Volksabstimmung unterbreitet werden. Stimmt die Mehrheit der Stimmbürger zu und bestimmt das betreffende Gesetz sein Inkrafttreten nicht selbst, so legt der Bundesrat den Zeitpunkt des Inkrafttretens fest.

gesetzlicher Richter, der Einzelrichter oder das gerichtl. Kollegium (Kammer, Senat), der bzw. das für eine konkrete richterl. Entscheidung zuständig ist; ihm darf niemand entzogen werden.

gesetzlicher Vertreter ↑Stellvertretung, ↑elterliche Sorge.

Gesicht, 1) *Anatomie:* (Facies) beim Menschen und bei Säugetieren durch Ausbildung einer bes. G.muskulatur gekennzeichneter vorderer Teil des Kopfes, der die Stirn-, Augen-, Nasen- und Mundregion umfaßt. Das *Knochengerüst* des G. wird im wesentlichen vom Stirnbein, von den Schläfenbeinen und vom G.schädel gebildet. Wichtigstes *Sinnesorgan* des G. ist das paarige Auge. Die *G.muskeln* stehen durch Bildung von Falten und Grübchen als mimische Muskulatur im Dienst des *G.ausdrucks.* – Die *G.haut* ist beim Menschen verhältnismäßig zart und gefäßreich. Die *G.farbe* hängt von der Durchsichtigkeit der G.haut, ihrer Eigenfarbe bzw. ihrem Pigmentgehalt und der Hautdurchblutung ab.

2) *Parapsychologie:* ↑Zweites Gesicht.

Gesichtsfeld (Seh[ding]feld), der ohne Kopf- oder Augenbewegung wahrnehmbare Teil des Raumes.

Gesichtslähmung (Gesichtsmuskellähmung, Fazialisparese, Fazialislähmung), einseitige oder vollständige Lähmung der vom Gesichtsnerv (Fazialis) versorgten Gesichtsmuskulatur. Kennzeichen sind: weit offen stehende Lidspalte durch Unfähigkeit zum Lidschluß, Herabhängen des Mundwinkels. Entsteht u. a. durch Verletzungen, Entzündungen, Viruserkrankungen; in den meisten Fällen ist die Entstehung einer G. jedoch unklar (sog. *idiopath.* oder *rheumat. Gesichtslähmung*).

Gesims (Sims), vortretende Platten an Außenwänden, horizontales Gliede-

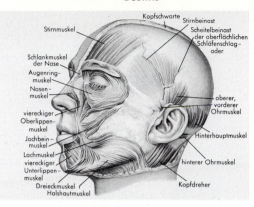

Gesicht 1).
Gesichtsmuskeln

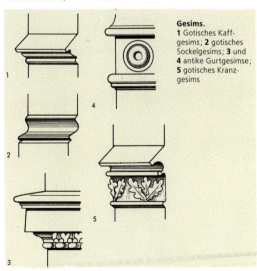

Gesims.
1 Gotisches Kaffgesims; **2** gotisches Sockelgesims; **3** und **4** antike Gurtgesimse; **5** gotisches Kranzgesims

Gesinnung

rungselement. Es ist zur Wasserabweisung z. T. unterschnitten *(Kaff-G.)*. Das *Kranz-G.* am Dachansatz ist häufig von Friesen begleitet. Das *gekröpfte G.* ist um vorspringende Bauteile (Wandvorlagen) herumgeführt.

Gesinnung, die Gesamtheit der eth. [positiv oder negativ zu qualifizierenden] Vorstellungen und Motivationen eines Menschen.

Gesner, Conrad, latinisiert Gesnerus, *Zürich 26. 3. 1516, †ebd. 13. 12. 1565, schweizer Polyhistor und Naturforscher. U. a. Prof. für Naturkunde und praktizierender Arzt in Zürich. Seine »Historia animalium« (5 Bde., 1551–87) wurde zum Vorbild der beschreibenden Zoologie. G. bemühte sich auch um eine botan. Systematik (»Opera botanica«, 2 Bde., hg. 1753–71). Literarhistorisch bed. ist seine »Bibliotheca universalis« (4 Bde., 1545–55).

Conrad Gesner

Gesneriengewächse (Gesneriaceae) [nach C. Gesner], in den Tropen und Subtropen verbreitete Fam. der Zweikeimblättrigen mit rd. 1 800 Arten in 140 Gatt.; Kräuter, Sträucher oder kleine Bäume.

Gespan [ungar.], in Ungarn ab dem 11. Jh. oberster Amtsträger eines Verwaltungsbezirkes (Komitats); ab 1867 als *Obergespan* Vertreter der Regierung.

Gespenst, im *Volks-* und *Aberglauben* unheilverkündende, grauenerregende Erscheinung [in Menschengestalt].

Gespinst 1). Spinnennetz

Gespensterkrabben (Spinnenkrabben, Inachinae), Unterfam. 2–3 cm langer Krabben, v. a. in den Strandzonen des nördl. Atlantiks; eine der europ. Küste von der Nordsee bis zum Mittelmeer verbreitet.

Gespenstschrecken (Gespenstheuschrecken, Phasmida), Ordnung etwa 5–35 cm langer Insekten mit rd. 2 000 Arten, v. a. in den Tropen und Subtropen; mit schlankem, stengelartigem Körper. Zu den G. gehört die Fam. *Stabschrecken* (Bacteriidae, Phasmidae) mit zahlr., 5–35 cm langen Arten in Afrika, auf Madagaskar und im Mittelmeergebiet, u. a. in S-Frankreich die *Mittelmeerstabschrecke*. Von S-Asien bis Neuguinea verbreitet sind die etwa 5–10 cm langen Arten der Fam. *Wandelnde Blätter* (Phylliidae).

Gespinst, 1) *Zoologie:* aus einzelnen Fäden (Spinnfäden) bestehendes Gebilde, das manche Insekten und Spinnen aus dem erhärtenden Sekret von Spinndrüsen anfertigen. Es dient u. a. als Fangnetz, Unterschlupf oder Hülle.

2) *Textiltechnik:* das aus einzelnen Fasern gesponnene Garn.

Gespinstmotten (Yponomeutidae), in allen Erdteilen verbreitete Schmetterlings-Fam. mit etwa 800 kleinen bis mittelgroßen Arten; Raupen leben in großen Gespinsten an Bäumen; gefährl. Schädlinge, z. B. *Apfel-G.* und *Obstbaumgespinstmotten.*

Geßler (Grysler), Hermann, gen. G. von Bruneck, in der Tellsage tyrann. Landvogt in Schwyz und Uri. Historisch gesichert ist nur der Name eines habsburg. Ministerialengeschlechts G. im Aargau.

Geßner, Salomon, *Zürich 1. 4. 1730, †ebd. 2. 3. 1788, schweizer. Dichter, Maler und Verleger. Bes. bekannt wurden seine »Idyllen« (1756); malte auch idyll. Landschaften und illustrierte seine eigenen Dichtungen.

Gestagene [lat./griech.], biosynthetisch aus Cholesterin sich ableitende Steroidhormone (↑Geschlechtshormone).

Gestalt, 1) *allg.:* Form (eines Stoffes), äußere Erscheinung (eines Menschen); auch Person, Persönlichkeit.

2) *Ästhetik:* die Erscheinungsform, die Struktur eines Kunstwerks, oft synonym mit Form gebraucht.

Gesteine

3) *Psychologie:* eine Erlebniseinheit, deren Einzelheiten als zusammengehörig, als ein Ganzes aufgefaßt werden.

Gestaltungsklage, im *Zivilprozeß* diejenige Klage, mit der der Kläger eine bestehende Rechtslage umgestalten will.

Gestaltungsrecht, das subjektive Recht, durch eine Willenserklärung oder eine Handlung einseitig (ohne Mitwirkung eines Betroffenen) eine Rechtsänderung herbeizuführen (z. B. Rücktritt, Kündigung).

Geständnis, *Recht:* 1. im *Zivilprozeß* die Erklärung einer Partei, daß die von dem Gegner behaupteten Tatsachen wahr seien; 2. im *Strafprozeß* das Zugestehen von Tatsachen, die für die Schuldfrage erheblich sind, durch den Angeklagten. Das G. des Angeklagten unterliegt der freien Beweiswürdigung. Ein durch Täuschung, Drohung oder Zwang zustande gekommenes G. darf nicht verwertet werden.

Gestänge, aus mehreren durch Gelenke verbundenen Stangen und Hebeln zusammengesetzte mechan. Vorrichtung zum Übertragen von Kräften.

Gestapo, Abk. und Bez. für die ↑**Geheime Staatspolizei** im nat.-soz. Deutschland.

Geste [lat.], zielgerichtete Ausdrucksbewegung des Körpers, bes. der Hände und des Kopfes.

Geste [frz. ʒɛst] ↑Chanson de geste.

Gesteine, Bez. für Mineralgemenge, die in mehr oder weniger konstanter Ausbildung selbständige Teile der Erdkruste sind. Nach der Entstehung unterscheidet man magmat., sedimentäre und metamorphe Gesteine. 95% der G. gehören zu den *magmat.* G. (Erstarrungs-G., Magmatite), die als *Tiefengesteine* (Intrusivgesteine, Plutonite, z. B. Granit, Gabbro, Syenit u. a.) in der Erdkruste sehr langsam oder als *Erguß-G.* an

Gespinstmotten. Raupen der Apfelbaumgespinstmotte

der Erdoberfläche sehr rasch erstarren (Eruptiv-G., Vulkanite, z. B. Basalt, Porphyr, Diabas u. a.). Zw. beiden stehen die *Gang-G.* (z. B. Aplite, Pegmatite, Lamprophyre). Die *Sediment-G.* (Schicht-G.) werden als *Locker-G.* (Sand, Schlick, Kies) abgelagert und durch Diagenese verfestigt. Sie werden nach ihrem Entstehungsraum eingeteilt in marine Sedimente (Flachsee- und Tiefseeablagerungen) und in kontinentale Ablagerungen (d. h. auf dem Festland und in dessen Gewässern) oder beschreibend in *klast.* G. (Trümmer-G.) wie Löß, Sandstein, Grauwacke, Geschiebemergel, einige Kalksteine, in *chem. Sedimente,* die durch chem. Reaktionen ausgeschieden werden, wie z. B. Salz- und Gips-G., einige Kalke und Dolomite, und in *organogene Sedimente,* die von Organismen aufgebaut werden. Durch Pflanzen entstehen z. B. Kohlen und Algenkalke, durch Tiere Korallenkalke, Radiolarite. Die *metamorphen* G. (Metamorphite) werden wegen ihres Gefüges z. T. auch kristalline Schiefer genannt. Sie entstehen aus Erstarrungs- und Sediment-G. durch Metamor-

Salomon Geßner. Vignette aus seinen Schriften (Zürich 1762)

Gesteinsfasern

phose, d. h. unterschiedlich starke Umgestaltung durch Druck und Temperatur. So entstehen z. B. aus Graniten Orthogneise, aus Ton-G. Paragneise, aus Kalksteinen Marmore. Die Metamorphose kann über die teilweise Aufschmelzung (Anatexis), wobei *Migmatite* (Misch-G.) entstehen, bis zur völligen Aufschmelzung führen (Palingenese), bei der sich Magma neu bildet.

Gesteinsfasern, svw. ↑Steinwolle.

Gesteinskunde ↑Petrographie.

Gesteinsmehl, im biolog. *Land-* und *Gartenbau* verwendetes, aus vermahlenen Gesteinen wie Basalt oder Porphyr bestehendes Produkt zur Regeneration ausgelaugter Böden und zur Verhinderung der Übersäuerung der Böden.

Gestirn, selbstleuchtender oder Licht reflektierender Himmelskörper (z. B. Sonne, Mond, Planeten).

Gestose (Gestationstoxikose) [lat./griech.], Sammel-Bez. für alle durch eine Schwangerschaft ausgelösten Gesundheitsstörungen, bes. Stoffwechselerkrankungen der Mutter.

gestromt, im Fell einzelne ineinanderlaufende Querstreifen aufweisend (von Hunden und Katzen gesagt).

Gestüt, staatl. oder private Einrichtungen für die Pferdezucht. *Haupt-G. (Stamm-G.)* halten sowohl Hengste als auch Stuten und züchten selbst. *Land-G. (G.ämter)* halten nur Hengste.

Gesundheit, nach der Definition der Weltgesundheitsorganisation ein »Zustand vollkommenen körperl., geistigen und sozialen Wohlbefindens und nicht allein das Fehlen von Krankheiten und Gebrechen«.

Gesundheitsamt, eine in jedem Stadt- und Landkreis eingerichtete Behörde. Aufgaben: u. a. Durchführung der ärztl. Aufgaben der Gesundheitspolizei, der gesundheitl. Volksbelehrung, der Schulgesundheitspflege, der Mütter- und Kinderberatung.

Gesundheitslehre ↑Hygiene.

Gesundheitsreform, umgangssprachl. Bez. für die am 1. 1. 1989 bzw. 1. 1. 1993 in Kraft getretenen Strukturreformen im Gesundheitswesen. Durch die G. von 1989 sollten die Beiträge für die gesetzl. Krankenversicherung stabilisiert und die Kosten für deren Leistungen begrenzt werden, u. a. durch zusätzl. Eigenbeteiligung beim Zahnersatz, Senkung der Arzneimittelpreise, Einsparungen bei Krankenhäusern, Einschränkung oder Wegfall des Sterbegeldes, Einschränkung der Fahrtkostenerstattung und höhere Rezeptgebühren (soweit nicht Festbeträge für die verordneten Arzneimittel bestehen). Unzureichende Wirkungen dieser ersten G. machten zur Bremsung der Kostensteigerung im Gesundheitswesen die G. von 1993 nötig, die Strukturverände-

Gethsemane. Am Fuß des Ölbergs bei Jerusalem die »Kirche der Nationen« (1924; Bildmitte), oberhalb davon die russisch-orthodoxe Magdalenenkirche (1888)

rungen der gesetzl. ↑Krankenversicherung (Aufhebung des Selbstkostendeckungsprinzips und Ablösung des tagesgleichen Pflegesatzes durch leistungsorientierte Vergütung bei den Krankenhäusern, Kassenzulassungsbeschränkungen für Ärzte, Einführung eines einnahmeorientierten Risikostrukturausgleichs zw. allen Krankenkassen und Kassenarten, Erweiterung der Wahlfreiheit der Versicherten gegenüber den Krankenkassen) beinhaltet. 1995 wurden die Arbeiten an der dritten G. eingeleitet.

Gesundheitsvorsorge ↑Präventivmedizin, ↑Vorsorgeuntersuchung.

Gesundheitswesen (öffentl. Gesundheitswesen), Gesamtheit der staatl. Einrichtungen zur Förderung und Erhaltung der Gesundheit der Bevölkerung sowie zur Vorbeugung und Bekämpfung von Krankheiten oder Seuchen. Dem *Bund* kommen auf dem Gebiet des G. fast ausschließlich Gesetzgebungsaufgaben *(Gesundheitsrecht)* zu (z. B. Bundesseuchengesetz, Bundesärzteordnung, Arzneimittelgesetz, Betäubungsmittelgesetz, Lebensmittelgesetze). Unter die *Ländergesetzgebung* fallen u. a. die Organisation des öffentl. Gesundheitsdienstes, die Struktur des Krankenwesens (Krankenhausbedarfsplanung).

Gesundheitszeugnis, für bestimmte Personen (z. B. an Schulen Beschäftigte, bei berufl. Umgang mit Lebensmitteln), in bestimmten Krankheitsfällen (z. B. bei Geschlechtskrankheiten) oder zur Vorlage bei einer Versicherung auszustellende Bescheinigung des Gesundheitsamts oder eines approbierten Arztes mit Auskunft darüber, ob der Zeugnisinhaber frei ist von bestimmten ansteckenden Krankheiten, bzw. über seinen allg. Gesundheitszustand.

Gethsemane [aram. »Ölkelter«] (Getsemani), Gartengebiet auf dem Ölberg bei Jerusalem, in dem sich wohl eine Ölkelter befand; nach Mark. 14 Ort der Gefangennahme Jesu.

Getreide, Sammel-Bez. für die aus verschiedenen Arten von Gräsern gezüchteten landwirtsch. Kulturpflanzen wie Roggen, Weizen, Gerste, Hafer, Reis, Mais und verschiedene Hirsen.

Getreiderost, durch Rostpilze verursachte Getreidekrankheiten, z. B. Streifenrost, Schwarzrost.

Getreide.
1 Hafer; **2** Reis;
3 Mais; **4** (Rispen-)Hirse;
5 Roggen; **6** Weizen;
7 Gerste

Getrenntgeschlechtigkeit

Getrenntgeschlechtigkeit, bei Tieren ↑Gonochorismus, bei Pflanzen ↑Diözie.

Getriebe, i. w. S. jede Vorrichtung, die der Kopplung und Umwandlung von Bewegungen und der Energieübertragung dient; i. e. S. eine Vorrichtung, die eine Drehbewegung von einer Welle auf eine andere überträgt. *Schrauben-G.* dienen zur Umwandlung einer Dreh- in eine Schubbewegung oder umgekehrt. *Kurbel-G.* formen eine Drehbewegung in eine period. veränderl. Bewegung um und umgekehrt. *Zugmittel-G. (Rollen-G.)* haben zw. Antriebs- und Abtriebswelle ein band- oder kettenförmiges Zugmittel. Beim *Riementrieb* und beim *Keilriementrieb* erfolgt die Kraftübertragung im allg. durch Reibung, wobei zw. An- und Abtrieb Schlupf auftritt. Beim *Kettentrieb* und beim *Zahnriementrieb* ist eine zwangsläufige, schlupflose Übertragung vorhanden. Beim *Kurven-G.* (Kurventrieb) erfolgt die Bewegungsübertragung mittels sich berührender Kurvenkörper, die als Kurvenscheibe oder -zylinder ausgebildet sind; dazu zählen z. B. die *Wälzgleit-G.* in der Ventilsteuerung mittels Nockenwelle bei Kfz-Motoren. *Räder-G.* übertragen das eingeleitete Drehmoment durch Reibschluß mit Hilfe von Reibrädern *(Reibrad-G.)* oder durch Formschluß mit Hilfe von Zahnrädern *(Zahnrad-G.);* man unterscheidet *Stirnrad-G.* bei parallelen Wellen, *Kegelrad-G.* bei sich schneidenden Wellen, *Hypoid-G.* mit versetzten Kegelrädern bei sich mit geringem Abstand kreuzenden Wellen, *Schraubenrad-G.* (für kleine Drehmomente) und *Schnecken-G.* (für große Drehmomente) bei sich in großem Abstand kreuzenden Wellen. Sind bei einem Zahnrad-G. die Achsen aller Räder raumfest, dann handelt es sich um ein *Stand-G.,* andernfalls um ein *Umlauf-G.* (z. B. Planeten-G. oder Differential-G). *Stufen-G.* erlauben die stufenweise Änderung des Übersetzungsverhältnisses (sog. Schalten). Auf einer parallel zur An- und Abtriebswelle liegenden *Vorgelegewelle* sind mehrere Zahnräder mit verschiedenen Durchmessern angebracht, die je nach eingelegtem Gang mit entsprechenden, auf der Abtriebswelle sitzenden Zahnrädern in Eingriff sind (»kämmen«). Zu den Stufen-G. zählen *Schieberad-G.* (ein Zahnrad wird auf einer Keilwelle verschoben, bis es mit dem Gegenrad kämmt), *Schaltmuffen-G.* (Gangwechsel durch Verschieben der Schaltmuffe in die Schaltverzahnung eines Zahnrades der Abtriebswelle), *Synchron-G.* (die Schaltmuffe mit dem Synchronkörper wird gegen das Zahnrad gedrückt; Gleichlauf durch Reibung), *Sperrsynchron-G.* (zusätzl. Sperre läßt die Schaltmuffe erst bei exakter Drehfrequenzangleichung einrasten). *Automatische G.* in Kfz bestehen meist aus einer *Föttinger-Kupplung (Strömungskupplung)* oder einem *Föttinger-Wandler (Strömungswandler),* denen ein oder mehrere Planeten-G. nachgeschaltet sind. Das Schalten bzw. das Einstellen einer anderen Übersetzung erfolgt hier durch wahlweises Festhalten der einzelnen Bauteile des Umlauf-G. (Sonnenrad, Hohlrad oder Planetenradträger). Ein *stufenloses G.* besitzt zwei auf die Hinterräder des Kfz wirkende Keilriemen, wodurch es noch zusätzlich die Aufgabe des Differentials erfüllt. Die beiden Keilriemen laufen in Riemenscheiben, deren eine Hälfte sich gegen die andere verschieben läßt. Dadurch können die Riemen je nach der Stellung der Scheiben an einem größeren oder kleineren wirksamen Durchmesser und damit bei veränderl. Übersetzung arbeiten.

Getter [engl.], Substanz zur chem. oder physikal. Bindung von Restgasen, die nach Beendigung des Pumpvorganges in hochevakuierten Gefäßen, z. B. Elektronenröhren, Glühlampen, verbleiben (↑Vakuumtechnik). Als G. dienen vorwiegend Metalle oder deren Legierungen (z. B. Alkali-, Erdalkalimetalle, Titan, Zirkonium, Hafnium).

Gettysburg [engl. ˈgetızbəːg], Stadt in S-Pennsylvania, USA, 7 200 E. Vom 1. bis 3. 7. 1863 fand bei G. eine der Entscheidungsschlachten des Sezessionskrieges zugunsten der Nordstaaten statt (Niederlage der Konföderierten unter General R. Lee).

Geusen [frz.-niederl. »Bettler«] (niederl. geuzen), urspr. Spott-, dann Ehrenname der im Achtzigjährigen Krieg um ihre Freiheit kämpfenden Niederländer. Bes. bekannt die *Wasser-G.,* gefürchtete Seeräuber im Kampf gegen die Spanier.

GeV, Einheitenzeichen für Gigaelektronvolt; 1 GeV = 10^9 eV.

Gewächs, 1) allg. svw. Pflanze.
2) (Wachstum, Kreszenz) bei Weinen Bez. der Reb- und Traubensorte.

Gewächshaus, künstlich erwärmtes Glashaus zur An- und Aufzucht von Blumen, Zierpflanzen und Gemüse während des ganzen Jahres. Nach der Innentemperatur während der kalten Jahreszeit unterscheidet man *Kalthaus* (12°C, zur Überwinterung subtrop. Pflanzen) und *Warmhaus* (Treibhaus; 18–20°C, zur Kultivierung trop. und subtrop. Pflanzen).

Gewährleistung ↑Mängelhaftung.

Gewahrsam, im *Zivilrecht* die tatsächl. Herrschaft einer Person über eine Sache, im wesentlichen identisch mit dem unmittelbaren ↑Besitz (Ausnahme: Erbenbesitz).

Gewalt, die rücksichtslose Anwendung von phys. und/oder psych. Zwang gegenüber einem anderen, um diesem Schaden zuzufügen bzw. ihn der Herrschaft des G.ausübenden zu unterwerfen oder um solcher G. (mittels Gegen-G.) zu begegnen. Das G.monopol des Staates ermöglicht diesem einerseits die Verwirklichung der Freiheits-, Rechts- und Wohlfahrtsordnung für die Bürger, unterliegt andererseits jedoch verfassungsmäßigen Bindungen und Begrenzungen. Sofern der Staat einseitig oder völlig von bestimmten gesellschaftl. Gruppen oder Klassen beherrscht wird, entsteht (systembedingte) *strukturelle Gewalt.* Im Marxismus und in von ihm beeinflußten revolutionären Theorien wird die Rolle der polit. und staatl. G. in ihrer geschichtl. Notwendigkeit begründet. Ihnen stehen wiss. Bemühungen gegenüber, die die Ursachen von Frustration und Aggression sozialer Gruppen untersuchen und die Voraussetzung für polit. Aufklärung, rationale Auseinandersetzung und Institutionalisierung von Konflikten erforschen.

Im *Strafrecht* ist G. – als Einsatz phys. Kraft zur Beseitigung eines wirkl. oder vermuteten Widerstandes – häufig Tatbestandsmerkmal einer strafbaren Handlung, z. B. bei Vergewaltigung. Nach der neueren Rechtsprechung bedeuten auch die Anwendung berauschender oder narkot. Mittel sowie die Hypnose, das Erzwingen oder das bewußte Verhindern des Überholens im Straßenverkehr Anwendung von Gewalt.

Gewaltenteilung ↑Gewaltentrennung.

Gewaltentrennung (Gewaltenteilung), Unterscheidung der drei Staatsfunktionen in *Exekutive* (vollziehende Gewalt), *Legislative* (Gesetzgebung), *Jurisdiktion* (Rechtsprechung) sowie ihre Zuweisung an voneinander unabhängige Staatsorgane (Regierung, Parlament, Gerichte) zur Verhinderung von Machtmißbrauch und zur rechtsstaatl. Sicherung der bürgerl. Freiheiten. Als grundlegendes Ordnungs- und Strukturprinzip moderner Verfassungen zuerst von J. Locke 1690 formuliert und von Montesquieu 1748 zu einem System kontrollierenden Gleichgewichts entwickelt. In den USA (seit 1776/87) zu

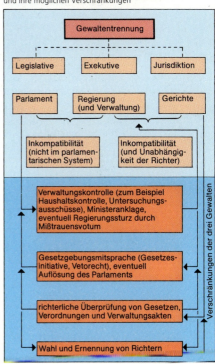

Gewaltentrennung. Die drei Staatsfunktionen und ihre möglichen Verschränkungen

Gewaltlosigkeit

Gewandhaus. Neues Gewandhaus in Leipzig (1977–81)

charakterist. Ausprägung gelangt, erhielt die G. in der Frz. Revolution 1789 in der Erklärung der Menschen- und Bürgerrechte grundgesetzl. Charakter, in den Verfassungen von 1791 und 1795 Realität und in den frz. und dt. Verfassungen 1848/49 ihre liberalrechtsstaatl. Anwendung, die im Dt. Reich jedoch erst 1919 Realität wurde.

Für die BR Deutschland ist die G. in Artikel 20, Absatz 2 GG unveränderlich festgelegt. Der Grundsatz der *funktionellen* G. ist allerdings nicht immer eingehalten: So stehen z. B. dem Parlament vereinzelt exekutive Rechte zu, und die vollziehende Gewalt übt durch Rechtsverordnungen Befugnisse der Gesetzgebung aus. In *personeller* Hinsicht soll die G. durch ↑Inkompatibilität erreicht werden.

Gewaltlosigkeit, Ablehnung von Gewaltpolitik und/oder gewaltsamen Aktionen unter Anknüpfung an eth. Postulate. Anhänger der G. versuchen ihre Ziele durch nichtverletzende Aktionen zu erreichen (Boykott, Streik, ziviler Ungehorsam).

Gewaltverhältnis, Verhältnis des Bürgers zum Staat. Das *allgemeine* G. beschreibt die Rechte und Pflichten eines jeden Bürgers gegenüber dem Staat, z. B. Steuerpflicht, Wehrpflicht u. a.; Grundrechte; Wahlrecht. Das *besondere* G. ist gekennzeichnet durch ein bes. enges Verhältnis des Gewaltunterworfenen zu einem bestimmten Träger staatl. Gewalt. Es kann auf freiwilliger Grundlage (z. B. Beamte, Richter) oder auf gesetzl. Zwang beruhen (z. B. Strafgefangene, Wehrpflichtige, schulpflichtige Schüler). Durch das bes. G. wird der aus dem allg. G. sich ergebende Status weiteren Beschränkungen unterworfen, die ihre Grenzen jedoch z. B. durch das Recht auf Menschenwürde finden.

Gewaltverzicht, im *Völkerrecht* Verzicht auf Androhung oder Anwendung von Gewalt zur Lösung strittiger Fragen, u. a. in der UN-Charta als Gewaltverbot formuliert.

Gewände, Bez. für die durch schrägen Einschnitt in die Mauer entstehende Fläche an Fenstern und Portalen. Im roman. und got. Stil Stufenportale mit Schmuckformen *(G. figuren)*.

Gewandhaus (Tuchhalle), im späten MA von den Gilden der Gewandschneider errichtetes Lager-, Verkaufs-, Fest- und Repräsentationshaus, u. a. in Brügge, Braunschweig und Leipzig.

Gewandhausorchester, eines der ältesten dt. Konzertorchester, ben. nach dem Leipziger Gewandhaus, in dessen Saal ab 1781 die zuerst von J. A. Hiller geleiteten Gewandhauskonzerte stattfanden; seit Okt. 1981 spielt es im Neuen Gewandhaus.

Gewann, urspr. Ackergrenze, an der der Pflug gewendet wird, später Bez. für die Gesamtheit der Felder, die an einen gemeinsamen Grenzstreifen reichen.

Gewannflur ↑Flurformen.

Gewässer, die Gesamtheit aller natürl. und künstl. stehenden und fließenden Wassermassen auf und unter der festen Erdoberfläche.

Gewebekultur

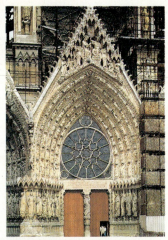

Gewände am mittleren Westportal der Kathedrale von Reims

Gewässergüteklassen, Einteilung der Fließgewässer in Klassen je nach dem Verschmutzungsgrad.
Güteklasse I: unbelastet bis sehr gering belastet; hierzu gehören im allg. Quellgebiete und nur sehr gering belastete Flußoberläufe; mit reinem, fast sauerstoffgesättigtem und nährstoffarmem Wasser.
Güteklasse I–II: gering belastet; meist Flußoberläufe, der Sauerstoffgehalt ist noch hoch.
Güteklasse II: mäßig belastet; der Sauerstoffgehalt unterliegt größeren Schwankungen, ist jedoch so hoch, daß kein Fischsterben auftritt.
Güteklasse II–III: kritisch belastet; das Wasser ist durch eine stärkere Belastung mit organ. Stoffen stets leicht getrübt, der Sauerstoffgehalt sinkt häufig bis auf die Hälfte des Sättigungswertes ab; Fischsterben möglich.
Güteklasse III: stark verschmutzt; das Wasser ist durch Abwassereinleitungen getrübt, mit periodisch auftretendem Fischsterben wegen zu geringem Sauerstoffgehalt.
Güteklasse III–IV: sehr stark verschmutzt; das Wasser ist getrübt, der Gewässergrund meist verschlammt, kaum noch mit Fischen besetzt, der Sauerstoffgehalt ist äußerst gering.

Güteklasse IV: übermäßig verschmutzt; das Wasser ist stark getrübt, starke Faulschlammablagerungen, häufig faulig nach Schwefelwasserstoff riechend; der Sauerstoffgehalt ist äußerst niedrig oder fehlt gänzlich.
Für die BR Deutschland wird in regelmäßigen Zeitabständen eine *Gewässergütekarte* von der Länderarbeitsgemeinschaft Wasser herausgegeben.
Gewässerkunde ↑Hydrologie.
Gewässerschutz ↑Wasserrecht.
Gewebe, 1) *Textiltechnik:* (Ware, Zeug) textiles Flächengebilde aus sich kreuzenden Fadensystemen *(Kette* und *Schuß).*
2) *Biologie:* Verbände aus miteinander in Zusammenhang stehenden Zellen annähernd gleicher Bauart und gleicher Funktion *(einfache G.)* oder zusammengesetzt aus zwei oder mehr Zelltypen *(komplexe G.).* Durch Zusammenschluß mehrerer G. können höhere Funktionseinheiten (Organe, Organsysteme) entstehen.
Gewebekultur (Gewebezüchtung), das Züchten von Zellen höherer Organismen (z. B. Hühnerembryozellen, Rat-

Gewandhaus in Braunschweig, Ostfassade (1591)

1267

Gewebsverpflanzung

Gewehr.
Oben: Vorderlader mit Luntenschloß (um 1500; Pilsen, Západočeské Múzeum) ◆ Mitte: Vorderlader mit Steinschloß (1777; Paris, Musée de l'Armée) ◆ Unten: Kanadischer Mehrlader Mark Ross Mark III, 303, Ende des 19. Jahrhunderts

Geweihfarn.
Platycerium bifurcatum (Länge der Blätter bis 70 cm)

tenzellen, menschl. Tumorzellen) im Reagenzglas.

Gewebsverpflanzung, svw. ↑Transplantation.

Gewehr, langläufige Handfeuerwaffe für militär., jagdl. und sportl. Zwecke. Erste Handfeuerwaffen gab es bereits im 14. Jh. Bis zur Mitte des 19. Jh. nur *Vorderlader*, bei denen Schießpulver und bleierne Kugel von vorn in den Lauf eingebracht und mit einem Ladestock festgedrückt wurden. Zündung anfangs durch glimmende Lunte, später durch Feuerstein (Flint) und federgespannte Schlösser. Ab 1825 Zündhütchen, flache Metallkapseln mit Knallquecksilberfüllung, nach 1860 Patronen mit Zündhütchen. Danach Entwicklung zum *Hinterlader*, bei dem die Patrone vom Laufende her eingeschoben wird. Beim *Repetier-G.* wird mechanisch (durch Schloßbetätigung) eine Patrone aus dem Magazin entnommen, geladen und gleichzeitig der Verschluß gespannt. Repetier-G. waren Standardwaffen im 1. und 2. Weltkrieg. Nach 1918 schon verstärkte Entwicklung zum *automatischen Gewehr (Selbstlader),* bei dem Gasdruck oder Rückstoß automatisch repetiert. Neuerdings *Schnellfeuer-G.* mit Einrichtung für Dauerfeuer (Feuerstöße) nach dem gleichen System wie Selbstlader. G., deren Läufe Drall haben, heißen *Büchsen*, solche mit glatten, ungezogenen Läufen für Schrotschuß *Flinten.* Jagd-G. mit zwei Läufen für Kugelschuß sind *Doppelbüchsen,* mit zwei Läufen für Schrotschuß *Doppelflinten,* mit je einem Schrot- und Kugellauf *Büchsflinten. Drillinge* sind Jagdwaffen mit drei Läufen. Nahezu alle Handfeuerwaffen sind im äußeren Aufbau einander ähnlich: Kolben und Schaft sind aus Holz, neuerdings auch aus Kunststoff, die Läufe aus Stahl. Reicht der Schaft bis zur Mündung, spricht man von *Stutzen.* Die gebräuchl. Kaliber reichen von 5,6 mm (Kleinkaliber) bis 15,4 mm (Großwildbüchse).

Geweih, paarig ausgebildete Stirnwaffe der Hirsche für Brunst- und Abwehrkämpfe. In der Jägersprache wird das nicht ausladende G. des Rehbocks als *Gehörn* bezeichnet. Außer beim Reh sind zur G.bildung nur die ♂♂ befähigt. Im Unterschied zum Gehörn der Rinder ist das G. eine Hautknochenbildung, die während ihrer Entwicklung von einer plüschartig behaarten, blutgefäßreichen Haut *(Bast)* überzogen ist. Diese Haut wird alljährlich nach ihrem Absterben und Eintrocknen an Baumstämmen abgescheuert. Jährlich, nach Abklingen der Brunst, wird das G. durch Einwirkung der Geschlechtshormone abgeworfen. Die Neubildung erfolgt unter der Einwirkung der Schilddrüsenhormone. Das noch im Wachstum begriffene, bastüberzogene G. heißt *Kolbengeweih (Kolben).* Zur Abwurfzeit der Stangen kommt es zu einer ringartigen Auflösung des Knochens am *Knochenzapfen (Stirnzapfen, Rosenstock)* des Stirnbeins dicht unterhalb der *Rose,* einem Wulst mit perlartigen Verdickungen. Das G. besteht aus den beiden *G.stangen (Stangen)* und deren Abzweigungen *(Enden* bzw. *Sprosse).* Bildet die Stangenspitze drei oder mehr Enden aus, so spricht man von einer *Krone.*

Gewerbezulassung

Eine Abflachung und Verbreiterung der Stange heißt *Schaufel*. Die ersten noch unverzweigten G.stangen werden als *Spieße*, das häufig darauf folgende, einmal verzweigte G. als *Gabelgeweih* bezeichnet. Am G. des Rothirschs unterscheidet man von der Rose ab *Augsproß* (erster, nach vorn weisender Sproß), *Eissproß*, *Mittelsproß* und *Endsproß* mit Gabelenden. Die Endenzahl eines G. ist die verdoppelte Zahl der Enden der Einzelstange, die die meisten Enden trägt. Je nach Endenzahl und Gleich- oder Ungleichheit der Enden beider Stangen spricht man z. B. von geraden oder ungeraden Sechs-, Acht-, Zehn-, Zwölfendern usw. Beim Rehbock unterscheidet man am Gehörn im Anschluß an die Rose den nach vorn stehenden *Vordersproß*, den nach hinten weisenden *Hintersproß* und das *Stangenende (Obersproß)*.

Geweihfarn, Gatt. der Tüpfelfarngewächse mit 17 (epiphyt.) Arten in den trop. Regenwäldern; eine beliebte Zimmerpflanze ist der *Elchfarn*.

Gewerbe, Wirtschaftstätigkeit, die folgende Merkmale aufweist: Sie wird nachhaltig (dauerhaft) ausgeübt, dabei auf eigene Rechnung, eigene Verantwortung und eigenes Risiko des G.treibenden, ferner zur Erzielung von Gewinn und unter Beteiligung am allg. wirtschaftl. Verkehr, jedoch nicht im Rahmen der Land- und Forstwirtschaft oder eines freien Berufs.

Gewerbeaufsicht, die Überwachung der Einhaltung der Bestimmungen über den Arbeitsschutz. Die Ausübung der G. obliegt staatl. Sonderbehörden, den *Gewerbeaufsichtsämtern*, die zum Bereich des Arbeitsministeriums gehören.

Gewerbefreiheit, das in § 1 der Gewerbeordnung niedergelegte Recht eines jeden, ein Gewerbe zu betreiben und fortzuführen, soweit nicht gesetzlich Ausnahmen oder Beschränkungen vorgeschrieben oder zugelassen sind.

Gewerbeordnung, Abk. GewO, Gesetz, das die öffentlich-rechtl. Gewerbeüberwachung regelt; gültig ist die Neufassung vom 1. 1. 1978. Die G. enthält insbes. Regelungen über die Einteilung der Gewerbe (in stehendes und Reisegewerbe sowie Marktverkehr), Taxen, gewerbl. Arbeiter (und hier auch über den Betriebsschutz), Straf- und Bußgeldvorschriften.

Gewerbeschein ↑Reisegewerbe.

Gewerbesteuer, Gemeindesteuer, die die Kommunen von gewerbl. Betrieben erheben. Die G. ist bundeseinheitlich geregelt. Steuerbemessungsgrundlagen sind der Gewerbeertrag und das Gewerbekapital. Seit 1969 muß ein Teil des G.aufkommens an Bund und Länder abgeführt werden. Zum Ausgleich erhalten die Gemeinden einen Teil des Einkommensteuerertrags.

Gewerbezulassung, die Erlaubnis zum Betrieb eines Gewerbes. Sie bezieht sich entweder auf bestimmte Anlagen (z. B. Hochöfen), auf die Befähigung und Zuverlässigkeit des Gewerbetreibenden (z. B. Lotsen), oder sie ist vom Nachweis eines Bedürfnisses abhängig.

Geweih. 1–3 Entwicklung des Rehgehörns (**1** Spießer; **2** Gabler; **3** Sechser; **4** und **5** Geweih des Damhirsches (**4** Löffler; **5** Kapitalschaufler); **6** Geweih des Edelhirsches (Vierzehnender); **7** Geweih des Elches (Kapitalschaufler)

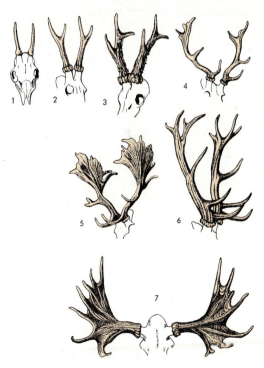

1269

gewerblicher Rechtsschutz

gewerblicher Rechtsschutz, Sammelbegriff für die Gesetze zum Schutz des *geistigen Schaffens auf gewerblichen Gebiet* (Patent-, Gebrauchs- und Geschmacksmuster-, Warenzeichen- und Wettbewerbsrecht).

Gewere, im *german.* und *mittelalterl. Recht* der Besitz bzw. der Nutzen einer Sache; Abschluß der Eigentumsübertragung.

Gewerkschaft (bergrechtl. Gewerkschaft), im *Bergrecht* alte Unternehmensform. Die G. verfügt über kein bestimmtes nominelles Grundkapital wie die AG; das Kapital ist vielmehr in quotenmäßige Anteile *(Kuxe)* eingeteilt, die auf einen Bruchteil des G.kapitals lauten.

Gewerkschaften, Organisationen lohn- oder gehaltsabhängiger Arbeitnehmer, die das Ziel einer bestmögl. Interessenvertretung ihrer Mgl. in allen Bereichen der Gesellschaft, v. a. auf wirtschaftl. und sozialem Gebiet, verfolgen. In Wirtschaftssystemen, die demokratisch verfaßt und – auf dem Prinzip des Privateigentums an den Produktionsmitteln aufbauend – marktwirtschaftlich strukturiert sind, treten die G. als unabhängige Arbeitnehmerorganisationen in Erscheinung; dabei bedeutet Unabhängigkeit v. a. die freie Wahl der zur Erreichung der Ziele für angemessen erkannten Mittel auf der Grundlage rechtsstaatlich und verfassungsrechtlich garantierter und in der Gesellschaft akzeptierter Formen polit. Entscheidungsbildung; im Selbstverständnis dieser Organisationen bedeutet Unabhängigkeit nicht polit. Neutralität. Um bestehen und wirksam agieren zu können, bedürfen unabhängige G. im allgemeinen eines Mindestmaßes an polit. Bewegungsfreiheit, die bes. auf Versammlungs-, Vereins- und Koalitionsfreiheit beruht. Während die unabhängigen G. den Streik als das letztlich entscheidende Kampfmittel der G. bejahen, lehnen ihn die »wirtschaftsfriedl.« G. (sog. *gelbe G.*) ebenso ab wie die G. in kommunist. Staaten. Die häufig von Arbeitgebern gegr. »gelben« G. suchen mit dem Verzicht auf das Streikrecht den Arbeitsfrieden zu wahren.

Organisationsformen und Typen: G. bildeten sich zunächst nach dem *Berufsverbandsprinzip,* bei dem sich Arbeitnehmer getrennt nach Fachausbildung, Funktion oder Berufssparte organisieren und somit in einem Betrieb mehrere G. vorhanden sind, die unabhängig voneinander verhandeln und Kampfmaßnahmen durchführen. Dieses Prinzip ist heute noch z. B. in Großbrit. und den USA vorherrschend. In W-Europa entwickelte sich um die Jh.wende das *Industrieverbandsprinzip* (»ein Betrieb – eine Gewerkschaft«), nach dem in der BR Deutschland sowohl die Einzelgewerkschaften des ↑Deutschen Gewerkschaftsbundes (DGB) als auch die Arbeitgeberverbände gegliedert sind. Mit der Zunahme der Masse der Lohnabhängigen im Zuge der technisch und arbeitsteilig noch differenzierter werdenden Entwicklung der Arbeitswelt entstanden zu Beginn des 20. Jh. auch *Berufsgruppengewerkschaften,* getrennt für Arbeiter, Angestellte und Beamte. In der BR Deutschland sind die ↑Deutsche Angestellten-Gewerkschaft (DAG) und der ↑Deutsche Beamten-Bund (DBB) nach diesem Berufsgruppenprinzip strukturiert.

Sind G. auf bestimmte Weltanschauungen festgelegt bzw. ist die Gewerkschaftsbewegung eines Landes nach Weltanschauungszugehörigkeit gegliedert, spricht man von *Richtungsgewerkschaften.* Man unterscheidet: 1. *freie* bzw. *sozialistische Gewerkschaften* als Teil der sozialistischen Arbeiterbewegung. In Deutschland schlossen sich nach Aufhebung des Sozialistengesetzes 1890 die der SPD nahestehenden G.gruppen zur Generalkommission der G. Deutschlands zusammen. Die SPD hatte ideologisch und personell auf diese G. großen Einfluß. Entgegen den Absichten führender Sozialdemokraten, u. a. A. Bebels), die dafür eintraten, daß die Partei die Richtlinien ihrer Arbeiterorganisationen bestimmte, blieben diese jedoch unabhängig (Mannheimer Abkommen zw. den freien G. und der SPD, 1906); 1919 bildeten die freien G. in Deutschland den *Allgemeinen Dt. Gewerkschaftsbund (ADGB),* dem der *Allgemeine freie Angestelltenbund (Afa-Bund),* gegr. 1921, und der *Allgemeine Dt. Beamtenbund (ADB),* gegr. 1921, angeschlossen waren. Wichtigstes polit. Konzept in den 1920er Jahren war die Forderung nach *Wirtschaftsdemokratie* (sozialpolit.

Gewichtheben

Maßnahmen gegen wirtschaftl. Macht, Ausbau betriebl. Mitbestimmung, Einführung regionaler und überbetriebl. Selbstverwaltungsorgane, Förderung der öffentl. Unternehmen sowie der Genossenschaften). – 2. *Kommunistische Gewerkschaften* entstanden in Rußland bzw. der Sowjetunion, ČSR, Großbrit., Frankreich, Österreich und Polen und bildeten 1921 die *Rote Gewerkschaftsinternationale (RGI)*, der sich auch revolutionäre Gruppen innerhalb der dt. freien G. anschlossen, die sich 1928 als *Revolutionäre Gewerkschaftsopposition (RGO)* unter der Führung der KPD vom ADGB spaltete. – 3. *Syndikalistische Gewerkschaften* bestanden v. a. in den letzten anderthalb Jahrzehnten des 19. Jh. Sie haben den Gedanken »ein Betrieb – eine Gewerkschaft« am stärksten propagiert; Ziel der syndikalist. G. ist ein Wirtschaftssystem der *Arbeiterselbstverwaltung*. Syndikalist. G. entstanden zuerst in Frankreich (1892 Gründung der *Fédération des Bourses du Travail*) und hatten v. a. in S-Amerika und Spanien (1910 Gründung der *Confederación Nacional del Trabajo* [CNT]) größeren Einfluß. – 4. *Christliche Gewerkschaften* entstanden innerhalb der christl.-sozialen Bewegung zuerst Ende des 19. Jh. in Deutschland. 1901 wurde der *Gesamtverband christl. Gewerkschaften* gegründet, der nach dem Prinzip der Interkonfessionalität arbeitete. 1919 kam es zur Gründung des ↑Deutschen Gewerkschaftsbundes (DGB), der sich an der Zentrumspartei orientierte. In der BR Deutschland sind die christl. (kath. orientierten) G. im 1959 gegr. *Christlichen Gewerkschaftsbund Deutschlands (CGB)* zusammengefaßt. – 5. Gegen die klassenkämpfer. Gewerkschaftsauffassung der freien, kommunist. und syndikalist. G. bildeten sich 1868 neben den christl. G. die dem Linksliberalismus nahestehenden *Hirsch-Dunckerschen Gewerkvereine,* die nach dem Selbsthilfeprinzip schon früh Hilfskassen für ihre Mgl. einrichteten; 1868 erfolgte die Gründung des *Verbandes der Dt. Gewerkvereine,* der 1919 mit Angestellten- und Beamtenorganisationen den *Gewerkschaftsring dt. Arbeiter-, Angestellten- und Beamtenverbände* gründete. – 6. Die wirtschaftsfriedl. Gewerkschaften (sog. *gelbe Gewerkschaften*) lehnten den Arbeitskampf ab und proklamierten die Arbeitgeber und -nehmer zusammenfassende *Werkgemeinschaft*. 1899 in Frankreich entstanden, entwickelten sie sich meist mit Arbeitgeberunterstützung ab 1905 auch in Deutschland.

Dem Prinzip der Richtungsgewerkschaft, dem Berufsverbands- sowie dem Berufsgruppenprinzip steht das Prinzip der *Einheitsgewerkschaft* gegenüber, die alle Berufsgruppen umfaßt und nach dem Industrieverbandsprinzip in Einzelgewerkschaften gegliedert ist.

Internationale Organisationen: Die freien G. gründeten 1913 den *Internat. Gewerkschaftsbund (IGB)*, der 1919 als internat. Dachorganisation der reformist. G. Europas und zeitweilig der USA neu konstituiert wurde (1919: 32 Mio. Mgl.; zu Beginn des 2. Weltkriegs faktisch aufgelöst). 1921 gründeten die kommunist. Gewerkschaften die *Rote Gewerkschaftsinternationale (RGI)*. 1945 kam es zur Gründung des *Weltgewerkschaftsbundes (WGB)*, in dem auch amerikan. und sowjet. G. vertreten waren. Auf Grund durch den kalten Krieg einsetzender Spannungen kam es 1949 zur Gründung des *Internat. Bundes Freier Gewerkschaften (IBFG)* durch nichtkommunist. Gewerkschaften. Als christl. G. internationale ging 1968 aus dem 1920 gegr. *Internat. Bund Christl. Gewerkschaften (IBCG)* der *Weltverband der Arbeitnehmer (WVA)* hervor.

Gewicht, 1) im tägl. Leben übliche, im geschäftl. Verkehr bei der Angabe von Warenmengen auch gesetzlich zugelassene Bez. für die Masse von Warenmengen, Gütern u. a.
2) *Physik:* svw. ↑Gewichtskraft.
3) *Mathematik:* Zahlenfaktor, der in einer mathemat. Beziehung einer oder mehreren Größen einen stärkeren Einfluß verleihen kann; z. B. kann das arithmet. Mittel m der Zahlen $a_1, ..., a_n$ bezüglich der G. $p_1, ..., p_n$ gebildet werden:

$$m = \frac{a_1 p_1 + ... + a_n p_n}{n}.$$

Man bezeichnet diesen Ausdruck dann als *gewogenes Mittel*.

Gewichtheben (Stemmen), schwerathlet. Sportart, bei der ein Gewicht (seit 1910 Scheibenhantel) beidarmig vom Boden zur Hochstrecke gebracht wer-

Gewichtsanalyse

den muß. Im Wettkampf gibt es zwei Disziplinen: Beim *Stoßen* wird das zur Brust umgesetzte Gewicht mit einem kräftigen Stoß zur Hochstrecke gebracht. Beim *Reißen* muß das Gewicht in einem Zug vom Boden nach oben gebracht werden. Die Gewichtheber werden in Gewichtsklassen eingeteilt.

Gewichtsanalyse ↑Gravimetrie.

Gewichtsklassen, Einteilung der Wettkämpfer nach Körpergewicht; üblich im Boxen, Gewichtheben, Judo, Rasenkraftsport, Ringen und Rudern (Mannschaftsgewicht).

Gewichtskraft, diejenige Kraft, mit der ein Körper infolge der Anziehung der Erde auf seiner Unterlage lastet, an seiner Aufhängung zieht oder zum Erdmittelpunkt hin beschleunigt wird. Ist g die Fallbeschleunigung und m die Masse eines Körpers, dann gilt für den Betrag G seiner Gewichtskraft: $G = mg$. SI-Einheit der Gewichtskraft ist das ↑Newton.

Gewichtsprozent ↑Konzentration.

gewillkürter Erbe, Erbe, der nach dem Willen des Erblassers zur Erbfolge gelangt.

Gewinde, in Form einer Schraubenlinie in die Außenfläche eines zylindr. Körpers *(Außen-G.)* oder in die Innenfläche eines zylindr. Hohlkörpers *(Innen-G.)* eingeschnittene Nut; sie ermöglicht, zwei mit korrespondierendem G. versehene Teile, z. B. Schraube und Mutter, lösbar miteinander zu verbinden oder eine Dreh- in eine Längsbewegung umzuwandeln. Einen vollen Umlauf der Schraubenlinie bezeichnet man als *Gang,* der Weg, um den sich die Schraubenmutter bei einer vollen Umdrehung auf dem Schraubenbolzen verschoben hat, ist die *Ganghöhe* oder *Steigung.* Steigt die Schraubenlinie nach rechts an, so handelt es sich um ein *Rechts-G.,* bei Anstieg nach links um ein *Links-G.;* entsprechend dem G.profil unterscheidet man *Spitz-, Sägen-, Rund-* und *Trapez-G.* Bei den für Schrauben genormten G. unterscheidet man *Normal-G., Grob-G.* und *Fein-G.* Die Angabe von G.außendurchmesser und Steigung erfolgt bei *metr. G.* in dezimalen Teilen oder Vielfachen von Millimetern, bei *Zoll-G.* bzw. *Whitworth-G.* in Zoll bzw. Inch (heute v. a. in angelsächs. Ländern).

Gewinn, in der *Betriebswirtschaftslehre* der Betrag, um den die gesamte Wert-

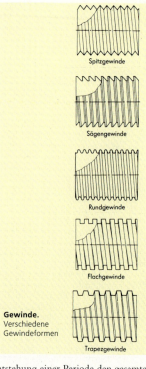

Gewinde. Verschiedene Gewindeformen

entstehung einer Periode den gesamten Werteverzehr der gleichen Periode übersteigt (positiver Erfolg, Unternehmens-G., Unternehmer-G.). Die positive Differenz zw. allen Einnahmen und allen Ausgaben während der Lebensdauer eines Unternehmens wird als *Totalgewinn* bezeichnet. Aus der Notwendigkeit der Ermittlung von G.größen für Teilperioden (meist ein Geschäftsjahr) folgt die Periodisierung von Einnahmen und Ausgaben als Ertrag und Aufwand, deren positive Differenz den *Bilanz-G.* oder *pagator. G.* des Unternehmens ergibt. Er wird in der G.-und-Verlust-Rechnung ermittelt, ergibt sich aber auch als Saldo der Aktiv- und der Passivseite der Bilanz *(Buch-G.).* Der *Betriebs-G.* bzw. *kalkulator. G.* ergibt sich als positive Differenz der bewerteten Leistungen (Erlöse) und des bewerteten leistungsbezogenen Güterverzehrs (Kosten).

Gewinnanteil ↑Dividende.
Gewinnbeteiligung, allg. Beteiligung am Unternehmensgewinn, i. e. S. Beteiligung der Arbeitnehmer am Gewinn eines Unternehmens. Ziel der G. ist die Umverteilung der Einkommen und über die besseren Möglichkeiten zur Vermögensbildung auch die Umverteilung der Vermögen. Die G. kann sich an Kostenersparnissen bzw. Leistungssteigerungen, am Produktionsergebnis, am Betriebs- oder Unternehmensgewinn *(Ergebnisbeteiligung)* oder am Wachstum des Unternehmens orientieren. Sie kann in Form von Barausschüttungen, Gutschriften auf ein Sperrkonto oder durch Ausgabe von Anteilscheinen *(Belegschaftsaktien)* realisiert werden.
Gewinnmaximierung, Ziel einer Unternehmensstrategie, die darauf ausgerichtet ist, die Differenz zw. Erlös und Kosten für einen bestimmten Zeitraum so groß wie möglich zu gestalten.
Gewinn-und-Verlust-Rechnung (Erfolgsbilanz), Teil des Jahresabschlusses, Erfolgsrechnung im Rahmen der doppelten ↑Buchführung, in der sich der Erfolg einer Periode (Gewinn oder Verlust) als Saldo zw. Aufwendungen und Erträgen ergibt. Im Unterschied zur Bilanz, in der sich der Erfolg als Saldo zw. Vermögens- und Kapitalposten ergibt, ist es Aufgabe der G.-u.-V.-R., Einblick in das Zustandekommen des Erfolgs zu vermitteln. Das Aktiengesetz schreibt eine Mindestgliederung in Staffelform vor. Für andere Gesellschaftsformen ist auch die Kontenform zulässig.
Gewinnvortrag, in einer Kapitalgesellschaft der nach dem Beschluß über die Gewinnverwendung verbleibende Rest des Gewinns; wird in der Bilanz als gesonderter Posten ausgewiesen und auf das nächste Jahr übertragen.
Gewirke, auf Wirkmaschinen hergestellte textile Maschenware (↑Maschenwaren).
Gewissen, Urteilsbasis zur (zweifelsfreien) Begründung der allg. persönl. moral. Überzeugungen und Normen, insbes. für die eigenen (vom Normenkanon der jeweiligen Kultur und Gesellschaft geprägten) Handlungen und Urteile. Psychologisch gesehen enthält das G. einerseits eine kognitive Komponente, andererseits v. a. eine emotionale Komponente im Sinne einer unbedingten Pflicht, dem G. Folge zu leisten, sowie der Furcht, Scham, Reue oder der Schuld als Erfahrungsweisen, die bei einem Handeln gegen das G. auftreten können. Staatsrechtlich herrscht in allen Staaten rechtsstaatl. Prägung G.-Freiheit.
Gewissensfreiheit ↑Glaubens- und Gewissensfreiheit.
Gewitter, eine bei hochreichender, sehr labiler Schichtung der Atmosphäre und relativ hohem Wasserdampfgehalt der Luft auftretende Wettererscheinung, gekennzeichnet durch die Ausbildung mächtiger Quellwolken *(G.wolken)* und mit starken Schallerscheinungen (↑Donner) verbundene elektr. Entladungen in Form von ↑Blitzen, außerdem durch kräftige *Niederschläge* und böige *Winde. Wärme-G.* sind eine Folge starker Erwärmung der bodennahen Luftschichten bei hohem Feuchtigkeitsgehalt; sie treten bei sommerl. Wetterlagen und sehr flacher Luftdruckverteilung am häufigsten in den Nachmittagsstunden auf. *Front-G.* entstehen durch Abkühlung der oberen Luftschichten infolge einbrechender Kaltluftmassen an einer Front, also im Grenzbereich zweier verschiedener Luftmassen. Sie sind die häufigste Art von G. in gemäßigten Breiten. – Abb. S. 1274.
gewogenes Mittel ↑Gewicht.
gewohnheitsmäßiges Handeln, strafbegründendes oder straferhöhendes Merkmal einer Straftat, die auf dem

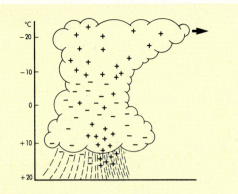

Gewitter. Schema des Ladungsaufbaus in einer Gewitterwolke

Gewohnheitsrecht

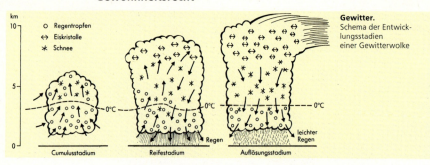

Gewitter. Schema der Entwicklungsstadien einer Gewitterwolke

Geysir Strokkur (Island) in Tätigkeit

durch wiederholte Begehung hervorgerufenen Hang des Täters zu dem betreffenden Delikt beruht.

Gewohnheitsrecht, Rechtsquelle des geltenden Rechts, die nicht gesetztes Recht ist. Das G. hat denselben Rang wie Gesetzesrecht. Voraussetzung für die Entstehung von G. ist einmal eine auf allg. Rechtsüberzeugung beruhende langdauernde Übung. Ferner ist es erforderlich, daß die Gewohnheit auch in Zukunft als Recht gilt, also eine für alle verbindl. Rechtsquelle darstellen soll. G. entsteht vornehml. durch die Rechtsprechung im Zuge der richterl. Rechtsfortbildung.

Gewohnheitsverbrecher ↑Hangtäter.
Gewöhnung, 1) *Medizin, Pharmakologie:* die fortschreitende Anpassung des Körpers an immer höhere Dosen v. a. von Genuß- und Suchtmitteln.
2) *Physiologie:* Anpassung an [Dauer]reize (z. B. Gerüche), bis diese kaum noch oder nicht mehr wahrgenommen werden.
Gewölbe, in der *Architektur* eine abdeckende Baukonstruktion von bogenförmigem Querschnitt, auch der ganze überdeckte Raum. Ein G. übt auch seitlich wirkende Drücke aus. – Das *Tonnen-G.* besteht aus einem liegenden Halbzylinder von halbkreis-, segment- oder spitzbogenförmigem Querschnitt. Als Lichteinlaß können rechtwinklig angeordnete kleinere Tonnen G. (Stichkappen) einschneiden. Beim *Gurt-G.* ist die Tonne durch Gurtbogen in Joche unterteilt. Die rechtwinklige Durchdringung von zwei Tonnen-G. gleicher Größe in einer Ebene führt zum *Kreuzgrat-G.* Die Durchdringungskurven bilden einen Ellipsenbogen. Sind die Grate durch Rippen verstärkt, so entsteht das für die Gotik typ. *Kreuzrippen-G.* Weitere Rippen im Quer- und Längsscheitel führen zum sechs- bzw. achtteiligen *Rippen-G.*, bei stark überhöhtem Scheitel spricht man von *Domikal-G.* Durch Unterblendung weiterer Rippen entsteht bei Jocheinteilung das *Stern-G.*, ohne Jocheinteilung das *Netz-G. (figurierte G.)* der Spätgotik. Eine islam. Sonderform stellt das *Stalaktiten-G.* dar. Beim *Fächer-G.* strahlen zahlr. Rippen meist von einem Kämpfer aus. Beim *Kloster-G.* (österr. Kappen-G.) über quadrat. oder polygonalem Grundriß bildet eine der Anzahl der Seiten des

Baues entsprechende Anzahl Tonnenausschnitte (Wangen) das G.; bei rechteckigem Grundriß entsteht so das *Mulden-G.*; ist der G.scheitel durch eine Fläche ersetzt, spricht man von *Spiegelgewölbe.* ↑Kuppel.

Gewölle, unverdaul., in Klumpen ausgewürgte Nahrungsreste (Haare, Federn, Chitin, Fischschuppen, auch Knochen) bes. der Eulen und Greifvögel.

Gewürze, Teile von Gewürzpflanzen, die frisch oder getrocknet [und gemahlen] einer Speise zugesetzt werden und durch ihren Geschmack den Charakter einer Speise bestimmen.

Gewürznelken (Nägelein), getrocknete, tiefbraune Blütenknospen des Gewürznelkenbaumes; enthalten 16–21 % äther. Öle (Nelkenöl); Verwendung v. a. als Gewürz.

Gewürznelkenbaum, bis 10 m hoher Baum, v. a. auf Sansibar und Madagaskar kultiviert.

Gewürzpflanzen, Pflanzen, deren Wurzeln, Rinde, Sprosse, Blätter, Blüten, Früchte oder Samen sich wegen ihres aromat. oder scharfen Geschmacks und Geruchs als würzende Zugaben zur menschl. Nahrung eignen.

Gewürzstrauch, Gatt. der Gewürzstrauchgewächse mit fünf Arten in N-Amerika und Australien; beliebte Ziersträucher, z. B. der *Erdbeergewürzstrauch.*

Geyer, Florian, *Giebelstadt bei Ochsenfurt um 1490, † Rimpar bei Würzburg 10. 6. 1525 (ermordet), dt. Reichsritter und Bauernführer. Leitete 1519 im Auftrag des Schwäb. Bundes ein militär. Unternehmen gegen Herzog Ulrich von Württemberg und Götz von Berlichingen, schloß sich jedoch 1525 den aufständ. Bauern an, fand aber mit seinen gemäßigten Reichsreformforderungen nicht die Zustimmung der Bauern.

Geysir [gaɪzɪr; isländ.] (Geisir, Geiser), heiße Quelle in jungvulkan. Gebieten, die in meist regelmäßigen Zeitabständen eine Wasserfontäne ausstößt, hervorgerufen durch Druckentlastung überhitzten Wassers. Viele Geysire setzen Sinterkrusten ab.

Gezeiten, Massenbewegungen der Atmosphäre, des Erdkörpers und, bes. auffallend, des Meeres, die verursacht werden durch das Zusammenwirken von Schwer- und Fliehkräften, die bei der Bewegung des Mondes um die Erde und bei der Bewegung der Erde um die Sonne entstehen. Die G. des Meeres *(Tiden)* äußern sich bes. an den Küsten, zumeist als zweimal tägl. (im Abstand von 12 Std. 25 Min.) Ansteigen (= *Flut*) und Absinken (= *Ebbe*) des Meeresspiegels. Bei Neu- und Vollmond verstärken sich die G. zu kräftigen *Springtiden,* bedingt durch die Stellung von Sonne und Mond zueinander. Bei Halbmond entstehen die bes. schwachen *Nipptiden.* Bei Niedrigwasser fallen seichte Teile von Randmeeren trocken (Watt). Der *Tidenhub* gibt den Höhenunterschied zw. Hoch- und Niedrigwasser an. Er ist im offenen Ozean gering, in Buchten können 20 m und mehr erreicht werden. Bei Flüssen wirken sich die G. von der Mündung landeinwärts aus.

Gewölbe.
1 Tonnengewölbe;
2 Kreuzgratgewölbe;
3 Kreuzrippengewölbe; 4 Sterngewölbe;
5 Klostergewölbe;
6 Muldengewölbe;
7 Spiegelgewölbe

Gezeitenkraftwerk

Gezeitenkraftwerk ↑Kraftwerke.
Gezelle, Guido Pierre [niederl. xəˈzɛlə], *Brügge 1. 5. 1830, † ebd. 27. 11. 1899, fläm. Dichter. Gilt als bedeutendster fläm. Lyriker; Gedichte von tiefer Religiosität mit impressionist. Zügen, u. a. Gedichtbände »Tijdkrans« (1893) und »Rijmsnoer« (1897).
GFK-Technik, Kurzbez. für **g**lasfaserverstärkte **K**unststoffe verarbeitende Technik; Gesamtheit der techn. Verfahren (z. B. Pressen, Spritzgießen), mit Glasfäden, -geweben, -matten und -strängen *(Rovings)* laminierte Kunststoffwerkstücke oder -teile herzustellen. Die entstehenden Produkte sind bei hoher Festigkeit und Elastizität von geringem Gewicht, chemisch beständig, wenig materialermüdend, kaum alternd und leicht zu bearbeiten.
GG, Abk. für ↑**G**rund**g**esetz.
ggT, Abk. für ↑**g**rößter **g**emeinsamer **T**eiler.
GH, Abk. für **G**esamt**h**ochschule.
Ghali, Boutros Boutros ↑Boutros Ghali, Boutros.
Ghana, Staat in Afrika, grenzt im W an Elfenbeinküste, im N an Burkina Faso, im O an Togo, im S an den Atlant. Ozean.
Staat und Recht: Präsidialrepublik; *Verfassung* von 1993. *Staatsoberhaupt* und Leiter der *Exekutive* ist der direkt auf vier Jahre gewählte Staatspräsident. Die *Legislative* liegt bei der Nationalversammlung (200 auf vier Jahre gewählte Abg.). Mehrparteiensystem.
Landesnatur: G. erstreckt sich rund 675 km von der Küste landeinwärts. An die 535 km lange, wenig gegliederte Küste (im O mit Lagunen) schließt sich nach einer 30–60 km breiten Küstenebene ein stark zertaltes Hochland an, das in der Ashantischwelle bis 788 m ü. M. ansteigt und nach N zum Becken des mittleren Volta (150–300 m ü. M.) übergeht. Der Volta, Hauptstrom von G., ist im Unterlauf durch den Bau des Akosombodamms zu einem See von rd. 8500 km² aufgestaut. Der S. hat feuchtheißes Klima mit Küstensavanne und trop. Regenwald (2 Regenzeiten), im N überwiegend Trockensavanne (1 Regenzeit).
Bevölkerung: Die größte Gruppe bilden die Akan (Ashanti, Fanti u. a., insgesamt 52 %); die Ewe (12 %) leben im O (und in Togo); im N wohnen Mosi-Dagomba (16 %) sowie Hausa, Fulbe und Mande. Am dichtesten besiedelt sind der Küstenstreifen und sein Hinterland. Über 60 % der E sind Christen, 13 % Muslime.
Wirtschaft, Verkehr: Wichtigstes Agrar- und Exportprodukt ist Kakao. Angebaut werden ferner Mais, Maniok, Taro, Jams, Süßkartoffeln, Hirse und Reis. Die bed. Holzwirtschaft wird staatlich kontrolliert. An Bodenschätzen werden Gold, Manganerze, Ind.-Diamanten und Bauxit gefördert. Wichtigster Ind.-Standort ist Tema mit Aluminiumschmelze und Erdölraffinerie. G. verfügt über 953 km Eisenbahn und 28 300 km Straßen (davon 6 000 km asphaltiert). Wichtigste Überseehäfen sind Takoradi und Tema. Internat. ✈ ist Kotoka bei Accra.
Geschichte: Zur Zeit der Ankunft der ersten Europäer (1471, Portugiesen) spielten im Gebiet von G. die Ashanti eine bed. Rolle. Im 16.–19. Jh. war G. von verschiedenen Kolonialmächten umkämpft. 1874 wurde die brit. Kronkolonie *Goldküste* proklamiert und nach fast 30jährigem Krieg mit den Ashanti endgültig nach 1900 von brit. Truppen erobert und unter direkte brit. Verwaltung gestellt. Am 6. 3. 1957 wurde das Reich der Ashanti unter dem Namen G. unabhängig, zunächst als Monarchie, seit 1960 als Republik im Commonwealth. 1966 wurde Staats-Präs.

Ghana

Staatsflagge

Staatswappen

Bevölkerungsverteilung 1992

Bruttoinlandsprodukt 1992

Ghana

Fläche:	238 533 km²
Einwohner:	15,959 Mio.
Hauptstadt:	Accra
Amtssprache:	Englisch
Nationalfeiertag:	6. 3. und 1. 7.
Währung:	1 Cedi = 100 Pesawas
Zeitzone:	MEZ −1 Std.

K. Nkrumah durch einen Armeeputsch gestürzt. Die 2. Republik ab 1969 scheiterte 1972 erneut durch einen Militärputsch. Nach erneuten Militärputschen 1978/79 erfolgte die Proklamation der 3. Republik durch Staatspräsident H. Limann. 1981 übernahm Hauptmann J. Rawlings (zuletzt 1992 durch Wahlen bestätigt) die Macht; die Verfassung von 1992 (Einführung des Mehrparteiensystems) bildet die Grundlage der 4. Republik.

Ghardaïa [frz. garda'ja], alger. Stadt an der Transsaharastraße über den Ahaggar, 60 000 E. Handelszentrum des Mzab.

Ghasali (al-G., al-Ghazali, al-Gazzali, Algazel, Algazelius), Abu Hamid Mohammed, *Tus (Khorasan) 1059, † ebd. 1111, islam. Theologe. Gilt als einer der bedeutendsten Theologen des Islams, dem es gelang, die Frömmigkeit der Mystik mit der orthodoxen Theologie zu versöhnen.

Ghasel (Ghasele, Gasel) [arab., eigtl. »Gespinst«], lyr. Gedichtform, seit dem 8. Jh. im ganzen islam. Raum verbreitet; besteht aus einer nicht festgelegten Anzahl von Langversen, die in je zwei Halbverse zerfallen. Die beiden Halbverse des Eingangsverses reimen, die Langverse behalten diesen Reim bei.

Ghasi [arab. »Kämpfer gegen die Ungläubigen«], urspr. die türk. Glaubenskämpfer gegen das Byzantin. Reich; später Ehrentitel der osman. Sultane.

Ghats, die Küstengebirge Vorderindiens (Ostghats, Westghats).

Ghaur [gɔ:r, arab. rɔ:r] (Al-G.), Teil des †Jordangrabens, †Ghor.

Ghazni, Provinzhauptstadt in O-Afghanistan, 20 000 E. Handelszentrum. Lehmziegelmauer um die Altstadt (12. Jh.); nahebei das Mausoleum des islam. Herrschers Mahmud von Ghazni († 1030).

Ghelderode, Michel de [niederl. 'xɛldəro:də, frz. gɛldə'rɔd], eigtl. Ademar Martens, *Ixelles 3. 4. 1898, † Brüssel 1. 4. 1962, fläm. Dramatiker. Expressionistisch-visionärer Dramatiker einer grotesken Welt.

Gheschm †Hormos, Straße von.

Ghetto [italien.] (Getto), Bez. von behördlich erzwungenen und räumlich beschränkten jüd. Wohnvierteln, die von außen abgeriegelt wurden und mit

Ghetto

Ghetto. Ein Leichenzug verläßt die geschlossene Mainzer Judengasse (1710; Mainz, Stadtarchiv)

nächtl. Ausgehverbot belegt waren; zuerst (1531) für Venedig belegt. In übertragenem Sinn bezeichnet G. jeden Bezirk einer Stadt, in dem eine ethn., rass. oder religiöse Minderheit (in geistiger und polit. Unterdrückung) lebt. – Als Minderheit zogen es Juden schon in der Antike (Rom, Alexandria) und im frühen MA vor, in bestimmten Straßen oder Stadtvierteln zusammenzuleben. Etwa ab dem Jahre 1000 wurde von christl. Seite das Zusammenwohnen von Christen und Juden verboten; es entstanden Judenquartiere oder -gassen, die mit Mauern umgeben und nachts durch Tore geschlossen wurden (v. a. in Italien, Spanien, Portugal, Deutschland, Österreich). Die gewaltsame Einführung von G. war eine Folge der kirchl. Judenpolitik (Paul IV., 1555) im 16. Jh. in Italien und S-Frankreich. – Mit dem Aufkommen der Emanzipation und der Erlangung der Bürgerrechte (19. Jh.) entfiel in Europa für die Juden der Zwang, in G. zu leben. – In der Zeit des Nat.-Soz. wurden in den besetzten Ost-

Ghibellinen und Guelfen

Ghetto. Das hermetisch abgeschlossene Warschauer Ghetto (Photo vom April 1943)

gebieten die Juden erneut in G. (»Judenviertel«, »jüd. Wohnbezirke«) gezwungen. Die (überlebenden) G.-Bewohner wurden später in die Vernichtungslager abtransportiert. Diese Besatzungspolitik führte im G. von Warschau, wo im April/Mai 1943 etwa 500 000 Juden leben mußten, zum †Warschauer Aufstand.

Ghibellinen und Guelfen, ab Anfang des 13. Jh. Bez. für die beiden widerstreitenden Parteien in Italien, die sich aus dem polit. Ggs. der Staufer (»Waiblinger«) und Welfen während des Thronstreites zw. Friedrich II. und Otto IV. (1212–18) ergaben. Die Bez. wurden nach der Stauferzeit auf andere polit. und soziale (z. B. ständische) Gegensätze übertragen, v. a. in den ober- und mittelitalien. Städten.

Ghiberti, Lorenzo [italien. gi'bɛrti], *Florenz 1378, † ebd. 1. 12. 1455, italien. Bildhauer. Urspr. Goldschmied, gewann G. 1401 u. a. gegen Brunelleschi den Wettbewerb für die zweite Bronzetür des Baptisteriums in Florenz (1403 bis 1424). Die sog. Paradiesestür (1424 bis 1425) mit zehn Feldern mit Szenen aus dem AT in perspektiv. Raumbühnen ist ein bed. Werk der Frührenaissance. Für Or San Michele schuf G. drei Bronzestatuen (1412–28).

Ghirlandaio, Domenico [italien. girlan'da:i̯o], eigtl. D. di Tommaso Bigordi, *Florenz 1449, † ebd. 11. 1. 1494, italien. Maler. Seine vielfigurigen, klar geordneten Fresken schildern das Leben des florentin. Bürgertums (Santa Trinità, 1483–85; Santa Maria Novella, 1486–90) der Frührenaissance. Bes. bekannt ist das Bild »Großvater und Enkel« (1488; Paris, Louvre).

Ghom, iran. Stadt 130 km ssw. von Teheran, 551 000 E. Bed. Kunsthandwerk.

Alberto Giacometti. Der Wagen, Bronze (1950; Zürich, Kunsthaus)

Schiit. Wallfahrtsort (Fatima-Heiligtum); Gräber mehrerer Safawidenherrscher.

Ghor (Al-G.), Bez. für den ↑Jordangraben zw. See Genezareth und Totem Meer. Das *East G. Canal Project,* begonnen in den 1950er Jahren, ist das größte Landwirtschaftsprojekt in Jordanien.

Ghostwriter [engl. 'gəʊstraɪtə »Geisterschreiber«], anonymer Autor, der im Auftrag und unter dem Namen anderer Personen Reden, Zeitungsartikel und Bücher (v. a. Memoiren) schreibt.

GHz, Einheitenzeichen für Gigahertz; 1 GHz = 10^9 Hz.

G.I. ['dʒi:'aɪ; engl.-amerikan.], Abk. für Government Issue (»Regierungsausgabe«), zeitweilig gebräuchl. Aufdruck auf den staatlich gelieferten Ausrüstungsgegenständen für die Soldaten der USA, daher auch volkstüml. Bez. für den einfachen Soldaten der USA.

Giacometti, Alberto [italien. dʒako-'metti], *Stampa bei Maloja 10. 10. 1901, † Chur 11. 1. 1966, schweizer. Bildhauer und Graphiker. Lebte ab 1922 überwiegend in Paris. Vom Surrealismus beeinflußt, schuf er nach 1945 die für ihn typischen dünnen, überlängten Figuren (auch Köpfe). Auch Lithographien.

Giaever, Ivar [norweg. 'jeːvər], *Bergen 5. 4. 1929, amerikan. Physiker norweg. Herkunft. Bestimmte experimentell die im Anregungsspektrum eines Supraleiters auftretende Energielücke und erhielt dafür zus. mit L. Esaki und B. Josephson den Nobelpreis für Physik 1973.

Giant's Causeway [engl. 'dʒaɪənts 'kɔːzweɪ], 5 km lange Kliffküste mit Basaltsäulen (N-Küste Irlands).

Giap [vietnames. ʒap], Vo Nguyên, vietnames. General und Politiker, ↑Vo Nguyên Giap.

Giauque, William Francis [engl. dʒɪ'oʊk], *Niagara Falls (Kanada) 12. 5. 1895, † Oakland (Calif.) 28. 3. 1982, amerikan. Physikochemiker. Beiträge zur chem. Thermodynamik und zur Tieftemperaturphysik; entdeckte 1929 zus. mit H. L. Johnston die Sauerstoffisotope O^{17} und O^{18}; 1933 erzielte er mit dem von ihm entwickelten Verfahren der adiabat. Entmagnetisierung erstmals Temperaturen von etwa 0,1 K. Nobelpreis für Chemie 1949.

Gibberelline [lat.], pflanzl. Wuchsstoffe in der Streckungszone von Sproß und Wurzel und in jungen Blättern; Verwendung in der Blumengärtnerei zur Steigerung von Blüten-, Stiel- und Blütenblattgröße.

Gibbons [frz.] (Hylobatidae), zur Überfamilie Menschenartige zählende Affen-Familie mit sieben Arten in den Urwäldern SO-Asiens; Körperlänge etwa 45–90 cm, Schwanz fehlt; Körper schlank, Brustkorb kurz und breit, Arme stark verlängert; Kopf klein und rundl., ohne vorspringende Schnauze; Fell dicht und weich, Färbung variabel, z. T. mit aufblähbarem Kehlsack. – Man unterscheidet die Gattung *Siamangs* mit den Arten *Siamang* in den Bergwäldern Sumatras, Malakkas und Thailands und *Zwergsiamang* auf den Mentawaiinseln. Zur Gattung *Hylobates* (G. i. e. S.) gehören *Weißhand-G., Schopf-G., Hulock, Silber-G.* und *Ungka.*

Gibbs, Josiah Willard [engl. gɪbz], *New Haven (Conn.) 11. 2. 1839, † ebd. 28. 4. 1903, amerikan. Mathematiker und Physiker. Arbeitete über statist. Mechanik und Thermodynamik; begründete die Lehre vom chem. Gleichgewicht, führte den Phasenbegriff in die Thermodynamik ein; mathemat. Beiträge zur Entwicklung der Vektoranalysis.

William Francis Giauque

Gibbons. Siamang (Größe bis 90 cm)

Gibea

Gibea [hebr. 'gi:bea, gi'be:a, gibe'a:] (Vulgata: Gabaa), Ort 6 km nördlich von Jerusalem, heute Tell el-Ful; erste israelit. Residenz (1000 v. Chr.); wichtige Ausgrabungen zur alttestamentl. Geschichte.

Gibeon (Vulgata: Gabaon), Ort im alten Israel, heute das Dorf el-Djib, 9 km nw. von Jerusalem; berühmte Opferstätte der alttestamentl. Könige, v. a. Salomos und Davids.

Gibson, Mel [engl. gıbsn], * Peekshill (N.Y.) 16. 1. (oder 3. 3.) 1956, amerikan.-austral. Filmschauspieler. Internat. Erfolge u. a. in »Mad Max« (3 Teile, 1979–85), »Gallipoli« (1981), »Maverick« (1994), »Braveheart« (1995; auch Regie).

Gibsonwüste [engl. gıbsn...], 330 000 km² große Steinwüste in Westaustralien zw. Großer Sandwüste im N und Großer Victoriawüste im Süden.

Gibraltar

Gibraltar
Wappen

Gibraltar [gi'braltar, gibral'tar], brit. Kronkolonie an der S-Spitze Spaniens, 5,8 km², 28 000 zivile E. G. und der Djebel Musa an der afrikan. Gegenküste flankieren als mächtige Felsklötze (in der Antike »Säulen des Herkules«) das östl. Ende der etwa 60 km langen, 14–44 km breiten, bis 1 181 m tiefen *Straße von Gibraltar,* die das Mittelmeer mit dem Atlantik verbindet. Auf der G.halbinsel lebt als einzige wilde Affenart Europas der Magot (↑Makaken).
Geschichte: Der Name entstand aus arab. Djebel al-Tarik (»Berg des Tarik«); ab 1462 kastilisch, seit 1713 zu Großbrit. gehörig. 1963 mit Spanien eingeleitete Rückgabeverhandlungen scheiterten 1966 (Sperrung des Grenzüberganges von und nach G. durch Spanien); beschränkte Autonomie; nach einem Abkommen mit Großbrit. öffnete Spanien im Dez. 1982 seine Grenzen wieder mit Einschränkungen, im Febr. 1985 vollständig.

Gicht (Zipperlein, Arthritis urica), Stoffwechselstörung, die u. a. zur Erhöhung des Harnsäurespiegels im Blut (Hyperurikämie) und zur Ablagerung von harnsaurem Natrium in der Nähe bestimmter Gelenke führt.
Beim *Gichtanfall* werden harnsaure Salze in den Gelenkknorpeln, Gelenkkapseln, Sehnenscheiden und Schleimbeuteln, in den benachbarten Weichteilen, u. U. sogar in den Gelenken selbst abgelagert. Der typische Gichtanfall beginnt plötzlich und befällt in rd. 70 % der Fälle nur das Großzehengrundgelenk *(Podagra).* Später werden auch andere Gelenke befallen. Die Gelenkknorpel werden durch eingelagerte Harnsäure zerstört, es kommt zu Gelenkverformungen und schließlich auch zur Gelenkversteifung. Äußeres Anzeichen der chron. Gelenkgicht sind die mit harnsauren Salzen beladenen *Gichtknoten* (Gelenktophi), die u. U. eitrig-geschwürig zerfallen (Gichtgeschwüre).

Gide, André [frz. ʒiːd], *Paris 22. 11. 1869, † ebd. 19. 2. 1951, frz. Schriftsteller. 1909 Mitbegründer der Zeitschrift »La Nouvelle Revue Française«; nahm bis zu Beginn des 20. Jh. maßgebl. Einfluß auf das geistige Leben Frankreichs. Sein Werk reicht von Übersetzungen über ein umfangreiches literaturkrit. Werk und Biographien bis zu [polit.] Reisebeschreibungen, Erzählungen, Romanen, Dramen und Gedichten. Es wendet sich gegen jede Konvention, die G. als Einschränkung der Persönlichkeit ablehnt. Künstlerisch bed. ist v. a. seine mehrbändige Autobiographie (2 Bde., 1920/21; 3 Bde., hg. 1951/52). Als erzähler. Hauptwerk gilt der Roman »Die Falschmünzer« (1925). Nobelpreis für Literatur 1947. – *Weitere Werke:* Der König Candaules (Dr., 1901), Der Immoralist (R., 1902), Die Verliese des Vatikan (R., 1914; auch dramatisiert), Die Pastoralsymphonie (Nov., 1919), Die Schule der Frauen (R., 1929), Zurück aus Sowjet-Rußland (Reisebericht, 1936).

Gideon (Vulgata: Gedeon), bibl. Person; einer der großen Richter, um 1100 v. Chr.; Befreier der Israeliten von räuber. Kamelnomaden.

Giebel, Abschlußwand an der Schmalseite eines Satteldaches, aber auch Bekrönung von Fenstern, Portalen u. a.; folgt meist der Dachform; Dreiecks-G., Treppen- oder Staffel-G., Knick-G. oder geschweifter G., auch halbkreisförmig (Segment-G.), oben offen (gesprengter G.), zurücktretend (gekröpfter G.). Blend-G. überspielen den Dachquerschnitt. Zusätzl. Schmuck durch Reliefs im G.feld (↑Tympanon), durch ↑Akrotere, ↑Fialen, Voluten, Vasen u. a.; kleine G. werden auch selbst zur Schmuckform (↑Wimperg).

Giehse, Therese, eigtl. T. Gift, *München 6. 3. 1898, † ebd. 3. 3. 1975, dt. Schauspielerin. 1925–33 und ab 1953 Mgl. der Münchner Kammerspiele; gründete 1933 mit Erika und Klaus Mann in München das Kabarett »Die Pfeffermühle«, mit dem sie noch im gleichen Jahr nach Zürich emigrierte; ebd. ab 1937 Engagement am Schauspielhaus; 1949–52 Mgl. von Brechts Berliner Ensemble.

Gierek, Edward [poln. ˈɡjɛrɛk], *Porąbka (Woiwodschaft Bielsko) 6. 1. 1913, poln. Politiker. 1970–80 Erster Sekretär des ZK der Vereinigten Poln. Arbeiterpartei.

Gieren [niederl.], seitl. Abweichen des Schiffes oder Flugzeugs vom Kurs durch Drehen um die Hochachse.

Giersch, Herbert, *Reichenbach (Eulengebirge) 11. 5. 1921, dt. Nationalökonom. 1969–89 Direktor des Instituts für Weltwirtschaft in Kiel; bed. Arbeiten v. a. auf den Gebieten der Konjunk-

André Gide

Therese Giehse

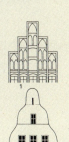
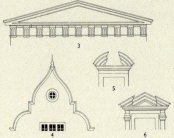

Giebel. 1 Spätgotischer Treppen- oder Staffelgiebel; **2** geschweifter Giebel der deutschen Renaissance; **3** flacher Dreiecksgiebel der Antike; **4** geschweifter Knickgiebel des Barock; **5** gesprengter Giebel; **6** gekröpfter Giebel; **7** spätgotischer Dreiecksgiebel mit Maßwerk und Fialen; **8** Dreiecksgiebel der deutschen Renaissance

Giese

Gießen. Links das Neue Schloß (1533–39), rechts das Zeughaus (1586–90)

Gießen Stadtwappen

Giese, Hans, * Frankfurt am Main 26. 6. 1920, † Saint-Paul bei Vence 22. 7. 1970, dt. Psychiater und Sexualforscher. Befaßte sich v. a. mit den Formen des von der sog. Norm abweichenden Sexualverhaltens (v. a. Homosexualität).

Gießen, hess. Stadt an der Lahn, 73 800 E. Verwaltungssitz des Reg.-Bez. Gießen und des Landkreises Gießen; Univ. (1607 bzw. 1957 gegr.); Oberhess. Museum, Papyrussammlung, Liebig-Museum; Theater; botan. Garten. U. a. Tonwerke, Werkzeugmaschinenbau, Büromöbelfabriken. Erhalten u. a. Neues Schloß (16. Jh.), Zeughaus (16. Jh.), Fachwerkhäuser (15. Jh.). Neubauten: Univ.bibliothek (1957 bis 1959), Kongreßhalle (1964–66). – 1248 zuerst als Stadt bezeichnet, ab 1265 im Besitz der Landgrafen von Hessen (1604 an Hessen-Darmstadt); Ende 13.Jh. befestigt, im 16. Jh. zur Festung umgebaut.

Gießharze, flüssige Kunstharze, die ohne Druck aushärten.

Gießverfahren, Verfahren zum Einbringen *(Gießen)* geschmolzener Metalle in dafür vorgesehene Hohlformen in Gießereien, wobei man Platten oder Blöcke (Formate) erhält, die durch Schmieden, Walzen, Umschmelzen u. a. weiterverarbeitet werden, oder Formstücke, die nur noch geringer Nachbearbeitung bedürfen.

Beim *Blockguß* werden Blöcke in Formen (sog. *Kokillen*) aus Stahl oder Gußeisen gegossen. Das flüssige Metall wird aus dem Ofen oder aus schwenkbaren Gießpfannen in die Kokillen gegossen. Der *Strangguß* ist ein urspr. für Aluminium entwickeltes Gießverfahren. Blöcke, Rohre und Profile aus Aluminium und seinen Legierungen werden heute v. a. im *Senkrechtstrangguß* hergestellt, bei dem das Metall in einer oben und unten offenen, wassergekühlten Kokille zu einem Strang geformt wird. Beim sog. *Gießen in verlorene Formen* (für jedes Gußstück wird eine neue Form benötigt) werden die einzelnen Modellteile abgeformt und zu der Form zusammengesetzt. Die Formstoffe bestehen vorwiegend aus mineral. Materialien (Sand, Zement, Schamotte und Gips) und aus Bindemitteln (Sulfitlauge, Wasserglas, Kunstharz u. a.). Während beim *Sandguß* die Form nach jedem Guß zerstört werden muß, lassen sich beim Gießen in Dauerformen *(Kokillenguß)* zahlr. Abgüsse mit derselben Form erzielen. Die Kokillen bestehen aus Stahl, Gußeisen oder warmfesten Stählen. Meist werden die mehrteiligen Kokillen über ein spezielles Eingußsystem gefüllt, das so gestaltet sein muß, daß das flüssige Metall schnell, wirbelfrei und ohne Schaum- bzw. Blasenbildung einfließt. Die Herstellung von NE-Metallgußteilen mit komplizierter Gestalt ist durch die *Druckgußverfahren* möglich. Hierbei werden die Metalle in teigigem oder flüssigem Zustand unter Druck in eine Dauerform gegossen. In jüngerer Zeit wurde der *Vakuumdruckguß* entwickelt, der bes. dichte, porenfreie Druckgußteile liefert.

Unter dem Begriff *Schleuderguß (Zentrifugalguß)* sind alle Arten von G. zusammengefaßt, bei denen durch Rotation eines Teiles der Gießeinrichtung die Zentrifugalkraft Einfluß auf die Formgestaltung, die Formfüllung und die Kristallisation nimmt.

Als *Verbundguß* bezeichnet man Verfahren, bei denen an ein festes Metallteil ein weiteres aus einem anderen Metall angegossen wird.

Gifhorn, Kreisstadt am S-Rand der Lüneburger Heide, Ndsachs., an der Aller, 39 200 E. Erhalten sind einige Gebäude des Schlosses (16.Jh.); barocke Pfarrkirche (1734–1744) mit barockem Kanzelaltar (1744).

Giftpilze

Giftpflanzen.
1 Seidelbast,
a blühend,
b fruchtend;
2 Wasserschierling mit Wurzelstock;
3 Einbeere

Gifhorn. Schloßhof mit der Schloßkapelle (1547)

Gifte, Stoffe, die nach Eindringen in den menschl. oder tier. Organismus schon in kleinen Mengen zu einer spezif. Erkrankung *(Vergiftung)* führen.

Giftfische, Fische, die durch mit Giftdrüsen in Verbindung stehende Stacheln Gift auf Angreifer übertragen können (z. B. Petermännchen, Drachenköpfe, Antennenfische). Die *Fischgifte* können für den Menschen bei Nichtbehandlung tödlich sein.

Giftgase, svw. chem. Kampfstoffe (↑ABC-Waffen).

Giftnattern (Elapidae), mit rd. 180 Arten bes. in den Tropen und Subtropen verbreitete Fam. 0,3–5 m langer Giftschlangen (fehlen in Europa), z. B. Mambas, Kobras.

Giftpflanzen, Pflanzen, die Substanzen enthalten, die durch Berührung oder Aufnahme in den Körper Vergiftungserscheinungen mit u. U. tödl. Ausgang hervorrufen. Manche Gifte werden durch Trocknen oder Kochen unwirksam, wie z. B. bei den Samen der Gartenbohne.

Giftpilze, Fruchtkörper höherer Pilze, die bestimmte Substanzen als Stoffwechselbestandteile in so hohen Anteilen enthalten, daß nach ihrem Genuß bei Mensch und Tier Vergiftungserscheinungen hervorgerufen werden. Von den etwa 200 Giftpilzarten der nördlich gemäßigten Zone sind 40 gefährlich giftig, tödlich giftig sind v. a. die Knollenblätterpilze.

Giftreizker

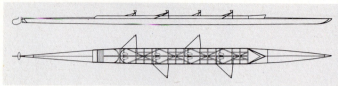

Gig 2). Schematische Darstellung einer Renngig (oben Seitenansicht, unten Aufsicht)

Walter Gilbert

Giftreizker (Birkenreizker), bis 8 cm hoher, fleischfarbener Lamellenpilz in lichten Wäldern; roh giftig.
Giftschlangen, Schlangen, die ihre Beute durch Gift töten; das Gift wird durch Giftzähne injiziert. Der Biß vieler G. ist auch für den Menschen tödlich. Man unterscheidet die beiden großen Gruppen Röhrenzähner (mit Vipern und Grubenottern) und Furchenzähner (mit Giftnattern und Seeschlangen).
Giftspinnen, Bez. für (bes. für den Menschen) giftige Spinnentiere. Hierzu gehören u. a. Schwarze Witwe, Tarantel und Skorpione. Unter den in M-Europa vorkommenden Spinnen sind Wasserspinne und Dornfinger am gefährlichsten.
Gifttiere, Tiere, die zum Beutefang und/oder zur Verteidigung (meist in Giftdrüsen erzeugte) Giftstoffe abgeben.
Gig [engl.], 1) offener, zweirädriger Wagen (Einspänner) mit einer Gabeldeichsel.
2) *Rudersport:* zum Training und für Wanderfahrten verwendetes, leichtes Ruderboot mit Rollensitzen und Auslegern.
3) bezahlter Auftritt einer Band oder eines Einzelmusikers in einem Konzert.
Giga... ↑Vorsatzzeichen.
Gigant [griech.], Riese (nach den Riesen der griech. Mythologie).
Giganten, erdgeborene Riesen der griech. Mythologie, von ihrer Mutter gesandt, die junge Herrschaft des Zeus und der Olympier zu stürzen; der Kampf wird *Gigantomachie* genannt.
Gigli, Beniamino [italien. 'dʒiʎi], *Recanati bei Ancona 20. 3. 1890, † Rom 30. 11. 1957, italien. Sänger (Tenor). 1918 Debüt an der Mailänder Scala, 1920 an der Metropolitan Opera in New York.
Gigolo ['ʒi:golo, frz. ʒigɔ'lo; frz.], 1) Eintänzer, der früher in Tanzlokalen als Tanzpartner oder -lehrer für weibl. Besucher angestellt war.
2) umgangssprachlich eitler, geckenhafter (von Frauen ausgehaltener) Mann.
Gigue [ʒi:k, frz. ʒig] (engl. Jig, italien. Giga), aus dem engl. Tanzlied Jig hervorgegangener Tanz des 17./18. Jh., Grundbestandteil der ↑Suite; zwei Formen: die frz. G. im punktierten $^4/_4$- oder $^3/_4$-Takt mit imitierender Stimmführung und die nicht fugierte italien. Giga im schnellen $^{12}/_8$- oder $^6/_8$-Takt.
Gijón [span. xi'xɔn], nordspan. Hafen- und Ind.-Stadt an der astur. Küste, 256 000 E. Eisen- und Stahl-Ind., Schiff- und Maschinenbau. Paläste (15. und 16. Jh.), Stiftskirche (Fassade des 16. Jh.).
Gilbert, Walter [engl. 'ɡɪlbət], *Boston 21. 3. 1932, amerikan. Molekularbiologe. Arbeitet v. a. über Nukleinsäuren; entwickelte eine neue chem. Methode zur Bestimmung der Reihenfolge der Nukleotide in der DNS. Erhielt 1980 (zus. mit P. Berg und F. Sanger) den Nobelpreis für Chemie.
Gilbertinseln [engl. 'ɡɪlbət...], Kette von Atollen im Pazifik beiderseits des Äquators, Teil der Republik ↑Kiribati.
Gilbweiderich (Gelbweiderich, Felberich, Lysimachia), Gatt. der Primelgewächse mit etwa 150 Arten in gemäßigten Gebieten, v. a. in Europa und O-Asien; in Europa u. a. der *Gemeine G.,* über 1 m hoch, und der *Punktierte Gilbweiderich.*

Gigue. Georg Friedrich Händel, Suite d-Moll aus »Suites de pièces pour le clavecin« II (1733)

Ginger

Gilbweiderich.
Gemeiner Gilbweiderich

Alfred Goodman Gilman

Gimpel

Gilde, genossenschaftl. Vereinigung v. a. im MA mit religiösen und/oder weltl. Zielen; später Gliederung nach Berufsständen (z. B. Kaufmannsgilde). ↑Zunft.

Gilgamesch, sumer. König der 1. Dynastie von Uruk, der um etwa 2600 v. Chr. gelebt hat; erbaute die große Mauer um Uruk.

Gilgamesch-Epos, bedeutendstes Werk der babylon. Literatur (Ende des 2. Jt. v. Chr.), sog. ninivit. Fassung des Stoffes um Gilgamesch in jungbabylon. Sprache (um 1200).

Gilge ↑Memel.

Gillespie, Dizzy [engl. gɪˈlespɪ], eigtl. John Birks G., *Cheraw (S. C.) 21. 10. 1917, †Englewood (N. J.) 6. 1. 1993, amerikan. Jazzmusiker (Trompeter, Bandleader, Komponist). Avancierte in den 1940er Jahren zum führenden Stilisten des ↑Bebop; war neben C. Parker und T. Monk dessen wichtigster Initiator.

Gilly, Friedrich, *Altdamm bei Stettin 16. 2. 1772, †Karlsbad 7. 8. 1800, dt. Architekt. Entwürfe für ein Denkmal Friedrichs d. Gr. (1769) und für das Berliner Schauspielhaus (ab 1797), die ihn zu einem bed. Baumeister des Klassizismus und zum Begründer des modernen Theaterbaus werden ließen.

Gilman, Alfred Goodman [engl. ˈgɪlmən], *New Haven 1. 7. 1941, amerikan. Pharmakologe. Erhielt 1994 zus. mit M. Rodbell den Nobelpreis für Physiologie oder Medizin für die Entdeckung der G-Proteine und ihre Bedeutung für die Signalübertragung in Zellen.

Gimpel, Gatt. der Finkenvögel mit sechs Arten in Eurasien; in M-Europa nur der ↑Dompfaff.

Gin [engl. dʒɪn], Branntwein aus mehrmals destillierter vergorener Maische aus Mais u. a. Getreide. Das Destillat wird mit angequetschten Wacholderbeeren und anderen Aromastoffen versetzt und nochmals destilliert.

Ginger [engl. ˈdʒɪndʒə; lat.], engl. Bez. für Ingwer, womit z. B. das »ginger ale« (ein alkoholfreies Erfrischungsgetränk) gewürzt wird.

Gijón. Palast der Grafen von Revillagigedo (15. Jh.)

Gingivitis

Ginkgo. Zweig und Frucht eines Ginkgobaums

Ginsterkatzen (Genetten), Gatt. 45–60 cm körperlanger, nachtaktiver Schleichkatzen mit neun Arten, v. a. in den Strauch- und Grassteppen Afrikas, S-Arabiens, Israels und SW-Europas.

Ginsterkatzen. Kleinfleckginsterkatze (Körperlänge 50–60 cm), Schwanzlänge 40–48 cm)

Gingivitis [lat.], svw. ↑Zahnfleischentzündung.

Ginkgo [jap.], bekannteste Gatt. der Ginkgogewächse mit vielen, v. a. vom Jura bis zum Tertiär verbreiteten Arten; einzige rezente Art ist der *Ginkgobaum* (Fächerbaum), bis 30 m hoch.

Ginsberg, Allen [engl. 'gɪnzbə:g], * Paterson (N. J.) 3. 6. 1926, amerikan. Lyriker. Dichter der ↑Beat generation, Kritiker der amerikan. Gesellschaft. – *Werke:* Das Geheul (1956), Kaddisch (1960).

Allen Ginsberg

Ginseng [chin.], Bez. für zwei Araliengewächse in O-Asien und N-Amerika, aus deren rübenförmigem Wurzelstock ein allg. anregendes Mittel gewonnen wird. Die G.wurzel ist seit etwa 2 000 Jahren in O-Asien ein geschätztes Allheilmittel.

Ginster (Genista) [lat.], Gatt. der Schmetterlingsblütler mit etwa 100 von Europa nach N-Afrika bis W-Asien verbreiteten Arten; gelbblühende, gelegentl. dornige Sträucher. Einheim. Arten sind *Färber-G.* und *Flügelginster*.

Ginster. Deutscher Ginster

Ginzburg, Natalia, geb. Levi, * Palermo 14. 7. 1916, † Rom 8. 10. 1991, italien. Schriftstellerin. 1940–43 von den Faschisten in die Abruzzen verbannt; schrieb zumeist in unsentimentalem Stil verfaßte Romane. – *Werke:* Alle unsere Jahre (R., 1952), Mein Familienlexikon (Autobiogr., 1963), Ein Mann und eine Frau (En., 1977), Die Stadt und das Haus (R., 1984).

Gioberti, Vincenzo [italien. dʒo'bɛrti], * Turin 5. 4. 1801, † Paris 26. 10. 1852, italien. Philosoph und Politiker. Förderte mit seinen Schriften entscheidend die Herausbildung des italien. Nationalbewußtseins; u. a. 1848/49 Min.-Präs. im Kgr. Sardinien.

giocondo [dʒo...; italien.], musikal. Vortrags-Bez.: heiter, fröhlich, anmutig.

giocoso [dʒo...; italien.], musikal. Vortrags-Bez.: scherzhaft, freudig.

Giolitti, Giovanni [italien. dʒo'litti], * Mondovì 27. 10. 1842, † Cavour 17. 7. 1928, italien. Politiker. 1892/93, 1903 bis 05, 1906–09, 1911–14 (sog. G.-Ära) und 1920/21 Min.-Präs.; verstaatlichte u. a. die Eisenbahnen, erweiterte das Wahlrecht, förderte Arbeits- und Sozialgesetzgebung.

Giono, Jean [Fernand] [frz. ʒjɔ'no], * Manosque bei Aix-en-Provence 30. 3. 1895, † ebd. 8. 10. 1970, frz. Schriftsteller. In seinem Schaffen eng mit seiner Heimat, der Provence, verbunden; zuerst lyr., später chronikartige Romane, u. a. die Pan-Trilogie: »Der Hü-

Giotto di Bondone

Ginseng
(Wurzel)

Giorgione. Drei Philosophen (um 1503/04; Wien, Kunsthistorisches Museum)

gel« (1928), »Der Berg der Stummen« (1929), »Ernte« (1930).
Giordano Bruno [italien. dʒorˈdaːno ˈbruːno] ↑Bruno, Giordano.
Giorgione [italien. dʒorˈdʒoːne], eigtl. Giorgio da Castelfranco, * Castelfranco Veneto 1478, † Venedig vor dem 25. 10. 1510, italien. Maler. Angeregt von Werken G. Bellinis und Leonardo da Vincis, wurde G. einer der bedeutendsten Vertreter der Hochrenaissance, dessen Behandlung von Farbe und Licht die Grundlage der venezian. Malerei des 16. Jh. (u. a. Tizian) bildete. Mit dem Hochaltarbild »Thronende Madonna mit den Heiligen Franziskus und Liberale«, um 1504) für San Liberale in Castelfranco Veneto prägte G., über dessen Leben nur spärl. Nachrichten überliefert sind, den neuen Typus der ↑Sacra conversazione. In seinen Gemälden »Drei Philosophen« (um 1503/04; Wien, Kunsthistor. Museum) und »Das Gewitter« (um 1503/04; Venedig, Gallerie dell'Accademia) erhält die Natur in ihrer kosm. Erscheinung eine myst. Bed. in ihrem Bezug zum Menschen.

Giotto [ˈdʒɔtto; nach der Kometendarstellung in Giottos Fresko »die Anbetung der Könige«], eine Raumsonde der ESA (↑Halley).
Giotto di Bondone [italien. ˈdʒɔtto], * Colle di Vespignano bei Florenz 1266, † Florenz 8. 1. 1337, italien. Maler und Baumeister. 1287/88–1296 entstanden

Giotto di Bondone.
Die Begegnung Joachims und Annas an der Goldenen Pforte; Fresko, Ausschnitt (zwischen 1304 und 1313; Padua, Arenakapelle)

Giovanni da Bologna

Jean Giraudoux

die Fresken der Oberkirche von San Francesco in Assisi und ein Kruzifix für Santa Maria Novella (Florenz), 1305–13 die Fresken der Arenakapelle (Capella degli Scrovegni) in Padua. Anschließend war G. in Rimini (Kruzifix im Tempio Malatesta) tätig, dann erneut in Assisi (Unterkirche von San Francesco) und 1311–29 in Florenz (Tafelbilder [»Maestà« für die Kirche Ognissanti, um 1310; »Marientod«, zw. 1315/20], Freskenzyklen in Santa Croce [1317–26]). Sein letzter Auftrag (1334) war der Kampanile des Domes von Florenz. Bei dramat. Eindringlichkeit ist G. Bildwelt zugleich klar und übersichtlich geordnet und von neuer plastisch-räuml. Auffassung (»Kastenraum«) geprägt. G. gilt als Wegbereiter einer auf Naturbeobachtung und Psychologie gestützten Gestaltungsweise.

Giovanni da Bologna [italien. dʒo-'vanni da bo'loɲa], gen. Giambologna (Jean Boulogne), *Douai 1529, † Florenz 13. 8. 1608, italien. Bildhauer fläm. Herkunft. Ab 1556 war er in Florenz im Dienst der Medici tätig. Seine spätmanierist. Stilprinzipien beeinflußten die europ. Plastik (H. Gerhard, A. de Vries) entscheidend: Die kompliziert nach oben geschraubten Gruppen bieten sich nach allen Seiten zur Ansicht dar, u. a. Neptunsbrunnen in Bologna (1563–66), Merkur (1580; Florenz, Bargello), Raub der Sabinerin (1583; Florenz, Loggia dei Lanzi).

Gips [semit.-griech.-lat.], Bezeichnung für das natürlich vorkommende Dihydrat des Calciumsulfats, $CaSO_4 \cdot 2H_2O$ sowie für die durch Erhitzen daraus hervorgehenden, teilweise oder ganz dehydratisierten Formen, die im Baugewerbe wegen ihrer Fähigkeit, durch Wasseraufnahme wieder in das Dihydrat überzugehen und dabei zu erhärten (abzubinden), als Bindemittel verwendet werden. Bei Erhitzen des Dihydrats auf etwa 110 °C entsteht *gebrannter G.* (Halbhydrat, $CaSO_4 \cdot 1/2\ H_2O$), bei 130–160 °C *Stuck-G.* (Gemisch aus viel Halbhydrat und wenig Anhydrit, $CaSO_4$). Der beim Erhitzen auf über 650 °C entstehende Anhydrit kann mit Wasser nicht mehr erhärten, er ist *totgebrannt*. Beim Brennen bei 800–1 000 °C entsteht *Estrich-G.,* der mit Wasser sehr langsam abbindet. Oberhalb von 1 200 °C wird Schwefeltrioxid abgespalten, es entsteht eine feste Lösung von CaO in $CaSO_4$, die mit Wasser zu *Mörtel* oder *Bau-G.* erhärtet. Mischt man diesen mit Sand, entsteht ein Luftmörtel *(G. mörtel),* beim Mischen mit Wasser und Kies entsteht *G. beton.* – G. wird zur Herstellung von Fertigteilen, Zement, Mineralfarben, Papier und Schreib-

Gips.
1 Spaltstück; **2** Gipsrosette; **3** Duchkreuzungszwilling; **4** Fasergips

kreide, zur Produktion von Schwefelsäure und Ammoniumsulfat und als Düngemittel verwendet.
Gipskraut, Gatt. der Nelkengewächse mit etwa 130 v. a. vom Mittelmeergebiet bis zum mittleren Asien verbreiteten Arten; in M-Europa u. a. das dichte Rasen bildende *Kriechende G.*; kultiviert wird das *Schleierkraut* (Rispiges G.), bis 1 m hoch.

Gipskraut. Schleierkraut (Höhe 70–100 cm)

Gipsverband, aus Gipsbinden hergestellter fester, dauerhafter Verband zur möglichst vollständigen Ruhigstellung von traumatisch veränderten Knochen und Gelenken.
Giraffe [arab.-italien.] ↑Sternbilder (Übersicht).
Giraffen [arab.-italien.] (Giraffidae), Fam. der Wiederkäuer (Ordnung Paarhufer) mit nur noch zwei rezenten Arten in Afrika südl. der Sahara: 1. *Giraffe*, in den Savannengebieten lebend, Körperlänge etwa 3–4 m, Schwanz 0,9 bis 1,1 m lang, mit lang behaarter Endquaste; Schulterhöhe 2,7–3,3 m, Scheitelhöhe 4,5–6 m; Hals sehr lang; in beiden Geschlechtern 2–5, von Haut überzogene Knochenzapfen auf der Stirn. Die G. lebt von Blättern und Zweigen. Unterarten sind die *Netz-G.* in Somalia und N-Kenia sowie die *Stern-G.* (Massai-G.) in Kenia und Tansania; 2. *Okapi*, erst 1901 entdeckt, in den Regenwäldern von Z-Zaire lebend; etwa 2,1 m körperlang, mit (im ♂ Geschlecht) 2 Hörnern.
Giralgeld [ʒi...; italien./dt.] ↑Geld.

Giralnetz [ʒi...; italien./dt.], Gesamtheit der zu einer einheitl. Giroorganisation zusammengeschlossenen Geldinstitute, die bei einer oder mehreren Zentralgirostellen über Konten verfügen.
Girardon, François [frz. ʒirarˈdõ], *Troyes 17. 3. 1628, † Paris 1. 9. 1715, frz. Barockbildhauer. Ausstattung der königl. Bauten in Versailles.
Giraudoux, Jean [frz. ʒiroˈdu], *Bellac bei Limoges 29. 10. 1882, † Paris 31. 1. 1944, frz. Schriftsteller. Begann als Erzähler; heute sind v. a. seine von Sprachspielen lebenden Dramen bekannt, in denen er v. a. antike und bibl. Stoffe mit dem Blick auf zeitgenöss. Konstellationen verarbeitet und als solche ins Paradoxe kehrt. – *Werke:* Juliette im Land der Männer (R., 1924), Eglantine (R., 1927), Amphitryon 38 (Dr., 1929), Judith (Dr., 1931), Der trojan. Krieg findet nicht statt (Dr., 1935), Die Irre von Chaillot (Dr., hg. 1945).
Girlitz, etwa 12 cm großer Finkenvogel, in NW-Afrika, Kleinasien und Europa.
Giro [ˈʒiːro; italien. »Umlauf«] ↑Indossament.
Giro d'Italia [italien. ˈdʒiːro diˈtaːlia] (Italien-Rundfahrt), erstmals 1909 ausgetragenes Etappenradrennen durch Italien (seit 1973 auch Strecken außerhalb Italiens).
Girona (span. Gerona) [ʃiˈrona], span. Prov.-Hauptstadt in Katalonien, 87 700 E. Museen, Handelszentrum; ✈. Kathedrale in katalan. Gotik (14./15. Jh.) mit roman. Kreuzgang (12. Jh.), Stiftskirche San Feliu (1215 bis 1318), arab. Bäder (1295 im Mudejarstil verändert).
Gironde [frz. ʒiˈrõːd] ↑Garonne.

Girlitz. Oben: Girlitz (Männchen, Größe bis 11,5 cm) ♦ Unten: Zitronengirlitz (Männchen; Größe bis 12 cm)

Giraffen. Okapi

Girondisten

Valéry Giscard d'Estaing

Girondisten [ʒirõ'dıstən; frz.], Bez. für die nach dem Dép. Gironde ben. gemäßigte republikan. Gruppe in der frz. Nationalversammlung zur Zeit der Frz. Revolution; vertraten den Gedanken der Volkssouveränität, forderten daher den Kampf gegen die europ. Fürsten und setzten die Kriegserklärung (4. 4. 1792) gegen Österreich und Preußen durch. Gemeinsam mit den ↑Jakobinern stürzten sie das frz. Königtum, gerieten aber bald in Ggs. zu der sich immer stärker radikalisierenden jakobin. Bergpartei; ihre Mgl. wurden während der Schreckensherrschaft 1793/94 zum großen Teil hingerichtet.

Giroverkehr ['ʒi:ro...] (Überweisungsverkehr), bargeldloser Zahlungsverkehr durch Gutschrift oder Belastung auf einem dem Zahlungsverkehr dienenden Konto bei einem Geldinstitut.

Girozentralen ['ʒi:ro...], regionale Zentralinstitute der Sparkassen; werden als öffentl.-rechtl. Körperschaften geführt und unterstehen staatl. Aufsicht. Spitzeninstitut der G. ist die Dt. Girozentrale – Dt. Kommunalbank, Berlin und Frankfurt am Main. Ihre Aufgaben bestehen v. a. in der Verwaltung von Sicht- und Termineinlagen der ihnen angeschlossenen Sparkassen (Liquiditätsreserve) und Vornahme des Liquiditätsausgleiches innerhalb des Regionalbereichs, der Durchführung des Zahlungs- und Inkassoverkehrs innerhalb des Giralnetzes und der Gewährung von Gemeinschaftskrediten, soweit die Kredithöhe die Kompetenz einer einzelnen Sparkasse übersteigt.

Girsu ↑Tello.

Gis, Tonname für das um einen chromat. Halbton erhöhte G.

Giscard d'Estaing, Valéry [frz. ʒiskardɛs'tɛ̃], * Koblenz 2. 2. 1926, frz. Politiker. 1962–66 und 1969–74 Min. für Wirtschaft und Finanzen; 1974–81 Staatspräsident.

Gise (Giseh), ägypt. Gouvernementshauptstadt südl. von Kairo, 1,2 Mio. E. Univ.; 8 km sw. Pyramidenfeld mit Cheops-, Chephren- und Mykerinospyramide sowie Sphinx.

Gisela, * um 990, † Goslar 15. 2. 1043, Röm. Kaiserin (ab 1027). In 3. Ehe (wohl 1017) ∞ mit dem späteren Kaiser Konrad II. Als Nichte Rudolfs III. von Burgund erreichte sie die Designation Konrads als dessen Nachfolger, wodurch Burgund ans Reich kam.

Gitarre [griech.-arab.-span.] (volkstüml. Klampfe, Zupfgeige), Zupfinstrument mit flachem, achtförmigem Korpus, Zargen, Schalloch in der Decke, breitem Hals mit chromatisch angeordneten Metallbünden und abgeknicktem Wirbelkasten. Die sechs an einem Querriegel befestigten Saiten der modernen einchörigen G. sind auf

Gitarre.
Miniatur aus den »Cantigas de Santa Maria« Alfons' X., des Weisen (links eine guitarra latina, rechts wahrscheinlich eine guitarra morisca) (um 1280; El Escorial, Kloster San Lorenzo)

Glacier National Park

E-A-d-g-h-e[1] gestimmt. ↑Elektrogitarre, ↑Hawaiigitarre.

Gitter, 1) *Bauwesen:* Bauteile aus (parallelen oder gekreuzten) Holz- oder Metallstäben, aus Drahtgeflecht o. ä. **2)** *Mathematik:* (Punkt-G.) jede period. Anordnung von Punkten *(G.punkten)* oder von Materieteilchen (Atome, Ionen, Moleküle). Den Abstand der G.punkte bezeichnet man als *G.konstante.*
3) *Elektronik:* in Elektronenröhren eine gitterförmige Elektrode (Steuergitter) zw. Anode und Kathode zur Steuerung des Anodenstromes.

Gitternetz, Quadratnetz in topograph. Karten, das das genaue Eintragen und Auffinden von koordinierten Punkten ermöglicht, auf Stadtplänen meist mit Buchstaben und Zahlen versehen.

Gitterspannung, elektr. Spannung zw. Steuergitter und Kathode einer Elektronenröhre zur Steuerung des Anodenstroms.

Giuliano da Maiano [italien. dʒuˈli̯a:no da maˈi̯a:no], *Maiano bei Fiesole 1432, † Neapel 17. 10. 1490, italien. Baumeister. Renaissancepaläste (Siena, Neapel), 1477 ff. Dombaumeister von Florenz, 1474–86 von Faenza.

Giulini, Carlo Maria [dʒuˈli:ni], *Barletta 9. 5. 1914, italien. Dirigent. Ständiger Dirigent beim italien. Rundfunk in Rom (1946–50) und Mailand (1950–53); 1973–76 Chefdirigent der Wiener Symphoniker; 1978–84 Leiter des Philharmon. Orchesters Los Angeles.

Giulio Romano [italien. ˈdʒu:li̯o roˈma:no], eigtl. G. Pippi, *Rom 1499, † Mantua 1. 11. 1546, italien. Maler und Baumeister. Mitarbeiter Raffaels, führte 1520–24 dessen Arbeiten in der röm. Villa Madama und im Vatikan zu Ende. 1525–35 schuf er mit dem Palazzo del Te in Mantua ein Hauptwerk des Manierismus.

Gjellerup, Karl Adolph [dän. ˈgɛlˈɔrob], *Roholte (Seeland) 2. 6. 1857, † Dresden 11. 10. 1919, dän. Schriftsteller. Lebte nach zahlr. Reisen ab 1892 in Deutschland; fühlte sich als Jünger der dt. und griech. Klassik, ab 1900 neigte er dem Buddhismus zu. Seine letzten Werke (»Das heiligste Tier«, En., hg. 1920) verfaßte er in dt. Sprache. Nobelpreis (mit H. Pontoppidan) 1917. – *Weitere Werke:* Pastor Mors (R., 1894), Die Hügelmühle (R., 1896), Der Pilger Kamanita (R., 1906).

Gjirokastër [alban. ɟjiroˈkastər], unter Denkmalschutz stehende alban. Stadt, sö. von Vlorë, 21 400 E (mit griech. Minderheit).

Glacier National Park [engl. ˈgleɪʃə ˈnæʃənəl ˈpɑ:k], **1)** 4094 km² großer Naturpark in den Rocky Mountains, Mont., USA, mit über 60 Gletschern.

Karl Adolph Gjellerup

Giuliano da Maiano.
Dom von Faenza, 1474–86,
Innenansicht von Westen

Gladbeck

Gladiatoren. Darstellung eines Kampfes Mann gegen Mann, Mosaik (Rom, Galleria Borghese)

William Ewart Gladstone

2) 1 349 km² großer Nationalpark in den kanad. Rocky Mountains.

Gladbeck, Stadt im nw. Ruhrgebiet, NRW, 80 100 E. U. a. Metall-, Bau- und Kunststoffindustrie. – Bis 1802/03 zum Kurfürstentum Köln, 1815 an Preußen; 1919 Stadt.

Gladiatoren [lat.], die Teilnehmer an den röm. Kampfspielen auf Leben und Tod, den *Gladiatorenspielen,* die ab 105 v. Chr. zur Unterhaltung des Volkes von den Ädilen oder anderen Magistraten, später von den Kaisern veranstaltet wurden.

Gladiole [lat.], svw. ↑Siegwurz; allg. Bez. für die aus verschiedenen, v. a. afrikan. Arten der Gatt. Siegwurz erzüchteten Gartenformen.

Gladiole (Höhe bis 1 m)

Glanzkäfer. Rapsglanzkäfer (Größe 1,5–2,7 mm)

Gladstone, William Ewart [engl. 'glædstən], *Liverpool 29. 12. 1809, †Hawarden bei Chester 19. 5. 1898, brit. Staatsmann. Ab 1832 war G. konservativer Abg. im Unterhaus. Als Leiter des Handelsministeriums 1843–45 setzte er den Übergang zum Freihandel durch. 1845/46 war G. als Kolonial-Min. in die Spaltung der Konservativen und den Sturz Peels verwickelt. 1852–55 und (im liberalen Kabinett Palmerston) 1859–66 Schatzkanzler, wurde er 1867 Führer der Liberalen Partei. Als Premier-Min. (1868–74, 1880 bis 1885, 1886 und 1892–94) prägte G. entscheidend die engl. Politik: Aufhebung der Staatskirche in Irland, Education Act (allg. Schulpflicht, 1870), Wahlrechtsreform, Bemühungen um die ir. Autonomie (Home Rule Bill). Er stand dabei in scharfem Ggs. zu B. Disraeli und lehnte den engl. Imperialismus ab.

Glagoliza [slaw.], die älteste von ↑Kyrillos vor 862 geschaffene kirchenslaw. Schrift.

Glans [lat.] (Eichel) ↑Penis.

Glanz, die Eigenschaft einer Licht reflektierenden Fläche, je nach Beleuchtungs- und Beobachtungsrichtung verschieden hohe Leuchtdichten zu zeigen. Als physikal. Größe ist der G. der Quotient aus dem gerichtet und dem diffus reflektierten Anteil des auffallenden Lichts.

Glanze, Bez. für eine Gruppe von Mineralen aus Schwermetallsulfiden, die sich von Blenden und Kiesen durch ihre Undurchsichtigkeit und ihren meist dunklen, metallischen Glanz unterscheiden.

Glanzfische (Lampridae), Fam. der Glanzfischartigen mit der einzigen Art *Gotteslachs* (Königsfisch, Sonnenfisch, Mondfisch); bis etwa 2 m lang und über 100 kg schwer.

Glanzkäfer (Nitidulidae), mit fast 2 600 Arten weltweit verbreitete Fam. meist metallisch glänzender, nur 2–3 mm großer Käfer, davon in Deutschland etwa 150 Arten.

Glanzwinkel, *Optik:* der Winkel zw. einfallendem [Licht]strahl und reflektierender Oberfläche.

Glarner Alpen, Gebirgsgruppe der schweizer. N-Alpen, im Tödi 3 614 m hoch.

Glas

Glanzfische.
Gotteslachs (Länge bis 1,8 m)

Glarus
Kantonswappen

Glarus, 1) Hauptort des schweizer. Kt. Glarus, an der Linth, 5700 E. Museen, Landesarchiv; Textil- und Holzindustrie.
2) Kt. in der O-Schweiz, in den Glarner Alpen, 684 km², 39000 E, Hauptort Glarus. Starke Industrialisierung, v. a. im unteren Linthtal.
Geschichte: Das Gebiet kam vermutlich im 9. Jh. an das Kloster Säckingen. Die Habsburger erwarben später die Reichsvogtei (bis 1388, eidgenöss. Sieg bei Näfels). Seit 1352 Mgl. der Eidgenossenschaft. 1803 wurde das ehem. Glarner Gebiet als Kt. anerkannt.

Glas, 1) ein fester, in seiner überwiegenden Masse nichtkristalliner, spröder anorgan. Werkstoff ohne definierte Schmelztemperatur, sondern mit breitem Schmelzintervall. Die Dichte schwankt zw. 2,2 und 6 g/cm³; G. besitzt geringe elektr. u. Wärmeleitfähigkeit und wird durch Gießen, Blasen, Pressen und Walzen verformt. Die Hauptbestandteile des G. sind die eigtl. Glasbildner, Flußmittel und Stabilisatoren. Der *G.bildner* kristallisiert aus der Schmelze nicht aus, sondern verbleibt im amorphen Zustand einer unterkühlten, sich aber verfestigenden Flüssigkeit; die wesentlichsten G.bildner sind Siliciumdioxid, Boroxid und Phosphorpentoxid. *Flußmittel* bewirken, daß die G.schmelze bereits bei Temperaturen unterhalb 1500 °C durchgeführt werden kann; v. a. Carbonate, Nitrate und Sulfate von Alkalimetallen. *Stabilisatoren* sollen das G. chem. beständig machen; v. a. Erdalkalimetalle sowie Blei und Zink, meist in Form ihrer Carbonate oder Oxide. Für die Verarbeitung und Formgebung des G. sind Zähigkeit, Oberflächenspannung und Neigung zur Kristallisation von bes. Bedeutung; diese Eigenschaften werden u. a. durch Art und Menge der erschmolzenen *Rohstoffe* bestimmt: Quarzsand, Soda, Natriumsulfat, Kalkstein, Dolomit, Feldspat, Pottasche, Borax, Salpeter, alkalihaltige Gesteine, Mennige, Baryt, Zinkoxid, Arsenik und Natriumchlorid. Kleinere Mengen werden in Tiegeln erschmolzen, größere in Hafen- oder in kontinuierlich arbeitenden Wannenöfen. In modernen Glashütten werden die Rohstoffe automatisch gewogen, gemischt und zum Ofen befördert. Die sich im Ofen bei ca. 1400 °C abspielenden Vorgänge laufen über mehrere Reaktionsstufen ab. Am Ende dieser *Rauhschmelze* liegt eine inhomogene, stark schlierige und blasenreiche Schmelze vor. Im Verlauf der *Blankschmelze* wird die Schmelze insbes. von den Gasblasen befreit. Durch Abkühlen auf etwa 1200 °C erhöht sich die Zähigkeit so weit, daß eine Verarbeitung bzw. Formgebung möglich ist.
Tafel-G. (Flach-G.) wird durch Ziehen aus der Schmelze, *Spiegel-G.* durch Gießen und Walzen sowie anschließendes Planschleifen und Polieren hergestellt. *Sicherheits-G.* umfaßt Einscheiben- und Verbundsicherheitsglas. Ersteres wird durch Vorspannen (gesteuerte Abschreckung) bei der Kühlung erzeugt, wobei eine höhere Festigkeit erreicht und die Entstehung scharfkantiger Splitter beim Bruch verhindert wird. Verbundsicherheits-G. *(Verbund-G.)* besteht aus zwei Scheiben mit zwischengeklebter Kunststoffschicht zur Erhöhung der Elastizität und zum Festhalten der Splitter beim Bruch. *Farb-G.* umfaßt alle gefärbten Flachgläser und wird durch Zugabe färbender Oxide und Kolloide erzeugt. *Ornament-G.* wird durch profilierte Walzen, *Draht-G.* durch Einwalzen von Drahtgeflechten hergestellt. Beim *Floatglasverfahren* erstarrt die Glasschmelze auf der Oberfläche einer Zinn-Metallschmelze.
Hohl- und *Preßgläser* sowie *Beleuchtungsgläser* werden im Mundblasverfahren, durch maschinelle Blasverfahren oder durch Pressen hergestellt. *Chem.-techn. Gläser* (Laborgeräte, Ampullen usw.) werden nach automat. Ziehverfahren gefertigt. Das älteste Verfahren

1293

Glas

Glas 1).
Links: Hohlglasverarbeitung vor der Glasbläserlampe ◆ Rechts: Mundblasen mit der Glasmacherpfeife

Glas 1).
Links: zwei Wasserkännchen und Flasche aus Persien (15./16. Jh.; London, Victoria and Albert Museum) ◆ Rechts: Pokal mit Schnittdekor (1. Hälfte des 18. Jh.; Mannheim, Städtisches Reiß-Museum)

zur Hohlglasherstellung ist das *Mundblasverfahren (Glasblasen)*. Der G.posten wird mit der Glasmacherpfeife aufgenommen und frei oder in Hohlformen ausgeblasen. Automat. *G.verarbeitungsmaschinen* v. a. für die Flaschenherstellung arbeiten entweder nach dem *Saug-Blas-Verfahren*, bei dem das Glas in die Vorform eingesaugt, in die Fertigform übergeben und fertiggeblasen wird, oder nach dem *Speisetropfen-Blasverfahren*, bei dem der Glasposten durch eine Düse als Tropfen auf die Maschine gelangt. Bei der Herstellung von Hohl-G. durch Pressen wird in den Unterteil der Form der G.posten eingebracht, der dann durch den Stempel seine endgültige Form erhält. G.röhren und G.stäbe werden gezogen.

Opt. Gläser dienen zur Herstellung von Linsen und Spiegeln und müssen völlig homogen, d. h. frei von Fremdeinschlüssen, Blasen, Schlieren und Spannungen sein. *Gerätegläser* benötigt man zur Herstellung von Laboratoriumsgeräten und flammfesten Wirtschaftsgeräten, aber auch für großtechn. G.geräte und -apparaturen; sie zeichnen sich durch hohe chem. und therm. Beständigkeit aus. Es werden v. a. *Borosilicatgläser (feuerfestes G., Jenaer G.®, Vycor-G.®, Pyrexglas®)* und *Quarz-G.* verwendet.

Geschichte: Schmuckteile aus Glasfluß (glänzendes Blei-G. mit farbgebenden Metalloxiden) sind in Ägypten und Mesopotamien seit dem 3. Jt. v. Chr. nachweisbar. Seit etwa 2000 wurde zunächst das Sand-Soda-Gemisch bis zu maximal 750 °C erhitzt. Die Teilchen backten hierbei aneinander (»fritteten«). Diese Masse wurde pulverisiert und bei etwa 1 100 °C geschmolzen. Kleine über Sandkern geformte Gefäße um 1500 in Ägypten. Schnitt und Schliff auf dickem G. kam auf im 8. Jh. (Assyrien, Persien), Glasbläserei im 1. Jh. v. Chr. (Zentrum wurde Alexandria). Die Römer entwickelten Fadenglas, Diatretglas (Netzglas), Millefioriglas, Überfangglas, Gold- und Emailglas (tradiert in Vorderasien). Die islam. G.kunst wurde im 13. Jh. in Europa bekannt. Auf der Insel Murano bei Venedig seit Ende des 13. Jh. opt. G., im 14./15. Jh. Kunstgläser. Neben Vorformen des Kristallglases wurde Farb- und Achatglas (marmoriertes G.) verwendet. Millefioritechnik, Diatretglas, Fadenglas, Diamantritzung (Diamantgravierung) und Emailglas erreichten im 16. Jh. Höhepunkte, das Gravieren (G.schliff und G.schnitt) nach Erfindung des klaren Kreide-G. und des Bleikristalls (1674) in Prag,

Böhmen. Bes. begehrt war das böhm. Zwischengoldglas. Im 19. Jh. auch bemalte Gläser; Aufkommen des Preßglasverfahren. Neue Impulse brachte der Jugendstil.
2) *Geologie:* (Gesteinsglas) Bez. für das amorphe Gefüge von vulkan. Gesteinen, die so schnell erstarrten, daß sich keine Kristalle bilden konnten, z. B. Obsidian.

Glasbarsche (Centropomidae), Fam. 3–180 cm langer Barschfische mit etwa 30 Arten in Meeres-, Brack- und Süßgewässern der trop. Küstenregionen; u. a. *Schaufelkopfbarsch, Nilbarsch* und *Plakapong*; z. T. Speisefische.

Glasbeizen, das Färben von Glas mit Hilfe von aufgetragenen Metallsalzen, deren Metallionen bei etwa 550°C in die Oberfläche eindiffundieren.

Glaselektrode, in der elektrochem. Meßtechnik zur Bestimmung des pH-Wertes von Lösungen verwendete Indikatorelektrode.

Glasen, das halbstündl. Schlagen der Schiffsglocke (G.glocke) für die Wache.

Glaser, Donald Arthur [engl. 'gleɪzə], * Cleveland (Ohio) 21. 9. 1926, amerikan. Physiker. Entwickelte mit der Blasenkammer das wichtigste Nachweisgerät der Hochenergiephysik; Nobelpreis für Physik 1960.

Gläser (Glaeser), Ernst, * Butzbach 29. 7. 1902, † Mainz 8. 2. 1963, dt. Schriftsteller. Schrieb u. a. handlungsreiche zeitkrit. Romane, v. a. »Jahrgang 1902« (1928), »Der letzte Zivilist« (1935), »Glanz und Elend der Deutschen« (1960).

Glasfasern (Glasfiber), durch Ziehen, Schleudern oder Blasen hergestellte Fasern. Der Faserdurchmesser beträgt 0,003–0,03 mm. Aus G. hergestellte Gewebe und Matten werden zur elektr. und Wärmeisolierung, zur Schalldämpfung und für Filter verwendet. Daneben werden, v. a. im Karosseriebau und in der GFK-Technik glasfaserbewehrte Kunststoffe eingesetzt, die sich bes. durch ihr günstiges Verhältnis von Festigkeit zu Gewicht auszeichnen.

Glasfaseroptik (Fiberoptik), Teilgebiet der *Optik,* das sich mit der Übertragung von Licht durch vielfache Totalreflexion in Glas- bzw. Lichtleitfasern beschäftigt. Flexible *Lichtleiter* bestehen aus einem Bündel flexibler Lichtleitfasern, die an den Enden gefaßt und miteinander verklebt sind. Die Stirnfläche ist poliert. Das auf der Stirnfläche entworfene Bild wird durch die einzelnen Fasern zerlegt und zum anderen Ende übertragen. Hier wird das Bild rasterförmig wieder zusammengesetzt (über 10000 Bildpunkte pro mm²). Flexible *Bildleiter* sind geordnete Faserbündel, die nur an den Enden gefaßt und verklebt, im mittleren Teil aber flexibel sind. Bei *Faserstäben* sind die Lichtleitfasern auf der ganzen Länge miteinander verschmolzen. *Faserplatten* bestehen aus vakuumdicht miteinander verschmolzenen geordneten Lichtleitfasern (bis 40000 Bildpunkte pro mm²). In der *Medizin* werden Bildleiter in Endoskopen zur Beobachtung, Photographie und Aufnahme mit einer Fernsehkamera verwendet. In der Lichtleiterübertragungstechnik werden Lichtleiterkabel zur Informationsübertragung verwendet. Elektropt. (bzw. optoelektr.) Wandler an beiden Enden des Lichtleiters setzen analoge Signale oder digitale Signale in Lichtschwankungen oder -impulse um und umgekehrt.

glasfaserverstärkte Kunststoffe ↑GFK-Technik.

Glasflügler (Aegeriidae), mit etwa 800 Arten weltweit verbreitete Fam. kleiner bis mittelgroßer Schmetterlinge, davon in Deutschland etwa 20 Arten; Körper meist bienen- oder wespenähnlich gestaltet und gezeichnet; u. a. *Hornissenschwärmer, Himbeer-G.* und *Johannisbeerglasflügler.*

Glasgow [engl. 'glɑsːgəʊ], Stadt in den schott. Lowlands, Mittelpunkt der Conurbation Central Clyde, 689000 E. Größter Hafen Schottlands, seine Ind.- und Handelsmetropole. Verwaltungssitz der Region Strathclyde; zwei Univ.;

Donald Arthur Glaser

Glasflügler. Johannisbeerglasflügler (Spannweite etwa 1,8 cm)

Glasfaseroptik. Strahlengang in einer geraden und einer gebogenen Lichtleitfaser; a Einfallswinkel, n_0 Brechzahl der Umgebung, n_1 Brechzahl des Faserkerns, n_2 Brechzahl des Fasermantels

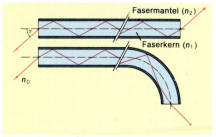

Glasharmonika

Glasgow
Stadtwappen

Glasgow.
George Square mit Rathaus und Walter-Scott-Denkmal

Glasharmonika
(um 1800)

Museen; Theater; botan. Garten, Zoo. Die Kathedrale stammt aus dem 12. Jh.; das Stadtbild wird von Bauten des 19. und 20. Jh. geprägt. – 1136 Bischofs-, 1492 Erzbischofssitz (1560 anglikan.; seit 1878 wieder kath. Erzbistum); 1689 Stadtrecht; seit dem 17. Jh. bed. Handelsstadt.

Glasharmonika, Musikinstrument des 18. Jh., bestehend aus verschieden großen Glasglocken, die ineinandergeschoben auf einer horizontalen Achse lagern, in Umdrehung versetzt und mit befeuchteten Fingerspitzen zum Klingen gebracht werden.

Glashauseffekt ↑Treibhauseffekt.

Glashow, Sheldon Lee [engl. ˈglæʃəʊ], * New York 5. 12. 1932, amerikan. Physiker. Bed. Arbeiten zur Theorie der Elementarteilchen und ihrer Wechselwirkungen, insbes. zum Quarkmodell der Elementarteilchen; 1979 Nobelpreis für Physik (zus. mit A. Salam und S. Weinberg).

Glashütte, Industriebetrieb zur Herstellung und Verarbeitung von Glas.

Glasieren, 1) (G. keram. Erzeugnisse) ↑Glasur.
2) *Nahrungsmittelherstellung:* Dickzuckerbehandlung von Früchten oder Gebäck, auch Überziehen von Braten oder Gemüse mit einer Zucker-Fett-Lösung (Glasur, Glace).

Glaskeramik, keram. Werkstoff auf der Basis von Glas. G. entsteht durch gesteuerte *Entglasung:* Durch Wärmebehandlung wird die Glasphase (unterkühlte Schmelze) größtenteils (bis 90%) in eine feinkörnige, kristalline Struktur übergeführt. Vorteile der G.: sehr große *Temperaturwechselbeständigkeit.* Verwendung: Haushaltgeschirre, bes. aber in der Astronomie als Material *(Zerodur®)* für Teleskopspiegel auf Grund des äußerst geringen therm. Ausdehnungskoeffizienten ($1{,}5 \cdot 10^{-7}/K$).

Glaskörper ↑Auge.

Glaskörpertrübungen, die Einlagerung von Gewebsteilen, Kalkseifen, Cholesterin oder Fasern (als Entzündungsfolge) in den Glaskörper des Auges.

Glasmalerei, Herstellung von Fenstern bzw. Scheiben figuralen oder ornamentalen Charakters in Farbe und Grisaille, wobei die einzelnen Glasscherben in Bleistege eingebettet werden *(musivische G.* im Unterschied zum *Glasgemälde).* Im MA wurde das durchgefärbte Glas (später Überfangglas) mit heißem Eisendraht und Kröseleisen in die gewünschte Form gebracht und dann bemalt (mit Schwarzlot aus pulverisiertem Bleiglas, Metalloxid und Bindemittel [Wein und Gummiarabikum]), beginnend beim hellsten Ton; schließlich Lichtgrate und zarte Ornamente ausradiert. Das Brennen erfolgte bei 600°C. Um 1300 kam Silbergelb, das rückseitig aufgetragen wurde, im 15./16. Jh. Eisenrot hinzu.

Geschichte: Bed. frühe Zeugnisse finden sich im Kloster Lorsch (wohl 9. Jh.;

Glasmalerei. Der Prophet Daniel vom Prophetenfenster des Augsburger Doms (um 1100)

Darmstadt, Hess. Landesmuseum) und Augsburg (Prophetenfenster, Dom, 12. Jh.). Die Blütezeit der G. war die Gotik: Frankreich (Chartres, St. Denis, Bourges, Reims, Paris), England (Canterbury, Lincoln, York), Spanien (León), Italien (Assisi, Orvieto) und Deutschland, das im 14. Jh. führend wurde (Straßburg, Marburg a. d. Lahn, Regensburg, Köln, Freiburg im Breisgau, Erfurt). Erst das 20. Jh. schuf wieder bed. kirchl. Glasfenster (Audincourt, Vence).

Glasmetalle, svw. ↑metallische Gläser.

Glasnost [russ. »Öffentlichkeit«], im Zusammenhang der sowjetischen Politik der ↑Perestroika von M. Gorbatschow geprägtes polit. Schlagwort: Alle Macht- und Verantwortungsträger in Partei und Staat waren aufgefordert, die Bevölkerung und die Medien mit ihren Entscheidungen und den jeweiligen Entscheidungsprozessen bekannt zu machen und diese zu erläutern. Die Rolle der KP sollte dabei unberührt bleiben.

Glaßbrenner, Adolf, Pseud. Adolf Brennglas, *Berlin 27. 3. 1810, †ebd. 25. 9. 1876, dt. Schriftsteller. Gilt als Begründer der satir. Berliner Volksliteratur.

Glasmalerei. Löwe mit Jungen aus Sankt Peter und Paul in Bad Wimpfen (1270–80; Darmstadt, Hessisches Landesmuseum)

Glasmalerei. Johannes Schreiter. »Fazit 52/1975/F«

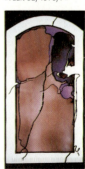

Glasschneider

Glasschneider, Werkzeug zum Anritzen von Glas mit Diamant oder gehärtetem Stahlrädchen; unter der geritzten Linie bildet sich ein feiner Spalt, der das Glas bei leichter Belastung springen läßt.

Glasunow, Alexandr Konstantinowitsch, *Petersburg 10. 8. 1865, † Neuilly-sur-Seine 21. 3. 1936, russ. Komponist. Schüler von Rimski-Korsakow; u. a. neun Sinfonien, sinfon. Dichtungen, Konzerte (für Klavier, Violine, Saxophon), Kammermusik, Orgelwerke, Lieder, Ballette und Bühnenmusiken.

Glasur, 1) *Keramikherstellung:* dünne, glasartige Schicht auf keram. Erzeugnissen. Als Rohstoff für die *Porzellan-G.* wird z. B. eine Mischung aus Feldspat, Quarz, Kaolin, Kalkspat und Dolomit verwendet, die zu einer wäßrigen Suspension vermahlen wird. Das *Glasieren* erfolgt durch Tauchen oder Spritzen des noch gut saugfähigen Scherbens. Beim anschließenden Glattbrand fließt die G.masse zu einer durchsichtigen Glasschicht aus.
2) *Nahrungsmittelherstellung:* Überzug bei Speisen durch ↑Glasieren.

Glaswelse (Schilbeidae), Fam. kleiner bis mittelgroßer Welse in den Süßgewässern S-Asiens und Afrikas; Körper mehr oder minder durchscheinend; z. T. Warmwasseraquarienfische, z. B. der *Kongo-Glaswels* (Zwergglaswels, Bänderglaswels).

glatte Muskulatur (vegetative Muskulatur), die nicht dem Willen unterliegende Muskulatur (z. B. der Darmwand, der Gefäßwände).

Glatthaarpinscher (Edelpinscher), mittelgroße Hunderasse mit glatt anliegendem, glänzendem Haar; Ohren stehend; Fellfarben schwarz mit rostroten bis gelben Abzeichen, dunkelbraun, gelb und Pfeffer-und-Salz-farben.

Glatthaie (Marderhaie, Triakidae), Fam. meist 1,5–2 m langer Haie mit etwa 30 Arten in den Meeren warmer und gemäßigter Regionen; in europ. Küstengewässern kommen zwei (für den Menschen ungefährl.) Arten vor: *Südl. Glatthai* (Hundshai) und *Nördl. Glatthai* (Sternhai).

Glattnasen ↑Fledermäuse.

Glattwale (Balaenidae), Fam. der Bartenwale mit fünf rd. 6–20 m langen Arten mit sehr großem, hochgewölbtem Kopf; in arkt. Meeren kommt der etwa 15–18 m lange, schwarze *Grönlandwal* vor; Schwanzflosse bis 8 m breit. Der bis 18 m lange überwiegend schwarze *Nordkaper* (Biskayawal) kommt im kalten und gemäßigten nördl. Atlantik vor. In den Meeren der südl. Halbkugel lebt der bis 15 m lange, meist völlig schwarze *Südkaper.*

Glatz (poln. Kłodzko), 1) Stadt in Niederschlesien, Polen, 29 500 E. Metall-, holzverarbeitende, Textil- und Nahrungsmittelindustrie. Spätgot. Pfarrkirche (14./15. Jh.); Häuser des 16.–18. Jh., z. T. mit Arkaden.
2) ehem. Gft. in Niederschlesien, erstreckte sich über die Städte G., Habelschwerdt und Neurode sowie deren Umgebung. Urspr. zu Böhmen gehörig; mehrfach den Besitzer wechselnd; 1554 wieder an Böhmen, 1742 an Preußen.

Glatzer Kessel, Becken in den Sudeten, begrenzt von den Gebirgen des *Glatzer Berglandes* (Polen und Tschech. Rep.), 65 km lang, 20–30 km breit; zahlr. Mineralquellen.

Glatzer Neiße, linker Nebenfluß der Oder, in Schlesien, Polen, 182 km lang.

Glaube, innere Gewißheit, die keines Beweises bedarf; Grundelement des religiösen Lebens, das für die Existenz des religiösen Menschen schlechthin entscheidend ist. G. bedeutet primär [gefühlsmäßiges] Vertrauen, feste Zuversicht und nicht ausschließl. ein Fürwahrhalten außerird., transzendenter Gegebenheiten.

Glaubensbekenntnis, formelhafte Zusammenfassung der wesentl. Aussagen der christl. Glaubenslehre.

Glaubenskriege ↑Religionskriege.

Glaubens- und Gewissensfreiheit, das in Artikel 4 GG verankerte Grundrecht, das in Glaubens- und Weltanschauungsangelegenheiten und bei inneren Gewissensentscheidungen die Freiheit von staatl. Zwang garantiert. Sie wird er-

Glattwale. Grönlandwal (Länge 15–18 m)

gänzt durch die Freiheit des religiösen und weltanschaul. Bekenntnisses *(Bekenntnisfreiheit)*, durch das Recht zur ungestörten Religionsausübung im privaten und öffentl. Bereich *(Kultusfreiheit)* und durch die Befugnis zur Vereinigung in Religions- oder Weltanschauungsgemeinschaften.

Glaubersalz [nach dem dt. Chemiker Johann Rudolf Glauber, *1604, †1670], kristallwasserhaltiges Natriumsulfat; Vorkommen v. a. in Salzlagerstätten; mildes Abführmittel.

Glaubhaftmachung, der Beweis geringeren Grades, der bereits erbracht ist, wenn für den zu beweisenden Sachverhalt eine erhebl. Wahrscheinlichkeit besteht.

Gläubiger, derjenige, der von einem anderen (Schuldner) eine Leistung verlangen kann.

Gläubigerausschuß, das der Unterstützung und Überwachung des Konkursverwalters dienende Organ der Konkursgläubiger.

Gläubigerversammlung, die Zusammenkunft der Konkursgläubiger, in der die Gläubiger ihre Rechte auf Mitwirkung am Konkursverfahren ausüben. Hauptaufgaben: endgültige Ernennung des Konkursverwalters, Entgegennahme der Schlußrechnung.

Glauchau, Kreisstadt an der Zwickauer Mulde, Sachsen, 28 300 E; u. a. Textil- und Maschinenindustrie. Barocke Stadtkirche (1726–28), Schloß Hinterglauchau (v. a. 1460 und 1525 ff.) und Schloß Vorderglauchau (1527–34).

Glaukom ↑Starerkrankungen.

glazial [lat.], während einer Eiszeit entstanden, mit einer Eiszeit in Zusammenhang stehend.

glaziär [lat.], im Umkreis eines Gletschers oder des Inlandeises entstanden (z. B. von Schmelzwasserablagerungen gesagt).

Glaziologie [lat./griech.] ↑Gletscherkunde.

Gleichbehandlungsgrundsatz, arbeitsrechtl. Schutzprinzip gegenüber willkürl. Benachteiligung von Arbeitnehmern innerhalb eines Betriebes.

Gleichberechtigung, das in Artikel 3 Abs. 2 GG garantierte Grundrecht der rechtl. Gleichheit von Mann und Frau. Es enthält ein Gebot der Gleich- und ein Verbot der Ungleichbehandlung der Geschlechter. Deren tatsächl. Verschiedenheiten rechtfertigen jedoch eine Ungleichbehandlung in Lebensbereichen, die durch die biolog. oder funktionalen (arbeitsteiligen) Unterschiede von Mann und Frau gekennzeichnet werden, so v. a. bei geschlechtsbezogenen Sachverhalten (Beispiel: Mutterschutz). Die G. von Mann und Frau auf dem Gebiet des bürgerl. Rechts wurde durch das *Gleichberechtigungsgesetz* vom 18. 6. 1957 rechtlich gesichert.

Gleichen (die drei G.), Bez. für drei zw. Arnstadt und Gotha gelegene Höhenburgen: Wachsenburg, Mühlberg und die namengebende Wanderslebener Gleiche.

Gleichflügler (Pflanzensauger, Homoptera), mit rd. 30 000 Arten weltweit verbreitete Ordnung pflanzensaugender, wanzenartiger Landinsekten mit fünf Unterordnungen: Blattläuse, Blattflöhe, Schildläuse, Zikaden, Mottenschildläuse.

Gleichgewicht, 1) *Physik* und *Technik:* der Zustand eines Körpers oder eines Teilchensystems, bei dem maßgebende Zustandsgrößen zeitl. konstant sind und/oder Wirkungen und Gegenwirkungen sich aufheben. – An einem Körper herrscht *Kräfte-G.,* wenn die Summe aller einwirkenden Kräfte bzw. Drehmomente gleich Null ist; der Körper befindet sich dann im *stat.* Gleichgewicht. Nach der Stabilität eines G.zustands unterscheidet man drei G.arten: 1. Ein Körper befindet sich im *stabilen* G., wenn er nach einer kleinen Auslenkung aus seiner G.lage wieder in diese zurückkehrt; 2. Ein Körper befindet

Glatz 1). Blick von der Festung auf die Stadt mit Ring, Rathaus und Glatzer Neiße

Gleichgewichtsorgane

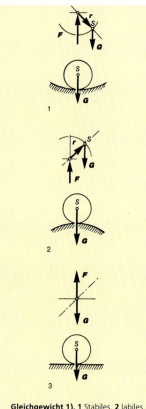

Gleichgewicht 1). 1 Stabiles, **2** labiles, **3** indifferentes Gleichgewicht

sich im *labilen G.*, wenn er nach einer kleinen Auslenkung aus seiner G.lage nicht mehr in diese zurückkehrt, sondern eine andere, stabile G.lage anstrebt; 3. Ein Körper befindet sich im *indifferenten G.*, wenn er nach einer kleinen Auslenkung weder in die ursprüngl. Lage zurückkehrt noch eine andere Lage anstrebt, sondern in derjenigen Lage bleibt, in die er durch die Auslenkung gebracht wurde.
2) *Politik:* in der *innenpolit. Theorie* zählt die G.idee in sozialen, parlamentar. Demokratien zu den konstitutiven Elementen einer Balance von Freiheit und Gleichheit. – In der *Außenpolitik* ist G. eine Konzeption von Bündnissystemen zur Verhinderung der Hegemonie eines Staates oder einer Staatengruppe. Entstanden in der italien. Staatenwelt des 13.–16. Jh., wurde G.politik zum beherrschenden Prinzip der Politik des europ. Staatensystems *(G. der europäischen Mächte)*, insbes. der brit. Europapolitik des 17. Jh. *(Balance of power).* Nach dem Scheitern dieser Politik im 1. Weltkrieg wurde ein System der kollektiven Sicherheit (Völkerbund) angestrebt. Das Ergebnis des 2. Weltkrieges war ein bipolares G. zw. den beiden Supermächten USA und UdSSR.

Gleichgewichtsorgane (statische Organe), Organe des Gleichgewichtssinns bei vielen Tieren und beim Menschen; dienen der Wahrnehmung der Lage des Körpers im Raum, und zwar meist mit Hilfe der Schwerkraftwirkung. Im allg. liegen ein einheitl., größerer Körper *(Statolith)* oder mehrere kleine Körnchen bei Normallage des Körpers der Lebewesen mehr oder weniger bewegl. einer bestimmten Gruppe von Sinneshärchen eines Sinnesepithels *(Schwererezeptoren, Gravirezeptoren)* auf, das meist in einer mehr oder weniger tiefen Grube oder in einer offenen oder geschlossenen, flüssigkeitserfüllten Blase *(Statozyste)* gelegen ist. Die Sinneshärchen werden durch den Statolithen bei einer Lageveränderung des Körpers in Richtung Schwerkraft verschoben, wodurch sich der Reiz auf die Sinneshärchen der betreffenden Seite verlagert. Diese einseitige Reizung löst reflektor. Kompensationsbewegungen aus, die den Körper wieder in die normale Gleichgewichtslage zurückzubringen versuchen. Bei den Wirbeltieren befindet sich das G. in Form des Labyrinths im Innenohr.

Gleichgewichtssinn (statischer Sinn, Schwerkraftsinn, Schweresinn), mechan. Sinn zur Wahrnehmung der Lage des Körpers bzw. der einzelnen Körperteile; im Hinter- bzw. Kleinhirn lokalisiert.

Gleichgewichtsstörungen, v. a. beim Stehen und Gehen auftretende bzw. empfundene Störungen des Gleichgewichtssinns.

Gleichheit, 1) *Recht:* verstanden als G. vor dem Gesetz, darüber hinaus als allg. Gerechtigkeitsprinzip. In Art. 3 GG niedergelegt und durch spezielle

Gleichspannung

Gleichheitsrechte (u. a. Verbot der Benachteiligung auf Grund Geschlecht, Abstammung, Rasse, religiöser oder polit. Anschauungen) ergänzt. – Die polit. Grundüberzeugung, daß alle Menschen nach ihrer Natur und unantastbaren Würde gleich sind, wurde erstmals in der amerikan. Unabhängigkeitserklärung (1776) verfassungspolitisch wirksam. Neben Freiheit und Brüderlichkeit wurde G. in der Frz. Revolution Grundlage der Erklärung der Menschen- und Bürgerrechte (1789), Basis der europ. Verfassungsbewegung und des Rechtsstaates. Die im 19. Jh. entstandene Arbeiterbewegung dehnte die G.forderungen auf die Fragen der gesellschaftl. Besitzordnungen aus.
2) *Mathematik:* (Gleichheitsrelation) zweistellige, durch das Gleichheitszeichen (=) symbolisierte Relation (in einer Menge M), die genau dann zw. zwei Elementen a und b aus der Menge M besteht ($a = b$), wenn a jede [in der jeweiligen Betrachtung relevante] Eigenschaft hat, die auch b hat und umgekehrt.

Gleichnis, Form des Vergleichs in literar. Sprache, bei dem eine Vorstellung, ein Vorgang oder Zustand (Sachsphäre) durch einen entsprechenden Sachverhalt aus einem anderen, meist sinnl.-konkreten Bereich (Bildsphäre) veranschaulicht wird.

Gleichrichter, elektr. Geräte zur Umwandlung (Gleichrichtung) von Wechselstrom in [pulsierenden] Gleichstrom, und zwar unter Benutzung von Schaltelementen (z. B. Halbleiterdioden, Thyristoren, Selen-G., Röhren-G., Quecksilber-G.), die den elektr. Strom nur (oder vorwiegend) in einer Richtung hindurchlassen, d. h. eine Ventilwirkung besitzen. Bei der *Einwegschaltung* wird nur eine Halbwelle des Wechselstroms, bei der *Zweiwegschaltung (Brückenschaltung)* werden beide Halbwellen ausgenutzt.

Gleichschaltung, polit. Schlagwort während der nat.-soz. Machtergreifung 1933; bezeichnet die (weitgehende oder vollständige) Aufhebung des politischgesellschaftl. Pluralismus zugunsten der NS-Bewegung und ihrer Ideologie (1933/34).

gleichschenkliges Dreieck ↑Dreieck.
gleichseitiges Dreieck ↑Dreieck.

Gleichspannung, eine zeitlich konstante elektr. Spannung (im Ggs. zur Wechselspannung).

Gleichrichter. Von oben: Einweggleichrichter in Einwegschaltung, Zweiweggleichrichter in Mittelpunktschaltung sowie in Brückenschaltung; D Diode (Gleichrichter), R_L Lastwiderstand (Verbraucher), T Transformator mit Mittelanzapfung, U_1 Wechselspannung, U_2 gleichgerichtete Spannung

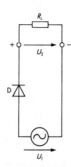

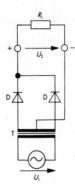

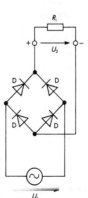

Gleichstrom

Johann Wilhelm Ludwig Gleim

Józef Glemp

Gleichstrom, ein elektr. Strom gleichbleibender Richtung (im Ggs. zum Wechselstrom). Ein *konstanter* G. wird v. a. von elektrochem. Elementen geliefert, ein *pulsierender* G., d. h. ein in der Stromstärke, jedoch nicht in der Stromrichtung sich periodisch ändernder Strom, von G.generatoren oder Gleichrichtern.

Gleichstrommaschinen, rotierende elektr. Maschinen, die Gleichstrom erzeugen *(Generator)* oder verbrauchen *(Elektromotor).* Sie bestehen aus einem feststehenden Teil, dem *Ständer (Stator)* mit den Polen, die die Erregerwicklung tragen, und einem darin umlaufenden Teil, dem *Anker (Rotor)* mit der Ankerwicklung, deren Teilspulen an je zwei Lamellen des Kollektors (Stromwender) enden; Stromzuführung über Bürsten. Beim *Generator* werden in den Ankerspulen Spannungen induziert und von den Bürsten auf dem Kollektor abgegriffen. Beim *Motor* wird auf die im Erregerfeld befindl. stromdurchflossene Ankerspule ein Drehmoment ausgeübt.

Gleichungen, mathemat. Aussagen oder Aussageformen, die ein Gleichheitszeichen enthalten. Man unterscheidet *ident. G.,* die entweder nur bekannte Größen enthalten oder für alle Werte von in ihnen enthaltenen Variablen gelten wie z. B. $3 + 7 = 10$ oder $(a + b)^2 = a^2 + 2ab + b^2$, *Bestimmungs-G.,* die nur für bestimmte Werte ihrer Variablen gelten wie z. B. $3x + 2 = 11$ oder $\sin x = 0$, und *Funktions-G.,* die eine funktionale Abhängigkeit angeben wie z. B. die Geradengleichung $y = 2x + 6$, die Hyperbelgleichung $x \cdot y = 1$ oder ↑Differentialgleichungen. Die große Anzahl aller mögl. [Bestimmungs-]G. unterteilt man in die *algebraischen* G. der Form

$$a_n x^n + a_{n-1} x^{n-1} + \ldots + a_1 x + a_0 = 0$$

mit konstanten *Koeffizenten* a_k ($k = 0, 1, \ldots, n$), in denen die Unbekannte x nur algebraischen Rechenoperationen unterworfen ist, und in die *transzendenten* G., das sind nicht algebraischen Bestimmungsgleichungen. Bei den transzendenten G. kann man unterscheiden zw. *Exponential-G.,* bei denen die Unbekannte im Exponenten auftritt (z. B. $e^{-x} = x$, $4^{2x} = 16$), *logarithm. G.,* bei denen die Unbekannte im Argument eines Logarithmus vorkommt (z. B. $6 - 2 \lg x = \lg 12$; $\ln x + x = 0$) und *goniometr. G.,* bei denen die Unbekannte im Argument einer trigonometr. Funktion steht (z. B. $\sin 2x + \sin x = 0$; $x - \frac{2}{3} = \sin x$).

Gleim, Johann Wilhelm Ludwig, *Ermsleben 2. 4. 1719, † Halberstadt 18. 2. 1803, dt. Dichter. Vertreter des ↑Rokoko; besang in seiner Lyrik (u. a. »Versuch in scherzhaften Liedern«, 1744–58) die Liebe und den Wein; auch patriot. Gedichte.

Gleisbau ↑Eisenbahn.

Gleiskettenfahrzeug (Raupenfahrzeug), geländegängiges Fahrzeug, dessen Räder zur Verminderung des Bodendrucks sowie zur Verbesserung der Bodenhaftung auf *Gleisketten* (gelenkig miteinander verbundene Stahlplatten) laufen.

gleitende Arbeitszeit (Gleitzeit) ↑Arbeitszeit.

Gleiter, antriebslose, lediglich zu Gleitflügen befähigte Luftfahrzeuge.

Gleitflug, ohne zusätzl. Schub auf geneigter *Gleitbahn* erfolgender Flug.

Gleitklausel, Klausel in einem Vertrag, durch die vereinbart wird, daß die Höhe einer Zahlung (z. B. Miete, Gehalt) nach einer bestimmten Frist den veränderten [Lebensunterhaltungs]kosten angepaßt wird.

Gleitung, in der *Kristallphysik* und *Werkstoffkunde* Bez. für die bei Schubbeanspruchung eines Körpers nach Überschreiten der sog. *Streckgrenze* auftretende plast. Verformung. Bei kristallinen Stoffen beruht die G. auf einer Verschiebung von Kristallschichten parallel zur sog. *Gleitebene.*

Gleitzahl, das Verhältnis von Widerstandskraft zu Auftriebskraft bei der Umströmung eines Tragflügels oder des gesamten Flugzeugs. Im Gleitflug entspricht die G. dem Verhältnis des Höhenverlustes zur zurückgelegten Flugstrecke.

Gleiwitz (poln. Gliwice), Stadt am W-Rand des Oberschles. Ind.-Gebiets, Polen, 209 700 E. TH, Museum. Eines der ältesten Schwer-Ind.zentren (1795 erster Kokshochofen des europ. Festlands), Hafen am 40,6 km langen *Gleiwitzkanal,* der G. mit der Oder bei Cosel verbindet. – Ein vom Sicherheitsdienst der SS unter Verwendung poln. Uniformen organisierter Überfall auf den Sen-

Gletscher

der G. am Abend des 31. 8. 1939 sollte den dt. Angriff auf Polen am folgenden Tag als berechtigte Abwehrreaktion erscheinen lassen.

Glemp, Józef, *Inowrocław (Verw.-Geb. Bromberg) 28. 12. 1928, poln. kath. Theologe. 1967–79 Sekretär von Kardinal S. Wyszyński; seit 1981 Erzbischof von Gnesen und Warschau sowie Primas von Polen; seit 1983 Kardinal.

Glencheck ['glentʃɛk], Bez. für eine großflächige, vom Schottenmuster abgeleitete Karomusterung bei Geweben (auch für die Gewebe selbst).

Glendower, Owen [engl. 'glɛndauə], *um 1354, † um 1416, Prinz von Wales. Aus walis. königl. Familie; walis. Nationalheld, verschaffte Wales zum letzten Mal Unabhängigkeit von England.

Glenn, John [Herschel] [engl. glɛn], *Cambridge (Ohio) 18. 7. 1921, amerikan. Astronaut. Umkreiste 1962 als erster Amerikaner die Erde.

Gletscher [lat.-roman.], (in Salzburg, Kärnten und Osttirol *Kees,* im übrigen Tirol *Ferner*), Eisströme, die oberhalb der Schneegrenze in Firnmulden entstehen. In diesem *Nährgebiet* entwickelt sich der Schnee über Firn und Firneis zu G.*eis*. Dieses fließt mit Geschwindigkeiten von 1–2 cm/Std. Der G. endet unterhalb der Schneegrenze (Firnlinie) als G.*zunge* im *Zehrgebiet*. Bei starkem Gefälle löst sich der G. in einen G.*bruch* auf. Fällt er über eine Felskante *(G.sturz),* bilden die Eistrümmer mitunter einen neuen G. Anstehendes Gestein wird abgeschliffen *(G.schliff)* oder zu Rundhöckern geformt. Diese *Glazialerosion* erweitert und übertieft außerdem Becken, Mulden und Täler, letztere bekommen einen trogförmigen Querschnitt.

Glimmingehus. Gesamtansicht der Burg (1499–1506)

Gletscher. Gletscherzusammenfluß; La Mer de Glace und die Gruppe der Grandes Jorasses (Montblanc-Massiv)

John Glenn

Gletscherbrand

Glimmerschiefer. Hauptsächlich aus Quarz und hellem Glimmer bestehendes metamorphes Gestein

Die Geschiebe werden als *Moräne* mittransportiert und abgelagert. Man unterscheidet *Seitenmoränen* (auch *Ufer-* oder *Randmoränen*), *Mittelmoränen*, die entstehen, wenn zwei G. zusammenfließen; *Grundmoränen* bestehen aus abgesunkenen und am G.boden ausgeschürften Geschieben. An der G.stirn entstehen *Endmoränen* (auch *Stirn-* oder *Stauchmoränen*). Das Schmelzwasser eines G. fließt teils auf der Oberfläche, teils in Tunneln oder an der G.sohle. Durch strudelnde Bewegung können im festen Gesteinsuntergrund Kolke *(G.töpfe)* und durch zusätzlich wirbelnd bewegte Geschiebe *G.mühlen* entstehen. Am Zungenende tritt das Schmelzwasser als *G.bach* aus *G.toren* aus. Es ist durch fein zerriebenes Gesteinsmaterial trübe *(Gletschermilch)*. Zu den Gebirgs-G. zählen *Tal-G., Hänge-G., Kar-G.* u. a., daneben gibt es G.flächen, die nach vielen Seiten abfließen, untergliedert in *Eiskappen, Plateau-G.* und *Inlandeis*.

Gletscherbrand ↑Sonnenbrand.

Gletscherfloh, 1,5–2 mm langes, schwarzes Urinsekt (Unterklasse Springschwänze), das oft in Massen auf Schnee- und Eisflächen in den Alpen vorkommt.

Gletscherkunde (Glaziologie), die Lehre von Entstehung und Wirkung des Eises und der Gletscher.

Glia [griech.] (Gliagewebe, Neuroglia), bindegewebsähnl., aus *G.zellen (Gliozyten)* bestehendes Stützgewebe zw. den Nervenzellen und den Blutgefäßen des Zentralnervensystems, dort v. a. auch Stoffwechselaufgaben erfüllend.

Glied, 1) Arm oder Bein im Ggs. zum Rumpf; allg. Teil eines Ganzen.
2) (männl. G.) svw. ↑Penis.

Gliederfüßer (Arthropoden, Arthropoda), seit dem Kambrium bekannter Stamm der Gliedertiere, der mit über 850 000 Arten fast 70 % aller Tierarten umfaßt; Körperlänge von unter 0,1 mm bis etwa 60 cm; mit Außenskelett aus Chitin. Da die Chitinkutikula nicht dehnbar ist, sind beim Wachstum der G. laufend Häutungen und Neubildungen der Kutikula erforderlich. – Die G. stammen von Ringelwürmern ab. Demnach ist auch ihr Körper segmentiert. Urspr. trägt jedes Segment ein Paar Gliedmaßen, die sehr unterschiedl. ausgebildet sein können (z. B. als Laufbeine, Flügel, Saugrüssel, Fühler). Die Sinnesorgane (v. a. chem. und opt. Sinn) sind meist hoch entwickelt, ebenso das Zentralnervensystem. Zu den G. zählen v. a. Spinnentiere, Asselspinnen, Krebstiere, Tausendfüßer, Hundertfüßer und Insekten.

Gliedertiere (Artikulaten, Articulata), rd. 80 % der Tierarten umfassende Stammgruppe der Protostomier; mit gegliedertem (segmentiertem) Körper und Strickleiternervensystem.

Gliedmaßen (Extremitäten), v. a. der Fortbewegung (Bein, Flossen, Flügel), aber auch dem Nahrungserwerb (z. B. Mundgliedmaßen), der Fortpflanzung (z. B. Gonopoden), der Atmung oder als Tastorgane dienende, in gelenkig miteinander verbundene Teile gegliederte, paarige Körperanhänge bei Gliederfüßern und Wirbeltieren (einschließlich Mensch). Bei den Wirbeltieren unterscheidet man *vordere* G. (Vorderextremitäten; ↑Arm) und *hintere* G. (Hinterextremitäten; ↑Fuß).

Gliedstaaten, generelle Bez. für die Mitgliedstaaten eines Staatenbundes oder Bundesstaates.

Glier, Reingold Morizewitsch, eigtl. Reinhold Glière, *Kiew 11. 1. 1875, † Moskau 23. 6. 1956, sowjet. Komponist belg. Abstammung. Lehrer von S. S. Prokofjew und A. I. Chatschaturjan. Komponierte u. a. drei Sinfonien, sin-

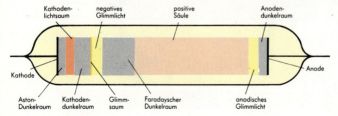

Glimmentladung

fon. Dichtungen, Opern, Ballette (u. a. »Roter Mohn«, 1927, 2. Neufassung u. d. T. »Rote Blume«, 1957) und Kammermusik.

Glimmentladung, eine bei niedrigem Gasdruck zw. zwei an einer Gleichspannungsquelle liegenden Elektroden auftretende Gasentladung.

Glimmer, Gruppe gesteinsbildender Minerale, die elastisch-biegsame, blättrig-tafelige Kristalle ausbilden. Wichtige G.arten sind die als Bestandteile vieler Granite, Gneise, G.schiefer, Pegmatite, Sand- und Kalksteine vorkommenden *Tonerde-G.* und die als Bestandteile der meisten magmat. Gesteine, Gneise und G.schiefer vorkommenden *Magnesiumeisen-G.* sowie *Magnesiumglimmer.* Große Spalttafeln von G. (insbes. Muskovit) werden als hochwertige Dielektrika und zur therm. und elektr. Isolation, für Ofenfenster, Schutzbrillen u. a. verwendet.

Glimmerschiefer, Gruppe feinschiefriger metamorpher Gesteine mit hohem Gehalt an Quarz und Glimmern.

Glimmingehus [-'hy:s], Gut bei Simrishamn, S-Schweden, mit der besterhaltenen mittelalterl. Burg Skandinaviens (1499–1506). – Abb. S. 1303.

Glimmlampe (Glimmröhre), meist mit Neon oder einem Helium-Neon-Gemisch gefüllte Gasentladungslampe; v. a. als Signal- und Kontrollampen (z. B. in Spannungsprüfern).

Glinka, Michail Iwanowitsch, *Nowospasskoje bei Smolensk 1. 6. 1804, † Berlin 15. 2. 1857, russ. Komponist. Seine Oper »Das Leben für den Zaren« (1836) gilt als Beginn einer nationalruss. Oper; auch Ouvertüren, Kammer- und Klaviermusik, Chorwerke und Lieder.

Gliom [griech.], Sammel-Bez. für in Gehirn, Rückenmark, Netzhaut des Auges und peripheren Nerven vorkommende Geschwülste aus ↑Glia oder dieser entsprechenden Geweben.

Global Positioning System ↑GPS.

Globalsteuerung, Bez. für die Beeinflussung wirtschaftl. Größen durch den Einsatz wirtschafts- und finanzpolit. Instrumente zur Erreichung eines gesamtwirtschaftl. Gleichgewichts.

Globe Theatre [engl. 'gləʊb 'θɪətə], Londoner Theater (1599–1647), eines der wichtigsten Zentren des elisabethan.

Glocke

Globus. Erdglobus von Vincenzo Maria Coronelli

Theaters, bed. Wirkungsstätte Shakespeares.

Globigerinen (Globigerina) [lat.], seit dem Jura bekannte Gatt. bis 2 mm großer Foraminiferen in allen Meeren (bes. der trop. und subtrop. Regionen). Die G. schweben frei im Hochseeplankton. Viele Arten sind wichtige Leitfossilien. Abgestorbene G. bauen die als *G.schlamm* bekannten Ablagerungen auf, die etwa 35 % der Meeresböden bedecken.

Globuline [lat.], im pflanzl., tier. und menschl. Organismus (z. B. Aktin, Myosin, Immunoglobuline) als Träger wichtiger physiolog. Funktionen vorkommende Eiweißkörper.

Globus [lat.] (Mrz. Globen), Kugelmodell der Erde, auch anderer Himmelskörper oder der (gedachten) Himmelskugel. Der älteste erhaltene Erd-G. stammt von M. Behaim (1492).

Glocke [kelt.], hohler, in Form eines umgekehrten Kelches gegossener Klangkörper aus Metall (meist Bronze, auch Eisen, Stahl), der von innen oder außen am unteren Rand mit einem metallenen Klöppel angeschlagen wird. Die gegossene Bronze-G. ist seit dem

Glockenblume

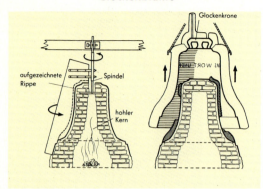

Glocke. Links: Abformen der Modellglocke ♦ Rechts: Abheben des Glockenmantels, dabei wird die Modellglocke vom Kern entfernt

9. Jh. v. Chr. in Vorderasien nachweisbar. Verbreitung über Europa seit dem 6. Jh.

Glockenblume (Campanula), Gatt. der Glockenblumengewächse mit etwa 300 fast ausschließlich in den arkt., gemäßigten und subtrop. Gebieten der Nordhalbkugel verbreiteten Arten; meist Stauden mit glockigen, trichter- bis radförmigen dunkelblauen oder weißen Blüten in Trauben. In Deutschland kommen 18 Arten vor, darunter *Acker-G.,* bis 60 cm hoch; *Büschel-G.* (Knäuel-G.), 15 cm hohe, rasenartig wachsende Staude; *Nesselblättrige G.,* bis 1 m hoch; *Pfirsichblättrige G.,* 30–80 cm hoch; *Rundblättrige G.,* 10–30 cm hoch; *Wiesenglockenblume.*

Glockenblumengewächse (Campanulaceae), Pflanzen-Fam. mit etwa 70 Gatt. und rd. 2000 Arten, v. a. in den gemäßigten und subtrop. Gebieten; u. a. Glockenblume, Teufelskralle.

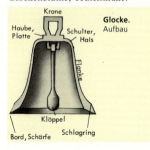

Glocke. Aufbau

Glockenheide (Heide, Erika, Erica), Gatt. der Heidekrautgewächse mit etwa 500, v. a. in S-Afrika verbreiteten Arten; einige Arten in Europa, u. a. *Grauheide,* 20–60 cm hoch, violett- oder fleischrot blühend; *Moorheide,* bis 40 cm hoch, mit rosafarbenen Blüten; *Schneeheide,* 15–30 cm hoch, weiß blühend.

Glockenspiel (frz. Carillon), Musikinstrument, das aus verschieden gestimmten Metallglocken, -platten oder -röhren besteht, die mit Hammer oder Klöppel angeschlagen werden.

Glocknergruppe, österr. Bergmassiv in den Hohen Tauern mit zahlr. über 3000 m hohen Gipfeln (u. a. Großglockner 3798 m, Kleinglockner 3770 m); stark vergletschert, u. a. die rd. 10 km lange *Pasterze.*

Glogau (poln. Głogów), **1)** Stadt an der Oder, Polen, 66000 E. Kupferhütte. Die urspr. got. Burg und der spätgot. Dom sind wiederaufgebaut. – Neustadt 1253 gegr.; Sitz des Ft. G., ab 1742 preußisch.

Glockenspiel. Spieltisch des Glockenspiels im Belfried in Brügge, Belgien

2) ehem. schles. Ft. (ab 1248) einer Linie der schles. Piasten; fiel 1526 an die Habsburger.

Gloger-Regel [nach dem dt. Zoologen Constantin Wilhelm Lambert Gloger, * 1803, † 1863], Klimaregel, nach der in feuchtwarmen Gebieten bei Vögeln und

Glocknergruppe.
Großglockner mit dem Talgletscher Pasterze

Säugetieren die rötlichbraunen Farbtöne, in kühlen Trockengebieten die grauen überwiegen.
Glomerulus [lat.] ↑Nieren.
Glorie [lat.], **1)** *allg.:* Ruhm; Heiligenschein.
2) *Optik:* aus einem System von farbigen Ringen (von innen nach außen: Blau, Grün, Gelb, Rot) bestehende Leuchterscheinung um den Schatten des Beobachters oder eines anderen Objekts (z. B. Flugzeug, Ballon) auf einer von der Sonne (oder dem Mond) beschienenen Nebelwand oder Wolkenoberfläche.
glorifizieren [lat.], verherrlichen.
Gloriole [lat.] ↑Nimbus.
Glorious revolution [engl. 'glɔːrɪəs revə'luːʃən »glorreiche Revolution«], Bez. für den Thronwechsel von 1688 in Großbrit., der die Herrschaft des 1660 wiedereingesetzten Königtums des Hauses Stuart beendete (↑Großbritannien und Nordirland, Geschichte).
Glos, Michael, *Brünnau 14. 12. 1944, dt. Politiker (CSU). Müller; seit 1976 MdB; seit 1993 Vors. der CSU-Landesgruppe des Bundestags.
Glossa [griech.-lat.], svw. ↑Zunge.
Glossar [griech.-lat.], erklärendes Verzeichnis schwer verständl. (fremdsprachiger, altertüml., mundartl.) Wörter bzw. Wendungen eines Textes, oft als dessen Anhang gedruckt. ↑Glosse.

Glosse [griech.-lat.], **1)** *allg.:* Randbemerkung.
2) *Literaturwissenschaft:* fremdes oder ungebräuchl. Wort; auch die Übersetzung oder Erklärung eines solchen Wortes (nicht der Sache). Glossen erscheinen in Handschriften entweder zw. den Zeilen des Textes *(Interlinear-G.)* oder an den Rand geschrieben *(Marginal-G.).* Die Abfassung von G. reicht in die antike Homer-Erklärung zurück (5. Jh. v. Chr.). Im MA erschienen schon früh neben lat. auch volkssprachige G. zu lat. Texten. Bes. Bedeutung haben die G. zu den german. Volksrechten. Nach der Wiederentdeckung des ↑Corpus Juris Civilis im 11. Jh. übernahmen Juristen der Univ. Bologna *(Glossatoren)* die Glossierung. Bis zur Mitte des 13. Jh. waren etwa 100 000 G. zum Corpus Juris Civilis erarbeitet worden.
3) *Publizistik:* (manchmal ironisierender oder polemisierender) Kurzkommentar zu aktuellen polit. oder kulturellen Ereignissen in Presse, Hörfunk, Fernsehen, u. a. audiovisuellen Medien.
Glottis [griech.], **1)** das aus den beiden Stimmlippen (Stimmbändern) bestehende Stimmorgan im Kehlkopf.
2) bes. in der *Phonetik* die von beiden Stimmlippen gebildete Stimmritze (= Ritze, Spalt, Zwischenraum zw. den Stimmlippen).

Glotz

Glücksburg (Ostsee). Blick auf das Wasserschloß mit vier achteckigen Eckürmen (1582–87)

Christoph Willibald Gluck

Gloxinie. Sinningia-Hybride

Glotz, Peter, *Eger 6. 3. 1939, dt. Politiker (SPD). 1970–72 MdL in Bayern; 1972–77 und seit 1983 MdB; 1974–77 parlamentar. Staatssekretär im Bundesministerium für Bildung und Wiss.; 1981 bis 1987 Bundesgeschäftsführer der SPD.

Gloucester [engl. 'glɔstə], engl. Earls- und Herzogwürde; 1122 für Robert (*um 1090, † 1147), den illegitimen Sohn König Heinrichs I., geschaffen; 1221–1314 an die engl. Adelsfamilie Clare. Seither wurde an Mgl. der königl. Familie der Titel eines Hzg. von G. vergeben.

Gloucester [engl. 'glɔstə], engl. Hafenstadt am Severn, 92 100 E. Verwaltungssitz der Gft. Gloucestershire; u. a. metallverarbeitende Ind., Teppichherstellung. Kathedrale (umgebaut 13. bis 15. Jh.). – Röm. Kolonie *Gleva* (Ende 1. Jh. n. Chr.); Ende 7. Jh. Hauptstadt des Kgr. Mercia; seit 1483 selbständige Gft., 1605 City.

Gloxinie [nach dem elsäss. Arzt Benjamin Peter Gloxin, † 1784], in der *Botanik* Gesneriengewächs aus S-Brasilien; Ausgangsform für die in vielen Farben blühenden, als *Garten-G.* bekannten Zuchtformen.

Glucagon [griech.], Hormon aus den α-Zellen der Langerhans-Inseln der Bauchspeicheldrüse; physiolog. Gegenspieler des Insulins (Erhöhung des Blutzuckerspiegels).

Gluck, Christoph Willibald Ritter von, *Erasbach bei Berching 2. 7. 1714, † Wien 15. 11. 1787, dt. Komponist. Tätigkeit in Mailand, London (Bekanntschaft mit Händel) und Wien (lebte dort ab 1752). Die Zusammenarbeit mit dem Textdichter Ranieri Calzabigi (*1714, † 1795) führte zu den für die Geschichte der ↑Oper bed. Reformopern »Orfeo ed Euridice« (1762), »Alceste« (1767), »Paride ed Elena« (1770) und »Iphigénie en Tauride« (1779). Charakteristisch für sein wegweisendes Werk sind die Verwendung von ausdrucksstarker Melodik und Harmonik, der Verzicht auf das Seccorezitativ, die Ersetzung der statisch angelegten Soloarie durch frei komponierte Szenen sowie die Aufnahme von Chorszenen.

Glucken (Wollraupenspinner, Lasiocampidae), mit über 1 000 Arten welt-

glühelektrischer Effekt

weit verbreitete Fam. bis 9 cm spannender Nachtfalter; z. T. Schädlinge (z. B. Eichenspinner).

Glücksburg, europ. Dynastie, Zweig der Linie Sonderburg des Hauses ↑Oldenburg. Mit König Christian IX. kam das Haus G. 1863 auf den dän., mit dessen Sohn (Georg I.) auf den griech. und mit Christians Enkel (Håkon VII.) auf den norweg. Thron.

Glücksburg (Ostsee), Stadt und Seebad an der Flensburger Förde, Schlesw.-Holst., 7500 E. Wasserschloß (1582 bis 87). – 1622–1779 Regierungssitz des Hzgt. Schleswig-Holstein-Sonderburg-Glücksburg.

Glücksklee, 1) volkstüml. Bez. für einheim. Kleearten, v. a. für den Wiesenklee, wenn er vierzählige Blätter bildet. **2)** *Botanik:* zwei Arten der Gatt. Sauerklee (mit vierzählig gefingerten Blättern), die als Topfpflanzen kultiviert werden.

Glucksmann, André ['glyksman], *Boulogne-sur-Mer 19. 6. 1937, frz. Philosoph und Schriftsteller. Sohn dt.-jüd. Emigranten; als Vertreter der sog. Neuen Philosophen entwickelte er in der Auseinandersetzung mit dem zunächst auch von ihm vertretenen Marxismus eine grundlegende Kritik des Totalitarismus; in seinen Werken, u. a. »Philosophie der Abschreckung« (1983), »Die Macht der Dummheit« (1985), »Die cartesianische Revolution« (1987), steht die Verantwortung des Philosophen für die Folgen seines Denkens im Mittelpunkt.

Glücksrad, allegor. Darstellung vom Wechsel des Glücks, Attribut bes. der röm. Göttin Fortuna.

Glücksspiel, Spiel um Vermögenswerte, bei dem die Entscheidung über Gewinn und Verlust allein oder überwiegend vom Zufall, dem Wirken unberechenbarer und dem Einfluß der Beteiligten entzogener Ursachen bestimmt wird (z. B. Roulette, Bakkarat). Für die öffentl. Veranstaltung von G. ohne behördl. Erlaubnis und die Beteiligung hieran sowie für das gewerbsmäßige G. werden Geld- oder Freiheitsstrafe von sechs Monaten bis fünf Jahren angedroht.

Glückstadt, Hafenstadt an der Unterelbe, Schlesw.-Holst., 11 900 E. Museum. Barocke Stadtkirche (17. Jh.), barocke Adels- und Beamtenhäuser. – 1616 von Christian IV. von Dänemark gegründet.

Glucosamin [Kw.] (Aminoglucose, Chitosamin), 2-Amino-2-desoxyglucose, ein Aminozucker mit Glucosekonfiguration im Chitin und der Hyaluronsäure, in Glykolipiden, Blutgruppensubstanzen, Mukopolysacchariden und Glykoproteinen.

Glucose (D-Glucose, Traubenzucker, Dextrose, Blutzucker), zu den Aldohexosen gehörender, biolog. bedeutsamster und in der Natur meistverbreiteter wichtigster Zucker. Bestandteil vieler Di- und Polysaccharide (z. B. Rohrzucker, Milchzucker, Zellulose, Stärke, Glykogen); wichtiges Zwischenprodukt im Stoffwechsel (Energielieferant für Muskeln, Gehirn u. a.), entsteht in Pflanzen durch Photosynthese.

glühelektrischer Effekt (Edison-Effekt, Glühemission, Richardson-Effekt), die von T. A. Edison entdeckte Erscheinung, daß aus glühenden Metallen Elektronen *(Glühelektronen)* austreten.

α-D-Glucose (Haworth-Formel)

α-D-Glucose (Konformationsformel)

β-D-Glucose (Haworth-Formel)

Glucose

Glucken. Kupferglucke

1309

Glühen

Glühlampe (labels): Bodenkontakt, Sockel, Tellerrohr, Pumpstengel, Sockelleitung, Glimmerscheibe (bei Lampen höherer Leistung), Stab, Elektroden, Halter mit Öse, Leuchtkörper, Wendel, Glaskolben

Glycerin:
$$CH_2-OH$$
$$CH-OH$$
$$CH_2-OH$$

Glühen, 1) *Physik:* das Leuchten erhitzter Körper, das mit steigender Temperatur von der kaum sichtbaren *Grauglut* (ca. 400 °C) über *Rotglut* (700–900 °C) zur *Weißglut* (über 1300 °C) reicht. Die *Glühfarben* können zur Temperaturbestimmung ausgenutzt werden.
2) *Metallurgie:* ↑Wärmebehandlung.

Glühkathode, negative Elektrode in Elektronenröhren u. a., die unter Ausnutzung des ↑glühelektr. Effektes Elektronen aussendet.

Glühkerze, elektr. Zündhilfe während des Anlassens von Dieselmotoren. Man unterscheidet G. mit *Glühdraht* und G. mit *Glühstab (Stabglühkerze)*.

Glühlampe, elektr. Lichtquelle, bestehend aus Glaskolben mit Glühdraht (meist Drahtwendel aus Wolfram; Temperatur 2500 bis 3000 °C) und Gasfüllung (Argon mit 10% Stickstoff oder Krypton); Wirkungsgrad rd. 5%, d. h., ca. 95% der elektr. Energie werden in Wärme umgewandelt.

Glühwürmchen ↑Leuchtkäfer.

Glukokortikoide ↑Nebennierenrindenhormone.

Gluonen [zu engl. glue = Klebstoff], hypothet. Elementarteilchen.

Glutamat [lat./griech.] (Glutaminat), u. a. aus Weizenkleber, Sojamehl, Melasse gewonnenes, weiß kristallisierendes, wasserlösl. und geruchloses Mononatriumsalz der Glutaminsäure; geschmacksverbesserndes Mittel in der Lebensmittelindustrie.

Glutaminsäure (2-Aminoglutarsäure), in der Natur weitverbreitete Aminosäure, bed. im Zitronensäurezyklus, bei der Bildung von Aminosäuren und Bindung des beim Proteinabbau freiwerdenden giftigen Ammoniaks unter Bildung von *Glutamin*.

Gluten [lat. »Leim«] (Kleber, Klebereiweiß), Hauptanteil des Eiweißes aus Weizenmehl. Die Quellfähigkeit und plast.-zähe Konsistenz dieses aus dem *Prolamin* Gliadin und dem *Glutelin* Glutenin bestehenden Proteingemisches beim Anteigen bewirken die Backeigenschaften des Weizenmehls.

Glyceride [griech.], Ester des Glycerins.

Glycerin [griech.] (Glyzerin, 1,2,3-Propantriol), einfachster dreiwertiger, gesättigter Alkohol; Bestandteil (als Glycerinfettsäureester) aller natürl. Fette; farblose, süß schmeckende Flüssigkeit. Wichtiger Grundstoff zur Kunststoffproduktion.

Glycin [griech.] (Glyzin, Glykokoll, Aminoessigsäure), einfachste, nichtessentielle Verbindung aus der Reihe der ↑Aminosäuren.

Glykogen [griech.] (Leberstärke, tier. Stärke), ein aus α-D-Glucose in der Leber und im Muskel aufgebautes Polysaccharid, das als rasch mobilisierbares Reservekohlenhydrat im Stoffwechsel eine große Rolle spielt. G. hat eine verzweigte, amylopektinartige Struktur.

Glykogenolyse [griech.], der innerhalb einer Zelle ablaufende enzymat. Abbau des Glykogens, der im Ggs. zum extrazellulären Abbau durch Amylase Glucosephosphat liefert.

Glykol [griech./arab.] (Äthylenglykol, 1,2-Äthandiol, 1,2-Ethandiol), einfachster, zweiwertiger Alkohol. Verwendet als Frostschutzmittel, als Lösungsmittel für Zellulosenitrat und Farbstoffe sowie bei der Synthese von Polyesterharzen und -fasern.

Glykolyse [griech.] (Embden-Meyerhof-Parnas-Abbauweg), der in lebenden Organismen ablaufende enzymat., anaerobe (ohne Mitwirkung von Sauerstoff) Abbau von Glucose oder ihren Speicherformen (z. B. Glykogen). Dabei entstehen aus 1 Mol Glucose 2 Mol Brenztraubensäure (Pyruvat), wobei etwa 60 kJ verwertbare Energie frei wird, gespeichert in 2 Mol ATP, und 1 Mol $NADH^+_2$ gebildet wird. Die entstehende Brenztraubensäure (Pyruvat) wird im aeroben Stoffwechsel in den ↑Zitronensäurezyklus eingeschleust, kann aber auch anaerob zu Milchsäure

GmbH

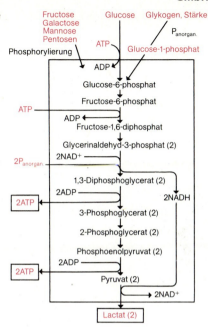

(Lactat) (z. B. im Muskel bei ungenügender Sauerstoffzufuhr) oder in Hefen zu Alkohol abgebaut werden. Die G. ist der wichtigste Abbauweg der Kohlenhydrate im Organismus.

Glykoside [griech.], große Gruppe von Naturstoffen und synthet. organ. Verbindungen mit einem Kohlenhydrat- und einem Nichtkohlenhydratbestandteil (*Aglykon,* Genin). Das Kohlenhydrat kann über ein Sauerstoffatom *(O-Glykoside)* oder ein Stickstoffatom *(N-Glykoside)* an das Aglykon gebunden sein. Die meisten in der Natur vorkommenden G. sind O-Glykoside, die wichtigsten N-Glykoside sind die Nukleoside, die Bestandteil von Nukleinsäuren und Koenzymen sind.

Glykosurie [griech.], vermehrte Ausscheidung von Zucker im Urin.

Glyoxylsäure [Kw.] (Äthanalsäure, Glyoxalsäure), die einfachste Aldehydsäure; findet sich bes. in unreifen Früchten (z. B. im Rhabarber).

Glyoxylsäurezyklus (Glyoxalatzyklus, Krebs-Kornberg-Zyklus), Stoffwechselweg bei Mikroorganismen und Pflanzen; eine Variante des ↑Zitronensäurezyklus, bei der aktivierte Essigsäure (Acetyl-CoA) nicht abgebaut, sondern zur Synthese von Dicarbonsäuren verwendet wird. Die biologische Bed. des Glyoxylsäurezyklus liegt in der Möglichkeit, aus Acetyl-CoA, das z. B. aus dem Fett[säure]abbau stammt, Kohlenhydrate (über die Bernsteinsäure) aufzubauen.

Glyptik [griech.], svw. ↑Steinschneidekunst.

Glyptothek [griech.], Sammlung geschnittener Steine, auch antiker Skulpturen.

Glyzerin, svw. ↑Glycerin.

Glyzine (Blauregen, Glyzinie, Wisterie), Gatt. der Schmetterlingsblütler mit neun Arten in N-Amerika und O-Asien; sommergrüne, hochwindende Klettersträucher; Blüten groß, duftend, in langen, hängenden Trauben, blau, weiß oder lilafarben. – Abb. S. 1312.

GmbH ↑Gesellschaft mit beschränkter Haftung.

Gmeiner

Glyzine. Blühende Glyzine

Hermann Gmeiner

Gmeiner, Hermann, *Alberschwende (Vorarlberg) 23. 6. 1919, † Innsbruck 26. 4. 1986, österr. Sozialpädagoge. Gründete die SOS-Kinderdörfer..

GMT [engl. 'dʒiːɛm'tiː], Abk. für engl. **G**reenwich **M**ean **T**ime ['grɪnɪdʒ miːn 'taɪm »mittlere Greenwicher Zeit«], ↑Weltzeit.

Gmunden, oberösterr. Bezirkshauptstadt an der N-Spitze des Traunsees, 13 100 E. Bundesförsterschule; Museen. Luftkurort. Barockisierte Pfarrkirche; Rathaus (16.–18. Jh.); in *Ort* bei G.: Seeschloß (mit got. Bauteilen) und Landschloß (17. Jh.).

Gnade, *religionswiss.* die Hilfe [eines] Gottes, in den prophet. Religionen (z. B. Judentum, Christentum, Islam) vornehmlich als unverdiente Vergebung menschl. Sünde, in den myst. Religionen ind. Herkunft in erster Linie als Erlösung aus ird. Vergänglichkeit. – Nach *kath. Verständnis* wurzelt G. in Gottes freiem Willen zur Selbstmitteilung. G. bezeichnet sowohl Gott selbst, insofern er sich dem Menschen schenkt (ungeschaffene G.), als auch die Wirkung von Gottes Selbsterschließung im Menschen (z. B. Gotteskindschaft, totale Sündenvergebung durch die *heiligmachende* G.), wobei die G. die Natur voraussetzt und vervollkommnet. – Zum Verständnis der *reformator. Kirchen* ↑Rechtfertigung.

Gnadengesuch ↑Gnadenrecht.

Gnadenhochzeit, der 70. Jahrestag der Hochzeit.

Gnadenrecht, die das Gnadenwesen betreffenden Rechtsvorschriften. Normalerweise wird die Gnadenfrage auf Grund eines *Gnadengesuches* [des Verurteilten oder eines Dritten] aufgegriffen, sie kann aber auch von Amts wegen geprüft werden.

Gnadenstuhl, in der *Kunst des MA* Thron mit Gottvater, der ein Kruzifix mit dem Gekreuzigten hält, sowie eine Taube (Hl. Geist); Darstellung der Dreifaltigkeit.

Gnadenstuhl. Tafelbild eines unbekannten Meisters aus der Steiermark (um 1425; London, National Gallery)

Gneis, Gruppe metamorpher Gesteine mit deutlichem Parallelgefüge, Hauptgemengteile: Feldspat, Quarz, Glimmer. *Ortho-G.* entstand aus magmat., *Para-G.* aus sedimentären Gesteinen.

Gneisenau, August Wilhelm Anton Graf Neidhardt von (ab 1814), *Schildau 27. 10. 1760, † Posen 23. 8. 1831, preuß. Generalfeldmarschall (ab 1825). Als Premierleutnant ab 1786 in preuß. Diensten; erhielt im April 1807 das Kommando über die Festung Kolberg, die er mit Nettelbeck und Schill bis zum Frieden von Tilsit verteidigte; trat danach in die Kommission zur Reorganisation des Heeres ein, trug mit seinen Forderungen entscheidend zu Steins Werk der preuß. Reformen bei; erwies sich in den Befreiungskriegen, so in den Schlachten von Leipzig und Belle-Alliance, als bed. Heerführer.

Gneist, Rudolf von (ab 1888), *Berlin 13. 8. 1816, † ebd. 22. 7. 1895, dt. Jurist und Politiker. Entwickelte eine einflußreiche Lehre von der Selbstverwaltung; gehörte 1859–93 (kurze Unterbrechung 1862) als Mgl. des linken Zentrums bzw. der Nationalliberalen dem preuß. Landtag an, MdR 1867–84.

Gnesen (Gniezno), 1) poln. Stadt onö. von Posen, 68 400 E. Archäolog. Museum; Maschinenbau, Herstellung von Präzisionsinstrumenten. Spätgot. Dom (1959–61 wiederhergestellt) mit roman. Bronzetür (um 1170). – Älteste poln. Stadt (2. Hälfte des 10. Jh. befestigte Siedlung), um 1000 die größte Polens. 1793–1807 und ab 1814/15 preuß.; nach dem 1. Weltkrieg zu Polen.
2) Erzbistum, errichtet im Jahre 1000, erhielt die Suffragane Kolberg, Breslau, Krakau, bald auch Posen. 1821 wurde Posen zum Erzbistum erhoben und G. ihm in Personalunion verbunden; seit 1948 in Personalunion mit Warschau.

Gnitzen (Bartmücken, Ceratopogonidae), mit rd. 500 Arten weltweit verbreitete Fam. 0,3–3 mm langer Mücken; Blutsauger an Insekten und Wirbeltieren (rufen beim Menschen starken Juckreiz und bis 2 cm große Quaddeln hervor).

Gnom, Erd-, Berggeist.

Gnoseologie [griech.], Erkenntnislehre; heute gebräuchl. Bez. für Erkenntnistheorie, soweit sie das Verhältnis des erkennenden Subjekts zum erkennenden Gegenstand behandelt.

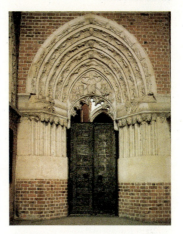

Gnesen. Bronzetür (um 1170) der Kathedrale

...gnosie, ...gnosis [griech.], Grundwort von zusammengesetzten Substantiven mit der Bedeutung »Kunde, Erkenntnis, Wiss.«, z. B. Theognosie, Theognosis.

Gnosis [griech.], allg. Begriff der *Religionsphänomenologie* zur Bez. eines systematisch gefaßten Wissens um göttl. Geheimnisse, das nur wenigen Menschen als aprior. Vermögen gegeben ist, aus dem Menschen selbst und nicht aus einer Offenbarung (Gnade) stammt und sich selbst als das umfassende Heil des Menschen versteht.

Gnostiker [griech.], Anhänger oder Vertreter der Gnosis bzw. des Gnostizismus.

Gnostizismus [griech.], zusammenfassende Bez. für eine Reihe spätantiker religiöser Bewegungen, die im NT wie in vielen altchristl. Gruppen nachweisbar sind. Grundlegend für den G. ist die Interpretation der menschl. Existenz im Rahmen einer mythisch geschauten streng dualist. Kosmologie: Mensch und Kosmos enthalten Teile einer jenseitigen (guten) Lichtwelt, die aus der gottfeindl. (bösen) Materie erlöst werden müssen. Diese Erlösung geschieht durch Gesandte des Lichts (v. a. durch Christus). Sie ist abgestuft, so daß zur vollen »Erkenntnis« (Gnosis) nur ge-

Gnus

Gnus. Streifengnu

Boy Gobert

langt, wer den »Geist« besitzt. Andere bleiben auf der niederen Stufe des »Glaubens«.

Gnus [afrikan.], Gatt. der Kuhantilopen in den Steppen O- und S-Afrikas; 1,7 bis 2,4 m lang, Schulterhöhe 0,7–1,5 m; Fell sehr kurz und glatt; Mähne an Stirn, Nacken, Hals und Brust; beide Geschlechter mit hakig gebogenen Hörnern; zwei Arten: *Streifengnu* (Schwarzschwanzgnu) und *Weißschwanzgnu*.

Go [jap.], altjapan. Brettspiel; auf einem quadrat. Spielbrett mit 19 × 19 Linien werden abwechselnd je 181 schwarze und weiße Steine gesetzt; eine einfache Variante ist das engl. *Gobang*.

Goa [engl. 'gəʊə], Gliedstaat an der W-Küste Indiens, 3701 km², 1,17 Mio. E, Hauptstadt Panaji. Fremdenverkehr. – Goa (1479 gegr.; erobert 1510) war mit ↑Daman (erobert 1559) und ↑Diu (erobert 1509–37) Hauptstützpunkt der Portugiesen in Indien; 1961 mit Waffengewalt der Ind. Union eingegliedert; seit 1987 eigener Gliedstaat.

Gobang [engl. gəʊ'bæŋ] ↑Go.

Gobat, Charles Albert [frz. gɔ'ba], *Tramelan (BE) bei Biel 21. 5. 1843, † Bern 16. 3. 1914, schweizer. Jurist. Mitbegründer und Leiter des ständigen Büros der Interparlamentar. Union; erhielt 1902 mit E. Ducommun den Friedensnobelpreis.

Gobelin [gobə'lɛ̃:; frz.], handgewirkter [Wand]teppich, der in der frz. königl. Manufaktur (gegr. 1662 im Hause der Färberfamilie Gobelin in Paris, daneben kleiner Betrieb in Beauvais) im 17. und 18. Jh. hergestellt worden ist.

Gobert, Boy, *Hamburg 5. 6. 1925, † Wien 30. 5. 1986, dt. Schauspieler und Intendant. 1969–80 Intendant in Hamburg (Thalia-Theater), ab 1980 Generalintendant in Westberlin (Schiller-Theater).

Gobi, Beckenlandschaft in Z-Asien, in der Inneren Mongolei (China) und der

Gobelin nach einem Entwurf von François Boucher, Raub der Europa, Ausschnitt (1764; gewirkt in der Manufaktur von Beauvais, Berlin, Kunstgewerbemuseum)

Mongol. VR, etwa 1500 km lang, bis 250 km breit, durchschnittlich 1000 m hoch. Die durch Hangschutt, Flußgeröll, Löß und Flugsand gekennzeichnete G. ist durch Rücken in meist langgestreckte Einzelbecken gegliedert. In ihnen liegen z. T. Salztonebenen, -sümpfe und -seen, die von meist nur episod. wasserführenden kurzen Flüssen gespeist werden. Die G. hat extrem kontinentales winterkaltes Trockenklima. Die Vegetation ist die der Wüstensteppe und Wüste. Die Bevölkerung besteht aus nomadisierenden Mongolen und chin. Kolonisten.

Gobineau, Joseph Arthur Graf von [frz. gɔbi'no], *Ville-d'Avray bei Paris 14. 7. 1816, † Turin 13. 10. 1882, frz. Schriftsteller. In seinem »Versuch über die Ungleichheit der Menschenrassen« (1853 bis 55) behauptet er die Überlegenheit der »arischen« Rasse; lieferte damit Argumente für den Rassenfanatismus des Nationalsozialismus.

Godard, Jean-Luc [frz. gɔ'da:r], *Paris 3. 12. 1930, frz. Filmregisseur. Bed. Vertreter der »Nouvelle vague«; drehte u. a. »Außer Atem« (1960), »Die Außenseiterbande« (1964), »Eine verheiratete Frau« (1964), »Weekend« (1968), »Die Chinesin« (1967), »Passion« (1982), »Vorname Carmen« (1983), »Détective« (1985), »Nouvelle vague« (1990).

Gödel, Kurt, *Brünn 28. 4. 1906, † Princeton (N. J.) 14. 1. 1978, österr. Logiker und Mathematiker. Gilt als bedeutendster Logiker des 20. Jh.; lebte ab 1938 in Princeton; bewies u. a. die Vollständigkeit der Quantorenlogik erster Stufe; auch Arbeiten zu philosoph. Grundlagen der Mathematik sowie der Relativitätstheorie; schrieb u. a. »Eine Bemerkung über die Beziehungen zw. der Relativitätstheorie und der idealist. Philosophie« (1949).

Godesberger Programm (Godesberger Grundsatzprogramm), im Nov. 1959 beschlossenes Programm der SPD, in dem sie sich als »entideologisierte Volkspartei« darstellt, deren Ziele durch die Grundwerte des demokrat. Sozialismus (Freiheit, Gerechtigkeit, Solidarität) definiert sind. Statt der Beseitigung kapitalist. Produktionsverhältnisse durch Sozialisierung und Planwirtschaft wird die Kontrolle wirtschaftl. Macht insbes. durch Mitbestimmung gefordert.

Godetie [nach dem schweizer. Botaniker Ch.-H. Godet, *1797, † 1879] (Atlasblume), Gatt. der Nachtkerzengewächse mit etwa 20 Arten im westl. Amerika; v. a. die Art *Sommerazalee* sowie viele gefüllte oder einfach blühende Sorten sind beliebte Schnitt- und Gartenblumen.

Godetie.
Sommerazalee (Höhe 30–70 cm)

Godoy, Manuel de, eigtl. M. de G. Álvarez de Faria Ríos Sanches Zarzosa, Hzg. von Alcudiam und Grande von Spanien (ab 1793), *Badajoz 12. 5. 1767, † Paris 4. 10. 1851, span. Politiker. Infolge eines Verhältnisses mit Königin Maria Luise 1792 leitender Min. (bis 1798; erneut 1801–1808); regierte im Sinne des aufgeklärten Absolutismus.

God save the King [engl. 'gɔd 'seiv ðə 'kiŋ »Gott schütze den König«] (God save the Queen [engl. 'kwi:n »Königin«]), brit. Nationalhymne, wahrscheinlich von Henry Carey (um 1745).

Godthåb, dän. Name von Nuuk, der Hauptstadt Grönlands, an der südl. W-Küste, eisfreier Hafen, 11200 E. Fischfang und -verarbeitung. – Gegr. 1721.

Godunow, Boris [Fjodorowitsch], *um 1550/51, † 13. 4. 1605, russ. Zar (ab 1598). Günstling Iwans IV., unter Fjodor I. Iwanowitsch ab 1584 eigtl. Herrscher in Rußland; errichtete das Patriarchat Moskau (1589); wurde nach dem Tode Fjodors 1598 zum Zaren gewählt; bed. außenpolit. Erfolge (u. a. Inbesitznahme Westsibiriens um 1600), aber nur teilweise soziale Befriedung des Landes. Die Entscheidung in den Auseinander-

Jean-Luc Godard

Kurt Gödel

Hugo van der Goes. Anbetung der Hirten, Mitteltafel des »Portinari-Altars« (um 1475; Florenz, Uffizien)

setzungen mit der von der Hocharistokratie und der Familie Romanow angeführten Opposition, die ihm den bis heute ungeklärten Tod von †Dmitri Iwanowitsch anlastete, stand unmittelbar bevor, als G. starb.

Godwin, Mary [engl. 'gɔdwɪn], geb. Wollstonecraft, * Hoxtont (?) (heute zu London) 27. 4. 1759, † ebd. 10. 9. 1797, engl. Schriftstellerin ir. Herkunft. Erste Frauenrechtlerin Großbritanniens.

Godwin Austen, Mount [engl. 'maʊnt 'gɔdwɪn 'ɔstɪn] ↑K2.

Goebbels, Joseph ['gœbəls], * Rheydt 29. 10. 1897, † Berlin 1. 5. 1945 (Selbstmord), dt. Politiker. Journalist; 1926 Gauleiter von Berlin-Brandenburg; 1927–34 Hg. des »Angriff«; ab 1928 MdR; ab 1929 Reichspropagandaleiter der NSDAP mit wachsendem Einfluß auf Hitler. Als Reichs-Min. für Volksaufklärung und Propaganda und Präs. der neuen Reichskulturkammer (ab März bzw. Herbst 1933) leitete G. die Gleichschaltung aller Massenmedien sowie des Kulturlebens; publizist. Organisator des Führermythos und einer der Hauptverantwortlichen für die nat.-soz. Verbrechen. Nach dem 20. 7. 1944 »Generalbevollmächtigter für den totalen Kriegseinsatz« sowie von Hitler zur Nachfolge im Reichskanzleramt bestimmt, tötete er wenige Stunden nach dessen Tod seine Kinder und nahm sich zus. mit seiner Frau Magda (geb. Rietschel; * 1901) das Leben.

Goeppert-Mayer, Maria ['gœpərt...], * Kattowitz 28. 6. 1906, † San Diego 20. 2. 1972, amerikan. Physikerin dt. Herkunft. Entwickelte ab 1947 das Schalenmodell des Atomkerns. 1963 zus. mit J. H. D. Jensen und E. P. Wigner Nobelpreis für Physik.

Goerdeler, Carl Friedrich ['gœr...], * Schneidemühl 31. 7. 1884, † Berlin 2. 2. 1945 (hingerichtet), dt. Jurist und Politiker. Mgl. der Deutschnat. Volkspartei, 1930–37 Oberbürgermeister von Leipzig; wurde ab 1939 zum führenden Kopf der nationalkonservativen Widerstandsbewegung gegen Hitler; vertrat die Position, daß nur eine Verhaftung Hitlers – ein Attentat lehnte er ab – die nat. Katastrophe verhindern könne; nach dem Attentat des 20. 7. 1944 verhaftet.

Goes [gø:s, niederl. xu:s]: **1)** Albrecht, * Langenbeutingen (heute zu Langenbrettach, Kreis Heilbronn) 22. 3. 1908, dt. Schriftsteller. Bekannt v. a. durch die

Maria Goeppert-Mayer

Erzählungen »Unruhige Nacht« (1950) und »Das Brandopfer« (1954).

2) Hugo van der, *Gent um 1440, † Kloster Roodendale bei Brüssel 1482, fläm. Maler. 1467 Meister in Gent; verbindet in seinem Hauptwerk, dem Portinari-Altar (zw. 1475/78) Monumentalität mit realist. Genauigkeit; bekannte Spätwerke sind die um 1480 entstandenen Altarbilder »Anbetung der Hirten« (Berlin, Staatl. Museen) und »Tod Mariens« (Brügge, Groeningemuseum).

GOES [gəʊz, engl.], Abk. für engl. **G**eostationary **O**perational **E**nvironmental **S**atellite, amerikan. geostationäres Wettersatellitensystem zur Bestimmung von Wolkenhöhen, Temperaturprofilen und Windgeschwindigkeiten. 1975–87 wurden sieben Satelliten in Betrieb genommen.

Goethe, Johann Wolfgang von (ab 1782) [ˈgøːtə], *Frankfurt am Main 28. 8. 1749, † Weimar 22. 3. 1832, dt. Dichter. G. war der Sohn des Kaiserl. Rates Johann Kaspar G. (* 1710, † 1782) und der Katharina Elisabeth, geb. Textor (* 1731, † 1808). 1765 nahm er das vom Vater bestimmte Jurastudium an der Universität Leipzig auf. In den sechs Leipziger Semestern schrieb G. Gedichte im Ton des Rokoko (Liederbuch »Annette«, entst. 1767; »Neue Lieder«, 1768) und Oden sowie dramat. Versuche. Eine lebensgefährl. Krankheit ab Juni 1768 zwang ihn zur Rückkehr ins Elternhaus; im Umgang mit pietist. Kreisen, v. a. mit Susanne Katharina von Klettenberg, beschäftigte sich G. mit †hermetischer Literatur.

Das Studium in *Straßburg (1770–71)* brachte neue Erfahrungen. J. G. Herder vermittelte ihm die Aufklärungskritik J. G. Hamanns und seine eigenen sprachphilosoph. Ideen, lenkte den Blick auf Shakespeare und Ossian sowie auf eine neue Wertung der Antike (Homer, Pindar); in Straßburg entstanden u. a. auch die »Sesenheimer Lieder« (für Friederike †Brion). Das jurist. Abschlußexamen berechtigte G. zur Advokatur (im Herbst 1771 in Frankfurt).

Frankfurt (1771–75): In Frankfurt wurde das Drama »Götz von Berlichingen mit der eisernen Hand« (gedr. 1773) vollendet; ebenso entstanden die großen Hymnen (»Wandrers Sturmlied«, entst. 1772, gedr. 1815; »Mahomets Gesang«,

Johann Wolfgang von Goethe. Goethe in seinem Arbeitszimmer, seinem Schreiber John diktierend; Ausschnitt aus einem Gemälde von Joseph Schmeller (1831; Weimar, Zentralbibliothek der deutschen Klassik)

entst. 1772/773, gedr. 1774; »Prometheus«, entst. 1774, gedr. 1785; »Ganymed«, entst. 1774, gedr. 1789). In dieser Zeit galt G. als ein Hauptrepräsentant des sog. Sturm und Drang, an dessen krit. Organ, den »Frankfurter gelehrten Anzeigen« er sich zeitweise als Rezensent beteiligte. Sein erster Roman »Die Leiden des jungen Werthers« (1774, Neufassung 1787) gilt als das produktive Vorbild des neuzeitl. dt. Romans. Der »Götz« erschien (nach Herders harter Kritik an der 1. Fassung) in 2. Fassung im Juni 1773. Die Geniebegeisterung des Sturm und Drang weckte das Interesse für den Helden des Befreiungskampfes, der zur Zentralfigur des 1775 begonnenen Dramas »Egmont« (gedr. 1788) wurde. Die erste, mit den beiden Grafen C. und F. L. zu Stolberg Stolberg unternommene Reise in die

Goethe

Johann Wolfgang von Goethe
(Siebdruck von Andy Warhol, 1982, nach einem Gemälde von J. H. W. Tischbein aus dem Jahr 1787)

Johann Wolfgang von Goethe
(Ausschnitt aus einem Porträt von Josef Stieler, 1828; München, Neue Pinakothek)

Schweiz (1775) war die erste einer Reihe von Fluchten, mit denen G. sich hemmenden Verhältnissen entzog, im Sinne dessen, was er später die »Entelechie« nannte.

Weimar (1775–86): Nach der Rückkehr aus der Schweiz lud der junge Herzog Carl August G. an den Weimarer Hof, wo er im November 1775 eintraf. Der sog. »Musenhof« der Herzogin ↑Anna Amalia hatte eine Reihe literarisch tätiger Hofleute versammelt, darunter C. M. Wieland (als Erzieher Carl Augusts) sowie die Hofdame Charlotte von Stein. G. übernahm in Weimar zahlreiche polit. Aufgaben, u. a. wurde ihm die Verwaltung der Finanzen, des Berg- und Wegebaus und des Militärwesens übertragen, später übernahm er die Leitung des Theaters, die Aufsicht über das Hoftheater und über das gesamte Bildungswesen; 1766 erfolgte die Ernennung zum Geheimen Legationsrat, 1779 zum Geheimen Rat, 1815 zum Staatsminister, 1782 wurde er durch Kaiser Joseph II. geadelt. Weimar gewann durch G.s Betreiben und Vermittlung bedeutenden Zuwachs von außen. Aus der eher bohèmehaften Lebensform im Gartenhaus an der Ilm wechselte G. 1782 in das palaisartige Haus am Frauenplan, das er bis zu seinem Tod bewohnte. Für die Hofbühne schrieb er u. a. Schauspiele wie »Die Geschwister« (entst. 1776, gedr. 1787), die Bearbeitung der »Vögel« von Aristophanes (1787) und die frühen »Mitschuldigen«, (1. und 2. Fassung 1769, 3. Fassung gedr. 1787); auch die Prosafassung des »Torquato Tasso« (entst. 1780/81, endgültige Fassung gedr. 1790) lag bereits vor; die aus Frankfurt mitgebrachten »Faust«-Szenen wurden vorgelesen, die Hofdame Luise von Göchhausen schrieb sie ab (dieser sog. »Urfaust« wurde 1887 in Weimar gefunden). Die literar. Öffentlichkeit erhielt 1790 vom »Faust« Kenntnis, als G. »Faust. Ein Fragment« drucken ließ. Auch der 1777 begonnene »Wilhelm-Meister«-Roman wuchs langsam in dieser Zeit. Von den lyr. Arbeiten des ersten Weimarer Jahrzehnts sind v. a. die zu seinen Lebzeiten unveröffentlichten Verse an Charlotte von Stein zu nennen (u. a. »Warum gabst du uns die tiefen Blicke«, entst. 1776, gedr. 1848). In dieser Zeit legte G. auch den Grund zu seinen umfassenden Naturstudien (festgehalten in Aufsätzen, Briefen, Tagebüchern und Aufzeichnungen). Seine naturwiss. Studien bewertete er bisweilen höher als seine Dichtung. Die Entdeckung des Zwischenkieferknochens (1784) bewirkte einen Prioritätsstreit mit L. Oken. Auf seinen Reisen entwickelte G. auch sein zeichner. Talent weiter, das er in Leipzig bei dem Winckelmann-Schüler Adam Friedrich Oeser (*1717, †1799) geschult hatte.

1. Italienreise (1786–1788): Den offenbar lange erwogenen Vorsatz zur Flucht

aus der Enge Weimars, aus dem »Druck der Geschäfte«, setzte er am 3. 9. 1786 mit seiner heiml. Abreise von Karlsbad in die Tat um. Auf den Stationen seiner Reise interessierte er sich v. a. für das antike Rom und die italien. Renaissance. Den Aufenthalt in Rom unterbrach eine fast viermonatige Reise nach Neapel und Sizilien, die er auch zu naturwiss. Forschungen nutzte: am Vesuv betrieb er geolog. Forschungen, im Botanischen Garten Palermos fand er seine Idee der »Urpflanze« bestätigt, die ihm das Gesetzmäßige in allen Bereichen des Seienden, in der Natur wie in der Kunst, beispielhaft darstellte. V. a. in Rom suchte G. den Kontakt zu den bildenden Künstlern, so zu J. H. W. Tischbein und Angelika Kauffmann. Der Schriftsteller K. P. Moritz war zeitweise sein Gesellschafter in Rom. In Italien entwickelte G. seinen klassizist. Stil: hier schrieb er die endgültige Fassung der »Iphigenie« (1787), das fragmentar. Drama »Nausikaa« (1827) sowie die Verfassung des »Torquato Tasso«. Das unmittelbarste Werk der Italienreise sind die »Röm. Elegien« (entst. 1788–90, gedr. 1795), ein geistreicher Dialog mit den großen Liebesdichtern der Goldenen Latinität (Tibull, Properz, Catull).
Im Juni 1788 kehrte G. nach Weimar zurück; seine Erlebnisse und Erfahrungen sind in den Briefen und Tagebüchern, die in drei Bänden erstmals vollständig (1829) u. d. T. »Italiänische Reise« veröffentlicht wurden, zu verfolgen. Auch im privaten Bereich zog G. durchaus die Konsequenz aus seiner italien. »heidnischen Wiedergeburt«: Christiane Vulpius (*1765, †1816), die Schwester des erfolgreichen Genreautors C. A. Vulpius, wurde seine Lebensgefährtin; von den fünf Kindern aus dieser Verbindung (Heirat 1806) blieb nur der erstgeborene Sohn August (*1789, †1830) am Leben.

2. Italienreise und Französische Revolution (1788 bis 1794): 1790 ging G. noch einmal für wenige Monate nach Italien. An die Stelle seiner ersten Italienbegeisterung trat nun eine skept. Bild der italien. Gesellschaft. Zeugnis davon geben die »Venetian. Epigramme« (1795 in Schillers »Musenalmanch« erschienen). Die Auseinandersetzung mit der Frz. Revolution brachte u. a. das Lustspiel »Der Groß-Cophta« (1792), den burlesken Einakter »Der Bürgergeneral« (1793), das erste Stück einer Fragment gebliebenen dramat. Trilogie »Die natürliche Tochter« (entst. 1799–1803, gedr. 1804) sowie das satir. Epos »Reineke Fuchs« (1794) hervor. 1792 begleitete G. den Herzog Carl August in das Feldlager des gegen Frankreich verbündeten Koalitionsheeres.

Freundschaft mit Schiller (1794–1805): Die 1790er Jahre sind geprägt durch die Zusammenarbeit mit Schiller (ab 1794), die bis zu Schillers Tod (1805) dauerte, ein Bund, der in der neueren dt. Geistesgeschichte einzigartig ist. Im Austausch mit Schiller wurde ein Stil entwickelt, der als *Weimarer Klassik* zur literarhistor. Epochenbezeichnung wurde. Die Verbindung der beiden nach Herkunft und Bildung verschiedenen Geister lebte von einer fundamentalen Spannung der unterschiedl. Denk- und Sehweisen. Für die Geschichte der dt. Dichtung wurde die krit. Einwirkung Schillers auf die großen Werke G. ebenso wichtig wie seine poetologisch-ästhetischen Reflexionen, so etwa bei der Umformung des »Wilhelm-Meister«-Romans (»Wilhelm Meisters Lehrjahre«, 4 Bde., 1795/96), bei den Novellen »Unterhaltungen dt. Ausgewanderten«, 1795), bei der Theorie eines modernen und doch den antiken Gattungsgesetzen entsprechenden Epos (»Hermann und Dorothea«, 1797), v. a. aber bei der Umarbeitung des »Faust«. Auch für den »Egmont«, dem Schiller schon vor der Bekanntschaft mit G. eine scharfsinnige Rezension gewidmet hatte, war sein krit. Rat für eine Umarbeitung produktiv. Wie G. die Anregung zu seinem Schauspiel »Die natürliche Tochter« Schiller verdankte, so dieser G. die Idee zu »Wilhelm Tell«. Zu den Bemühungen, die literar. Gattungen in ihrer Gesetzlichkeit zu bestimmen (in dem gemeinsamen Aufsatz »Über ep. und dramat. Dichtung«, entst. 1797, gedr. 1827), trat die unmittelbare krit. Einwirkung auf die literar. und polit. Zustände ihrer Gegenwart. Das Dokument ihrer gemeinsamen Literaturkritik sind die epigrammatisch zugespitzten »Xenien« (1796). Foren für das von G. und Schiller verfochtene Kulturprogramm waren die (kurzlebigen)

Goethe

Johann Wolfgang von Goethe.
Christiane von Goethe (Zeichnung von Johann Wolfgang von Goethe)

Zeitschriften »Die Horen« und »Propyläen«, sowie der Schillersche »Musenalmanach«. G. ästhet. und naturforschende Studien tendierten zu einem universalen System der Erscheinungen, das v. a. durch die Idee der Metamorphose bestimmt wird, die sowohl für die Pflanzen- und Tierwelt als auch im Prozeß der geistigen Produktivität gilt. Auch in der Optik (»Zur Farbenlehre«, 2 Bde., 1810) verfocht G. diese Einheit. Im sog. Balladenjahr 1797 entstanden u. a. »Der Zauberlehrling«, »Der Gott und die Bajadere«, »Die Braut von Korinth«, »Der Schatzgräber« und die »Legende«.

Zwischen Klassik und Romantik (1805–1813): In den ersten Jahren des neuen Jh. geriet G. in Krisen mehrfacher Art; die Zeichen dafür waren häufige Krankheiten. Sein bisheriger Lebenskreis begann zu zerbrechen: 1803 starb Herder, 1805 Schiller, 1813 Wieland. Aus dem Kreis der Frühromantik, dessen Zentrum zeitweise Jena war, kamen neue ästhet. und universalphilosoph. Ideen, von Einfluß bes. v. a. die Transzendentalphilosophie J. G. Fichtes und F. W. J. von Schellings. Anders als Schiller, der in seinen letzten Lebensjahren die klassizist. Position fest behauptete, setzte G. sich mit den ästhet. Ideen der Romantiker mit Offenheit auseinander. Auf die theoret. und prakt. Wiederbelebung der roman. Sonettform durch die Brüder A. W. und F. Schlegel und Z. Werner antwortete G. mit einem Zyklus von Sonetten (entst. 1807/08, gedr. 1815 I–XV, 1827 XVI, XVII). Der romant. Kritik galt die Dichtung G., v. a. als 1808 der vollendete 1. Teil des »Faust« erschienen war, als Gipfel der modernen Dichtung. In dieser Zeit entstanden auch bed. naturphilosoph. Gedichte und Novellen zu einer geplanten Fortsetzung des »Wilhelm Meister«. Daraus nehmen »Die Wahlverwandtschaften« (2 Tle., 1809) die Dimension eines eigenen Romans an. Daneben wurde die Arbeit an der Autobiographie fortgesetzt; im Weimarer Theater ließ G. Weltliteratur spielen: P. Corneille, P. Calderón, Shakespeare (z. B. seine Bearbeitung von »Romeo und Julia«). Das lyr. Werk dieser Zeitspanne erstreckt sich auf die verschiedensten Formen und Gattungen.

Altersperiode (1814–32): Die drei ersten Teile der Autobiographie »Aus meinem Leben. Dichtung und Wahrheit«, in der G. anhand seines Lebens den Wandel seiner Zeit darstellt, erschienen 1811–14, der vierte Teil, der bis zu der Berufung nach Weimar führt, postum 1833. Die Lektüre altpers. Dichtung, des »Divans« des pers. Dichters S. M. Hafes (in der dt. Übersetzung von Joseph Freiherr von Hammer-Purgstall [* 1774, † 1856]), regte G. zu dem neuen lyr. Stil seines »West-östl. Divans« (1819, erweitert 1827) an. Der »Divan« war wesentlich ein Ertrag der beiden Sommerreisen 1814 und 1815 in die Rhein-Main-Gegend, wo er auch Marianne von Willemer kennenlernte. In Weimar setzte er die Orientstudien fort, 1819 erschien der 2. Teil der Divan-Ausgabe. 1816 starb seine Frau Christiane. G. Ruhm wuchs weltweit, seine Werke wurden in mehrere Sprachen übersetzt. Noch während der Arbeit an der 3. Gesamtausgabe seiner Schriften dachte G. an eine Ausgabe letzter Hand (Ankündigung 1826). Den Briefwechsel mit Schiller veröffentlichte er selbst; die Herausgabe des Briefwechsels mit C. F. Zelter wurde verabredet, die Niederschrift der »Gespräche mit Goethe in den letzten Jahren seines Lebens« (3 Bde., 1836–48) seines Sekretärs J. P. Eckermann wurde sanktioniert. Der alte, aus der Schiller-Periode stammende Plan eines Epos »Die Jagd« wurde zu der »Novelle« umgearbeitet, einem Höhepunkt seiner ep. Alterskunst (1828). Die schon im Titel des ersten »Wilhelm Meister«-Romans (»Lehrjahre«) sich ankündigende Fortsetzung »Wilhelm Meisters Wanderjahre«, deren 1. Fassung (1821) G. nicht befriedigte, arbeitete er in einem langsamen Schaffensprozeß zu ihrer endgültigen Fassung (1829) aus. Der Untertitel des Romans (»oder Die Entsagenden«) signalisiert die geschichtl. Situation nach der Revolution. Der mitunter verkannte Altersstil des Erzählers G. wurde erst seit der offenbaren Krise des modernen Romans als ein Versuch verstanden, mit der »offenen Form« einem disparaten Weltzustand zu entsprechen.

G. lebenslange lyr. Produktivität zeigt sich besonders in der Alterslyrik: u. a. die »Zahmen Xenien« (1827), zahlrei-

Gogh

che Gedichte an Personen, aus jeweiligem Anlaß, die großen weltanschaul. Gedichte »Urworte. Orphisch« (entst. 1817, gedr. 1820), »Eins und Alles« (1821), die »Paria-Trilogie« (entst. 1821–23, gedr. 1824), die »Trilogie der Leidenschaft« (entst. 1823/24, gedr. 1827) mit der sog. »Marienbader Elegie« und schließlich die sog. »Dornburger Gedichte« (u. a. »Dem aufgehenden Vollmonde«, 1828); auch der Abschluß seines Weltgedichts »Faust« fällt in diese Jahre. Der 1. Teil wurde durch den »Prolog im Himmel« bereits auf den barocken Welttheateraspekt (Einfluß Calderóns) hin orientiert. Ab 1827 erhält der »Faust« in den Tagebüchern den Titel »Hauptgeschäft«. Den vollendeten »Helena-Akt« veröffentlichte G. vorab in der Ausgabe letzter Hand: »Helena. Klassisch-romant. Phantasmagorie. Zwischenspiel zu Faust« (1827). 1831 versiegelte G. das Manuskript des »Faust« und beauftragte seine literarischen Helfer J. P. Eckermann und Friedrich Wilhelm Riemer (* 1774, † 1845) mit der Herausgabe dieser »sehr ernsten Scherze« (hg. 1832).

Goethe-Gesellschaft in Weimar, internat. literarisch-wiss. Vereinigung; gegr. 1885 mit dem Ziel, Werk und Wirken Goethes und seiner Zeitgenossen lebendig zu halten und ihre Verbreitung und wiss. Erforschung zu fördern.

Goethe-Institut (offiziell G.-I. zur Pflege der dt. Sprache im Ausland und zur Förderung der internat. kulturellen Zusammenarbeit e. V.), ein 1932 gegr. (1952 wiedergegr.) gemeinnütziger Verein, der auf die Grundlage eines 1976 abgeschlossenen Rahmenvertrags im Auftrag der BR Deutschland umfangreiche Aufgaben der auswärtigen Kulturpolitik wahrnimmt (u. a. Erteilung von Deutschunterricht). Sitz der Zentralverwaltung ist München. 1992 unterhielt das G.-I. in 73 Ländern 157 Institute, davon 16 in Deutschland.

Goethe-Nationalmuseum, Goethes Wohnhaus am Frauenplan in Weimar (ab 1782), das sog. Helmershausensche Haus. 1886 von der Goethe-Gesellschaft als G.-N. eröffnet; später baulich erweitert.

Goethe-Preis der Stadt Frankfurt am Main, seit 1927 jährlich, seit 1949 alle drei Jahre an Goethes Geburtstag (28. 8.) verliehener Kulturpreis. *Preisträger:* u. a. S. George (1927), A. Schweitzer (1928), S. Freud (1929), M. Planck (1945), H. Hesse (1946), T. Mann (1949), C. Zuckmayer (1952), A. Kolb (1955), C. F. von Weizsäcker (1958), E. Beutler (1960), W. Gropius (1961), B. C. Reifenberg (1964), C. Schmid (1967), G. Lukács (1970), A. Schmidt (1973), I. Bergman (1976), R. Aron (1979), E. Jünger (1982), G. Mann (1985), P. Stein (1988), W. Szymborska (1991), E. Gombrich (1994).

Goethe- und Schiller-Archiv, literaturwiss. Forschungsinstitut und Sammelstätte von Handschriften und Urkunden zur Geschichte der neueren dt. Literatur von 1700 bis 1900, Sitz Weimar; gegr. 1885.

Goetz [gøts], 1) Curt, eigtl. Kurt Götz, *Mainz 17. 11. 1888, † Grabs bei Buchs (SG) 12. 9. 1960, dt. Schriftsteller, Schauspieler und Filmregisseur. 1939 Emigration nach Hollywood; lebte ab 1945 in der Schweiz; schrieb (z. T. unter seiner Regie verfilmte) Gesellschaftskomödien, u. a. »Dr. med. Hiob Prätorius« (1934; verfilmt 1951 von G., 1964 von Kurt Hoffmann), »Das Haus in Montevideo« (1953, als Film 1951). – *Weiteres Werk:* Die Tote von Beverly Hills (R., 1951; verfilmt 1964 von M. Pfleghar). 2) Rainald Maria, *München 24. 5. 1954, dt. Schriftsteller. Historiker, Arzt; schrieb u. a. »Irre« (R., 1983), »Krieg« (Dr., 1986), »Hirn« (Prosa, 1986), »Festung« (Dr., 1993).

Gog ↑Gog und Magog.

Gogarten, Friedrich, *Dortmund 13. 1. 1887, † Göttingen 16. 10. 1967, dt. ev. Theologe. Einer der Begründer der ↑dialektischen Theologie.

Gogh, Vincent (Willem) van [goːk, gɔx; niederl. xɔx], *Groot-Zundert bei Breda 30. 3. 1853, † Auvers-sur-Oise (Dép. Val-d'Oise) 29. 7. 1890 (Selbstmord), niederl. Maler. Autodidakt; schulte sich v. a. an Werken von F. Hals und Rembrandt; zunächst dunkle, tonige Bilder (»Strand von Scheveningen«, 1882; »Die Kartoffelesser«, 1885; beide Amsterdam, Rijksmuseum V. van G.); in Auseinandersetzung mit Bildern von Rubens und E. Delacroix sowie mit Werken des Impressionismus Entwicklung zu heller Farbgebung und reinen Tönen. Lebte 1888 in Arles, wo er seine

Curt Goetz

Gogol

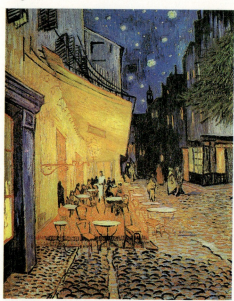

Vincent van Gogh. Caféterrasse am Abend (1888; Otterloo, Rijksmuseum Kröller-Müller)

bekanntesten Werke schuf (u. a. »Boote am Strand«; Amsterdam, Rijksmuseum V. van G., »Caféterrasse am Abend«; Otterloo, Rijksmuseum Kröller-Müller, »Sonnenblumen«; London, Tate Gallery). Das Zusammenleben mit dem gegensätzl. P. Gauguin endete mit seinem Zusammenbruch im Dez. 1888. Van G. lebte von Mai 1889 bis Mai 1890 nach Selbstverstümmelung (er schnitt sich ein Ohr ab) und Anfällen von »geistiger Umnachtung« (nach neuesten Erkenntnissen wahrscheinlich Folgen einer Erkrankung des Innenohrs) in der Heilanstalt von Saint-Remy-de-Provence; dort entstand u. a. das Gemälde »Sternennacht« (1899; New York, Museum of Modern Art); ab Mai 1890 lebte er in Auvers-sur-Oise (u. a. »Weizenfeld mit Raben«, 1890; Amsterdam, Rijksmuseum V. van G.); auch zahlr. Selbstbildnisse und literarisch bed. Briefe.

Gogol, Nikolai Wassiljewitsch, *Bolschije Sorotschinzy (Gebiet Poltawa) 1. 4. 1809, † Moskau 4. 3. 1852, russ. Schriftsteller. G. ging trotz des großen Erfolges seiner Komödie »Der Revisor« (1836) ins Ausland (1836–48, meist in Rom). In seinen letzten Jahren verfiel er einem selbstzerstörer. religiösen Mystizismus. Sein Roman »Die toten Seelen« (1. Teil 1842, 2. Teil fragmentar. hg. 1855) weist ihn als Meister der Ironie und Groteske aus. Auch bed. Novellist, u. a. »Abende auf dem Vorwerk bei Dikanka« (1831/32), »Arabesken« (1835, darin »Der Newski-Prospekt«) und »Mirgorod« (1835, darin »Taras Bulba«) sowie »Der Mantel« (1842), seine bedeutendste Novelle.

Gog und Magog, in der rabbin. Literatur und Apk. 20,8 myth. Doppelname für den endzeitl. Feind des Gottesvolkes.

Goi [hebr.], im AT »Volk«, in der rabbin. Literatur der Nichtjude.

Göhrde, Mischwaldgebiet in der östl. Lüneburger Heide, Ndsachs., 58 km²; gehört zum Naturpark Elbufer-Drawehn.

Goiânia [brasilian. go'ienia], Hauptstadt des brasilian. Gliedstaats Goiás, 718 000 E. Zwei Univ.; Zentrum eines Viehzucht- und Ackerbaugebiets.

Goiás [brasilian. go'ias], zentralbrasilian. Gliedstaat, 642 092 km², 4,024 Mio. E, Hauptstadt Goiânia.

Nikolai Wassiljewitsch Gogol

Go-Kart [engl. 'gəʊkɑːt], kleines, niedriges, meist unverkleidetes Rennfahrzeug, das von einem Zweitaktmotor über die Hinterachse angetrieben wird.

Göksu (im Alterum Kalykadnos, im MA Saleph), Zufluß zum östl. Mittelmeer in der Türkei, 308 km lang. – Im G. ertrank am 10. 6. 1190 Kaiser Friedrich I. Barbarossa.

Golanhöhen, Basaltplateau im äußersten SW Syriens, zentraler Ort Kunaitra. – Israel. Besetzung 1967 (Vertreibung fast aller Bewohner), später israel. Neubesiedlung; im Dez. 1981 von Israel annektiert.

Golconda [engl. gɔl'kɔndə], Ruinenstadt im ind. Gliedstaat Andhra Pradesh, 8 km westl. von Hyderabad. Ehem. Hauptstadt des gleichnamigen Dekhansultanats (1512–1687).

Gold, Käthe, *Wien 11. 2. 1907, österr. Schauspielerin. 1933–44 in Berlin; seit 1947 in Wien; auch Filme (»Amphitryon«, 1935).

Gold, chem. Symbol **Au** (von lat. »aurum«); chem. Element aus der I. Nebengruppe des Periodensystems der chem. Elemente. Ordnungszahl 79; relative Atommasse 196,9665. Das rötlichgelb gefärbte, weiche, sehr gut walz- und dehnbare, edle Schwermetall hat eine Dichte von 19,32 g/cm³, seine Schmelztemperatur liegt bei 1064°C, seine Siedetemperatur bei 3080°C. In seinen Verbindungen tritt das Element dreiwertig, seltener einwertig auf. Chem. ist G. überaus widerstandsfähig gegen Säuren, Basen und Salze; nur Goldscheidewasser (Königswasser) vermag es zu lösen. G. kommt meist gediegen vor mit geringen Verunreinigungen an Silber, Kupfer u. a.

Zur *Gewinnung* wird goldhaltiges Gestein zerkleinert und das darin häufig feinverteilte G. durch Legieren mit Quecksilber und Extraktion mit Kaliumcyanid (Cyanidlaugung) in Lösung überführt, aus der es durch Elektrolyse oder Ausfällung mit Zink gewonnen wird. Gediegenes G. (Seifen- oder Wasch-G.) wird durch Abschlämmen oder Auswaschen mit Wasser vom spezifisch stets leichteren Gestein getrennt (Goldwäscherei).

Verwendung: G. wird verwendet zur Herstellung von Schmuck (↑Goldschmiedekunst) und Münzen, zur Färbung von Glas und Porzellan (Rubinglas); früher diente es als gesetzl. Währungsgrundlage vieler Landeswährungen. – Zur monetären Bedeutung des G. ↑Goldwährung.

Goldammer ↑Ammern.

Goldbarsch ↑Rotbarsch.

Goldbrasse (Dorade), bis 60 cm lange hochrückige Meerbrasse im Mittelmeer und Atlantik; Speisefisch.

Goldbraune Algen (Chrysophyceae), Klasse der Algen mit rd. 10000 Arten im Süßwasser (u. a. die Kieselalgen).

Goldbronze, Messing mit 77–85% Kupfer.

Golden Delicious [engl. 'gəʊldən dɪ'lɪʃəs], mittelgroßer Tafelapfel mit grün- bis goldgelber, bräunl. punktierter Schale; schmeckt süß, mit feiner Säure.

Goldene Bulle [nach ihrer goldenen Siegelkapsel], **1)** von König Andreas II. von Ungarn 1222 mit den ungar. Ständen geschlossener Herrschaftsvertrag. **2)** wichtigstes Grundgesetz des Hl.-Röm. Reiches, 1356 von Kaiser Karl IV. erlassen; kodifiziert u. a. in lat. Sprache das Recht der Königswahl, sichert die hervorgehobene Stellung der ↑Kurfürsten (Unteilbarkeit der Kurlande, Primogenitur) und regelt das Zeremoniell

Goldene Bulle

Gold. Oben: Gold mit Quarz ◆ Mitte: feinblättriges gediegenes Gold auf Nebengestein ◆ Unten: Goldbarren verschiedener Größen

goldene Hochzeit

Goldene Bulle 1). Seite aus einer der erhaltenen Originalhandschriften mit Goldsiegel (Wien, Haus-, Hof- und Staatsarchiv)

William Gerald Golding

Nahum Goldmann

Goldparmäne

für die feierl. Repräsentation des Reiches.

goldene Hochzeit, der 50. Jahrestag der Hochzeit.

Goldene Horde (eigtl. Khanat Kiptschak), histor. mongol. Reich in O-Europa und W-Sibirien. Nach dem Tod Dschingis Khans (1227) folgte sein Enkel Batu Khan in einem Reichsteil, der das Kiptschakgebiet (am Kasp. Meer und Aralsee) umfaßte. In siegreichen Feldzügen dehnte Batu Khan sein Reich nach W aus; er eroberte das Reich der Wolgabulgaren (1236) und die altruss. Ft. Rjasan (1237), Wladimir (1238) und Kiew (1240); in der 2. Hälfte des 13. Jh. Übertritt der Mongolen (von den Europäern fälschlich »Tataren« gen.) zum Islam. Die Schließung der Dardanellen durch die osman. Eroberung (1354) und innere Machtkämpfe schwächten das Reich, das 1395 durch Timur erobert wurde und im 15. Jh. zerfiel.

Goldener Schnitt (stetige Teilung), Bez. für die Teilung einer Strecke durch einen auf ihr liegenden Punkt derart, daß sich der größere Abschnitt zur ganzen Strecke so verhält wie der kleinere Abschnitt zum größeren Abschnitt. Die Regel des G. S. wurde vielfach in der Kunst angewendet.

Goldenes Dreieck, Gebiet im Grenzbereich von Laos, Birma und Thailand; die hier lebenden Bergstämme bauen Schlafmohn zur Opium- und Heroingewinnung an.

Goldenes Horn, Bucht des Bosporus in Istanbul; Hafen.

Goldenes Kalb, aus Gold gegossener Jungstier, der im alten Israel als Fruchtbarkeitssymbol verehrt wurde; von den Propheten bekämpft; bes. bekannt ist das von Aaron am Sinai aufgestellte G. K. (2. Mos. 32).

Goldenes Vlies, in der griech. Mythologie das goldene Fell eines Widders, das die ↑Argonauten erobern.

Goldenes Vlies (Orden vom Goldenen Vlies), 1429 gestifteter burgund. Ritterorden; im Span. Erbfolgekrieg in einen österr. und einen span. Orden getrennt; heute vom span. König verliehen.

Goldenes Zeitalter, Bez. für eine angeblich ideale Vorzeit, nachweisbar in altind. und antiken (z.B. Hesiod, Vergil) Quellen.

Golden Gate [engl. 'gəʊldən 'geɪt], die von der G.-G.-Brücke überspannte Einfahrt in die San Francisco Bay, Calif., USA.

Golden twenties [engl. 'gəʊldən 'twentɪːz »goldene Zwanziger«], zunächst in den USA, dann allg. Bez. für das durch wirtschaftl. Prosperität gekennzeichnete Jahrzehnt vom Ende des 1. Weltkriegs bis zur Weltwirtschaftskrise 1929–32.

Goldfasan ↑Fasanen.

Goldfisch, als Jungfisch einfarbig graugrüne Zuchtform der Silberkarausche; ändert nach etwa 8–12 Monaten seine Farbe (rotgold bis golden, auch messingfarben bis blaßrosa, z. T. mit schwarzen Flecken); wird in Aquarien etwa 10–30 cm lang, in Teichen bis 60 cm.

Goldfisch 2). Von oben: Goldfisch; Kometenschweif; Eierfisch

Goldhähnchen.
Oben: Sommergoldhähnchen ♦ Unten: Wintergoldhähnchen (beides Männchen)

Goldrute

Golden Gate.
Blick auf die Golden-Gate-Brücke; Gesamtlänge 2,15 km, vollendet 1937

Goldhähnchen (Regulinae), Unter-Fam. 8–10 cm langer Singvögel (Fam. Grasmücken) mit sieben Arten in Eurasien, NW-Afrika und N-Amerika. In M-Europa kommen das *Winter*-G. und das *Sommer*-G. vor.

Goldhamster ↑Hamster.

Golding, William Gerald [engl. ˈgəʊldɪŋ], * Saint Columb Minor (Cornwall) 19. 9. 1911, † Perranarworthall (bei Falmouth) 19. 6. 1993, engl. Schriftsteller. Schrieb pessimist. Romane in bilderreicher Sprache mit philosoph.-allegor. Untersuchungen über die (gewalttätige) Natur des Menschen; erhielt 1983 den Nobelpreis für Literatur. – *Werke:* Herr der Fliegen (1954), Die Erben (1955), Der Felsen des zweiten Todes (1956), Das Feuer der Finsternis (1979), Die Eingepferchten (1987).

Goldklausel ↑Wertsicherungsklauseln.

Goldküste, Küstengebiet am Golf von Guinea, Ghana, zw. Elfenbein- und Sklavenküste, benannt nach dem Gold, das im Hinterland gefunden wurde.

Goldlack (Lack, Cheiranthus), Gatt. der Kreuzblütler mit rd. zehn Arten auf der Nordhalbkugel; eine beliebte Gartenpflanze ist das *Gelbveigelein,* ein bis 80 cm hoher Halbstrauch.

Goldmann, Nahum, * Wiszniewiec (Wolynien) 10. 7. 1895, † Bad Reichenhall 29. 8. 1982, Präsident des Jüd. Weltkongresses (1949–78). 1933 Flucht aus Deutschland; 1935–40 Vertreter der Jewish Agency for Palestine beim Völkerbund in Genf; 1956–68 Präs. der Zionist. Weltorganisation.

Goldmark, 1919–23 im Dt. Reich Rechnungseinheit im Geldwesen, definiert als der 1 395. Teil des Pfundes Feingold.

Goldmulle (Chrysochloridae), Fam. der Insektenfresser mit rd. 15 Arten in S-Afrika; Körper walzenförmig, etwa 8 bis knapp 25 cm lang; bekannt v. a. der *Kapgoldmull.*

Goldnessel ↑Taubnessel.

Goldoni, Carlo, * Venedig 25. 2. 1707, † Paris 6. 2. 1793, italien. Dramatiker. Reformator der italien. Komödie; ersetzte die Commedia dell'arte durch eine v. a. an Molière geschulte italien. Rokokokomödie. – *Werke:* Das Kaffeehaus (Kom., 1743), Mirandolina (Kom., 1753), Der Diener zweier Herren (Kom., 1753).

Goldparität ↑Wechselkurs.

Goldparmäne [dt./engl.], mittelgroßer Tafelapfel mit rötlich-gelber Schale; schmeckt süß mit leicht säuerl. Nachgeschmack.

Goldregen (Bohnenbaum, Laburnum), Gatt. der Schmetterlingsblütler mit drei Arten in S-Europa und W-Asien; Sträucher oder Bäume; giftig. Als Ziersträucher angepflanzt werden *Traubiger G.* und *Alpengoldregen.* – Abb. S. 1326.

Goldrute (Goldraute), Gatt. der Korbblütler mit rd. 100, v. a. in N-Amerika verbreiteten Arten; in Europa verbreitet

Goldlack.
Gelbveilchen (Höhe 20–90 cm)

Goldscheidewasser

Goldregen. Kulturform, Kreuzung aus Gemeinem und Alpengoldregen

Goldschmiedekunst. Oben: Elefant der Akan, Elfenbeinküste; Guß in verlorener Form (Genf, Musée Barbier-Müller) ♦ Unten: Henne und Küken (frühes 7. Jh.; Monza, Domschatz)

Goldrute. Gemeine Goldrute (Höhe 15–100 cm)

ist die *Gemeine G.*, eine bis 70 cm hohe Staude in trockenen Wäldern und Gebüschen.

Goldscheidewasser (Königswasser), Mischung von Salz- und Salpetersäure (im Verhältnis 3:1), in der u. a. Gold löslich ist.

Goldschmiedekunst, die künstler. Verarbeitung von Gold und Silber sowie deren Legierungen zu Schmuck, Hoheitszeichen, Gerät, Kleinplastik. Techniken seit dem Altertum: Treiben, Gießen, Ziselieren, Punzieren, Gravieren, Niello, Löten, Granulation, Filigran, Emaillieren, Fassen und Montieren von Perlen, Steinen und Glasflüssen. Zahlr. bed. Schatzfunde bezeugen G. des *Altertums* in Europa im 5. Jt. (Gräberfeld von Warna), in Ägypten, Mesopotamien (Ur) und Indien (Harappakultur) seit dem 3. Jt., Höhepunkte ägypt. (12. und 18. Dyn.), trojan. und myken. G. im 2. Jt., in dessen 2. Hälfte auch in N- und M-Europa bronzezeitl. G. entstand. Im 1. Jt. (Eisenzeit) breites Spektrum europ. G.: Hallstattkultur, Skythen, Kelten (La-Tne-Kultur) sowie Etrusker. Mit dem Hellenismus wird der Schmuck polychrom (ind. und pers.-achämenid. Einflüsse). Die G. der Germanen setzt Ende des 2. Jh. n. Chr. im Schwarzmeergebiet ein, german. Tierstil im 6. Jh. in N-Europa. Im *christl. Europa* und Byzanz zunächst v. a. Arbeiten für kirchl. Zwecke (Altarvorsätze, Tragaltäre, Kreuze, Reliquienschreine). Eilbertus von Köln, Godefroid de Huy und Nikolaus von Verdun gelten als die Hauptmeister der Romanik. In der Gotik Kirchengeräte, v. a. Monstranz (E. de Arfe; G. Vicente, Emanuelstil). Die G. der Renaissance strahlte von Italien (B. Cellini) nach ganz Europa aus: Zentren u. a. Nürnberg (W. Jamnitzer, H. Petzolt), Augsburg, Prag (habsburg. Hauskrone, 1602) sowie Spanien (A. de Arfe, platereker Stil). Im 17. und 18. Jh. ging die Führung an Paris über (T. Germain), aber auch Amsterdam, Augsburg, Dresden (J. M. Dinglinger), Prag u. a. Zentren. Typ. sind Strahlenmonstranzen; Ranken- und Blumenmotive; Diamantschmuck (Mazarinschliff, im 18. Jh. Brilliantschliff); Tafelsilber (England). Erst die Jh.wende brachte neue Impulse (Jugendstil).

Goldschnitt, Verzierung des beschnittenen Buchblocks mit Blattgold.

Goldsmith, Oliver [engl. 'gəʊldsmıθ], *Pallasmore (Irland) 10. 11. 1728, † London 4. 4. 1774, engl. Schriftsteller ir. Herkunft. Schrieb erfolgreiche Komödien, Gedichte und Prosa. Berühmt wurde sein Familienroman »Der Pfarrer von Wakefield« (1766).

Goldstandard, svw. ↑Goldwährung.

Goldstein, Joseph L. [engl. 'gəʊldstaın], *Sumter (S. C.) 18. 4. 1948, amerikan. Mediziner. Erhielt für die Erforschung des Cholesterinstoffwechsels und der Arteriosklerose 1985 mit M. S. Brown den Nobelpreis für Physiologie oder Medizin.

Goldstern (Gelbstern), Gatt. der Liliengewächse mit rd. 90 Arten in Europa, Asien und N-Afrika; in M-Europa etwa 10 Arten als Frühlingsblüher.

Goldtopas, unkorrekte Bez. für topasfarbenen Zitrin oder gebrannten Amethyst.

Goldwährung (Goldstandard), Währungssystem, in dem das Geld an Gold gebunden oder in dem Gold Münzmetall ist. Die Notenbank verpflichtet sich zur Einlösung des Geldes in Gold und umgekehrt zu einem festen Preis. Goldein- und -ausfuhr sind frei; damit ist durch die Goldparität auch der Wechselkurs gegenüber dem Ausland fixiert; heute bedeutungslos.

Goldwyn, Samuel [engl. 'gəʊldwın], eigtl. S. Goldfish, *Warschau 22. 8. 1884, † Los Angeles 31. 1. 1974, amerikan. Filmproduzent poln. Herkunft. Gründete 1924 die Firma »Metro Goldwyn Mayer«.

Golem [hebr.], in der jüd. Literatur und Mystik Bez. für ein mittels Buchstabenmystik künstl. erschaffenes, stummes menschl. Wesen, das oft gewaltige Größe und Kraft besitzt und gelegentlich als Retter der Juden in Zeiten der Verfolgung erscheint.

Golf [griech.-italien.], größere Meeresbucht.

Golf [engl.], Rasenspiel, bei dem ein Ball (bis 46 g, nicht weniger als 41 mm Durchmesser) mit einem Schläger (und möglichst wenig Schlägen) über verschieden lange Bahnen in ein Loch zu treiben ist. Auf dem gewöhnlich 20–50 ha großen G.platz sind 9 oder 18 Bahnen (Löcher) angelegt, an deren Anfang jeweils der *Abschlag* (engl. *Tee*) liegt. Danach folgt eine gemähte Grasfläche,

Goldstern.
Gagea lutea (Höhe 8–25 cm)

Goldschmiedekunst. »Bienen von Mallia« (um 1800 v. Chr.; Heraklion, Archäologisches Museum)

die eigtl. Spielbahn, das *Fairway,* die seitlich von ungemähten Grasflächen *(Rough* oder *Rauh),* Buschwerk, Bäumen, Gräben und Bächen umrahmt wird und in der sich künstlich angelegte Hindernisse (z. B. sandgefüllte *Bunker)* befinden. Daran schließt sich eine auf 3 bis 7 mm geschnitte Grünfläche, das *Grün (Green),* an. Das *Loch (Hole)* im Grün, das bei Wettspielen regelmäßig umgesetzt wird, ist ein in den Boden eingelassener Hohlzylinder von 10,79 cm Durchmesser, der durch eine Richtungsfahne markiert ist. Für jedes Loch ist eine Durchschnittszahl von Schlägen *(Par)* angegeben, die für Bahnlängen bis

Goldschmiedekunst. Frühgepidische Goldschale mit Almandinen aus dem Schatzfund von Szilágysomlyó (heute Şimleul Silvaniei, Rumänien); Höhe 4,4 cm (4./5. Jh.); (Budapest, Ungarisches Nationalmuseum)

Golfkrieg

Golf. Golfball

Golf. Aufsatz

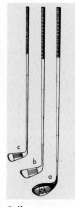

Golf.
a Holzschläger;
b Eisenschläger;
c Putter

Camillo Golgi

zu 228 m drei, bis zu 434 m vier und über 434 m fünf Schläge beträgt. G., ein urspr. schott. Nationalspiel, wird 1457 erstmals urkundlich erwähnt. 1608 gelangte es nach England, wo es sich im 19. Jh. eine große Beliebtheit erwarb. Ältester G.-Club der Welt ist der »Royal and Ancient Golf Club of St. Andrews« (Schottland), gegr. 1754. In Dtl. wurde der erste G.-Club 1895 in Berlin gegründet.

Golfkrieg, Bez. für zwei Kriege im Gebiet des Pers. Golfs.
1) (1980–88): Krieg zw. Irak und Iran, ausgelöst 1980 durch den Einmarsch irak. Streitkräfte in die iran. Prov. Chusestan. Anlaß war der Versuch Iraks, den 1975 vertraglich festgelegten Grenzverlauf am Schatt el-Arab zu ändern. Nachdem die irak. Truppen im Okt. 1980 Teile Chusestans (u. a. die Stadt Khorramshar) erobert und im Dez. 1980 in Kurdistan eine »zweite Front« errichtet hatten, gelang es den iran. Streitkräften bis Mai 1982, fast alle von den Irakern besetzten iran. Gebiete zurückzuerobern. In den folgenden Jahren (bis 1988) entwickelte sich ein Abnutzungskrieg, in dem der (dank ausländ. Hilfe) besseren Bewaffnung der irak. Truppen (bes. mit Flugzeugen) die zahlenmäßige Überlegenheit der iran. Streitkräfte gegenüberstand. Beide Seiten bezichtigten sich des Gebrauchs chem. Waffen. Mit der Blockade der Insel Charg, die Iran als Verladestation für seinen Erdölexport dient, leitete Irak 1982 den Wirtschaftskrieg ein, der sich 1984 zu beiderseitigen Angriffen auf Erdöltanker steigerte (»Tankerkrieg«). Im selben Zeitraum begann Irak mit der Bombardierung iran. Städte, die Iran mit Luftangriffen auf irak. Städte beantwortete (»Städtekrieg«). Die Gefährdung der Transportwege durch den G. für das in der Golfregion geförderte und exportierte Erdöl nahmen v. a. die USA, später auch Großbritannien und Frankreich zum Anlaß, Flotteneinheiten in den Golf zu entsenden. Seit 1987 gerieten amerikan. Kriegsschiffe, die unter US-Flagge fahrenden kuwait. Tankern Geleitschutz boten, in Kampfhandlungen mit iran. Seestreitkräften. Nach langwierigen Bemühungen des UN-Generalsekretärs J. Pérez de Cuéllar stimmten Irak und Iran im Aug. 1988 einem Waffenstillstand zu, der den Krieg beendete.
2) (1991): im Jan./Febr. 1991 zw. einer internat. Militärallianz unter amerikan. Oberbefehl und Irak zur Befreiung Kuwaits geführter Krieg. Kuwait – eines der wichtigsten Erdölförder- und -exportländer der Welt – wurde am 2. 8. 1990 von Irak unter S. Husain besetzt und danach annektiert. Ein internat. Wirtschaftsembargo sowie zwölf UN-Resolutionen mit der ultimativen Forderung, Kuwait bis zum 15. 1. 1991 zu räumen, blieben erfolglos. Mehr als 500 000 amerikan. Soldaten, unterstützt von europ. und arab. Truppen, begannen am 17. 1. 1991 die Luftoffensive gegen Irak; die ebenfalls erfolgreiche Bodenoffensive (Beginn 24. 2. 1991; Aktion »Wüstensturm«) führte am 28. 2. 1991 zum militär. Sieg der Alliierten, zur Annahme aller UN-Resolutionen durch Irak und zur sofortigen Waffenruhe. Im April 1991 akzeptierte Irak mit der UN-Resolution 678 die Bedingungen für einen Waffenstillstand.

Golfküstenebene, lagunenreiche westl. Fortsetzung der Atlant. Küstenebene entlang dem Golf von Mexiko bis zur Halbinsel Yucatán (USA, Mexiko).

Golfstaaten, Bez. für sechs Anrainerstaaten des Pers. Golfs (Bahrain, Katar, Kuwait, Oman, Saudi-Arabien, Vereinigte Arab. Emirate), die sich im Mai 1981 zum »Kooperationsrat der Arab. Staaten am Golf« *(Golfrat)* zusammenschlossen.

Golfstrom, warme Meeresströmung im Nordatlantik, erstreckt sich als Band zw. Kap Hatteras und den Neufundlandbänken; verbindet den Floridastrom mit dem für das Klima in Europa wichtigen *Nordatlant. Strom;* von ihm zweigen im Bereich des Mittelatlant. Rückens der Island berührende *Irmingerstrom* ab, der *Norwegische Strom* längs der norweg. Küste und nach SO der *Portugalstrom.*

Golgatha (Golgotha, Golgota, lat. Calvaria, Kalvaria), Anhöhe außerhalb der alten Stadtmauer Jerusalems, Ort der Kreuzigung und Bestattung Jesu.

Golgi, Camillo [italien. 'gɔldʒi], *Corteno (Prov. Brescia) 7. 7. 1844, † Pavia 21. 1. 1926, italien. Histologe. Entwickelte zahlr. neue histolog. Färbemethoden und gewann daraufhin wichtige Erkenntnisse über den Feinbau des

Goltz, von der

Golfstrom. Mäander des Golfstroms und Golfstromringe im April und Mai 1977

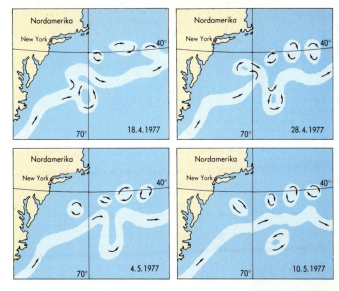

Nervensystems; 1906 Nobelpreis für Physiologie oder Medizin.

Goliath, bibl. Gestalt, riesenhafter Krieger der Philister; vom jungen David im Zweikampf getötet.

Golizyn, Wassili Wassiljewitsch Fürst [russ. ga'litsjn], *1643, †Kologora (Nordrußland) 2. 5. 1714, russ. Politiker. 1682–89 Außen-Min.; Günstling der Regentin Sophie Alexejewna; 1689 von Zar Peter I. verbannt.

Goll, 1) Claire, geb. Clara Aischmann, *Nürnberg 29. 10. 1890, †Paris 30. 5. 1977, frz.-dt. Schriftstellerin, u. a. Romane, Erzählungen und Gedichte.

2) Yvan, eigtl. Isaac Lang, *Saint-Dié 29. 3. 1891, †Neuilly-sur-Seine 27. 2. 1950, frz.-dt. Schriftsteller. Elsässisch-lothring. Abstammung; von 1919 bis zur Flucht nach Amerika (1939) in Paris; schrieb (z. T. mit seiner Frau Claire G.) in dt., frz. und engl. Sprache Lyrik, Dramen und Romane.

Gollancz, Sir (seit 1965) Victor [engl. gə'lænts], *London 9. 4. 1893, †ebd. 8. 2. 1967, engl. Verleger. Trat als Pazifist nach 1945 als entschiedener Gegner des Gedankens der dt. Kollektivschuld hervor. 1960 Friedenspreis des Börsenvereins des Dt. Buchhandels.

Göllheim, Gem. 8 km ssö. von Kirchheimbolanden, Rheinl.-Pf.; auf dem Hasenbühl bei G. unterlag am 2. 7. 1298 König Adolf (von Nassau) seinem Rivalen, Hzg. Albrecht I. von Österreich.

Gollwitzer, Helmut, *Pappenheim 29. 12. 1908, †Berlin 17. 10. 1993, dt. ev. Theologe. Seit 1957 Prof. für systemat. Theologie in Berlin; seine wiss. Arbeit wurde stark durch seine seelsorgerl. Tätigkeit, sein Bemühen um den christl.-jüd. Dialog (»Israel – und wir«, 1958) und sein polit. Interesse, v. a. an Problemen der polit. Theologie, bestimmt; engagierte sich auch gegen die atomare Aufrüstung (»Die Christen und die Atomwaffen«, 1957).

Golson, Benny [engl. gəʊlsn], *Philadelphia 25. 1. 1929, amerikan. Jazzmusiker (Tenorsaxophonist, Komponist). Zählt zu den wichtigsten Tenoristen des Hardbop; spielte u. a. bei L. Hampton, D. Gillespie und A. Blakey; gründete mit A. Farmer das »Jazztet«.

Goltz, von der, wahrscheinlich aus der Uckermark stammendes Uradelsgeschlecht; bed.:

1) Colmar Frhr. von der **(Goltz-Pascha),** *Bielkenfeld bei Labiau 12. 8. 1843, †Bagdad 19. 4. 1916, preuß. Ge-

Helmut Gollwitzer

Colmar Freiherr von der Goltz

Gombrich

Władysław Gomułka

neralfeldmarschall (1911). Einer der bedeutendsten Militärschriftsteller seiner Zeit; reorganisierte 1883–96 die türk. Armee; brach als Kommandeur der 6. türk. Armee 1916 den brit. Einfluß in Mesopotamien.
2) Rüdiger Graf von der, * Züllichau 8. 12. 1865, † Kinsegg (heute zu Bernbeuren bei Schongau) 4. 11. 1946, General. Wirkte 1918 maßgeblich an der militär. Begründung der nat. Unabhängigkeit Finnlands mit.
Gombrich, Sir (seit 1972) Ernst [engl. 'gɔmbrɪtʃ], * Wien 30. 3. 1909, brit. Kunsthistoriker österr. Herkunft. Lebt seit 1936 in Großbrit.; befaßt sich bes. mit Ikonographie und Kunsttheorie der Renaissance; bezog psychoanalyt. Ansätze in die kunsthistor. Forschung ein.
Gombrowicz, Witold [poln. gɔm-'brɔvitʃ], * Małoszyce bei Krakau 4. 8. 1904, † Vence 25. 7. 1969, poln. Schriftsteller. Lebte 1939–63 in Argentinien, dann v. a. in Frankreich; dem Existenzialismus nahestehender Vertreter einer grotesk-phantast. Erzählweise. – *Werke:* Ferdydurke (R., 1938), Die Trauung (Traumspiel, 1953), Verführung (R., 1960).
Gomel [russ. 'gɔmɪlj], Gebietshauptstadt im SO Weißrußlands, 500 000 E. Univ., Museum; u. a. Superphosphatfabrik; Flußhafen am Sosch.
Gomera (La G.), eine der Kanarischen Inseln, 378 km², bis 1 487 m hoch, Hauptort San Sebastián de la Gomera.
Gomorrha (Gomorra) ↑Sodom und Gomorrha.
Gomułka, Władysław [poln. gɔ'muŋka], * Krosno 6. 2. 1905, † Warschau 1. 9. 1982, poln. Politiker. Ab 1943 Generalsekretär der Poln. Arbeiterpartei (PPR); ab 1945 zugleich stellv. Min.-Präs. und Min. für die Westgebiete; 1948/49 zur Aufgabe aller Ämter gezwungen und 1951–54/55 als »Nationalist« und »Titoist« inhaftiert; nach seiner Rehabilitierung (1956) erneut Parteiführer (1. Sekretär des ZK, Mgl. des Politbüros); mußte Ende 1970 die Parteiführung Gierek überlassen.
Gon [griech.], Einheitenzeichen **gon,** eine v. a. in der Geodäsie verwendete Einheit für ebene Winkel: der 100. Teil eines rechten Winkels (90°); 1 gon = 0,9°.
Gonaden [griech.], svw. ↑Geschlechtsdrüsen.
Goncourt, Edmond [Huot] de [frz. gõ-'ku:r], * Nancy 26. 5. 1822, † Champrosay (heute zu Draveil, Dép. Essonne) 16. 12. 1896, und sein Bruder Jules [Huot] de G., * Paris 17. 12. 1830, † ebd. 20. 6. 1870, frz. Schriftsteller. Schrieben und veröffentlichten ihre Werke meist gemeinsam. Studien zur Kunst- und Sittengeschichte des 18. Jh. sowie Romane, die als Vorläufer des Naturalismus gelten (»Germinie Lacerteux. Der Roman eines Dienstmädchens«, 1864; »Renée Mauperin«, 1864; »Madame Gervaisais«, 1869). Literarhistorisch ist das Tagebuch der Brüder G. von Bedeutung. Die von E. de G. testamentarisch gestiftete *Académie Goncourt* vergibt jährlich den *Prix Goncourt,* den angesehensten frz. Literaturpreis.
Göncz, Árpád [ungar. gønts], * Budapest 10. 2. 1922, ungar. Schriftsteller und Politiker. Teilnehmer am Volksaufstand 1956; 1958 zu lebenslängl. Haft verurteilt, 1963 amnestiert; gestaltete in seinen Werken (u. a. »Sandalenträger«, R., 1974) Probleme des menschl. Seins, häufig in histor. oder mytholog. Kontext; seit 1990 Staatspräsident.
Gond, Volk in Z-Indien; ihre urspr. Sprache, das *Gondi,* gehört zu den drawid. Sprachen.
Gondel [venezian.-italien.], **1)** schmales, z. T. überdachtes venezian. Boot mit steilem, verziertem Vorder- und Achtersteven.
2) Korb oder Kabine eines Ballons; Passagierraum eines Luftschiffs; Kabine einer Seilbahn; mit dem Rumpf oder den Tragflächen eines Flugzeugs verbundenes Bauteil z. B. für die Triebwerke.
Gondi ↑Gond.
Gondwanaland, bis ins Mesozoikum bestehender Kontinent der Südhalbkugel, umfaßte Südamerika, Afrika, Vorderindien, Australien und Antarktika.

Goniometer.
Anlegegoniometer;
K Kristall, L Lineal,
T Transporteur

Goniometer.
Einkreisiges
Reflexionsgoniometer

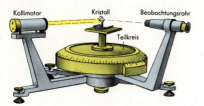